THE VĀKYAPADĪYA OF BHARTṚHARI

Kāṇḍa II

With the Commentary of Puṇyarāja and the ancient Vṛtti

सवृत्तिवाक्यपदीयद्वितीयकाण्डम्

पुण्यराजकृतटीकोपेतम्

श्रीभर्तृहरिविरचितं

सवृत्तिवाक्यपदीयद्वितीयकाण्डम्

पुण्यराजकृतटीकोपेतम्

के० ए० सुब्रह्मण्य अय्यर महोदयैः
सम्पादितम्

मोतीलाल बनारसीदास
दिल्ली ☐ वाराणसी ☐ पटना

VĀKYAPADĪYA
OF
BHARTṚHARI

(*An ancient Treatise on the Philosophy of Sanskrit Grammar*)

Containing the Ṭīkā of Puṇyarāja and the Ancient Vṛtti

Edited by

K. A. SUBRAMANIA IYER

With a Foreword by

ASHOK AKLUJKAR

KĀṆḌA II

MOTILAL BANARSIDASS

Delhi □ Varanasi □ Patna

Head Office : Bungalow Road, Jawahar Nagar, Delhi-7
Branches : 1. Chowk, Varanasi-1 (U.P.)
2. Ashok Rajpath, Patna-4 (Bihar)

ISBN : 0 89581-213-4

First Edition : *Delhi*, 1983

Printed in India
By Shantilal Jain, at Shri Jainendra Press,
A-45, Phase-I, Naraina, New Delhi-110 028.
Published by Narendra Prakash Jain, for Motilal Banarsidass, Delhi-110 007.

PUBLISHER'S NOTE

The Vākyapadīya of Bhartṛhari is an ancient treatise on the Philosophy of Sanskrit Grammar. Professor K. A. Iyer who edited the present text requires no introduction. The publication of this prestigious work, edited by a scholar of great eminence is a matter of great honour.

This work contains the commentary of Puṇyarāja on all the Kārikās of this Kāṇḍa. It also includes an ancient Vṛtti, the authorship of which is still in dispute. We have not mixed up the Vṛtti with the Ṭīkā of Puṇyarāja. In this process we could not avoid repetition of Kārikās. Our attempt has received appreciation from Prof. Aklujkar.

Unfortunately, the text of the Vṛtti is not complete. There are several gaps, big and small. On the first 12 Kārikās the Vṛtti is not available. What we have, begins with Kārikā 13 and goes up till Kārikā 76. Further, the Vṛtti from Kārikā 77 to Kārikā 151 is missing. It again starts from Kārikā 152 and goes on to the end.

Such small and big gaps existing, the problems relating to the interpretation of relevant Kārikā-s remains insoluble. Professor Iyer was aware of this defect which was due to the loss of tradition and the unsatisfactory nature of the available manuscripts. He was hesitating to send the incomplete text of the Vṛtti for printing. But, we on our part assured him that *we are ready to publish any valuable ancient text, though partially incomplete, on the principle that whatever is left of ancient tradition should be published lest it should be lost for ever.*

During the initial stage of printing, we found Professor Iyer prompt in correcting the proofs but as printing gained speed and his health declined, the progress was held up, and at the concluding stage there came up a complete break-down. The task of reading proofs at this stage was assigned to Prof. J. L. Shastri—our chief Editor.

We feel sorry that Professor Iyer did not live to see the work in the final shape. But he must have been pleased to know that the seeds he had sown were bearing fruits.

We can hardly guess what sort of Introduction, Appendices and Index he would have added to the text. But we are certain that the exhaustive and informative Foreword by Prof. Ashok Aklujkar, the eminent scholar of International repute, will draw attention of the reader to the life-long literary activities of the devoted savant—Prof. Iyer. We are extremely grateful to Prof. Aklujkar for this task.

CONTENTS

FOREWORD

by

ASHOK AKLUJKAR
Professor of Sanskrit and Indian Literature
Department of Asian Studies
University of British Columbia
Vancouver, B.C., Canada

As a person interested in, among other things, working with manuscripts, I have travelled to departments of Sanskrit at many Indian universities and colleges in the last few years. During these travels, I have come across many excellent and potentially excellent Sanskritists. However, the general picture I have developed of Sanskritists at Indian institutions of higher learning is that of persons who put in relatively few hours of professional work everyday and who depend on someone else for the initiative to undertake research. It is not only that many of their publications are old wine in new bottles, but also that many do not seem to have been required at all to remain active in publication in order to hold on to their positions or to win promotions. In fact, I know one case in which the person enjoyed the benefits of professorship, curatorship, deanship etc. first solely on the basis of having completed a Ph.D. at a foreign university and later simply by publishing the Ph.D. dissertation without the correction of even obvious errors.

Against the background provided by such 'functional' Sanskritists, for whom the pursuit of knowledge expected of a professor is to be carried out only between 11 a.m. and 4 p.m. (between the times of the last convenient bus to the university campus and the time of the first convenient bus from the university campus) and then too between tea-breaks, the few dedicated scholars such as the late Professor K. A. Subramania Iyer seemed, remarkable as they were, even more remarkable. Their commitment to their professional field was not chalked out by a clock. Nor did it come to an end with the beginning of retirement. In fact they worked at their subject with redoubled vigour, once they were free from administrative duties, examinations and formal teaching.

I am aware that Sanskritists are human beings too and they cannot remain unaffected by what is going on outside the academia. Particularly, the commercialization and politicization of college and university campuses and the application in the educational system of irrelevant criteria have landed them in an incongenial situation. As persons whose expertise is mostly deemed unnecessary for 'modern' India and is, in fact, viewed by many as an obstacle to the modernization of India, they are especially vulnerable. They are also caught in a bind, as society continues to make conventional expectations of them (that they should be self-sacrificing, etc.) but does not accord them the same degree of prestige as it does to persons occupying political and 'high-paying' positions. However, it should also be noted that the level of material support has gone up considerably in the last few years for Sanskritists at Indian universities. Salaries have increased, individual offices have been provided, libraries have been funded relatively generously, the demands on faculties' time for teaching have been very reasonable, and the number of students working for degrees has certainly become manageable. If in this situation the spirit of constant pursuit of knowledge displayed by professors such as K. A. Subramania Iyer, V. Raghavan, P. L. Vaidya, R. N. Dandekar, T. G. Mainkar, and K. Kunjunni Raja (to name only some of the prominent Sanskritists of the last few generations) is not maintained, India will be the poorer for it.

It is in the context of considerations such as these that the work of the late Iyer, the editor of the present volume, is to be viewed. True, he was active as a researcher when he was Reader, Professor, Head of the Department, Dean of the Faculty of Arts, Vice-chancellor and so on. But the incontrovertible indication of how deeply embedded in his personality real professorship or true *brāhmaṇya* was is furnished by the fact that his major achievement, the research on Bhartṛ-hari, mostly followed his retirement as professor of Sanskrit. There was no degree to be obtained, no tenure or permanent appointment to be sought, no salary increments to be won, and no promotions to be pursued. Yet, Professor Iyer went on studying and writing as if he was at the threshold of his career. His *niṣkāraṇa adhyayana* in the post-retirement period resulted in at least ten volumes and forty articles, forewords, introductions, etc. If the vigour and rigour of the Sanskrit tradition have been maintained through hundreds of years—many of these centuries contained one or other force working against Sanskrit—the credit for that astounding achievement should mainly go to the *agṛhyamāṇa-kāraṇa* persons such as Professor Iyer.

I met Professor Iyer first in 1972 at the time of the first International Sanskrit Conference in Delhi. We had corresponded with each other since 1967. I began the correspondence almost immediately after I decided to write my Ph.D. dissertation on the philosophy of Bhartṛ-hari's Trikāṇḍī or Vākyapadīya. Many of the texts I needed were not available to me at Harvard University where I was writing the dissertation. Professor Iyer was most kind in supplying the information regarding where the texts could be found and in encouraging a younger Sanskritist along the way. He also wrote to me from time to time about his own work that was in the press and about the work he had planned. There was no secretiveness, no *ācārya-muṣṭi*, in his dealings.

Our meeting in Delhi was brief, but I still remember it vividly. I read my paper on the contribution of Sanskrit to linguistics. Professor Iyer, whom I did not identify at that time, asked a question about the etymology of *vaikharī*. Only after the particular session of paper-reading was over and we were coming out of the lecture hall, did Iyer identify himself. His unassuming manner immediately led to a straightforward discussion. My mind noted his 'white' smile. There was warmth as well as a scholarly aloofness about it. Simultaneously it indicated his simplicity and approachability as an individual and a detachment from the subject he was discussing.

To use Bhartṛ-hari's words, Iyer was never *abhiniviṣṭa* or *pratiniviṣṭa*. Although he worked on Bhartṛ-hari for more than forty years, he did not express his views aggressively or become intolerant toward differing views. We disagreed in our perceptions, expectations, methods and conclusions. While he did not go to the extent of accepting views in writing, he did not indicate any rigidity of position or criticize me for taking a different line.[1]

Our second and last meeting took place in Lucknow in July 1977. I had informed Iyer about the date of my visit, but could not communicate the time of arrival in Lucknow. The overnight train I took from Delhi brought me to Lucknow very early in the morning. Even after a couple of hours spent in the waiting room, it was barely eight o'clock when I rang the bell of the Iyer residence on 38 Major Banks Road (renamed but not really re-known as Darabārīlāla Śarmā Mārga as Iyer pointed out to me later). For a long time there was no answer. An 'early-bird' like me had thought that a good time to catch anyone at home in India would be early morning and that a Sanskritist of a senior generation like Iyer must be in the habit of getting up early. However, I was about to be disappointed. I waited for nearly fifteen minutes and even asked the passersby if Professor Iyer was out of station. Finally, I was asked by a female voice (which I later identified as Mrs. Iyer's) who I was and told to wait on the porch for a while. Later, when I entered the house everything was as if the Iyer couple had been ready to receive me for over a week. The tasteful, unostentatious decor of the spacious house made as deep an impression on my mind as the talk of Professor and Mrs. Iyer. They treated me as if they had known me directly for a long time and we were picking up the thread of conversation from where we left it a day earlier.

At that time I had been successful in tracing the Malayalam original, lost for nearly fifty years, of the Madras transcript (cited as "M." in the Vṛtti portion of this volume) to a remote part of Kerala and had discovered eight more leaves of the incomplete Vākya-kāṇḍa-vṛtti manuscript at Pāṭaṇ, Gujarat (cited as "P." in the Vṛtti portion of this volume). Iyer was very happy to know about these developments and seemed to be saying to himself, 'The interest I have generated in Bhartṛ-hari is bearing fruit.'

From what I heard from Professor T. G. Mainkar (in whose death the world of Sanskrit has suffered another serious setback in the last two years), Professor Iyer's passing away also occurred in the cause of knowledge. Iyer was engaged in delivering a lecture series. Despite a long history of heart trouble, he extended himself to deal with his subject to his satisfaction. His heart could not take the strain. His death at Pune on 31 March 1980, although saddening, was appropriately an offering in the life-long *jñāna-yajña*.[2]

Koḍuvāyūra Anantarāma Subrahmaṇya Ayyara was born in Pālghāṭ, Kerala, on 7 September 1896 of Koḍuvāyūra V. Anantarāma and Raṅganāyikī Ammāla. His ancestors hailed from Tanjore and the immediate family included five brothers and three sisters. His maternal grandfather, Raghu-nātha-bhaṭa-(or-bhaṭṭār) was a well known Sanskrit scholar. The credit for developing a liking for Sanskrit in the child Subrahmaṇya should largely go to this grandfather who was skilled in delivering popular lectures on the Rāmāyaṇa, Mahābhārata, Bhāgavata, etc. After passing the 'Inter' examination, young Subrahmaṇya went to Paris in March 1914 and began the study of Indology with Professor Silvain Levi in November 1914. He received a Diploma of University Studies from the University of Paris. Thereafter he proceeded to Britain and attempted to enter an M.A. (honours) program under the guidance of Professor A. B. Keith at Edinburgh. However, Keith advised him that facilities for such a program did not really exist. Disappointed, Iyer came to London and completed an M.A. in Sanskrit at the University of London in 1919 with Dr. L. D. Barnett as his supervisor.[3] For the next two years he taught Malayalam in London. Upon returning to India, he became Reader in Sanskrit and Head of the Department of Sanskrit and Prakrit at Lucknow University on 18 July 1921. In the course of time, he began to take part also in the work of the commitee looking after the Department of Oriental Learning in which Sanskrit was taught along traditional lines. He was instrumental in expanding both the departments in terms of enrolments as well as faculty appointments. Particularly noteworthy is the fact that he attracted many capable, dedicated and well-known traditional scholars to the Department of Oriental Learning. Through his efforts a Department of Hindi was established at the University of Lucknow. He was its caretaker Head at the time of its establishment and thus simultaneously managed two departments for a while. He also played a leading role in founding the

Akhila Bhāratiya Sanskrit Parishad and was its President as well as Director of Research for many years.

Iyer's formal relationship with Lucknow University came to an end in 1960, but not before he had received professional honours such as a professorship in 1948, deanship of the Faculty of Arts and appointment as Vice-Chancellor (1957-60). His administration in these capacities was marked by fairness and an aversion to the growing politicization of institutions of learning. He did not lose sight of the fact that the spirit of the various academic rules was more important than the words in which they were couched.

Subsequent to fulfilment of his duties at Lucknow, Iyer became the Vice-Chancellor of the Sanskrit University at Varanasi, now known as Sampūrṇānanda Saṁskṛta Viśva-vidyālaya. This was a renewal of ties for him, as he had been the Principal of the Government Sanskrit College, the institution that preceded the University, in 1950-51 at the request of Dr. Sampūrṇānanda, the Minister of Education in the Uttar Pradesh government at that time. Professor Iyer was also a Visiting Professor from time to time at the Centre of Advanced Study in Linguistics at Pune. He toured the U.S.S.R. in 1954 as a member of the Government of India delegation and the U.K. in 1957 as an invitee of the British government. Member of the senates and special committees at several north Indian universities (Lucknow, Allahabad, Kashi, Rurki, Varanasi) and a long-time examiner of advanced students, he generally led a very busy life. The President of India honored him in 1974 with a certificate of Merit and the Government of Uttar Pradesh presented him with an award of Rs. 15,000 in 1976.

Through his linguistic accomplishments, constant devotion to learning, integrity and unassuming, gentle personality, Iyer earned a large following of admirers, especially in the Lucknow-Varanasi area. He was one of those relatively few South Indians who felt completely at home in north India and who were deeply and widely respected in north India. Although a native speaker of a south Indian language and an ardent admirer of Sanskrit, he advocated, on practical grounds, the use of Hindi as a link language within India. Despite his long association with 'western-style' academic set-ups, he was a great admirer and supporter of traditional 'panditic' learning. He trained himself to wield Sanskrit as a medium of expression for serious academic writing just as he cultivated English. Even when his mind was occupied with the thoughts of classical authors like Bhartṛ-hari and Abhinava-gupta, he had time to encourage new writing in Sanskrit, both *kāvya* and *śāstra*. Although he was born in an orthodox family, he was 'open' enough to marry a Polish lady and give his house in Lucknow the name 'Hindska.'

Iyer was the first scholar who was able to edit the entire Trikāṇḍī (or Vākyapadīya) kārikā text along with all the available ancient commentaries : the Vṛtti of Bhartṛ-hari (erroneously referred to as Hari-vṛṣabha) on the first two books, the Paddhati or Sphuṭākṣarā of Vṛṣabha or Vṛṣabha-deva on the kārikās and Vṛtti of the first book, the Ṭīkā of Puṇya-rāja or Helā-rāja on the kārikās of the second book, and the Prakīrṇa-prakāśa of Helā-rāja on the kārikās of the third book. (See Deccan College Monograph Series nos. 32, 21 and presumably 21.2 published respectively in 1966, 1963, and 1973 and the following part of the present volume.) He was deprived by death of the pleasure of seeing his edition of the Vākya-kāṇḍa Vṛtti and Ṭīkā (the present volume) in print. It makes me particularly sad to realise this, as one of the considerations I had in mind in delaying my edition of the Vākyapadīya-vṛtti, ready in a penultimate version since 1978, was to give Professor Iyer the honour of being the first scholar to publish in its entirety the text of the Vākya-kāṇḍa-vṛtti (incomplete texts have been published in Charu Deva Shastri's and Raghu-nātha Śarma's editions, the former around 1941 and the latter in 1968).

Iyer was also the first scholar to translate the entire kārikā text into English (see Deccan College Building Centenary and Silver Jubilee Series nos. 26 and 71, published respectively in 1965 and 1971, and Motilal Banarsidass 1974 and 1977). These translations contain glosses based on the commentaries of Vṛṣabha-deva, Puṇya-rāja and Helā-rāja. In the case of the first book, Iyer's translation of the Vṛtti also accompanies that of the *kārikās*. It is not known whether he had prepared any draft of a translation of the Vṛtti of the second book.

From 1937 on Iyer wrote a number of articles aimed at facilitating an understanding of Bhartṛ-hari (see George Cardona, *Pāṇini : a survey of research*, pp. 119-121). Many of these were incorporated, with changes and additions, in his 1969 monograph of over 600 pages entitled *Bhartṛhari : a study of the Vākyapadīya in the light of the ancient commentaries* (Deccan College Building Centenary and Silver Jubilee Series no. 68). The last of such articles of which I am aware has now appeared in the Adyar Library Bulletin vols. 44-45 (=Dr. K. Kunjunni Raja Felicitation Volume), 1980-81.

There are many differences between my approach to Bhartṛhari and Iyer's. Although I have benefited from his work and deeply appreciate the difficult conditions under which he worked I do not agree with him in many matters of approach and method; there is a definite 'generation gap' between us. I believe that if Sanskritology or Indology has to register real progress we must now discourage approximate summary-type translations and dissertations dominated by a survey of the views of earlier scholars. True, surveys of specific fields, histories of selected branches of learning and translations aiming at a general rendering of the original work have a certain utility. They serve to facilitate the progress of new entrants to a particular domain of scholarship. However, they cannot advance scholarship itself, unless they are written by a meticulous master of the field (as, for example, is the case with George Cardona's *Pāṇini : a survey of research*, The Hague-Paris : Mouton, 1976). Indology has now reached a stage in which it will make real progress only if attention is paid primarily to bringing new works to light, to publishing carefully prepared editions of new works, to attempting reliable and well-indexed editions of previously published works, and to focusing on specific problems of interpretation. The difficulties of a text should now be identified and discussed as perspicuously as possible. An interpretive commentary that gives the *general* sense of text passage or a translation that renders the original without specifically acknowledging the uncertain and problematic expressions has a rather limited progress value. Professor Iyer could have been privately aware of this consideration, but he has not given expression to it or tried to put it in practice. Probably, realising that the difficulties of the Vākyapadīya were too many to be individually discussed by a scholar advanced in years, he seems to have decided to be content with penning whatever he understood of the text. His achievement is not small. Yet, it is frequently the situation that a reader cannot understand the purpose of a number of Vākyapadīya expressions from Iyer's translation.

In the present volume, Iyer is to be commended for his decision to print the Vṛtti and the Ṭīkā separately. Firstly, the extent and division of the *kārikā* text are not identical in these two commentaries. Secondly, the readings presupposed by the Ṭīkā are not always the same as the ones in the Vṛtti. The interpretations too differ in the case of more than fifteen *kārikās*. The strain these factors create for the editor as well as for the reader is evident in Charu Deva Shastri's incomplete edition and Raghu-nātha Sarma's edition based on Charu Deva Shastri's, in which the Vṛtti and the Ṭīkā have been printed together, probably to avoid repeated printing of *kārikās*.

My edition of the Vṛtti will differ from Iyer's in some significant respects. In the first place, it will be based entirely on the original manuscripts, not their transcripts. Only the Pāṭaṇ manuscript of the Vākya-kāṇḍa-vṛtti was available to Iyer in the form of photographs and it too only for the portion discovered by Muni Puṇya-vijayajī (containing the text from p. 285 line 22 of this volume). I had sent him photocopies of the eight more sheets I identified in 1977 at Pāṭaṇ (giving the Vṛtti text from p. 263, line 14, of this volume). However, he was not able to use them.[4] Furthermore, his access to the only other known Vākya-kāṇḍa-vṛtti manuscript, the one in Malayalam script, was through its transcript at the Government Oriental Manuscripts Library, Madras. This access was in a less than ideal form—as a poorly prepared photocopy and a partial transcript.[5] Fortunately, I was able to rediscover the original Malayalam manuscript in 1977 and am now in a position to use it for my edition. At the time of this discovery, Iyer's press-copy of the present volume was almost ready and hence he decided to be content with whatever copy he had of the Madras transcript.

The second difference in my edition will be that I shall follow the enumeration of *kārikās* as given in Professor Wilhelm Rau's 1977 edition (Wiesbaden : Franz Steiner Verlag). Thirdly I shall specifically identify and discuss the problematic phrases in the text, proposing probable solutions wherever possible. The individual readings too will be different in scores of places. None of this difference in method and approach should be interpreted as a negative comment on Iyer's work. He achieved the best results he could in rather difficult circumstances—indifferent health, generally uncooperative curators of manuscript collections, want of research money specifically allocated to search for new manuscripts and to examine known manuscripts on-the-spot, and publishers less devoted to the accuracy of printing than the firm of Motilal Banarsidass. As Abhinavagupta, another author who serves as a bond between Iyer and myself, says : *ūrdhvordhvam āruhya yad artha-tattvaṁ dhīḥ paśyati śrāntim avedayanti/phalaṁ tad ādyaiḥ parikalpitānāṁ viveka-sopāna-paramparāṇām//* 'Having risen to higher and higher levels, the mind, untouched by fatigue, sees the true nature of something. This phenomenon is but an outcome of the staircases of analysis that one's forebears laid out.'

Footnotes to Foreword

1. At the time I wrote my first letter to Iyer I had not penned even ten lines of my Ph.D. dissertation, but I had the audacity to write to him that I did not agree with him on many matters. In his response dated 08/12/67, Iyer writes: 'It is normal that there should be difference of opinion among workers in the same field. I would appreciate it if you could let me know where you differ from me.'

2. Iyer's commitment to knowledge and interest in the work of even considerably junior scholars is evident from the following sentences in his letter of 29/09/72: 'I am very anxious to see your Philosophy of Bhartṛhari's Trikāṇḍī (= unpublished Ph. D. dissertation). You said that you would send me a copy of it. I am waiting eagerly for it.' In response, I informed Iyer on 23 October, 1972 that I would make my personal copy of the dissertation available to him for about one month. On 02/11/72, Iyer wrote back: 'I shall try to read your thesis within thirty days. I understand that it is a rather voluminous one, but I shall put away all other work in order to finish it.'

3. Iyer's letter of 20/01/73 contains the following statement : 'I was a student of Sylvain Lévi, A. foucher, Antoine Meillet, Dr.Barnett, Daniel Jones, Mrs. Rhys Davids and Louis de la Vallée Poussin.'

4. Cf. Iyer's letter of 24/07/77: 'May I request you to send me a copy of those eight pages of the Vṛtti which you were able to recover in Patan ? I may be able, with their help, to make some alterations in my edition of the Vṛtti at time of the proof-reading.' It is clear from the final phrase that Iyer's edition was in the press or was on its way to the press at the time the letter was written. He did not live to complete proof-reading as is confirmed by the publisher of this volume.

5. Cf. Iyer's letter of 11/03/74: 'M. turned out to be a very unsatisfactory photocopy of the Vṛtti because a very large number of pages are very smudgy and illegible and some totally missing.——I had to write to the Curator of the Madras Govt. Mss. Library to send me transcripts of those pages.——As for M., I do not know whether its defective condition is due to the person who took the microfilm or to the person whe made the photocopies from it in the Lucknow University.' See also pp. 252, 259, 260, 267, of this Volume.

ABBREVIATIONS USED IN THE FOOTNOTES

A.	Abhyankar-Limaye edition ?
Ak.	Aklujkar, Ashok. "Two textual studies of Bhartṛhari" *Journal of the American Oriental Society* 89(1969) 547-63.
B.	Manuscript E [13], according to Rau's (1971 : 34) account, from the Bhandarkar Oriental Research Institute.
BC.	On p. 18. Probably a mistake for some other abbreviation.
BU.	Manuscript E [7], according to Rau's (1971 : 32) account, from the library of the University of Bombay.
Cā/चा	Charu Deva Shastri's incomplete edition.
D.	On p. 105, fn. 9 and p. 112, fn. 9. Probably a mistake for 'O'.
G.	Gaṅgādhara-Śāstri Mānavalli's edition.
Jā/जा	On p. 59, fn. 6. Probably a mistake for चा
K.	Some manuscript from Kashi/Varanasi ?
M. Bhā.	Patañjali's Vyākaraṇa-mahābhāṣya.
O.	Manuscript E [3], according to Rau's (1971 : 32) account, from Oriental Institute, Baroda.
P.	Fragmentary Vṛtti manuscript from Śrī Hemacandrācārya Jaina Jñāna-mandira, Pāṭan, Gujarat.
ra र	Raghunātha Śarmā's edition.
RA.	On p. 256. Unclear.
RP.	Raghavan Pillai's edition.
S.	Some manuscript either from Sarasvati Bhavana, Varanasi or Sanskrit College, Calcutta.
Ś.	On p. 85. fns. 3 and 8. Probably misprint for 'S'.
U.	On p. 10 etc. unclear.

For details of manuscripts, editions, articles, etc., see Wilhelm Rau, *Die Handschriftliche Überlieferung des Vākyapadiya und veiner Kommentare*. München : Wilhelm Fink Verlag, 1971. Abhandlungen der Marburger Gelehrten Gesellschaft, Jahrgang 1971, Nr. 1.

द्वितीयकाण्डगतकारिकाणां संक्षेपतो विषयनिर्देशः

वाचकात्मनो वाक्यस्वरूपस्य तावद्वितत्य स्वरूपप्रतिपादनाय द्वितीयकाण्ड-प्रारम्भः ।

आचार्यमतभेदाश्रयेण वाक्योद्देशः (१-२) । वार्त्तिककारीयमीमांसको-क्तयोर्वाक्यलक्षणयोः किं समावेश उत भिन्नविषयतेति विचारः (३) । मीमांसक-वाक्यलक्षणस्यार्थद्वारेण प्रदर्शनम् (४)। वार्त्तिककारीयलक्षणस्याव्याप्तिपरिहारः । (५-६) वाक्यस्फोटे चित्रबुद्धिदृष्टान्तप्रदर्शनम् (७-९) । वाक्येऽसत्यभूतानामेवा-बुधबोधनायपदानां विभागो द्रष्टव्यः (१०)। वाक्यादपोद्धृतानां पदानां केवलमितरपद-सारूप्यमात्रं दृश्यते (११-१२)। विभागैः प्रक्रियाभेदमविद्वान् प्रतिपद्यते (१३) । अभिहितान्वयवादनिरसनम् । अन्विताभिधानवादसमाश्रयेण पदमाद्यं पृथक् सर्वपदं साकाङ्क्षमित्युद्दिष्टयोर्वाक्यलक्षणयोः प्रदर्शनम् (१७) । प्रतिभाभेदव्याचिख्या-सयाऽखण्डपक्षानुबन्धनम् (१८) । व्यक्तिस्फोटस्वरूपप्रतिपादनम् (१९) । जातिस्फोटप्रतिपादनम् (२०) । निरंशस्य स्फोटस्य पूर्वापरभाव उपाधिकृतः (२२) । कालस्येव निरंशस्य वाक्यस्यौपाधिकभेदः (२४) । पदवादिदूषणम् (२८) । अन्तरेवानवयवं बोधस्वभावं शब्दार्थमयं निर्विभागं शब्दतत्त्वं नादैर्बहिः प्रकाशितं वाक्यम् (३०) । वाक्यार्थोऽपि प्रतिभात्मकोऽखण्डः पदार्थभागैरभि-व्यज्यते । एकस्यैवात्मनो भेदौ शब्दार्थावपृथक्कृतौ (३१) । आन्तरस्य ज्योती-रूपस्य शब्दतत्त्वस्य शक्तिभेदात् प्रकाशकप्रकाश्यत्वम् (३२) । तस्यैवास्तित्व-नास्तित्वसामर्थ्ये (३३) । शब्दानां रूढयरूढिविभागः शास्त्र एवानुगम्यते । पदवादिमतदूषणम् (३४) । न केवलं केवलानां पदानां नियतरूपासम्भवः, वृत्ता-वपि स्थितानां नियतरूपासम्भवः (३६) । शब्दानां रूढयरूढिविभागः शास्त्र एवानुगम्यते (३७)। शास्त्रमुपायः शब्दपरिज्ञाने । उपायश्च न नियतः (३८)। एकस्मादपि वर्णाद् वाक्यार्थः प्रतीयते क्वचित् (४०) । अभिहितान्वयाश्रयेण सङ्घातपक्षस्य प्रदर्शनम् (४२)। वाक्यार्थस्य जातिवत् प्रत्येकपरिसमाप्तिः, सङ्ख्यावत् समुदायपरिसमाप्तिरिति पक्षद्वयदर्शनम् (४३) । सङ्घातपक्ष एव प्रकारान्तरेणा-न्विताभिधानप्रदर्शनम् (४४-४५)। सर्वभेदानुगुणसामान्यरूपो विशेषान्तरसन्नि-धानाद्विशेषविश्रान्तः पदार्थ एव वाक्यार्थः (४६) । साधनं साध्यं च परस्परं नियतमेव । आकाङ्क्षादिवशान्नियमः सन्नैव प्रकाशते (४७)। परस्परापेक्षायां समानायामपि विशेषो वर्तते (४८) । क्रमव्यतिरेकेण शब्दात्मकं न वाक्यम-

भिधायकमस्ति (४६)। सङ्घातक्रमानवयवस्फोटपक्षाणामुपसंहारः (५४-५६)। न लक्षणेन पदकारा अनुवर्त्याः, पदकारैर्नाम लक्षणमनुवर्त्यम् (महा. भा. पा. ३-१-१०६) इत्याद्यवलम्ब्य सूत्रभाष्यकारयोरखण्डपक्षोऽभिरुचितः (५७)। पदप्रकृतिः संहितेत्यत्र वृत्तिभेदः (५८)। न लक्षणेनेत्यत्र भाष्यकाराभिप्रायः (५६)। पदवादिदूषणम्। पदान्यनर्थकान्येव । वाक्यादेवार्थप्रतीतिः (६०)। पदवादिप्रतिविधानम्। पदे वर्णा अर्थवन्तो वाक्ये पदान्यपि (६१) । अर्थवानपि वर्ण एकैकं न प्रत्यायकः संसृष्टस्तु वाचकः (६२)। यथा समुदिताः परस्पर-शक्त्यावेशाद्वर्णा वाचकाः, एवं पदान्यपि तथैवेति वर्णपदव्यतिरेकेण वाक्यं नास्ति (६३)। यदि पदार्थनिबन्धनो वाक्यार्थावभासो नाङ्गीक्रियते तदा प्रतिनिधि-कल्पनं पिकादिनियतपदप्रश्नः श्रुतिवाक्ययोर्विरोधे श्रुतिर्बलीयसीत्यवान्तर-वाक्यानामर्थवत्त्वं च न स्यात् लक्षणानुपपत्तिश्चेति पञ्च पदवादिनश्चोद्यानि (६४-७६)। पदार्थोपनिबन्धना वाक्येषु न्यायाः सकलशास्त्रीयलौकिकव्यवहारनिबन्धन-भूताः पदपदार्थानङ्गीकरणे न प्रकल्पन्त इति पदवादिमतम् (७७-८७)। अविभक्ते निर्विभागे वाक्यार्थे शक्तिभेदसमाश्रयणे न चापोद्धृते सत्यवान्तरवाक्या-र्थोपजननात् सर्वमेतत् सिद्धयतीति समाधानम् (८८)। अपोद्धारमाश्रित्य पिकादिसन्देहचोद्यसमुद्धरणम् (६१)। एकपदार्थसन्देहे सकलमेवाज्ञातं वाक्यम् (६२)। अत्यन्तं भिन्नधर्माणां वाक्यानां भागाऽभावेऽपि भागे सादृश्यं भागे भेदश्चा-वसीयते (६४)। दध्यानयेत्यादिसंहितायां रूपनाशात् कथमवधिकल्पना (६५)। श्वेत इत्यखण्डमेव प्रत्यायकम् (६७)। श्वेतो धावतीत्यत्रावान्तर-वाक्योपप्लावनेनोभयार्थता भवति (१०१)। संहितावशादेकोऽपि शब्दो रूपान्तरेणावभासते (१०५)। अपोद्धारसमाश्रयणेन वाक्यान्तराण्युपकल्प्य पृथ-गर्थत्वमप्येषामुपकल्प्यते (११२)। निर्भागेऽपि वाक्यार्थे ये विकल्पास्ते पुरुषाणा-मनेकशास्त्रभावनासमाश्रया बोद्धव्याः (११६)। अभ्यासात् सर्वोऽपि शब्दः प्रतिभाया एव हेतुः। इयं प्रतिभा सकलप्राणिसंवेद्या शब्दनिमित्ता सकलव्यवहार-मूलभूतानपह्नवनीया (११७)। अभ्यासोऽनागमः अस्मिन् जन्मनि शास्त्राभ्यास-जनितो न भवति। जन्मान्तरभाव्येव भवति। कैश्चित् सङ्केतस्वभावः स इष्यते (११८)। अभ्यासश्चानन्तरमिदं कार्यमित्युपदर्शनस्वभावः (११८)। अपो-द्धारेण पदार्थविभागे सति तद्विवेचनम्। अपूर्वदेवतास्वर्गपदार्थैः समं सर्वशब्दानां वाच्यम् (११६)। नाकारप्रथनमिति यावत्। यत्राकारविशेषपरिग्रहः स यत्नान्तरसाध्यः (१२०)। जात्यादयः शब्दवाच्याः। आकारविशेषप्रतीतिस्तु अनुनिष्पादिनी। जातिशब्दस्तु तां नालम्बते (१२१-१२२)। न हि सकल-विशेषसंहितमर्थं शब्दः प्रत्याययितुमलम्। यजेतेत्यत्र क्रिया वाच्या, साधन-योगोऽनुनिष्पादी (१२३-४)। सर्वाकारमेवाभिधेयं गुणप्रधानभावेन तस्मात्

प्रतीतमित्ययं पक्षः शोभनः (१२५)। समुदाय एव तुल्यकक्ष्यतया शब्दस्यार्थः इति चतुर्थः पक्षः (१२६)। जातिगुणक्रियात्मकस्यार्थस्यासत्यभूतः संसर्ग एव शब्दार्थ इति पञ्चमः पक्षः (१२६)। सत्यमेवासत्योपाधिविचित्रितं शब्दवाच्यमिति षष्ठं मतम् (१२७)। शब्द एव स्वरूपलक्षणः शब्दस्य वाच्यः (१२७)। सोऽयमित्यभिसम्बन्धाद् रूपमेकीकृतं शब्दस्यार्थेन यदा तं शब्दमभिजल्पं प्रचक्षते (१२८)। लोकेऽर्थांशस्य प्राधान्यम्, शास्त्रे क्वचित् स्वरूपप्रधानो निर्देशः, क्वचिच्चार्थप्रधानः (१३०)। अर्थः सर्वशक्तिः शब्देन तु प्रतिनियतं शक्त्याभिधानमिति नवमः पक्षः (१३१)। बुद्ध्युपारूढ एव शब्दस्यार्थः न बाह्यः इति दशमः पक्षः(१३२)। कैश्चिच्छब्दैः संवेद्या आकारविशेषवन्तः, कैश्चिन्नकाराकाराः संविद्रूपाः (१३३)। नियतवासनावासितचेतसां शब्दार्थप्रतीतिरिति नास्ति कश्चिन्नियत्त एकः शब्दस्यार्थः (१३४)। तथा च वैशेषिके नावयविनं प्रत्याययितुं घटशब्दः प्रयुक्तः। साङ्ख्यैर्गुणसमाहारमात्रमभिव्यज्यते। जैनसौगतैः परमाणुसञ्चयमात्रमिति तथैव तेषां तस्मादर्थप्रतिपत्तिः (१३५)। तस्माददृष्टतत्त्वानां सापराधं बहुच्छलं दर्शनं वचनं चापि नित्यमेवानवस्थितम् (१३८)। परमर्षीणां दर्शनं तात्त्विकं भवति, परं तु न तेन व्यवहारोऽस्ति, न तच्छब्दनिबन्धनम् (१३९)। प्रत्यक्षस्याप्यव्यवस्थितिः (१४०)।

एवं मतभेदं प्रदर्शितस्य द्वादशधा पदार्थस्य पदकाण्डे जात्यादिप्रपञ्चैः प्रविभज्य स्वरूपं निर्णेष्यति। प्रतिभास्वरूपनिरूपणम् (१४३-१५३)।

प्रतिभायाः शब्द एव मूलम् इति भावनानुगतादेतदागमादेव जायते इत्यत्रोक्तम्। तस्यानिमित्तभेदेन षाड्विध्यम् (१५२)। मुख्यनान्तरीयकभेदेन पदार्थे विचारः। शब्दः संयोगिभिर्द्रव्यैर्लक्षितेऽर्थे प्रयुज्यते, न त्वसौ तेषां प्रकाशकः। आकारादयो व्यभिचरितत्वाच्छब्दवाच्या न भवन्ति। यद्धि प्रयोजकं शब्दस्य तदेव तस्य वाच्यम्। अन्यन्नान्तरीयकम् (१५३-१५४)। संख्याप्रमाणसंस्थाननिरपेक्षः सलिलशब्दः प्रवर्तते (१५६)। प्रवृत्तिनिमित्तापगमे तत्राभिधावृत्तिमान् शब्दो न प्रयुज्यते (१५८)। येऽर्थाः प्रयोजकसहकारिणस्तेषां सान्निध्यमसान्निध्यं वा शब्दप्रवृत्तावकारणम् (१५९) रोमशफादीनां व्यभिचार इव जातेर्विप्रयोगे गोशब्दो न प्रवर्तते (१६०)। प्रत्यक्षमपि नैव सफलमर्थस्वरूपं परिछिनत्ति, किं पुनः शब्दः (१६१)। शब्दादेकदेशावसायेन नित्यसहचारिधर्मान्तरावसायः (१६२)। नैयत्येनादृष्टविप्रयोगो जात्यादिरेव शब्दस्य सम्बन्धित्वेन वाच्यत्वेन गम्यते (१६३)। नामपदेषु प्रत्ययभागार्थविचारः। तस्य सङ्ख्याकर्मादयो वाच्यत्वेन द्योत्यत्वेन वार्थाः। प्रकृतिप्रत्ययसमुदाय एव सङ्ख्यादिविशिष्टस्यार्थस्य वाचक इति केचित्। सङ्ख्याद्युपलक्षितस्येत्यपरे (१६४-५)। नित्यसम्बन्धानां शब्दानामन्वयव्यतिरेकाभ्यामर्थविभागः (१६६)। यत्रान्वय-

व्यतिरेकावुपलभ्येते तत्रैव नियमः (१६७)। यत्र प्रकृतिप्रत्यययोः पृथगेवार्थवत्त्वं दृश्यते तत्र पृथगर्थाभिधानमेवाङ्गीकार्यम् (१६८)। अन्यथापोद्धारो नाश्रयणीयः। कूपसूपयूपादिषु सङ्घात एव वाचकः (१६९)। अन्वाख्यानानि भिद्यन्ते शब्दे व्युत्पत्तिकर्मसु (१७० ff)। गोलक्षणस्यार्थस्य नानाविधा अवस्था दृष्टाः। तदवगमेनैवार्थमाहुराचार्याः (१७४)। एवं सनिमित्तमन्वाख्यानं निमित्तं च वाच्यं बहुधा कैश्चित् कथञ्चित् किञ्चिदुक्तस्वरूपं निमित्तमुभयं वेति दर्शितम् (१७५)। किं भिन्नमेव रूपं शब्दस्य आहोस्विदभिन्नमिति विचारः (१७६ ff) पूर्वं धातुः साधनेन युज्यते, पूर्वमुपसर्गेण युज्यते इति पक्षद्वयम् (१८२-१८४)। उपक्रम एवासौ क्रिया विशिष्टैवोपगन्तुं युक्ता (१८५)। उपसर्गस्वरूपप्रदर्शनम्। सम्भविना यदोपसर्गैर्व्यज्यन्ते (१८७)। कदाचिद् वाचकाः कदाचिद् द्योतकाः (१८८)। सर्वत्र द्योतकत्वमिति सिद्धान्तो द्विविधेनानुमानेन (१८९)। धातूपसर्गयोः सम्भूयार्थाभिधायकत्वम् (१९०)।

स्वार्थिकप्रत्ययानां स्वरूपम् (१९१)। यावक इत्यत्र कनादयः सम्भूयार्थबोधकाः। निपाताः केचिदनर्थकाः केचित् स्वार्थवन्तः। वाचकत्वद्योतकत्वविचारः। चादयः केवला न प्रयुज्यन्ते, अतो न वाचकाः। प्रत्ययो वाचकत्वेऽपि केवलो न प्रयुज्यते (१९४)। शब्दशक्तिस्वाभाव्यान्निपातैः समुच्चितादेरसत्त्वभूतस्याभिधानम् (१९५)। अत एव समुच्चिताभिधानेऽपि न केवलः प्रयोगो नापि विशेषणसम्बन्धः (१९६)। सम्बन्धावच्छेदहेतवः कर्मप्रवचनीयाः। (१९७)। क्रियाया द्योतको नायं सम्बन्धस्य, न वाचकः। नापि क्रियापदाक्षेपी सम्बन्धस्य तु भेदकः (२०४)।

यदि वर्णसङ्घातः पदं, वर्णा अप्यर्थवन्तः, पदमप्यर्थवत्, पदसङ्घातश्च वाक्यम्, सङ्घातस्यापि चार्थवत्त्वं तदा कथं वाक्यवाक्यार्थाखण्डपक्षः इति विरोधाशङ्का। नहि पदानामर्थवत्त्वस्य वाक्यार्थ इव वर्णानामर्थवत्त्वस्य पदानामर्थवत्त्वे उपयोगः। पदार्थे वर्णार्थघटितत्वस्याननुगमः। एवं वर्णानामर्थवत्त्वाभावे पदे वर्णरूपा अवयवा न सन्ति (२०४-६)। अर्थवद्भ्यः सङ्घातोऽर्थवान् उपजायते समासरूपः। स्वार्थिकादिष्वेवं न भवति (२०७-८)। अर्थवन्तः सङ्घाता द्विविधाः। भेदे (वाक्ये) निर्ज्ञातशक्तयः (शमीवृक्षः दाडिमीवृक्षः) इति केचित्, अपरे तत्त्वेनाप्रत्यभिज्ञायमानाः संज्ञुप्रज्ञ्वादयः (२०९) वार्त्तिककृतां वर्णानामर्थवत्त्वं शास्त्रीयमेवोक्तं न लौकिकम् (२१०)। किञ्चिद्वर्णशून्यसङ्घातस्य शब्दान्तरत्वमेकशब्दत्वं वेति मतद्वयेऽपि अवयवानामानर्थक्यम्। समास इव वाक्येऽपि नावयवार्थप्रतिपत्तिः (२१६-७)। तस्मात् सङ्घात एवैको विशिष्टार्थनिबन्धनम् (२२०)।

अखण्डपक्षे चोद्यपञ्चकं समाधानं च । (२२६-२३२) । शास्त्रेषु प्रक्रिया-भेदैरविद्यैवोपवर्ण्यते (२३३) । यथाभ्यासं शब्दोऽर्थप्रतिपत्तिं समीहते (२३५) । असत्ये वर्त्मनि स्थित्वा ततः सत्यं समीहते (२३८) ।

पुनरपि पदपदार्थनिराकरणम् । पदार्थप्रतिपत्त्यवसरेऽन्यथा प्रतिपद्यते, वाक्यार्थावसरे, तत्परित्यागेनान्यथैव प्रतिपत्तिः (२३९) । उपात्तानां बहूनामर्था-नामन्ते निषेधः, नैतद्युक्तम्, उपात्तस्य त्यागे सम्बन्धानित्यत्वम् । अतः पदार्था नाश्रयणीयाः (२४०) । नञो बुद्धिनिषेधात्मके व्यापारेऽङ्गीक्रियमाणे वृक्षा-भावावगतिर्न स्यात् (२४३) । अतोऽखण्डादखण्ड एव विशिष्टाभावरूपो वृक्षो नास्तीत्यत्र वाक्यार्थः (२४४-२४५) । स्तुतिनिन्दाप्रधानेषु वाक्येषु पूर्वं निन्दास्तुतिप्रतीतिः पदार्थसत्त्वे नोपपद्यते (२४८) । असंसृष्टपदार्थपूर्वको वाक्यार्थावसायो न युज्यते (२४९) ।

मुख्यगौणविचारप्रारम्भः (२५० ff) प्रतिक्षिप्तमपि पक्षं व्यवहारार्थमङ्गी-करोति टीकाकारः। सर्वपार्षदं हीदं शास्त्रम् । सर्वेष्वर्थेष्वेक एव गोशब्दो वाचकः। निमित्तभेदात् सार्वार्थ्यं भिद्यते । अर्थप्रकरणे निमित्तम्। एक एव गोशब्दः सास्नादिमति वाहीके च प्रयुज्यते । प्रसिद्धिभेदान्मुख्यत्वं गौणत्वं च । एक एव मन्त्रो भिन्नशक्तिः । अयं शब्दोपचारः (२५४) । शब्दस्य स्वरूपमेव सर्वत्र वाच्यम् । तत्तु गोजातीये कदाचिदनुषज्यते, कदाचिद् वाहीके इति नास्त्यनित्यत्वं शब्दार्थसम्बन्धयोः (२५६) । गौणमुख्यार्थाभिधायिनोः गो-शब्दयोः भेदमाहुरनेकशब्ददर्शिनः (२५७) । विनियोगभेदेन मन्त्रभेदः (२५८) । मन्त्राणां स्वरूपार्थमेव पाठः कैश्चिदिष्यते (२६०) ।

एकशब्ददर्शनेऽनेकशब्ददर्शने चार्थप्रकरणशब्दान्तरसन्निधानानि गौण-मुख्यभावं प्रयोजयन्ति (२६४)। यत्रास्खलद्गतिः शब्दस्त्र मुख्योऽर्थः, स्खलद्-गतित्वे तु गौणार्थता (२६७) । न केवलार्थप्रकरणादिना गौणमुख्यविभागः । पुरारादित्यत्रोभयोर्मुख्यार्थत्वात् (२६८) । अखण्डपक्षेऽपोद्धारसमाश्रयवर्णन-प्रसिद्ध्यप्रसिद्धिनिमित्तको गौणमुख्यव्यवहारः (२६९) । एकपदचरितक्रिय-त्वाद्वाक्यमेव । तदन्येन नैव युज्यते (२७०-१) । न्यूनाधिकभावस्यापेक्षिकत्वान्न तेन गौणमुख्यव्यवहारः (२७२) । सादृश्यं गौणमुख्यभावे निमित्तम् (२७३) । अध्यवसायेनाध्यारोपेण वा विपर्यासाद् गौणमुख्यव्यवहारः (२७४) । रूप-शक्तिभ्यां स्वभावेनैव समवस्थितो नियतताद‍र्थ्यः शब्दः शक्त्यान्यत्र प्रयुज्यते (२७५-७) । बौद्धः शब्दार्थो नास्ति शब्देषु गौणमुख्यव्यवहार इति पक्षः तत्साधनं च (२८५-२९७) । यच्चोपघातजं ज्ञानं यच्च ज्ञानमलौकिकं न ताभ्यां व्यव-हारोऽस्ति (२९७) ।

शब्दानां मुख्यनान्तरीयकविचारः (२९८)। सिद्धं धात्वर्थमभिधातुं प्रयुक्तो भावसामान्यवाची भावशब्दः पाकशब्दो वा स्वं मुख्यमभिदधत् नान्तरीयकतया स्थितान् लिङ्गसङ्ख्यादिकान् व्यञ्जनया प्रत्याययति (२९९)। अत्यन्तसंसृष्टोऽर्थः त्यक्तुं न शक्यते (३००-२)। बहूनां सन्निधानेऽपि प्रयोजक एव वाच्योऽर्थः (३०३)। गुणप्रधानताविपर्ययः पदार्थैकदेशाविवक्षा, सकलपदार्थविवक्षा, उपात्तपदार्थपरित्यागेनान्यार्थोपलक्षणम् इति प्रकारचतुष्टयम् (३०४-१३)।

शब्दार्थनिर्णयोपायाः (३१४)। संसर्गादयः शब्दार्थविच्छेदहेतवः (३१५)। भेदपक्षेऽपि रूपसादृश्यात् सन्देहे प्रकरणादिभिर्निर्णयः (३१७)। स्तुतिनिन्दा प्रकल्पनासत्या विधिनिषेधयोरेव वाक्यार्थत्वात् (३१९-२३)। यत्र स्तुतिनिन्दे एव मुख्ये तत्र प्रवृत्तिनिवृत्ती उपदिश्येते (३२४)। पदार्थरूपं वाक्यार्थोपनिबन्धनम् (३२५)।सापेक्षा वाक्यार्थाः पदार्थतुल्याः (३२५)। चरितक्रियं पदं वाक्यम् आख्यातं केवलं विशिष्टाभिधायकं वाक्यमेव (३२५-६)। श्रुतार्थापत्त्याप्रयुक्तपदार्थबोध इति मीमांसकाः।(३२७-३४)। एकपदमेव शब्दान्तराभिसम्बन्धमन्तरेण प्रकरणादिवशात् तत्तदर्थप्रत्यायननिपुणम् (३३६)। यदि श्रुतार्थापत्तिर्नाङ्गीक्रियते निरुक्तसम्मतनामाख्यातलक्षणं पदचतुष्टयत्वं च विरुध्येत (३४१)।

वाक्यस्य बुद्धौ नित्यत्वमर्थयोगं च लौकिकम्। दृष्ट्वा चतुष्ट्वं नास्तीति वार्ताक्षौदुम्बरायणौ।(३४२)। ज्ञापकगम्यश्चार्थः सर्वत्र वाक्यादेवावगम्यते। बाध्यबाधकभावेऽपीयमेव स्थितिः। अपवादशास्त्रे उत्सर्गशास्त्रीयवाक्यार्थसङ्कोचकत्वमेव। बाधकत्वमसङ्कुचितवाक्यार्थबोधजनकत्वमेव चोत्सर्गशास्त्रे बाध्यत्वमित्ययमेव बाध्यबाधकभावः। स च वाक्यादेव प्रतीयते न वाक्यैकदेशादिति वाक्ये वाक्यैकदेशकल्पना प्रामाणिकी (३४४-३५१)। पदेषु पदैकदेशाः सन्ति न वेति विचारप्रसङ्गे संज्ञाशब्दैकदेशे यस्तस्य लोपो न विद्यत इत्युक्तम्। देवदत्तादिशब्दान्तर्गतावयवसरूपा अनुनिष्पादिन्यायेन संज्ञात्वेन विनियुक्ता अपि देवादयो दत्तादयश्च शब्दा अन्यार्थसाधारणत्वान्नियमेन देवदत्तादिशब्दसंज्ञिनमभिधातुमसमर्थाः साधुत्वे सत्यपि। जे-द्रा-घेत्यादीनां साधुत्वमपि नास्ति। नित्य एव तु सम्बन्धो डित्थादिषु गवादिवत् (३६४)। शास्त्रेऽपि तथैव व्यवहारनियमः संज्ञाशब्दानामवसातव्यः। संज्ञाशब्दानां चातुर्विध्यम्। क्वचिदकृत्रिमसंज्ञाशब्दो गृहीतः कृत्रिमस्यापि प्रत्यायनं करोति (३६९-७०)। क्वचित् प्रत्येकं वाक्यपरिसमाप्तिः, क्वचित् समुदाये वाक्यपरिसमाप्तिः (३७१)। शास्त्रे प्रत्येकं वाक्यपरिसमाप्तिः (३७७)। क्वचित् शास्त्रे लोके च समुदाये वाक्यपरिसमाप्तिः।(३७८)। क्वचिदेकत्रैवोभयथा वाक्यपरिसमाप्तिः (३८०)। अङ्गवाक्यानि प्रत्येकपर्याप्तान्येव, अङ्गिवाक्यं तु समुदायपर्याप्तं प्रत्येकपर्याप्तं च

(३८६) । प्रत्येकमखण्डस्येव वाक्यार्थस्य परिसमाप्तेः पदार्थानामनुपयोगात् पदार्थकल्पना वृथैव । समुदायवाक्यपरिसमाप्तिपक्षे समुदायार्थेन न सङ्घ एवार्थवान्, तदवयवा अपि । अपि तु सकलपदोपलम्भकाल एव प्रतीयते । वाक्यस्यैवार्थवत्त्वं महता प्रबन्धेन व्यवस्थापितम् । यद्यप्यत्र भिन्नान्यागमदर्शनानि दृश्यन्ते तथापि नाभ्युपगतस्याखण्डपक्षस्य त्यागः (३९८) । शब्दस्यार्थाभिधाने स्वव्यापारः "यथा प्रणिहितं चक्षुर्दर्शनायोपकल्पते तथाऽभिसंहितः शब्दो भवत्यर्थस्य वाचकः ।" शब्दः स्वाभाविकेनैव सम्बन्धेनार्थप्रत्यायकोऽप्यभिधातृसम्बन्ध्यभिसन्धानमपेक्षते एव (४००) । विनियोगः, शक्तिः, अभिधानमभिधेति चतुष्कस्योपयोगः प्रतिपाद्यते । एकशब्ददर्शनेऽभिसन्धाननिमित्ताभिधालक्षणव्यापारसमाश्रयणेन शब्दस्य तत्तदर्थाभिधानम् । अनेकशब्ददर्शने प्रकरणादिभिरेव तत्तदर्थप्रकाशनम् । पुनरखण्डवाक्योपक्रमेण वाक्यवाक्यार्थनिर्णयः । अखण्डं वाक्यमेव वाचकम् । यदन्तराले पदार्थेषु ज्ञानमुपजायते प्रतिपत्तेरुपायोऽसौ । यतः प्रथमसमय एव वाक्यवाक्यार्थयो रूपं नावधार्यते (४१०) । अक्रम एव निर्विभागः पानकरसादिवत् प्रतिभात्मको वाक्यार्थः स्फोटात्मकं च वाक्यं प्रकाशते (४१५)। पदार्थो विपरीतख्यातिरूपोऽसत्ख्यातिरूपो वेति पदार्थस्यासत्यत्वम् । तदाच्छुरितस्य वाक्यार्थस्यैव सत्यत्वम् । पदानां केवलानामर्थव्यतिरेकेण स्थितानामर्थवत्ताविरहः (४१९-२०) वाक्यवाक्यार्थौ व्यवहार्यत्वात् सत्यभूतौ इति अर्थप्रतिपत्तये वाक्यमेव प्रयुज्यते (४२३) । अतो व्यवहारे केवलः पदार्थो नास्त्येवेति बोद्धव्यम् (४२४) । साधनं यथा निष्क्रियं न भवतीत्याकाङ्क्षावशात् क्रियापेक्षकमुच्यते तथा क्रियापि निस्साधना न भवतीत्याख्यातप्रतिपाद्ये क्रियालक्षणे सत्त्वाभिधानेन विनाऽऽकाङ्क्षा न निवर्तत इति (४२६) । अर्थस्य वाक्यार्थलक्षणस्याख्यातपदप्रतिपाद्यस्य क्रियाप्रधानत्वात् क्रियैव प्राधान्यात् पूर्वं प्रविभज्यते, न साधनानि यस्मात् साध्यार्थसाध्यनिष्पत्तये प्रयुक्तानि साधनानि । अतोऽङ्गात् प्रधानभूतानि तानीति न तेषां तत्र प्रविभागः । फलं क्रियायाः प्रयोजकम् । फलप्रयुक्ता क्रियापीति फलापेक्षया क्रियाया अङ्गत्वं बोद्धव्यम् (४२७) । सर्वोऽयं साध्यसाधनव्यवहारः काल्पनिकः, तयोश्च साध्यसाधनयोः परस्परसम्बन्ध आपेक्षिक एव न वास्तवः (४२८) । अनेकशक्तिरर्थः स्थितोऽपि यद्यदुपकारवशात् प्रयोक्तृभिर्विवक्ष्यते तथैवात्मानमुपदर्शयति (४३०) । अतिदूरमपि विप्रकृष्टेषु पदार्थेषु कदाचित् परस्परसम्बन्धः संश्लेषोऽभिधीयते । कदाचित्तु य आश्लिष्टः सम्बद्धो दूरत इति विवक्षावशात् प्रतीयते (४३१) ।

'संसृष्टानां विवेकित्वं संसर्गश्च विवेकिनाम्।
नानात्मकानामेकत्वं नानात्वं च विपर्यये ।। (४३२)
सर्वात्मकत्वादर्थस्य नैरात्म्याद् वा व्यवस्थितम् ।
अत्यन्तयतशक्तित्वात् शब्द एव निबन्धनम् ।।४३३) ।

न स्वशक्तिः पदार्थानां संस्प्रष्टुं तेन शक्यते ॥ (४३४) ।
लक्षणाद् व्यवतिष्ठन्ते पदार्था न तु वस्तुतः ।
उपकारात् स एवार्थः कथञ्चिदनुगम्यते ॥(४३६) ।
वाक्यार्थे योऽभिसम्बन्धो न तस्यात्मा क्वचित् स्थितः ।
व्यवहारे पदार्थानां तमात्मानं प्रचक्षते ॥(४३७) ।

वाक्यस्यात्मा क्वचित् पृथग्रूपतया अवधारयितुं शक्यते । पदार्थानां व्यवहारावसरे तमात्मानं जीवितमिव प्रचक्षते, तद्वशात् तत्प्रतिपादितपदार्थोद्देशेन सर्वस्य कस्यचित् प्रवृत्तिनिवृत्तिसाफल्यात् । स चैकस्मिन् पदार्थे समुदाय एव वा परिसमाप्तो बोद्धव्यः । केवलं पदार्थसम्बन्धिना स्वरूपेणाखण्डस्य वाक्यार्थस्य स्वरूपं प्रतिपद्यते (४३७-४३८) । योऽयं वाक्यार्थः सत्यरूप इति निर्णीतं स वाक्यार्थो बौद्ध एवाबहीरूपः (४४१) ।

बहुष्वपि तिङन्तेषु साकाङक्षेष्वेकवाक्यता ॥ (४४२)
इति कर्तव्यतार्थस्य सामर्थ्याद् यस्य काङक्ष्यते ।
अशब्दलक्षणाकाङक्षं समाप्तार्थं तदुच्यते ॥(४४५)

अर्थप्रत्यायनाभेदेऽपि शब्दवृत्तेन गुणप्रधानभावतयाभिधानं शब्देषु सम्भवति (४४७) । शब्दभेदात् सामर्थ्यादर्थप्रतिपत्तिवैचित्र्यं भवति ।

फलवन्तः क्रियाभेदाः क्रियान्तरनिबन्धनाः
असङ्ख्याताः क्रमोद्देशैरेकाख्यातनिदर्शनाः ॥(४४८)

आख्यातपदे क्रिया सर्वैव निवृत्तभेदा सामान्येनाभिधीयते, यस्माच्छ्रुतिमात्रात् सामान्येन श्रुताद्भेदानां प्रविभागरूपताऽवसातुमशक्या (४४९-४५०) । वैदिकमुदाहरणम् (४५१) । देवदत्तयज्ञदत्तविष्णुमित्रा भोज्यन्तामित्यत्र देवदत्तादिषु यथासङ्ख्येन सम्बन्धानुपपत्तेर्भुजिक्रिया तेषु प्रत्येकमवतिष्ठते(४५२-३) शास्त्रेऽपि च 'कर्तरि कृत्' इत्येकं प्रत्ययार्थप्रतिपादकं सामान्येन ग्रहणकवाक्यमुपादीयते (४५४) । आख्याते धातुवाच्याऽसत्त्वभूता पूर्वापरीभूतावयवा साध्यमानावस्था या क्रिया तस्याः कीदृशो जातिव्यक्तिव्यवहार इति विचारः (४५७) । अक्षा भज्यन्तां भुज्यन्तां दीव्यन्तामिति या भिन्नजातिका भिन्नशब्दवाच्याश्च क्रियास्ता वाक्यभेदोपादानरहिता अपि प्रत्येकसमाप्त्या भेदेनैव स्थिताः । यस्मादन्यसाधनानि तत्र निबद्धानि इति प्रतिपत्तिवेलायां भेदेनैव क्रिया यथास्वसम्बन्धमुपयान्ति (४६०) । यस्माच्छब्दाः क्रमेण विभागेनैव कदाचिद् प्रयुज्यन्ते कदाचित् तन्त्रन्यायसमाश्रयणेन युगपदेवेति शब्दानां प्रयोगवेलायां क्रमयौगपद्ये उपायस्तदत्र तन्त्रेण युगपदेव भिन्नाः प्रयुक्ता अक्षा इति क्रियाभेदेनैवैषां सम्बन्धं गच्छन्ति ।

द्वावुपायौ च शब्दानां प्रयोगे समवस्थितौ ।
क्रमो वा यौगपद्यं वा यौ लोको नातिवर्तते ।।(४६२)

महाभाष्यस्यावतारान्वाख्यानम् । वाक्यपदीयस्य गुरुपूर्वक्रमप्रतिपादनं च । संक्षेपरुचीन् वैय्याकरणान् प्राप्य सङ्ग्रहस्यास्तगमनम् । गुरुणा तीर्थदर्शिना पतञ्जलिना सर्वेषां सङ्ग्रहगतानां न्यायबीजानां महाभाष्ये निबन्धनम् । तस्मिन्नकृतबुद्धीनां न सम्यक् प्रवेशः । बैजिसौभवहर्यक्षैस्तस्य सङ्ग्रहप्रतिकञ्चुकस्य विप्लावनम् । पतञ्जलिशिष्येभ्यो भ्रष्टस्य व्याकरणागमस्य दाक्षिणात्येषु ग्रन्थमात्रेणावस्थानम् । भाष्यबीजानुसारिभिश्चन्द्राचार्यादिभिः पर्वतादागमलाभः, तस्य बहुमार्गत्वप्रापणं च । भर्तृहरेर्गुरुणा तेषां न्यायप्रस्थानमार्गाणां स्वदर्शनस्य चाभ्यासः । ततोऽस्यागमसङ्ग्रहस्य प्रणयनम् । केषाञ्चिद् वर्त्मनां प्रकृते ग्रन्थे वस्तुमात्रोदाहरणम् । तृतीये काण्डे न्यक्षेण विचारणप्रतिज्ञा । तर्कादागमस्योत्कर्षः (४७६-४८५) ।

द्वितीयं काण्डम्

[1]एवं शब्दस्य प्रयोजनसहितं स्वरूपादिकं लेशतो निर्णीतम् । तस्य च साधारण्येन वाचकत्वं व्यवस्थापितम् । इदानीं मतभेदेन केषाञ्चित्-पदं वाचकम् अन्येषां वाक्यमिति वाचकात्मनो वाक्यस्वरूपस्य तावद्वितत्य[2] स्वरूपप्रतिपादनाय द्वितीयकाण्डप्रारम्भः । तत्राचार्यमतभेदाश्रयेण[3] तावद् वाक्योद्देशार्थमाह—

आख्यातशब्दः सङ्घातो जातिः सङ्घातवर्तिनी ।
एकोऽनवयवः शब्दः क्रमो बुद्ध्यनुसंहृतिः[4] ॥१॥
पदमाद्यं पृथक् सर्वं[5] पदं साकाङ्क्षमित्यपि ।
वाक्यं प्रति मतिर्भिन्ना बहुधा न्यायवादिनाम् ॥२॥

एतेऽष्टौ वाक्यविकल्पा[6] आचार्याणाम् । तत्राखण्डपक्षे जातिः सङ्घातवर्तिनी[7], एकोऽनवयवः शब्दः, बुद्ध्यनुसंहृतिरिति त्रीणि लक्षणानि । खण्डपक्षे तु आख्यातशब्दः क्रमः, सङ्घातः पदमाद्यम्, पृथक् सर्वं[8] पदं साकाङ्क्षमिति पञ्च लक्षणानि । अत्रापि सङ्घातः क्रम इत्यभिहितान्वयपक्षे लक्षणद्वयम् । आख्यातशब्दः, पदमाद्यम्, पृथक् सर्वं[9] पदं साकाङ्क्षमित्यन्विताभिधानपक्षे लक्षणत्रयमिति विभागः । इह च **पदप्रकृतिः संहिता** इति प्रातिशाख्यम् (ṚK. Prā 2.1), । तत्र पदानां प्रकृतिः कारणं पदप्रकृतिः संहितेत्यखण्डपक्षः । पदानि प्रकृतिर्यस्याः सेति खण्डपक्षश्च प्रादुर्भवति । तत्राख्यातशब्दो वाक्यमिति परस्ताच्छब्दार्थनिर्णय इति प्रकरणे दर्शयिष्यति । यथा "आख्यातशब्दे[10] नियतं साधनं यत्र गम्यते । तदप्येकं समाप्तार्थं वाक्यमित्यभिधीयते ॥" (v.327(a).) 'केवलेन पदेनार्थः' [11] (v. 41.) इत्यादिना श्लोकाष्टकेन सङ्घातो वाक्यमिति दर्शयिष्यति । "यथैक

1. BU has श्रीगोपीजनवल्लभो विजयतेतराम् । ओं नमः श्री भगवत्पाणिनिकात्यायनपतञ्जलिभ्यः । before एवं. O has ओं श्रीकाशीविश्वेश्वराभ्यां नमः । before एवं. K. has श्रीगणेशाय नमः । ओं गणपतये- नमः । अविघ्नमस्तु । before एवं. S. has ओं श्रामहाविभवे नमः । अविघ्नमस्तु । before एवं. 2. B. °तस्य. 3. B °शयेण. 4. BS °संहृतिः 5. OS सर्वंपदं 6. BU, O om. वाक्य. 7. K. °वर्द्धिनी 8. B,BU,O सर्वंपदं 9. B,BU,O,S सर्वंपदं 10. B,BU,O, K,S. °शब्दो । 11. B. पदेऽर्थः : BU पादार्थ

एव सर्वार्थः" (v. 7.) इत्यादिना "देवदत्तादयो वाक्ये तथैव स्पुरनर्थकाः" (v. 14.) इत्यन्तेन ग्रन्थेन, तथा "अव्यक्तः क्रमवान्" (v. 19.) इत्यादिना "व्यावृत्तभेदो येनार्थः" (v. 27.) इत्यन्तेन चाखण्ड एव स्फोटलक्षणः शब्दो वाक्यमिति दर्शितम्। उक्तं च "येनोच्चारितेन सास्नालाङ्गूलखुरककुद-[1] विषाण्यर्थ[2]रूपं प्रतिपद्यते स शब्दः" (M. Bhā. I.p. 1.1.10-11) तथा "स्फोटः[3] शब्दो ध्वनिः शब्दगुणः" (M. Bhā I. p. 181, l. 19-20.) इति। स्फोटश्च द्विविधः—बाह्य आभ्यन्तरश्चेति। बाह्योऽपि जातिव्यक्तिभेदेन द्विविधः। तत्र जातिलक्षणस्य "जातिः संघातवर्तिनी"[4] इति, व्यक्तिलक्षणस्य "एकोऽनवयवः शब्दः" इति, आभ्यन्तरस्य "बुद्ध्यनुसंहृतिः" इत्यनेनोद्देशः। तत्र जातिव्यक्तिलक्षणस्य बाह्यस्य "यथैक एव" (v. 7.) इत्यादिना पुनर् "अव्यक्तः क्रमवान्" (v. 19.) इत्यादिना ग्रन्थेन स्वरूपमुक्तम्। "यदन्तः शब्दतत्त्वम्" (v. 30.) इत्यादिना श्लोकचतुष्टये[5]नान्तरस्य स्वरूपमुक्तम्। "सन्त[6] एव विशेषा ये" (v. 49.) इत्यादिना "समानेऽपि तु शब्दत्वे" (v. 53) इत्यन्तेन श्लोकपञ्चकेन क्रमो वाक्यमिति दर्शयिष्यति। "नियतं साधने साध्यम्" (v. 47.) इत्यनेन च श्लोकद्वयेन "पदमाद्यम्" 'पृथक् सर्वं[7] पदं साकाङ्क्षम्" इति लक्षणद्वयं[8] व्याख्यास्यति। अन्यदपि[9] वार्त्तिककारीयं पारिभाषिकं शास्त्रे वाक्यलक्षणमस्ति—"आख्यातं साव्ययकारकविशेषणं वाक्यम्" (M. Bhā. I. p. 367, l. 10.)) "एकतिङ्" (M. Bhā. I. p. 367, l. 16.) इति च। जरन्मीमांसकोक्तं लौकिकमप्यस्ति—"अर्थैकत्वादेकं वाक्यं साकांक्षं चेद्विभागे स्यात्" (मी. सू. 2.1.46) इति। अनयोः संघातपक्षेऽन्तर्भावः। एतेऽपि प्रथममेव "निघातादिव्यवस्थार्थम्" (v. 3.) इत्यादिना विचारयिष्यन्ते। इत्थमष्टावेव[10] वाक्यविकल्पा मतभेदेन सम्पद्यन्त इति बोद्धव्यम्। यत्पुनरनेन[11] वृत्तावुक्तम्—"उदाहरणमात्रमेतत्। अन्यान्यपि[12] वाक्यलक्षणानि दर्शयिष्यति" इति, तद्वार्त्तिककारीयवाक्यलक्षणादेरन्तर्भावमनपेक्ष्येति मन्तव्यम्। उद्दिष्टानां च वाक्यलक्षणानां यथान्यासमग्रे कारिकाभिरेव दर्शितक्रमेण स्वरूपमुन्मीलयिष्यतीति नार्थ इह तत्प्रदर्शनेन। वाक्यलक्षणप्रसङ्गेन

1. BU ककुदखुरवि 2. *M. Bhā* has °विषाणिनां संप्रत्ययो भवति स शब्दः. 3. K. स्फोटशब्दो. 4. K. °र्द्विनी. 5. B,BU,K om. आन्तरस्य to उक्तम्. O. om. यनार्थः to भावनाक्रिययोः पर्यायता प्रायशो लभ्यते. (P. 4 LI) 6. B.BU,K om. सन्तः to दर्शयिष्यति; र. has संप्रत्ययेत्यादिश्लोकचतुष्टयेन क्र°; S. has सन्त एव इत्यादिश्लोकचतुष्टयेन. 7. B सर्वपदं 8. K. आख्यास्यति. 9. BU अष्टन्यदपि 10. BU एवमष्टावपि 11. BU अन्येन 12. B om. अन्यानि to मन्तव्यम्.

च तथा वाक्यार्थस्य सम्बन्धस्य च मतभेदं दर्शयिष्यति। तत्राखण्डपक्षे त्रिष्वपि लक्षणेषु प्रतिभा वाक्यार्थः। यथा दर्शयिष्यति—

"विच्छेदग्रहणेऽर्थानां प्रतिभान्यैव जायते।
वाक्यार्थ इति तामाहुः....." (v. 143)

इति। अवशिष्टेषु पञ्चसु लक्षणेषु मध्याद् "आख्यातशब्दो वाक्यम्" इत्यस्मिन् पक्षे क्रिया वाक्यार्थः। यथा वक्ष्यति—"क्रिया क्रियान्तराद् भिन्ना" (v. 414) इत्यादि। यथा च

प्रतिभा यत् प्रभूतार्था यामनुष्ठानमाश्रितम्।
फलं प्रसूयेत[1] यतः सा क्रिया[2] वाक्यगोचरः॥ इति

संघातपक्षे क्रमपक्षे च संसर्गो वाक्यार्थः। स च

"संबन्धे सति यत्त्वन्यदाधिक्यमुपजायते।
वाक्यार्थमेतं सम्प्राहुरनेकपदसंश्रयम्॥" (v. 42.)

इत्यदिना दर्शयिष्यते। तथा संघातपक्ष एव "सर्वभेदानुगुण्यम्" (v. 44) इत्यादिना प्रकारान्तरेणाभिहितान्वयपक्षे प्रतिपाद्यमाने "कार्यानुमेयः संबन्धो रूपं तस्य न विद्यते।" (v. 46) इत्यनेन श्लोकेन विशेषविश्रान्तः[3] पदानामेवार्थो वाक्यार्थ इति लक्ष्यते[4]। "पदमाद्यम्", "पृथक् सर्वं[5] पदं साकाङ्क्षम्" इत्यस्मिन् तु पक्षद्वये संसृष्ट एव प्रथमतरं प्रक्रम्यते वाक्यार्थः। यथा निरूपयिष्यति—

"तेषां तु कृत्स्नो वाक्यार्थः प्रतिभेदं समाप्यते" (v. 18) तथा—
"पूर्वैरर्थैरनुगतो[6] यथार्थात्मा परः परः।
संसर्ग एव प्रक्रान्तस्तथाद्येष्वर्थ[7] वस्तुषु॥" इति (v. 514)
"अभिधेयः पदस्यार्थो वाक्यस्यार्थः प्रयोजनम्।" (v. 113)

इत्यनेन प्रयोजनं वाक्यार्थत्वेन प्रदर्शितम्। तत्केषाञ्चिन्मते सर्वलक्षणसाधारणमिति न प्रयोजनं[8]वाक्यार्थो वाक्यलक्षणेषु पृथग् विभज्यते। तदेवं प्रतिभा, संसर्गः, संसर्गवशान्निराकाङ्क्षो विशेषावस्थितः पदार्थ एव, संसृष्ट एवार्थः, क्रिया, प्रयोजनं चेति षड् वाक्यार्था इहोपदर्शिताः। संसर्गे, संसर्गवशाद् विशेषावस्थिते पदार्थे च वाक्यार्थेऽभिहितान्वयः। संसृष्टे, क्रियायां चान्विताभिधानम्। प्रतिभायां त्वेकरसैव[9] प्रतिपत्तिरिति न तत्र काचिदभिहितान्वयान्विताभिधानचर्चा। प्रयोजने त्वभिहितान्वय एव। विधिनियोगभावनासंज्ञास्तु वाक्यार्था न

1. K.° यते यतः 2. K. वाक्यार्थगोचरः 3. BU° पातः पदाना°
4. BU लभ्यते 5. B. सर्वंपदं 6. K. °नुमतो 7. K. °द्येप्यर्थं°
8 र, °जनवा°, K. here repeats वाक्यार्थत्वेन to °णमिति न प्रयो,
9. B. °यांन्नेकर°

निरूपिताः, यस्माद्भावनाक्रिययोः पर्यायता प्रायशो लक्ष्यते[1]। केवलं प्रकृत्यर्थ-प्रत्ययार्थतायामत्र वैयाकरणमीमांसकयोर्विवादः । किञ्च भावना सकर्मिकैव[2], अकर्मिकापि क्रिया, इति सत्यपि भेदे साध्यत्वाविशेषादभेद एवानयोः। यथा धात्वर्थभूता[3] क्रिया साध्यरूपैव तथा भावनापीति कथमवान्तरभेदाद् भेदोऽनयोर्भवेत् । विधिनियोगौ तु लिङ्लोट्कृत्यान्तेष्वेव वाक्येष्वर्थौ इत्यसर्वविषयत्वादनादृताविहेति न तत्प्रदर्शनं कृतम् । तत्तदनादिवाक्यार्थविकल्पाहितवासनाप्रबोधजन्माक्रमवद्भिरिवाक्रमैर्बहीरूपतयाऽध्यस्तैः पदार्थैश्चित्रीकृत इव विकल्पविशेषोल्लिख्यमान आकारो बहीरूपतयाऽध्यस्तो निर्विभाग एव शाक्यानां वाक्यार्थं इति प्रायशः प्रतिभासोदर एवासौ मन्तव्यः । वाक्यमपि तत्तदनादिवाक्यविकल्पाहितवासनाप्रबोधजन्मक्रमवद्भिरिवाक्रमैः पदैश्चित्रीकृत इव बहीरूपतयाध्यस्यमानो विशिष्टविकल्पोल्लिख्यमान आकारविशेष एव बहीरूपतयाध्यस्त इति प्रायशो बुद्धचनुसंहृतिरित्यस्य सोदरगेवेति न तन्मतानुसारेण वाक्यवाक्यार्थयोरिहासंग्रहो वेदितव्यः । नैयायिकादीनां तु पूर्वपूर्ववर्णस्मृतिसचिवोऽन्त्यो वर्णो नश्य[4]दवस्थाऽनुभवविषयीक्रियमाणः पदं यथातथैव पूर्वपूर्वपदस्मृतिसचिवमन्त्यमेव पदं नश्यदवस्थानुभवविषयी[5]क्रियमाणं वाक्यमिति प्रायशः [6]संघातपक्ष एवान्तर्भवति । तथा पूर्वपूर्वपदार्थस्मरणसचिवेनान्त्येन पदेनोपजन्यमाना प्रतीतिर्वाक्यार्थ इति प्रायशः संसर्गपक्ष एवान्तर्भाव इति न तदसंग्रहेणा[7]व्याप्तिरत्र वक्तव्या ।

अथात्रानवयव एवैकस्मिन् स्फोटात्मके वाक्ये प्रतिभालक्षणे च वाक्यार्थे वाक्यवाक्यार्थयोरध्यासरूपः संबन्धः । यद्वक्ष्यति—"वाक्यवृत्तस्य[8] वाक्यार्थे वृत्तिः" (v. 262) इत्यादि । अवशिष्टेषु पक्षेषु वाच्यवाचकलक्षणो योग्यताख्य एव शब्दार्थयोः संबन्धो मीमांसकदृष्ट्या । शाक्यदर्शनानुसारेण तु विज्ञानवादनयेन बौद्धे शब्दार्थे सर्वत्र कार्यकारणभाव एव । वाक्यार्थवादे तु तत्र संकेतलक्षणोऽसौ बोद्धव्यः । नैयायिकानुसारेण च संकेतलक्षण एवासावित्येवमत्र वाक्यवाक्यार्थसंबन्धानां संक्षेपतः स्वरूपं बोद्धव्यम् । संबन्धेषु मध्यादध्यासमेव दर्शयिष्यति । पदकाण्डे तु सर्वानभिधास्यति । तत्र वैयाकरणस्याखण्ड एवैकोऽनवयवः शब्दः स्फोटलक्षणो वाक्यम्, प्रतिभैव वाक्यार्थः, अध्यासश्च संबन्ध इति पदवादिपक्षदूषणपरः परं टीकाकारो व्यवस्थापयतीत्यस्य काण्डस्य संक्षेपः ॥१,२॥

1. B °शो न ल° 2. र. सकर्मिकेव 3. BU. °र्थरूपा. 4. S. विनश्यद° 5. K. °दववानुभस्व्यविषयी° 6. र. संसर्गपक्ष 7. S. °ग्रहणे, K °ण व्या°, B. °ण मिश्र व° 8. The reading in 262 is वाक्यरूपस्य ।

अथ वार्त्तिककारमीमांसकोक्तयोर्वाक्यलक्षणयोः किं समावेश उत भिन्नविषयतेति विचारार्थमाह—

निघातादिव्यवस्थार्थं शास्त्रे यत् परिभाषितम् ।
साकाङ्क्षावयवं तेन न सर्वं तुल्यलक्षणम् ॥३॥

इह पदविधिः सामर्थ्ये सति परिभाषितः । तत्र सत्यपि [1]पदानां सामर्थ्ये निघातादयः क्वचिन्नेष्यन्ते। यथा-'अयं दण्डो हरानेन,' 'ओदनं पच मम भविष्यति' ओदनं पच तव[2] भविष्यति' इति । अत्र 'अनेन' इति सर्वनाम्ना दण्डस्य परामर्शाद्धरतिना सह तस्य[3] सामर्थ्यम् । तथा युष्मदर्थस्यौदनेन संबन्धात्[4] पचत्यर्थस्य तेन सह सामर्थ्यम्[5] । एवं च सति[6] सामर्थ्ये 'तिङतिङः' (P. 8.1.24) इति निघातः प्राप्नोति । 'तेमयावेकवचनस्य' (P. 8.1.22) इति चादेशौ । न चेष्यन्ते । वाक्यभेदात् । सामर्थ्याभावेऽपीष्यन्ते । यथा—'नद्यास्तिष्ठति कूले (M. Bhā. I. p. 368, l. 7.), 'शालीनां ते ओदनं दास्यामि'[7] (M. Bhā. I. p. 368, l. 7.) इति । अत्र नद्याः तिष्ठतीत्यस्य च संबन्धानुपपत्तेः सामर्थ्यं नास्ति । इष्यते च निघातः । तथा शालीनां युष्मदश्च सामर्थ्याभावः । इष्यते च 'तेमयावेकवचनस्य, इति युष्मदादेश इत्यालोच्य वार्त्तिककृता निघातादिव्यवस्थार्थमारब्धम्—' "समानवाक्ये निघातयुष्मदादेशा वक्तव्याः"[8] (M. Bhā. I 367, l.18) इति। एवं च 'अयं दण्डः' इत्यत्र सत्यपि सामर्थ्ये नास्ति निघातस्य प्रसङ्गोऽवध्यवधिमतोर्भिन्नवाक्यतयावस्थानात् । अस्तीत्यध्याहारेण ह्ययं दण्ड इत्येकं वाक्यम् । 'हर अनेन' इति च द्वितीयं वाक्यम् । 'नद्यास्तिष्ठति'[9] इत्यादौ त्ववध्यवधिमतोः पदयोः सामर्थ्याभावेऽप्येकवाक्यव्यवस्थितौ प्रवर्तन्त[10] एव निघातादय इति नास्त्येषामव्यवस्था । समानवाक्ये निघातादयो वक्तव्या इत्युक्तम् । तत्र वाक्ये निर्ज्ञाते समानवाक्यत्वं ज्ञायत इति प्रसङ्गात्तत्र वार्त्तिककारेणादावेव वाक्यलक्षणमुक्तम्—'आख्यातं साव्ययकारकविशेषणं वाक्यम् (M. Bhā. I .p. 367, l. 10) 'एकतिङ' (M. Bhā. I. p. 367) इति च। एवं च मीमांसकोक्तनास्य सर्वत्र समावेशोऽस्ति न वेति विचार्यते । शास्त्रे वाक्यकारेण निघातादिव्यवस्थार्थं यद् वाक्यलक्षणं परिभाषितं तेन मीमांसकोक्तं वाक्यलक्षणं[11] सकलं तुल्यलक्षणम् । 'साकाङ्क्षावयवम्' इत्यनेन मीमांसकोक्तं वाक्यलक्षणं सूचितम्। तत्र क्वचिदेते समाविशतः । यथा—'नद्यास्तिष्ठति कूले', 'शालीनां ते ओदनं दास्यामि' इति । 'अयं दण्डो हरानेन', 'ओदनं पच तव भविष्यति' इत्यादावस-

1. O प्रदौनो. 2. BU मम 3. BU om तस्य 4. K. °चत्व°
5. Cā. om. युष्मदर्थस्य to सामर्थ्यम्. 6. K. एवं पचति
7. M. Bhā. has ददामि. 8. *M. Bhā.* om. वक्तव्याः.
9. K. °ष्ठन्ती 10. G. प्रवर्तंत एव 11. K. om सकलं to वाक्यलक्षणं.

मावेशः । मीमांसकवाक्यलक्षणसमाश्रयणेनात्र प्राप्नुवन्ति निघातादयः । एकप्रयोजनत्वात् । न चेष्यन्ते[1] । तस्माद्वार्त्तिककारीयमेव वाक्यलक्षणं ज्यायः ॥३॥

अथात्र प्रसङ्गान्मीमांसकवाक्यलक्षणमर्थद्वारेण प्रदर्शयितुमाह—

साकाङ्क्षावयवं भेदे परानाकाङ्क्षशब्दकम् ।
कर्मप्रधानं गुणवदेकार्थं वाक्यमिष्यते ॥४॥

भेदे विभागे विशेषजिज्ञासायां यत् साकाङ्क्षावयवम् । अविभागे तु परानाकाङ्क्षाः शब्दाः पदानि यस्मिन् तत् परानाकाङ्क्षशब्दकम् । कर्मप्रधानं [2]क्रियापदप्रधानमित्यर्थः । तस्यैव प्रधानाभिधेयप्रयुक्तत्वादित्यभिप्रायः । गुणवद्[3] विशेषणपदयुक्तम् । एकार्थम् एकप्रयोजनम् ॥४॥

इदानीं वार्त्तिककारीयस्य वाक्यलक्षणस्याव्याप्तिमाशङ्क्याह—

संबोधनपदं यच्च तत्क्रियाया विशेषकम् ।
व्रजानि देवदत्तेति निघातोऽत्र तथा सति ॥५॥

'व्रजानि देवदत्त' इत्यत्र देवदत्तेत्येतत् पदं नाव्ययं न च कारकं नापि तद्विशेषणमिति वाक्यलक्षणेनासंगृहीतत्वादाष्टमिक "आमन्त्रितस्य च" (P. 8.1.19) इति निघातो न प्राप्नोतीति चोद्यम् । 'आख्यातं साव्ययं सकारकं सविशेषणम्' इति सामान्येनाभिधानात् सक्रियाविशेषणस्याप्याख्यातस्य वाक्यतेत्यदोषः । तथा हि—अत्र संबोध्यमानदेवदत्तविषया[4] व्रजतिक्रिया, असंबोध्यमानदेवदत्तविषयायाः संबोध्यमानयज्ञदत्तविषयाया वा पृथगेवेति विशिष्टैवात्र व्रजतिक्रिया । क्रियायाश्च विशेषणं कदाचित् सामानाधिकरण्येन भवति । यथा सुष्ठु करोति, शोभनं करोति, इति । अत्र करोत्यर्थस्य सुष्ठ्वि[5]त्यादिविशेषणविशिष्टस्यैव प्रतीतेः सुष्ठ्वि[6]त्यादीनां करोत्यादिक्रियया सामानाधिकरण्यम् । एवं चासत्त्वभूतायाः क्रियाया विशेषणमित्यसत्त्वप्रधानत्वाल्लिङ्गसर्वनाम्ना नपुंसकेन योगः । क्रियायाश्च[7] निर्वर्त्यत्वात् कर्मत्वमिति न्यायसिद्धमेव[8] कर्मत्वं नपुंसकता चेति 'क्रियाविशेषणानां कर्मत्वं नपुंसकलिङ्गता च' इति[9] नारम्भणीयं वचनम् । [10]वैयधिकरण्येनापि विशेषणं भवति । यथा—'व्रजानि देवदत्त' इति । अत्र हि देवदत्त व्रजानीति देवदत्तस्य व्रजनक्रियायाश्च सामानाधिकरण्यं नास्ति । केवलमामन्त्र्य देवदत्तं[11] व्रजत्यसाविति

1. K. बध्यन्ते 2. K. om क्रियापदप्रधानमित्यर्थः । 3. S. गुणद्विशेषण
4. K. om. व्रजति to विषयायाः 5. K. सुषुप्त्या° 6. K. सुषुप्त्यादीनां
7. र. °याश्चेत् नि 8. BU °मेककर्म° 9. BU repeats क्रियावि to °लिङ्गता च
10. BU सामानाधिकरण्येन 11. BU °दत्ते

देवदत्तामन्त्रणविशेषिता केवला या[1] विलक्षणा व्रजनक्रियेत्याख्यातं सविशेषणमेवेति वाक्यलक्षणसद्भावात् प्रवर्तत एव निघातः । 'देवदत्त व्रजानि' इत्येवमुदाहरणं न प्रदर्शितम् । "आमन्त्रितं पूर्वमविद्यमानवत्" (P.8.1.72) इति न निघातः स्यादिति ॥५॥

पुनरप्यव्याप्तिं वार्त्तिककारलक्षणस्याशङ्क्य परिहर्तुमाह—

यथानेकमपि क्त्वान्तं तिङन्तस्य विशेषकम् ।
तथा तिङन्त[2]मप्याहुस्तिङन्तस्य विशेषकम् ॥६॥

इह पूर्वं स्नाति पचति ततो व्रजति तत इत्यत्र तत[3]इत्येतस्मादुत्तरस्य व्रजतीत्यस्य निघातो न प्राप्नोति, वाक्यभेदात्[4] । इष्यते च । अत्र तिङन्तादुत्तरस्य तु तिङन्तस्यातिङिति प्रतिषेधान्निघातनिवृत्तिः सिद्धेति नात्र स्नातीत्यस्मादुत्तरस्य पचतिशब्दस्य निघातः प्राप्नोतीति चोद्यमुद्भावनीयम् । इष्टस्य निघातस्याप्राप्तिरेवात्रोद्भावनीया । अत्रोच्यते । नास्त्यत्र वाक्यभेदः । व्रजतीत्येतत् प्राधान्येनैकं क्रियापदमत्र स्थितम् । अन्यानि क्रियान्तराणि तद्विशेषणान्येव । यथा स्नानभोजनपानैः कृदन्तैर्विशेष्यते व्रजतिक्रिया, तथात्र तिङन्तैः स्नातिप्रभृतिभिः प्रधानं व्रजतिक्रियैव विशेष्यत[5] इत्येकैवात्र सविशेषणा व्रजतिक्रिया केवलायास्त्वस्याः पृथगेवेत्येतत् सविशेषणमेकमेव वाक्यमिति वाक्यभेदाभावान्नास्ति निघातासिद्धिदोषः । एकवाक्यत्वे च तिङन्तादुत्तरस्य[6] तिङन्तस्यातिङिति[7] प्रतिषेधान्निघाताभावः[8] । यथा वक्ष्यति—

बहुष्वपि तिङन्तेषु साकाङ्क्षेष्वेकवाक्यता ।
तिङां तिङ्भ्यो निघातस्य पर्युदासस्तथार्थवान् ॥ (v. 442) इति ।

एवं चातिङ्ग्रहणे सप्रयोजने स्थिते वार्त्तिककारेणय दुक्तम्—"अतिङ्ग्रहणमनर्थकं समानवाक्याधिकारात् (M. Bhā. III, p. 374) इति तत्राभिप्रायो वाच्यः । एवंवादिनस्तस्य वाक्यभेदोऽत्राभिमत इत्यभिप्रायः । आख्यातं साव्ययकारकविशेषणमित्यत्रैकवचनस्य विवक्षितत्वादिति । तथा च टीकाकारः प्रदर्शयिष्यति—

'एकतिङ यस्य वाक्यं तु शास्त्रे नियतलक्षणम् ।
तस्यातिङ्ग्रहणेनार्थो वाक्यभेदान्न विद्यते ॥' (v. 443)

इति । [9]सूत्रकारस्य तु अतिङ्ग्रहणादेकमेवाखण्डं वाक्यमर्थैकत्वादाख्यातभेदेऽप्यभिप्रेतमिति गम्यते । तदभिप्रायानुसारेणैव निरूपयिष्यति—

1. र. केवला या वि°   2. G. K. S. र°न्तं तत्राहुः   3. BU तदित्ये°
4. O. वाच्यभे°, K वाक्यभेदाश.   5. BOK विशेष्यते.   6. K. तिङ्त्वादुत्त°
7. K. तिङ्तस्य   8. K. °षेधाभावः   9. S. शास्त्रका.

अनेकाख्यातयोगेऽपि वाक्यं न्यायपथानुगैः ।
एकमेवेष्यते कैश्चिद् भिन्नरूपमिव स्थितम् ।। (v. 348)

इति । टीकाकारश्चामुमेव पक्षं सूत्रकाराभिप्रायसमाश्रयणेन युक्तियुक्तं मन्यमानो बहीरूप आन्तरो वा निर्विभागः शब्दार्थमयो बोधस्वभावः शब्दः स्फोटलक्षण एव वाक्यमिति क्रमेण व्याजिहीर्षुश्चित्रज्ञानचित्ररूप[1]दृष्टान्तप्रदर्शनपूर्वमुपक्रमते ।।६।। तत्र

चित्रबुद्धिदृष्टान्तप्रदर्शनार्थमाह—

यथैक एव सर्वार्थप्रकाशः[2] प्रविभज्यते ।
दृश्यभेदानुकारेण वाक्यार्थानुगमस्तथा ।।७।।

चित्रज्ञानं सर्वाकारमेकमेव । प्रविभागस्त्वस्य दृश्यभेदसमाश्रयेण क्रियते । नीलपीताद्यनेकाकारमेव विज्ञानमुपजातमिति । वस्तुस्थित्या तत्र ज्ञान आकारभेदो नास्ति । तथा वाक्यवाक्यार्थयोः स्वरूपं बोद्धव्यम् । **वाक्यार्थानुगमस्तथा** इत्यनेन हि नानावाक्यार्थयोरखण्डत्वं पानकरस मयूराण्डरसचित्ररूपनरसिंहगवयचित्रज्ञानवत् समानमेवो[3]च्यते । यथा वाक्यं[4] निर्विभागं स्फोटलक्षणं वाचकं तथा वाक्यार्थोऽपि तथाविध एवेत्यनयोरेकयोगक्षेमत्वमुक्तम्[5] ।।७।।

एवमान्तरं दृष्टान्तमुपदर्श्य बाह्यमप्युपदर्शयितुमाह—

चित्रस्यैकस्वरूपस्य[6] यथा भेदनिदर्शनैः ।
नीलादिभिः समाख्यानं क्रियते भिन्नलक्षणैः[7] ।।८।।

चित्रं हि रूप[8]मवयविगतमनंशमेकमेव । तस्यैवावयवगतैर्यथा नीलादिभिर्भेदेन निदर्शनं प्रदर्शनं येषां तैः पृथग्रूपैरेव समाख्यानं क्रियते ।।८।।

तथा प्रकृते किमित्याह—

तथैवैकस्य वाक्यस्य निराकाङ्क्षस्य सर्वतः ।
शब्दान्तरैः समाख्यानं साकाङ्क्षैरनुगम्यते ।।९।।

एकस्य निर्विभागस्य वाक्यस्य सर्वतः परिपूर्णस्य वाक्यान्तरगतैः पदान्तरैरन्वाख्यानं [9]तथैव क्रियत इति ।।९।।

"न वा पदस्यार्थे[10]प्रयोगाद्" (M. Bhā. I, p. 237) इत्यस्मिन् दर्शने यथाखण्डमेव पदं प्रकृतिप्रत्ययादिभिः कल्पितैरेव विभज्यते तथा वाक्येऽ[11]प्यसत्यभूतानामेवाबुधबोधनाय पदानां विभागो द्रष्टव्य इति प्रतिपादयितुमाह—

1. BU °रूपप्रदर्श° A. °ज्ञानविचित्ररूपदृ° 2. G. रः सर्वार्थप्रत्ययः, B. BU, चा, A. सर्वार्थः प्रकाशः 3. G. °मानमेवेत्यु° 4a. BK om. वाक्यं 5. K °योगघ्येयत्व 6. चा. चित्रस्यैकस्य रूपस्य 7. O. तत्रलक्षणैः 8. K. रूपमनंशं 9. चा. °नं न तथैव 10. B. °र्थेन प्र°. 11. K. °क्येष्वसत्य

यथा पदे विभज्यन्ते प्रकृतिप्रत्ययादयः ।
अपोद्धारस्तथा वाक्ये पदानामुपवर्ण्यते ।।१०।।

पदे हि यथा प्रकृतिप्रत्ययविभागोऽ[1]सत्य एव बालव्युत्पादनाय क्रियते, तथा वाक्ये वाक्यार्थप्रतिपादनायापोद्धारः पदानामुपवर्ण्यत इति बोद्धव्यम् ।।१०।।

तत्र वाक्यादपोद्धृतानां पदानां[2] केवलमितरपदसारूप्यमात्रं दृश्यत इति तिपादयितुमाह—

वर्णान्तरसरूपत्वं[3] वर्णभागेषु दृश्यते ।
पदान्तरसरूपाश्च पदभागा[4] अवस्थिताः ।।११।।

यथा सन्ध्यक्षरेषु भागा वर्णान्तरसरूपा [5]दृश्यन्ते, परमार्थतस्त्वव्यपवृक्तत्वान्निर्विभागा एव । एवं वाक्ये पदान्तरसरूपाः पदरूपा भागाः पदभागाः । पदे वा निरंशे ये भागाः प्रकृतिप्रत्ययरूपास्तेऽवस्थिता इति ।।११।।

एतदेव व्यक्तीकुर्वन्नाह—

भागैरनर्थकैर्युक्ता वृषभोदकयावकाः ।
अन्वयव्यतिरेकौ तु व्यवहारनिबन्धनम् ।।१२।।

न हि वृषभे ऋषभस्योदकयावकयोर्वोदयावशब्दयोरर्थानुगमः कश्चिदस्ति । अपि तु शास्त्रे पदस्य प्रकृतिप्रत्यययोरन्वयव्यतिरेकाभ्यां विना कथमज्ञो व्युत्पाद्येत[6] । एवं च निरंशमेव वाक्यं वाचकमित्येव युक्तम् ।।१२।।

अथ वाक्यार्थस्यापि तथैव निर्विभागत्वं प्रतिपादयितुमाह—

शब्दस्य न[7]विभागोऽस्ति कुतोऽर्थस्य भविष्यति ।
विभागैः प्रक्रियाभेदमविद्वान् प्रतिपद्यते ।।१३।।

शब्दस्य स्फोटलक्षणस्य विभागो नास्ति । तद्वाच्यस्य प्रतिभारूपस्यार्थस्य कुतो भविष्यति । यथा निदर्शयिष्यति—

"विच्छेदग्रहणेऽर्थानां प्रतिभान्यैव जायते ।
वाक्यार्थ इति तामाहुः" (v. 143)

इति । तस्य पदानुरोधेन पदार्थस्यापि प्रकृतिप्रत्ययानुरोधेन भागकल्पना ।

1. K. °गो स एवं
2. K. om. पदानां. 3. र. °सरूपं च. 4. चा. पदे भागा इव स्थिताः
5. K. om. दृश्यन्ते to °सरूपाः
6. A व्युत्पाद्यते.
7. BU om. न

मूढस्तु विभागेन प्रक्रियाभेदं प्रक्रियाभेदे चार्थभेदमसत्यमपि प्रतिपद्यत इति किं कुर्मः ॥१३॥

युक्तं चैतद् यद् वाक्ये पदार्थभेदो नास्तीति दृष्टान्तप्रदर्शनपूर्वकमाह—

ब्राह्मणार्थो यथा नास्ति कश्चिद् ब्राह्मणकम्बले ।
देवदत्तादयो वाक्ये तथैव स्युरनर्थकाः ॥१४॥

यथा ब्राह्मणकम्बलशब्दे ब्राह्मणशब्दस्य[1] न कश्चिदर्थो विद्यते, तथैव 'देवदत्त गामभ्याज' इत्यादौ वाक्ये देवदत्तादीनां पृथगर्थो नास्तीत्यनर्थकान्येव पदानि । अतश्च स्थितमेतद्[2] यदखण्डं निराकाङ्क्षमेकं पदव्यतिरिक्तं वाक्यं पदार्थव्यतिरिक्तो[3] वाक्यार्थश्च तथैवेति ॥१४॥

यत् पुनर्मीमांसकैरुच्यते यथा पदसङ्घात एवाकाङ्क्षायोग्यतासन्निधिवशात् परस्परसमन्वितो वाक्यं [4]संसर्गश्च वाक्यार्थ इति, तद् दूषयितुमाह—

सामान्यार्थस्तिरोभूतो न विशेषेऽवतिष्ठते ।
उपात्तस्य कुतस्त्यागो निवृत्तः क्वावतिष्ठताम् ॥१५॥

इह "देवदत्त गामभ्याज शुक्लां[5] दण्डेन" इति देवदत्तादीन्येव पदानि वाक्यम् । तत्र देवदत्तपदं तावद् यदि सामान्यमात्रे प्रथमं वर्तते, तत्तस्य गवादिपदकाले वाचः क्रमवर्तित्वात्तिरोधानादसत्त्वमेवेति कुतः[6] पदान्तरश्रवणकाले तदर्थप्रतीतिः । असत्त्वादेव च न पदान्तरसन्निधाने तस्य विशेषेऽवस्थानम् । अभ्युपगम्यापि स्मर्यमाणतया पदान्तरसन्निधाने विद्यमानत्वं पदस्य न विशेषेऽवस्थानं युज्यत इत्याह **उपात्तस्य** इति । सामान्यलक्षणस्य सकलपदार्थसाधारणस्यार्थस्य पूर्वमुपात्तस्य वाच्यत्वेन परिगृहीतस्येदानीं पदान्तरसन्निधाने त्यागः कुतो युज्यते, शब्दार्थसंबन्धस्यानित्यतापत्तेः । न च तथा मीमांसकस्याभ्युपगम इति । तदप्यभ्युपगम्योच्यते **निवृत्तः** इति । स्वार्थान्निवृत्तोऽसौ पदान्तरसन्निधाने शब्दः क्वेदानीमवतिष्ठताम्[7] । शब्दान्तरबोध्येऽर्थे तस्य वाचकभावविरहात्[8] स्थितिः कथं युज्यते ॥१५॥

अथोच्यते—अर्थप्रतिपत्तिर्दृष्टा देवदत्तेत्यादिकात् समुदायात् । सा कथमपह्नूयते । तत्राह—

अशब्दो यदि वाक्यार्थः पदार्थोऽपि तथा भवेत् ।
एवं च सति सम्बन्धः शब्दस्यार्थेन हीयते ॥१६॥

1. BU °शब्दे न 2. K °तत् पदखंडं 3. K. °रिक्तो
4. BU वाक्यार्थश्च संसर्गश्च वाक्यार्थ इति 5. K. भुक्तां
6. BU °दसंभवमेवेति ततः 7 U. °ष्ठते 8. B. °विह्वारात

उक्तनीत्या शब्दा न [1]प्रयुज्यन्ते वाचकाः । तदभावाच्चाशब्दो[2] वाक्यार्थो यद्यभ्युपगम्यते, तदयमपरस्ते [3]दोषः । पदार्थोऽपि पदप्रतिपाद्यो न कश्चिद्, अनेकवर्णवर्तित्वाद्वाचः, उच्चरितप्रध्वंसित्वाच्च वर्णानामिति पदमप्येकं नास्ति । तदभावात् कः पदार्थः स्यात् । इत्थमशब्दोऽवाचको वाक्यार्थ इति वाच्यवाचकभावलक्षणः संबन्धः शब्दार्थयोस्त्यक्तः स्यान्मीमांसकेनेत्याह **एवं च** इति ॥१६॥

एवं तावदभिहितान्वयवादी निरस्तः । इदानीमन्विताभिधानसमाश्रयणेन 'पदमाद्यम्', पृथक्सर्वपदं साकाङ्क्षम् इत्युद्दिष्टे वाक्यलक्षणे प्रदर्शयितुकाम आह—

विशेषशब्दाः केषाञ्चित् सामान्यप्रतिरूपकाः ।
शब्दान्तराभिसंबन्धाद् व्यज्यन्ते प्रतिपत्तृषु ॥१७॥

इह 'देवदत्त गामभ्याज' इत्यत्र देवदत्तपदं 'गां बधान' इत्यस्माद् विशिष्टमेव वक्त्रा समुदीरितम्, भ्रमात्तु सकलसाधारणं प्रतिभाति । उत्तरकालं गवादिपदसंबन्धाद् विशिष्टा प्रतिपत्तिरभिव्यज्यत इति तदेव वाक्यम् । सकलविशेषणखचितश्च प्रथमतरमेवोपक्रान्तः संसृष्ट एवार्थो वाक्यार्थ इति यथा वक्ष्यति—

"पूर्वैरर्थैरनुगतो यथार्थात्मा परः परः ।
संसर्ग एव प्रक्रान्तस्तथाद्येष्वर्थवस्तुषु ॥" (v. 411.) इति ॥१७॥

एतदेव स्फुटीकर्तुमाह—

तेषां तु कृत्स्नो वाक्यार्थः प्रतिभेदं समाप्यते ।
व्यक्तोपव्यञ्जना सिद्धिरर्थस्य प्रतिपत्तृषु ॥१८॥

उपक्रम एव विवक्षितार्थप्रत्यायनाय[4] विशिष्टपदोदीरणमारभत इत्याद्य एव पदे प्रत्येकं वा सकलस्य वाक्यार्थस्य समाप्तिरवगन्तव्या । यद्येकस्मादेव पदात् सकलवाक्यार्थप्रतीतिस्तर्हि इतरपदवैयर्थ्यमित्याशङ्क्याह **व्यक्त**[5] इति । **प्रतिपत्तृषु** वाक्यार्थस्य **सिद्धिः** अवगतिः **व्यक्तोपव्यञ्जना** व्यक्ता उदीरिता उपव्यञ्जना अभिव्यञ्जकाः [6]पदविशेषाः यस्याः सा तथोक्ता । अभिव्यक्ताभिव्यञ्जका[7] वाक्यार्थावगतिरिति पदान्तराणां वाक्ये नास्त्येव वैयर्थ्यमित्यन्विताभिधानप्रदर्शनम् । दूषणमस्याग्रे तत्रतत्राभिधास्यति । यथा 'नियमार्था श्रुतिर्भवेत्' (244) इत्यादि । तथाहि—यद्येकेन पदेन सकलवाक्यार्थस्याशेषविशेषण[8]खचितस्यावगतिस्तदोत्तरेषां पदानां नियमायानुवादाय

1. G. युज्यन्ते 2. BU °च्चाशब्दार्थो वा 3. O. तेषां दोषः
4. S °यनविशि° 5. B. BU.G.O. K.S give the 2nd half of 18 here and not with the first half. 6. BU अवयवविशेषाः 7. O °व्याञ्जका. 8. G. °शेषख

वोच्चारणं[1] स्यात् । न चैतद्युक्तमिति वक्ष्यामः । एकस्मादेव पदात् समस्तविशेषण[2] खचितस्य वाक्यार्थस्य प्रतीति[3]रुत्तरेषामानर्थक्यं स्यादेव । न च तस्मादेव वाक्यार्थप्रतीतिर्दृश्यते । **'व्यक्तोपव्यञ्जना'** इत्यसमाधानमेव । यतः किमेकस्माद् [4]वाक्यार्थावसायोऽन्येषामुपव्यञ्जकत्वम् ? अथ समस्तेभ्य एव तेभ्यः । सर्वथोत्तराणि पदानि वाक्यार्थप्रतीतय उपादीयन्त एवेत्यन्विताभिधानमसमञ्जसमेव । एकस्य वा परपदोच्चारणकाले तिरोधानादभिहितान्वयस्याप्यसम्भव इत्यर्थभागे दूषणम् । शब्दभागसमाश्रयणेन द्वयोरपि पक्षयोर्दूषणं 'पदानि वाक्ये तान्येव' (28) इत्यादिश्लोकद्वयेनाभिधास्यति ॥१८॥

सम्प्रति प्रतिभाभेदव्याचिख्यासयाऽखण्डपक्षमेवानुबध्नन्नाह—

[5]अव्यक्तः क्रमवान् शब्द उपांश्वयमधीयते ।
अक्रमस्तु वितत्येव बुद्धिर्यत्रावतिष्ठते ॥१९॥

इह निरंश [6]एवाभिन्नो व्यक्तिस्फोटो जातिस्फोटो वा बहीरूप आन्तरः शब्दार्थमयो वा बुद्ध्यनुसंहारो वाक्यमिति स एव वाचक उपपन्नः । यस्तु भेदप्रतिभासः सोऽसावुपाधिकृत एवेत्यर्थः । तथोपांशु[7], परमोपांशु, व्यक्तो, व्यक्ततरश्च, विलम्बितो, विलम्बिततरश्च, द्रुतो, द्रुततरश्च, इत्यादिकाः प्रतिभासा अभिव्यञ्जकध्वनिकृता न पुनः सत्या इति बोद्धव्यम्[8] । तस्माद्यः शब्दो व्यक्त उपांशु कृत्वाधीयते सोऽ[7]भिव्यञ्जकध्वनिकृतात् क्रमात् [9]क्रमवान्नानाविधावस्थायुक्तः प्रतीयते । परमार्थतस्त्वसावक्रम एव स्फोटात्मा[10] प्रतिभासः । उपाधिवशात्तु तत्र बुद्धिर्विततेवानुगम्यत इति बोद्धव्यम् । अनेनैकोऽनवयवः शब्द इत्युद्दिष्टस्य [11]व्यक्तिस्फोटस्य स्वरूपमुक्तमिति बोद्धव्यम् ॥१९॥

अथ 'जातिः सङ्घातवर्तिनी' इत्युद्दिष्टस्य जातिस्फोटस्यापि [12]दृष्टान्तप्रदर्शनद्वारेण स्फुटीकरणायाह—

यथा क्षेपविशेषेऽपि कर्मभेदो न गृह्यते ।
आवृत्तौ व्यज्यते जातिः कर्मभिर्भ्रमणादिभिः ॥२०॥
वर्णवाक्यपदेष्वेवं तुल्योपव्यञ्जना श्रुतिः ।
अत्यन्तभेदे तत्त्वस्य सरूपेव[13] प्रतीयते ॥२१॥

1. K. °वोद्धारणं. 2. G. °शेषख° 3. BU °तीतेरुत्त° 4. K. om. वाक्यार्थाः to पदानि. 5. BU अथ कः 6. BU पदाभिन्नो 7. BU° थापांशु परमापांशु
8. K. °वोह्यम्
9. K. क्रमाक्रमदानान्नाना° 10. K. स्फोटात् प्रति°
11. K. om, व्यक्ति to द्दिष्टस्य 12. K.यद्दष्टान्त. 13. O. सरूपमेव

इह भ्रमणलक्षणा[1] कर्मजातिर्यथा विशिष्टप्रयत्नजनितेन क्षेपविशेषेणाभिव्यक्ता प्रत्येकापरिसमाप्तत्वात् न च पार्श्वस्थेन सा विज्ञायते। भ्रमणानामावृत्तौ तु 'भ्रमणं भ्रमणम्' इति प्रतिपन्ना सा गृह्यते । **एवं वर्णपदवाक्येषु श्रुतिरभिव्यञ्जको ध्वनिरत्यन्तभेदे तत्त्वस्य** वर्णपदवाक्यस्फोटलक्षणस्य साभिव्यञ्जिका[2] **सरूपेव प्रतीयते** परमार्थतो भिन्नापि[3] सती । कीदृशी ? **तुल्योपव्यञ्जना** इति । तुल्यः सदृश उपव्यञ्जनः स्थानकरणाभिघातलक्षणो यस्याः सा तथेति । तेन भिन्नप्रयत्नो[4]दीरितध्वन्यभिव्यक्तोऽयं जातिस्फोटो विलक्षण एवेति बोद्धव्यम् । युक्तं चैतत् ॥२०,२१॥

यथा[5] निरंशस्यास्य स्फोटस्य पूर्वापरभाव उपाधिकृतः, न स्वतः, नित्यत्वादिति वैतत्येन नित्यत्वसमर्थनार्थमाह—

नित्येषु तु कुतः पूर्वं परं वा परमार्थतः ।
एकस्यैव तु सा शक्तिर्यदेवमवभासते ॥२२॥

नित्येषु हि परमार्थतः पूर्वापरभावोऽस[6]म्भव्युपाधिकृतो दृश्यत एव । ननु [7]सदैकरूपतया किं नावभासते । न हि तत्र स्वभावभेदस्य सम्भव इत्याशङ्क्योक्तम् **एकस्य** इत्यादि । एक[8]स्वभावोऽपि तथाविध[9]शक्तियुक्त एव वस्तुस्वाभाव्यात् ।

यदेवं [10]वैतत्येन पूर्वापरभावस्वभावतया उपाधिभेदानुवर्तनेन **अवभासत** इति २२॥

पुनरप्युपाधिभेदेनैव शब्दस्य भेदप्रतिभासः, न स्वतः, नित्यत्वादिति दृष्टान्तप्रदर्शनपूर्वकमाह—

चिरं क्षिप्रमिति ज्ञाने कालभेदाद्दते यथा ।
भिन्नकाले [11]प्रकाशेते स धर्मो ह्रस्वदीर्घयोः ॥२३॥

चिरमिति ज्ञानं क्षिप्रमिति च यथा ज्ञानत्वाविशेषादेककालमपि ज्ञेयसमाश्रयणेन भिन्नकालमिव [12]प्रथते । चिरज्ञानं विततप्रतिभासमिवाभाति । क्षिप्रज्ञानमेतद्विपरीतम् । तद्वत् **ह्रस्वदीर्घयोर्धर्मः** स्वभावोऽवगन्तव्यः । न तु ह्रस्वादिरूपता काचित् स्फोट इति नास्ति स्फोटस्य स्वतो भेदः ॥२३॥

1. K. °णकर्मं 2. BU° व्यञ्जका 3. B. °पसती, BU °पि सता, AK, भिन्ना सती. 4. om दीरित to चैतत्.
5. B. om यथा निरंशस्य to चिरज्ञानं वितत in the commentary on V. G. gives यथा निरंशस्य to नित्यत्वादिति as the last sentence in the comm. on J. 21. 6. BU सब्याद्यु पाधि° 7. O. न तु सदै, BU. ननु शक्यरू° 8. BU. एकस्य स्व°. 9. BU. °धव्यक्ति° 10. K. चैतन्येन 11. BU प्रकाशो यत् 12. BU प्रथमतो

अथोच्यते—न नित्यमुपाधिवशाद् भिन्नं वक्तुं युक्तं स्वभावभेदप्रसङ्गादित्याशङ्क्याह—

न नित्यः[1] परमात्राभिः कालो[2] भेदमिहार्हति ।

इह कालोऽपि नित्य एवाभ्युपगतो नित्यमेकमित्यादिलक्षणकथनात् । तस्येदानीं क्षणलवनिमेषेत्यादिव्यवहारः कथमुपपद्यते । अथ परमात्राभिस्तस्य भेद उपचर्यते यथा परमाणोः स्वावरुद्धनभोदेशत्यागोपलक्षितः कालः [3]क्षणः, क्षणद्वयं च लव इत्यादि । तथा निरंशे वाक्य [4]औपाधिकभेदपरिकल्पनायां कः प्रद्वेषः । अथ ब्रूषे—न वयं 'नित्यमेकम्' (ĀK. V. III. का. 1) इत्यादिलक्षणलक्षितं कालं व्यतिरिक्तं जानीमः । पूर्वापरीभूताः पदार्थमात्रा एव स्वभावभिन्नाः कालः । तत्समाश्रयणेन चायं क्रमयौगपद्यव्यवहारः, न पुनस्तद्व्यतिरिक्तनित्यस्वभावकालकृत इति । तत्राप्याह—

व्यावर्तिनीनां मात्राणामभावे कीदृशः क्रमः ॥२४॥

ताः पूर्वापरीभूताः पदार्थमात्रा उदयव्ययोगिन्य एवेति विशरारूणां तासां कीदृशः क्रमः, कथं च तत्समाश्रयणेन कालव्यवहार इति यत्किञ्चिदेतत् ॥२४॥

अथ तथाविधपदार्थसमाश्रयणेन बुद्धिरुपजायमाना कालव्यवहारं निर्वर्तयिष्यतीत्याशङ्क्याह—

ताभ्यो या जायते बुद्धिरेका सा भागवर्जिता[5] ।

ताभ्यः पदार्थमात्राभ्यो **या जायते बुद्धिः** सापि न शक्नोति कालव्यवहारं निर्वर्तयितुम् । यत एकासौ बुद्धिर्निर्विभागेति कथं पूर्वापरव्यवहारं निर्वर्तयेत् । तत्राहप्या—

सा हि स्वशक्त्या[6]भिन्नेव क्रमप्रत्यवमर्शिनी ॥२५॥

बुद्धिर्हि **भिन्नेव स्वशक्त्या क्रमप्रत्यवमर्शिनी** भविष्यति । यतः क्रमोल्लेखानुषङ्गेणैवासावनुभववासनावशादुपजायत इति कालव्यवहारनिर्वर्तनचतुरैव सा ॥२५॥

एतद् दूषयितुमाह[7]—

क्रमोल्लेखानुषङ्गेण तस्यां यद् बीजमाहितम् ।
तत्त्वनानात्वयोस्तस्य निरुक्तिर्नावतिष्ठते ॥२६॥

1. S न नित्यं प° 2. K. कालभे°. 3. B. om क्षणः, S. क्षणात् क्षण°
4. BU क्षयाधिक° 5. G. र. भागवर्तिनी. 6. G. स्वशक्या
7. BU,A,K,S,र,चा have 'तस्याम्' इति after तद्दूषयितुमाह. But v. 26 begins with क्रमोल्लेखानुषङ्गेण and not तस्याम्. O. however, has क्रमो° after आह and I have adopted that reading.

तस्यां बुद्धौ यदाहितं पदार्थमात्राभिरनुभववशाद् बीजं वासनारूपं संस्कार-स्वभावं तत् किं व्यतिरिक्तं तस्या उताव्यतिरिक्तमिति द्वयी गतिः । व्यतिरेके तस्यास्तेन न[2] किञ्चिदिति कथं तद्वशात् क्रमादिको व्यवहारः । अव्यतिरेके पुनरपि सैवैका निर्विभागेति पदार्थमात्रावत् कालव्यवहारं कथं निर्वर्तयेदिति तत्त्वनानात्वाभ्यां निर्वचनं बुद्धेः कर्तुं न पार्यत इति यत्किञ्चिदेतत् ॥२६॥

पुनश्चातकाण्डकललवदविभक्त एव युक्त इति प्रतिपादयितुमाह—

भावनासमये त्वेतत्[2] क्रमसामर्थ्यमक्रमम् ।
व्यावृत्तभेदो येनार्थो भेदवानुपलभ्यते ॥२७॥

ब्रह्मकाण्डे सकलशङ्कानिवारणपूर्वकं स्फोटस्वरूपं निरूपितमेव । तस्मादेतद्वाक्यमक्रमं स्फोटस्वभावमेकं वाचकम् । स्वपदार्थभावनावसरे तूपाधिवशात् **क्रमसामर्थ्यं** क्रमे सामर्थ्यं शक्तिर्यस्य तत् क्रमसामर्थ्यमवगतम् । येनार्थो वाच्यस्वरूपो **व्यावृत्तभेदो**ऽखण्ड एव पदार्थोपाधिवशाद् **भेदवानिवोपलभ्यते** न परमार्थतः ॥२७॥

यस्य पुनस्तानि पदान्येवोपलभ्यमानानि वस्तुसन्ति (?) वाक्येऽभिमतानि न तद्व्यतिरिक्तमेकमनंशमस्त्यखण्डस्वभावं वाक्यम्, तस्य पदान्यपि न वर्णव्यतिरेकेण विद्यन्ते, वर्णा अपि भागवन्त इति प्रकर्षप्राप्तो भेद एव सर्वत्र स्यादिति पदवादिनं दूषयितुमाह—

पदानि वाक्ये तान्येव वर्णास्ते च पदे यदि ।
वर्णेषु वर्णभागानां भेदः स्यात् परमाणुवत् ॥२८॥

यथावयवव्यतिरेकेणावयविन एकस्यानङ्गीकरणेऽवयवानामपि भागवत्त्वात् भागपरिकल्पनाया अतिप्रसङ्गात् परमाणूनामवशेषः । तेषामपि केषाञ्चिन्मते षट्केन युगपद्योगात् सांशतायामणीयसोऽवयवस्यानुपपत्तिः । अतश्च व्यपदेश्यपदार्थविरहितं निरीहमेव जगदापतितम् ॥२८॥

तथैव वर्णभागानामनुपश्लेषान्न वर्ण एकः कश्चित् स्यात् । तदभावे पदमपि न भवेदिति प्रतिपादयितुमाह—

भागानामनुपश्लेषान्न वर्णो न पदं भवेत् ।
तेषामव्यपदेश्यत्वात् किमन्यदपदिश्यताम् ॥२९॥

1. BU तेन न तस्यास्ते° 2. A. तत्र

अतश्चोक्तरीत्या[1] भागानामसत्त्वाद् व्यपदेशविरहात् किमत्र वाचकमेतद्व्यतिरिक्तम् **अन्यदपदिश्यताम्**। अखण्डस्यानङ्गीकरणात् पदानामुक्तेन न्यायेनानुपपत्तेरिति न कश्चिद् वाचकः स्यात्। अस्ति च वाक्यार्थस्य प्रतीतिः। सा सनिमित्ता भवितुमर्हतीत्येक एव नित्यः पदाभिव्यङ्ग्योऽ[2]खण्डो व्यक्तिस्फोटो [3]जातिस्फोटो वा वाचकोऽङ्गीकार्य इति सिद्धान्तः ॥२९॥

एवं तावद् बहीरूपं व्यक्तिस्फोटं जातिस्फोटं वा वाचकमाश्रित्य[4] वाक्यं व्याख्यातम्। इदानीमन्तरेवानवयवं बोधस्वभावं शब्दार्थमयं निर्विभागं शब्दतत्त्वमिति यद् गीतं तदेव नादैर्बहिः प्रकाशितं वाक्यमाहुराचार्या इत्यान्तरं 'बुद्ध्यनुसंहृतिः' इत्युद्दिष्टं व्याख्यातुमाह—

यदन्तःशब्दतत्त्वं तु नादैरेकं प्रकाशितम्।
[5]तमाहुरपरे शब्दं तस्य वाक्ये तथैकता ॥३०॥

वाक्यविचारे प्रस्तुते तस्यान्तरस्यैकता[6] निरंशतैव प्रतिपाद्यत इति तदेव सत्यत्वाद्वाक्यमस्तु, किं तद्व्यतिरिक्तेनासत्येन वाक्येनेत्यर्थः ॥३०॥

न केवलं वाक्यं तथा, यावद् वाक्यार्थोऽखण्डः प्रतिभात्मकः पदार्थभागैरभिव्यज्यत इति प्रसङ्गादाह—

अर्थभागैस्तथा तेषामान्तरोऽर्थः प्रकाश्यते।

तेषामान्तरवाक्यवादिनामाचार्याणां मते **आन्तर** एवात्रापि वाक्यार्थ इति बोद्धव्यम्। तौ च शब्दार्थविभिन्नावेकस्यान्तरस्य तत्त्वस्य संबन्धिनौ वस्तुतो बहिः स्थितौ भेदाविव प्रतिभासेते इति बोध्यमित्याह ॥

ननु शब्दार्थौ वाच्यवाचकाविति प्रसिद्धम्। अतः कथं तयोरभेद इत्याशङ्क्याह—

1. S. °क्तनीत्या 2. G. पदाभिधेयो 3. K om. जातिस्फोटो वा.
4. A om माश्रित्य to °शितं वाक्यमा. 5. G. तदाहु.
6. G. °स्यैकतास्तु नि°

प्रकाशकप्रकाश्यत्वं कार्यकारणरूपता
अन्तर्मात्रात्मनस्तस्य शब्दतत्त्वस्य सर्वदा ॥३२॥

तस्य हि शब्दतत्त्वस्यान्तरस्य ज्योतीरूपस्य शक्तिभेदादयं भेदप्रतिभासो न विरुद्धः । [1]एतच्चादावेवोक्त[2]मागमकाण्डे 'एकस्य सर्ववीजस्य' (Vāk I 4) इत्यादिना ॥३२॥

इदमपि तस्य शक्तिभेदादवभासत इति प्रसङ्गादाह—

तस्यैवास्तित्व[3]नास्तित्वसामर्थ्ये समवस्थिते ।
अक्रमे क्रमनिर्भासे[4] व्यवहारनिबन्धने ॥३३॥

तस्य तदेवैकं निर्विभागं परं तत्त्वमाश्रित्यायं[5] सकललोकसंव्यवहारः शक्तिभेदात् प्रतीयते, किं पुनरयं [6]वाच्यवाचकविभागमात्ररूप इत्यखण्डपक्ष एव युक्तः ॥३३॥

इदानीं पदवादिमतमाशङ्क्य पुनरपि दूषयितुमाह—

संप्रत्ययप्रमाणत्वात् पदार्थास्तित्वकल्पने ।
पदार्थाभ्युच्चये त्यागादानर्थक्यं प्रसज्यते ॥३४॥

यदि पदार्थसंप्रत्ययः प्रमाणं पदपदार्थसत्तायामुच्यते तदा 'देवदत्त गामभ्याज शुक्लां[7] दण्डेन इत्यस्मिन् वाक्ये पूर्वपूर्वपदार्थानामुत्तरोत्तरपदार्थाभ्युच्चये स्वार्थत्यागात् तत्तत्पदोपादानस्यानर्थक्यं प्रसज्यते । ततश्चानर्थकस्योच्चारणवैफल्यादुच्चारिताद्वा तस्माच्छब्दमात्रात्पदार्थप्रत्ययस्यानुपपत्तेः किंनिबन्धना वाक्यार्थप्रतीतिः स्यादिति यत्किञ्चिदेतत् ॥३४॥

तथा च पदानामव्यवस्थितेः पदवादोऽनुपपन्न एव लक्ष्यते इत्यभिधातुमाह—

राजशब्देन राजार्थो भिन्नरूपेण गम्यते ।

राजा, राजानम्, राज्ञा, राज्ञे, राज्ञो, राज्ञि, राजनीत्येवमनियतस्वरूपेण राजपदेन राजार्थप्रतीति[8]र्दृश्यते । यदि पदस्य सत्यता स्यात्तदा नियतं तत्परिदृश्येत सर्वत्र । न च दृश्यते । अतो मन्यामहे मिथ्यैव पदानीति ।

इतोऽपि नास्ति पदमित्याह—

1. B एवञ्चा° 2. BU °दावुक्तमेकस्य, A °दावुक्तमेवागम°
3. K.° स्तितत्त्वन्नास्ति सा° 4. B.° र्भासो 5. G.° त्याशयस° 6. BU° यं वाचक°
7. B भुक्तां 8. B प्रतीतेर्दृ°

वृत्तावाख्यातसदृशं पदमन्यत्[1] प्रयुज्यते ॥३५॥

राजपुरुष इत्यस्यां वृत्तौ राजशब्द आख्यातसदृशः । ततश्च हे राजपुरुष इत्यत्र राज=भ्राजस्व पुरुष ! इत्यर्थप्रतीतिः स्यात् । न चैतदिष्टम् । तस्मात् पारमार्थिकानि पदानि न सन्त्येव ॥३५॥

न केवलं केवलानां नियतरूपासंभवस्तेषां यावद्वृत्तावपि स्थितानामित्याह—

यथाश्वकर्ण इत्युक्ते विनैवाश्वेन गम्यते ।
कश्चिदेव विशिष्टो[2]ऽर्थः सर्वेषु प्रत्ययस्तथा ॥३६॥

अश्वकर्ण इत्यत्राश्वपदार्थेन **विनैव** जात्यन्तर[3] विशिष्टः कश्चिदर्थो गम्यते[4] । तस्मात् **सर्वेषु** [5]अपि पदेषु परामृष्टविभागेषु वाक्याभिव्यञ्जकेषु सत्स्वखण्ड-वाक्यावगतिपूर्वको वाक्यार्थप्रत्यय इत्येव युक्तम् ॥३६॥

नन्वेवं सति योऽयं रूढ्यरूढिविभागः शब्दानामुच्यते स वृथेत्याशङ्क्याह—

वाक्ये त्वर्थान्तरगतेः[6] सादृश्यपरिकल्पने ।
केषाञ्चिद्रूढिशब्दत्वं शास्त्र एवानुगम्यते ॥३७॥

वृत्तिवाक्ययोः सादृश्यपरिकल्पने केषाञ्चिच्छब्दानां वाक्ये विग्रहरूपेऽर्थान्तर-प्रतीते रूढिशब्दत्वमुच्यते । यथा 'तैलपायिका' इति । अत्र तैलं पिबतीति वाक्य-वेलायामर्थप्रादुर्भावः । वृत्त्यवस्थायां तैलपायिकेति जात्यन्तरयुक्तार्थस्य कस्य-चित् प्रतीतिः । न च तस्य तैलपानक्रिया लक्ष्यत इति रूढिरूपतास्योच्यते । केषाञ्चित्तु वृत्तिवाक्ययोरर्थस्य सादृश्याद् यौगिकत्वम् । यथा राजपुरुष इति । **परिकल्पने** इत्यनेन सर्वमेतदवयवविभागादिकं शास्त्रसमय एव कल्पनामात्रम् । परमार्थतस्तु व्यवहारकाले निर्विभागमेवोपलभ्यत इति प्रतिपाद्यते । एतदेव **शास्त्र एवानुगम्यते इत्यनेन** व्यक्तीकृतम् ॥३७॥

कथमेतदुच्यत इत्याह—

उपादायापि ये हेयास्तानुपायान् प्रचक्षते ।

शास्त्रमुपायः शब्दपरिज्ञाने । ज्ञातेषु तेषु प्रयोजनसम्पत्तेरनुपयोग इति तस्य परित्यागः ।

उपायाश्च न नियता इत्याह—

उपायानां च नियमो नावश्यमवतिष्ठते ॥३८॥

1. र. °न्यत्र युज्यते, चा, °न्यत् प्रसज्यते
2. BU विशिष्टार्थः 3. BC° रे वि° 4. K. काश्चिदवगम्यते. 5. चा. एव.
6. O° गतेः

कश्चिदाचार्यः पाणिनिविरचितेन लक्षणशास्त्रेण शब्दानधिगच्छति कश्चिदन्येनेति नास्ति नियमः। एतदेव स्पष्टीकृतम् **अर्थं कथञ्चिद्** इत्यादिना।

अर्थं कथञ्चित् पुरुषः कश्चित् संप्रतिपद्यते।
संसृष्टा वा विभक्ता वा भेदा वाक्यनिबन्धनाः ॥३९॥

तस्मात् संसृष्टस्य विभक्तस्य वार्थविशेषस्य वाक्यमेकमनंशमेव प्रतीतिनिबन्धनमिति पदपदार्थप्रविभागकल्पनमसमञ्जसमेवेति प्रतिपादयितुमाह संसृष्टा वा इति ॥३९॥

अतश्च निरंश एवायं पदार्थशून्यो वाक्यार्थोऽध्यासमात्रसंबन्धगर्भ[1] एकस्मादपि[2] वर्णात् प्रतीयत एवेत्यभिधातुमाह[3]—

सोऽयमित्यभिसंबन्धो बुद्ध्या प्रक्रम्यते यदा।
वाक्यार्थस्य तदैकोऽपि वर्णः प्रत्यायकः क्वचित् ॥४०॥

सोऽयमित्यभिसम्बन्धोऽध्यासरूपो वाक्यार्थस्य वाक्येन सह यदा वक्त्रा प्रक्रम्यते तदैकोऽपि वर्णो वाक्यार्थस्य[4] वाचको भवत्येव, किं पुनरनेकमशेषविशेषा[5]–भिधानविवक्षयोदीरितं पदमिति। एवमध्यासवशाद् वाक्यवाक्यार्थयोरभिन्नस्वरूपत्वाद् वाक्यार्थाभिव्यक्तौ वाक्यमपि स्फोटात्मकमभिव्यक्तमेवेत्युक्तम्–**वाक्यार्थस्य तदैकोऽपि** इत्यादि ॥४०॥

इदानीमभिहितान्वयपक्षसमाश्रयणेन संघातपक्षस्य प्रदर्शनायाह—

केवलेन पदेनार्थो यावानेवाभिधीयते।
वाक्यस्थं तावतोऽर्थस्य तदाहुरभिधायकम् ॥४१॥
सम्बन्धे सति यस्त्वन्यदाधिक्यमुपजायते।
वाक्यार्थमेव तं प्राहुरनेकपदसंश्रयम् ॥४२॥

केवलं पदं यस्यैवार्थस्य वाचकं **वाक्यस्थमपि** तमेवाभिदधाति। ततः समुदाये पदानां परस्परान्वये पदार्थ (दान्तर) वशाद् यदाधिक्यं संसर्गः स वाक्यार्थः। उक्तं च–'यदत्राधिक्यं वाक्यार्थः सः' इति (*M. Bhā.* I p. 462. l. 4.) **अनेकपदसंश्रयम्** इत्यनेन संघातो वाक्यमिति दर्शितम् ॥४१,४२॥

वाक्यार्थस्य चास्य जातिवत् प्रत्येकपरिसमाप्तिः केषाञ्चिन्मते संख्यावत् समुदायपरिसमाप्तिरिति पक्षद्वयं दर्शयितुमाह—

1. B° र्भा रा. 2. K.° र्भमकस्मादपि. 3. B° भिधाताह. 4. O. वाक्यवाक्यार्थस्य वाचको. 5. A.° मशेषाभिधान°

स त्वनेकपदस्थोऽपि प्रतिभेदं समाप्यते ।
जातिवत् समुदायेऽपि संख्यावत् कल्प्यते परैः ।।४३।

अथात्र संघातपक्ष एव प्रकारान्तरेणान्विताभिधानप्रदर्शनात् पदार्थ एव वाक्यार्थ इति प्रक्रमितुमाह—

सर्वभेदानुगुण्यं तु सामान्यमपरे विदुः ।
तदर्थान्तर[1]संसर्गाद् भजते भेदरूपताम् ।।४४।।

सर्वेषां भेदानामानुगुण्यं यस्मिन् तत्तथाविधं **सामान्यं** संसर्गलक्षणमाकांक्षा योग्यतासन्निधानवशेन पदा(र्था?)न्तरसंसर्गान्नियतस्वरूपं[2] वाक्यार्थः ।।४४।।

तत्र चाकांक्षावसरे येयमस्फुटरूपता वाक्यार्थस्य तामितरपदार्थसन्निधिर्निवारयतीत्याह—

भेदानाकाङ्क्षतस्तस्य या परिप्लवमानता ।
अवच्छिनत्ति सम्बन्धस्तां विशेषे निवेशयन् ।।४५।।

पूर्वत्र पदानां वाक्ये तावानेवार्थो यावानेव केवलानाम्, संसर्गस्तु संघातवाच्यः । इह तु तथाभूत एव सामान्यरूपः पदस्यार्थो यस्तत्तद्विशेषसन्निधौ तत्तद्विशेषविश्रान्त इति ।।४५।।

संघातपक्षे[3] संसर्गो वाक्यार्थ इत्युक्तम् । स च पूर्वत्र जातिवत् संख्यावद्वा पदार्थव्यतिरेकेण वाक्यार्थत्वेन कल्पितः। इदानीं पदार्थव्यतिरेकेणासन्नै[4] वैकान्तानुमेयो न समुदायवाच्यः किं तर्हि सर्वभेदानुगुणसामान्यरूपो विशेषान्तरसन्निधानाद् विशेषविश्रान्तः पदार्थ एव वाक्यार्थ इति दर्शयितुमाह—

कार्यानुमेयः सम्बन्धो रूपं तस्य न दृश्यते ।
असत्त्वभूतमत्यन्तमतस्तं[5] प्रतिजानते ।।४६।।

कार्येण पदार्थानां विशेषविश्रान्तिलक्षणेनानुमीयत इति **कार्यानुमेयः** । इदं तदिति तु **रूपं तस्य न दृश्यते** । अत एव **असत्त्वभूतं** पदार्थव्यतिरेकेण सत्त्वं नास्ति यस्य **तमेवंभूतमाचार्याः प्रतिजानते** ।।४६।।

1. B तदर्थोत्तरसं. 2. B. स्वंसन्नियत. 3. BU om. संघातवक्षे to कल्पित :
4. O.° ण सन्द्विवेकार्थानुमेयो न वैकान्तानुमेयो न सं. 5. O मजस्तं.

एतदेव व्यक्तीकर्तुमाह—

नियतं साधने साध्यं क्रिया नियतसाधना ।
स सन्निधानमात्रेण नियमः सन् प्रकाशते ।।४७।।

साध्यं साधनं च परस्परं नियतमेव । केवलमाकाङ्क्षावशादितरपदार्थसन्निधाने सति **नियमः सन्** एव **प्रकाशते** इत्याक्षिप्तपदान्तराणि पदान्येव वाक्यम्, पदार्थश्च[1] वाक्यार्थ इत्यव्यतिरिक्त (?स्तिक्तसं) संघातपक्षोऽयम् ।।४७।।

अथात्र परस्परापेक्षायां समानायां विशेषमभिधातुमाह—

गुणभावेन साकाङ्क्षं तत्र नाम प्रवर्तते ।
साध्यत्वेन निमित्तानि क्रियापदमपेक्षते ।।४८।।

नाम कारकपदं क्रियायां गुणभूतं सत् पदान्तरमाकाङ्क्षति । **क्रियापदं** तु प्रधानभावेनावस्थितं कारकपदान्यपेक्षते इति ।।४८।।

क्रमो वाक्यमित्युद्दिष्टं क्रमपक्षं व्याख्यातुमाह—

सन्त एव विशेषा ये पदार्थेषु व्यवस्थिताः ।
ते क्रमादनुगम्यन्ते[2] न वाक्यमभिधायकम् ।।४९।।

पदार्थेषु देवदत्तादिपदवाच्येषु[3] गोकर्मिकायामभ्याजक्रियायां[4] देवदत्तपदार्थस्य कर्तृत्वं गोपदार्थस्य देवदत्तकर्तृकायां कर्मत्वमित्यादयो **विशेषाः सन्त** एव पदेभ्यः प्रतीतेभ्योऽवगम्यन्त इति क्रम एव वाक्यम् । **न वाक्यमभिधायकम्** इत्यनेन क्रमव्यतिरेकेण शब्दात्मकं न वाक्यमभिधायकमस्तीत्युच्यते[5] ।।४९।।

एतदेव स्फुटीकर्तुमाह—

शब्दानां क्रममात्रे च नान्यः शब्दोऽस्ति वाचकः ।

अनपेक्षितविशिष्टानुपूर्वीकः क्रमः **क्रममात्रम्**[6] । तस्मिन् सत्यर्थप्रतीतेर्नान्यस्तद्व्यतिरिक्तः कश्चित् स्फोटादिः **शब्दो वाचको**ऽभ्युपगन्तुं युक्तः । अपितु क्रम एवोपलभ्यमानो वाचकः ।

अथ क्रम इति किमुच्यत इत्याह—

क्रमो हि धर्मः कालस्य तेन वाक्यं न विद्यते ।।५०।।

1. G. S. पदार्थास्च.
2. O° म्यते. 3. O च्ये गो. 4. चा. O. K S° भ्याजिक्रि. 5. BU° क्यमित्यनेन क्रमत्वमस्तीत्यु°. 6. B° मात्रा.

क्रमवत्पदपदार्थोपाधिवशेनापि कालस्य स धर्म उच्यते ॥५०॥

युक्तं चैतत् यत् क्रम एव वाक्यमि(?ती)त्याह—

ये[1] च सम्भविनो भेदाः पदार्थेष्वविभाविताः ।
ते सन्निधाने व्यज्यन्ते न तु वर्णेष्वयं क्रमः ॥५१॥

पदार्थेषु ये भेदाः पूर्वोक्ताः सन्ति ते केवलेषु **अविभाविताः** सन्तः क्रमवत्पदान्तर**सन्निधाने**ऽभिव्यज्यन्त इति दर्शनात् क्रम एव वाक्यमिति पदक्रमो वाक्यमुक्तम् । वर्णक्रमस्तु न तथेत्युक्तम् **न वर्णेष्वयं[1] क्रमः** इति ॥५१॥

एतदेवोपसंहारेण स्फुटयितुमाह—

वर्णानां च पदानां च क्रममात्रनिवेशिनी ।
पदाख्या वाक्यसंज्ञा च

[2]वर्णक्रमः पदमुच्यतां नाम । वाक्यसंज्ञा पदक्रम एव युक्ता, तथार्थप्रतीतिदर्शनात् ।

क्रम एव शब्दो न वर्णपदे[3] इत्युक्तमुपसंहर्तुमाह—

शब्दत्वं नेष्यते तयोः ॥५२॥

तयोर्वर्णपदयोः **शब्दत्वं** श्रोत्रेन्द्रियग्राह्यत्वेऽपि वाचकत्वलक्षणं नेष्यते, अपि तु क्रमस्यैव ॥५२॥

[4]पदक्रमस्य शब्दत्वं वाक्यार्थेनार्थवत्तायाम् । वाक्यार्थभागैस्तु पदानामर्थवत्त्वम् । एवं वर्णक्रमस्यापि शब्दत्वं पदार्थेनार्थवतः । तदर्थवतां(?)[5] वर्णानां किं नाङ्गीक्रियत इत्याह—

समानेऽपि तु शब्दत्वे दृष्टः संप्रत्ययः पदात् ।
प्रतिवर्णं त्वसौ नास्ति पदस्यार्थमतो विदुः ॥५३॥

वर्णपदलक्षणस्योभयरूपस्य शब्दत्वे समाने पदानां क्रमाद् वाक्यार्थस्यावगमो दृश्यते न वर्णादित्यतः पदान्येवार्थवन्ति । तत्क्रमश्चैव वाक्यम् । संसर्गो वाक्यार्थ इति ॥५३॥

1. B यं च.
2. B वर्ण्यक्रमः 3. B. वर्ण्यपदे.
4. K has यदा तु शब्दार्थवतां वर्णानां किं नाङ्गीक्रियत इत्याह before पदक्रमस्य.
5. K. om तदर्थवतां to इत्याह.

इदानीं संघातः क्रमस्तथैकोऽनवयवश्च शब्दः स्फोटात्मेति व्याख्यातानि त्रीणि वाक्यलक्षणानि श्लोकत्रयेणोपसंहरति। तत्र संघातपक्षमुपसंहर्तुं तावदाह—

यथा[1] सावयवा वर्णा विना वाच्येन केनचित्।
अर्थवन्तः समुदिता वाक्यमप्येवमिष्यते ॥५४॥

अर्थानां (?वर्णानां)समुदायार्थवत्त्वे केवलानामनर्थकत्वं यथा तथा पदानां केवलानामर्थासम्भवात् तत्समुदाय एव वाक्यमिति व्याख्यातम्[2] ॥५४॥

1. [3]क्रमपक्षमुपसंहर्तुमाह—

अनर्थकान्युपायत्वात् पदार्थेनार्थवन्ति वा।
क्रमेणोच्चरितान्याहुर्वाक्यार्थं भिन्नलक्षणम्[4] ॥५५॥

पदानि केवलान्यनर्थकानि, केषाञ्चिन्मते[5] स्वार्थेनार्थवन्ति **क्रमेणोच्चरितानि** वाक्यम्। तथाविधाद्वाक्याद् **वाक्यार्थं भिन्नलक्षणं** व्यतिरिक्तस्वरूपं संसर्गात्मकं विशिष्टमेव वा संसर्गवशान्निराकाङ्क्षविशेषावस्थितपदार्थस्वरूपमेव व्यतिरिक्तमवगम्यत इति ॥५५॥

स्फोटपक्षमुपसंहर्तुमाह—

1. [6]**नित्यत्वे समुदायानां जातेर्वा[7] परिकल्पने।**
एकस्यैवार्थतामाहुर्वाक्यस्याव्यभिचारिणीम् ॥५६॥

इह 'देवदत्त गामभ्याज शुक्लां दण्डेन' इत्यादिकानि भिन्नवक्तृदीरितानि पदसमुदायात्मकानि शब्दरूपाद्भिन्नान्येव। अयमर्थः—तत्र तत्र वक्तरि भिन्ना अपि ध्वनय एकमेव स्फोटं व्यक्तिस्फोटात्मकं नित्यमभिव्यञ्जन्ति। 'देवदत्त गामभ्याज' इत्यादिषु[8] भिन्नवक्तृदीरितेषु वा स्फोटजातिर्नित्या देवदत्तादिपदसमुदायाभिव्यङ्ग्या वाक्यार्थस्यैकस्य प्रतिभात्मकस्य प्रतिपादिकेति मतभेदाज्जातिव्यक्तिस्फोटोपसंहारः ॥५६॥

1. र. यथास्यावयवाः. 2. G. र. om. व्याख्यातम्.
3. G. व्याख्यातं क्रमपक्षमु°. 4. B om. भिन्नलक्षणम् as well as the whole of the commentary on 55. 5. BU om मते.
6. B om. the verse as well as the commentary. 7. K. जाते वा.
8. K. S. चा. °दिकेषु.

[1]तदेवं संघातादीनि त्रीणि वाक्यलक्षणानि व्याख्यातानि । आख्यातं वाक्यमिति व्याख्यास्यति । एषां च मध्याद्[2] इति[3](?)सूत्रकाराभिप्रायमनुसृत्याखण्डपक्ष एव वाक्यवाक्यार्थयोरुभ[4]योरभ्युपगम्यत इति प्रदर्शितम् । इदानीं भाष्यकाराभिप्रायेणापि स एवाभ्युपगन्तव्य इत्युपक्रम्यते । तथा च भाष्यम्—न लक्षणेन पदकारा अनुवर्त्याः, पदकारैर्नाम लक्षणमनुवर्त्यम्" (*M.Bhā*, II 85,.l.4-5) इति । तथा 'यथालक्षणमप्रयुक्ते' (*M.Bhā* I. 84.7.) इति । अत्र यदि पदानां सत्यता स्यात् तदा तेषां स्वत एव सिद्धत्वात् पदानि कुर्वन्तीति पदकारा इत्येतदसंगतं स्यात् । लक्षणेन च तदनुवर्तनम् । वस्तुसत्त्वात्तेषाम् । पदकारैर्नाम लक्षणमनुवर्त्यमित्यसंगतम् । [5]तथाऽप्रयुक्तपदविषये पदानाम[6]सत्यत्वात् तत्प्रविभागोऽयं [7]न सिद्ध इति यथालक्षणं लक्षणानुसारेण पदकरणमप्रयुक्त इत्येतदनुपपन्नमेव । आह चैवं भाष्यकारः । तस्मान्मन्यामहे—पदान्यसत्यानि, एकमभिन्नस्वभावकं वाक्यम् । तदबुधबोधनाय पदविभागः कल्पित इति । [8]तदेतदभिधातुमाह—

अभेदपूर्वका भेदाः कल्पिता वाक्यवादिभिः ।

यत एवं सूत्रकारस्य भाष्यकारस्य चाखण्डपक्षोऽभिरुचितस्तस्माद् **वाक्यवादिभिः** स्फोटवादिभिरभेदकल्पनमाश्रितम् । काल्पनिकः पदवादोऽभ्युपगत इत्यर्थः ।

पदवादिमतमपि प्रसङ्गादुपदर्शयति—

भेदपूर्वानभेदांस्तु मन्यन्ते पददर्शिनः ॥५७॥

भेदप्रतिभासपूर्वकान**भेदान्** स्वाभिमतान् **पददर्शिनः** पदमेव सत्यं ये मन्यन्ते ते ह्येकमखण्डं वाक्यं नाम काल्पनिकमाहुः ॥५७॥

अथ यदि नैवं स्थितिः तत् कथं 'पदप्रकृतिः संहिता' इति प्रातिशाख्यम् । अत्र हि पदानि प्रकृतिर्यस्याः संहितायाः इत्यर्थो व्याख्यायते । पदानां चासत्यत्वात् तत्कारणिका[9] संहिताप्ययुक्ता स्यादित्यालोच्याखण्डपक्षेणाप्येतत् संवादयितुमाह—

1. B. om. this verse, the commentary on it and verse 57 up to अभेदपूर्वका भेदाः 2. र. °ध्यादखण्डपक्ष एवोभयोरपीति सूत्र° 3. O S इति पूर्वोक्तं सूत्र० 4. BU, A, र.° र्थयोरभ्युप° 5. BU, A.K. तथा प्र० 6. G. BU. A. °नां सत्य° 7. BU °गोऽयत्नसिद्ध. 8. G. तदेवाभिधातु° 9. K. तत्काशिका

पदप्रकृतिभावश्च वृत्तिभेदेन वर्ण्यते ।

वृत्तिभेदमेव प्रदर्शयितुमाह—

पदानां संहिता योनिः संहिता वा पदाश्रया ।।५८।।

अखण्डपक्षे पदप्रकृतिः संहितेति षष्ठीसमासेन व्याख्यायत इत्यर्थः ।।५८।।

इदानीं येनाभिप्रायेण भाष्ये[1] न लक्षणेनेत्यादिकमुक्तं तमभिव्यङ्क्तुमाह—

पदाम्नायश्च यद्यन्यः संहिताया निदर्शकः ।
नित्यस्तत्र कथं कार्यं पदं लक्षणदर्शनात् ।।५९।।

यदि हि पदाम्नायः संहिताप्रदर्शको नित्यः सत्यभूतोऽ[2]भ्युपगतस्तदा कथं लक्षणदर्शनात् पदं कार्यमिति न लक्षणेन पदकारा इत्यादिना भाष्यकारो दर्शयेत्[3] । यतश्च[4] पदान्यसत्यानि तस्य प्रतिभासन्ते तत एवमभिहितमिति भाष्यकारस्याप्यखण्डपक्षोऽभिप्रेत इति दर्शितम् ।।५९।।

इदानीं पदवादिनं प्रति[5] दूषणमाह—

प्रतिवर्णमसंवेद्यः पदार्थप्रत्ययो यथा ।
पदेष्वेवमसंवेद्यं वाक्यार्थस्य निरूपणम् ।।६०।।

देवदत्तादौ पदे यथा न[6] दकारादि(?दिं)वर्णं वर्णं प्रति देवदत्तप्रत्ययो जायते तथैव देवदत्त गामभ्याजेत्यादिवाक्यार्थस्य देवदत्तादि पदं पदं प्रति नास्ति प्रत्ययः अत उच्यते—एतान्यनर्थकान्येव, वाक्यादेवार्थप्रतीतिदर्शनाद् वाक्यमेवार्थवदिति ।।६०।।

एतावत् प्रतिविधातुं पदवाद्याह—

वाक्यार्थः सन्निविशते पदेषु सहवृत्तिषु ।
यथा तथैव वर्णेषु पदार्थः सहवृत्तिषु ।।६१।।

इह पदे वर्णा [7]अर्थवन्तो वाक्ये पदान्यपीति द्रष्टव्यम् । केवलं यथा समुदितेषु **पदेषु** सत्सु **वाक्यार्थः संनिविशते** स्वरूपं प्रतिलभते **तथैव वर्णेषु** अपि बुद्धौ **सहवृत्तिषु** एव **पदार्थः** उपजायत इति नैतावता[8] वर्णदृष्टान्तेन पदानामनर्थकत्वम् ।।६१।।

1. BU नार्थं न ल° 2. B. °तो नेत्यभ्यु°, K. नित्यः भूतो 3. B दर्शित, BU दर्शयति 4. BU अतश्च
5. K. प्रतिवादिनं प्रति 6. BU. K. °या त दकारा°
7. BU. अर्थभाव 8. B नैताता, K. नैतान्ता

एतदेव दृष्टान्तेन दर्शयितुमाह—

सूक्ष्मं ग्राह्यं यथान्येन संसृष्टं सह गृह्यते ।
वर्णोऽप्यन्येन[1] वर्णेन सम्बद्धो वाचकस्तथा ॥ ६२ ॥

[2]ग्राह्यमपि सूक्ष्मं वस्तु रजःप्रभृति यथान्येन केनचित् सजातीयेन विलक्षणेन वा संसृष्टं सद्[3] गृह्यते एवमर्थवानपि वर्ण[4] एकैकं न[5] सम्प्रत्यायकःअन्येन संसृष्टस्तु वाचक एव। एतदुक्तं भवति, अर्थवन्त एव वर्णाः, प्रतिपत्ता तु पाटवविरहादेकैकं न तथा गृह्यन्त(?त) इति नात्र तेषामपराधः ॥६२॥

न चानर्थकमेव पदमिति वक्तुं युक्तं, प्रत्यक्षविरोधाद् इत्याह[6]—

पदस्योच्चारणादर्थो यथा कश्चिन्निरूप्यते ।

न हि किञ्चित् पदं केनचिदर्थेनानिरूपितमिति युज्यते वक्तुमनुभवविरोधात्। यथा चैवं पदोच्चारणकालेऽस्ति काचिदर्थप्रतीतिरेवं तेनैवार्थेन संहता[7] अर्थवन्त इति प्रतिपादयितुमाह—

वर्णानामपि सान्निध्यात्तथा सोऽर्थः प्रतीयते ॥६३॥

केवलं **सान्निध्यात्** सहोच्चारणाद[8]सावर्थस्तेषां प्रतीयते । तस्माद् यथा समुदिताः परस्परशक्त्यावेशवशाद्वर्णा वाचका एवं पदान्यपि तथैवेति वर्णपदव्यतिरेण वाक्यं नाम नास्तीति । तदुक्तम्—

यावन्तो यादृशा ये च यदर्थप्रतिपादने ।
वर्णाः प्रज्ञातसामर्थ्यास्ते तथैवावबोधकाः ॥६३॥

यदि च पदार्थनिबन्धनो वाक्यार्थविभासो नाङ्गीक्रियते, तदा[9] प्रतिनिधिकल्पनं, पिकादिनियतपदप्रश्नः श्रुतिवाक्ययोर्विरोधे[10] श्रुतिर्बलीयसीति, अवान्तरवाक्यानामर्थवत्त्वं च न स्यात्, लक्षणानुपपत्तिश्चेति पञ्च चोद्यान्यापतन्ति ।[11] तानि क्रमेण प्रदर्शयितुमाह—

प्राप्तस्य यस्य सामर्थ्यान्नियमार्था पुनः[12] श्रुतिः ।
तेनात्यन्तं विशेषेण सामान्यं यदि बाध्यते ॥६४॥

1. K. वर्णेष्वन्येन 2. र अग्राह्यमपि 3. B. स गृ° O. संगृह्यते 4. O °र्णः वैकं, K° कं संप्त° 5. O om न सं° to पाटवविरहाद्
6. O. inserts here what was omitted under 62 5. 7. K. सहता अर्थं 8. K. °णादभावार्थस्ते°
9. O. तथा 10. विरोधेन 11. B° द्यान्यपतन्ति. 12. G. र. यतः श्रु°

इह यजेतेत्याख्यातपदप्रतिपाद्यो यजनविधिरुपदिश्यते। तत्र क्रियाप्रधान-माख्यातमित्यत्र यजतिक्रिया साधननिर्वर्त्येत्यसौ कारकमात्रस्याक्षेपिका कदा-चिद्विशिष्टस्यैवेति द्वयी गतिः। तत्र **यस्य** व्रीहित्वस्य यजतिक्रिया**सामर्थ्यात् प्राप्तस्य** व्रीहिभिर्यजेतेति पुनर्व्रीहिश्रुतिरुच्चरन्ती नियममवगमयति व्रीहिभिरेव न यवैरिति। ततश्च तेन द्रव्यविशेषेणात्यन्तं[1] द्रव्यसामान्यमात्रं **यदि बाध्यते** ॥६४॥

अतः किमित्याह—

यजेतेति यदा द्रव्यं प्राप्तं सामर्थ्यलक्षणम्।
व्रीहिश्रुत्या निवर्तेत न स्यात् प्रतिनिधिस्तदा ॥६५॥

यजेतेत्येतया[2] क्रियया निःसाधना क्रिया न भवतीति सामर्थ्याद्[3] यदाक्षिप्तं द्रव्यमात्रं, तद् व्रीहिभिर्यजेतेति पुनर्व्रीहिश्रुत्या बाधितं **सन्निवर्तेत** तदभावे **प्रति-निधिर्न स्यात्**। क्रियया द्रव्यमात्राक्षेपे व्रीहिलक्षणस्य द्रव्यस्याभावे तत्सदृशं द्रव्यान्तरमेव नीवारादिकं समानीय तन्निर्वर्तनं क्रियते। विशिष्टद्रव्याक्षेपे तु तया कृते तदुपादानं नियमाय पर्यवस्यतीति कथं व्रीहिकरणकं यजनमन्यो निर्वर्त-येदिति प्रतिनिध्यभावः। तस्माद्द्रव्यमात्राक्षेपे प्रतिनिध्युपपत्तिः ॥६५॥

तदेतदेव दर्शयितुमाह—

तस्माद्व्रीहित्वमधिकं व्रीहिशब्दः प्रकल्पयन्।
द्रव्यत्वमविरुद्धत्वात् प्राप्त्यर्थः सन्न बाधते ॥६६॥

तस्माद् द्रव्यमात्राक्षेपे **व्रीहिशब्दोऽत्र प्राप्त्यर्थो** व्रीहित्वमात्रप्रापणप्रयोजनो **व्रीहित्वम्** एवाधिकं कृत्वाभ्युपकल्पयन् प्रकटीकुर्वन् **द्रव्यत्वं न बाधते**, **अवि-रुद्धत्वात्**, सामान्यस्य विशेषेण सहाविरोधात् ॥६६॥

अतश्च किमित्याह—

तेन चापि व्यवच्छिन्ने द्रव्यत्वे सहचारिणि।
असंभवाद्विशेषाणां तत्रान्येषामदर्शनम् ॥६७॥

तेन च व्रीहिशब्देन **व्यवच्छिन्ने** कृताभ्युच्चये दत्तोपचये **द्रव्यत्वे** सति। कीदृशे **सहचारिणि** अविरुद्धैकार्थसमवेते। द्रव्यविशेषाणां **तत्रान्येषां** समस्ता-**नामसम्भवाद**दर्शनमनाक्षेप एव ॥६७॥

1. BU° षणादत्यन्तं   2. K.° त्यनया   3. K °र्थ्यादाक्षि°

एतदेवोन्मीलयितुमाह—

न च सामान्यवत् सर्वे क्रियाशब्देन लक्षिताः ।

विशेषा न हि सर्वेषां सतां शब्दोऽभिधायकः ॥६८॥

यजतिना हि **क्रियाशब्देन** अत्र द्रव्यत्वसामान्यवत् **सर्वे विशेषाः** तदन्तर्गता **न लक्षिताः** आक्षिप्ताः अपि तु द्रव्यत्व[1]मेव । तदेव चाभ्युच्चयीकृतं व्रीहिशब्देन । सामान्यमात्राक्षेपः किमिति[2] नाङ्गीक्रियत इत्याशङ्क्याह **न हि** इत्यादि । न हि सकलसन्निहितविशेषाभिधायकः **शब्दः** परिदृष्टः, तथाप्रतीतेः ॥६८॥

एतदेव दृष्टान्तेन स्फुटीकर्तुमाह—

शुक्लादयो गुणाः सन्तो यथा तत्राविवक्षिताः ।

तथाऽविवक्षा भेदानां द्रव्यत्वसहचारिणाम् ॥६९॥

व्रीहिभिरित्यत्र यथा शुक्लकृष्णा[3]दिगुणयोगो न विवक्षितस्तथात्र 'व्रीहिभिर्यजेत' इति भेदानां द्रव्यविशेषाणां सामान्या[4]विरोधिनामविवक्षैवेति ।[5] ततश्च स्थितमेतत्—यदत्र यजतिक्रियाक्षिप्त[6]द्रव्यमात्राभ्युच्चयाभिधायको व्रीहिशब्दो न द्रव्यविशेषवचन इति । ततश्च न क्रिया प्रतिनिधीयते, द्रव्यं तु प्रतिनिधीयत इति मुख्याभावे तत्सदृशनीवारादिद्रव्यान्तरोपादानेन यागनिर्वृत्तिरिति प्रतिनिधिसमाश्रयणेन विध्यर्थानुष्ठानं सिध्यतीति न[7] तदवसादः ॥६९॥

तदेतदेव प्रतिनिधिप्रयोजनमाह—

असन्निधौ प्रतिनिधिर्मा भून्नित्यस्य कर्मणः ।

काम्यस्य[8] वा प्रवृत्तस्य लोप इत्युपदिश्यते ॥७०॥

मुख्यस्यासन्निधाने अभावे **मा भून्नित्यस्य कर्मणो लोप** इति प्रतिनिधिरुपपद्यते (पदिश्यते) । **काम्यस्य[9] वा प्रवृत्तस्य** तथैव लोपो मा भूदिति ।[10] प्रवृत्तस्य काम्यस्येत्यनेनैतदाह यन्मुख्याभावे काम्येऽप्रवृत्तिरेव[11] नज्यायसी । प्रवृत्तौ वा केनचिद् वैगुण्येनासम्पत्तौ समुदायस्या[12]प्रतीतेस्तत्रापि प्रतिनिध्युपादानेन[13] तन्निर्वर्तनं विधेयम् । अन्यथा शिष्टविगर्हणलक्षणः प्रत्यवायः ॥७०॥

1. BU, A, O, S द्रव्यत्वमात्रमेव. 2. BU किमित्यङ्गी°
3. B कृस्मादि° 4. B. चा. °मान्यविरो° 5. S. here repeats commentary on 64 from तत्र यस्या to व्रीहिश्रुत्या 27 in 65. 6. O.° प्तंमात्रां°, BU द्रव्याभ्यु° 7. B om न
8. K. कामस्य. 9. K. कामस्य. 10. O. भूरिति. 11. BU, प्रवृत्तिरेव ज्या. A,S,O,K. प्रवृत्तिरेव न ज्या 12. B, BU, G,O,K, चा. °यस्य प्रती° 13. A° निपादानेन.

एवं द्रव्यमात्राक्षेपपक्षे प्रतिनिधिमुपपाद्येदानीं पदपदार्थानामनङ्गीकरणेऽखण्डवादिनो दूषणमाह—

विशिष्टैव क्रिया येन वाक्यार्थः [1]परिकल्प्यते ।
द्रव्याभावे प्रतिनिधौ तस्य तत् स्यात् क्रियान्तरम् ॥७१॥

येनाखण्डवाक्यवादिना व्रीहिकरणिका यजतिक्रिया निरस्तावयवार्था व्रीहिभिर्यजेतेत्यत्र **वाक्यार्थ** इत्युच्यते, तेन **द्रव्यस्य** व्रीहिलक्षण**स्याभावे** तदा[2] प्रतिनिधिसमाश्रयणेन तन्निर्वर्तनं कार्यम् तदा व्रीहिभिर्यजेतेति व्रीहिकरणक[3]यागलक्षणस्य वाक्यार्थस्य त्यागात् प्रतिनिधिना तन्निर्वर्तने नीवारकरणिका यजतिक्रियाऽन्यैवानुष्ठिता भवतीति न क्रिया प्रतिनिधीयते, द्रव्यं तु प्रतिनिधीयत [4]इति न्यायस्योपेक्षणात् चोदितस्याकरणमेव स्यात् । अथ त्वया प्रतिनिधिर्नाश्रीयत इत्युच्यते, तन्न । 'मा भून्नित्यस्य' इत्यादिना तदाश्रयणस्य सप्रयोजनत्वादवश्याश्रयणीयः प्रतिनिधिरिति पदपदार्थानामभावे वाक्यस्याखण्डरूपस्याभ्युपगमे प्रतिनिध्यभाव इति चोद्यम् ॥७१॥

पिकादिनियतपदप्रश्नो नोपपद्यत इत्यप्यभिधातुमाह—

विज्ञातार्थं पदं यच्च तदर्थे प्रतिपादिते ।
पिकादि यदविज्ञातं तत्किमित्यनुयुज्यते ॥७२॥

'वनात् पिक आनीयताम्'इत्युक्ते 'वनादानीयताम्' इति पदद्वयं **विज्ञातार्थं तदर्थे** चावगते कः पिक इति कस्यचिन्नागरिकस्य प्रश्नो नोपपद्यते किल । वनादित्याद्यखण्डमेव निरस्तपदविभागं वाक्यमनंशमेव वाचकं[5] वैयाकरणस्य मतम्[6] । अतः किं पिकशब्दार्थः[7] पृथगविज्ञातः कश्चिदस्ति । तदविज्ञातपिकपदार्थानुयोगो नोपपद्यते । अस्ति च तदर्थे कस्यचित् सन्देह इति पृथगेवार्थवन्ति पदानि विज्ञातानि वाक्यमित्येव वक्तुं युक्तमिति ॥७२॥

इदानीं श्रुतिवाक्ययोर्विरोधे श्रुतिरेव बलीयसीति न्यायो न स्यादिति प्रदर्शयितुमाह—

1. BU °र्थो यदि कल्प्यते 2. G.O. यदा 3. BU. °करणलक्षणस्य 4. B. °ते प्रति 5. O. बाधकं 6. O. मते 7. S. पिकपदार्थः

सामर्थ्यप्रापितं यच्च व्यक्त्यर्थमनुषज्यते[1] ।
श्रुतिरेवानुषङ्गे[2] सा बाधिका लिङ्गवाक्ययोः ॥७३॥

इह श्रुतिलिङ्गवाक्यप्रकरणस्थानसमाख्या[3]लक्षणाः संदिग्धवाक्यार्थविचारे वाक्यविदां प्रसिद्धाः । तेषां च परस्परविरोधे पूर्वः पूर्वो बलीयानिति व्यवस्थाप्यते । तत्र 'श्वेतं छागमालभेत' इत्यत्रालम्भनक्रियया यो द्रव्यस्य सम्बन्धः स द्वितीया-श्रुत्या साक्षात् प्रतिपादितः । गुणस्य तु तत्सामानाधिकरण्याद् वाक्यीयः[4] । निर्गुणस्य हि द्रव्यस्या[5]भावाद् गुणस्य च निरधिकरणस्यासम्भवाद् वाक्यीय आश्रयाश्रयिणोः सम्बन्धः, तदुच्यते—

आश्रयाश्रयिणोर्वाक्यान्नियमस्त्ववतिष्ठते । (Vāk. III. 75) इति । यदा तु द्रव्यगुणयोर्द्वयोरप्यालम्भनक्रियया[6] साक्षात् सम्बन्धः, यद्वक्ष्यति—

क्रियया योऽभिसंबन्धः स श्रुतिप्रापितस्तयोः (Vāk. III 75) (इति) ततश्च श्वेताभावेऽन्यगुणस्य छागस्यालम्भनमनुष्ठीयते । छागाभावे च श्वेतगुण-युक्तस्य[7] मेषस्यालम्भनमिति प्रतिनिधिसमाश्रयणेन न[8] श्रुतिबाधः । वक्ष्यति च—

तत्र द्रव्यगुणाभावे प्रत्येकं स्याद्विकल्पनम् ।
श्रुतिप्राप्तो हि सम्बन्धो बलवान् वाक्यलक्षणात् ॥

(Vāk. III. 76) इति । यदि च वाक्यीयः सम्बन्धो बलवान् स्यात् तदाऽन्य-तराभावे नालम्भनमनुष्ठीयेतेति । विध्यर्थः श्रुतिः । अतः श्रौतस्यैव सम्बन्धस्य वाक्याद् बलीयस्त्वादन्यतराभावे श्रुतिप्रापितमालम्भनमनुष्ठितमिति न कश्चिच्छ्रुतिबाधः । तदेतत् प्रतिपादयितुमुक्तम्—**सामर्थ्यप्रापितम्** इत्यादि । निर्गुणस्य द्रव्यस्याभावावेतगुणयुक्तस्यालम्भनं क्रियासामर्थ्यप्रापितं श्रौतमेव । व्यक्तार्थ-स्फुटीकरणाय श्वेतमालभेतेति श्वेतादि तत् संबध्यते । ततः किमित्याह **श्रुतिः** इत्यादि । ततश्च साक्षाद् द्रव्यगुणयोः श्रुतावनुषङ्गोऽभिसंबन्धः श्रुतिरेव तत्र **लिङ्गवाक्ययोर्बाधिकेति** न वाक्यीयः संबन्धस्तत्र भवति ॥७३॥

श्रौतवाक्यीययोर्भेदमुपदर्शयितुमाह—

अप्राप्तो यस्तु शुक्लादिः सन्निधानेन गम्यते ।
स यत्नप्रापितो वाक्ये श्रुतिधर्मविलक्षणः ॥७४॥

1. O. °नुयुज्यते 2. BU° षङ्गेण 3. B °ख्यान° 4. K.° वाक्यो यः
5. O. द्रव्यस्य वाद्गुणस्य 6. K. क्रियाया 7. B° श्वेतयुक्तगुणयुक्तस्ल
8. B, A,O,° णेन श्रु°, S; °णे न श्रु°

'छागमालभेत' इत्यत्र द्रव्यस्यैव[1] साक्षात् सम्बन्धः, शुक्लादिगुणस्य तु सन्निधानवशाद्वाक्यीयो यत्नप्रतिपाद्यः । स **वाक्ये** बलादवगतः श्रुतिधर्मविलक्षणः साक्षात् सम्बन्धविलक्षण इति व्यक्तम् ॥७४॥

इदानीं प्रकृते योजयितुमाह—

अभिन्नमेव वाक्यं तु यद्यभिन्नार्थमिष्यते ।
तत् सर्वं श्रुतिभूतत्वान्न श्रुत्यैव विरोत्स्यते ॥७५॥

यदि पुनरभिन्नमखण्डमेव निरस्तपदविभागं वाक्यमभिन्नार्थं श्वेतगुणविशिष्टच्छागालम्भनरूप[2] एक एव (?न) नाना अर्थो यस्य तत्तथाभूतमभ्युपगम्यते तदा कुत्रायं प्रविभागोऽयं[3] श्रौतोऽयं वाक्यीय इति । ततश्च सर्वस्य श्रौतत्वात् केन कस्य बाध इति न श्वेतगुणाभावे छागालम्भनं [4]न छागाभावे च श्वेतगुणयुक्तस्यान्यस्य स्यादिति श्वेतं छागमालभेतेत्यत्रान्यतराभावे आलम्भनानुपपत्तेर्विध्यर्थस्य संकोच इति ॥७५॥

अवान्तरवाक्यार्थानुपपत्तिमन्यत्रोपदर्शयितुमाह—

वाक्यानां समुदायश्च य एकार्थप्रसिद्धये ।
साकाङ्क्षावयवस्तत्र वाक्यार्थोऽपि न विद्यते ॥७६॥

एकस्य मुख्यार्थस्य **प्रसिद्धये** प्रतीतये योऽयमवान्तर**वाक्यानां समुदायः** साकाङ्क्षा अवयवा यस्मिन् समुदाये स तथाभूतः अभिजानासि देवदत्त कश्मीरेषु वत्स्याम इत्याद्यात्मकः, अत्रावयवार्थोऽवान्तरवाक्यार्थात्मको न विद्यते कश्चित्[5] । ततश्च युगपत् सकलशास्त्रस्य ग्रहणं प्रतिपादनं वा न[6] सम्भवतीति सकलव्यवहारोच्छेदः ॥७६॥

किं चामी पदार्थोपनिबन्धना वाक्येषु न्यायाः सकलशास्त्रीयलौकिकव्यवहारनिबन्धभूताः पदपदार्थानङ्गीकरणे न प्रकल्पन्त[7] इत्याह

प्रासङ्गिकमिदं कार्यमिदं तन्त्रेण लभ्यते ।
इदमावृत्तिभेदाभ्यामत्र बाधासमुच्चयौ ॥७७॥
ऊहोऽस्मिन् विषये न्याय्यः सम्बन्धोऽस्य न बाध्यते ।
सामान्यस्यातिदेशोऽयं विशेषोऽत्रातिदिश्यते ॥७८॥

1. O. द्रव्यस्य च. 2. BU, °रूप एक एव, AOS. रूपक एव 3. B गो यो श्रौ
4. G. र. °म्भनं धागा° 5. O om. कश्चित् 6. BU, O,K om. न
7. BU,O, प्रकल्प्यन्ते

अर्थित्वमत्र सामर्थ्यमस्मिन्नर्थो न विद्यते ।
शास्त्रात् प्राप्ताधिकारोऽयं व्युदासोऽस्य क्रियान्तरे ॥७९॥
इयं श्रुत्या क्रमप्राप्तिरियमुच्चारणादिभिः ।
क्रमोऽयमत्र बलवानस्मिंस्तु न विवक्षितः ॥८०॥
इदं पराङ्गैः संबद्धमङ्गानामप्रयोजकम् ।
प्रयोजकमिदं त्वेषामत्रेदं नान्तरीयकम् ॥८१॥
इदं प्रधानं शेषोऽयं विनियोगक्रमस्त्वयम् ।
साक्षादस्योपकारीदमिदमाराद्विशेषकम् ॥८२॥
शक्तिव्यापारभेदोऽस्मिन् फलमत्र तु भिद्यते ।
सम्बन्धाज्जातभेदोऽयं भेदस्तत्राविवक्षितः ॥८३॥

एतैश्च निर्ज्ञातैर्वाक्यगोचरोऽर्थात्मा यथावल्लक्ष्यते निश्चीयत[1] इत्येतानि मीमांसकैर्लक्षणानीत्युच्यन्ते । तत्र षड् द्वादश चतुर्विंशतिर्वैतानि लक्षणानि तावदिह प्रदर्श्यन्ते । एतेषां च वितत्य सोपपत्तिकं सनिदर्शनं स्वरूपं पदकाण्डे [2]लक्षणसमुद्देशे विनिर्दिष्टमिति ग्रन्थकृतैव स्व[3] वृत्तौ प्रतिपादितम् । आगमभ्रंशाल्लेखकप्रमादादिना वा लक्षणसमुद्देशश्च पदकाण्डमध्ये न प्रसिद्धः । तत्र तावद् द्वादश लक्षणानि द्वादशस्वध्यायेषु सप्रपञ्चं प्रासङ्गिकविचारसहितानि निर्णीतानि । तथा च तत्र 'अथातो धर्मजिज्ञासा' इत्युपक्रम्य[4] को धर्मः किंलक्षणश्चेत्याद्याशङ्कानिरासार्थं चोदनालक्षण इत्युक्त्वा प्रथमेनाध्यायेन चोदनालक्षणे निर्णीते चोदनैव प्रमाणमित्युक्तम् । मतभेदेनापि विधिनियोगेत्यादिका अप्यत्रास्याः संज्ञा उपवर्णिताः । तत्रैव च स्वतः प्रामाण्यं व्यवस्थापितम् । तदनुरोधेन च प्रत्यक्षादीनामपि स्वत[5] एव प्रामाण्यमुपपादितम् । चोदना च शब्दादिवैचित्र्याद्भिन्नरूपेति भेदप्रतिपादनायास्या एव द्वितीयोऽध्यायः । भिन्नस्य च शेषशेषिभावेन विनियोगप्रतिपादनाय तृतीयोऽध्यायः । विनियुक्तस्य प्रयोगजकाप्रयोजकभावप्रतिपादनाय चतुर्थः । श्रुत्युच्चारणादिभिः क्रमेण विनियोग इति तदर्थं पञ्चमः । एतत् समग्रं यदर्थम्[6]सावर्थी समर्थः शास्त्रेणापर्युदस्तोऽधिकारीति तत्प्रतिपादनाय षष्ठ इति । एवं विधिभेदशेषशेषिभावप्रयुक्ति[7] क्रमाधिकारिणां प्रतिपादनायाध्यायाः षडिति षड् लक्षणानि । तत्र (च्च) प्रकृतिषट्कमुपदेशषट्कमिति चोच्यते । तदनन्तरमनुक्तेतिकर्तव्यताकमपि कर्मान्यतो विध्यन्तरमा (ध्यन्तमा) प्नोति सामान्यातिदेशादिति प्रतिपादनाय सप्तमः । क्वचित् सामर्थ्याद् विशेषा एवातिदिश्यन्त

1. BU निश्चीयते 2. K om लक्षणसमुद्देशे to °दिना वा 3. BU स्वप्रवृत्तौ
4. B, BU, AG. O,K, S °पक्रमात् 5. BU, त्वत एव
6. K पदार्थम° 7. BU. °मुक्तक्रम°

इति निरूपणायाष्टमः । अतिदेशप्राप्ते मन्त्रे प्रकृतिदेवता विकृतियागदेवतात्वेन विपरिणमयितव्येत्यादिसमर्थनाय नवमः । सामान्यस्य विशेषेण बाधाभिधानाय दशमः । येन सकृदनुष्ठानादुभयसिद्धिस्तत् तन्त्रम्, तदर्थमेकादशः । यदन्यदर्थमारब्धमन्यदप्येकेनैव प्रयत्नेन सम्भवलाघवाभ्यां निष्पादयति तत् प्रासङ्गिकम् । तदुक्तये द्वादशोऽध्याय इत्यनेनातिदेशषट्केन सह द्वादश लक्षणानि । एतत्प्रतिपक्षभूतान्यन्यानि द्वादश यथायोगमेतेष्वेवाध्यायेषु दर्शितानि । तत्र प्रमाणस्य प्रतिपक्षा[1]सम्भवः । न ह्यप्रमाणं प्रमाणस्थाने नियुज्याभिमतसम्पत्तिर्भवति । भेदस्य तु शब्दा[2]दिभेदभिन्नस्य तदभेदादभेदः प्रतिपक्षः । तत्र भेदस्य स्वरूपं निर्दिष्टम्—

शक्तिव्यापारभेदोऽस्मिन् फलमत्र तु भिद्यते ।
संबन्धाज्जातभेदोऽयं (८३) इति ।

भेदस्त्वत्राविवक्षितः (८३) इति तत्प्रतिपक्षः । तथा शेषशेषिभावस्य गुणप्रधानभावाविवक्षा प्रतिपक्षः । सा प्रतीयमानत्वादत्र नोक्ता । तत्र शेषशेषिभावस्य 'इदं प्रधानं शेषोऽयम्' इति स्वरूपकथनम् । 'विनियोगक्रमस्त्वयम्' साक्षादस्योपकारीदमिदमाराद्विशेषकम् (८२) इत्यस्यैवेतिकर्तव्यतापहेयाः प्रभेदस्य च निर्देशः । प्रयुक्तेरप्रयोजकः प्रतिपक्षः । तत्र

इदं पराङ्गैः संबद्धमङ्गानामप्रयोजकम् (८१)

इत्यनेनैकफलतया [3]प्रयोजकाप्रयोजकप्रदर्शनं कृतम् ।

'प्रयोजकमिदं त्वेषामत्रेदं नान्तरीयकम् (८१)

इत्यनेन फलभेदेन प्रयोजकाप्रयोजकोपन्यासः । तदेवं प्रयुक्तेर्द्विभेदायाः सापवादायाः स्वरूपं निर्दिष्टमनेन श्लोकेनेति विज्ञेयम् । क्रमस्याविवक्षा प्रतिपक्षः । अस्य

इयं श्रुत्या क्रमप्राप्तिरियमुच्चारणादिभिः । (८०) इति स्वरूपम् ।

क्रमोऽयमत्र बलवान्[4] स्मिंस्तु न विवक्षितः । (८०) इति प्रतिपक्षः । अधिकारिणः स्वरूपापवादौ शास्त्रात्प्राप्ताधिकारोऽयं[5] व्युदासोऽस्यक्रियान्तरे (७९) इति कृतौ । सामान्यातिदेशविशेषा[6]तिदेशयोस्त्वपवादविरहितं स्वरूपं निर्दिष्टम् ।

सामान्यस्यातिदेशोऽयं विशेषोऽ[7]त्रातिदिश्यते (७८) इति । ऊहस्य सम्बन्धाबाधोऽपवादः । अस्य

ऊहोऽस्मिन् विषये न्याय्यः (७८) इति स्वरूपम् ।

सम्बन्धोऽस्य न बाध्यते (७८) इत्यपवादः ।

तुल्यबलानामविरोधात् समुच्चयो बाधस्यापवादः । तुल्यबलानामचरितार्थानां विरोधाद् विकल्पोऽपि बाधस्यापवादत्वेन दर्शितः । 'अत्र बाधसमुच्चयौ (७७) इति

1. र °क्षोऽसंभवः 2. र. शब्दभे° 3. K. om प्रयोजक° to फलभेदेन
4. A °वानिति तस्यैव बलाबलचिन्ता अस्मिंस्तु न 5. A शास्त्रप्राप्त°
6. B °षादितिदे° 7. BU °षो नाति°

बाधस्य स्वरूपमपवादश्चोक्तः। तन्त्रस्याप्यावृत्तिः प्रतिपक्षः। तस्य 'इदं तन्त्रेण[1] लभ्यते' (७७) इति स्वरूपम्। 'इदमावृत्तिभेदाभ्याम्' (७७) इत्यनेन तन्त्रस्यावृत्तिः प्रतिपक्ष उक्तः। एक[2]प्रयत्ननिर्वर्त्यमपीच्छावशाद् भेदेनेच्छतीति प्रासङ्गिकस्यापवादो भेदः। तत्र 'प्रासङ्गिकमिदं कार्यम्' (७७) इति प्रासङ्गिकस्वरूपनिर्देशः। 'आवृत्तिभेदाभ्याम्' (७७) [3]इत्यस्माद्भेदः प्रासङ्गिकस्यापवादो योजनीयः। यद्यपि परेषां चोदनैव प्रमाणं प्रसिद्धं[4] तथापीह टीकाकारो न्यायमात्रस्य प्रमाणत्वमङ्गीकरोति। अतः प्रकृतशास्त्रव्याख्योपयोगि तत्तत्स्थाने न्यायजातं 'प्रसज्यप्रतिषेधोऽयम्' इत्यादिना प्रदर्शयति। अत एव चोदनायामेव प्रमाणत्वस्याभावात् प्रथममेव लक्षणनिदर्शनं न कृतम्। सामान्येन वाक्यधर्माणां प्रासङ्गिकादीनां सापवादानामत्र निर्देशः कृत इत्यभिप्रायः। एतदुक्तं भवति—पदपदार्थव्यवस्थापनाप्रस्तावे यो यः कश्चित् तद्व्यवस्थापने न्यायः[5] प्रभवति स स कीर्तनीयः। तदत्र चोदनायाः कीदृशं प्राथम्यं प्राधान्यं वा। तन्त्रप्रसङ्गौ तु सूत्रे कृताविति तत्पुरःसरत्वेनैव पदपदार्थाविधानमिति। समुच्चयो विकल्प आवृत्तिश्चेत्येवमादिभिः सह द्वाविंशतिर्लक्षणानि भवन्ति। द्वे लक्षण[6]समुद्देशादूह्ये। अथवा सामान्यातिदेशस्य तदभाव एवापवादः। विशेषातिदेशस्य सामान्यातिदेश एव विशेषान्तरातिदेशः सत्प्रतिपक्षत्वमाश्रित्य चतुर्विंशतिः सम्पद्यन्त इत्येवमनेन क्रमेणैतानि लक्षणानि। एतदेव मनसिकृत्य षड् द्वादश चतुर्विंशतिर्वा लक्षणानीत्युक्तम्। अथैषां निदर्शनार्थं लेशतः स्वरूपसहितान्युदाहरणानि टीकाकारेण प्रदर्शितानि। तत्र द्वयोरर्थिनोः कार्येण सम्भविना प्रयोजकत्वेन निर्ज्ञातसामर्थ्ययोर्यत्रान्यतरप्रयुक्तेनार्थेनापरोऽभिसम्बध्यमानः कृतार्थत्वात् पृथक्प्रयोजकत्वं नोपैति स प्रसङ्गः। तत्प्रयोजनकं[7] प्रासङ्गिकम्। तद्यथा—संघाताध्ययनम्। तत्र हि कश्चिदेव शिष्यमुद्दिश्य प्रवृत्तेऽध्यापने[8] भेदेना[9]ध्यापनान्तरस्य प्रयोजने समर्थतरा अध्येतारः सत्यप्यर्थित्वे पृथगध्यापनं सम्भवाल्लाघवाच्च न प्रवर्तयन्ति, अपि त्वेकेनैव[10] यत्नेन तदनुतिष्ठन्ति। वेदे यथा—अग्नीषोमीयस्य वपया प्रचर्या[11]ग्नीषोमीयं [12]पशुपुरोडाशमेकादशकपालं निर्वपन्ति। अत्राग्नीषोमीयपश्वर्थः प्रयाजानुयाजविध्यन्तःप्रसङ्गादग्नीषोमीयं पशुपुरोडाशमप्युपकरोति। शब्दानुशासनेऽपि यथा—'सर्वादीनि सर्वनामानि (P. 1.1.27) इत्यत्र णत्वाभावं प्रासङ्गिकमुदाहरन्ति। तत्र हि संज्ञासंज्ञिसम्बन्धविधानपरे वाक्ये रूपविशेषमात्रा-

---

1. B. मन्त्रेण 2. K. एकत्र यत्न° 3. B. इतित्यस्माद् 4. BU om. प्रसिद्धं 5. BU. न्याय्यः 6. र. लक्षणे लक्षणसमु°
7. B° ज के, BU, °ज्ञनं 8. BU ध्ययने, K, ध्ययिन 9. G. °पनेऽभेदे° B °भेदाध्यापना° 10. G om. अपि त्वेकेनैव to निर्वपन्ति. 11. BU प्रवर्या 12. BU om. पशुपुरो° to पशु.

दकृतणत्वादुभयसाधनत्वं विज्ञायते। शक्यो ह्यस्य[1] स्वरूपनिर्देशात् पृथग् णत्वप्रतिषेधो वक्तुमित्येकेनैव प्रयत्नेनोभयमत्र वर्तत इति। अथ तन्त्रम्। यत्रार्थिनः सर्वे प्रयोजक[2]भेदेनावृत्त्या वा योऽर्थः प्रतिपत्तव्यस्तमर्थमेकमेव सम्भवाल्लाघवाच्च प्रयोजयन्ति तत्तन्त्रम्। तद्यथा—शालायामेकं प्रदीपं व्याकरणाध्यायिनः प्रयोजयन्ति। वेदे यथा—प्रधानभूता ये षड् यागा आग्नेयादयस्तदर्थं ये प्रयाजादयस्ते पूर्वं पश्चाद्वा कृताः सर्वेषां तन्त्रेण साधारण्येनोपकारका भवन्तीत्युच्यते। शास्त्रे यथा—भिन्नार्थयोस्तपरशब्दयोः 'तपरस्तत्कालस्य' (P.1.1.70) इति तन्त्रिणोः (तन्त्रेण) सूत्र उपादानं क्रियत इति। एवं च तत्र तत्र लक्षणेष्वपि तन्त्रलक्षणं प्रभवत्येवेति विज्ञेयम्। तद्यथा—संख्यासंज्ञायां रूपविशेषानुरोधात् तत्तत्प्रदेशेषु तन्त्रेणैव युगपदुभयप्रतीतिरिति। अथावृत्तिभेदयोस्तन्त्रप्रसङ्गप्रतियोगिनोर्निदर्शनमुच्यते। आवृत्तौ तावत् तन्त्रप्रतिपक्षभूतायां निदर्शनम्। यथा [3]नैकं वस्त्रमाभरणं वा रणभूमिषु भटानामुपयोगाय कल्पत इति। वेदे यथा—'सप्तदश सामिधेन्यो भवन्ति' इति। अत्रैकशब्ददर्शने सामिधेनीषु सप्तदशत्वमावृत्तिसंख्यानात् प्रकल्पते। यदुच्यते 'त्रिः[4] प्रथमाम[5]न्वाह, त्रिरुत्तमामन्वाह इति। व्याकरणे यथा—संप्रसारणसंज्ञायां ज्ञापकपक्षानाश्रयणेन वर्णवाक्यविषयया आवृत्त्या कृत्स्नस्य[6] भिन्न प्रतीयमानोपस्कारा प्रवृत्तिराख्यायते। यथा—चैकशब्ददर्शने 'एकाजनेकाज्ग्रहणेषु चावृत्तिसंख्यानात् (*M. Bhā*. I. p.17.l.22) इति परिहार उच्यते। भेदस्य तन्त्र[7]प्रतियोगिनोर्निदर्शनम्। यथा भिन्नानि पात्राणि[8] सहभुजां भुजिक्रियायां भेदेनाधिकरणभावं प्रतिपद्यन्ते। वैदिकेऽपि विषये यथा—'ग्रहं सम्मार्ष्टि' इत्यत्र यः सम्मार्गो ग्रहविषये चोदितः स भेदेनैव व्यवतिष्ठत इति। शास्त्रे यथा—'न वेति विभाषा' (P.1.1.44) इत्येतस्मिन् योगे प्रत्याख्या[9]त उभयत्र विभाषायां क्वचिद् विधिमुखेन क्वचित् प्रतिषेधमुखेन विभक्तानां विभक्ता वृत्तिराश्रीयत इति। अथ बाधानिदर्शनं क्रियते। अर्थित्वात् सामान्येनोपदेशाद्वा सति [10]वृत्तिसम्भवे दृष्टादृष्टार्थमप्राप्त्यनुमानमात्रं यत्र सा बाधा। यथा—अर्थत्वात् प्रवृत्ते सामान्येन भक्षणे 'अभक्ष्यो ग्राम्यकुक्कुटः' इति ग्राम्यकुक्कुट्भक्षणं क्षुत्प्रतिघातार्थमर्थित्वात् प्राप्तमनेन बाध्यत इति वैदिकमुदाहरणम्। लौकिकं यथा—'ब्राह्मणेभ्यो दधि दीयताम्, तक्रं कौण्डिन्याय' इत्यत्र दधिदानमौत्सर्गिकं तक्रदानेन[11] [12]विशिष्टे विषये बाध्यत इति। शास्त्रे यथा—कर्मण्यण् (P.3.2.1) इत्यस्य 'आतोऽनुपसर्गे कः' (P.3.2.3) इतिकप्रत्ययेन बाधेति। तथा च टीकाकृता स्ववृत्तौ 'सा च तुल्यबलेष्वसं-

---

1. B.U. °यस्य नि° 2. र. °कभेदेन, K °काभावेन 3. A.S. नेकं 4. K. त्रिभिः 5. B. °मत्वादेति 6. BU °स्येति भिन्न° 7. BU. O. प्रसंगप्रति° 8. G.B. चा, S °त्राण्यसह 9. र. °ख्यानम्° 10. र. चा G. सति प्रवृत्ति 11. B. तत्र दाने° 12. A. विशिष्टविषयेन

[1]भवादित्यादिना बहुप्रकारा दर्शिता । न चेयत्ता[2] प्रकाराणामस्यास्तेनापि तत्र[3] दर्शिता । (?) [4]यस्मादुक्तम्–"सेयमपरिमाणविकल्पा बाधा विस्तरेण बाधासमुद्देशे समर्थयिष्यते" इति । अथ समुच्चयः—तुल्यबलानामविरोधिनां समुच्चयः । तद्यथा—'देवदत्तं भोजय लवणेन सर्पिषा शाकेन च' इति । वेदेऽपि—'ब्राह्मणेभ्यः पाद्यमाचमनं च दीयताम्' इति । शास्त्रेऽप्यविरोधात् फलभेदाच्च प्रत्ययकृत्-[5] कृत्यसंज्ञाः प्रत्ययतद्धिततद्राजसंज्ञाश्चैकत्र समुच्चीयन्त इति । विकल्पोऽपि बाधा-प्रतियोगी । स च तुल्यप्रमाणवि[6]शिष्टानां विरुद्धानां भवति । वेदे यथा—'व्रीहिभिर्यजेत' 'यवैर्यजेत' इति । लोके दधितक्रे कौण्डिन्याय दीयेतामित्येकफलदधितक्रदानचोदने । शास्त्रेऽपि—[7]"ण्वुल्तृचौ' (P.3.1.133) इत्यादि । विधिप्रतिषेधयोरपि तुल्यबलत्वे विरोधाद्विकल्पो भवत्येव यथा—वेदे—'षोडशिनं गृह्णाति, न गृह्णति इति । लोकेऽपि—'किञ्चिदस्य दीयताम्, न दीयताम्' इति । शास्त्रेऽपि—'वाग्रहणानर्थक्यं विधिनिषेधसामर्थ्यादुभयोः सिद्धत्वात्' इति यथा प्रदर्शितं स्ववृत्तौ टीकाकारेण । विधिप्रतिषेधयोः खल्वपि तुल्यबलत्वे विरोधाद् विप्रतिषेधमाह—"नासिकादिभ्यो विभाषायांः[8] सहनञ्विद्यमानपूर्वेभ्यः प्रतिषेधो विप्रतिषेधेन" । (Vā.4 *M. Bhā.* II. p. 224, l. 6-7) 'अयं विधिः । स प्रतिषेधः । विधिप्रतिषेधयोश्चायुक्तो विप्रतिषेधः । अयमपि विधिर्न मृदूनामिव [9]कार्पासानां कृतः प्रतिषेधविषय एवारभ्यते । स यथैव बह्वज्लक्षणं संयोगोपधलक्षणं च[10] बाधते । एवं विद्यमानपूर्वलक्षणमपि ।(*M. Bhā.* II. p. 224, l. 12-15) । तत्र पुरस्तान्मध्येऽपवादा इति बाधकत्वे प्रतिषिद्धे विप्रतिषेधाद्बाधा व्यवस्थाप्यते ॥77॥

ऊहः खल्वपि प्रकृतौ समर्थानां विकारे सामर्थ्याभावात् प्रकृतिरूपलिङ्ग-वचनान्तरोपादानेन क्रियते । तद्यथा प्रकृतौ 'अग्नये' इत्यग्निशब्दः समर्थोऽङ्गारार्थो दृष्टः । तत्र विकारे 'सूर्याय' इत्यूह इत्येवमादिना निमित्तभेदेन बहुभेदो भवत्यूह इति वैदिकमुदाहरणम् । लोकेऽपि यथा—देवदत्तस्योच्चानि गृहाणि आढ्यो वैधवेय इत्यत्र षष्ठ्यन्तमपोह्य निमित्तवशाद् प्रथमान्त ऊह्यते । व्याकरणेऽप्यूहविषयत्वमापन्नाः सर्वे विभक्तिपरिणामाः । तेषु हि योगान्तरे यया विभक्त्या सम्बद्धो यः शब्द उपलब्धस्तत्सम्बन्धत्यागेनैव विभक्त्यन्तरयोगं स प्रतिपद्यते । तद्यथा 'उपदेशेऽजनुनासिक इत्' (P.1.3.2) 'इतो लोपः' (P.1.3.9.) 'भूवादयो धातवः' (p.1.3.1.) 'धातो' (P.6.162) 'अनुदात्तङित आत्मनेपदम्'

---

1. O.S. °भ्वसंभावनात् 2. K. न क्षेपता 3. A. तेनात्रापि न दर्शिता 4. K. om यस्माद् to समर्थयिष्यते इति । 5. B °यक्कृत्यसं 6. A. °णशिष्टानां 7. K. शबुलतृ° 8. BU विभाषा सहनञ्° 9. K °कर्पासा° 10. *M. Bhā.* has च प्रतिषेधं बाधते एवं सहनञ्विद्यमानलक्षणमपि

(P.1.3.12) इति । [1]अथोहप्रतिपक्षभूतं सम्बन्धाबाधनमपि [2]निदर्श्यते । यथा देवदत्तस्योच्चानि गृहाणि, युक्तं तान्यभिजातस्येति । अत्र यद्विभक्त्यन्तस्यैव श्रुतिः तया वाक्यान्तरेऽप्यभिसम्बन्ध इति । तथा बदरी सूक्ष्मकण्टका, मधुरो वृक्षः, पञ्चालाजनपद इत्येवमादिषु सम्बन्धाबाधनं भवतीत्याहुः । वेदेऽपि यथा—'यजमानं दण्डेन दीक्षयति, अद्भिर्दीक्षयति, मेखलया दीक्षयति' (तै. सं. 6.1.5) इत्यत्र यजमानमित्यबाधितमेव सम्बध्यते । शास्त्रेऽपि 'बहुगणवतुडति संख्या' (P. 1.1.23) इति योगे विधीयमानसम्बन्धस्य स्वरूपपदार्थकस्य संख्याशब्दस्य श्रुतस्य [3]योगान्तरे संज्ञिविशेषणत्वं विज्ञायते—ष्णान्ता संख्या षट्संज्ञा भवतीति (P. 1.1.24) । अथातिदेशनिर्देशः क्रियते । अन्यत्रान्यधर्म[4]परिप्रापणमतिदेशः[5] । तस्य च द्वौ प्रकारौ सामान्यातिदेशो विशेषातिदेशश्चेति । सामान्यातिदेशो यथा—अन्यत्र रूढसम्बन्धा धर्मा निर्ज्ञातभेदेष्वर्थेषु प्रसिद्धेरनुमेयभेदसम्भवैः सम्बन्धिभिर्व्यपदिश्यन्ते । तद्यथा–ब्राह्मणवदस्मिन् क्षत्रिये वर्तितव्यम् इत्यत्र यावानर्थो ब्राह्मणशब्दं न व्यभिचरति तावत्यर्थे यानि सम्बद्धानि कार्याणि तान्यत्यन्तमलब्धब्राह्मण[6]व्यपदेशे क्षत्रियेऽतिदिश्यन्ते । तथा 'गुरुवद् गुरुपुत्रे[7] वर्तितव्यम्' इति । वेदे यथा—'दर्शपूर्णमासवदन्येष्वपि यागेषु प्रचरितव्यम्' इति । शास्त्रेऽपि—'स्थानिवदादेशोऽनल्विधौ (P. 1.1.56) इति । अत्र (थ) विशेषातिदेशः निर्ज्ञातसामान्यकार्येषु ब्राह्मणादिषु पुनरतिदेशसामर्थ्याद्विशिष्टप्रकृतिगतकार्यातिदेशः । यथा—ब्राह्मणवदस्मिन् ब्राह्मणे[8] वर्तितव्यमिति । अत्र ये ब्राह्मणे ब्राह्मणवदेव वर्तन्ते तान् प्रत्ययमेवंभूतोऽतिदेशो विज्ञायते । येषां[9] तु बुद्ध्यसम्भेदात् प्रसङ्गाद्वा व्यतिकरस्तेषु नियम एव क्रियते । उक्तं च—

सामान्यमात्रं शब्दार्थो विशेषा व्यभिचारिणः ।
सामर्थ्यमन्तरेणातो विशेषो नातिदिश्यते ॥

इति । तत्र वेदे यथा—'आग्नेयवत् सौर्ये' इत्यत्रैकदेवताकस्यैकदेवतासम्बन्ध्येव विध्यन्त इति । विध्यन्त (इति) इतिकर्तव्यतोच्यते । शास्त्रे रूपातिदेशादिभिः षड्भिः प्रकारैर्विशेषातिदेशः परिदृश्यते । तत्र रूपातिदेशो यथा—'द्विर्वचनेऽचि' (P.1.1.59) इति अत्र हि धातु (? स्थानि) रूपमेवादेशस्यातिदिश्यते । ततश्च 'या' 'कृ'[10] इत्यादीनामेव द्विर्वचनं भवति । यथा—[11]ययतुः, चक्रतुः इति । निमित्तातिदेशो यथा—'पूर्ववत् सनः' (P.1.3.62) इति । अत्र पूर्वस्य [12]यन्निमित्तमात्मनेपदे

---

1. B. यथोहप्र° 2. प्रदर्श्यते 3. O यागान्तरे 4. BU °धर्मप्राप° 5. K °गतिनिर्देशः 6. BU om°व्यपदेशे to ब्राह्मणे ब्राह्मणव 7. O पुत्रैर्व. 8. B. °णेष व° 9. B. तेषां 10. K. पा क्रियादी°, S या क्रित्या° 11. AS. पपतु 12. O.S. पूर्वं यस्य निर्मि

अकारादि तदेव सन्नन्तस्यातिदिश्यते इति । तादात्म्यातिदेशो यथा[1]–'सुबामन्त्रिते पराङ्गवत् स्वरे' (P. २.१.२) इति । [2]सुबन्तमामन्त्रितस्य मृत्पांसूदकवत् तादात्म्यमापद्य तत्स्वरं लभत इति । शास्त्रातिदेशः कार्यातिदेशो वा यथा—'कर्मवत् कर्मणा तुल्यक्रियः (P. ३.१.८७) इति । अत्र हि शास्त्रातिदेशे[3] यकः शपा बाधनं स्यादिति यग्विधौ[4] कर्मकर्तर्युपसंख्यानमारभ्यते । विप्रतिषेधाद्धि शपो बलीयस्त्वमिति । कार्यातिदेशे[5] तु कर्मवत् कर्मणेत्यनेनैव यग् विधीयत इति यक एव परत्वान्नास्त्यस्य शपा बाधेति नोपसंख्यानारम्भः । व्यपदेशातिदेशस्तु व्याकरणे नैव सम्भवति, संज्ञापक्षादविशेषात् वत्करणवैफल्य[6] प्रसङ्गाच्चेति ॥७८॥

अथाधिकारस्य निदर्शनम् । ग्रर्थित्वं सामर्थ्यं शास्त्रापर्युदासयोगित्वमधिकारः, स विद्यते यस्यासावधिकारी । अर्थित्वमधिकारकारणम् । परं हि पुरुषार्थमत्रापवर्गमाचक्षते । अस्मादप्यर्थी [7]प्रमाद्यति कश्चिदिति सत्येवार्थित्वे सामर्थ्यमधिकारकारणम् । [8]उत्पन्नायामपिह्यभिनयन[9]दिदृक्षायामन्धो [10]दर्शने नाधिक्रियते । अर्थिनः खल्वपि सामर्थ्याभावः, केषुचित् कर्मसु शास्त्रेण पर्युदासात् । यथा—[11]शूद्रास्त्रय्यां नाधिक्रियन्ते । अदृष्टार्थविशेषे (?विषये) हि सामर्थ्यासामर्थ्ये शास्त्रादेव समधिगम्येते । तस्मात् प्रधानमधिकारकारणं शास्त्रोपदेशमाचक्षते । तत्र लोके यथा—अद्यप्रभृति त्वमत्र ग्रामे नगरे वाधिकृत इति राजा नियुङ्क्ते । वेदे यथा—अग्निहोत्रं जुहुयात् स्वर्गकामो ब्राह्मणः' इत्यत्र ब्राह्मणस्यार्थित्वादिभिरधिकार इति । शास्त्रस्य तु शब्दार्थपुरुषधर्मेष्वधिकारः ।

तत्र षोढा शब्दः । साधुरसाधुश्च । साधुरपि शास्त्रीयः प्रायोगिकश्च[12] । शास्त्रीयोऽपि त्रेधा[13]प्रतिपाद्यः[14] प्रतिपादक उभयरूपश्च । तत्र प्रतिपाद्यो यथा—दाधत्यादिर्निपात्यमानः । प्रतिपादको—यथा प्रकृतिप्रत्ययादिः । तेन हि कुम्भकारादिः प्रयोगस्थः प्रतिपाद्यते । उभयरूपो यथा इतव्यशब्दः । स हि तव्यशब्देन प्रतिपाद्यते । प्रयोगस्थं च स इतव्यशब्दं प्रतिपादयति । प्रायोगिकश्च लौकिकवैदिकभेदेन द्विधा । इत्येवमसाधुना सह षोढा[15] शब्दः । तेषु मध्ये प्रतिपाद्येषु व्याकरणशास्त्रस्याधिकारः । न प्रकृत्यादिषु । न हि ते व्याकरणेन व्युत्पाद्यन्ते । अर्थोऽष्टादशधा । तत्र वस्तुमात्रमभिधेयश्च । अभिधेयोऽपि द्विधा[16] शास्त्रीयो

---

1. O. Here O repeats from पूर्ववत् सनः to तादात्म्यातिदेशो यथा.
2. B. Om. सुबन्त to लभत इति 3. B. °देशो 4. B. ध्यै 5. B. देशो तु 6. K. °वैकल्प°. 7. BU. A.O.S. प्रमाद्यपि 8. BK °न्नाया अपि 9. B. BU. A.O.K.S नयेन दि° 10. BU °मन्धा, O. मन्धदर्शने 11. B यथा रूढास्त्र 12. B. गिक एव 13. O त्रिधा 14. K. om प्रतिपाद्यः 14. BU षोडश भेदाः 15. K. द्विविधा

लौकिकश्च । पुनरपि विशिष्टावग्रहसंप्रत्ययहेतुस्तद्विपरीतश्च, मुख्यः परिकल्पित-रूपविपर्यासश्च, [1]व्यपदेश्योऽव्यपदेश्यश्च, सत्त्वभावमापन्नोऽसत्त्वभूतश्च, स्थित-लक्षणो विवक्षाप्रापितसन्निधानश्च, अभिधीयमानः प्रतिपाद्यमानश्च, अभि-संहितो [2]नान्तरीयकश्चेति । तत्र वस्तुमात्रं बाह्यार्थो यो वक्तु[3] प्रतिपादयितुं न समीहितः । यस्तु समीहितोऽसावभिधेयः । तत्रैव च शब्दस्याधिकारः । स[4] च द्विधा शास्त्रीयलौकिकभेदेन । तत्र शास्त्रीय [5]आपोद्धारिकः । लौकिकस्त्व-खण्डः । लौकिके चार्थे शब्दस्याधिकारो न शास्त्रीये । शास्त्रीयो हि पौरुषेयः परिकल्पितः । एवमतथाभूतोऽपि शब्दसाधुत्वस्य निमित्तभावेन प्रतिपादको विज्ञायते । अतश्च तस्य व्यभिचारेऽप्यव्यभिचार एव स्मर्तॄणाम् । स चानियता-वधिर्बहुधा[6] प्रतिभज्यते व्याख्यातृभिः । विशिष्टावग्रह[7]संप्रत्ययहेतुर्यथा— 'कंसं घातयति, 'बलिं बन्धयति' इति । अत्र ह्यर्थो न तथाभूतोऽपि तु विशिष्टा-कारेणैव संप्रत्ययेन गोचरीकृतो व्यवहारविषयतामनुपतति । तद्विपरीतो यो बहिरेव तथा व्यवस्थितः । यथा—गौः शुक्ल इत्यादि । मुख्यो यथा—सास्नादिमान् गौरिति । परिकल्पितो निमित्तवशेन रूपविपर्यासो यस्यासौ परिकल्पितनिमित्त-रूपविपर्यासो गौणोऽर्थं उच्यते । यथा—गौर्वाहीक इति । व्यपदेश्य [8]आपोद्धारिक एव जातिर्वा द्रव्यं वेत्येवमुक्तः । अव्यपदेश्यस्त्वखण्ड एव वाक्यार्थलक्षण इति । सत्त्वभावमापन्नो व्यपदेश्य एवा[9]पोद्धारिकसंज्ञकः । असत्त्वभूतो वाक्यार्थलक्षण एव । उक्तिभेदादेवात्र प्रायशो भेदकथनम् । स्थिर[10]लक्षणो यथा—राजपुरुष इत्यत्र राज[11]सम्बन्धित्वं पुरुषस्य तद्धि न व्यभिचरति । विवक्षाप्रापितसन्निधानो यथा— राज्ञः पुरुषस्य इति । अत्र हि सम्बन्धित्वं व्यभिचरति । विशेषणविशेष्ययो-र्यथेष्टत्वात् । अभिधीयमानो यथा—[12]राजसखः इत्यत्र राज्ञः सखाऽयमित्यर्थोऽभि-धीयते । तस्मिंस्त्वभिधीयमाने राजा सखाऽस्येत्ययमर्थः प्रतीयमान एव । अभिसंहितो यथा—गोशब्दे जातिर्द्रव्यं वेति । नान्तरीयको यथा—तत्रैव वर्णसंस्था-नादिः, । इत्येवमभिधेयभेदा उपदर्शनीयाः । पुरुषधर्मा वक्तृत्वप्रतिपत्तृत्वप्रभृतयः । तत्र वक्तृधर्मा आबाधः असूयाऽसम्मतिकोपकुत्सनभर्त्सनादयश्चेति । प्रतिपत्तृ धर्मास्तु कुत्स्यमानत्वप्रभृतय एव । तत्र शास्त्रस्य प्लुतद्विर्वचनादिविधाय-

---

1. K. स्वव्यपेद° 2. BU °तोऽनांन्त° 3. वक्तुः 4. O. om. स च to शब्दस्याधिकारो 5. र. चा. BU, AK· आवापोद्धारिकः, K. om. आपोद्धारिकः to न शास्त्रीये 6. र. चा. BU. °वधि ब° 7. BU °वग्रहहेतु K. आवापोद्धा° 8. चा. र. K. 9. K. आवापोद्धारिक 10. BU स्थितल° 11. A. om. राजसम्बन्धित्वं to राजसख इत्यत्र. S. om राजसंबंधित्वं to धीयमानो यथा. 12. B.U. राज्ञः पुरुष इति राजसखः

कत्वेनाधिकार इति । अत्र च य एव धर्माः शब्दानां शास्त्रस्य वाऽनधिकारविषयत्वेनोक्तास्तानेवापेक्ष्योच्यते '**व्युदासोऽस्य क्रियान्तरे**' इति ॥७६॥

अथ क्रमस्य निदर्शनम् । **इयं श्रुत्या क्रमप्राप्तिरियमुच्चारणादिभिः** । इति । श्रुत्यादिभेदेनायं क्रमो नैकप्रकारः । तथा च—श्रुतिक्रमः, अर्थक्रमः, पाठक्रमः, काण्डक्रमः, प्रवृत्तिक्रमः, प्रतिपत्तिक्रमः, प्रयोगक्रमः बुद्धिक्रमश्चेति । तत्र श्रुतिक्रमो यथा—स्नात्वा व्रजतीति । अत्र क्त्वाप्रत्ययेनैव [1]श्रुत्या क्रम उक्तः । वेदे यथा—'[2]हृदयस्याग्रेऽवद्यति, अथ जिह्वायाः' (तै. सं. ६.३.१०.४) इत्यत्र श्रुत्यैव अग्रे-[3]अथ-शब्दाभ्यां क्रम उक्तः । शास्त्रेऽपि च—'परस्मैपदानां णलतुसु' इत्यादौ 'यथासंख्यमनुदेशः समानाम् (P. 1.3.10) इति श्रुत्यैव क्रमः । अर्थः सामर्थ्यम् । तन्निमित्तः क्रमोऽर्थक्रमः । भुक्त्वा स्नात्वा व्रजतीत्यत्र स्नानादीनामन्यथा शब्दोपात्तानाम[4]प्यर्थस्वरूपपर्यालोचनया स्नानादिक्रमो[5] लक्ष्यते । वेदे यथा—'अग्निहोत्रं जुहोति, यवागूं श्रपयति' इत्यत्र श्रपणं पश्चाद्विनिर्दिष्टमपि पूर्वमनुष्ठीयते ततोऽग्निहोत्रमित्यर्थक्रमः ।[6] शास्त्रेऽपि 'गुणकर्मणि लादिविधिः' इत्युक्तम् । तथा हि—'गां दोग्धि पयः' इत्यत्र गवा कर्मणा पूर्वं दुहेर्योगस्ततः पयसः । न ह्यनुपादाय गां कश्चित् पय आदातुमर्हति । तस्मादत्र गोपयसोर्दुहिना यः क्रमेण सम्बन्धः सोऽर्थसामर्थ्यादुपजायते । तस्मात् सत्यपि प्रधाने पयसि दुहे[7]र्गवैव पूर्वं सम्बन्ध इति तत्रैव लादयोऽन्तरङ्गत्वादुत्पद्यन्ते, गौर्दुग्धा, सुदोहा गौरिति । उच्चारणक्रम एव पाठक्रमो यथा—

इन्दुस्वर्णणमातङ्ग[8]पुंस्कोकिलकलापिनः[9] ।
वक्त्रकान्तीक्षणगतिस्वरकेशैस्त्वया जिताः ॥
(Bhāmaha-Kāvyālaṅkāra 2.10)

इत्यत्र यथापठितानां [10]यथापठितैरेव सम्बन्ध इति । वेदे यथा—समिधो यजति, तनूनपातं यजति, इडो यजति, बर्हिर्यजति, स्वाहाकारं यजति (तै. सं. २.६.१) इत्येवमात्मकेषु प्रयाजेषु यथापाठमेव क्रमेणानुष्ठानम् । शास्त्रे यथा — 'विप्रतिषेधे परं कार्यम्' (P. 1.4.2) पूर्वत्रासिद्धम्' (P. 8.2.1) इति च । अत्र हि शास्त्रपाठमेवापेक्ष्येदं पूर्वमिदं परमिति व्यवस्थाप्यते । काण्डक्रमो यथा—येनैव क्रमेण ब्राह्मणक्षत्रियविशां वर्णसमाचारप्रतिपादकानि प्रकरणान्युद्दिष्टानि तेनैवाभिधीयन्ते इति । वेदे तु कुत्रचिद्याज्ञे

1. BU om. श्रुत्या. 2. K. कृदय° 3. K. अग्रेयश 4. K. om. र्थस्वरूप to श्रपयति इत्यत्र 5. BU °क्रमो यथा लक्ष्यते. 6. BU °त्यर्थः क्रमः O. °त्यार्थः क्रमः 7. B. दुर्गवैव 8. B °णतातङ्ग 9. BU °पिनां 10. BU °तानां पठि°

कर्मणि येनैव कण्डिकाक्रमेण कर्माणि चोद्यन्ते तेनैव क्रमेण प्रवर्तन्ते । यथा-याज्यानुवाक्यानामाग्नेयादीनां च । अत्र येनैव क्रमेण याज्यानुवाक्यानां सन्निवेशः तेनैव क्रमेणाग्नेयादीनां सन्निवेशात् काण्डक्रमेण सम्बन्धः । शास्त्रे यथा—द्विर्वचनकाण्डात् सम्प्रसारणकाण्डमिति । तदेव विप्रतिषेधे सति पूर्वं भवति इति । प्रवृत्तिक्रमो[1] यथा—येनैव क्रमेण ब्राह्मणाः समानाः प्रविशन्ति तेनैव क्रमेण यथास्वं चोदितं कार्यं प्रतिलभन्त इति । वेदे यथा—'सप्तदश प्राजापत्यान् पशू[2]नालभते' (तै. ब्रा. 1.3.4.3) इत्यत्र सप्तदशानामजानां प्रोक्षणविशसनपर्यग्निकरणानि क्रमेण चोदितानि । अनुष्ठातुः पुनरिच्छावशात्तेषु प्रवर्तमानस्य यत एवारभ्य पशोस्तेनानुष्ठात्रा तेषामाद्यस्यानुष्ठानमारब्धं तेनैव प्रवृत्तिक्रमेण पुनरपरयोरप्यनुष्ठानं विधत्त इति सोऽयं प्रतिपत्तुरिच्छावशात् प्रवृत्तः क्रमः प्रवृत्तिक्रम इत्युच्यते । शास्त्रे यथाभाष्य उक्तम्—'ययैवानुपूर्व्याऽर्थानां प्रादुर्भावस्तयैव शब्दानामपि (*M. Bhā*, I, p. 145, L. 27) यथा 'पट्व्या', 'मृद्व्या' इत्यत्र प्रथमं लिङ्गसम्बन्धात् स्त्रीप्रत्यय उत्पद्यते तदनु कर्मसंख्यादिसम्बन्धादेकवचनमुत्पद्यते । तथैव च यणादेशादिकार्यं तेनैव क्रमेण प्रवर्तते इति । प्रतिपत्तिक्रमो यथा—'लुङ लङ लृङक्ष्वडुदात्तः' (P.6.4.71) इत्यत्र यद्यपि प्रयोगे पूर्वमडागम उच्चार्यते तथापि वयं विधिवाक्यार्थं प्रतिपद्यमाना लुङादीन् प्रतिपद्यामहे । पश्चादडागममिति शास्त्रीयमुदाहरणम् । लोके यथा—पुरुषो राज्ञ इत्युक्तेऽप्युच्चारणक्रममतिक्रम्य राजार्थव्यवच्छेदेनैव पुरुषस्य प्रतिपत्तिः । वेदे यथा—प्रधानयागाः पूर्वमुक्ता अप्यवान्तरयागनिर्वर्तनानुसारेणैव प्रतिपत्ति[3]मुपारोहन्ति । यथा—दीक्षणीयादीनां सोमस्य च । अत्र हि सोमयागस्य प्रधानस्य पूर्वं बुद्ध्युपारोहेऽपि दीक्षणीयादियागनिर्वर्तनपूर्वकमेव सोमप्रतिपत्तिः । प्रयोगक्रमस्तु यथा—'डुकृञ्,[4] इत्यादौ ययाऽऽनुपूर्व्या अनुबन्धाः प्रयुक्तास्तयैवेत्संज्ञां लभन्त इति शास्त्रीयमुदाहरणम् । वेदे यथा—'दर्शपूर्णमासाभ्यामिष्ट्वान्येन यजेत' (का. श्रौ. 7.1 इत्यत्र दर्शपूर्णमासयागपूर्वकमन्यानुष्ठानं विज्ञेयम् । बुद्धिक्रमो यथा—शास्त्रे वर्णानाम् 'इको यणचि' (P. 6.1.77) इत्यादौ बुद्ध्या पौर्वापर्यं कल्प्यते । तथा च "पौर्वापर्यमकालव्यपेतं संहिता चेत् पूर्वापराभावादसंहितम्[5] । (*M. Bhā.* I, p. 356 l. 1) 'एकवर्णवर्तित्वाद्वाच उच्चरितप्रध्वंसित्वाच्च वर्णानाम्' (*M. Bhā.* I, p. 356 l. 1) इत्याशङ्क्योक्तं भाष्यकारेण

'बुद्धौ कृत्वा सर्वाश्चेष्टाः कर्ता धीरस्तन्वन्नीतिः ।
शब्देनार्थान् [6]वाच्यान् दृष्ट्वा बुद्धौ कुर्यात् [7]पौर्वापर्यम् ॥'

---

1. BU° क्रमेण यथा— 2. BU, K. S. °त्यास्तूपरानाल° 3. B.U. °रूपयारो° 4. B. डुकृदित्यादौ 5. BU °हिताऽनेकवर्ण 6. BU. वाच्यन् 7. BU पूर्वाप°

(*M. Bhā*. I, p. 356, l. 9.10) इति शास्त्रे बुद्धिक्रमः। लोकेऽपि[1]विद्युतः क्रमेण प्रवृत्ता बुद्धौ संकलयति।[2] वेदे प्रयाजादीनामुत्पन्नप्रध्वंसिनां बुद्धयैव संकलनमिति बौद्धः क्रमः। सर्व एव वा बौद्धः क्रमो न वस्तुसमुत्थ इति। यदाहुः—प्रतिपत्तिक्रमो न वस्तुसमुत्थ इति। अथ एषां[3] क्रमाणां बलाबलचिन्तां करोति **'क्रमोऽयमत्र बलवान्'** इति। यथा वेदे—'प्रथमं भोजयितव्यस्ततोऽभ्यञ्जनम्' इति। अथ [4]क्रमप्रतियोगिनं दर्शयितुमाह—**अस्मिंस्तु न विवक्षित**—इति। क्रम इति प्रकृतम्। अविवक्षा क्रमस्य प्रतिपक्षः। तद्यथा वेदेऽनुष्ठातॄणां क्रमाविवक्षा निमित्तवशाद् दृश्यते। लोके प्रतिपत्तॄणामपि दृश्यते। शास्त्रे यथोक्तं वार्त्तिककृता—'अतिप्रसङ्गो गुणवृद्धिप्रतिषेधे क्ङिति'[5] इत्यादि (*M. Bhā*, I, p. 269, l.4) ॥८०॥

अथ प्रयोजकाप्रयोजके निर्दिश्येते। तत्र राजा छत्रच्छायायाः प्रयोजकः। हस्त्यादयस्तदाधारा अप्रयोजका अपि छत्रच्छायया सम्बध्यमानाः[6] प्रयोजका उच्यन्ते इत्येकफलतया [7]प्रयोजकभावः। फलभेदेऽ[8]प्यूह्यमुदाहरणमिति लोके। वेदशास्त्रयोरप्यूह्यम् ॥81॥

अथ शेषिशेषौ दर्शयितुमाह—**इदं प्रधानं शेषोऽयम्** इति। वेदे यथा—'व्रीहीन् अव[9]हन्ति' इति व्रीहयः शेषिणः,[10] अवघातः शेषः, तदर्थत्वात्। लोकशास्त्रयोरूह्यमुदाहरणम्। अस्यैव शेषशेषिभावस्येतिकर्तव्यतां प्रदर्शयितुमाह—**विनियोगक्रमस्त्वयम्** इति। तदेवं गुणप्रधानभावस्य परिकरबन्धसहितस्योपदर्शनं कृत्वा तत्रैवावान्तरभेदमाह—**साक्षादस्योपकारीदमिदमाराद् विशेषकम्** इति। तत्र लोके साक्षादुपकारकं यथा—स्वात्मन्यलङ्कारादि। आरात् तदेव पुत्रदारादिषु। शास्त्रेऽपि साक्षादुपकारकं प्रत्ययस्य प्रकृत्यादि। यत्तु प्रकृत्यादेर्विशेषणं तदारादुपकारकम्। यथा 'एरच्' (P.3.3.56) इत्या[11]दाविवर्णान्तत्वादि धातोर्विशेषणम्। कर्तृविशेषणं च पश्वादीति। [12]वेदेऽप्यवघातादि दर्शपूर्णमासयोः [13]साक्षादङ्गम्। प्रयाजादिकं त्वारादुपकारकम् ॥82॥

इत्येवं सप्तभेदं सपरिकरबन्धं शेषशेषिभावमुपदर्श्येदानीं भेदं प्रदर्शयितुमाह—**शक्तिव्यापारभेदोऽस्मिन्** इति। शक्तिव्यापारभेदाश्रयणेन बहुविधो[14] भेदो

---

1. om. अपि. B. BU. K. 2. BU संकेतयति. 3. BU om. एषां to अभ्यञ्जनम्. 4. B. अथ व्युत्क्रम° 5. B. कृतीत्यादि 6. G. पदाङ्कः संबन्ध 7. B. BU. U. प्रयोजकाप्रयोजकभावः 8. O°. दे शून्यमुदा° 9. B °हीनवहन्न 10. B. र. शेषिणः 11. K. °त्यादिवर्णं 12. B. विदेऽप्य 13. B. °योरसाक्षा° 14. BU om. बहुविधो

लक्ष्यते । तत्र लोके वलाहकाद् विद्योतते, वलाहके विद्योतते, वलाहको विद्योतते इत्यत्र वलाहकस्यापादानाधिकरणकर्तृशक्तीनां भेदः । शास्त्रे चात्रैव विवक्षा-वशाद् व्यापारभेदश्चेत्येवं शक्तिव्यापारभेदः । शक्तिभेदमात्रं न तु व्यापारभेदः । यथा 'धनुषा विध्यतीति । अत्र हि गर्भीकृतापादानशक्तिः करणशक्तिर्विध्यत्यर्था-भेदेन व्याप्रियते । न ह्यन्यथाश्रि[1]तापादानशक्तिधनुषः करणत्वं संभवति । अत एवात्र संज्ञयोर्विप्रतिषेधो वर्ण्यते । व्यापारभेदस्तु शुद्धो न सम्भवति । शक्ति-भेदमन्तरेण व्यापारभेदस्यासम्भवात् । अथ फलभेदेन भेदमाह—**फलमत्र तु भिद्यते** इति । यथैकस्य[2] दानस्यायुरारोग्यैश्वर्याणि भिन्नानि फलानि । अन्ये त्वायुष्यप्रभृतिषु सत्सु प्रीतिविशेषमेवैकं फलमाहुः । तथा बह्वीनां क्रियाणामेकं फलम् । यथा—व्यवहारदर्शने प्रजानामेको निर्णयः । यथा वक्ष्यति

भिन्नव्यापाररूपाणां व्यवहारादिदर्शने ।
कर्तॄणां दर्शनं भिन्नं संभूयार्थस्य साधकम् ।। (V.376)

इति । प्रकारान्तरेणापि भेदं दर्शयितुमाह—**सम्बन्धाज्जातभेदोऽयम्** इति । यथाख्यातेषु धातूपात्तायाः क्रियायाः प्रत्ययवाच्यकर्तृभेदे सति सम्बन्धात्[3] क्रिया-या(?श्र)पि भेदः प्रतीयते, पचतः पचन्तीति। यथोक्तम्–"साधनभेदात् तिङक्षुफला-भावात् फलं भवत्येवावबोधश्चेत् साधनेभ्यः प्रसिद्धोऽसौ" इति । इदानीमस्यैव प्रतिपक्षभूत(?ता) भेदं दर्शयितुमाह—**भेदस्त्वत्राविवक्षितः** इति । अत्र शक्त्यभेदो यथा–'समानकर्तृकयोः. . (P.3.4.21) इत्यत्र 'पक्त्वौदनं भुङ्क्ते' इति कर्तृकर्मणोः क्रियाभेदेन [4]प्राप्तः शक्तिभेदो वक्त्रा न विवक्षितः । तथा च सत्यत्र समानकर्तृकत्व-मुपपन्नं भवति । व्यापाराभेदः प्रागेव दर्शितो धनुषा विध्यतीत्यत्र फलाभेदोऽपि पूर्वमुक्त एव । यथा—दानस्यैका प्रीतिः फलमिति केचिदिति । सम्बन्धाज्जात-भेदत्वस्य[5] प्रतिपक्षो[6] यत्र न सम्बन्धभेदाज्जातभेदत्वम् । [7]यथा-आस्यते देवदत्तेने-त्यत्र भावे लकार उत्पन्नः साधनभेदा[8]नुपादानात् क्रियाभेदमपि गमयितुं न शक्नोति । देवदत्तेनेत्य[9]स्मात्तत्प्रतीतिरिति चेदेकपदा[10]पेक्षयैतदुक्तमस्माभिरित्यदोषः । तदेवं शक्त्यादिभेदेन [11]बहुविधोऽयं भेद इति लक्ष्यैः स्वयमेवोत्प्रेक्ष्यः । तथा तत्प्रतिपक्ष-भूतस्त[द्व]दभेदोऽपि बहुविध एव विज्ञेयः । अनयोश्च भेदाभेदयोः क्वचिद्वास्तवत्वं क्वचिद् विवक्षामात्रशरणत्वम् । विवक्षापि क्वचिल्लौकिकी क्वचित्

---

1. BU °न्यथापादान° 2. O. °यैकस्थपदान° 3. BK om. संबन्धात् 4. K. प्राप्तिः 5. BU °त्वस्येति 6. B. °पक्ष्यो 7. BU तथा 8. BU °दापादा° 9. O. °नेत्यत्र भावे लकार इत्यस्मात्त° 10. B °पदोपेक्षया° 11. BU. बहुनिधो

प्रायोक्त्रीत्येतदपि[1] अत्रानुसर्तव्यमिति । वेदेऽपि भेदव्यवहारो दृश्यते । यजते, ददाति, जुहोतीत्यादौ यागदानहोमरूपादनुबन्धादपूर्वस्य भेदः । अभेदोऽपि यथा—षण्णा[2]मप्याग्नेयादियागानामेकस्मिन्नेवापूर्वे साध्ये ऐक्यमिष्यत इति । एवं षड् द्वादश चतुर्विंशतिश्च लक्षणानि प्राकृतानि वैकृतानि च सत्प्रतिपक्षाणि दर्शितानि ॥८३॥

इदानीं षड्द्वादशचतुर्विंशतिव्यतिरिक्ता [3]अप्यमी बहुप्रकारा न्यायाः[4] पदार्थ-निश्चयहेतवः सन्तीति प्रौढवादितया टीकाकारः प्रतिपादयितुमाह—

प्रसज्यप्रतिषेधोऽयं पर्युदासोऽयमत्र तु ।
इदं गौणमिदं मुख्यं [5]व्यापीदं गुरु लध्विदम् ॥८४॥
भेदेनाङ्गाङ्गिभावोऽस्य बहुभेदं विकल्प्यते ।
इदं नियम्यतेऽस्यात्र योग्यत्वमुपजायते ॥८५॥
अस्य वाक्यान्तरे दृष्टाल्लिङ्गाद्भेदोऽनुमीयते ।
अयंशब्दादपोद्धृत्य पदार्थः प्रविभज्यते ॥८६॥
इति वाक्येषु ये धर्माः पदार्थोपनिबन्धनाः ।
सर्वे तेन प्रकल्पेरन् पदं चेत् स्यादवाचकम् ॥८७॥

तत्र **प्रसज्यप्रतिषेधोऽयम्** इति । यत्र क्रियापदेन [6]नञः सम्बन्धो वाक्य-भेदश्च । शास्त्रे यथा—'अकर्तरि च कारके...(P. 3.3.19) इति । वेदे यथा—'ब्राह्मणो न हन्तव्यः' 'नानृतं वदेत्' इत्यादि । लोके यथा—'असूर्यंपश्या राजदाराः' इति । **पर्युदासोऽयमत्र तु** इति । पर्युदासः खलु प्रसज्यप्रतिषेध-विपरीतस्तत्राख्यातेन[7]नैव नञः सम्बन्ध एकवाक्यता च । उक्तं च

नामधात्वर्थयोगी[8] तु नैव नञ् प्रतिषेधकः । (śl. vā. Ap. 33) इति । तत्र शास्त्रे यथा—आतोऽनुपसर्गे कः (P.3.2.3) वेदे यथा—'अब्राह्मणः सोम-विक्रयी' इत्यत्र जाति[9]मात्रानुगमेन ब्राह्मणसदृशस्य कस्यचिदेव प्रतिपत्तिः । यथा च—'नोद्यन्तमादित्यमीक्षेत' इत्येवमादि । स्मार्तमुदाहरणमदूरविप्रकर्षादत्र वैदिकमेव । लोके यथा—'अब्राह्मण[10]मानय' इति । **इदं गौणम्** इति । शास्त्रे यथा—तत्पुरुषः समानाधिकरणः (कर्मधारयः) (P. 1.2.42.) इति ।

1. O °तदस्यत्रानु 2. B. यस्था 3. B. अथमी, K. कथामी 4. BU न्यायपदा°, A न्यायापहेतवः 5. B.K. व्यापारं 6. B. तत्र 7. र. ह्याख्यातेनैव नञः सम्बन्धः 8. B. BU. O °र्थयोगेन 9. K. जातु 10. BU सर्वब्राह्म°

अत्रावयवानां समानाधिकरणत्वात्तत्पुरुषस्यापि[1] समानाधिकरणत्वम् । वेदे यथा–'आदित्यो यूपः' 'यजमानः प्रस्तरः' इति । अत्र गुणाच्चाकचक्यादे-र्यूपादिरप्यादित्यादिरित्युच्यते । लोके च 'सिंहो माणवकः' 'गङ्गायां घोषः' इत्यादि । **इदं मुख्यम्** इति । अत्र शास्त्रे यथा[3]—'धातोः', 'प्रातिपदिकात्' इत्यादा-वभिधेयस्य मुख्यत्वम् । वेदे यथा—"यजमानोऽध्वर्युमन्वालभते (Śa. Brā. 3.6.2.9.) इत्यत्राध्वर्युयजमानौ मुख्यावेव । लोके यथा—'शूरो माणवकः' इति । **व्यापीदम्** इति । शास्त्रे यथा—'एकश्रुति दूरात् संबुद्धौ' (P.1.2.33.) इति । तत्र हि लौकिक्याः सम्बुद्धेर्ग्रहणं व्यापित्वात् । तद्ग्रहणे हि शास्त्रीयापि सम्बुद्धिः परिगृहीता भवति । वक्ष्यति च—

विषयं कृत्रिमस्यापि लौकिकः क्वचिदुच्चरन् ।
व्याप्नोति[4] दूरात् सम्बुद्धौ[5] तथा च ग्रहणं द्वयोः ॥

(verse 370.) इति । यावत्सु चोभयानुग्रहस्तत्र सर्वमनुगन्तव्यं व्यापित्वेनेति । वेदेऽपि 'सर्वे प्रधानयागविषया ज्योतिष्टोमेन' इत्याद्यधिकारविषयः । लोकेऽपि यथा—कयाचिदितिकर्तव्यतया सन्निहत्यामरसिन्धुस्नानम् । यदुच्यते

उपोष्य रजनीमेकां सन्निहत्यां नरोत्तमः ।
सौर्ये तमसि गङ्गायां चान्द्रे[6] चापि विमुच्यते ॥(?)

इति । अत्र सकृदेव स्नानात् त्रैलोक्याभ्यन्तरगतसर्वतीर्थस्नानमिति व्याप्त्युदाहरणं प्रसङ्गादुक्तम् । **गुरु लघ्विदम्** इति । तत्र शास्त्रे यथा—'पृषोदरादीनि यथो-पदिष्टम्' (P. 6.3.109.) इति शिष्टप्रसिद्धसाधुशब्दौघप्रतिपादने लघुरुपायः । स एव तु प्रातिपदिकादनभिहितकर्मादिगतैकत्वादौ स्वादय इत्यादिना गुरुरुपायः । लोकेऽपि लोहितशालिमानयं ग्राम इत्यादिवचनव्यक्तिषु कर्मधारयमत्वर्थीय-योरेकत्र क्रियमाणयोर्गुरुरुपक्रम[7] उपजायते । लघुत्वं तु प्रक्रमस्य बहुव्रीहे[8]स्तत्रेति । वेदे तु गुरुलाघवव्यवहार(?रस्त)न्त्रप्रसङ्गावृत्तिषु । तत्रावृत्तौ गुरुः प्रक्रमो[9]यथा—'त्रिः प्रथमामन्वाह त्रिरुत्तमाम्'—इति । तन्त्रप्रसङ्गयोस्तु लाघवव्यवहारो यथा निर्दर्शितं प्रागिति ॥८४॥

---

1. BU °षस्यासमा° 2. BU. °पादिपप्या. K. दिरित्या° 3. B. °थाऽधा°
4. B. व्याप्तीति 5. S. repeats द्धौ इति तत्रहि to तद्ग्रहणे हि 6. O. चान्द्रेणापि
7. BU. गुरुः प्रक्रमः, AS. गुरुः क्राम; 8. BU° K. हिस्तत्रेति. 9. S. repeats म उपजायते to गुरुः प्रक्र., BU. गुरः क्रामो. K. °रुः क्रमो

भेदेनाङ्गाङ्गिभावोऽस्य इति। यथा शास्त्रे—संयुक्तविधानेषु 'तस्यापत्यम्' (P.4.1.92) 'कर्तरि कृत्' (P.3.4.67.) इत्यादि। वेदे यथा—एकस्यैवावयवः सम्बध्यमानो व्यवहितैरपि वाक्यान्तरैः सम्बन्धमुपयाति। यथा—'अच्छिद्रेण' (तै. सं. 1.2.1.1.) इत्यादिश्चित्पत्यादिभिरिति। पूर्वमेकैकस्यैवाङ्गाङ्गिभावः, इदानीं बहूनामङ्गिनां यथा प्रदर्शितमेकमङ्गमिति पुनरस्योपादानम्। लोकेऽपि

मणिः शाणोल्लीढः[1] शरदि सरिदाश्यानपुलिना[2]
कलाशेषश्चन्द्रः सुरतमृदिता बालललना[3]।
मदक्षीणो नागः समरविजयी हेतिनिहतः[4]
तनिम्ना शोभन्ते गलितविभवाश्चार्थिषु नराः[5]॥

(Bhartṛhari Nītiśataka) इत्यादिदीपकालङ्कारेष्वेकस्या एव क्रियाया बहुभिर्वाक्यैः सम्बन्ध इति। [6]**बहुभेदं विकल्प्यते** इति। तत्र शास्त्रे यथा—क्वचित् प्राप्तविकल्पः क्वचिदप्राप्तविकल्पः क्वचिदुभयविकल्पः। वेदे यथा—'यत्किञ्चित् प्रागग्नीषोमीयात् तत्सर्वमुपांशु कर्तव्यम् (मै. सं. 3.8.2.) इत्यत्रोपांशुस्वरे प्राप्ते दीक्षणीयायां यथेष्टमुच्चैः स्वरविधानमित्यादि। लोके यथा—'किं तारुण्यतरोरियम्' (अलङ्कारसर्वस्व...) इत्यादौ महाकविभिरुत्प्रेक्षिता विकल्पाः। **इदं नियम्यते** इति। शास्त्रे यथा—'पतिः समास एव' (P. 1.4.8.) 'ते प्राग् धातोः' (p. 1.4.80.) इत्यादि। वेदे यथा—'नक्षत्रं दृष्ट्वा वाचं विसृजेत्' (का. सं. 23.5.) इति। अत्र नियत एव काले वाग्विसर्गो नियमितः। लोकेऽपि यथा—'पार्थ एव धनुर्धरः' इत्यत्र धानुष्कत्वं पार्थे नियम्यते। **'अस्यात्र योग्यत्वमुपजायते'** इति। यथा शास्त्रे—उः स्थानेऽणः प्रसज्यमानस्यैव रपरत्वं प्रति योग्यत्वमुपजायते इति। यथा वा—पद एकस्मिन्न(?स्मिन्नु)दात्ते स्वरिते वा क्रियमाणे निघाते योग्यत्वमुपजायते इति। वेदे यथा—'ज्योतिष्टोमेन यजेत' इत्यत्र त्रैवर्णिकस्यैव योग्यत्वम्। लोके यथोच्यते—'धुरिधुर्यो[7] नियुज्यते' (.) इति। यो यः कश्चिदर्थी समर्थः शास्त्रेणापर्युदस्तः स योग्य इत्युच्यते॥८५॥

अस्य वाक्यान्तरे दृष्टाल्लिङ्गाद् भेदः[8] प्रतीयते इति। शास्त्रे यथा—'ग्रोः

---

1. B °शाणोल्लोटः 2. र. सरितः श्यानपुलिनाः 3. र. °ललनाः 4. BU° दलितः 5. BU. नृपाः 6. BU om. बहुभेदं to वेदे यथा 7. K. om. धुरि to प्राग्य इत्युच्यते. 8. The verse has भेदोऽनुमीयते.

पुयण्ज्यपरे' (P. 7.4.80.) इति वचनात् णौ कृतं स्थानिवद्[1] भवतीति। वेदे यथा—'अक्ताः शर्करा उपदधाति' इत्यत्र केनाक्ता इत्याकाङ्क्षायां 'तेजो वै [2]घृतम्' इति घृतस्तुतेर्वाक्यान्तराल्लिङ्गाद् घृतेनाक्ता इति विशेषः प्रतीयते। लोके यथा—'रामोऽसौ भुवनेषु' (quoted in काव्यप्रकाश—4.109.) इत्यादौ [3]दाशरथिः परशुरामो वेति संशये वाक्यान्तरगतात् 'एकबाणाहत[4] श्रेणीभूतविशालतालविवरोद्गीर्णैः स्तरैः सप्तभिः' (quoted in Kāvyaprakāśa 4.109.) इतिलिङ्गाद् दाशरथिप्रतिपत्तिरेवेति। **अयं शब्दादपोद्धृत्य पदार्थः प्रविभज्यते** इति। शास्त्रे यथा—धृषिशसी[5] वैयात्ये (P. 7.2.19.)इत्यस्माद्वैयात्यशब्दादपोद्धृत्य वियातभावो वैयात्यमिति विभज्यते। वेदे यथा—'वायव्यं श्वेतमालभेत' (तै० सं 2.1.1.1.) इत्यस्माद् वाक्याद्[6] वायव्यपदार्थादपोद्धृत्य 'वायुर्वै क्षेपिष्ठा देवता' (तै. सं. 2.1.1.1.) इति प्रविभज्यते। लोकेऽपि राजपुरुष इत्युक्ते कस्य राज्ञः शूद्रकस्येति प्रश्नोत्तरयो राजपदार्थप्रविभागः ॥८६॥

इदानीं प्रकृते चोद्यमुपसंहर्तुमाह—**इति वाक्येषु** इति। अनंशे वाक्येऽभ्युपगम्यमाने **वाक्येषु** [7]पदसमुदायरूपेषु सत्यपदार्थोपनिबन्धनेषु **ये**[8] **धर्माः** वाक्यार्थानुग्राहिणः पदार्थविशेषसंप्रत्ययप्रतिबद्धाः **ते सर्वे** [9]अत्राविद्यमानोद्देशप्रविभागे न प्रतिष्ठां लभेरन् यदि सत्यं **पदं वाचकं न स्यात्** इति पदवादी प्रत्यवतिष्ठते ॥८७॥

एवं पदवादिनाऽखण्डवाक्यवादिनो दूषणव्राते समापिते इदानीमेतत् समाधातुमखण्डवाक्यवाद्याह—

अविभक्तेऽपि वाक्यार्थे शक्तिभेदादपोद्धृते[10]।
वाक्यान्तरविभागेन यथोक्तं न विरुध्यते ॥८८॥

एतत् सर्वं **यथोक्तमस्मत्पक्षे न विरुध्यते**। तथा चास्मत्पक्षे **अविभक्ते** निर्विभागे **वाक्यार्थे** एकस्मिन्नपि तस्मिन् पानकरसादिवत् समाश्रीयमाणे शक्तिभेदसमाश्रयणेन च[10] **अपोद्धृते** कृतापोद्धारे सत्यवान्तरवाक्यार्थोपजननात् सर्वमेतत् सिध्यतीति तात्पर्यम्। यथा शाक्यदर्शने निर्विभागमेकमेव सकलत्रैलोक्यविलक्षणं

1. B. स्थानेवद् 2. B. ष्ठतमिति 3. B. दशरथिः 4. AO °णाहति° 5. B. धृषशशो 6. BU om. वाक्याद् 7. O °क्येसुपदस° 8. BU om. ये 9. O सर्वत्रापिद्य 10. K दापोद्घृ°

सत्त्वं स्व[1]लक्षणमभ्युपगम्यते तत्तदितरपदार्थव्यावृत्तिसमाश्रयणेन च जात्यादिव्यवहारः कश्चिन्निर्वाह्यते[2] तथैवाखण्डवाक्यवादिना **शक्तिभेदाद्** वाक्यार्थप्रविभागे कृते सर्वं युज्यत इति न कश्चिद्दोषः । **वाक्यान्तरविभागेन अविभक्तेऽपि वाक्यार्थे** इति वाक्यवाक्यार्थयोरेकयोगक्षेमत्वादुक्तम् । पदार्थासंभवपूर्वके चोद्ये **वाक्यान्तरविभागेन** इत्युत्तरमसमीचीनमिव लक्ष्यत इति चेत् बाध्यबाधकभावादिन्यायो वाक्येष्वपि दृश्यते । अतो महावाक्यापेक्षयाऽवान्तरवाक्योपप्ला[3]वनेन तदपि न विरुध्यत इत्युपदर्शितम्, तदुपदर्शनेन परिमितपरिमाणेऽपि वाक्ये [4]पदार्थापोद्धारनिबन्धना अप्येते न्यायाः सम्भवन्तीत्युपदर्शितमेव भवति ॥८८॥

एतदेव प्रसिद्धदृष्टान्तोपदर्शनेन द्रढयितुमाह—

यथैवैकस्य गन्धस्य भेदेन परिकल्पना ।
पुष्पादिषु तथा वाक्येऽप्यर्थभेदो[5] विधीयते ॥८९॥

स्रक्चन्दनादावेक उपसन्निविष्ट एव गन्धः । तस्य त्वपोद्धारसमाश्रयणेन भेदः कल्प्यते अयं पुष्पगन्धोऽयं चन्दनगन्ध इत्यादि । **तथा वाक्य** एवार्थापोद्धारसमाश्रयणेन[6] पदार्थभेद उपपद्यते[7]—अयं देवदत्तपदार्थः, अयं गोपदार्थ इत्यादि ॥८९॥

दृष्टान्तान्तरमाह—

गवये नरसिंहे वाप्येकज्ञानावृते यथा ।
भागं जात्यन्तरस्यैव सदृशं प्रतिपद्यते ॥९०॥

एकज्ञानेन [8]अभिन्नेन **आवृते** विषयीकृते परिच्छिन्ने **गवयादौ** सति तदेकदेशं प्रसिद्ध[9] **जात्यन्तरस्यैव प्रतिपद्यते** । एवमपोद्धारसमाश्रयणेन सर्वन्यायसमर्थने कृते तत्समानयोगक्षेमतया प्रतिनिधिः स्तुतिवाक्यविरोधश्च समर्थित एव (?) । अग्रे त्ववान्तर[10]वाक्यानामर्थवत्त्वं समर्थयिष्यते ॥९०॥

अधुना तमेवापोद्धारमाश्रित्य पिकादिसन्देहे चोद्यमुद्धर्तुं प्रस्तावनां करोति ।

---

1. B. तल्लक्षण 2. K. निर्व्या° 3. B. °प्लवेन, BU. प्ल नेन 4. BU °क्येऽर्थापोद्धा° 5. B. S. °द्योऽभिधीयते 6. O. °णेन न पदार्थ, K. om. पदार्थ 7. K. कल्प्यते, O.S. उपपाद्यते 8. B. अभिन्नेवावृ° 9. BU °द्धं जात्य° 10. O° न्तरवारवाक्या, K. °क्यानां समर्थंव°

अप्रसिद्धं तु यं [1]भागमदृष्टमनुपश्यति ।
[2]तावत्यसंविदं मूढः सर्वत्र प्रतिपद्यते ॥६१॥

तत्र च गवयादौ **भाग[3]मप्रसिद्धमदृष्टं** अनिश्चितम् **अनुपश्यति मूढः** । परमार्थतस्तु संवित्तस्य सर्वत्र निर्विभागे तस्मिन् कुतश्चित् कारणान्नोत्पन्ना । **सर्वत्र** अयम्[4] **असंविदं** तावत् पुनः **प्रतिपद्यते** इति ॥६१॥

प्रकृते योजयितुमाह—

तथा पिकादियोगेन वाक्येऽत्यन्तविलक्षणे ।
सदृशस्येव संज्ञानमसतोऽर्थस्य मन्यते ॥६२॥

'वनात् पिक आनीयतामित्येतद् वनाद् ऋक्ष आनीयताम्' इत्यस्माद् वाक्यान्तरादत्यन्तविलक्षणमेव । वनादानीयतामिति चात्रासन्नेवार्थो 'वनाद् ऋक्ष आनीयताम्' इत्यस्य क्रमवशात् सदृश इति **मन्यते** । परमार्थतस्तु पिकादियोगात् सकलमेवात्यन्तविलक्षणम् । एकपदार्थसन्देहे सकलमेवाविज्ञातं वाक्यमित्युच्यते ।६२।

दृष्टान्तमाह—

[5]एकस्य भागे सादृश्यं भागे भेदश्च लक्ष्यते ।
[6]निर्भागस्य प्रकाशस्य निर्भागेनैव चेतसा ॥६३॥

यथैकमेव नीलपीतादिज्ञानं प्रकाशस्वभावं[7] निरंशमेवोपजातं तस्य ज्ञानत्वेन **सादृश्यं** मन्यते, नीलपीतादिना च **भेदः** । वस्तुतः पुनर्भिन्नमेव नीलज्ञानं पीतज्ञानादिति न तत्रानुगमः कश्चित् । अथवा चित्रज्ञानयोरेव **भागे** सादृश्यं भागे भेदं प्रतिपद्यते । किञ्चिद्धि[8] चित्रज्ञानं नीलहरितोल्लेखि, किञ्चिद्धि नीलपीतोल्लेखि इति नीलादिना तत्र सादृश्यं हरितादिना[9] भेदं प्रतिपद्यत इति ॥६३॥

दार्ष्टान्तिके योजयितुमाह—

तथैव भागे सादृश्यं भागे भेदोऽवसीयते ।
[10]भागाभावेऽपि वाक्यानामत्यन्तं भिन्नधर्मणाम् ॥६४॥

---

1. A.S. यत्र भाग, K. यद्भाग 2. K. तावत्त्वसं° 3. K. भागप्रसिद्ध
4. B °यं संविदं तत्त्वात् र. सर्वत्रायमसंविदानोऽप्यसंविदं तावत्येव पुनः
5. B. एकभागे 6. B. विर्भागस्य 7. र. °स्वभावात् 8. BU, O. किञ्चिद्धिचित्र°
9. K. °नाऽभेदंप्र° 10. BU भागभावे

प्रतीतार्थः श्लोकः ॥६४॥

इदानीमखण्डवादी पदवादिनं [1]दूषयितुमाह—

रूपनाशे पदानां स्यात् कथं चावधिकल्पना ।
अगृहीतावधौ शब्दे कथं [2]चार्थो विविच्यते ॥६५॥

यदि पदान्येव सत्यानि तदा 'दध्यानय' इत्यादिसंहितायां रूपविनाशात् पदस्य नियतस्याभावे कमवधिं गृहीत्वा तदर्थो[3] विविच्यताम्[4]? अतः प्रविभागशून्यं वाक्यमेवैकं सत्यमभ्युपगन्तव्यम् ॥६५॥

अथाखण्डपक्षे श्वेतो धावतीत्येतत् प्रश्नद्वयापाकरणाय कथमेकं वाक्यम्, अत्र हि श्वा इत्येतद्रूपं संहितावशाद्विनष्टमित्येतत्पदार्थासंभवात् कथं तदवगतिः ?।[5] तत्राह—

संसर्ग इव रूपाणां शब्देऽन्यत्र व्यवस्थितः ।[6]
नानारूपेषु तद्रूपं तन्त्रेणापरमिष्यते ॥६६॥

श्वेत इत्यादौ **शब्देऽन्यत्र** अखण्डपक्षे **रूपाणां संसर्ग इव व्यवस्थितः** । अतश्च **तद्रूपम् अपरं तन्त्रेण** [7]अवस्थितं तेषु **नानारूपेषु** प्रत्यायकम् **इष्यते** इत्यदोषः ॥६६॥

तदेव व्याचिख्यासुराह—

तस्मिन्नभेदे भेदानां संसर्ग इव वर्तते ।
रूपं रूपान्तरात्तस्मादनन्यत् प्रविभज्यते ॥६७॥

तस्मिन्नभेदे एकस्मिन्नेव श्वेत इत्येवंरूपे **भेदानां** श्वा इतः श्वेतश्च इत्येतेषां **संसर्ग इव** स्थितः । **तस्मात्** तद्रूपं **रूपान्तराद् अनन्यदपि** तन्त्रन्यायसमाश्रयणेनोभयार्थप्रत्यायकतया **प्रविभज्यते** इत्यस्मिन् पक्षे श्वेत इत्येतदखण्डमेव प्रत्यायकम् ॥६७॥

अथात्रैव प्रसङ्गात् प्रत्याय्यप्रत्यायकयोर्विषयभेदेन भेदाभेदौ स्मृतावित्याह—

---

1. O. पदवादि तद्दूषयि° 2. B. कथमर्थो 3. B तर्थो 4. O.S. विविच्यते
5. BU तदर्थावगतिः 6. K. °स्थितां 7. K. °णात्राव°

शास्त्रे प्रत्यायकस्यापि क्वचिदेकत्वमाश्रितम् ।
प्रत्याय्येन क्वचिद् भेदो ग्राह्यग्रहणयोः[1] स्मृतः[2] ॥९८॥

तत्राभेदं प्रत्याय्यप्रत्यायकयोः प्रदर्शयति—

ऊ इत्यभेदमाश्रित्य यथासंख्यं[3] प्रकल्पितम् ।

'ऊकालोऽज्झ्रस्वदीर्घप्लुतः (P. 1.2.27.) इत्यत्रोक्तम्—"ह्रस्वादिषु समसंख्याऽप्रसिद्धिरुद्देशनिर्देशवैषम्यात् । सिद्धं तु समसंख्यत्वात्, त्रयाणां हि विकारनिर्देशः" इति (*M. Bhā*. I p. 202, l. 16. 19. 21.) । ततश्च ऊकाल इत्यत्र मात्रिकद्विमात्रत्रिमात्राणां संसृज्य[4] निर्देशात् प्रत्याय्यप्रत्यायकयोरभेदे समसंख्यत्वान्निर्देशसाम्ये संख्यातानुदेशे सिद्धे ह्रस्वदीर्घप्लुतसंज्ञाः पृथगवतिष्ठन्त इति न कश्चिद्दोषः । प्रत्याय्यप्रत्यायकयोर्भेदं निदर्शयितुमाह—

[5]लुङ्लृटोर्ग्रहणे भेदो ग्राह्याभ्यां परिकल्पितः[6] ॥९९॥

'स्यतासी लृलुटोः' (P. 3.1.33.) इत्यत्र लृशब्देन लृङ्लृटौ प्रत्याय्येते इति निमित्तनिमित्तिनोर्वैषम्यात् संख्यातानुदेशाभावः प्राप्नोति 'यथासंख्यमनुदेशः समानाम्' (P. 1.3.10.) इत्यत्रोक्तम्—"संख्यासाम्यं शब्दतश्चेत् णलादयः परस्मैपदानाम्, [6]डारौरसः प्रथमस्य, एचोऽयवायावः' इत्यनिर्देशः [7](*M. Bhā*.1.p. 268, P. 4-5.) । "अर्थतश्चेत् लृलुटो [8]र्नन्द्यरीहणसिन्धुतक्षशिलादिषु दोषः"[9] (*M. Bhā*. I p. 268, l.19.) इति चोद्यमेवं पक्षद्वय उपस्थितम् । तत्रोच्यते—लृलुटोरित्यत्र लृरूपमुत्सृष्टानुबन्धसामान्यमात्रं प्रत्यायकमभिन्नमेव, न पुनः प्रत्याय्यभेदाद्भिन्नमत्राभ्युपगम्यते । ततश्च निमित्तनिमित्तिनोः साम्यात् संख्यातानुदेशः सङ्गच्छत इति न किञ्चिदनिष्टम् ॥९९॥

अथ प्रत्याय्यप्रत्यायकयोरन्यत्राप्यभेदं[10] दर्शयितुमाह—

यस्येत्येतवणो रूपं संज्ञिनामभिधायकम् ।
न हि प्रतीयमानेन ग्रहणस्यास्ति संभवः ॥१००॥

इश्च अश्च तद्यं, तस्य[11] **यस्य** । यदेतत् संसृष्टेकाराकारा[द]यो **रूपमणः**[12] प्रत्यायकं **तत्संज्ञिनामि**वर्णावर्णानामभेदात् प्रत्यायकं भवति, तेन ईकाराकारयो-

1. चा. र. ग्रहणग्राह्ययोः 2. चा. र. स्थितः 3. K. °संख्ये प्र.° 4. BU संसृष्ट 5. चा. लृलुटो : 6. चा.र. सह कल्पितः 7. K. डारौरस :8. K. om. नन्द्यरीहण to तत्रोच्यते लृलटो : 9. A om. दोषः 10. BU °रभेदान्यत्राप्यभेदं 11. K. om तस्य 12. र °मणोः प्र

रपि सौपर्णेयो[1] वैनतेय इत्यत्र लोपः प्रवर्तते। यदि चात्र प्रत्याय्यप्रत्यायकयोरभेदो नाश्रीयते तदा **प्रतीयमानेन** प्रत्याय्यमानेनान्येषां **ग्रहणस्य** प्रत्यायनस्यासम्भव इति नात्रेष्टं सिध्येत्। तस्मात्तन्त्रेणोच्चारितमेवोभयोः प्रत्यायकं संसृष्टरूपत्वादित्यस्त्येव श्वेतो धावतीत्येतस्मादुभयार्थप्रतीतिः ॥१००॥

अवान्तरवाक्योपप्लावनेनैतद्वो(? दु)भयार्थप्रत्यायकं भविष्यतीति दृष्टान्तेन[2] प्रदर्शयितुमाह—

ऊ इत्येतदभिन्नं च भिन्नवाक्यनिबन्धनम्।
भेदेन ग्रहणं चास्य पररूपमिव द्वयोः ॥१०१॥

ऊकाल इत्येतदुपात्तम्। तद्ध्रस्वदीर्घप्लुतानां त्रयाणां सामान्येनाभिन्नं रूपं बोद्धव्यम्। ततश्चैतदेकं ग्रहणकवाक्यस्थानीयम्[3], अवान्तरवाक्यनिबन्धनं भवतीत्याह—**भिन्नवाक्यनिबन्धनम्** इति। उकालोऽज्ह्रस्वसंज्ञः। ऊकालो दीर्घसंज्ञः। ऊ३कालः प्लुतसंज्ञो बोद्धव्य इति। अतश्च यदा संसृष्ट[4]त्वादस्याभेदेनैव[5] ग्रहणं प्रत्यायके स्थितं तदा ऊ इत्येतद्रूपं भिन्नवाक्यनिबन्धनमेव भवति। यथा **पररूपं** संसृष्टत्वादेकमपि द्वयोः प्रत्यायकं दृश्यते। तथैतद् बोद्धव्यम्। ततश्च श्वेतो धावतीत्यादाववान्तरवाक्योपप्लावनेनोभयार्थं वा भविष्यतीति योजनीयम् ॥१०१॥

शब्दानां भेदपक्ष एव वार्त्तिककारस्याभिरुचित इति दर्शयितुमाह—

प्लुतस्याङ्गविवृद्धिं च समाहारमचोस्तथा।
व्युदस्यता पुनर्भेदः शब्देष्वत्यन्तमाश्रितः ॥१०२॥

'प्लुतावैच[6] इदुतौ' (P. 8.2.106.) इत्यत्रोक्तम्—अङ्गविवृद्धिर्नोपपद्यते, न ह्येचोऽवयवोऽकार इकार उकारो वा' इत्येवमङ्ग[7]**विवृद्धिं व्युदस्यता** तावेव शब्दावेकत्र संमिलिताविति य उपदर्शितः प्रागभेदः स पराकृतः। **तथाऽचोः समाहारं व्युदस्यता भेद** एवेष्यत इति। यदाह—"समाहारोऽचोश्चे[8]न्नाभावात्" (*M. Bhā.* I. p. 207, l. 18.) इति। तस्मात्श्वेतो धावतीत्यादौ सदृशयोर्मेलन[9]मनुपदमवान्तरवाक्योपप्लावनेन, तन्त्रन्यायसमाश्रयणेन वा समर्थनं [10]तज्ज्याय इति ॥१०२॥

---

1. K. स.पर्णोयो वेनतेयः 2. B °न्तप्र° 3. O. °क्यस्थलीय° 4. O. °सृष्टाताद° 5. BU भेदेनास्य स 6. K. °वेव इदुतावित्य° 7. K. °वमंत्र° 8. O श्चेताभावा° 9. BU °नुपदवां K. पदवान्तर° 10. O.K. न ज्यायः।

अथ तन्त्रमुपसंहर्तुमुपक्रमते—

अर्द्धर्चादिषु शब्देषु रूपभेदः क्रमाद्यथा ।
तन्त्रात्तथैकशब्दत्वे भिन्नानां श्रुतिरन्यथा ॥१०३॥

यथा क्रमवशेन ऋचोऽर्द्धम् अर्धर्चम् इत्येकस्यैव शब्दस्य **रूपभेदः तथा** तन्त्र-न्यायसमाश्रयणेन[1] **एकशब्दत्वे भिन्नानां** रूपाणाम् **अन्यथा श्रुतिः** अभिन्ना श्रुति-र्बोद्धव्येति तन्त्रमुपसंहृतम् ॥१०३॥

एतदेव स्फुटीकर्तुमाह—

संहिताविषये [2]वर्णाः स्वरूपेणाविकारिणः ।
शब्दान्तरत्वं यान्तीव शक्त्यन्तरपरिग्रहात् ॥१०४॥

स एव शब्दोऽनेकशक्तिवर्णतया **संहिताविषये** प्रतिभासत इत्येकस्यैव श्वेत-शब्दस्य संहितयोच्चारणाच्छक्त्यन्तरपरिग्रहेणोभयार्थप्रत्यायकत्वं मन्यते ॥१०४॥

एकस्यापि निमित्तभेदाद् भेद उपजायत इति दृष्टान्तप्रदर्शनेनाह—

इन्द्रियादिविकारेण दृष्टं ग्राह्येषु वस्तुषु ।
आत्मत्यागादृते भिन्नं ग्रहणं स क्रमः श्रुतौ ॥१०५॥

यथा काचाद्युपहतचक्षुषामेकाकारमपि वस्तु नानारूपतयाऽवभासते तथा संहितावशादेकोऽपि शब्दो रूपान्तरेणावभासते ॥१०५॥

एतदेवोपसंहर्तुमाह—

अभिधानक्रिया[3]योगाच्छब्देष्वविकृतेष्वपि ।
रूपमत्यन्तभेदेन तदेवैकं प्रकाशते ॥१०६॥

अभिधानक्रिया संहितयोच्चारणमेव । तया **योगात्** [4]तत्सम्बन्धाद् **अविकृतेष्वपि शब्देष्वेकमेव** शक्त्यन्तरपरिग्रहादत्यन्तभेदेन **प्रकाशते** ॥१०६॥

अथैतदेवागमविषये दृश्यते तेन संवादयितुमाह—

ऋचो वा गीति[5]मात्रं वा साम द्रव्यान्तरं न तु ।
गीतिभेदाद् विगृह्यन्ते ता एव विकृता ऋचः ॥१०७॥

---

1. B. °श्रवणेन 2. K. वर्णः 3. S. °क्रियाभे° 4. BU योगात् संव्र°, K. योगा त्तथा तत्सं° 5. BU गिति

ऋच एव तथोदीरिताः सामाख्यां[1] यथा प्रतिलभन्ते । विशेषेणोदीर[2]णमात्रं वा साम । यथोच्यते 'गीतिषु सामाख्या' (*Mī. Sū.* 2.1.6.) इति । ऋचो वा सामेत्येतद्[3] ज्ञापयितुमाह **गीतिभेदाद्** इत्यादि । तदेवं भेदाभेदविवक्षा-(क्षया?) भिन्नेन प्रत्याय्यप्रत्यायकभावेनात्यन्तभेदरूपेण वा 'संहिताविषये वर्णाः'[4] इत्यत्रोक्तप्रकारेण तन्त्रेण तत्प्रतिपक्षेण वाऽवान्तरवाक्योपप्लावनरूपेण श्वेतो धावतीत्येकत्वेऽपि वाक्यस्यार्थभेदो भविष्यतीति नास्मत्पक्षे पदानामनभ्युपगमेऽपि काचित् क्षतिः[5] ॥१०७॥

अथ पुनरपि तन्त्रन्यायेनैतत् समर्थयितुमाह—

उपायाच्छ्रुतिसंहारे भिन्नानामेकशेषिणाम् ।
तन्त्रेणोच्चारणे तेषां शास्त्रे साधुत्वमिष्यते ॥१०८॥

उपायात् तन्त्रलक्षणात् **भिन्नानाम्** अपि शब्दानामेकस्यां[6] [7]**श्रुतौ संहारः** संश्लेषो[7] गीर्णत्वम्[8] । कीदृशानां ? **भिन्नानाम्** इत्याह । **एकशेषिणाम्** इति । एकशेषसाधर्म्यात् तन्त्रेणोच्चारिता अपि एकशेषिण उच्यन्ते । यथोक्तं वार्त्तिककृता 'हलन्त्यमेकशेषनिर्देशाद्वा' (*M. Bhā. I.p.* 261, 1. 2) इति । तेनैकशेषिणां तन्त्रन्यायवतामिति यावत् । **उपायाद्** इत्यादेः पूर्वस्य श्लोकस्य स्फुटीकरणायोक्तं [9]**तन्त्रेणोच्चारण** इत्यादि ॥१०८॥

तस्मादेवंविधे विषये भिन्नानामपि शब्दानां किञ्चित् सादृश्यमुपादाय तन्त्रेणैव प्रतिपादनं कार्यमित्याह—

परिलभ्य[10] श्रुतिं चैकां [11]रूपभेदवतामपि ।
तन्त्रेणोच्चारणं कार्यमन्यथा ते न साधवः ॥१०९॥

यद्यपि च [12]सरूपाणां वाक्यानां शास्त्रेण साक्षात्तन्त्रेण प्रतिपादनं न कृतम्, नाप्येकशेषस्य प्रतिपादनम् । तथापि समानन्यायत्वात्[13] सर्वमपि शब्दानुशासनोपयोगीति प्रतिपादितमुक्तमेवेत्यूह्यत[14] इति प्रतिपादयितुमाह—

---

1. O. °ख्यं 2. °दीरसामा° 3. BU सामानीत्यत्र 4. B. °षये वअर्ग 5. O. °तिः जाति 6. BU. om. स्यां 7. BU संहाः श्लेषो 8. K. om. गीर्ण 9. A. °क्तं तन्त्रेणोक्तं तन्त्रेणो° 10. र. चा. परिगृह्य 11. B. BU. O. K.S. चैकं 12. 3. K. om. सरूपाणां to तथापि 13. S. O. °त्वात् तत्सर्व° 14. O. °वैतद्युज्यत K. °वेद्यत इति

सरूपाणां च वाक्यानां शास्त्रेण प्रतिपादितम् ।
तन्त्रेणोच्चारणादेकं रूपं साधूपलभ्यते ॥११०॥

एतदेव दृष्टान्तप्रदर्शनपूर्वकमुपसंहर्तुमाह—

एकस्यानेकरूपत्वं [1]नालिकादिपरिग्रहात् ।
यथा तथैव [2]तन्त्रात् स्यात् [3]बहूनामेकरूपता[4] ॥१११॥

[5]**यथै**कोऽपि ध्वनिर्नालिकादिपरिग्रहोपधानवशान्नानाविधषड्जऋषभादिरूपभेदवानुपजायते[6] **तथा** तन्त्रसमाश्रयणेन श्वा इतः, श्वेत इत्येवमात्मकानां भिन्नानामपि शब्दाना**मेकरूपता** श्वेत इत्येवंरूपतेति न कश्चिदत्र दोषः ॥१११॥

इदानीं यदुक्तमवान्तरवाक्यानामर्थवत्त्वं न स्यादिति तत्प्रतिविधातुमाह—

"यथा पदसरूपाणां वाक्यानां सम्भवः पृथक् ।
तथा वाक्यान्तराभावे स्यादेषां पृथगर्थता ॥११२॥

यथा खण्डपक्षे **वाक्यानां पदसरूपाणाम**वान्तरवाक्यानामपोद्धारबुद्धचा सम्भवमुपकल्प्यार्थस्तेषां महावाक्योपयोगी व्यवस्थाप्यते । यदि तथा न प्रकल्पेत[7] न तदा महावाक्यार्थसम्प्रत्ययः स्यात् । **तथा वाक्यान्तराभाव एषां पृथगर्थता स्यात्** । यावताऽपोद्धारसमाश्रयणेन वाक्यान्तराण्युपकल्प्य पृथगर्थत्वमसत्यमप्येषामभ्युपगम्यत इति नास्त्यवान्तरवाक्यानुपपत्तिचोद्यम् ॥११२॥

इदानीं प्रयोजनं वाक्यार्थ इति पक्षं दूषयितुमाह—

अभिधेयः पदस्यार्थो वाक्यस्यार्थः प्रयोजनम् ।
यस्य तस्य न सम्बन्धो वाक्यानामुपपद्यते ॥११३॥

वाक्यस्यार्थो[8] **वाक्यप्रयोजन**मुच्यते न त्वभिधेयः । कस्यायमर्थः स्यादित्याह—**अभिधेयः पदस्यार्थः** इति । पदानामर्थोऽभिधेय उच्यते । एतन्निराकरोति । **यस्य तस्य** इत्यादि । एवंवादिनः परस्परं **वाक्यानां**[9] **सम्बन्धो न** स्यात् । [10]कीलायः शलाकाकल्पानां वाक्यानां किंकृतः सम्बन्धो भवति ? अभिधेयद्वारकः परस्परं

1. BU नलिका° 2. O. °थैव तत्र 3. BU तन्त्रात द्विबहूना° 4. O. °पतः 5. BU om. यथैकोऽपि ध्वनिः 6. B. °नुपभेदवानुपजा 7. A. न कल्पेत, O. न कल्प्येत ८. B. स्यार्थ 9. K. om. वाक्यानां 10. B, O, K. S. किलाय°

सम्बन्धः स्यात् । अभिधेयं च वाक्यानां नास्तीत्यसम्बन्धानि वाक्यानि प्राप्नुवन्तीति यत्किञ्चिदेतत् ॥११३॥

अथान्विताभिधानसमाश्रयणेनैतत् समर्थयितुमाह—

तत्र क्रियापदान्येव व्यपेक्षन्ते[1] परस्परम् ।
क्रियापदानुषक्तश्च[2] सम्बन्धोऽतः प्रतीयते ॥११४॥

क्रियापदमाक्षिप्तसमस्तसाधनव्रातं निराकाङ्क्षं [3]सम्पद्यते, क्रियापदानुषक्तः परस्परसम्बन्धो निराकाङ्क्षस्तस्मादुपपन्न इति न काचित् क्षतिः ॥११४॥

ननु चान्विताभिधानं न युक्तमिव प्रतिभाति । तथा हि—यदि प्रथममेव सकलविशेषयुक्तो वाक्यार्थोऽवगतः स्यात् तदुत्तरकालभाविनां गवादीनामभिधाने न किञ्चित् प्रयोजनमुत्पश्यामः । अवगतार्थानां हि पदानां पुनर्वचने[4] वैयर्थ्यमापद्यत इति आशङ्क्य समर्थयितुमाह—

आवृत्तिरनुवादो वा पदार्थव्यक्तिकल्पने ।
प्रत्येकं तु समाप्तोऽर्थः[5] सहभूतेषु वर्तते ॥११५॥

अवगतार्थानामपि **आवृत्तिः** नियमाय भविष्यति । उक्तस्य वार्थस्य[6] स्फुटीकरणाय **अनुवादः** तेषामसाविति [7]नास्त्यानर्थक्यम् । एवमपि पूर्वस्य पूर्वस्य तिरोहितत्वात् सहत्वासम्भवादन्वयस्यासम्भवादर्थानवगम एव । एकस्मादेव च पदात् समस्तविशेषान्वितस्य वाक्यार्थस्याप्रतीतेरुत्तरेषांचान वगतार्थानां नियमानुवादपरिकल्पनायोगादसमञ्जस एवान्विताभिधानपक्षः । यदा पुनः **सहभूतेषु** एवासौ **प्रत्येकं समाप्तोऽर्थः** इत्युच्यते । यथोक्तम्—

'व्यक्तोपव्यञ्जना सिद्धिरर्थस्य प्रतिपत्तृषु ।' (v. 18.) इति । तदा नास्त्येव सहभूतानामुपादाने [8]वैफल्यमिति न[9] कश्चिद्दोषः ॥११५॥

तदेवं संघातादीन्युद्दिष्टानि वाक्यलक्षणानि प्रासङ्गिकविचारसहितानि व्याख्यातानि । आख्यातं वाक्यमिति दर्शयिष्यते[10] । वाक्यव्याख्याप्रसङ्गेन च वाक्यार्था अपि संसर्गसंसृष्टिनिराकाङ्क्षपदार्थप्रयोजनलक्षणाश्चत्वार उप-

---

1. B. व्यपेक्षते 2. र. चा. °क्तस्तु 3. BU om. सम्पद्यते to निराकांक्षः
4. K. om. वचने 5. K. समर्थोऽर्थः 6. K. वाक्यस्य 7. O. तस्त्या°
8. BU. K. वैकल्य° 9. S om. न 10. BU. O. K om दर्शयिष्येत

दर्शिताः । प्रतिमां क्रियां च दर्शयिष्यति । नन्वेकस्यैव वाक्यार्थस्य कथं विकल्पप्रपञ्च इत्याशङ्क्य निरूपयितुमाह—

अविकल्पेऽपि वाक्यार्थे विकल्पा भावनाश्रयाः ।

वाक्यार्थोऽविकल्प एव निर्विभाग एवाभ्युपगन्तुं युक्तः । तस्मिंश्च तथाभूतेऽपि येऽमी **विकल्पाः** ते पुरुषाणामनेकशास्त्र**भावनाश्रया** बोद्धव्याः न वस्त्वनुपातिन इति तद्वाक्यार्थ एक एव युक्तः । एतदेव प्रतिपादयितुमाह—

अत्राधिकरणे वादाः पूर्वेषां बहुधा गताः ॥११६॥

अस्मिन् **अधिकरणे** विचारस्थाने **पूर्वेषाम्** आचार्याणां **प्रवादाः बहुधा गताः** शास्त्रसंस्कारवासितचेतसां तेषामिति कस्य पर्यनुयोगः क्रियते ॥११६॥

परमार्थतस्तु वाक्यार्थ एक एव । सर्वोऽपि शब्दः प्रतिभाया एव हेतुरिति तत्स्वरूपमिदानीं प्रस्तावयितुमाह—

अभ्यासात् प्रतिभाहेतुः शब्दः सर्वोऽपरैः स्मृतः ।
बालानां च [1]तिरश्चां च यथार्थप्रतिपादने ॥११७॥

अपरैराचार्यैः **सर्वो** यः कश्चित् **शब्दः** स **प्रतिभाहेतुः** । जडानामपि प्रतिभाहेतुरित्याह **बालानाम्** इत्यादि । आस्तां [2]विदितसमयस्य किं न भविष्यत्यसौ प्रतिभाहेतुः । येऽप्यविदितसंकेता अमी बाला जडप्राया वा तिर्यञ्चः तेषामप्यनादिवासनावशात्तदर्थः प्रतीयमानो दृश्यते शब्दः । तथा च जडानामपि प्राणिनां नियतपदः शब्दः संबोधनायोपादीयते । तेन प्रतिनियतजात्यनुसारेणैव नियतैव काचित् प्रतिभा प्रबोध्यत इति तन्मूल एव सर्वः कश्चित्तेषां व्यवहारः । अनेनैतदुच्यते यदियं प्रतिभा सर्वप्राणिसंवेद्या[3] शब्दनिमित्ता सकलव्यवहारमूलभूताऽनपह्नवनीया । तदपह्नवे स्वात्मैव विप्रलभ्यते । तत्प्रतिभाभ्युपगमोऽवश्याश्रयणीयः ।११७।।

अभ्यासात् प्रतिभाहेतुरित्युक्तम् । तत्राभ्यासः किमिदानींतन उत जन्मान्तरभावी, तस्य च किं स्वरूपमित्याशङ्क्याह—

अनागमश्च सोऽभ्यासः समयः कैश्चिदिष्यते ।

1. O. रितश्चां च 2. O. दितस°
3. K. °णिसंबोधा

स चाभ्यासोऽनागम इदानीन्तनो न भवति । न हि बालस्य तदैवोपदिष्टं केनचिदिति जन्मान्तरभाव्येव स च **समय इष्यते ।** संकेतस्वरूपोऽसाविष्यते इति । स्वरूपमेवास्य स्फुटयितुमाह—

अनन्तरमिदं कार्यमस्मादित्युपदर्शनम् ॥११८॥

स च **अनन्तरमिदं कार्यमित्युपदर्शनस्वभावः** । यथा कशाभिघातमात्रसमनन्तरमेव वाजिनो[1]ऽतियान्ति, अङ्कुशाभिघातेन च गजाः । एवमन्येऽपि यथास्वं प्राणिनोऽनादिवासनाभ्यासवशेन प्रतिभातः[2] समुचितव्यवहारं कुर्वन्तो लोकयात्रां निर्वाहयन्तीति स्थितम् । एवमखण्डमेव वाक्यं प्रतिभा च वाक्यार्थ इति समाश्रयणीयम् । पदपदार्थापोद्धारमाश्रित्य प्रतिनिध्यादिकल्पनं प्रासङ्गिकादिन्यायनिर्वाहश्च भविष्यतीति व्यवस्थापितम् ॥११८॥

अथ पदार्थप्रविभागश्चेत् समाश्रितस्तदुच्यतां पदस्यार्थ इति प्रविभागप्रसङ्गात् पदार्थविवेचनं मतभेदेन कर्तुमाह—

अस्त्यर्थः सर्वशब्दानामिति प्रत्याय्यलक्षणम् ।
अपूर्वदेवतास्वर्गैः सममाहुर्गवादिषु ॥११९॥

सर्वशब्दानाम् अपरामृष्टाकारविशेषमर्थमात्रं वाच्यमिति केचिदाहुः । एतत् सर्वशब्दानां **प्रत्याय्यलक्षणं** प्रत्याय्यस्य वाच्यस्य लक्षणं बोद्धव्यम् । केन तुल्यमेतत् स्यादित्याह—**'अपूर्वदेवता'** इत्यादि । [3]अपूर्वदेवतादिपदेषु हि नाकारप्रथनम् । यत्तु गवादिपदेष्वाकारप्रथनं तन्नान्तरीयकतया [4]बोद्धव्यम् । अन्यथाऽपूर्वशब्दाद् देवताशब्दात् स्वर्गशब्दादश्वगवादिशब्दवदाकारादिप्रथनं स्यात् । यतश्च तेभ्यो नास्त्याकारादिप्रथनम् अतोऽर्थमात्रमेव तैः प्रत्याय्यत इति युक्तम् ॥११९॥

अथ गवादिशब्देभ्य आकारादिप्रथनं दृष्टं, ततश्च तद् वक्तुं शक्यं यद्विशिष्टपदार्थप्रत्ययो युक्त इत्याशङ्क्याह—

प्रयोगदर्शनाभ्यासादाकारावग्रहस्तु यः ।
न स शब्दस्य विषयः स हि यत्नान्तराश्रयः ॥१२०॥

सास्नादिमत्स्वेव यदा गोशब्दप्रयोगं[5] पश्यति तद्दर्शनाभ्यासाच्च तत्र **आकार**

---

1. O. नोऽभियान्ति 2. O. °भासमुचि°
3. O. अपूर्वादिषु 4. K. °यावबोद्ध° 5. BU om. प्रयोगं O °प्रयोगे

परिग्रहो यः **स शब्दस्य** प्रत्ययो **न**[1] **भवति** । कस्मादित्याह **स हि** इत्यादि । तस्मात् **प्रयोगदर्शनाभ्यासेन**[2] यत्नान्तरेण [3]शब्दावगम्यातिरिक्तेन स प्रथते । ततश्च **शब्द**व्यापारोऽसौ न भवतीति शब्दस्यार्थमात्रमे[4]वापराभृष्टाकारविशेषं वाच्यं युक्तमित्येकः पक्षः ॥१२०॥

इदानीं कश्चिच्छब्दवाच्यः [5]कश्चित्तत्राकारोऽनुनिष्पादीति पक्षान्तरमाह—

केचिद् भेदाः प्रकाश्यन्ते शब्दैस्तदभिधायिभिः ।
अनुनिष्पादिनः कांश्चिच्छब्दार्थं इति मन्वते[6] **॥१२१॥**

केचिद् भेदाः जात्यादयः शब्दवाच्याः, केचित् तत्रार्थप्रयोजका अनुनिष्पादिनः एव । तथा तांश्च **शब्दार्थं** इत्यपरे मन्यन्ते ॥१२१॥

एतदेव प्रत्याख्यातुमाह—

जातेः[7] **प्रत्यायके शब्दे या व्यक्तिरनुषङ्गिणी ।**
न तद्व्यक्तिगतान् भेदान् जातिशब्दोऽवलम्बते ॥१२२॥

[8]जातिशब्दा जातिमात्रं प्रत्याययन्ति । **व्यक्तिस्तु** तत्रानुषङ्गिणी । निरधिकरणाया जातेरसंभवादिति कृत्वा । **तद्व्यक्तिगताना**कारविशेषान् जातिपदार्थपक्षे **नावलम्बते** ॥१२२॥

एतदेव व्यक्तीकर्तुमाह—

घटादीनां न चाकारान् प्रत्याययति वाचकः ।
वस्तुमात्रनिवेशित्वात् तद्गतिर्नान्तरीयकी ॥१२३॥

घटादीनां प्रसिद्धानामाकारान् **वाचकः** शब्दो घटादिर्न **प्रत्याययति** पृथुबुध्नोदराकारमात्रनिवेशित्वात् । न हि सकलविशेषसहि[9]तमर्थं शब्दः[10] प्रत्याययितुमलमिति [11]तत्राकारविशेषावगतिर्नान्तरीयक्येवा[12]नुनिष्पादिन्येव बोद्धव्या ॥१२३॥

---

1. K. om न 2. B. BU. A. O. K. S. चा. प्रयोगाभ्यासेन
3. K. °ब्दादगम्याति° 4. K °त्रमेककारविशेषं वाच्यं
5. B om. आकारो 6. र. मन्वते which is grammatically better than मन्यते which all ms and जा read.
7. BU. O. K, S जाति प्र° 8. B. repeats जातिशब्दाः to नावलम्बते
9. K. विशेषशब्दमर्थं 10. K om. शब्दः 11. K. °कारविकारविशेषा°
12. BU. °रीयवाक्येनुनि

नान्तरीयकत्वमेव[1] प्रदर्शयितुमाह—

क्रिया विना प्रयोगेण न दृष्टा शब्दचोदिता ।
प्रयोगस्त्वनुनिष्पादी शब्दार्थ इति गम्यते ॥१२४॥

[2]यजेत इति **शब्दचोदिता क्रिया** कर्तृकर्मसाधनसामग्रीं **विना न** दृश्यते । ततश्चासौ साधनयोगो यथा तत्रा**नुनिष्पादी** तथा **शब्दार्थो**ऽवगन्तव्य इत्युपसंहृतम् ॥१२४॥

अथ सर्व एवाकारा गुणप्रधानभावेन पदस्यार्थ इति तृतीयं पक्षं दर्शयितुमाह—

नियतास्तु प्रयोगा ये नियतं यच्च साधनम् ।
तेषां शब्दाभिधेयत्वमपरैरनुगम्यते ॥१२५॥

येन [3]केनचिद्विना शब्दस्याभिधेयं न निर्वहति तत्सर्वं साध्यसाधनात्मकं शब्दाभिधेयं वक्तुं युक्तम् । किञ्चित् प्रत्याय्यते, अन्यत् तत्र[4] नान्तरीयकतयाऽवगम्यत इत्यपि न शोभनम्, किन्तु सर्वाकारमेवाभिधेयं गुणप्रधानभावेन तस्मात्प्रतीतमित्ययं पक्षः शोभनः ॥१२५॥

समुदाय एव तुल्यकक्ष्यतया शब्दस्यार्थ इति चतुर्थं पक्षं दर्शयितुमाह—

समुदायोऽभिधेयः [5]स्यादविकल्पसमुच्चयः ।

ननु यद्याकारसमुदायं समुच्चितमेव प्रत्याययति तर्हि बहुवचनमेव तत्र स्यात् । अथ विकल्पितं प्रत्याययति तदा वचनविकल्पः स्यादित्याशङ्क्याह—**अविकल्पसमुच्चयः** इति । अविद्यमानौ विकल्पसमुच्चयौ यस्यासौ तथाभूतस्तस्मात् प्रतीयत इति सम्भाव्यते । एतच्चोपमासमुद्देशे[6]ऽप्यर्थविचारणावसरे सविस्तरं प्रदर्शयिष्यति ।

अथ जातिगुणक्रियात्मकस्यार्थस्यासत्यभूतः संसर्ग एव शब्दार्थ इति पञ्चमं पक्षं दर्शयितुमाह—

असत्यो वापि संसर्गः शब्दार्थः कैश्चिदिष्यते ॥१२६॥

घटादिभिः शब्दैर्घटादीनां जात्यादिसंसर्ग उच्यते । स चात्र तद्व्यतिरेकेणानुपलम्भादसत्यभूत एवोच्यते । तस्मात् संसृष्टः पदार्थ एव सत्यभूत इति ॥१२६॥

---

1. BU. नान्तरीयकमेव 2. K. here repeats the commentary on verses. 121, 122 and 123 with commentary and v. 124.
3. B केचिद्विना 4. B.K. अन्यत्र
5. चा. र. °धेयो वाऽप्यवि, K. दायोऽविकल्पः स्यादविकला° 6. K. °द्देशेष्वर्थं°

अथ सत्यमेवासत्योपाधिविचित्रितं शब्दवाच्यमिति षष्ठं पक्षमाह—

असत्योपाधि यत्सत्यं तद्वा शब्दनिबन्धनम् ।

शब्दस्य वा स्वरूपमेवाभिधेयमिति सप्तमं पक्षं दर्शयितुमाह—

शब्दो वाप्यभिजल्पत्वमागतो याति वाच्यताम् ॥१२७॥

अभिजल्पत्वम्— अध्यासरूपत्वम् आगतः **शब्द** [1]एव स्वरूपलक्षणः शब्दस्य वाच्यः ॥ १२७ ॥

अभिजल्पस्वरूपमाह—

सोऽयमित्यभिसम्बन्धाद् रूपमेकीकृतं यदा ।
शब्दस्यार्थेन तं शब्दमभिजल्पं प्रचक्षते ॥१२८॥

सोऽयमित्यभिसम्बन्धोऽध्यासाख्य उच्यते । तेन पदार्थस्वरूपमाच्छादितम् **एकीकृतम्** इव प्रत्याय्यते । [2]तदाऽभिजल्पः शब्द उच्यते । अध्यासवशाच्छब्दार्थयोरेकात्मकत्वेप्यर्थांशस्यैव प्राधान्यमुपयोगवशात् ॥१२८॥

[3]क्वचित्तु विषयभेदेन द्वयोरपि दृश्यत इति प्रसङ्गादभिधातुमाह—

तयोरपृथगर्थत्वे रूढेरव्यभिचारिणि ।
किञ्चिदेव क्वचिद्रूपं प्राधान्येनावतिष्ठते ॥१२९॥

तयोः शब्दार्थयोः अध्यासवशाद् **रूढेः** नियमादेव **अव्यभिचारिणि अपृथगर्थत्वे** एकरूपत्वे सति **किञ्चिदेव रूपं** योगवशात् **क्वचिदेव** लोके शास्त्रे वा,[4] **प्राधान्येन** उद्रिक्ततया[5] **अवतिष्ठते** ॥१२९॥

तत्र लोकेऽर्थांशस्यैव प्राधान्यमित्यपि दर्शयितुमाह—

लोकेऽर्थरूपतां शब्दः प्रतिपन्नः प्रवर्तते ।

अर्थरूपतां प्रतिपन्नोऽर्थेन सहैकत्वमिव प्राप्तः शब्दः **प्रवर्तते** । 'अयं गौः' इत्यादि । तत्रार्थ एव [6]बाह्यतया प्रधानमवसीयते । शास्त्रे तु शब्दस्योभयरूपतापि विभागेन परिदृश्यत इत्याह—

शास्त्रे तूभयरूपत्वं प्रविभक्तं विवक्षया ॥१३०॥

---

1. BU om. एव   2. BU भेदादभि°
3. K. केचित्तु   4. K. चाप्रा°   5. K. उद्रिक्तया
6. BU बाह्यतय

शास्त्रे हि स्वरूपप्रधानो निर्देशः क्वचित्; क्वचिच्चार्थप्रधानोऽपीत्युभयरूपता शब्दस्य दृश्यते ॥१३०॥

इदानीमर्थेषु न शक्तिः पृथगस्ति, किन्तु शब्दाधीनेति यथा ते शब्दैर्विधीयन्ते तथैवावगम्यन्ते इति स्वमाहात्म्योपस्थापित एव शब्दार्थ इत्यष्टमं पक्षं दर्शयितुमाह—

अशक्तेः सर्वशक्तेर्वा शब्दैरेव प्रकल्पिता ।
एकस्यार्थस्य नियता क्रियादिपरिकल्पना ॥१३१॥

अथवा सर्वशक्तिरर्थो व्यवस्थितः । तस्य प्रतिनियतशक्त्यभिधानं शब्देनेति नवमं पक्षं दर्शयितुमत्रैवोक्तम्—**सर्वशक्तिर्वा** इति । [1]शक्त्यार्थः कदाचित् क्रियसाध्यरूपतयाभिधीयते, कदाचित् सिद्धरूपतयेति नियता क्रियादिरूपता शब्दार्थतया प्रतिपाद्यते ॥१३१॥

[2]अथवा बुद्ध्युपारूढ एव शब्दस्यार्थो [3]न बाह्य इति दशमं पक्षमुपदर्शयितुमाह—

यो वार्थो बुद्धिविषयो बाह्यवस्तुनिबन्धनः ।
स बाह्यवस्त्विति ज्ञातः शब्दार्थः[4] कैश्चिदिष्यते ॥१३२॥

[5]शब्दस्य बुद्ध्युपारूढस्य **वैकल्पिकस्य यो बुद्ध्युपारूढो बाह्यवस्तुनिबन्धनः** बाह्य[6] वस्तुविकल्पजननद्वारेण **निबन्धनं** यस्य स तथाभूतः । स च वैकल्पिको[7]ऽर्थो भ्रमवशाद् दृश्यविकल्पै[8]काकारेणा[9]बहीरूपोऽपि [10]बहीरूपतयाध्यस्तो[11]ऽध्यस्तमेव वस्त्ववगच्छति[12] शब्दादिति शब्दनिमित्तमिति शब्दार्थ इष्यते ॥१३२॥

इदानीं [13]गवादीनां शब्दानामाकारविशेषवानर्थोऽपूर्वप्रभृतीनां संविन्मात्रम परामृष्टाकारविशेषमर्थ[14] इत्येकादशं पक्षमाह—

आकारवन्तः संवेद्या व्यक्तस्मृतिनिबन्धनाः ।
ये ते प्रत्यवभासन्त (?न्ते) संविन्मात्रं ततोन्यथा ॥१३३॥

---

1. K. शक्यार्थः

2. O अथ ब° 3. K. निर्वाह्य 4. O °र्थं इति गम्यते 5. O om. शब्दस्य to बाह्यवस्तुनिबन्धनः 6. BU. O. K. बाह्यवस्तुवि° 7. BU कोऽर्थानुगमवशात् 8. BU. दृश्यविकल्पद्वारेणैका° 9. O here repeats वस्तुविकल्पजनन to °एकाकारेण 10. O om. °पि बहीरूप° 11. K. om. अध्यस्तो 12. BU अवगच्छति

13. K. om. गवादीनां 14. BU. om. अर्थं, K °समर्थं

कैश्चिच्छब्दैः **संवेद्याः** प्रत्याय्याः आकारविशेषवन्तो व्यक्तस्मृतिनिबन्धनाः **प्रत्यवभासन्ते** । कैश्चिन्निराकाराः[1] संविद्रूपाः प्रत्याय्यन्ते[2] । तेषां तथवार्थो व्यवस्थाप्यते ॥१३३॥

इदानीं प्रतिनियतवासनावशेनैव प्रतिनियता[3]कारोऽर्थः । तत्त्वतस्तु कश्चिदपि नियतो नाभिधीयत इति द्वादशं पक्षमाह—

यथेन्द्रियं [4]सन्निपतद्वैचित्र्येणोपदर्शकम् ।
तथैव शब्दाद[5]र्थस्य प्रतिपत्तिरनेकधा ॥१३४॥

अविपरीतमप्यर्थ**मिन्द्रियं**[6] दोषवशान्नानारूपमवभासयति **यथा**, **तथैव** नियतवासनावासितचेतसां शब्दार्थप्रतीतिरिति नास्ति कश्चिन्नियत एकः शब्दस्यार्थः ॥१३४॥

एतदेव व्याख्यातुमाह—

वक्त्रान्यथैव प्रक्रान्तो भिन्नेषु प्रतिपत्तृषु ।
स्वप्रत्ययानु[7]सारेण शब्दार्थः प्रविभज्यते ॥१३५॥

तथाहि—सांख्यजैनसौगतप्रभृतयः प्रतिपत्त्रनुका (?सा) रेणान्यथैव शब्दार्थं प्रतिपद्यन्ते, वक्त्रा तु वैशेषिकादिना स्वप्रत्ययानुसारेण[8] वक्तुं प्रक्रान्तः[9] । तथा वैशेषिकेणावयविनं प्रतिपादयितुं घटशब्दः प्रयुक्तः सांख्यैर्गुणसमाहारमात्रमभिमन्यते, जैनसौगतैः परमाणुसञ्चय[10] मात्रमिति तथैव तस्मान्तेषामर्थप्रतिपत्तिः ॥१३५॥

एतदेव व्यक्तयितुमाह—

एकस्मिन्नपि[11] दृश्येऽर्थे दर्शनं भिद्यते पृथक् ।
कालान्तरेण चैकोऽपि तं पश्यत्यन्यथा पुनः ॥१३६॥

अतः किमित्याह—

एकस्यापि च शब्दस्य निमित्तैरव्यवस्थितैः ।
एकेन बहुभिश्चार्थो बहुधा प्रविभज्यते ॥१३७॥

1. BU निराकांक्षाः, K °न्निराः संविद्रूपाः 2. BU प्रत्यायंते
3. K. °नियताको 4. BU सन्निपाताद् 5. शब्दस्यार्थस्य 6. K. यदिन्द्रियदोष
7. BU. K. सप्रत्य°, B, BU. A. O. S. र. प्रत्ययानुकारेण 8. B. BU. A.OS र. °प्रत्ययानुकारेण 9. O °न्ताः 10. O. om. संचय 11. K. निर्देश्येऽथ

एकस्य घटशब्दस्य **निमित्तैः** शास्त्रसंस्कारैः **अव्यवस्थितैः** एकेन पुरुषेणानियत-शास्त्रवासनावशात् क्रमेण **बहुधार्थः** प्रकल्प्यते, बहुभिश्च नानाशास्त्रसंस्कृत-बुद्धिभिर्युगपत् स्वप्रत्ययानुसारेण[1] **बहुधापि** परिकल्प्यत इति किमत्र कुर्मः ॥१३७॥

अतः किमित्याह—

तस्माददृष्टतत्त्वानां सापराधं बहुच्छलम् ।
दर्शनं वचनं चापि नित्यमेवानवस्थितम् ॥१३८॥

यत एवं **तस्माद्** [2]**अदृष्टतत्त्वानां** पुरुषाणां **दर्शनम् अनवस्थितम्** । अदृष्ट-तत्त्वतया[3] च **सापराधम्** अत एव **बहुच्छलं** बहुविधबाधकाघ्रातम् । तथा सति **वचनम्** अपि तेषां तथैवेति तत्त्वकथनं सुदूर**मवस्थितम्**[4] ॥१३८॥

ननु सन्त्येव परावरज्ञा मुनयस्तदनुसारेण सर्वं व्यवस्थापयिष्याम इति तदर्थमाह—

ऋषीणां दर्शनं यच्च तत्त्वे किञ्चिदवस्थितम् ।
न तेन व्यवहारोऽस्ति न तच्छब्दनिबन्धनम् ॥१३९॥

परमर्षीणां भगवतां[5] दर्शनं तात्त्विकं भवति, किन्तु परमार्थेन व्यवहारा[6]-सम्भवः । व्यवहारसाधनानां शब्दानां निबन्धनं न भवतीति न तेन[7] व्यवस्था । व्यवहारवेलायां वा तेऽप्यदृष्टतत्त्वसदृशा इति पुनरव्यवस्थैव ।

ननु पुरुषबुद्धयो विचित्राः भवन्तु, प्रत्यक्षेण खलु वयं यथार्थो[8] दृष्टस्तथैव व्यवहरिष्याम इत्याशङ्क्य प्रत्यक्षस्याव्यवस्थितिमाह—

तलवद् दृश्यते व्योम खद्योतो हव्यवाडिव ।
नैव[9] चास्ति तलं व्योम्नि न खद्योतो[10] हुताशनः ॥१४०॥

---

1. BU. A. O, K. S. °नुकारेण
2. K. °स्मान्न दृष्ट 3. B. °तत्त्वया 4. B. सुदूरमस्थितम.
5. BU भगवत्त्वात 6. O. om रासम्भवः to व्यवहारवे°
7. B. BU, रूपेण
8. B. BU. A. O. S. यथावदर्थो 9. BU. A. न चैवास्ति, O. S. न नैवास्ति
10. र. खद्योते

अतिनिर्मलं गगनतलमित्यविप्लुतदृशामप्युक्तिदृश्यते। तदत्र किं कुर्मः ॥१४०॥

यत् पुनरुपपत्त्या (?न) निश्चीयते तद् दृष्टमित्येव (?न) तथैवोपगम्येतेत्युपसंहरन्नाह—

तस्मात्प्रत्यक्षमप्यर्थं विद्वानीक्षेत युक्तितः ।
न दर्शनस्य प्रामाण्याद् दृश्यमर्थं प्रकल्पयेत् ॥१४१॥

यस्य[1] यथैव स्वदर्शनानुसारेण प्रतिभाति तथैव तस्य स शब्दार्थ इत्येवाश्रयणीयमित्यलं निर्वस्तुबहुविकल्पप्रदर्शनेनेत्याह ॥१४१॥

असमाख्येयतत्त्वानामर्थानां लौकिकैर्यथा ।
व्यवहारे समाख्यानं तत्प्राज्ञो न विकल्पयेत् ॥१४२॥

तस्माद् व्यवहारवेलायाम् **असमाख्येयतत्त्वानाम्**[2] **अर्थानां यथा लौकिकैः**[3] अन्वाख्यानं क्रियते तथैव तदनुसारेण शब्दार्थमाश्रित्य व्यवहारं निर्वाहयेन्न पिष्टपेषणमाचरणीयमिति ।

एवं मतभेदेन प्रदर्शितस्य द्वादशधा पदार्थस्य पदकाण्डे जात्यादिप्रपञ्चं विभज्य स्वरूपं निर्णेष्यति । एतदत्र वैयाकरणस्याखण्ड एव स्फोटलक्षणो वाक्यार्थःअध्यासः सम्बन्धः, पदार्थस्त्वसत्य एवेति निर्णयः ॥१४२॥

अथ प्रतिभास्वरूपमेव पूर्वोपक्रान्तमनुबध्नन्नाह—

विच्छेदग्रहणेऽर्थानां प्रतिभान्यैव जायते ।
वाक्यार्थ इति तामाहुः पदार्थैरुपपादिताम् ॥१४३॥

देवदत्तादिपदेभ्यो विच्छिन्नेभ्यस्तदर्थानां विच्छेदेनैव ग्रहणे प्रत्ययवेलायामेका **प्रतिभा**[4] पदार्थव्यतिरिक्तैव जायते, **तां च वाक्यार्थं** वैयाकरणा **आहुः** । कस्तस्या उपाय इत्याह [5]**पदार्थैरुपपादिताम्** इति । पदार्थैरसत्यैरेवोपाधिभूतैः **उपपादिताम्** अभिव्यक्तामिति ॥१४३॥

---

1. B. BU. A. O. K. and S here give the first sentence beginning with तस्मात् of the commentary on v. 142 instead of this sentence beginning with यस्य ।
2. B. BU. A. O. K and S give here the sentence beginning with यस्य which they had omitted. 3. BU. तत्त्वैरन्वा°
4. BU. °र्थमतिक्रम्य व्यति° 5. BU. K. om. पदार्थैः to अभिव्यक्तमिति

कीदृशीं तामित्याह[1]—

इदं तदिति सान्येषामनाख्येया कथञ्चन ।
प्रत्यात्मवृत्तिसिद्धा सा कर्त्रापि न निरूप्यते ।।१४४।।

सा चोपजायमाना आख्यातुमन्यस्य न शक्यते । केवलं स्वसंवेदनसिद्धासौ प्रतिपत्त्रापि[2] स्वसंवेदनसमये नियतेन रूपेण निरूपयितुमशक्यैव सा ।।१४४।।

किंस्वभावासावित्याह—

उपश्लेषमिवार्थानां सा करोत्यविचारिता ।
सार्वरूप्यमिवापन्ना विषयत्वेन वर्तते ।१४५।।

[3]असंसृष्टानां पदार्थानामसौ **उपश्लेषं** मेलनं **करोति** । [4]सर्वरूपेव वाक्ये पदार्थानां वासौ **विषयत्वेन वर्तते**[5] । तन्निष्ठास्ते साफल्यं भजन्त इति ।।१४५।।

तां न किञ्चित् प्राणिमात्रमतिवर्तते, अतिक्रम्य तिष्ठतीत्याह—

साक्षाच्छब्देन जनितां भावनानुगमेन वा ।
इतिकर्तव्यतायां तां न कश्चिदति वर्तते ।।१४६ ।।

सा **साक्षाच्छब्देन** कदाचिद् व्यवहारकाले जन्यते जन्मान्तरभावनावशेन वा [6]गजवाजिप्रभृतीनामिति तन्मूल एव इतिकर्तव्यतारूपः सर्वस्य व्यवहारः ।।१४६।।

एतदेव स्फुटयति[7]—

प्रमाणत्वेन तां लोकः सर्वः समनुपश्यति ।
समारम्भाः [8]प्रतायन्ते तिरश्चामपि तद्वशात् ।।१४७।।

सर्वः कश्चि**त्तामेव** [9]भगवतीं स्वप्रतिभां प्रमाणत्वेन पश्यति । तथा चोच्यते— "सतां हि सन्देहपदेषु वस्तुषु प्रमाणमन्तःकरणप्रवृत्तयः" (का. अभि. 1.19.)

---

1. BU. K. om कीदृशीं तामित्याह 2. प्रतिपन्नाऽपि
3. O. om. असंसृष्टानां to वर्तते. 4. BU. K. °रूपे च. 5. निवर्तते
6. BU गवादिप्रभृ°
7. O. स्फुरयति 8. B. O. K.S. प्रतीयन्ते 9. B. भगवंती.

इति । तिरश्चां च जातमात्राणां तन्मूल एव व्यवहार इति न [1]तदपह्नवेनात्मा वञ्चनीयः ॥१४७॥

सिद्धैव चेयं सर्वस्य प्रतिभेत्युपपादयितुमाह—

यथा द्रव्यविशेषाणां परिपाकैरयत्नजाः ।
[2]मदादिशक्तयो दृष्टाः प्रतिभास्तद्वतां तथा ॥१४८॥

यथा द्रव्यविशेषाणां परिपाकव्यतिरिक्तयत्नान्तरनिरपेक्षा मदादिशक्तयो दृश्यन्ते तथैवेयं प्रतिनियतसंस्कारजन्या प्रतिभावतां स्फुटमुपलभ्यत एव ॥१४८॥

जन्मान्तराभ्यासहेतुकेयमिति सनिदर्शनमुपपादयितुमाह—

स्वरवृत्तिं विकुरुते मधौ पुंस्कोकिलस्य कः ।
जन्त्वादयः कुलायादिकरणे[3] केन शिक्षिताः ॥१४९॥

पञ्चमस्वरविरावी मधुमासे पुंस्कोकिल इत्य[4]यत्नजमेतत् सिद्धम् । [5]लूताजन्तुनः कुलायरचना च प्रतिभामाहात्म्यादेव दृश्यते ॥१४९॥

एतदेव स्फुटयितुमाह—

[6]आहारप्रीत्यभिद्वेषप्लवनादिक्रियासु कः ।
जात्यन्वयप्रसिद्धासु प्रयोक्ता मृगपक्षिणाम् ॥१५०॥

प्रतिप्राण्याहारादिक्रिया[7] नियताऽनादिप्रतिभावशादेवेति प्रसिद्धम् ॥१५०॥

प्रतिभायाश्च शब्द एव मूलमित्याह—

भावनानुगतादेतदागमादेव जायते ।
[8]आसत्तिविप्रकर्षाभ्यामागमस्तु विशिष्यते ॥१५१॥

स च **आगमः** कदाचिदासन्नोऽस्मिन्नेव जन्मन्यागतः[9] कदाचिज्जन्मान्तर इति आसत्तिविप्रकर्षाभ्यां शब्द एव प्रतिभाहेतुः ॥१५१॥

---

1. BU. om. न, A तदपह्‌नवेन नात्मा, K. न नात्मा
2. B.A.O.K.Ś. मन्दादि°.
3. K. °णेनेकेन 4. O °त्नमेतत् सिद्धम् 5. Though all the mss. and चा have लूतातन्तूनां, I agree with र that लूताजन्तुनः is a more probable reading. The word जन्तु occurs in the verse. Only a जन्तु can make a कुलाय and not तन्तु
6. र. चा° त्यपद्वेष. 7. B. °रादिभागाहा
8. K. आसन्नवि° 9. °न्यवगतः

[1]तस्याश्च निमित्तभेदेन षाड्विध्यं दर्शयितुमाह—

स्वभावचरणाभ्यासयोगादृष्टोपपादिताम् ।
विशिष्टोपहितां चेति प्रतिभां षड्विधां विदुः ॥१५२॥

स्वभावेन यथा कपिः । चरणादिषूदाहरणान्यूह्यानि । एवमखण्डेऽपि वाक्येऽभ्युपगते [2]पदपदार्थप्रविभागमन्तरेण व्यवहारो न निर्वहतीति पदार्थः [3]सामान्येन मतभेदप्रदर्शनपूर्वकं निर्णीतः ॥१५२॥

इदं(दानीं)मुख्यनान्तरीयकविभागेन पदार्थविचारोपक्रममाह—

यथा संयोगिभिर्द्रव्यैर्लक्षितेऽर्थे प्रयुज्यते ।
गोशब्दो न त्वसौ तेषां [4]विशेषाणां प्रकाशकः ॥१५३॥

इह शब्दस्य सामान्यं वाजप्यायनमतेनार्थः । व्यक्तिर्वा व्याडिमतेनार्थः । तत्रेह सामान्यमात्रं वा व्यक्तिमात्रं वा तस्य प्रयोजकमर्थत्वेनावबुध्यते, विशेषास्तु नान्तरीयकतया ततोऽवगम्यन्ते । ततः शब्दस्यादृष्टव्यभिचारं सामान्यमेवार्थः । यथा संयोगिनो द्रव्यविशेषाः [5]सूक्ष्माः मण्यादय उपलक्षणमात्रभावेन गवादीनामर्थानां स्थिता न गवादिशब्दवाच्या भवन्ति, तथान्तरङ्गा अप्याकारवर्णसंस्थानादय इति न तेषामसौ प्रकाशक उच्यते ॥१५३॥

एतदेव स्फुटीकर्तुमाह—

आकारवर्णावयवैः संसृष्टेषु गवादिषु ।
शब्दः प्रवर्तमानोऽपि न तानङ्गीकरोत्यसौ ॥१५४॥

आकारादयो व्यभिचारित्वाच्छब्दवाच्या न भवन्तीत्यर्थः ॥१५४॥

नन्वाकारवाचकानां स्थूलह्रस्वकर्बुरशबलादीनां शब्दानां किमाकारादि-

---

1. र. and some mss. take this sentence as the beginning of the commentary and give the first word of 152 स्वभाव at the end of it as प्रतीक. Following other mss. I have taken it as the अवतरणिका of 152 and have, therefore, given the whole of 152 after it. I have done this in other cases also. 2. BU. om. प्रविभाग. 3. O. पदार्थसा°
4. BU विशेष्याणां 5. O सूक्ष्मम°

वाचकत्वं नाङ्गीकार्यमेवेत्याशङ्क्याह—

संस्थानवर्णावयवैर्विशिष्टे यः प्रयुज्यते ।
शब्दो न तस्यावयवे प्रवृत्तिरुपलभ्यते ॥१५५॥

स्वशब्दैराकारादय उच्यन्त एवेति न सर्वत्र वयं तदप्रतीतिं ब्रूमः । यद्धि प्रयोजकं शब्दस्य तदेव तस्य वाच्यम्, अन्यन्नान्तरीयकमिति ब्रूमः ।[1] अत आकारादिवाचकानां नावयवमात्रे एकदेशमात्रे प्रवृत्तिरङ्गीकार्या । अतः शब्दैरर्थस्य क्वचिद् विशेष उच्यते, क्वचित् सामान्यमात्रम् ॥१५५॥

[2]ततश्च शब्दोऽपरामृष्टविशेषे वस्तुमात्र एव प्रवर्तत इत्याह—

[3]संख्याप्रमाणसंस्थाननिरपेक्षः प्रवर्तते ।
बिन्दौ च समुदाये च वाचकः सलिलादिषु ॥१५६॥

एकापि जलकणिकाऽऽपो, बहलमपि सरित्स्रोतस्तथैवोच्यते । एकापि शिला शुक्ला हिमवानपि शुक्ल इति शब्दाः प्रयोजकमात्रमेव जात्यादिकं स्वार्थीकृत्य प्रवर्तन्ते । आकारादिविशेषावभासस्तु नान्तरीयक इति स्थितम् ॥१५६॥

[4]ननु समुदायेषु वृत्ताः शब्दा अवयवेष्वपि वर्तन्ते यथा तैलं भुक्तं घृतं भुक्तं शुक्लो नीलः [5]कपिश इत्युक्तम् । तदेतत् कथम् । उक्तं च—

न जातिगुणशब्देषु मूर्तिभेदो विवक्षितः ।
ते जातिगुणसम्बन्धभेदमात्रनिबन्धनाः ॥
तथा—
नेक्षिता जातिशब्दानां समुदायानुपातिता ।
जातिमाचक्षते ते हि व्यक्तीर्वा जातिसंगताः ॥
इह च—
संख्याप्रमाणसंस्थाननिरपेक्षः प्रवर्तते ।
बिन्दौ च समुदाये च वाचकः सलिलादिषु ॥

1. A क्रमः
2. B om. ततश्च शब्दो to इति स्थितम्. 3. BU. A. O. K. S give v. 161 and 162 and commentary here and this one later. I am following the order of the *Vṛtti* as र and चा do.
4. B. om ननु समु° to यथा रोमशफादीनां in v. 160. 5. S. O. कपिल

इति । तदेतदाशङ्क्याह—

संस्कारादिपरिच्छिन्ने तैलादौ यो व्यवस्थितः ।
आहैकदेशं तत्त्वेन तस्यावयववर्तिता ॥१५७॥

संस्कारोपघातादिपरिच्छिन्ने **तैलादौ** तैलघृतादिः शब्दो व्यवस्थितोऽसौ **एकदेशं** समुदायाध्यारोपेण **आह** । एतदुक्तं भवति—न ते जातिशब्दाः, अपि तु तत्सदृशा एव [1]ते नियतपरिमाणाभिधायिनस्तदध्यारोपेण[2] तदेकदेशवाचिन उच्यन्त इति । अतस्तेषाम् **अवयववर्तिता** भाष्य उक्तेति न कश्चिद्दोषः । उक्तं च संस्कारादुपघाताद्वा वृत्तोऽक्तपरिमाणके[3] । तैलादौ जातिशब्दोऽत्र समत्वादवगम्यते ॥ (Vāk. III वृ. 484.) (?इति) ॥१५७॥

एतदर्थं परमार्थंत[4] इदं बोद्धव्यमित्याह—

येनार्थेनाभिसम्बद्धमभिधानं प्रयुज्यते ।
तदर्थापगमे तस्य प्रयोगो विनिवर्तते ॥१५८॥

येनार्थेन जात्यादिना प्रयोजकेन ॥१५८॥

वक्तुरिच्छया धर्मान्तिर्भावनेन[5] तु [6]प्रयुज्यमानोऽपि शब्दो न तेषां सर्वेषां नियमेन प्रत्यायनं करोतीत्याह—

यांस्तु सम्भविनो धर्मानन्तर्णीय प्रयुज्यते ।
शब्दस्तेषां न सान्निध्यं नियमेन व्यपेक्षते ॥१५९॥

एतदेवान्वयव्यतिरेकाभ्यां स्फुटीकुर्वन्नाह—

यथा रोमशफादीनां व्यभिचारेऽपि दृश्यते ।
गोशब्दो न तथा जातेर्विप्रयोगे प्रवर्तते ॥१६०॥

[7]एवं च न शब्दस्यैवंरूपं (वाच्यं) प्रत्यक्षमप्यर्थसाक्षात्कारोपनायकमेवमेवार्थ-

---

1. K. एवेति. 2. K. °पेण एतदुक्तं तदेक° 3. BU वृत्तौ च परि°
4. K. एतदर्थं परमार्थं परमार्थंत 5. BU °न्तर्भाविन 6. O. °ज्यते तदर्योपगमे तस्य प्रयोगो विनिवृत्तो येनार्थेन जात्यादिना प्रयोजकेन वक्तुरिच्छया प्रपुज्यमानोऽपि°, K. °येन न प्र°
7. BU. A. O. K. S. do not give 161 and 162 with commentary here as they were given immediately after v. 155 and commentary.

स्वरूपपरिच्छेदकं दृष्टमित्याह—

दुर्लभं कस्यचिल्लोके सर्वावयवदर्शनम् ।
कैश्चिच्चावयवैर्दृष्टैरर्थः कृत्स्नोऽनुमीयते ॥१६१॥

युगपत् सर्वावयवदर्शनस्यासम्भवात् कतिपयावयवदर्शनेन सकलार्थपरिच्छेदस्तत्रानुमानिक एवेति प्रत्यक्षमपि नैव सकलमर्थस्वरूपं परिच्छिनत्ति ॥१६१॥

तथैव शब्दादेकदेशावसायेन नित्यसहचारिधर्मान्तरावगमो जायत इत्याह—

तथा जात्युत्पलादीनां गन्धेन सहचारिणाम् ।
नित्यसम्बन्धिनां दृष्टं गुणानामवधारणम् ॥१६२॥

जातिगन्ध उत्पलगन्ध इति शब्दाद् विशिष्टस्य गन्धमात्रस्यावगतिः । तत्सहचारिरूपस्पर्शाद्यवधारणं तत्र नान्तरीयकं, न मुख्यमिति बोद्धव्यम् ॥१६२॥

उपसंहर्तुमिदानीमाह—

तस्मात् संभविनोऽर्थस्य शब्दात् संप्रत्यये सति ।
अदृष्टविप्रयोगोऽर्थः सम्बन्धित्वेन गम्यते ॥१६३॥

नैयत्येनादृष्टविप्रयोगो जात्यादिरेव शब्दस्य **संबन्धित्वेन** वाच्यत्वेन **गम्यते** इति बोद्धव्यम् ॥१६३॥

एवं नामपदार्थविचारं कृत्वेदानीं तस्यैव भागार्थविचारं प्रस्तौति । तत्र [1]प्रत्ययभागस्यार्थविचारं तावदाह—

वाचिका द्योतिका वा स्युर्द्वित्वादीनां विभक्तयः ।

तेन प्रत्ययभागस्य संख्याकर्मादयो वाच्यत्वेन द्योत्यत्वेन वार्था इति ज्ञेयम् । इदानीं [2]प्रकृतिभागस्यार्थमभिधातुं प्रकृतिप्रत्ययसमुदाय एव संख्यादिविशिष्टार्थस्याभिधायक इत्याह—

स्याद्वा संख्यावतोऽर्थस्य समुदायोऽभिधायकः ॥१६४॥

---

1. K om. प्रत्यय 2. र. प्रकृतिभागस्य प्रत्ययभागस्य चानर्थक्यमभिधातुम्

अथवा संख्याद्युपलक्षितमेवार्थं प्रकृतिप्रत्ययसमुदायोऽभिधत्त इत्यभिधातुमाह—

विना संख्याभिधानाद्वा संख्याभेदसमन्वितान् ।
अर्थान् स्वरूपभेदेन कांश्चिदाहुर्गवादयः ॥१६५॥

स्वरूपभेदेन द्वित्वाविभेदेनेत्यर्थः ॥१६५॥

ननु यदा शब्दा नित्यसम्बन्धा विवेकेन ज्ञातशक्तयः स्वार्थस्य प्रतीतौ तदा कथमेतदवगतमयं प्रकृत्यर्थोऽयं प्रत्ययार्थ इत्याशङ्क्यापोद्धारस्यान्वयव्यतिरेकौ निमित्तमिति प्रतिपादयितुमाह—

ये शब्दा नित्यसंबन्धा विवेकज्ञातशक्तयः ।
अन्वयव्यतिरेकाभ्यां तेषामर्थो विभज्यते ॥१६६॥

विवेके सति [1]शब्दार्थविभागे कृते, सति च प्रातिपदिके प्रत्यये [2]चासत्येकत्वादिविरहितं वृक्षत्वमात्रमवगम्यत इत्येवम् **अन्वयव्यतिरेकाभ्यां** प्रकृतिप्रत्ययार्थविभागो व्यवस्थाप्यते ॥१६६॥

तत्रापि [3]शक्यत्वाशक्यत्वाभ्यामन्वयव्यतिरेकावाश्रित्य तत्प्रतिपादनं कर्तव्यमित्याह—

यत्र [4]चाव्यभिचारेण तयोः शक्यं प्रकल्पनम् ।
नियमस्तत्र न त्वेवं नियमो नुट्शबादिषु[5] ॥१६७॥

यत्रान्वयव्यतिरेकावुपलभ्येते तत्रैव नियमः, न त्वशक्ये विषय इत्याह[6]—**नियमः** इति । 'भवताम्', 'अस्ति' इत्यादावसति [7]शब्नुडादावर्थदर्शनाद् 'वृक्षाणां' 'पचति' इत्यादौ तस्य साहाय्यमात्रं स्थापितं न पृथगर्थतेति । उक्तं च—'भावकर्मकर्तारः सार्वधातुकार्था इति चेदेकद्विबहुषु नियमानुपपत्तिरतदर्थत्वात् । विकरणार्था इति चेत् कृताऽभिहितेषु विकरणाभावः (M. Bhā II, p. 57, l. 22 27) इति' ॥१६७॥

यत्र तु पृथगेव तयोः प्रकृतिप्रत्यययोरर्थवत्त्वं दृश्यते तत्र पृथगर्थाभिधानमेवाङ्गीकार्यं, न तूपलक्षणार्थत्वं कल्पनीयमित्याह—

सम्भवे वाभिधानस्य लक्षणं तु न कल्प्यते ।
आपेक्षिक्यो हि संसर्गे नियताः शब्दशक्तयः ॥१६८॥

---

1. S. शब्दविभागे 2. BU °ये स्वासत्ये°
3. BU. शक्यत्वाभ्या° 4. K. वाच्यव्य° 5. B. om. न त्वेवं नियमो नुट्शबादिषु BU. नुगवादिषु, 6. B. BU. A. O. K. S. give the second half of 167 here. 7. S. असति नुडादौ

प्रकृतिप्रत्यययोः पृथगर्थाभिधानसम्भवे प्रकृत्यर्थ एव पदवाच्यः प्रत्ययार्थस्तूपलक्ष्यमाणः प्रत्ययार्थ एव पदवाच्यः प्रकृत्यर्थस्तूपलक्ष्यमाण इति न युक्ता कल्पना। ननु यदि प्रकृतिप्रत्यययोः पृथग् पृथगर्थमभिधातुं शक्तिरस्ति तत्किमिति परस्परापेक्षितया स्वार्थाभिधानमित्याह **आपेक्षिक्यः** इत्यादि । यस्मात् **संसर्गे** प्रकृतिप्रत्ययार्थयोः **शब्दशक्तयो**ऽन्वयव्यतिरेकापेक्षिता **नियता एव** प्रातिस्विक्य एव प्रतीयन्त इति ।।१६८।।

यत्र त्वपेक्षायामपि न पृथगर्थतोपलभ्यते तत्रापोद्धारो नाश्रयणीय इत्याह—

न कूपसूपयूपानामन्वयोऽर्थस्य दृश्यते ।
अतोऽर्थान्तरवाचित्वं संघातस्यैव गम्यते ।।१६९।।

न [1]ह्येकापगमे क्वचिद् या काचिदर्थानां वेदनोपजायते ।।१६९।।

तदेवं शक्याशक्यान्वयव्यतिरेकावाश्रित्यापोद्धारेणान्वाख्यानं पदभागयोः कार्यमित्युक्तम् । ततश्च किं सनिमित्तमथ निर्निमित्तमेवेत्याशङ्क्य सनिमित्तमेव पदभागयोः पदस्य चान्वाख्यानं कार्यमितीदानीमुपपादयितुमाह—

अन्वाख्यानानि भिद्यन्ते शब्दव्युत्पत्तिकर्मसु ।
बहूनां सम्भवेऽर्थानां[2] निमित्तं [3]किञ्चिदिष्यते ।।१७०।।

यत्र खलु बहूनि निमित्तानि सम्भवन्ति तत्र किञ्चिदेवानैयत्येनाश्रित्यान्वाख्यानं क्रियत इत्युच्यते[4] ।।१७०।।

एतदेव दर्शयितुमाह—

वैरवासिष्ठगिरिशास्तथैकागारिकादयः ।
कैश्चित् कथञ्चिदाख्याता[5] [6]निमित्तावधिसङ्करैः ।।१७१।।

वीरस्येदं **वैरं** वीराया वा, वसिष्ठस्येदं, वसिष्ठेन कृतं प्रोक्तं वा **वासिष्ठं,** गिरौ शेते इति 'गिरौ डश्छन्दसि'(vā-4 on P.3.2.15.)इति डप्रत्यये अथवा[7] गिरिं श्यति इति "आतोऽनुपसर्गे कः" (P.3.2.3.) इति कप्रत्यये **गिरिशः** इत्येवं निमित्तावधिसाङ्कर्येणान्वाख्यानं कृतम् ।।१७१।।

---

1. BU. न हि एकापगमे 2. A. वेद्यनि नि
3. S. ञ्चिदुच्यते 4. BU. om. न्वाख्यानं क्रियत इत्युच्यते
5. BU. ख्यातानि 6. BU. निनिमित्तावधि° 7. OS. यथा वा.

ननु नियतमेव निमित्तमत्र किञ्चिदुच्यतामित्याशङ्क्योपायानामनियतत्वादनियतमिति प्रतिपादयितुमाह—

यथा पथः समाख्यानं वृक्षवल्मीकपर्वतैः ।
अविरुद्धं गवादीनां भिन्नैश्च सहचारिभिः ॥१७२॥

यथा वृक्षादिभिर्भिन्नैरुपायभूतैरेव कस्यचित् **पथः समाख्यानममविरुद्धं**, तथा गवादीनां शब्दानां **भिन्नैः** एव सहचारिभिरन्वाख्यानमिति बोद्धव्यम् ॥१७२॥

अर्थस्य चावस्थाभेदा बहवः सन्ति, येन च योऽवस्थाभेदः परिदृष्टस्तेनैवासौ तत्समाख्यानं करोतीत्याह—

अन्यथा च समाख्यानमवस्थाभेददर्शिभिः ।
क्रियते किंशुकादीनामेकदेशावधारणम् ॥१७३॥

'किं शुको न' इति किंशुकशब्दं प्रयुञ्जत इति भिन्नमेव निमित्तम् ॥१७३॥
एतदेव व्यक्तीकर्तुमाह—

कैश्चिन्निर्वचनं भिन्नं [1]गिरतेर्गर्जतेर्गमेः ।
गवतेर्गदतेर्वापि गौरित्यत्रानुदर्शितम् ॥१७४॥

गोलक्षणस्यार्थस्य नानाविधा अवस्था दृष्टाः, तदनुगमेनैवार्थमाहुराचार्याः ॥१७४॥

एवं शब्दस्य प्रकृतिवाच्यमेव निमित्तं ततश्च बहुविधनिमित्तप्रदर्शनम् । इदानीं स्वरूपमेव शब्दानां प्रवृत्तिनिमित्तमन्वाख्यानायोपादीयत इति पक्षं प्रदर्शयितुमाह—

गौरित्येव स्वरूपाद्वा गोशब्दो गोषु वर्तते ।
व्युत्पाद्यते न वा सर्वं कैश्चिच्चोभयथेष्यते ॥१७५॥

अथ कस्माद् गौरित्युच्यते ? गौरित्येव हि गौर्गवि वर्तत इत्यौक्थिक्याः । अतश्च स्वरूपमात्रप्रयुक्ताः सर्वे शब्दा इत्यव्युत्पत्तिपक्ष एवेत्याह **व्युत्पाद्यते न वा सर्वम्** इति । कैश्चित् स्वरूपं वाच्यं च निमित्तमुच्यत इत्याह—**कैश्चिच्च** इति ।

---

1. G. RP. S गुवते.

एवं च सनिमित्तमन्वाख्यानं निमित्तं च वाच्यं बहुधा कैश्चित् कथंञ्चित् किञ्चिदुक्तं स्वरूपं निमित्तमुभयमेव वेति दर्शितम् ॥१७५॥

इदानीं किं भिन्नमेव रूपं शब्दस्य, आहोस्विदभिन्नमिति विचार्यते । यदि भिन्नमेव तदा गमनं गरलं गज इत्यादिषु गादीनां भिन्नत्वाद्भेदेनैवोपादानं प्राप्नोति । ततश्चानन्त्यादशक्यत्वमन्वाख्यानस्येत्याह —

सामान्येनोपदेशश्च शास्त्रे लघ्वर्थमाश्रितः ।
जात्यन्तरवदस्यापि विशेषाः प्रतिपादकाः ॥१७६॥

शब्दभेददर्शने भिन्नानां सामान्यसमाश्रयेण लाघवादुपदेशः शास्त्रे क्रियते, । विशेषा ये तेऽस्यैव जात्यन्तरवत् प्रतिपादका उच्यन्ते ॥१७६॥

एतदेवाह—

अर्थान्तरे च यद् वृत्तं तत्प्रकृत्यन्तरं विदुः ।
[1]तुल्यरूपं न तद्रूढावन्यस्मिन्ननुषज्यते ॥१७७॥

ये रुढिविषया गम्यादयः प्रकृत्यन्तराण्येवैतानि । कर्मकर्तृविषयवत् सत्यपि तुल्यविषयरूपत्वेऽत्यन्तभेदान्न रूढिविषयाणामरूढिषु कश्चिदनुषङ्गो विद्यते ॥१७७॥

[2]रूढौ च तुल्यरूपं स्वरूपेणान्यस्मिन्नानुषज्यते । तत्त्वतस्तद्भिन्नमेव सादृश्यात्तत्रैकत्वं मन्यते । परमार्थतस्तु भिन्नाः शब्दा गवादयः ॥१७७॥

स्वतश्च यजिर्भिन्न एवेत्याह—

भिन्नाविजियजी धातू नियतौ विषयान्तरे ।
कैश्चित् कथञ्चिदुद्दिष्टौ चित्रं हि प्रतिपादनम् ॥१७८॥

अन्यो यजिरन्य इजिरिति नियतौ बोद्धव्यौ । [3]इजिः कित्येव, यजिस्तु तदितरस्मिन्निति आचार्यैः पुनः क्वचिद् भेदाश्रयेण निर्दिष्टौ क्वचिदभेदेनेति प्रतिपादयितुमाह—**कैश्चित्** इत्यादि । कश्चिद्यजेः किति संप्रसारणं शास्ति, इष्टः इष्टा, इति । तृजादौ तस्य तन्नेच्छति[4], यष्टा, यष्टुम्, यष्टव्यम् इति । कश्चिदिजिमेवोपदिशति, तस्य तृजादौ यादेशं विदधाति इति प्रतिपादनवैचित्र्यम् ॥१७८॥

---

1. B तुल्यरूपं न जद्रूढा तदन्यस्मिंस्तुल्यरूपं न रूढावनुषज्यते.
2. BU तदन्यस्मिन् तुल्यरूपं रूढावनुषज्यते । K. तदन्यस्मिन् तुल्यरूपं न स्फुटावनुषज्यते स्फुटौ च तुल्यरूपं स्वरूपेणान्यस्मिन्ननुषज्यते ।
3. K. अजिः 4. K. तन्नेच्छति.

अवस्थाभेदाश्रयेणापि प्रतिपादनं दृश्यत इत्याह—

एवं च बालवायादि जित्वरीवदुपाचरेत् ।
भेदाभेदाभ्युपगमे न विरोधोऽस्ति कश्चन ॥१७९॥

इह विदूरात् प्रभवति [1]वैदूर्य इति वैदूर्यशब्दं [2]व्युत्पादयन्ति । न च विदूरादसौ प्रभवति । बालवायादुत्पन्नो विदूरे केवलं संस्क्रियते । तत्रोक्तम्—

बालवायो विदूरं च प्रकृत्यन्तरमेव वा ।
न वै तत्रेति चेद् ब्रूयाज्जित्वरीवदुपाचरेत् ॥

[3]बालवायो वृत्तिविषये विदूरमापद्यते, ततश्च बालवायात् प्रभवति इति वैदूर्यो मणिरिति सिद्धम् । अतो बालवायविदूरयोरभेदोऽभ्युपगतः । अथवान्यो वृत्तिविषये विदूरशब्द उच्यते । यथा वणिग्भिर्वाराणसी जित्वरीति । आदिशब्दाद्वि[4]श्रवणरवणशब्दा इति भेदोऽवगन्तव्यः । [5]अतोऽभेदाभ्युपगमे भेदाश्रयणे वा न कश्चिद्दोषः । भेदपक्षाश्रयणे[6] च सामान्यमाश्रित्य [7]लाघवेनोपदेशः क्रियते । अभेदपक्षे त्वभिन्नरूपसमाश्रयणेनैवेति न किञ्चिदवद्यम् ॥१७९॥

ततो यदि शब्दभेदपक्षस्तदा धातूपसर्गयोः पृथक्त्वकल्पनमित्याह—

अडादीनां व्यवस्थार्थं पृथक्त्वेन [8]प्रकल्पनम् ।
धातूपसर्गयोः शास्त्रे धातुरेव तु तादृशः ॥१८०॥
तथा हि संग्रामयतेः सोपसर्गाद् विधिः स्मृतः ।
क्रियाविशेषाः संघातैः प्रक्रम्यन्ते तथाविधाः ॥१८१॥

अड्द्विर्वचनव्यवस्थार्थं केवलं धातवः पृथगुपदिष्टाः, वस्तुतः पुनर्विशिष्टक्रियावचना एव त इति सोपसर्गाणामेव धातुत्वम् ॥१८०॥

एतदेव प्रतिपादयितुमाह **तथाहि** इति । असङ्ग्रामयत[9], सिसङ्ग्रामयिषते, (? इति) सोपसर्गस्यैवाड्द्विर्वचनदर्शनात् सोपसर्गस्यैवास्य धातुत्वम् । अत उपक्रम एवाख्याते विशिष्टैव [10]धातुवाच्या क्रिया निर्वर्तयितुमुपक्रम्यत इत्याख्यातानां स्वरूप-

1. K. om. वैदूर्य इति. 2. O. °दयति . 3. K om. बालवायो to सिद्धम्.
4. S. °श्रवणनवण. 5. O ³तो भेदा° 6. O.K. °श्रयेणैव 7. S. लोघवेन
8. G. विकल्पनम्. 9. G. असङ्ग्रामयत्, K. om. असङ्ग्रामयत, सिसङ्ग्रामयिषते
10. K. °वाच्यात्

प्रदर्शनार्थमाह—**क्रियाविशेषाः** इत्यादि । **संघातैः** धातूपसर्गसमुदायैः इत्यर्थः । **तथाविधा** अभिन्ना भिन्ना वा ॥१८१॥

अतः किं भवतीत्याह—

कार्याणामन्तरङ्गत्वमेवं धातूपसर्गयोः ।

एवं धातूपसर्गाश्रयाणि यानि कार्याण्यन्तरङ्गाणीत्युच्यन्ते पूर्वं तान्येव प्रवर्तन्ते, यथा [1]सुडादयः । तथाभूतैव च सा क्रिया साधनसंबन्धं गच्छतीत्याह—

साधनैर्याति संबन्धं तथाभूतैव सा क्रिया ॥१८२॥

तथाभूतैव उपसर्गविशिष्टैव कारकसंबन्धमुपगच्छति । एवं चानुभूयत [2]इत्यत्र कर्मणि लकारः सिद्ध्यति । तथा

षत्वतुकोरसिद्धः (P. 6.1.86) इत्यारम्भणीयम् ।

अडभ्यासव्यवायेऽपि (P. 6.1.136.) इत्यनारम्भणीयमेवेति स्थितम् । उक्तं च—

"कारकाणां प्रवृत्तिविशिष्टक्रियायामन्यथा कृत्वा मांसौदने प्रवर्तते, [3]अन्यथा च शुष्कौदने" (*M.Bhā. on vā.* ll. on P. 1.3.1.)

इति । वृत्तोपसर्गसंबन्धायाश्च तस्या वैशिष्टयमिति क्रमाश्रयणेन पूर्वमेवोपसर्गेण संबन्धः ॥१८२॥

इदानीं पूर्वं धातुः साधनेन युज्यत इति क्रमसमाश्रयणेनाख्यातस्वरूपं प्रतिपादयितुमाह—

प्रयोगार्हेषु सिद्धः सन् भेत्तव्योऽर्थो विशिष्यते ।
प्राक् च साधनसम्बन्धात् क्रिया नैवोपजायते ॥१८३॥

[4]लब्धात्मनस्तस्या विशेष्यत्वोपपत्तेः [5]**प्रयोगार्हेषु** धातुषु **सिद्धः सन्नर्थो** भेत्तव्यो विशेष्यो भवत्युपसर्गादिभिः, न तु [6]पूर्वकाल आख्याते विशेषणयोगः । यदि **प्राक् साधनसंबन्धात्** [7]क्रियाविशेष इत्युच्यते [8]तदाऽनुत्पन्नायास्तस्याः स्वरूपाभावेन [9]कथं विशेषसंबन्धः स्यादित्याह **प्राक्च** इत्यादि । उक्तं च—"साधनं क्रियां

1. K. मुंडादयः 2. B. BU. इति कर्मणि. 3. K. अथ च शु°
4. O लध्वा 5. BU °र्हेषु तु धा° 6. BU न तु विशेष्यकाल
7. O. विशेष्या 8. BU तदानुत्पन्ना 9. BU. O. K. कथं विशेषस°

निव(?र्व)र्तयति, तामुपसर्गो विशिनष्टि" इति । पूर्वं साधनसंबन्धस्तत उपसर्गैस्तद्विशेषणमुपपन्नम् । अस्मिंश्च पक्षे

[1]अडभ्यासव्यवायेऽपि (p. 6.1.136.) इत्यारम्भणीयम्,

षत्वतुकोरसिद्धः (p. 6.1.86.)

इति [2]तुकि कर्तव्ये [3]एकादेशासिद्धत्वं न वक्तव्यम् । प्रत्यय इत्यन्तरङ्गत्वात् साधनाभिधायकार्द्धधातुकाश्रयो गुणः प्रवर्तत इति सिद्धम् ॥१८३॥

अथ पूर्वं धातुरुपसर्गेण युज्यत इत्यमुं पक्षं [4]समाधातुमाह—

धातोः साधनयोगस्य भाविनः प्रक्रमाद्यथा ।
धातुत्वं कर्मभावश्च तथान्यदपि दृश्यताम् ॥१८४॥

क्रियावचनो धातुरित्युक्तम् । साधनसम्बन्धाच्च प्राक् क्रियानिर्वृत्तेरसम्भवाद्यथा भाविसाधन[5]संबन्धसमाश्रयणेनोपक्रम एव **धातुत्वं** धातुसंज्ञोच्यते यथा च धातोः [6]कर्मण इत्युच्यते, कर्म यो धातुरितीषिकर्मत्वस्य भावित्वादुपक्रम एवेषि कर्मत्वमुक्तं, **तथान्यदपि दृश्यताम्** । भाविसंबन्धादुपक्रम एव विशिष्टक्रियावचनत्वं दृश्यताम्, को दोषः । एवं च [7]भिन्नपक्षाश्रयणेन तथाविधविशेषनिर्वर्तनं शोभत इत्युच्यते—

'क्रियाविशेषाः संघातैः प्रक्रम्यन्ते तथाविधाः ॥ इति ॥१८४॥

उपक्रम एव [8]चासौ क्रिया विशिष्टैवाभ्युपगन्तुं युक्तेति दृष्टान्तप्रदर्शनपूर्वकमाह—

बीजकालेषु [9]सम्बद्धा यथा लाक्षारसादयः ।
वर्णादिपरिणामेन फलानामुपकुर्वते ॥१८५॥

बीजवापकाल एव यथा लाक्षारसादयो बीजसंबन्धादुत्तरकालं वर्णरसादिपरिणामेन फलोपकारं कुर्वन्ति ॥१८५॥

---

1. BU अन्यासव्य°, O. अडथ्यास. 2. BU युकि, K. तु किं 3. K एकादश
4. BU साधयितुमाह. 5. BU साधनसमा° 6. BU कर्मण्यणि. 7. S. एवं चाभिन्न°
8. K एव क्रियानिश चासौ 9. K. संबन्धा

तथा दार्ष्टान्तिके योजयितुमाह—

बुद्धिस्थादभिसम्बन्धात्तथा धातूपसर्गयोः ।
अभ्यन्तरीकृतो भेदः पदकाले प्रकाशते ॥१८६॥

[1]**धातूपसर्गयोः** सम्बन्धबुद्ध्या समुल्लिखितो योऽन्तर्णीतः[2] केवलं तस्मात् **संबन्धात्तयोर्धातूपसर्गयोः** [3]सम्बन्धे **पदकाले** पदनिष्पत्तौ सत्यामसौ भेदः प्रकाशते न तु स्वत इति वृत्तोपसर्गसंबन्धाया एव साधनयोग उपपन्नः ॥१८६॥

एवमपोद्धारप्रस्तावे वाक्ये पदस्य पदभागयोः प्रकृतिप्रत्यययोः [4]शक्याशक्यान्वयव्यतिरेकसमाश्रयणेन सनिमित्तमन्वाख्यानं कर्तुमनेकधार्थः क्वचिन्निमित्तं स्वरूपं वेत्याख्यातम् । ततश्च पदमेकमनेकं [5]वेति नामपदं लेशतो निर्णीतम् । आख्यातमपि "क्रियाविशेषाः सङ्घातैः [6]प्रक्रम्यन्ते तथाविधाः" इत्यादिना भेदाभेदविचारपूर्वकमपि निर्दशितप्रायम् । इदानीं नामाख्यातोपसर्गनिपाताश्चेति चत्वारि पदजातानि इति निरुक्तकारः, तत्र नामाख्यातस्वरूपे प्रदर्शिते । उपसर्गाणां प्रदर्शनीयमिति तत्स्वरूपं प्रदर्शयितुमाह––

क्वचित् सम्भविनो भेदाः [7]केवलैरनिर्दशिताः ।
उपसर्गेण सम्बन्धे व्यज्यन्ते प्रपरादिना ॥१८७॥

क्वचित् पचत्यादौ प्रकर्षादीनां सम्भवात् केवलैस्तेषामप्रतीतेरुपसर्गसम्बन्धात् तदवगम इति तेषूपसर्गाणां विशेषद्योतकत्वमुच्यते । अत एव चोक्तम्––

"तमेव विशिनष्टयन्यः"

इति ॥१८७॥

तर्हि द्योतकत्वमेव किं तेषामाहोस्वित् पक्षान्तरमपीत्याह—

स वाचको विशेषाणां सम्भवाद् द्योतकोऽपि वा ।
शक्त्याधानाय धातोर्वा सहकारी प्रयुज्यते ॥१८८॥

केवलं न द्योतकाः, यावद् वाचका अपि दृश्यन्ते । यथा प्रतिष्ठत इत्यादौ

---

1. K. om. धातूप to तयोः 2. B योऽन्तस्यातः 3. K. संबन्धो, S. संबन्धं 4. K. शक्यान्वमव्य°. 5. K. चेति. 6. B. प्रकाम्यन्ते 7. BU. O. K. लैरनिर्दशि°

धातोर्गतिनिवृत्तिवाचकत्वं[1] प्रेण तु गतिवाचकत्वं व्यवस्थाप्यते । तथा चोक्तं—

'धात्वर्थं बाधते कश्चित्'

इति । **सम्भवाद् द्योतकोऽपि वा** इत्येतदादावेव कारिकायां व्याख्यातम् । अथ तृतीयमपि पक्षं दर्शयितुमुक्तम्—**शक्त्याधानाय** इत्यादि । सम्भूय धातूपसर्गावर्थमाहतुरिति शक्तिमात्रमुपसर्गः कुरुत इत्यर्थाभिधाने सहकारिण उपसर्गाः । अत्राप्युक्तम्—

"कश्चित्तमनुवर्तते"

इति ॥१८८॥

प्रतिष्ठत इत्यादौ प्रसिद्धया धातोर्गतिनिवृत्तिवाचकत्वे उपसर्गस्य गतिवाचकत्वं [2]स्थापितम् । इदानीमनुमानेन द्योतकत्वमेव सर्वत्रास्य व्यवस्थापयितुमाह—

[3]स्थादिभिः केवलैर्यच्च गमनादि न [4]गम्यते ।
तत्रानुमानाद् द्विविधात्तद्धर्मा प्रादिरुच्यते ॥१८९॥

तिष्ठतिर्गतिनिवृत्तिं प्रसिद्धयाभिदधाति । अतः केवलेन तेन गमनं न प्रतिपाद्यत इत्यनेकार्था धातव इति कृत्वानुमानाद् गतिवाचकत्वमपि तस्य व्यवस्थाप्यते । उपसर्गस्तु [5]तद्द्योतक एव । गतिनिवृत्तौ तु प्रसिद्धत्वात्तिष्ठतेः प्रशब्दस्य गतिवाचकत्वमुच्यते । वस्तुस्थित्या त्वनुमानेन [6]प्रादेर्द्योतकत्वमेव सामान्यतोदृष्टेन विशेषतो[7]दृष्टेन चेत्याह—**तत्र** इत्यादि । धातुरनेकार्थ उपसर्गश्च द्योतक इत्यनुमानेन व्यवस्थाप्यते । द्विविधमनुमानं भवति, विशेषतोदृष्टं सामान्यतोदृष्टं चेति । तत्राविशेषेणोपसर्गाणां द्योतकत्वम् । तथा च प्रशब्दो [8]धर्मी, आदिकर्मद्योतक इति साध्यो धर्मः, प्रशब्दत्वात्, पूर्वोदितपच्यादि (पूर्व) दृष्टप्रशब्दवदिति । विशेषतोदृष्टेनानुमानेन तद्धर्मप्रशब्दस्य समानधर्मा सर्वोऽपि प्रादिरुपसर्गो द्योतक धर्मयुक्त [9]इत्युच्यत इति । धातुश्च सामान्यतोदृष्टेनानुमानेनानेकार्थः । यथा—[10]तिष्ठतिर्धर्मी, अनेकार्थ इति साध्यो धर्मः, धातुत्वात्, उभयवादिसम्मतानेकार्थ[11] यजत्यादिधर्म(?र्मि)वदिति । एवं सामान्यतोदृष्टानुमानात् तद्धर्मान्यो धातुरप्यनेकार्थ उच्यते इति योजना ॥१८९॥

---

1. B. °निवृत्ति वाच°
2. BU. व्यवस्थापितम्. 3. BU चादिभिः, K. छादिभिः 4. B. A. न, K. om, तु. 5. BU उपसर्गस्तु द्योतकः 6. BU प्रादीनां. 7. O om दृष्टेन to भवति विशेषतो. 8. O. धर्मो. 9. G. युक्त उच्यत इति. 10. O. धर्मा. 11. K. ० सम्मतयजत्याद्यनेकार्थ°, BU सम्मतानेकार्थधातुवदिति.

इदानीं सम्भूयार्थाभिधायकत्वमपि दर्शयितुमाह

अप्रयोगेऽधिपर्योश्च यावद् दृष्टं क्रियान्तरम् ।
तस्याभिधायको धातुः सह ताभ्यामनर्थकः[1] ॥१९०॥

'अध्यागच्छति; [2]पर्यागच्छति इत्यत्राधिपरी अनर्थकावागच्छतीत्यस्मादेवोपरिभावविशिष्टस्य वा [3]सर्वतोभावविशिष्टस्य वाऽप्यागमनस्य प्रकरणादिनावगतत्वाद् लौकिकशब्दव्यवहारे लाघवं प्रत्यनादरादिति स्पष्टार्थमेवाधिपर्योः प्रयोगः । समुदाय एव विशिष्टार्थाभिधायक इत्यधिपर्योः केवलयोर्धातोश्चात्रानर्थकत्वम[4]-नर्थान्तर[5]वाचकत्वमित्यर्थः । अतो धातूपसर्गौ सम्भूयैवार्थविशेषं [6]ब्रूत इति धातोरर्थाभिधाने सहकारिण उपसर्गाः । उपसर्गाणां रूढितोऽर्थवत्व एव तौ अधिपरी अनर्थकौ (P. 1.4.93.) इति केवलानर्थकतता । न हि तयोरुपसर्गयोः केवलयोस्तत्रार्थोऽस्ति । अत एवोक्तम् 'कश्चित्तमनुवर्तते' इति ॥१९०॥

प्रसङ्गात् स्वार्थिकप्रत्ययानां स्वरूपमाह—

तथैव स्वार्थिकाः केचित् सङ्घातान्तरवृत्तयः ।
अनर्थकेन संसृष्टाः प्रकृत्यर्थानुवादिनः ॥१९१॥

यावक इत्यादौ कनादयः संभूयैवार्थबोधका बोद्धव्याः । यावशब्दात् केवलात् पृथगेव कन्प्रकृतिर्यावशब्दोऽध्यवसित इति संघातान्तरवृत्तयस्ते बोद्धव्याः । अत एवाह—**अनर्थकेन संसृष्टाः** इति । यावशब्दः कन्प्रकृतिरनर्थक एव, समुदायस्तु परस्परशक्त्याहितविशेषस्तत्रार्थवान्, नासम्भूय स्वार्थमाहेत्याह[7]—**प्रकृत्यर्थानुवादिनः** इति । ननु प्रकृतिभागस्येदानीमेवा[8]नर्थकत्वमुक्तम्, अतः कथं प्रकृत्यर्थानुवादिनः इत्युच्यते । सादृश्यमात्रादित्यभिप्रायः । कन्प्रकृतिं [9]केवलां यावशब्देन सदृशमभिमन्यत इति [10]तदभिप्रायेण प्रकृत्यर्थानुवादिन इत्युक्तम् । वस्तुतस्तु सङ्घातान्तरवृत्तय इत्येव बोद्धव्यम् ॥१९१॥

अथ निपातानामनैयत्येन स्वरूपं प्रदर्शयितुमाह—

निपाता द्योतकाः केचित् पृथगर्थाभिधायिनः ।
आगमा इव केऽपि स्युः सम्भूयार्थस्य वाचकाः ॥१९२॥

---

1. BU °र्थकम्. 2. K. °च्छतिर्यभाग. 3. Ś om. सर्वतोभावविशिष्टस्य वा
4. BU धातोश्चानर्थ° 5. B. BU °न्तरवाचि 6. K. कृत
7. BU °त्यादिप्रकृत्य° 8. B °नीमेवार्थक° 9. G. र. कन् प्रकृतिः केवला
10. K. तत्तदभिप्रा°

तेषामुपसर्गवद् द्योतकत्वं क्वचिद् यथा—वृक्षश्च प्लक्षश्चेत्यादौ। चादीनां[1] केवलानां च केषांचित् पृथगर्थाभिधायित्वं [2]वाचकत्वमेव सिद्धमित्याह—**केचित्** इत्यादि। केचिन्निपाता आगमवत् सम्भूय वाचकाः यथा—येषां पृथगर्थ[3]प्रकल्पने इति पाठस्तेषां मते निपातानां द्वैविध्यम्—केचिदर्थवन्तः केचिदनर्थकाः इति। तत्र केचिन्निपाताः पृथगर्थप्रकल्पने सत्यर्थाभिधायिनः, ततो द्योतका इत्यर्थवतां स्वरूपकथनम्। ये त्वनर्थकास्तेषां स्वरूपमाह—**आगमाः** इत्यादि ॥१९२॥

तथा च लौकिके प्रयोगेऽनियम इत्याह—

उपरिष्टात् पुरस्ताद्वा द्योतकत्वं न भिद्यते।
तेषु प्रयुज्यमानेषु भिन्नार्थेष्वपि सर्वथा ॥१९३॥

पूर्वं पश्चाद्वा प्रयुक्तास्तदर्थद्योतनं कुर्वन्तीति तेषु विकल्पसमुच्चयाद्यर्थेषु **द्योतकत्वमेव प्रयुज्यमानेषु** स्थितम् ॥१९३॥

अथ वाचका एव कस्मान्नोच्यन्ते, किं द्योतकत्वे नेत्यर्थं (?) द्योतकत्वं,—दृढीकर्तुमाह

चादयो न प्रयुज्यन्ते पदत्वे सति केवलाः[4]।
प्रत्ययो वाचकत्वेऽपि केवलो न प्रयुज्यते ॥१९४॥

एते हि **चादयः केवला न प्रयुज्यन्ते** ततो वाचका न भवन्तीति बोद्धव्यम्। चादयो [5]धर्मी, वाचका न भवन्तीति साध्यो धर्मः, । केवलानामप्रयोगात्। यदि च वाचकाः स्युस्तदा गवादिवत् केवलानामपि तेषां प्रयोगः [6]स्यादित्यनुमानम्। प्रत्यनुमानमस्ति चादयो [7]धर्मी, द्योतका न भवन्तीति साध्यो धर्मः, केवलानामप्रयोगात्— [8]प्रत्ययवत्। तत्राह—**पदत्वे सति** इति। एतदुक्तं भवति—नन्वत्र निर्विशेषणोऽयं हेतुरपि तु पदत्वे सति केवलानामप्रयोगाद् द्योतका एत इति पदत्वे सतीत्यनेन प्रत्ययव्यावृत्तिः। एतदेव दर्शयितुमाह—**प्रत्ययो वाचकत्वेऽपि** इत्यादि। प्रत्ययस्य कस्यचिद्वाचकत्वेऽपि पदत्वाभावात् केवलस्याप्रयोगः ॥१९४॥

अथ शब्दशक्तिस्वाभाव्याच्चादिपदस्यासत्त्वभूतो यः पृथगर्थस्तद्वाचकत्वाद्वाचकत्वं व्यवस्थाप्यते, तदनुपपन्नम्। शक्त्यनुग्रहाद् यथा तदर्थवाचकानां समुच्चयादीनां प्रयोगे षष्ठी श्रूयते वृक्षस्य समुच्चयः, प्लक्षस्य समुच्चय इति तद्वन्निपातप्रयोगे षष्ठी श्रूयेत, वृक्षस्य च प्लक्षस्य चेति। स्यादेवं यदि समुच्चयाभिधायकाः

1. O. °त्यादीनां केव° 2. BU वाचकमेवमित्याह K. वाचकत्वमित्याह 3. G. पृथगर्थः प्रकल्पते
4. S om. केवलाः to वाचकत्वेऽपि. 5. र. धर्मिवाचका 6. BU om. इत्यनुमानम् to अप्रयोगात् 7. र. धर्मिद्योतकाः 8. K om. प्रत्ययवत् to केवलानामप्रयोगात्

स्युः । न चैवं, किं तर्हि [1]समुच्चिताभिधायिन एत इत्युच्यते, तदभिधाने च व्यतिरेको नास्तीत्याह—

समुच्चिताभिधानेऽपि(? हि) व्यतिरेको न विद्यते ।

यद्येवं समुच्चितस्य सत्त्वभूतस्याभिधानेऽसत्त्व इति प्रतिषेधान्निपातसंज्ञाया अभावे तत्पूर्विकाया अव्ययसंज्ञाया अभावाच्चादेरपि विभक्तेः श्रवणं प्राप्नोतीत्याह—

असत्त्वभूतो भावश्च क्रियान्येनाभिधीयते ॥१९५॥

एतदुक्तं भवति—इह शब्दैरर्थाभिधानं स्वाभाविकमिति स्थितम् । अत्र निपाताः शब्दशक्तिस्वभावादेवासत्त्वभूतार्थाभिधायिनः प्रतीयन्त इति सनिदर्शनमाह—**क्रियान्येनाभिधीयते** इति । अत्र यथेत्यनुषङ्गः । यथा—पाक एवोभयत्र नामपदस्याख्यातस्य च वाच्यः शब्दशक्तिस्वाभाव्यात्तथा[2] पचतीत्याख्यातेनासत्त्वभूतोऽसावभिधीयते । पाक इत्यत्र नामपदेन परिनिष्ठितस्वभावः सिद्ध इति । तद्वन्निपातैः समुच्चितादेरसत्त्वभूतस्याभिधानमिति न विभक्तेरुत्पत्तिः । उक्तं च-"नेदं वाचनिकं लिङ्गसंख्यादि स्वाभाविकमेव । तद्यथा [3]समानमीहमानानां चाधीयानानां च केश्चि(? केचि)दर्थैर्युज्यन्ते, अपरे न" इति । एवं वाचकत्वात् [4]समुच्चिताभिधानेऽपि आख्यातपदवदसत्त्वभूतार्थाभिधायित्वाद्विभक्तेरभावः ॥१९५॥

अस्त्वेवमपि समुच्चिताभिधायित्वाद्यथा स्वतन्त्राणां तदभिधायकानां विशेषणेन योगस्तथा निपातानामपि स्यात् । अथ च गुणवचनानामाश्रयतो लिङ्गवचनानि भवन्ती[5]त्यसत्त्ववाचकत्वाद्विभक्तचभावात् शोभनं च वृक्ष इति प्राप्नोति । तथा [6]चान्यत्रोक्तम्—[7]प्रतियोगं जात्यङ्गे संबन्धमुपगच्छति विशेषणम्, ततो धर्मान् [8]जातिस्थान् प्रतिपद्यते । ततश्च पञ्चाला जनपदो बहुधनो रमणीय इति भवति । अथ [9]लुबन्तस्य विशेषणं[10] न जातेस्ततः पञ्चाला रमणीया बहुधना जनपद इति भवति । (इति)एतदाशङ्क्च समर्थयितुमाह—

समुच्चिताभिधानेऽपि विशिष्टार्थाभिधायिनाम् ।
गुणैः पदानां सम्बन्धः परतन्त्रास्तु चादयः[11] ॥१९६॥

---

1. BU समुच्चयाभि° 2. B. A. K. °भाव्यात्तु 3. BU om. °नमीहमानानां चाधीयानानां 4. K. om. समुच्चिताभिधानेऽपि to अस्त्वेवमपि
5. B °सत्त्वावा° 6. O °न्यप्रोक्तं. 7. BU. AS. प्रतियोगे, K प्रतिप्रयोगे.
8. B. जातिस्तान्. 9. O. अथालुबं.
10. K. °षणं ततो धर्मान् न जातेः 11. O. णादयः

गुणविशेषणैः पदानां विशिष्टार्थाभिधायिनां संबन्ध उपपद्यते । [1]निपातानां तु शक्तिस्वाभाव्यादसत्त्ववाचित्वेऽपि नियतपरतन्त्रत्वाद्विशेषणयोगो नास्तीति न कश्चिद्दोषः । एतदुक्तं भवति—एतदपि[2] शक्तिस्वाभाव्यमेव[3] यत्तेषां नित्यपरतन्त्रत्वं नामेति । अतः समुच्चिताभिधानेऽपि [4]न केवलः प्रयोगो नापि विशेषणसंबन्ध इति स्थितम् ॥१९६॥

एवं नामाख्यातोपसर्गनिपातलक्षणं पदचतुष्टयं व्याख्यातम् । अथ कर्मप्रवचनीयाः पञ्चमं पदमभ्युपगतमिति तद्विचारयितुमाह—

जनयित्वा क्रिया[5] काचित् [6]सम्बन्धं विनिवर्तते ।
श्रूयमाणे क्रियाशब्दे सम्बन्धो जायते क्वचित् ॥१९७॥

सम्बन्धावच्छेदहेतवः कर्मप्रवचनीया [7]उच्यन्ते । यद्वक्ष्यति—'सम्बन्धस्य भेदकाः' इति (v. 204.)। सम्बन्धश्च सर्वः क्रियाकारकपूर्वको भवति । तत्र क्वचित् **सम्बन्धं जनयित्वा क्रिया विनिवर्तते** । यथा—राजपुरुष इति । अत्र हि राज्ञः पुरुषोऽयं यस्मात् स राजा पुरुषं [8]बिभर्ति, अतो भरणलक्षणा क्रियाश्रयाश्रयिभावलक्षणं सम्बन्धं जनयित्वा निवृत्ता । **क्वचित्** क्रियापदं श्रूयमाणं सम्बन्धमुपजनयति, यथा मातुः [9]स्मरतीति । अत्र हि मातुरिति कर्मपदमतो मातृसम्बन्धि[10] स्मरणमिति निमित्तनिमित्तिभावलक्षणं[11] सम्बन्धं स्मरतिक्रिया श्रूयमाणैव जनयति । एतदेवान्यत्रोक्तम्—

सम्बन्धः कारकेभ्योऽन्यः क्रियाकारकपूर्वकः ।
श्रुतायामश्रुतायां वा क्रियायां सोऽभिधीयते ॥
(Vāk. III. सा. 12.) इति ॥१९७॥

सम्बन्धसामान्ये षष्ठीविभक्तिरुक्ता[12] 'षष्ठी शेष' इति । यद्येवं मातुः स्मरणं सर्पिषो ज्ञानमित्यादौ सिद्धैवानेन षष्ठीति किमर्थम् 'अधीगर्थदयेशां कर्मणि' (P. 2.3.52) इत्यादिप्रकरणारम्भ इति प्रसङ्गाद्विचारयितुमाह—

---

1. B. नितातात्व तु 2. K. इत्येतदपि. 3. B शक्तित्वाभा°. 4. K. om. न.
5. BU. A. O. K. S. G. क्रियां काञ्चित् 6. BU. A. O. K. S. G. संबन्धो. 7. O. S. इष्यन्ते. 8. K. विर्ति. 9. O मातुरिति
10. B, K. संबन्धस्मरण. 11. K. °भावलक्षणे
12. न. संबन्धसामान्ये षष्ठीति किमर्थमधीगर्थं°

तत्र षष्ठी प्रतिपदं समासस्य निवृत्तये ।[1]
विहिता दर्शनार्थं तु कारकं समुदाहृतम् ॥१६८॥

'मातुः स्मरणम्' इत्यादौ कर्मणि शेषत्वेन विवक्षिते सिद्धैव षष्ठीति पुनः [2]प्रातिपद्येनाधीगर्थेत्यादिना या षष्ठी विहिता सा नियमाय भवति । कर्मादौ शेषत्वेन विवक्षिते षष्ठ्येव भवति । यदन्यत् प्राप्नोति तन्निषिध्यते । किं चान्यत् प्राप्नोति ? लुगादि । तत्र निदानोच्छेदनं विना न लुगादिनिवृत्तिः कर्तुं शक्येति समासनिवृत्तिरेव क्रियते । ततश्च षष्ठ्येव भवति । यदन्य(द)तः षष्ठ्या[3]याति समासलुगादि प्राप्नोति तन्निवार्यत इत्यतः प्रतिपदं पुनः षष्ठीसमासस्य निवृत्तये विहितेति बोद्धव्यम् । अतश्च 'प्रतिपद-विधाना च षष्ठी न समस्यते' इति भाष्यं[4] नारम्भणीयमेव । यद्येवं कर्मणि इति किम् ? 'मातुर्गुणैः स्मरणम्' इति कथं प्रत्युदाहृतम् ? यथा गुणानां स्मर्तव्यत्व-स्यासम्भवस्तथा शेषत्वस्यापि । यदि शेषत्वेनास्य [5]विवक्षिताः स्युस्तदा तेषां षष्ठी स्यात् । तृतीया न भवेत् । ततश्च द्व्यङ्गवैकल्यमेतस्येत्येतदाशङ्क्याह **दर्शनार्थं तु** इत्यादि । मातुर्गुणानां स्मरणमित्युक्ते सन्दिह्येत गुणाः कर्म करणं वेति । तत्रोक्तं—गुणैः स्मरणमिति । गुणैरिति करणं यदा शेषत्वेन विवक्ष्यते तदा प्रतिपदविधाना षष्ठी मा भूदित्येवमर्थं कर्मणीत्युक्तमिति द्व्यङ्गवैकल्याभावः । पुनः षष्ठीविधानं समासादिनिवृत्तय एवेति स्थितम् । उक्तं च—

साधनैर्व्यपदिष्टे च श्रूयमाणक्रिये पुनः ।
[6]प्रोक्ता प्रतिपदं षष्ठी समासस्य निवृत्तये ॥ Vāk. III सा. 159

इति । साधनैर्व्यपदिष्टे शेषसम्बन्धे इत्यर्थः । एवं कर्मण्येव[7] शेषत्वेन विवक्षिते षष्ठी, कारकान्तरे [8]स्वकैवेति वृत्तिकाराः । तेषां मते गुणैः स्मरणं न तु गुणानां स्मरणमिति(?न) [9]कदाचिदपि षष्ठी । टीकाकारमते तु करणस्य शेषत्वविवक्षायां गुणानां स्मरणं गुणस्मरणमित्यपि भवतीति मतभेदः ॥१६८॥

एवं क्रियया [10]सम्बन्धो जन्यत इति स्थितम् । ततः किमित्याह—

स चोपजातः सम्बन्धो विनिवृत्ते क्रियापदे ।
कर्मप्रवचनीयेन तत्र तत्र नियम्यते ॥१६९॥

---

1. O. निवृत्तयो. 2. BU. प्रतिपदेनाधीग°
3. र. यदन्यतग: पृष्ट्वाऽऽयाति; Ś. यदन्यदतः पृष्टाऽऽयाति; O. om. षष्ठया: to लुगादि
4. O. K. S. om. भाष्यं. 5. S. विवक्षा द्व्यङ्ग° 6. प्राप्ता. 7. S. कर्माण्येव.
8. Ś. °न्तरे ष्वकैवेति, K. न्तरे ह्यकेवेति. 9. र. काचिदपि 10. O. om. संबन्धो to स्यादिति.

स च क्रिययोपजनितः **सम्बन्धस्त**स्मिन्नुपजाते यदा क्रियापदं क्वचिन्न श्रूयते तदा (? किं) क्रियाजनितोऽयं स्यादिति सन्देहे **कर्मप्रवचनीयेन** [1]**तत्रतत्र** तस्यां क्रियायां **नियम्यत** इति संबन्धविशेषः कर्मप्रवचनीयैः प्रत्याय्यते। अत एव कर्म प्रोक्तवन्तः क्रियाकृतं विशेषसम्बन्धं द्योतयन्तीति कर्मप्रवचनीया उच्यन्ते ॥१९९॥

[2]अथाश्रूयमाणायाः क्रियाया आक्षेपकाः कर्मप्रवचनीयाः कस्मान्नाश्रीयन्त इत्याह—

येन क्रियापदाक्षेपः स कारकविभक्तिभिः।
युज्यते विर्यथा तस्य लिखावनुपसर्गता ॥२००॥

इह **येन** शब्देन क्रियापदस्याक्षेपः क्रियते स कारकविभक्त्या **युज्यते** इति [3]दृश्यते। यथा—प्रादेशं विपरिलिखतीति। अत्र विशब्दो मानक्रियाया आक्षेपकः प्रादेशं विमाय परिलिखतीत्यर्थावगतेः। ततो विमानक्रिययात्र प्रादेशलक्षणं कर्माक्षिप्तमिति तस्य कारकविभक्त्यैव द्वितीयया योगः। [4]यदा च क्रियान्तराक्षेपको विशब्दस्तदाऽस्य लिखत्यसंबन्धात् तं प्रत्यनुपसर्गत्वमेव। ततश्च 'गतिर्गतौ' (P. 8.1.70.) इति निघाताभावः। तद्वत् [5]कर्मप्रवचनीयैर्यदि क्रियापदमाक्षिप्येत तदा तद्योगे कारकविभक्तिरेव स्यात्। ततश्च "कर्मप्रवचनीययुक्ते द्वितीया" (P. 2.3.8.) इति नारम्भणीयमेव स्यात्। किन्तु सम्बन्धसामान्ये षष्ठी प्राप्नोति। तद्बाधनाय द्वितीयाऽऽरभ्येत, तदारम्भः शोभेत ॥२००॥

क्रियापदाक्षेपकत्वमन्यत्रापि दृष्टमिति तदेव दृढीकुर्वन्नाह—

तिष्ठतेरुपयोगश्च दृष्टोऽप्रत्यजयन्निति।

'अप्रत्यजयन्' इत्यत्र प्रतिशब्दः स्थितिक्रियाया[6] आक्षेपकः परिदृष्टः। देवा असुरानप्रतितिष्ठतः प्रतिष्ठामलभमानानजयन्निति [7]तिष्ठतेरुपयोग आक्षेपः परिदृष्टः। तथा धातुना सम्बन्धेऽपि सुन्वन्तीत्यत्राभिशब्दस्य केवलस्य चाभिमुख्ये वृत्तिः परिदृष्टेति प्रसङ्गादाह—

सुन्वन्तीत्याभिमुख्येऽभिः केवलोऽपि प्रयुज्यते ॥२०१॥

---

1. र तत्र तस्यां क्रि०
2. O. अथ श्रय°. 3. B, O, K. दृश्यताम्.
4. O. तदा च. 5. O. कर्मप्रवचनीयं यदि
6. S. स्थितिक्रिया आक्षे° 7. K. °ष्ठतेरुपयोरुपयोगः

तदेवं कर्मप्रवचनीयानां सम्बन्धनियामकत्वमन्वर्थसंज्ञाश्रयत्वे (? यणे) नैव स्थापितम् ॥२०१॥

अथ स्वत्यादीनां तद्रूपत्वासम्भवे कथं कर्मप्रवचनीयसंज्ञा स्यादित्याह—

कर्मप्रवचनीयत्वं क्रियायोगे विधीयते ।
[1]षत्वादिविनिवृत्त्यर्थं स्वत्यादीनां विधर्मणाम् ॥२०२॥

[2]अत्र **स्वत्यादीनां कर्मप्रवचनीयत्वं विधीयते** संज्ञान्तरव्युदासायैवेत्यतश्चैक-संज्ञाधिकाराद् गत्युपसर्गसंज्ञाभावे तदाश्रयं षत्वादिकम्[3] उपसर्गात् (P. 8.3.65.) इत्यादिना न भवति ॥२०२॥

अन्यदपि प्रसङ्गादाह—

हेतुहेतुमतोर्योगपरिच्छेदेऽमुना कृते ।
आरम्भाद् बाध्यते प्राप्ता तृतीया हेतुलक्षणा ॥२०३॥

लक्षणेत्थंभूत.... (P. 1.4.90.)

इत्यादिना सिद्धानोः कर्मप्रवचनीयसंज्ञा। लक्षणं हि ज्ञापकं यथा [4]तथा हेतुरप्युच्यते। ततश्च यथा ज्ञाप्यज्ञापकभावे वृक्षमनु विद्योतते विद्युदित्यत्रानोः कर्मप्रवचनीयसंज्ञा तथा [5]शाकल्यस्य [6]संहितामनु प्रावर्षदित्यत्रापि । तत्र हेतुहेतुमद्भावलक्षणव्यति-रेकव्यवच्छेदेऽनुना कृते हेतुतृतीयैव परत्वात् प्राप्नोति । तथा च तृतीयाया अवकाशो 'धनेन कुलम्' इत्यादि । लक्षणेत्थंभूतेत्यस्यावकाशोऽनुर्ज्ञाप्यज्ञापकभाव-लक्षणस्य सम्बन्धस्यावच्छेदकः यथा 'वृक्षमनु विद्योतते विद्युद्' इति । इहोभयम् प्राप्नोति 'शाकल्यस्य संहितामनु प्रावर्षद्' इति । अत्र हेतुहेतुमद्भावसम्भवात्. तृतीया प्राप्नोति । परत्वात् अनुर्लक्षणे (P. 1.4.84.) इति पुनर्विधानान्न भवति ॥२०३॥

एवं कर्मप्रवचनीयानां प्रासङ्गिकं विचारं कृत्वा वाचकत्वादिप्रकारत्रितय-निराकरणेन सम्बन्धविशेषकत्वमेव व्यवस्थापयन्नाह—

क्रियाया द्योतको नायं सम्बन्धस्य न वाचकः ।
नापि क्रियापदाक्षेपी[7] [8]सम्बन्धस्य तु भेदकः ॥२०४॥

---

1. O. स्वत्वा; K. सत्वा. 2. O. om. अत्र to °नीयत्वं 3. K. यत्वादिकं
4. S. om. तथा 5. B. °ल्यसंहि, K. °कल्यात् 6. K. om. संहिताम to परत्वात्
7. K. °पदाक्षेपो 8. K. om. स्य तु भेदकः to °वोक्तः सम्बन्धः

'प्रपचति' इत्यादौ उपसर्गवन्नायं क्रियाद्योतकः। षष्ठ्यपवादभूतया च द्वितीयैवोक्तः सम्बन्ध इति **न** तस्य कर्मप्रवचनीयो **वाचकः**। नापि प्रादेशं 'विपरिलिखति' इत्यादौ विशब्दवत् क्रियापदस्याक्षेपकः। किं तर्हि ? विशिष्टक्रियाजनितोऽयं सम्बन्ध इति सम्बन्धस्य **भेदको** विशेषकः कर्मप्रवचनीयः ॥२०४॥

इत्येवमपोद्धारप्रसङ्गेन पञ्चधा पदविभागः प्रदर्शितः। एवं दर्शितं पदप्रविभागमग्रेऽनूद्य सप्रपञ्चं पदार्थभेदमुपपादयिष्यति। यथा—

द्विधा कैश्चित् पदं भिन्नं चतुर्धा पञ्चधापि वा ॥ (Vāk. III. जा. 1.)

पदार्थानामपोद्धारे जातिर्वा द्रव्यमेव वा। Vāk. III. जा, २.

इत्यादि। [1]एवमखण्डवाक्यवादिनाऽपोद्धार**समाश्रयेण** प्रासङ्गिकादिकार्यसमर्थने विहिते तत्प्रसङ्गात् पदपदार्थपदभागपद(पदार्थभाग्)भागार्थविचारः कृतः। निरुक्तकारमतानुसारेण च नामाख्यातोपसर्गनिपातलक्षणप्रदर्शनं कृतम्। कर्मप्रवचनीयाः पञ्चमपदजातमिति केचित् प्रतिजानत इति तदपि प्रदर्शितम्। एवं च दूषितेषु परपक्षेषु स्वपक्षे च दूषणनिराकरणपूर्वकं स्थापिते पुनरप्यखण्डपक्षमेव[2] समर्थयितुकामो वार्त्तिकविरोधमाशङ्क्याह—

अनर्थकानां सङ्घातः सार्थकोऽनर्थकस्तथा।
वर्णानां [2]पदमर्थेन युक्तं नावयवाः पदे ॥२०५॥

किञ्च—

पदानामर्थयुक्तानां सङ्घातो भिद्यते पुनः।
अर्थान्तरावरोधेन सम्बन्धविगमेन च ॥२०६॥

अर्थान्तरस्य संसर्गलक्षणस्यावरोधेन परिग्रहेण कश्चिदेव 'देवदत्त गामभ्याज' इत्यादिकः पदसंघातोऽर्थवान्, कश्चित्तु दशदाडिमादिः परस्परसम्बन्धविगमेनानर्थक इति सम्बन्धाद् व्यपेतः ॥२०५-२०६॥

तदेव प्रदर्शयितुमाह—

सार्थकानर्थकौ भेदे सम्बन्धं नाधिगच्छतः।
अधिगच्छत इत्येके कुटीरादिनिदर्शनात् ॥२०७॥

---

1. G. °ण्डवाच्यवादिना. 2. O. यदमर्थेऽपि तु कामो वार्तिकविरोध. Then v. 205 preceded by its अवतरणिका is repeated.

भेदे क्रियमाणे सति यौ वर्णसमुदायौ [1]**सार्थकानर्थकौ** यथा—कुटीरशब्दे[2] कुटीशब्दो रशब्दश्च तौ **सम्बन्ध** [3]मनर्थकत्वान्नाधिगच्छत इति केचित् । [4]द्योत्येनार्थेनार्थवत्त्वादपरे संबन्ध**मधिगच्छत** इत्याहुः ॥२०७॥

सङ्घातार्थवत्त्वादवयवार्थवत्त्वमपि दर्शयितुमाह—

अर्थवद्भ्यो विशिष्टार्थः संघात उपजायते ।
नोपजायत इत्येके समासस्वार्थिकादिषु ॥२०८॥

राजपुरुष इत्यादा**वर्थवद्भ्यः** संघातोऽर्थवानुपजायते । **स्वार्थिकादिषु** त्ववयवार्थप्रकृतिकमर्थान्तिरं नाविर्भूतमिति नास्त्यवयवार्थव्यतिरिक्तसंघातार्थस्य संभवः ॥२०८॥

द्विविधरूपतयाऽवस्थितास्त इत्याह—

केचित्तु युतसिद्धार्था भेदे निर्ज्ञातशक्तयः ।
अन्वयव्यतिरेकाभ्यां केचित् कल्पितशक्तयः ॥२०९॥

युतः सिद्धोऽर्थो येषां ते तथाविधाः यथा शमीवृक्षो दाडिमीवृक्ष इत्यादयः । कस्मादेवमित्याह—**भेदे** इत्यादि । **भेदे** वाक्ये सति रूपस्याविनष्टत्वात् पृथगेव निर्ज्ञातशक्तयः **केचित्** संज्ञुप्रज्ञ्वादयोऽ**न्वयव्यतिरेकाभ्यां कल्पितशक्तय** इति । अत्र हि 'प्रगते जानुनी यस्य' 'संगते जानुनी यस्य' 'प्रसंभ्यां जानुनोर्ज्ञुः' (P. 5.4.129.) इति लक्षणानुगमेनार्थः कल्प्यः, न तु पृथगेव, वाक्ये दृष्टस्य जानुशब्दस्य नष्टत्वात् । तस्मात् सङ्घातार्थवत्त्वादिति भागासिद्धमनैकान्तिकं च बोद्धव्यम् ॥२०९॥

यदप्युक्तम्—

"अर्थवन्तो वर्णा धातुप्रातिपदिकप्रत्ययनिपातानामेकवर्णानामर्थदर्शनात्" (Vā. 9, M Bhā I. p. 30, l. २.)

इति तत्राह—

शास्त्रार्थ एव वर्णानामर्थवत्त्वे[5] प्रदर्शितः ।
धात्वादीनां विशुद्धानां लौकिकोऽर्थो न विद्यते ॥२१०॥

---

1. BU सार्थकौ नार्थकौ. 2. र. om. कुटीरशब्दे 3. BU °नर्थकत्वं नाधि.°
4. K. treats द्योत्येन to अधिगच्छतः as a Kārikā.
5. BU °र्थवत्वं

कृत्तद्धितानामर्थश्च केवलानामलौकिकः ।
प्राग्विभक्तेस्तदन्तस्य तथैवार्थो न विद्यते ॥२११॥
अभिव्यक्ततरो योऽर्थः प्रत्ययान्तेषु गम्यते ।
अर्थवत्ताप्रकरणादाश्रितः स तथाविधः ॥२१२॥

वर्णानामर्थवत्ताभ्युपगमे पदवाक्ययोरभिधायकता भज्येतेत्याह—

आत्मभेदो न चेत्कश्चिद् वर्णेभ्यः पदवाक्ययोः ।
अन्योन्यापेक्षया शक्त्या वर्णः स्यादभिधायकः ॥२१३॥

सुबोधम् ॥२१३॥

इदानीं मतभेदं[1] प्रदर्शयितुमाह—

वर्णेन[2] केनचिन्न्यूनः सङ्घातो योऽभिधायकः ।
न चेच्छब्दान्तरमसावन्यूनस्तेन गम्यते ॥२१४॥

यदि केनचिद्वर्णेन न्यूनः सङ्घात इष्कर्तारमित्यादावभिधायकस्तदा द्वयी गतिः—[3]शब्दान्तरमेकशब्दत्वं वा । यदि न शब्दान्तरत्वमिष्कर्तारमित्यस्य तदा न्यूनवर्णोऽपि पूर्णवर्णो निष्कर्तारमिति शब्द एव गण्यते । तस्मात् स्वार्थप्रतीतिरिति बोद्धव्यम् ॥२१४॥

एतदेव प्रतिपादयितुमाह—

स तस्मिन् वाचके शब्दे निमित्तात् स्मृतिमादधत् ।
साक्षादिव [4]व्यवहितं शब्देनार्थमुपोहते ॥२१५॥

यदि केनचिद् वर्णेन न्यूनः स न्यूनवर्णः [5]परिपूर्णशब्दवाचकरूपे **निमित्ताच्छा-**स्त्राभ्यासात् **स्मृतिमुपजनयन् साक्षादिव व्यवहितमप्यर्थं शब्देन** स्मृत्युपस्थापितेनो-**पोहते** समर्पयतीति । अथ शब्दान्तरत्वं तदा यथा परिपूर्णवर्णो वाचकस्तथा तत्सम्बन्धात् न्यूनवर्णोऽपीति न कश्चिद्विशेषः ॥२१५॥

तस्मादवयवानां तदर्थप्रतिपादनमनुपपन्नमेवेति प्रतिपादयितुमाह—

पदवाच्यो यथा नार्थः कश्चिद् गौरखरादिषु ।
सत्यपि प्रत्ययेऽत्यन्तं समुदाये न गम्यते ॥२१६॥

---

1. O. °भेदं पदं प्रदर्श; B om. इदानीं to आह. 2. B. om. वर्णेन to °धायकः 3. B. om. शब्दान्तरत्वं to बोद्धव्यम्.
4. BU व्यवहिते 5. K.S. °र्णशब्दे

समन्वित इवार्थात्मा पदार्थैर्यः प्रतीयते ।
पदार्थदर्शनं तत्र तथैवानुपकारकम् ॥२१७॥

गौरखरः कृष्णसर्प इत्यादौ यथा नैव पदानां वाच्यः कश्चिदर्थोऽस्ति सत्यपि वा तच्छ्रवणकाले तदर्थप्रत्यये गौरखर इत्यस्मिन् समुदायेऽत्यन्तं सर्वथा नैवायमर्थो गम्यते। जात्यन्तरमेव हि पदार्थसंस्पर्शमात्रविरहितं समुदायात्तत्रावगतं, तथैव देवदत्त गामभ्येत्यादिभिः पदार्थैर्यः प्रतिभालक्षणोऽर्थः **समन्वित इव** परमार्थतस्तु निर्विभागः पानकरसादिवत् प्रतीयते। तत्र पदार्थदर्शनमवयवार्थप्रतिभासोऽनुपकारक एव मन्तव्यः ॥२१६-२१७॥

यदि चैतन्नाभ्युपगम्यते तदा समुदायावयवयोर्भिन्नार्थत्वे सति वृत्तौ समकालमेव विरुद्धधर्मसंसर्गः प्राप्नोतीति पदवादिमतं दूषयितुमाह—

समुदायावयवयोर्भिन्नार्थत्वे च वृत्तिषु ।
युगपद् भेदसंसर्गौ विरुद्धावनुषङ्गिणौ ॥२१८॥

वृत्तिषु समासादिकासु, तुल्यकालं समुदायेन पांसूदकवदविभागापन्नस्यार्थस्य प्रतिपादनात् संसर्गः समासार्थः पदेभ्यश्च भिन्नस्यार्थस्य प्रतीतेर्**भेदसंसर्गौ विरुद्धौ**[1] **युगपत्** प्राप्नुतः। न चैतद्युक्तं [2]प्रतीत्यभावादिति ॥२१८॥

[3]पदपदार्थानां च सत्यत्वेऽध्यादीनां वाक्ये साधनाभिधायित्वं प्राप्नोति। न चैतद् दृष्टं साधनाभिधायकत्वेन स्वतन्त्राणां तेषां प्रयो(गा)दर्शनादित्याह—

कश्च [4]साधनमात्रार्थानध्यादीन् परिकल्पयेत् ।
अप्रयुक्तपदश्चार्थो बहुव्रीहौ कथं भवेत् ॥२१९॥

'अधिस्त्रि' इत्यादौ समुदायस्याधिकरणवृत्तित्वं परिदृष्टं न कदाचिदवयवस्येति। [5]यदा च पदानि सत्यार्थानि विद्यन्ते तदा बहुव्रीह्यर्थो नावकल्पेतेत्याह— **'अप्रयुक्त'** इत्यादि। 'चित्रगुः' इत्यादावयवानां सत्यार्थत्वे चित्रशब्दस्य गुणः कश्चिदभिधेयो [6]गोशब्दस्य गोजात(?ती)यः कश्चिदित्यप्रयुक्तं वाचकं पदं यस्यासावप्रयुक्तपदो देवदत्तार्थः कस्याभिधेयः स्यात् ॥२१९॥

---

1. BU. विशिष्टौ. 2. BU. om. प्रतीत्यभावादिति. 3. BU. om. पद ... to वाक्ये. 4. BU. साधनवान्नार्थोनिव्यादीन् 5. B. BU. यदि 6. BU. om. गोशब्दस्य

यदि चावयवानामर्थवत्त्वं स्यात्तदा प्रज्ञुः संज्ञुरित्यत्रापि [1]ज्ञुशब्दस्यार्थः पृथगुपलभ्येत, न चोपलभ्यत इति प्रतिपादयितुमाह—

प्रज्ञुसंज्ञ्वाद्यवयवैर्नचास्त्यर्थावधारणम्[2] ।

उपसंहर्तुमाह—

तस्मात् सङ्घात एवैको विशिष्टार्थनिबन्धनम् ॥२२०॥

तस्मात् समासेषु विरुद्धार्थोपस्थानादध्यादीनां साधनमात्रार्थवृत्तित्वा-[3] संभवात् बहुव्रीह्यर्थस्यासङ्गतेः प्रज्ञुसंज्ञ्वित्यादौ अवयवार्थानुपलम्भादित्युपपत्ति चतुष्टयेन सत्यार्थानां पदानामनुपपत्तेः **सङ्घात एवैको**ऽखण्डः प्रविभागशून्यः स्फोटात्मा विशिष्टस्यैव प्रतिभात्मकस्यार्थस्य निबन्धनमभ्युपगन्तुं युक्त इति सिद्धम्। सङ्घातसाधर्म्याच्च स्फोट एवात्र सङ्घातशब्देनोक्तः। सङ्घातो ह्यवयवैराच्छुरितो [4]भवति । स्फोटश्चापि ध्वनिभिराच्छुरित इति सङ्घातसाधर्म्यम् ॥२२०॥

इदानीमखण्डवाद्यात्मीयपक्षे परकीयचोद्यसप्तकमाशङ्क्य क्रमेण समर्थयितुमुपक्रमते । तथा च यदि पदार्थो नैव विद्यते तदा देवदत्त [5]यज्ञदत्त-विष्णुमित्रा भोज्यन्तामित्यत्र द्वन्द्वेनैक एवाखण्डः समुदायो वाक्यार्थो विधीयते । ततश्च पदार्थभेदस्यानभ्युपगमादेकत्वे च सति बहुवचनं नोपपद्येतेत्याशङ्क्य समर्थयितुमाह—

गर्गा इत्येक एवायं बहुष्वर्थेषु वर्तते ।
द्वन्द्वसंज्ञोऽपि सङ्घातो बहूनामभिधायकः ॥२२१॥

यथा गर्गस्यापत्यानि गर्गा इत्येकशेषे कृते गर्गशब्द एक एव निरस्तावयवविभागो बह्वर्थवृत्तित्वाद् बहुवचनान्तः, तथैव द्वन्द्वसंज्ञः सङ्घातो निरस्तावयवभेदोऽपि शब्दशक्तिमाहात्म्यात् बहुत्वमभिधत्त इति सत्यपि बहुवचने नास्ति तावता वाक्यार्थव्यतिरेकेण[6] पदार्थसद्भावः[7] ॥२२१॥

[8]अथ धवखदिरपलाशाः सिच्यन्तामित्यत्र वाक्यार्थव्यतिरेकेण [9]पदार्था-संभवात् प्रत्येकं वाक्यसमाप्तचयोगात् समुदायस्य च युगपत्सेचनक्रियाऽसम्भवाद्वा-

1. K. °त्रापि तुशब्द° 2. K. °स्त्यर्थोऽवधा° 3. B. °त्वसम्भवात् 4. K. om. भवति । स्फोटश्चापि ध्वनिभिराच्छुरितः
5. G om. यज्ञदत्त 6. K. वाक्यव्यतिरेकेण 7. BU om. सद्भावः, K. om. पदार्थसद्भावः
8. BU. K. om. अथ to °व्यतिरेकेण 9. BU. om. पदार्था

क्यार्थस्यानुपपत्तिरित्याशङ्क्य समर्थनार्थमाह—

यथैकदेशे भुज्यादिः प्रत्येकमवतिष्ठते ।
क्रियैवं द्वन्द्ववाच्येऽर्थे प्रत्येकं प्रविभज्यते ॥२२२॥

ब्राह्मणा भोज्यन्तामित्यत्र यथा विनापि वाक्यार्थव्यतिरेकेण पदार्थसद्भावं पदार्थानां भुजिक्रिया **प्रत्येकमवतिष्ठते** तथा द्वन्द्ववाच्ये[1] समुदायलक्षणेऽर्थे प्रत्येकं **प्रविभज्यत** इति न कश्चिद्दोषः । एतदुक्तं भवति—'ब्राह्मणा भोज्यन्ताम्' इत्यत्र यथा सत्यामपि समुदायप्रतिपत्तौ अपोद्धारबुद्ध्या प्रकल्प्यावयवान् प्रत्येकं[2] भुजिक्रिया समाप्यते तथैव द्वन्द्वात् समुदाये प्रतिपन्ने बुद्धिपरिकल्पितप्रविभागसमाश्रयणेन प्रत्येकं वाक्यपरिसमाप्तिर्बोद्धव्या ॥२२२॥

पुनरप्याशङ्क्य परिहर्तुमाह—

यच्च द्वन्द्वपदार्थस्य तच्छब्देन व्यपेक्षणा ।[3]
[4]**सापि व्यावृत्तरूपेऽर्थे सर्वनामसरूपता ॥२२३॥**

द्वन्द्वान्तर्वर्तिनः पदार्थस्य वाक्यार्थव्यतिरेकेणा[5]सम्भवात् सर्वनाम्ना परामर्शो नोपपद्यते । यथा—जनपदतदवध्योः (P. 4.2.124.) इति । अत्र हि जनपदात् तच्छब्देन परामृष्टाच्च तस्मादेवावधिभूतात् प्रत्यय इष्यते । वाक्यार्थव्यतिरेकेणासति च पदार्थे कथमसतः सर्वनाम्नाऽपेक्षणमिति पराभिप्रायमनूद्य समाधत्ते—**सापि** इत्यादिना । नात्र किञ्चित् सर्वनाम [6]विद्यते । तत्कुत एव तत्र द्वन्द्वपदार्थपरामर्शः स्यात् । केवलव्यावृत्तरूपे विशिष्ट एवात्र वाक्यार्थे प्रतिभामात्रेऽन्वयात् सर्वनामसारूप्यमात्रमाभाति, न तु वास्तवोऽत्र तत्पदार्थप्रत्ययः कश्चित् प्रतिपन्नः । तद् वक्ष्यति—

यदन्तराले ज्ञानं तु [7]पदार्थेषूपजायते ।
प्रतिपत्तेरुपायोऽसौ प्रक्रमानवधारणात् ॥

इति ॥२२३॥

---

1. BU. O. G. S. द्वन्द्ववाच्ये 2. BU. om. प्रत्येकं
3. B. K. व्यपेक्षणम् 4. A. सोऽपि 5. O.° केण सम्भवात् 6. K. om. विद्यते to प्रतिभामात्रे. 7. K.° र्थेषु जायते.

नन्वसति पदार्थे धवखदिरपलाशाश्छिद्यन्तामित्यत्राक्रमिकनिर्विभागो वाक्यार्थ इष्टस्ततश्च यथैव शब्दादवगतोऽर्थस्तथैवानुष्ठानमिति युगपदेव छिदिक्रिया प्राप्नोति । न चैवमनुष्ठातुं पार्यत इत्याह—

यथा च खदिरच्छेदे भागेषु क्रमवां[1]श्छिदिः ।
तथा द्वन्द्वपदार्थस्य भागेषु क्रमदर्शनम् ॥२२४॥

यत्रापि भवतः पदार्थवाक्यार्थयोर्भेदः खदिरश्छिद्यतामित्यादौ तत्रापि युगपदेवानुष्ठातुं न [2]याति । यावता खदिरस्य(?) प्रथमं [3]त्वग्भागं छिन्दन्ति ततोऽप्यस्थिभागं तदनन्तरं सारभागमिति क्रमवर्तिन्येव छिदिक्रिया पर्यवस्यति । तथैव द्वन्द्वे यः पदार्थोऽपोद्धार[4]बुद्धिपरिकल्पितः तस्य क्रमेण दर्शनं व्यवस्थितिरनुष्ठानमिति यावत् ॥२२४॥

अथास्मिन् पर्वते धवखदिरपलाशाश्छिद्यन्तामिति धवखदिरपलाशच्छेदनं निरूपितं वाक्यार्थः, तत्रैकदेशमात्रेऽपि छिन्ने यदादिष्टं तत्कृतमिति ब्रुवन्ति । तदेतदनंशे वाक्यार्थे कथमुपपत्तिमदित्याशङ्क्याह—

सङ्घैकदेशे प्रक्रान्तान् यथा सङ्घानुपातिनः ।
क्रियाविशेषान् मन्यन्ते स द्वन्द्वावयवे क्रमः ॥२२५॥

यथा ब्राह्मणा [5]भोज्यन्तामित्यत्र सङ्घाता[6]नुपातिन्यपि भुजिक्रिया तदेकदेशे प्रक्रान्ता प्रवर्तिता, अतो भुक्तं ब्राह्मणैरित्युच्यते तथा द्वन्द्ववाच्यसमुदायान्तर्गतावयवप्रवर्तितापि[7] शब्दार्थपरित्यागकारणतां [8]न प्रतिपद्यत इति विज्ञेयम् ॥२२५॥

यदि च पद[9]पदार्थासम्भवस्तदा पूर्वपदार्थप्रधानोऽव्ययीभावः, उत्तरपदार्थप्रधानस्तत्पुरुष इत्यादिकं [10]समासेष्वर्थाभिधानमनुपपन्नमित्याशङ्क्य [11]परिहर्तुमाह—

प्रतिपादयता वृत्तिमबुधान् वाक्यपूर्विकाम् ।
वृत्तौ पदार्थभेदेन प्राधान्यमुपदर्शितम् ॥२२६॥

वाक्यपूर्विकां वृत्ति समासलक्षणाम् **अबुधान् प्रतिपादयता** तद्भेदेन समासेषु पदार्थप्राधान्यमाचार्येणोपदर्शितम् । **वाक्यपूर्विकाम्** इति । यदा वाक्यमेव

---

1. B. क्रमवो छिदिः 2. S. तिया. 3. BU° थमं प्राग्भागं. 4. K. °द्धारपरि°
5. B. भोज्येवामित्य° 6. B. °नुपाविन्यपि° 7. र. °यान्तरगत.
8. K. कारणानां
9. K. om. र्थासम्भवस्तदा पूर्वपदार्थ. 10. B. समासेऽप्यर्था° 11. BU om. परिहर्तुम्

[1]वृत्तीभवति [2]कार्यवशादन्वाख्यानपक्षे तदैवमुक्तमित्यर्थः । एतदुक्तं भवति—अबुधबोधनाय तथा शास्त्रे प्रक्रियामात्रप्रदर्शनं कृतम्, न पुनस्तावता पदपदार्थसत्ताऽभ्युपगता ॥२२६॥

अब्राह्मण इत्यादौ [3]नञ्समासेऽपि यत् पदार्थप्राधान्यं बहुधा भाष्ये विकल्पितं तदप्यबुधबोधनाय शास्त्रप्रक्रियामात्रप्रदर्शनमेव बोद्धव्यमित्याह—

अभेदादभिधेयस्य नञ्-समासे विकल्पितम् ।
प्राधान्यं [4]बहुधा भाष्ये दोषास्तु प्रक्रियागताः ॥२२७॥

परमार्थस्त्वेकमेव तत्राभिधेयरूपं सकलजनप्रसिद्धं स्थितमिति न तत्र कश्चित् पूर्वोत्तरपदार्थव्यवहार उपपद्यते इति बोद्धव्यम् । प्रतिपादयिष्यते च—

शास्त्रवृत्तिप्रभेदेन लौकिकोऽर्थो न भिद्यते ।
नञ्समासे यतस्तत्र त्रयः पक्षा विचारिताः ॥ इति ॥२२७॥

अथ पदार्थासम्भवे [5]वृत्तिषु जहत्स्वार्थाविकल्पो नोपपद्यते किल, पदार्थासम्भवे कुत्रैतदुच्यते इत्याशङ्क्य समर्थयितुमाह—

जहत्स्वार्थविकल्पे च सर्वार्थत्यागमिच्छता ।
बहुव्रीहिपदार्थस्य त्यागः सर्वस्य[6] दर्शितः ॥२२८॥

यत एवमत एव तत्प्रदर्शनायाचार्येण वृत्तिषु जहत्स्वार्थपक्षे **सर्वार्थत्यागमिच्छता**[7] बहुव्रीहौ समासे सर्वस्य पदार्थस्य त्याग उपदर्शितः । तत्र हि पदार्थव्यतिरेकेणान्य एव समुदायार्थो विशिष्ट एव प्रतिभातीत्यतः सर्वथा न वास्तवः कश्चित् पदार्थव्यवहारोऽङ्गीकार्य इति । तदेवं द्वन्द्वे बहुवचनं प्रत्येकं वाक्यपरिसमाप्तिः सर्वनामप्रत्यवमर्शः क्रमेणानुष्ठानमेकदेशानुष्ठाने समुदायार्थानुष्ठानाभिमानश्चेति पञ्च चोद्यान्यपोद्धारसमाश्रयणेनाखण्डवादिना परिहृतानि । बहुव्रीहौ च [8]जहत्स्वार्थपक्षे[9] सर्वार्थत्यागोपदर्शनादखण्डमेव वाक्यमभिप्रेतमिति लक्ष्यते ॥२२८॥

इदानीं सर्वोऽयं पदपदार्थव्यवहारः काल्पनिकोऽसत्यभूत एव नानाविध-

1. र. वृत्तौ भवति. 2. BU. A. O. K. S. कार्यवशादन्वा°
3. O. तत्समासे. 4. K. बहुभाष्याद्दोषास्तु.
5. K. om. वृत्तिषु to °र्थासंभवे. 6. K. सर्वस्यास्य दर्शितः 7. B om. मिच्छता to बहुव्रीहौ च. 8. BU° स्वार्थापक्षे 9. K. स्वार्थत्याग

शास्त्रप्रक्रियामात्रशरणोऽवगन्तव्य इत्युपपादयितुमाह—

शास्त्रे क्वचित् प्रकृत्यर्थः प्रत्ययेनाभिधीयते ।
प्रकृतौ विनिवृत्तायां प्रत्ययार्थश्च धातुभिः ॥२२९॥

तथा च पदस्य प्रकृतिभागाश्रितमभिधेयं [1]प्रकृत्यसद्भावेऽपि प्रत्यय एवाभिदधाति । यथा—'इयान्' इत्यादौ । तथा [2]प्रत्ययार्थश्च विनिवृत्तेऽपि प्रत्यये[3] प्रकृत्यैवाभिधीयते । यथा—'अहन्' इति ॥२२९॥

पुनरप्य[4]व्यवस्थां प्रदर्शयितुमाह—

यमर्थमाहतुर्भिन्नौ प्रत्ययावेक एव तम् ।
क्वचिदाह पचन्तीति धातुस्ताभ्यां विना क्वचित् ॥२३०॥

तत्र **पचन्तीत्यादौ भिन्नौ प्रत्ययौ** शप्तिङौ यमर्थं कर्तृलक्षण**माहतुः, तम्** एवैकोऽ**प्याह** 'अत्ति', 'जुहोति' इत्यादौ । **क्वचिद्धातुः** एव तमर्थं **ताभ्यां विनैवाह** 'अहन् वृत्रमिन्द्रः इत्यादौ । किमेतत् पदार्थानां वास्तवत्वे प्रमाणधुरामावहत इति यत्किञ्चिदेतत् ॥२३०॥

शास्त्रप्रक्रियाणामप्यवास्तवत्वमुपपादयितुमाह—

अन्वाख्यानस्मृतौ ये च प्रत्ययार्था निबन्धनम् ।
[5]निर्दिष्टास्ते प्रकृत्यर्थाः [6]स्मृत्यन्तर उदाहृताः ॥२३१॥

कस्याञ्चिच्छब्दानुशासनस्मृतौ ये प्रत्ययविधाने **प्रत्ययार्था निबन्धनं निर्दिष्टास्त** एव स्मृत्यन्तरे **प्रकृत्यर्था** निबन्धन**मुदाहृता** इति नास्त्येव नैयत्वं पदपदार्थानाम् ॥२३१॥

प्रसिद्धत्वाच्च शास्त्राभ्यासाधिवासितमानसाः शास्त्रव्यवहारेषु [7]पदभागमपि प्रयुञ्जत एव । यथा—'उद्वमति' इत्येवं प्रयोक्तव्ये 'उद्वमि' इत्येवं लाघवार्थं प्रयुञ्जते । 'करोषि' 'करोषि' इति प्रयोक्तव्ये [8]'करि' इत्येकदेशमात्रं प्रयुञ्जत एवेत्यभिधातुमाह—

प्रसिद्धेरुद्वमिकरीत्येव शास्त्रेऽभिधीयते ।

---

1. S. प्रकृतिसद्भावेऽपि 2. BU. प्रत्यया प्रत्ययार्थश्च 3. र. G. om प्रत्यये
4. BU. K. पुनर्व्यवस्थां 5. G. र. S. निर्दिष्टार्थप्र°
6. K. स्मृत्युत्तर 7. S. om. पदभागमपि 8. BU. करोतीत्येक°

[1]ननु वस्तुभूताः शास्त्रप्रक्रियाः[2] किमिति नाश्रिता इत्याह—

व्यवहाराय मन्यन्ते शास्त्रार्थप्रक्रिया यतः ।।२३२।।

शास्त्रार्थप्रक्रिया [3]केवलमबुधानां व्युत्पादनाय । अतो न शास्त्राणि तत्त्वं वक्तुं [4]पारयन्ति ।।२३२।।

[5]अथाविद्यैवासत्या प्रक्रियाभेदेनोपवर्ण्यत इत्याह—

शास्त्रेषु प्रक्रियाभेदैरविद्यैवोपवर्ण्यते ।

यद्येवं किमविद्योपदर्शक[6]शास्त्रप्रक्रियासमाश्रयेण प्रेक्षापूर्वकारिणामित्याह—

अनागमविकल्पा तु स्वयं विद्योपवर्तते ।।२३३।।

अविद्योपमर्देन हि उत्तरकालमागमविकल्परहिता शास्त्रप्रक्रिया प्रपञ्चशून्या [7]विद्योपा(प)वर्तते प्रकटीभवति । एतदुक्तं भवति—'अविद्यैव विद्योपायः' इति ।।२३३।।

ननु कथमविद्या [8]विद्यास्वरूपविलक्षणा विद्याया उपायः स्यादित्याह—

अनिबद्धं निमित्तेषु निरुपाख्यं फलं यथा ।
तथा विद्याप्यनाख्येया शास्त्रोपायेव लक्ष्यते ।।२३४।।

न हि कारणेषु कार्यं केनचिद् [9]व्यपदेश्येन रूपेण संबद्धं वक्तुं पार्यते । [10]तत्र यथा कार्यलक्षणं फलं निमित्तेषु कारणेषूपाख्याविरहितं कारणसमन्वयविरहितमप्यद्भुतेन रूपेणोपजायते तथैवाविद्याविलये स्वयं विद्योपावर्तमाना शास्त्रादुपजातेति नाख्यातुं शक्यते, केवलमदूरविप्रकर्षेण शास्त्राभ्यासाद् यदसावनुशील्यते ततो विद्यायां [11]शास्त्राण्यु[12]पाया इव लक्ष्यन्ते । वस्तुस्थित्या तु प्रविवेकादसौ प्रकाशत इति बोद्धव्यम् ।।२३४।।

"शास्त्रेषु प्रक्रियाभेदैरविद्यैवोपवर्ण्यते" इत्युक्तम् । ततश्च शास्त्राभ्यासा-

---

1. K. न सु व° 2. O °प्रक्रियायां 3. BU. अबुधबोधनाय.
4. O. om. शास्त्रार्थं° to पारयन्ति.
5. O. om. अथाविद्यैवासत्या प्रक्रिया. 6. B. om. समाश्रयेण to शास्त्रप्रक्रिया
7. B. om. विद्योपावर्तते प्रकटीभवति.
8. O. विद्यारूपलक्षणा. 9. O. व्यपदेशेन. 10. G. र. यत्र 11. G. र. शास्त्रोपायेव 12. K. शास्त्राण्युपोयं इव

नतिक्रमेणैव लोकस्य वाक्शब्दोऽर्थप्रतिपत्तिं समीहत इत्याह—

यथाभ्यासं [1]हि वागर्थे[2] प्रतिपत्तिं समीहते ।

सः अनादिरभ्यासो मिथ्याभूत एव स्वाभाविक इव प्रतिभातीत्याह—

स्वभाव एव चानादिर्मिथ्याभ्यासो व्यवस्थितः ॥ २३५ ॥

मिथ्यात्वमेव प्रतिपादयितुमाह—

उत्प्रेक्षते सावयवं परमाणुमपण्डितः ।
तथावयविनं युक्तमन्यैरवयवैः पुनः ॥२३६॥

तारतम्ययोगादपकर्षप्राप्तिं परिमाणस्यानुमाय परमाणुः स्थापितः । तस्याप्यान्यः सावयवत्वमुत्प्रेक्षत[3] इति नास्त्येव पुरुषबुद्धीनां वास्तवत्वम् । अवयविनमप्यवयवान्तरयोगिन[4]मुत्प्रेक्षते ॥२३६॥

तथा परिमितपरिमाणं घटादिकं दृष्ट्वा लोक्यत इति लोकोऽयं विश्वप्रपञ्चरूपः परिच्छिन्नतयावस्थितोऽध्यवसीयत इत्याह—

घटादिदर्शनाल्लोकः परिच्छिन्नोऽवसीयते ।
समारम्भाच्च भावानामादिमद्[5] ब्रह्म शाश्वतम् ॥२३७॥
उपायाः शिष्यमाणानां बालानामुपलापनाः[6] ।
असत्ये वर्त्मनि स्थित्वा ततः सत्यं समीहते ॥२३८॥

समारम्भादुत्पादाच्च **भावानामिदं शाश्वतमपि ब्रह्मा**दिमदिति लोके[7] व्यपदिश्यते । तस्मा**दुपायाः** शास्त्राणि जिज्ञासूनामबुधाना**मुपलापनाः** प्रतारणा एव बोद्धव्याः । यस्मात्तत्रासत्यरूपे शास्त्रप्रक्रियामात्रेऽर्थे[8] [9]**स्थित्वा** अविद्यामुत्सृज्य **सत्यं** विद्यास्वरूपं ब्रह्म **समीहते** प्राप्नोतीति यावत् ॥२३७-२३८॥

इदानीं पुनरपि पदपदार्थनिराकरणं प्रतिपादयितुमाह—

अन्यथा प्रतिपद्यार्थं पदग्रहणपूर्वकम् ।
पुनर्वाक्ये तमेवार्थमन्यथा प्रतिपद्यते ॥२३९॥

---

1. G. र. A. अथाभ्यासं. 2. BU. मात्रार्थे
3. BU. उत्प्रेक्ष्यते. 4. K. उत्प्रेक्ष्यते.
5. BU. अनादि 6. BU. उपलालनाः 7. K. लोकैः 8. BU. °मात्राथ
9. S. om. स्थित्वा.

यदि च सत्यभूताः पदार्थाः स्युस्तदा पदार्थप्रतिपत्त्यवसरे सर्वमन्यथा [1]प्रतिपद्यते । वाक्यार्थावसरे तत्परित्यागेनान्यथैव प्रतिपत्तिर्दृश्यमाना नोपपद्यते । एतच्चाग्रे 'स्तुतिनिन्दा' इत्यादिना व्यक्तीकरिष्यति ॥२३९॥

[2]यदि च सत्यभूताः पदार्था अभ्युपगम्यन्ते तदा प्रतिषेधो नोपपद्यते । [3]तथा च पदग्रहणपूर्वकमादौ पदार्थः प्रतिपन्नः, पश्चाद् वाक्यार्थप्रतिपत्त्यवसरे तदर्थपरित्यागेनान्य एवार्थ उपजायत इति प्रतिपादयितुमाह—

उपात्ता बहवोऽप्यर्था येष्वन्ते प्रतिषेधनम् ।
क्रियते ते निवर्तन्ते तस्मात्तांस्तत्र नाश्रयेत् ॥२४०॥

'इहाद्य धवखदिरपलाशाश्च्छेदनीया न' इत्यत्र पदार्थप्रतिभाससमयेऽन्य एव धवादिच्छेदनलक्षणोऽर्थ उपादीयते पश्चान्निषेधेन तन्निवर्तनं क्रियते । न चैतद्युक्तम् । उपात्तस्य [4]त्यागे शब्दार्थसंबन्धस्यानित्यत्वप्राप्तेरिति तेषां तत्रानाश्रयणमेव युक्तमित्याह [5]तस्मात्तांस्तत्र नाश्रयेद् इति ॥२४०॥

[6]अतो वाक्यवाक्यार्थयोरेव [7]सत्यत्वमत्र युक्तमभ्युगन्तुमित्याह—

वृक्षो नास्तीति वाक्यं [8]च विशिष्टाभावलक्षणम् ।
नार्थेन बुद्धौ सम्बन्धो[9] निवृत्तेरवतिष्ठते ॥२४१॥

एतद्वाक्यमेवाखण्डं[10]विशिष्टाभावलक्षणमिति वृक्षाभावावगतिरूपस्य वाक्यार्थस्य [11]लक्षणं प्रत्यायकमिष्यते । यदि पुनः पदार्थोऽत्र व्यतिरिक्तोऽभ्युपगम्यते तदा वृक्ष**लक्षणं** [12]पदार्थे व्यवस्थिते नञ्संबन्धस्तस्य नोपपद्यते' तस्य हि स्वकारणाल्लब्धात्मलाभस्य [13]नञा निवृत्तिः कर्तुं न शक्यते । अथासत एव नञा संबन्धस्तदाऽसत्त्वादेव निवृत्तोऽसाविति नञो वैयर्थ्यम् । यदुच्यते—

सतां च न निषेधोऽस्ति सोऽसत्सु च न विद्यते ।
जगत्यनेन न्यायेन नञर्थः प्रलयं गतः ॥ (?इति)

तस्मादर्थस्य स्वत एव निवृत्तेस्तेन सह निवृत्तिवाचकस्य सम्बन्धो न विद्यते ॥२४१॥

---

1. B. BU. °पद्य वाक्य° 2. G. र. om. यदि च to नोपपद्यते. 3. G. र. यथा च 4. B. °त्तस्य खदिरत्यागे 5. K. om. तस्मात्तांस्तत्र नाश्रयेत्. 6. K. om. अतो वाक्य to युक्तमित्याह. 7. O. ससत्यमत्र 8. K. च शिष्टभाव.° 9. BU. न्धे, O. संबुद्धौ संबुद्धौ 10. K. O. ण्डं शिष्टभाव° 11. K. om. लक्षणं to तदा वक्ष 12. BU. बाह्ये, K. वाक्ये. 13. G. र. न जातनिवृत्तिः, BU. न तथानिवृत्तिः, A. न तत्रानिवृत्ति.'

[1]अथोच्यते विच्छेदेन पदार्थविषयास्तिबुद्धिरवधृता[2] सा नञा निवार्यत इत्याह—

[3]विच्छेदप्रतिपत्तौ च यद्यस्तीत्यवधार्यते ।

एवं च बुद्धावपि नञ्संबन्धो नोपपद्यत इत्याह

अशब्दवाच्या सा बुद्धिर्निवर्तेत स्थिता कथम् ॥२४२॥

नञा शब्दवाच्योऽर्थः प्रतिषिध्यते । न च बुद्धिः शब्दवाच्या । शब्देन हि [4]बाह्योऽर्थोऽभिधीयते । बुद्धिस्त्वर्थालम्बना न शब्दाभिधेयत्वमर्हतीत्यतः कथं सा नञा प्रतिषिध्यते ॥२४२॥

अथ बुद्धिर्न निवर्तते, अपि तु तस्या नञा मिथ्यात्वमावेद्यत इत्याह—

अथ यज्ज्ञानमुत्पन्नं तन्मिथ्येति नञा कृतम् ।

एतदपि निराकर्तुमाह—

नञो व्यापारभेदेऽस्मिन्नभावावगतिः कथम् ॥२४३॥

नञ एवमात्मके व्यापारविशेषे बुद्धिनिषेधात्मकेऽङ्गीक्रियमाणे सति वृक्षस्याभावावगतिर्न स्यात् किल । पर्युदासे सदृशप्रतिपत्तिविधायिनि [5]नञ्वाच्य एतदुपपद्यते । प्रसज्यप्रतिषेधे तु नैतदुपपद्यते, वृक्षाभावो हि तत्र वाक्यार्थ इति ॥२४३॥

अथ निवर्त्यमान एवास्याधारोऽभिधेयः कल्प्यते तत्राप्याह—

निराधारप्रवृत्तौ[6] च प्राक्प्रवृत्तिर्नञो[7] भवेत् ।

आधारमनपेक्ष्यैव नञ् प्रवर्तत इति यद्युच्येत[8] तदा नञः प्रागेव प्रवृत्तिः प्रयोगः स्यात् । प्रतिषेद्धुमिष्टे सर्वत्र नेत्येवाभिदध्युरिति । [9]अथ विषयनियमार्थ-

---

1. B. om. अथोच्यते to निवार्यत. 2. BU. °र्थवृत्तित्वास्तित्वबु. 3. om. विच्छेदप्रति to स्थिता कथम्. 4. K. वाच्यो
5. BU. °मिनि नञा एतदु°
6. र. °धारप्रवत्तां च. 7. BU. वाक्यवृत्तिः, O. शक्यवत्तिः 8. O. यद्यस्येत.
9. O. अप्यथ.

माधारप्रयोगो न वृक्ष इति वृक्षस्य निषेधो न घटादेरिति प्रतिपादयितुमाह—

अथाधारः स एवास्य

अत्रापि दूषणमभिधातुमाह—

नियमार्था श्रुतिर्भवेत् ॥२४४॥

नञ्ँव तदर्थनिषेधे जाते पुनरसौ तच्छ्रुतिर्नियमाय वा स्यात् ॥२४४॥

निपाता द्योतकाः केचिदित्यभिप्रायेणाह—

नियमद्योतनार्था वा

[1]अथानुक्रम्य विस्पष्टार्थं[2] पुनर्वचनमनुवादः स्यादित्याह—

अनुवादोऽथवा भवेत् ।

सर्वथैवमानर्थक्यमेव [3]पदार्थानां स्यादित्याह—

कश्चिदेवार्थवांस्तत्र शब्दः शेषास्त्वनर्थकाः ॥२४५॥

न ब्राह्मण इत्यादौ नञ एवार्थवत्त्वमित्यन्येषामानर्थक्यं स्यात् । न चैतदुपन्नम् । एतस्माद् वृक्षो नास्तीत्यस्मा[4]खण्डादखण्ड एव विशिष्टाभावरूपो वाक्यार्थः, न पुनस्तत्त्वतः पृथगेव पदार्थः सत्यभूतः कश्चिदुपपन्नः ॥२४५॥

अथ 'अन्यथा प्रतिपद्यार्थम्" (v.239.) इत्येतद् व्याख्यातुमाह—

विरुद्धं चाभिसम्बन्धमुदहार्यादिभिः कृतम् ।
वाक्ये समासे वाक्यार्थमन्यथा प्रतिपद्यते ॥२४६॥

उदहार्यादिभिः पदैर्विरुद्धपदार्थप्रतिभासावसरेऽभिसम्बन्धमवगच्छति । यथा— 'उदहारि भगिनि! या त्वं शिरस्यनड्वाहं वहसि सा त्वं प्राचीनं [5]कुम्भमभिधावन्तमद्राक्षीः' इत्यत्रोत्तरकालं वाक्यार्थ[6]प्रतिपत्त्यवसरेऽन्यथैवार्थप्रतिपत्तिरिति न पदार्थः कश्चिदुपपन्नः ॥२४६॥

---

1. BU. अथवानुक्तस्य. 2. K. विसृष्टार्थं. 3. BU, A. पदानां 4. K. om. अखण्डाद्.
5. O. नं भमभि° 6. BU. वाक्याद् वाक्यार्थावसरे.

एतदेवान्यथा प्रतिपादयितुमाह—

स्तुतिनिन्दाप्रधानेषु [1]वाक्येष्वर्थो न तादृशः ।
पदानां प्रविभागेन यादृशः परिकल्प्यते ॥२४७॥

स्तुतिप्रधानं वाक्यं किञ्चिद्भवति यत्र पदार्थो [2]निन्दा

इन्दोर्लक्ष्म स्मरविजयिनः कण्ठमूलं मुरारे-
र्दिङ्[3]नागानां[4]मदमलमषीभाञ्जि गण्डस्थलानि ।
अद्याप्युर्वीवलयतिलक ! श्यामलिम्नानुलिप्ता-
न्युद्भासन्ते वद धवलितं किं यशोभिस्त्वदीयैः ॥

अत्र पदार्थप्रतिभासवेलायां निन्दावगम्यते । यस्माद् 'हे राजन् ! [5]अलीक-[6]मेवोद्धतां कन्धरां वहसि । तथा हि—न सर्वव्यापि त्वदीयं यशः । यदि हि तथा स्यात् तदा किमित्यद्यापि प्रसिद्धा एव शशलक्ष्मादयः पदार्थाः श्यामलतया भासन्ते? यशसो ह्यवदाततया (?त्व)दीयस्य व्यापितायां तद्व्याप्तास्ते श्वेता भवेयुरेवेति पदार्थो निन्दा। स्तुतिस्तु वाक्यार्थः। तथा च "राजन्! सर्वमेव जगद् यशसा त्वदीयेन धवलितं केवलं स्वभावस्य दुस्त्यजत्वाद्यदि परं चत्वार्येव वस्तूनि त्रिजगति श्याम-गुणयुक्तान्यन्यत् सर्वमेव त्वदीयेन यशसा व्याप्तमिति [7]सर्वत्र त्रिलोक्यामपि प्रथितप्रतापस्त्वमिति वाक्यार्थः ।

निन्दाप्रधाने स्तुतिः [8]पदार्थो यथा—

[9]हे हेलाजितबोधिसत्त्व! वचसां किं विस्तरैस्तोयधे!
नास्ति त्वत्सदृशः परः परहिताधाने गृहीतव्रतः ।
तृष्यत्पान्थजनोपकारघटनादौर्मुख्यलब्धायशो-
भारप्रोद्वहने करोषि कृपया साहायकं [10]यन्मरोः ॥

अत्र बोधिसत्वचरितस्यापि त्वदीयेनानेन, [11]तोयनिधे! परार्थसम्पादनसाद्गुण्येन पराजय इति[12] पदेभ्यः स्तुतिरवगम्यते । वाक्यार्थस्तु निरतिशयगर्हापात्रत्वमुदधेर-वेक्ष्यत इति । ततश्च पदपदार्थानां वास्तवत्वे कथमेतत् संगच्छत इति ॥२४७॥

अथात्र पदवादिमतमाशङ्कितुमाह—

[13]अथासंसृष्ट एवार्थः पदेषु समवस्थितः ।
वाक्यार्थस्याभ्युपायोऽसावेकस्य प्रतिपादने[14] ॥२४८॥

---

1. G. S. वाच्येष्व° 2. B. निन्दाः. 3. G. मुरारिर्दिङ,° र. मुरारिदिङ्ना°.
4. K. पदमल°. 5. B. राजन्नलोक 6. K. °मेवोद्धतां 7. K. om. सर्वत्र to पदार्थो यथा 8. G. पदार्थे 9. G. देहे लाजित°. 10. A. जन्म भोः
11. BU. तोयनिधेः 12. B. om. पदेभ्यः to संगच्छत इति.
13. K. अर्थाचा.

[1]**पदेष्वर्थोऽसंसृष्ट एव वाक्यार्थस्यैकस्य** संसर्गलक्षणस्य [2]**प्रतिपादनेऽभ्युपायः** स्थितः । पदार्थपूर्वको हि वाक्यार्थावसायो व्यवस्थित इति ॥२४८॥

एतन्निराकर्तुमाह—

पूर्वं [3]पदेष्वसंसृष्टो यः क्रमादुपचीयते ।
छिन्नग्रथितकल्पत्वान्न विशिष्टतरं विदुः ॥२४९॥

आदौ **पदेष्वसंसृष्ट** इव स्थितः **क्रमाच्च** संसृज्यो**पचीयते**[4] यो वाक्यार्थः स विशिष्टतरः [5]सुदूरं विशिष्ट एव(?न)। कस्मात्? **छिन्नग्रथितकल्पत्वात्** इति । पूर्वं छिन्नः पश्चाद् ग्रथितो यस्तत्तुल्योऽसावित्यसंसृष्टपदार्थपूर्वको वाक्यार्थावसायो न युज्यत इति ॥२४९॥

तदेवं प्रकृतिप्रत्यययोः परस्परमेकापायेनाप्यर्थावगतेरुभयतोऽर्थस्य[6] सम्प्रत्यये सत्येकस्मादेव प्रत्ययात् क्वचिदर्थप्रतिपत्तेः प्रकृतिप्रत्ययार्थयोश्च[7] सांकर्येण [8]शास्त्रेष्वभिधानात् वाक्यार्थस्य च पदार्थप्रतिपत्तिविलक्षणत्वात् नञर्थानुपपत्तेः सर्वत्रोपात्तत्यागप्रसक्तेरित्युपपत्तिषट्केन वृत्तिषु विशिष्टार्थोपपादनादिना च पूर्वोक्तोपपत्तिचतुष्टयेन सत्यभूतानां पदार्थानामनुपपत्तेरखण्डपक्षे च प्रतिनिध्यादिचोद्यपञ्चकस्य तथा द्वन्द्वाश्रयेण चोद्यसप्तकस्य परिहरणान्निरवद्यमखण्डमेव स्फोटात्मकं वाक्यं प्रतिभैव च वाक्यार्थ इति स्थितम् ।

इदानीमपोद्धारसमाश्रयेणापि पदार्थस्याभ्युपगतत्वान्मुख्यगौणविचारमप्यासूत्रयितुमाह—

एकमाहुरनेकार्थं शब्दमन्ये परीक्षकाः ।
निमित्तभेदादेकस्य सार्वार्थ्यं तस्य भिद्यते ॥२५०॥

अत्रैकशब्ददर्शनमनेकशब्ददर्शनं[9] चेति द्वौ पक्षौ । तत्रापि पदपदार्थयोः [10]सत्यत्वं पदवादिमतेन, असत्यत्वं च वैयाकरणमतेनेति चत्वारः [11]पक्षाः । प्रतिक्षिप्तमपि पक्षं व्यवहारार्थमङ्गीकरोत्येव टीकाकारः । यतः [12]सर्वपार्षदमिदं हि व्याकरणं शास्त्रम् । तत्र चायं स्थित इत्यत्र पुनः पदपदार्थावङ्गीकरोति । तत्रैकशब्ददर्शने शब्दोपचारः प्रसिद्धचप्रसिद्धिनिमित्तकः । तत्रैव चार्थोपचारो द्विधा [13]स्वरूपार्थत्वेन [14]बाह्यार्थत्वेन

1. K. °पादेष्वर्थो. 2. B. °पायने.
3. S. om. पदेषु to विदुः 4. O. °सृज्योपधौपयो. 5. G. र. सुदृढं.
6. O. °र्थगतेः 7. BU. °श्चासां कर्मेण. 8. A °ष्वविभिधानाद् 9. O om. अनेकशब्ददर्शनम्. 10. om. °त्वं सत्यत्वं च. 11. S. पक्षौ. 12. O. सर्वपाभिदं. 13· O. स्व नूणार्थ 14. O. स्वार्थत्वेन च.

च इति त्रयः पक्षाः। एवमन्यत्र। तदेवमेतैस्त्रिभिः पक्षैश्चत्वारोऽपि पक्षा [1]अभिहिता द्वादश सम्पद्यन्त इति बोद्धव्यम्। तत्रैकशब्ददर्शनसमाश्रयणेन तावद् गौणमुख्यविचार**मेकमाहु**रित्यादिना करोति। सर्वेष्वप्यर्थेष्वेक एव गोशब्दो वाचकः। यद्येवं युगपदेव सर्वार्थप्रकाशनं [2]कस्मान्न करोतीत्याह **निमित्तभेदाद्** इत्यादि। निमित्तभेदो वक्ष्यमाणस्तस्मात् **सार्वार्थ्यं भिद्यत** इति ॥२५०॥

ततश्च किमित्यत आह—

यौगपद्यमतिक्रम्य पर्याये व्यवतिष्ठते ।

निमित्तवशाद् युगपत् सर्वार्थप्रकाशनं न करोतीत्यर्थः ॥

निमित्तभेदमाह—

अर्थप्रकरणाभ्यां वा योगाच्छब्दान्तरेण वा ॥२५१॥

'यौगपद्यमतिक्रम्य पर्याये [3]व्यवतिष्ठते' इत्यस्योदाहरणमाह—

यथा सास्नादिमान् पिण्डो गोशब्देनाभिधीयते ।
तथा स एव गोशब्दो वाहीकेऽपि व्यवस्थितः ॥२५२॥

यद्येवं गौणमुख्यविभागः कुत इत्याह—

सर्वशक्तेस्तु[4] तस्यैव शब्दस्यानेकधर्मणः ।
प्रसिद्धिभेदाद् [5]गौणत्वं मुख्यत्वं चोपवर्ण्यते ॥२५३॥

सर्वशक्तिमत्त्वं **चानेकधर्मण** इत्यनेन व्याख्यातम्। **प्रसिद्धिभेदात्** प्रसिद्धिविशेषाद् गोजातीये सातिशया गोशब्दस्य प्रसिद्धिः, वाहीकेत्वीषदिति। तस्मात् प्रसिद्ध्यप्रसिद्धिकृतो गौणमुख्यभावः ॥२५३॥

तथैकदर्शन एव प्रक्रियां दर्शयति—

एको मन्त्रस्तथाध्यात्ममधिदैवमधिक्रतु ।
असङ्करेण सर्वार्थो भिन्नशक्तिर्व्यवस्थितः ॥२५४॥

तथा चैक एव मन्त्र आत्मन्यपि जपावसरे, देवेष्वपि क्रतौ, यजनसमयेऽपि

---

1. BU OK. भेदिता. 2. O. om. कस्मान्न to भिद्यते.
3. K. पर्यायेष्ववतिष्ठत
4. BU. सर्वशक्तिषु 5. B. om. गौणत्वं to व्याख्यातम्

विनियुज्यते भिन्नशक्तित्वादसाङ्कर्येण प्रतिनियतार्थतया व्यवस्थितिं लभत इत्यर्थः ॥२५४॥

एवं [1]शब्दोपचारः प्रसिद्ध्यप्रसिद्धिनिमित्तकः प्रदर्शितः । एतस्मिंश्च शब्दोपचारे शब्दार्थसंबन्धस्यानित्यत्वं स्यादित्याशङ्क्यार्थोपचारमाश्रित्याह—

गोत्वानुषङ्गो वाहीके निमित्तात्कैश्चिदिष्यते ।
अर्थमात्रं विपर्यस्तं शब्दः स्वार्थे व्यवस्थितः ॥२५५॥

अर्थः शब्दस्य द्विविधः, स्वरूपं बाह्यश्च । तत्र निमित्ताज्जाड्यादेर्गोत्वं [2]वाहीकेऽप्यनुषज्यते, शब्दस्तु गोत्वमेवाभिधत्त इति बाह्यार्थोपचारः । इयांस्तु विशेषः —गौरित्यत्र मुख्यमेव गोत्वम्, गौर्वाहीक इत्यत्र [3]तूपचरितं तदेव वाच्यमिति ॥ ॥२५५॥

अथ स्वरूपोपचारमाह—

तथा स्वरूपं शब्दानां सर्वार्थेष्वनुषज्यते ।
अर्थमात्रं विपर्यस्तं स्वरूपे तु स्थितिः स्थिरा ॥२५६॥

शब्दानां स्वरूपम् एव सर्वत्र वाच्यम् ।[4] तत्तु गोजातीये कदाचिदनुषज्यते, कदाचिद् वाहीके इत्यनित्यत्वं नास्ति शब्दार्थसंबन्धस्य । प्रसिद्ध्यप्रसिद्धिकृतस्तु[5] गौणमुख्यविभागो बोद्धव्यः ॥२५६॥

अथानेकशब्ददर्शनमाश्रित्याह—

एकत्वं तु [6]सरूपत्वाच्छब्दयोर्गौणमुख्ययोः ।
आहुरत्यन्तभेदेऽपि [7]भेदमार्गानुसारिणः ॥२५७॥

भेदमार्गानुसारिणः [8]शब्दभेदवादिनः । गौणमुख्यार्थाभिधायिनोर्गोशब्दयोर्भेदमेवाहुः[9] । ते ह्यर्थभेदाच्छब्दभेदं मन्यन्ते । यतः शब्दार्थयोरिहाध्यासलक्षणः सम्बन्धो व्यवस्थितः । एकत्र चेदध्यस्तस्तस्मिंस्तेनैवाभेदमापन्नः कथमन्येन सहाध्यासमुपेयादित्यर्थः । तदेवं शब्दभेद एवोपपन्नः । एतच्च [10]भेदाभेदस्वभावं दर्शनद्वयं शब्दानां भाष्यकारेण वार्त्तिकव्याख्यानावसरे दर्शितम् । तत्र ह्युक्तम्—

---

1. O. शब्दोपचार. 2. O. K. °केष्वनु° 3. O. स्वरूपचरितं
4. K. वाच्ये. 5. K. °कृते गौ°
6. B. स्वरूपत्वा. 7. G. र. S. °मार्गानुदर्शितः 8. O. शब्दे भेद° 9. D. om. भेदमेवाहुः to तेनैवा. 10. K. भेदस्वभावं.

"तत्रानुवृत्तिनिर्देशे सवर्णाग्रहणमनण्त्वात्" (Vā. 4.M.Bhā I, p. 16.l.19.) इति ।

अत्रोत्तरम्—

'एकत्वादकारस्य सिद्धम्' (Vā. 5 M. Bhā I, p. 16.l.23) इति । यद्येवं अनुबन्धसंकरस्तु । एकाजनेकाज् ग्रहणेषु चानुपपत्तिः (Vā. 6.7 *M. Bhā*, I, p. 16 l. 25, p. 17 l. 1.)

इत्यादीनि [1]चोद्यानि प्राप्नुवन्ति, तत्रैवैतानि परिहृतानि—

'विषयेण तु नानालिङ्गकरणात् सिद्धम्' (Vā. 9. M. Bhā I, p. 17, l. 8.)

'एकाजनेकाज्ग्रहणेषु चावृत्तिसंख्यानात्'—(Vā. 10, M. Bhā I, p. 17.)

इत्येवमेकशब्ददर्शनं [2]स्थापितम् ।

अथानेकदर्शनमाश्रित्य तत्रैवोक्तम्—

"आन्यभाव्यं तु कालशब्दव्यवायात् (Vā. 11, M. Bhā. 18, I, p. 5.)

युगपच्च [3]देशपृथक्त्वदर्शनात् (Vā. 12, M. Bhā. 18, I, p. l. 9.)

इत्येवं भेदाभेदौ शब्देषु व्यवस्थापितौ । तद्व्याख्यानायैव टीकाकारः [4]स्वतन्त्रपक्ष-द्वयदर्शनं करोतीति बोद्धव्यम् ॥२५७॥

अथैतदेव शब्दभेददर्शनं प्रसङ्गाद्वैदिकेष्वपि शब्देषु योजयितुमाह—

सामिधेन्यन्तरं चैवमावृत्तावनुषज्यते ।

त्रयोदशैकादश वा समिन्धनार्था ऋचः सामिधेन्यः । तत्र त्रिः प्रथमामन्वाह त्रिरुत्तमामन्वाह । एवं चावृत्त्या सप्तदश पञ्चदश वा सामिधेन्यो भवन्तीति स्थितम् । तत्रावृत्तं सामिधेन्यन्तरमेव विभिन्नस्वरूपमनुषक्तं बोद्धव्यम् । न [5]तत्त्वेनैकैवासौ पुनरावृत्तेति शब्दभेदवादिनः ।

एवं च मन्त्राणामपि भेदमाहुरिति प्रदर्शयितुमाह—

मन्त्राश्च विनियोगेन लभन्ते भेदमूहवत् ॥२५८॥

विनियोगेन अभ्युपयोगादिनोपलक्षिता अपि मन्त्रा भिन्ना एव बोद्धव्याः । [6]यथाह—[7]दैवीरापः शुद्धा इत्यस्मादन्य एव स्तुत्यर्थवादोऽभ्यूह्यते देव [8]आज्यं शुद्धमित्यादि । एवमूहमन्त्राणामन्यत्वम्, तथैव विनिर्मुक्तानां मन्त्राणामन्यत्वमेव ॥२५८॥

---

1. K. बोधाने. 2. BU व्यवस्थापितं.
3. O. युगपदेकशब्दपृथक्त्व° 4. BK. टीकाकारस्तत्र तत्र.
5. G. K̆. S. न तत्वेकैवासौ 6. BU अहे, O. अक्ते. 7. BU. देवीषराय:
8. BU. देवा आ शु°

अन्यत्वे च तेषां किं वेदत्वं स्यान्नवेत्याशङ्क्य [1]वेदत्वमेव तेषां बोद्धव्यमित्याह—

तान्याम्नायान्तराण्येव [2]पठ्यते क्वचिदेव तु ।

मन्त्राणां सर्वेषां [3]वेदत्वमेव । वेदे तु कश्चिदेव मन्त्रः पठ्यते । न चैतावता तेषामेव वेदत्वम् । अन्यथा वेदेऽनर्थका एव सर्वे पठिता इत्याह—

अनर्थकानां पाठो वा शेषस्त्वन्यः प्रतीयते ॥२५९॥

उपलक्षणभूता अनधिकारा एव वेदे मन्त्राः पठिताः । तैस्तु विनियोगावसरे प्रतीयमानानामन्येषामेव [4]वेदत्वं बोद्धव्यम् ॥२५९॥

तदेवमर्थभेदाच्छब्दस्य भेदे मन्त्राणां भेद एव, पठितानां चोपलक्षणार्थतेति प्रदर्शितम् । अथ स्वरूपार्थमेव पाठः सर्वेषां वैदिकानां कैश्चिदुच्यत इत्याह—

शब्दस्वरूपमर्थस्तु [5]पाठोऽन्यैरुपवर्ण्यते ।

ततश्च सर्वेषां स्वरूपवतां भेद एवेत्याह—

अत्यन्तभेदः सर्वेषां तत्सम्बन्धात्तु तद्वताम् ॥२६०॥

ननु पठ्यमानानामेव स्वरूपार्थत्वात् स्वरूपवत्ता युज्यते । इतरेषां तु यागादौ विनियुक्तानां कथं स्वरूपवत्त्वमेव स्यादित्याह **तत्सम्बन्धात्** इति । तत्रापि प्रवृत्तिनिमित्तस्य स्वरूपस्यैव विद्यमानत्वात् तद्वत्त्वमेव बोद्धव्यम् ॥२६०॥

तस्मान्मन्त्रेषु संस्कारादिविनियोगभेदात् पाठोपलक्षितानां [6]चाभिन्नानामेव प्रतीतिः स्वरूपार्थत्वाद्वा भिन्नानामेषां भेद एव मन्तव्य इत्युपसंहर्तुमाह—

अन्या संस्कारसावित्री कर्मण्यन्या प्रयुज्यते ।
अन्या [7]जपप्रबन्धेषु स(?सा)त्वेकैव प्रतीयते ॥२६१॥

सारूप्यात्त्वेकत्वव्यवहारस्तत्र बोद्धव्यः । तदेवमनेकशब्ददर्शनेऽर्थ[8]भेदाच्छब्दभेदे गौणोऽर्थोऽन्यो मुख्याऽर्थश्चान्य एव । किन्तु सारूप्यादभेदे मुख्यार्थस्य प्रसिद्धत्वात् तद्वाचक उपचर्यत एवेति । [9]शब्दोपचार एव तत्र कल्पयितुं शक्यः,

1. BU. om. वेदत्वमेव to सर्वेषां वेदत्वमेव. 2. B. पठ्येते 3. B. देवत्वमेव
4. O. om. येव वेदत्वं बोद्ध.
5. O. पाठे 6. वातिन्नाना 7. BU. °न्या जयप्र° 8. °नेऽर्थे भेदे गौणो
9. O. वादोपचार

न त्वेकशब्ददर्शन इव शब्दसम्बन्धस्यानित्यत्वा[1] दुपचारोऽर्थस्याश्रीयते । अत एवाभिप्रायवता [2]टीकाकृता तत्र तत्र शब्दोपचारार्थोपचारौ व्याख्यातौ ॥२६१॥

[3]'तत्संबन्धात्तु [4]तद्वताम् (verse 260) इत्यत्र स्वरूपेण प्रवृत्तिनिमित्तेन सम्बन्धः प्रतिपादितः । तदेव च सर्वेषां [5]शब्दानां प्रवृत्तिनिमित्तं बोद्धव्यमिति विस्पष्टयितुमाह—

अर्थस्वरूपे शब्दानां स्वरूपाद् वृत्तिरिष्यते ।

अर्थस्वरूपे अर्थवस्तुनीति यावत् । [6]तत्र सर्वेषां स्वरूपादेव निमित्तात् [7]प्रवृत्ति-र्बोद्धव्या । न केवलं पदानां [8]सर्वत्र स्वरूपमेव प्रवृत्तिर्निमित्तम् । यावद् **वाक्यरूपस्यापि** शब्दस्य [9]**वाक्यार्थे** वर्तमानस्य [10]**वृत्तिरन्यानपेक्षया** स्वरूपेणैव [11]बोद्धव्येति प्रसङ्गेन प्रतिपादयितुमाह—

वाक्यरूपस्य वाक्यार्थे वृत्तिरन्यानपेक्षया ॥२६२॥

इदानीमेकशब्ददर्शने [12]गौणमुख्यविभागमुपसंहरन्नाह—

अनेकार्थत्वमेकस्य यैः शब्दस्यानुगम्यते ।
सिद्ध्यसिद्धिकृता तेषां गौणमुख्यप्रकल्पना ॥२६३॥

सिद्ध्यसिद्धिभ्याम् प्रसिद्ध्यप्रसिद्धिभ्यां तत्र गौणमुख्यविभागो बोद्धव्यः । [13]अनेनैकशब्ददर्शनेऽपि सादृश्यादभेदे पुनरपि प्रसिद्ध्यप्रसिद्धिभ्यामेव गौणमुख्यविभाग इत्युक्तमेव । ॥२६३॥

[14]अथोभयत्रापि गौणमुख्यविभागे निमित्तान्तरं [15]दर्शयितुमाह—

अर्थप्रकरणापेक्षो यो वा शब्दान्तरैः सह ।
युक्तः प्रत्याययत्यर्थं तं गौणमपरे विदुः ॥२६४॥

अर्थप्रकरणशब्दान्तरसन्निधानानि गौणमुख्यभावमुभयत्रापि प्रयोजयन्तीत्युच्यते ॥२६४॥

---

1. BU. चारोऽप्याश्रीयते. 2. BU. om. टीकाकृता
3. BU. O. K. संबन्धात्तु 4. K. तद्वतीम्. 5. B. om. शब्दानां to तत्रसर्वेषाम्
6. O. om. तत्र 7. O. प्रवृत्ते बोद्धिव्या. 8. O. सर्वस्व. 9. O. om वाक्यार्थे 10. O. प्रतिमन्यानि. 11. BU. °द्धव्यमिति°, O, °व्येनि प्र°
12. G. र. °भाग इत्युपसं. 13. BU. K. अनेकशब्ददर्शने
14. BU. अथोभयथापि. 15. B. BU. K. °न्तरमुपदर्श—

एतदेव [1]संग्रहकारोक्तश्लोकप्रदर्शनेन संवादयितुमाह—

शुद्धस्योच्चारणे स्वार्थः प्रसिद्धो यस्य गम्यते ।
स मुख्य इति [2]विज्ञेयो रूपमात्रनिबन्धनः ।।२६५।।

एतन्मुख्यार्थशब्दलक्षणम् ।।२६५।।

[3]गौणार्थशब्दस्वरूपमाह—

यस्त्वन्यस्य प्रयोगेण यत्नादिव नियुज्यते ।
तमप्रसिद्धं मन्यन्ते गौणार्थाभिनिवेशिनम् ।।२६६।।

यत्नादिव इति । अर्थप्रकरणादेरित्यर्थः ।।२६६।।

अथ प्रकारान्तरेण गौणमुख्यविभागमाह—

स्वार्थे प्रवर्तमानस्य यस्यार्थं योऽवलम्बते ।
निमित्तं तत्र मुख्यं स्याद् निमित्ती गौण इष्यते ।।२६७।।

यो वाहीके प्रवर्तमानः [4]स्वार्थे सास्नादिमति वर्तमानस्य गोशब्दस्य संबन्धिनमर्थं निमित्तत्वेनावलम्बते तत्र विषये मुख्योऽर्थो निमित्तं स्यात् गौणस्तु निमित्तीत्युच्यते । एतदुक्तं भवति—यत्रास्खलद्गतिः शब्दस्तत्र मुख्योऽर्थः। स्खलद्गतित्वे तु गौणार्थतेति बोद्धव्यम्। नन्वेतेनार्थोपचार उक्तः। स चैकशब्ददर्शने स्थितः। तत्र **यस्यार्थं योऽवलम्बते** इति शब्दभेद उक्तः स्यात् । असदेतत् । अत्रापि शब्दभेदाश्रयणे कल्पितस्य भेदस्योपपत्तेर्युज्यत एतदिति न कश्चिद् दोषः ।।२६७।।

अथार्थप्रकरणादेः शुद्धस्य गौणमुख्यविभागहेतुत्वेऽ[5]तिप्रसङ्गमाह—

पुराराविति भिन्नेऽर्थे यौ वर्तेते विरोधिनि ।
अर्थप्रकरणापेक्षं तयोरप्यवधारणम् ।।२६८।।

पुराराच्छब्दौ भाविभूतदूरान्तिकलक्षणेषु यथायोगं परस्परविरुद्धेष्वर्थेषु वर्तेते । तत्रैतयोरर्थ[6]प्रकरणादिनार्थनिर्णयः । ततश्चात्रापि [7]गौणमुख्यभावः स्यात् ।

1. A. °ग्रहकालोक्त,° O. तदेव संग्रहकानां श्लो. 2. O. विज्ञेयात्
3. BU. गौणार्थमाह शब्दस्वरूपमाह, K. गौणार्थशब्दमप्याह.
4. र. स्वार्थो
5. O. °त्वे प्रसङ्ग° 6. BU. °दिना निर्णय 7. G. °भागः

नचैतदिष्टम् । अनयोरुभयत्रापि[1] मुख्यार्थत्वमिष्यत इत्यतोऽर्थप्रकरणादीन् केवलान् गौणमुख्यभावो न प्रयोजयतीति बोद्धव्यम् ॥२६८॥

इदानीमखण्डपक्षमाश्रित्य गौणमुख्यतामाह—

वाक्यस्यार्थात् [2]पदार्थानामपोद्धारे प्रकल्पिते ।
शब्दान्तरेण सम्बन्ध[3]स्तस्यैकस्योपपद्यते ॥२६९॥

पूर्वमेकशब्ददर्शनेऽनेकशब्ददर्शने वा पदपदार्थयोः सत्यत्वमभ्युपगम्योक्तम् । तत्र [4]त्वसत्यौ पदपदार्थौ [5]बोद्धव्यौ अतश्चाखण्डमेव वाक्यं वाक्यार्थस्य प्रत्यायकमिति पदपदार्थासद्भावे कीदृशो गौणमुख्यभावः किल । गौर्वाहीक इत्यत्र पदपदार्थाभ्युपगमे विरुद्धसामानाधिकरण्यान्यथानुपपत्त्या गोपदस्योपचरितार्थत्वमुच्यते । यदा तु गौर्वाहीक [6]इत्यनेनाखण्डेनैव गोगतधर्मावच्छिन्नो वाहीकलक्षणोऽर्थोऽखण्ड एव प्रतिपाद्यते तदा पदपदार्थानामसत्यत्वात् तस्यैकस्याविद्यमानस्यैव तथाभूतेनैवेतरेण संबन्ध इति कुतस्त्यो गौणविभागः । यद्येवमेतस्मिन् पक्षे कथं गौणमुख्यविभागः स्यात् । उच्यते । अपोद्धारसमाश्रयणेन पदपदार्थमुपकल्प्य प्रसिद्ध्यप्रसिद्धिनिमित्तको गौणमुख्यविभागोऽभ्युपगन्तव्य इत्यभिप्रायः ॥२६९॥

ननु स्वतन्त्रं पदं पदान्तरमन्तरेण प्रयुज्यत एव । [7]अतस्तत्र वास्तवः पदपदार्थ[8]प्रविभाग इत्याह—

[9]यच्चाप्येकं पदं दृष्टं चरितास्तिक्रियं क्वचित् ।
तद्वाक्यान्तरमेवाहुर्न तदन्येन युज्यते ॥२७०॥

एकं पदं चरितक्रियत्वाद्वाक्यमेवाखण्डमिति प्रतिपादयिष्यति । [10]अतस्त**दन्येन** नैव **युज्यत** इति बोद्धव्यम् ॥२७०॥

एतदेव स्फुटीकृत्य प्रतिपादयितुमाह—

यच्च कोऽयमिति [11]प्रश्ने गौरश्व इति चोच्यते ।
प्रश्न एव क्रिया तत्र प्रक्रान्ता दर्शनादिका ॥२७१॥

---

1. र. रुभयत्रादि
2. O. र्थाग्राप्रपोद्धारे. 3. G. S. कस्यैकस्य 4. O. तत्रन न सत्यौ, 5. O. बोद्धव्या 6. O. इत्यन्यपदपदार्थाभ्युपगमे विनानेनाखण्डेनैव गोगतधर्मावच्छि°
7. S. नस्तत्र. 8. O. प्रवभाग 9. O. पद्धार्थकपददृष्ट 10. S. अवस्तत्रदन्येन
11. B om. प्रश्ने to भवति इति.

कोऽयमिति प्रश्ने 'दृश्यते' 'भवति' इति वा [1]कापि क्रिया गर्भीकृता। **सैवोत्तरेऽपि** गर्भीकृतेति तदपि चरितक्रियमेकं वाक्यमेवेति मन्तव्यम् ॥२७१॥

इदानीं न्यूनाधिकभाव एव गौणमुख्यविभागकारणं कैश्चिदभ्युपगतमित्याशङ्क्य निराकर्तुमाह—

नैवाधिकत्वं धर्माणां न्यूनता वा प्रयोजिका ।

कस्मादित्याह—

आधिक्यमपि मन्यन्ते प्रसिद्धेर्न्यूनतां क्वचित् ॥२७२॥

आपेक्षिकत्वादस्याव्यवस्थितत्वमेवेति न तेन गौणमुख्यव्यवहारः कल्पयितुं शक्यः ॥२७२॥

सादृश्यमिदानीं निमित्तत्वेनाह—

जातिशब्दोऽन्तरेणापि जातिं यत्र प्रयुज्यते ।
सम्बन्धिसदृशाद्धर्माद्[2] तं गौणमपरे विदुः ॥२७३॥

गोशब्दो गोत्वजातिं विनापि स्वव्यक्तिगतगुणसादृश्याद् वाहीके प्रयुज्यत इति सादृश्यं गौणमुख्यभावे निमित्तम् ॥२७३॥

अथ विपर्यासमेव निमित्तत्वेनाह—

विपर्यासादिवार्थस्य यत्रार्थान्तरतामिव ।
मन्यन्ते स गवादिस्तु गौण इत्युच्यते क्वचित् ॥२७४॥

अर्थस्य वाहीकलक्षण**स्यार्थान्तरतां** गोरूपतां **विपर्यासादिव यत्र मन्यन्ते** तत्र तस्मिंस्तद्वाचको गोशब्दः प्रवृत्तो गौण इति क्वचिन्मतम् । विपर्यासश्चा[3]ध्यवसायेन भवति, अध्यारोपेण च । [4]रजतमिदमित्यत्र विपर्ययाध्यवसाय एव । इह [5]त्वध्यारोप्य गोगतान् गुणान् वाहीकेऽध्यवस्यतीत्यध्यारोपिततद्भावोऽयं [6]विपर्यासः ।

---

1. K. कयपि क्रियणर्भीकृता　2. र्मान्नि गौ
3. A. श्च व्यवसायेन.　4. O. रजतमित्यत्र　5. O. इह स्वध्यारो
6. BU, K. विपर्ययः

अत एव 'विपर्यासादिव' इत्युक्तम् । तस्मादध्यवसिततद्भावनिमित्तप्रयुक्तो नास्ति गौणमुख्यव्यवहार इति ।।२७४।।

अथ रूपशक्तिनिमित्तको गौणमुख्यव्यवहार इति पक्षान्तरं दृष्टान्तप्रदर्शनपूर्वकं दर्शयितुमाह—

नियताः[1] साधनत्वेन रूपशक्तिसमन्विताः ।
यथा [2]कर्मसु गम्यन्ते सीरासिमुसलादयः ।।२७५।।

[3]खड्गमानयेत्युक्ते [4]सन्नद्धानां संग्रामकथा वर्तत इति रूपशक्तिमाहात्म्याद[5]भिधीयते । एवं सीरादिषु ।।२७५।।

क्रियान्तरे लताच्छेदादौ नैतेषां शक्तयो भवन्तीति वक्तुं पार्यते । ततश्च [6]रूपेण नियत एव कर्मणि सामर्थ्यमेषां व्यवसीयत इत्याह—

क्रियान्तरेण चैतेषां भवन्ति न हि शक्तयः ।
रूपादेव तु तादर्थ्यं [7]नियमेन प्रतीयते ।।२७६।।

[8]प्रकृते योजयितुमाह—

तथैव रूपशक्तिभ्यामुत्पत्त्या समवस्थितः ।
शब्दो नियततादर्थ्यः शक्त्यान्यत्र प्रयुज्यते ।।२७७।।

उत्पत्त्या स्वभावेनैव । यथोच्यते—औत्पत्तिकः शब्दस्यार्थेन सम्बन्धः । सहज एवेति गम्यते । अनेकशक्तिसद्भावाच्चान्यत्रापि प्रयुज्यते ।।२७७।।

ततश्च गौणमुख्यभावः कथमत्र ज्ञायेतेत्याह—

श्रुतिमात्रेण यत्रास्य तादर्थ्यमवसीयते ।
मुख्यं तमर्थं मन्यन्ते गौणं यत्नोपपादितम् ।।२७८।।

गौणं[9] यत्नोपपादितम् इति । तदभिधानशक्तिसद्भावेऽप्यप्रसिद्धत्वाद्यत्नेन प्रकरणादिना गौणत्वाध्यवसाय इत्यर्थः । तदेवमर्थप्रकरणशब्दान्तरसन्निधानमात्र

---

1. O. नियतां 2. O. कर्मस्वग° 3. BU. हस्वमा 4. K. °सेनद्व्याहानां
5. BU. °दवसीयते
6. र. रूपे. 7. A. O. G. S. निधनेन.
8. K. om. प्रकृते to प्रयुज्यते. 9. D. गौणमिति य°

प्रसिद्ध्यप्रसिद्धिसहितं चार्थप्रकरणादिकमत्रानादिसमुच्चयेन अङ्गाङ्गिभावेन चेति द्वौ पक्षौ वा । [1]न्यूनाधिकभावस्याव्यवस्थितेरनिमित्तत्वमेव । सादृश्यस्यापि [2]काश्यपप्रतिकृतिः काश्यप इत्यादौ निमित्तयुक्तेऽपि गौणत्वासद्भावादनिमित्ततैव । पारिशेष्यात् प्रसिद्ध्यप्रसिद्धिसहिताः प्रकरणादयः प्रकरणादिसहिते वा प्रसिद्ध्यप्रसिद्धी विपर्यासोऽध्यारोपलक्षणो [3]रूपशक्तिरिति चत्वारः प्रकारा गौणमुख्ययोर्निमित्तत्वेन परिगृहीताः । इत्येतैर्निमित्तैः शब्दोपचारोऽर्थोपचारो[4] वा । स च द्विधा[5]—वाच्यार्थोपचारः[6] स्वरूपोपचारो वेत्येवं गौणमुख्यविभागो मन्तव्यः ।।२७८।।

इदानीमेतदेव लक्ष्ये योजयितुमाह—

गोयुष्मन्महतां च्व्यर्थे[7] स्वार्थादर्थान्तरे[8] स्थितौ ।
अर्थान्तरस्य तद्भावस्तत्र मुख्योऽपि दृश्यते ।।२७९।।

गवादीनां शब्दानां **स्वार्थादर्थान्तरे**ऽगवा[9]द्यर्थलक्षणे आश्रितपूर्वावस्थोपचरितोत्तरावस्थात्मके **स्थितौ** प्रवृत्तौ[10] सत्या**मर्थान्तरस्य** वाहीकादेस्तद्भावो गवादि[11]-रूपतापत्तिलक्षणो यदा तदा गौणोऽर्थस्तेषां **दृश्यत** इति बोद्धव्यम् । न केवलं गौणोऽर्थस्तथा[12] यावन्मुख्योऽपि दृश्यत इति बोद्धव्यम् । तत्रागौः गौः सम्पद्यते गोऽभवत्[13]अत्वं त्वं सम्पद्यते त्वद्भवतीत्यत्रागवि अयुष्मदि च[14] गोरूपता युष्मद्रूपता चोत्तरावस्थाऽविद्यमानैवोपचर्यत इति गौणार्थता । अमहान् महान्, अशुक्लः शुक्लः सम्पद्यते, महद्भूतश्चन्द्रमाः, शुक्लीभवति पट इत्यत्र तूत्तरावस्था वस्तुसत्यैवेति मुख्य एवार्थे[15] महच्छुक्लीशब्दौ स्थिताविति नास्ति गौणत्वम् । अतश्च गोऽभवदित्यत्र गौणार्थत्वादोदन्तस्य निपातत्वेऽप्योदिति प्रगृह्यसंज्ञाया नास्त्येव प्राप्तिः । तथा त्वद्भवतीत्यत्रोपचरितस्य युष्मदर्थस्य प्रतीतेर्गौणा[16]र्थत्वादेव मध्यम[17]पुरुषस्याप्यभावः । यतो गौणमुख्ययोर्मुख्ये संप्रत्यय इति भाष्ये स्थापितम् । वार्त्तिककारस्तु गोऽभवदित्यत्र च्व्यर्थवृत्तित्वान्निपातस्य गोशब्दस्य च्व्यर्थ[18]लक्षणं मुख्यमेव सर्वमर्थमवगच्छन् गौणमुख्यभावासम्भवमेवाभिमन्यमानः[19] प्रगृह्यसंज्ञानिवृत्तये·

---

1. O. om. न्यूनाधिक to प्रसङ्गादनिमित्तमेव. 2. O. कायः प्रतिकृतिः
3. O. °अध्युपलक्षणे. 4. O. om अर्थोपचारो वा.
5. G. र. द्विविधः 6. BU, K, G, S. वाक्यार्थोपचारः
7. O. स्वर्थे, K. द्व्यर्थे. 8. O. स्वार्थान्तरे K. स्वादर्थान्तरे 9. G. अगवाद्यलं, र. अगवादिलक्षणे. 10. K. om प्रवृत्तौ 11. K. °वादौ रूपः° 12. K.S. तदा. 13. BU. अगोऽभवत् 14. O. अयुदित्त गौत्यता. 15. O. एवार्थो.
16. O. गौणत्वदेव 17. सध्यव. 18. O. व्यर्थ, K. द्वयर्थ. 19. K. °भवमेवावाच

'ओतश्चिवप्रतिषेधः' (वा० On P. 1.1.15) इति यत्नमारब्धवान्। भाष्यकारस्त्वभिप्रायानभिज्ञ एवान्तरङ्गत्वाद् गौणमुख्ययोर्मुख्ये संप्रत्यय इत्येवमत्र[1] प्रगृह्यसंज्ञा न[2] भविष्यतीति वार्त्तिकं प्रत्याख्यातवान्। तदेवं गोऽभवदित्यत्र निपातत्वेऽपि भाष्यकारमतेन गौणार्थत्वान्न प्रगृह्यसंज्ञा। अतोऽन्तरङ्गस्य कार्यस्या[3]प्राप्तिरिति स्थितम्। ननु गौणार्थत्वे शब्दानां कार्या[4]प्रवृत्तौ गौर्वाहीकस्तिष्ठति, गां वाहीकमानयेत्यत्र वृद्ध्यात्वे न प्राप्नुतः। अत्र ह्युपचरितार्थो गोशब्द इति। उच्यते–द्विविधं हि शब्दानां कार्यमस्ति प्रातिपदिककार्यं पदकार्यं च। तत्र पदकार्येषु गौणमुख्यन्यायः, न प्रातिपदिककार्येषु। पदस्य विरुद्ध[5]पदसामानाधिकरण्यान्यथानुपपत्त्या गौणार्थता, प्रातिपदिकस्य प्रयोगानर्हस्य पदान्तरेण सामानाधिकरण्यासम्भवाद् गौणार्थता नैव निश्चेतुं शक्यते। प्रातिपदिककार्यं च वृद्ध्यात्वे इति तत्प्रवर्तत एव। तदुक्तम्––"अर्थाश्रय एतदेवं भवति, यद्धि शब्दाश्रयं शब्दमात्रे तद्भवति। शब्दाश्रये च वृद्ध्यात्वे" इति (M. Bhā. I.71, l 20-21) ॥२७९॥

तदेवं गोऽभवत् त्वद्भवतीति चात्र गौणार्थत्वे सिद्ध्यतीष्टम्। महद्भूतश्चन्द्रमा इत्यत्र तु चन्द्रमसः पौर्णमास्यां महत्त्वस्य सद्भावादनुपचरितत्वमिति महच्छब्दस्य आन्महतः.... (P. 6.3.46.) इत्यादिना[6] प्राप्नोत्येवात्वमित्याशङ्क्यात्रापि गौणार्थतां[7] प्रतिपादयितुमाह––

महत्त्वं शुक्लभावं च प्रकृतिः प्रतिपद्यते।
भेदेनापेक्षिता सा तु गौणत्वस्य प्रयोजिका ॥२८०॥

महद्भूतश्चन्द्रमाः, शुक्ली[8]भवति पट इत्यत्रापि **प्रकृतिर्महत्त्वं शुक्ल**[9]**भावं** च भेदेनाश्रितपूर्वावस्थोपचरितोत्तरावस्थतयैव **प्रतिपद्यते**। ततश्च यद्यपि वस्तुवृत्त्या एक एवार्थस्तथापि **वक्त्रापेक्षिता** आश्रिता सती गौणत्वं प्रयोजयति। एतदुक्तं[10] भवति––यद्यप्यत्र महत्त्वं शुक्लभावश्च तथैव विद्यते तथाप्यत्र शब्दवृत्त्योन्मज्जद्रूपा पृथगवस्थैवोच्यत इति तदाश्रयेणोपचरितत्वान्महत्त्वस्य न भवत्यत्र महच्छब्दस्यात्त्वम्।[11] शुक्लीभवति पट इत्यस्य कार्यं न किञ्चिदस्ति, अर्थप्रदर्शनाय केवलमत्र प्रदर्श्यते ॥२८०॥

अथाग्नि[12]सोमौ माणवकावित्यत्र संज्ञाशब्दत्वान्मुख्यार्थत्वे 'अग्नेः स्तुत्स्तो-

1. र. ins. न after अत्र. 2. G. र. om. न भविष्यति to गौणार्थत्वान्न. 3. BU. K, S. °कार्यस्य प्राप्तिरिति. 4. BU, K. कार्यप्र 5. BU. विरुद्धार्थपद° 6. G. °त्यादिन प्रा० 7. O. गौणार्थानां. 8. O. शुक्लीव निषर. 9. G. र. °क्लभवनं 10. B. om. एतदुक्तं. to महत्त्वस्य. 11. O. मतुब्बस्यात्वं 12. BU. अथाग्नीषोमौ.

मसोमाः' (P.8.3.82.) इति षत्वं कस्मान्न क्रियत इत्याह—

अग्निसोमादयः शब्दा ये स्वरूपनिबन्धनाः ।
संज्ञिभिः संप्रयुज्यन्तेऽप्रसिद्धे[1]स्तेषु गौणता ॥२८१॥

इहाग्नि[2]सोमादयः शब्दा देवतावाचकाः स्वरूपनिमित्तकाश्च संज्ञाभूतार्थवृत्तयश्चेति त्रिविधाः संभवन्ति । तत्र देवतायां स्वरूपनिमित्तेषु[3] संज्ञासु चैते मुख्यार्था एव । तत्र संज्ञाया[4] गौणतेति । देवतायामग्निसोमादयः प्ररूढिमुपगता माणवके चाप्रसिद्धा इत्येवमप्रसिद्धया तेषां गौणार्थत्वमुच्यते, न त्वध्यारोपेणेति बोद्धव्यम् । अतश्च षत्वाप्रवृत्तिरेव ॥२८१॥

यत्र त्वतस्मिंस्तदध्यारोपेणाग्निसोमादयः प्रवर्तन्ते तत्र स्फुटैव गौणार्थता[6] तेषामित्याह—

अग्निदत्तस्तु योऽग्निः स्यात् तत्र स्वार्थोपसर्जनः ।
शब्दो दत्तार्थवृत्तित्वाद् गौणत्वं प्रतिपद्यते ॥२८२॥

स्वार्थं देवतालक्षणमुपसर्जनीकृत्या[7]र्थान्तरमेव तदध्यारोपेण यत्राभिदधति तत्र गौणार्थत्वं स्फुटमेवैते शब्दाः प्रतिपद्यन्त इति बोद्धव्यम् ॥२८२॥

अथ हरिश्चन्द्रो माणवक इत्यत्र सुट्समर्थनार्थं[8] प्रस्तोतुमाह—

निमित्तभेदात्[9] प्रक्रान्ते शब्दव्युत्पत्तिकर्मणि ।
हरिश्चन्द्रादिषु [10]सुटो भावाभावौ [11]व्यवस्थितौ ॥२८३॥

हरिश्चन्द्रादिषु सुटो भावाभावौ नियतावेव । यस्माच्छ[12]ब्दव्युत्पत्तिक्रियायां तत्र निमित्तभेदः समाश्रीयते । ऋषावनादिभूते प्रसिद्धो हरिश्चन्द्रः साधुः हरिश्चन्द्रो यस्येत्येतस्मिंस्तु व्युत्पत्ति[13]कर्मण्यभाव एव सुट[14] इत्यसाङ्कर्यमेव ॥२८३॥

---

1. BU. प्रसिद्धेषु. 2. BU. इदाग्नीषो° 3. BU° पनिमित्तासु. 4. O. संबाधा 5. BU. प्रवर्तन्ते 6. B. °र्थतैषा. 7. O. om. र्थान्तरमेव to बोद्धव्यम्. 8. B. स्फुटसमर्थ°. 9. O. °भेदाच्च क्रान्ते. 10. O. सुपो 11. O. om. व्यवस्थितौ to भावाभावौ. 12. B. BU. शब्दक्रियायां 13. O. व्युत्पत्तिक्रियाकर्मणि. 14. G. र. स्फुट इत्य°

अथ यदा पुरातनहरिश्चन्द्रगतगुणसंदर्शनेन[1] साक्षाद्धरिश्चन्द्रोऽयं माणवक इत्युच्यते तदा किं गौणार्थत्वान्न भवितव्यमेव सुटेत्यसाङ्कर्यं दर्शयितुमाह—

ऋष्यादौ प्राप्तसंस्कारो यः शब्दोऽन्येन युज्यते ।
तत्रान्तरङ्गः संस्कारो बाह्येऽर्थे न निवर्तते ॥२८४॥

हरिश्चन्द्रशब्दस्तावदृष्यादावेव संस्कृत उत्तरकालं प्राप्तसंस्कारः सन्नसौ हरिश्चन्द्रगुणसधर्मण्यन्यत्र[2] प्रयुज्यते तदान्तरङ्गः संस्कारो वाक्यार्थवेलायामर्थान्तरसम्बन्धावसरे न निवर्तत इति वैयाकरणसमयः । यथा करिष्यति श्वः, वर्षेण गमिष्यतीत्यत्र श्वःशब्दसन्निधानाद् भविष्यदनद्यतनलक्षणकालप्रादुर्भावे भविष्यत्सामान्यसमाश्रयणेन [3]विहितस्य लृटो न निवृत्तिः शक्या कर्तुम्, एवमत्रापि हरिश्चन्द्रो माणवक इति गौणार्थत्वेऽपि सुट्[4]सिद्धिरेवेति ॥२८४॥

इदानीं न्यायदर्शनच्छायया बौद्ध एव शब्दार्थो[5] नास्ति कश्चिच्छब्देषु गौणमुख्यविभाग इत्याशङ्क्याह—

अत्यन्तविपरीतोऽपि यदा योऽर्थोऽवधार्यते ।
यथासम्प्रत्ययं शब्दस्तत्र मुख्यः प्रवर्तते ॥२८५॥

इह वक्तुरिच्छया विषयीकृतेऽर्थे कश्चिद्यावच्छब्दः प्रवर्तते[6] तावद् यदा यथा विपर्ययेण चार्थावधारणं क्रियते तदा यथासम्प्रत्ययं प्रत्ययानुसारेणैव शब्दः प्रवर्तमानः सर्वत्र मुख्यतयैव प्रवृत्त इति वाक्ये[7] न शब्देषु गौणमुख्यविभागः कश्चित् ॥२८५॥

इदानीमत्रापि गौणमुख्यविभागं समर्थयितुं सत्यासत्यविभागं तावदुपक्रमितुमाह—

यद्यपि प्रत्ययाधीनमर्थतत्त्वावधारणम् ।
न सर्वः प्रत्ययस्तस्मिन्नसिद्ध[8] इव जायते ॥२८६॥

---

1. A.O.S. om. हरिश्चन्द्रगतगुणसंदर्शनेन 2. BU. साधर्म्ये. 3. O. विविहितस्य लवें. 4. O. मुकिरेवेति.
5. K. S. °ब्दार्थे. 6. K. om. प्रवर्तते to शब्दः. 7. K. वाक्येन
8. K. तस्मिन् प्रसिद्ध.

दर्शनं सलिले तुल्यं मृगतृष्णाविदर्शनैः ।
तुल्यत्वे दर्शनादीनां न जलं मृगतृष्णिका ॥२८७॥

यदसाधारणं कार्यं प्रसिद्धं रज्जुसर्पयोः ।
तेन भेदः [1]परिच्छेद्यस्तयोस्तुल्येऽपि दर्शने ॥२८८॥

[2]अथ दर्शनस्य विषयासत्यत्वेनाप्यसत्यत्वमुपदर्शयितुमाह—

प्रसिद्धार्थविपर्यासनिमित्तं यच्च दृश्यते ।
यस्तस्माल्लक्ष्यते भेदस्तदसत्यं प्रचक्षते ॥२८९॥

यच्च नैमित्तिकदर्शनं प्रसिद्धार्थविपर्यास[3]निमित्तमिति प्रसिद्धः सत्यरूपोऽर्थः तस्य विपरीतो यो मिथ्यात्वलक्षणः[4] तस्य निमित्तं कारणमिन्द्रियविषयगतो[5] दोष इति । यश्च तस्माद्भेदो विशेषो लक्ष्यते द्विचन्द्रादिस्तं तथाभूतं दर्शनविषयमसत्यं [6]प्रचक्षते ॥२८९॥

पुनरपि दर्शनभेदमाह—

यच्च निम्नो[7]न्नतं चित्रं सरूपं पर्वतादिभिः ।
न तत्र प्रतिघातादि[8] कार्यं तद्वत् प्रवर्तते ॥२९०॥

पर्वतादिभिः सरूपं निम्नोन्नतं चित्रभित्तौ दृश्यते । न च तावता[9] तत्र प्रतिघातादि-कार्यभेदो ज्ञानान्तरेण तत्र भेदावगतिरेवेत्यर्थः ॥२९०॥

एतदेव[10] दृष्टान्तान्तरैः प्रतिपादयितुमाह—

[11]स्पर्शप्रबन्धो हस्तेन यथा चक्रस्य सन्ततः ।
न तथाऽ[12]लातचक्रस्य विच्छिन्नं स्पृश्यते[13] हि तत् ॥२९१॥

---

1. O. om. परि. 2. Here before अथ दर्शनस्य etc., there is the following note of the scribe :— यद्यपीतिकारिकाव्याख्यानं दर्शनमित्यादिकारिकाद्वयस्यावतारणं व्याख्यानं च मूलपुस्तके परित्यक्तमिति न लिखितम् । तदूह्यम् in BU,K,S. 3. O. विपर्यासतित प्रसिद्धः. 4. O. °लक्षणेस्तस्य. 5. om. गतो to दर्शनविषयं 6. B. om. °षयमसत्यं प्र 7. G. र. °द्वाते चित्रे. 8. S. om कार्यं to प्रतिघातादि. 9. repeats तस्माद्भेदो to प्रचक्षते
10. BU. तदेवं दृष्टा° 11. O. स्पृशेर्यशबंन्धो. 12. O. °तथा लीनकक्ता यस्य. 13. O. साध्यते.

वप्रप्राकारतल्पैश्च स्पर्शनावरणे यथा[1] ।
नगरेषु न ते तद्वद्[2] गन्धर्वनगरेष्वपि ॥२६२॥

मृगपश्वादिभिर्यावान् मुख्यैरर्थः प्रसाध्यते ।
तावान्न मृन्मये[3]ऽप्यस्ति तस्मात्ते विषयाः कनः ॥२६३॥

महानावियते देशः प्रसिद्धैः पर्वतादिभिः ।
अल्पदेशान्तरावस्थं प्रतिबिंबं तु दृश्यते ॥२६४॥

मरणा[4]दिनिमित्तं च यथा मुख्या विषादयः ।
न ते स्वप्नादिषु[5] स्वस्य तद्वदर्थस्य साधकाः ॥२६५॥

अत्र हस्तिकान्[6] विक्रीणीते, अश्वकान् विक्रीणीते, इत्यादौ कार्यभेदादेव भेदमवसाय कन्प्रत्ययान्तान् प्रतिकृतिवाचकानीरितवानिति मृगपश्वादिभिरि-[7]त्यस्य श्लोकस्यार्थः । अन्यत् स्पष्टम् ॥२६१-२६५॥

इदानीमुपसंहर्तुमाह—

देशकालेन्द्रियगतैर्भेदैर्यद् दृश्यतेऽन्यथा ।
यथा प्रसिद्धिर्लोकस्य तथा तदवसीयते ॥२६६॥

[8]देशभेदेनासत्तिविप्रकर्षरूपेण [9]कालभेदेन यथा ग्रीष्मे मरीचयो [10]भौमेनोष्मणा स्पन्दमाना दूरस्थस्य जलज्ञानमुपजनयन्ति, इन्द्रियभेदेन यथा तैमिरिकस्य द्विचन्द्र-ज्ञानमुपजनयन्ति तैर्देशकालेन्द्रियगतैर्भेदैरन्यथा दृश्यमानं वस्तु लोकप्रसिद्धिवशाद् दार्ढ्यादाढर्च्यप्रत्ययभेदेनार्थक्रियाभेदेन च यथावदवैपरीत्येनाध्यवसीयते ॥२६६॥

ततश्चेदमत्रार्थतत्त्वं [11]बोद्धव्यमित्याह—

यच्चोपघातजं ज्ञानं यच्च ज्ञानमलौकिकम् ।
न ताभ्यां व्यवहारोऽस्ति शब्दा लोकनिबन्धनाः ॥२६७॥

उपघातजं[12] सत्यत्वविपरीतं [13]तैमिरिकादिज्ञानम्, **अलौकिकं** च यदपि

---

1. B. तथा 2. O द्वद्वद्गन्ध 3. B. om. मयेऽप्यस्ति to अश्वकान्.
4. om. मरणादि 5. O. नेतेस्वमादिषु. 6. O. हवंस्ति विकुकाणीत.
7. K. BU °त्यस्यार्थः
8. र. °नासति विप्र°. 9. O. om. देशभेदेन to कालभेदेन 10. O भीमेनो°
11. O. ब्याद्धव्य 12. O. उपघातंतस्य यतववि. 13. र. ग्रैष्मतैमि°

परमर्षीणां संबन्धि ज्ञानं **ताभ्यामुभाभ्यामपि** [1]व्यवहारनिर्वहण[2]मशक्यमित्यतो [3]यथैवाविसंवादं लोकप्रसिद्धया सकलव्यवहारनिर्वहणनिपुणं ज्ञानं यथावदर्थतत्त्वावधारणाय समाश्रीयते । यथोक्तम्[4]—

असमाख्येयतत्त्वानामर्थानां लौकिकैर्यथा ।

व्यवहारे समाख्यानं [5]तत्प्राज्ञो न विकल्पयेत् ॥

इति । तथैवार्थस्वरूपप्रत्यायनाय **शब्दा लोकनिबन्धना** लोकव्यवहारनिमित्तभूताः प्रवर्तमानाः [6]प्रसिद्ध्यप्रसिद्धिभ्यामेव स्खलद्गतित्वास्खलद्गतित्वाभ्यां गौणमुख्यविभागमापादयन्तीति बौद्धेऽपि शब्दार्थे व्यवस्थित एव गौणमुख्यविभाग इति सिद्धम् ॥२९७॥

एवं गौणमुख्यविभागमुक्त्वा तत्प्रसङ्गेन च [7]सत्यासत्यविभागं विधाय पुनरपि शब्दानां [8]मुख्यनान्तरीयकविचारं वैतत्येन कर्तुमाह—

घटादिषु यथा दीपो येनार्थेन प्रयुज्यते ।

ततोऽन्यस्यापि साचिव्यात् स करोति प्रकाशनम् ॥२९८॥

इह यत्प्रतिपादनाय शब्दाः प्रयुज्यन्ते[9] तत्तस्य प्रयोजकं मुख्यम् तत्प्रतिपाद[10]नावसरे च सन्निधानाद्यद्यत् प्रत्याययति तत्तस्य नान्तरीयकमुच्यते। एतद् दृष्टान्तद्वारेण प्रदर्शयति **घटादिषु** इत्यादिना । तत्र **यथा दीपः** इति ज्ञापकदृष्टान्तोपदर्शनं घटादिषु [11]ज्ञातेषु विषयेषु यथा ज्ञापको दीपो येनार्थेन घटादिविज्ञापनलक्षणेन ततः प्रयोजकादन्यत् (? न्यस्य) [12]प्रकाशनं नान्तरीयकं यथा करोति ॥२९८॥

एवं दार्ष्टान्तिके योजयितुमाह—

संसर्गिषु[13] तथार्थेषु शब्दो[14] येन प्रयुज्यते ।

तस्मात् प्रयोजकादन्यानपि प्रत्याययत्यसौ ॥२९९॥

यथा भाव इत्यादावर्थेषु **बहुषु संसर्गिषु** मध्याद्येनार्थेन [15]सिद्धतादिनाऽसौ भावशब्दः **प्रयुज्यते तस्मादन्यानपि** लिङ्गसंख्यादीन् नान्तरीयकतया स्थितान् सन्निधानात् **प्रत्याययत्ये**वेति [16]बोद्धव्यम् ॥२९९॥

---

1. O निबंर्हेण　2. om. नशक्य to व्यवहारनिर्वहण.　3. BU. S. °मविसंवाद
4. O.S. तथोक्तम्.　5. O. तत्प्राज्ञा.　6. O. प्रसिद्धिप्रसिद्धि°
7. O. सत्यविभागं धार्वि.　8. O. मुख्यानां न विचारं.　9. °O न्तर तस्य प्रथा°
10. O. °पनीलवसरे　11. O. om. ज्ञातेषु.　12. G. र. प्रकाशं
13. O. यंसर्गिषु.　14. K. शब्दोऽन्येन.　15. र. सिद्धत्वा　16. O. बाद्धव्यम्.

कारकहेतुदृष्टान्तोपदर्शनार्थमाह—

निर्मन्थनं यथारण्योरग्न्यर्थमुपपादितम् ।
[1]धूममप्यनभिप्रेतं जनयत्येकसाधनम्[2] ॥३००॥

अरण्योः संबन्धि **यन्निर्मन्थनं तदग्न्यर्थम्** अग्निनिष्पत्तये, अग्निस्तस्य प्रयोजक इत्यर्थः । [3]यस्मान्नान्तरीयकतया **धूममप्यनुपयोगिनं जनयत्येव** । कीदृशम् ? **एकसाधन**मेकहेतुकमित्यर्थः । **अरण्योः** इत्यनेनोत्तरारणिरधरारणिश्च तत्रोच्यत इति दर्शितम् ॥३००॥

पुनरपि [4]दार्ष्टान्तिके [5]योजयितुमाह—

तथा[6] शब्दोऽपि कस्मिंश्चित् [7]प्रत्याय्यार्थे विवक्षिते ।
अविवक्षितमप्यर्थं प्रकाशयति सन्निधेः ॥३०१॥

[8]**कस्मिश्चित् प्रत्याय्येऽर्थे** सिद्धताख्ये धर्मेऽविवक्षितमप्यर्थं पुंस्त्वैकत्वलक्षणं **प्रकाशयति** प्रत्याययति सन्निधानादिति ॥३०१॥

[9]नन्वस्तु [10]वस्तुगतिरीदृश्येव। यथा दीपादिना नान्तरीयकप्रत्यायनेन प्रयोजकं प्रकाश्यते तत्सन्निधानाद् नान्तरीयकतयाऽन्यदपि घटकुडचादीति तत्र युक्तम् । शब्दस्तु यत्प्रतिपादनाय वक्त्रा प्रतिपादयितुमिष्टस्तथैव भूत्वा तत्प्रतिपादनं करोतु, किं [11]तस्य नान्तरीयप्रत्यायनेनेत्याशङ्कयाह—

यथैवात्यन्तसंसृष्टस्त्यक्तुमर्थो न शक्यते ।
तथा शब्दोऽपि संबन्धी प्रविवेक्तुं न शक्यते ॥३०२॥

यथा [12]मत्स्यमांसार्थिना मत्स्यमांससंसृष्टस्तोकत्वक्कण्टकादिरनुपयोग्यपि त्यक्तुं न शक्यते तथा शब्दोऽप्यत्यन्तसम्बन्धाल्लिङ्गसंख्याप्रतिपादकः तत्र न केवला प्रकृतिः प्रयोक्तव्या, न च केवलः प्रत्यय इति प्रविवेक्तुं परिहर्तुं न शक्यते ॥३०२॥

---

1. O. भूतम°. 2. O. जनयः न्यकसाधनम्. 3. O. om. यस्मात् to दर्शितम्.
4. BU. दार्ष्णान्तिकं. 5. O. om. पुनरपि to आह. 6. O. तथा 7. BU. प्रत्ययार्थे. O. प्रत्यर्थे. G. प्रत्याय्यार्थो. 8. om. कस्मिश्चित् to सन्निधानादिति.
9. O. om. नन्दस्तु to करोति 10. B. B.U, K. नन्वत्र. 11. O. तंभ्य नान्तरोपदप्तत्यायननत्याशंक्याह. 12. O. om. मांस

अतश्च [1]तत्रार्थेषु बहुषु [2]सन्निहितेषु कः शब्दस्यार्थो वाच्यः स्यादित्याह—

व्यर्थानां सन्निधानेऽपि सति चैषां [3]प्रकाशने ।
प्रयोजकोऽर्थः शब्दस्य रूपाभेदेऽपि शस्यते ॥३०३॥

बहूनां संसर्गिणामर्थानां तत्र सन्निधानादेतेषां च **सत्यपि** शब्दाद् दीपादिवाविशेषेण **प्रकाशने** यस्तस्य **प्रयोजकः** स एव वाच्योऽर्थः अन्यो नान्तरीयकः, न तस्य प्रयोजकत्वं तत्रापि रूपस्याभेदे समानरूपत्वे इति ॥३०३॥

एतदेव वैतत्येन प्रकारभेददर्शनपूर्वकमाह—

क्वचिद् [4]गुणप्रधानत्वमर्थानामविवक्षितम् ।
क्वचित्सान्निध्यमप्येषां[5] प्रतिपत्तावकारणम् ॥३०४॥
[6]यच्चानुपात्तं शब्देन तत्कस्मिंश्चित् प्रतीयते ।
क्वचित्प्रधानमेवार्थो भवत्यन्यस्य लक्षणम् ॥३०५॥

अत्र च गुणप्रधानताविपर्ययः पदार्थैकदेशविवक्षा, सकलपदार्थाविवक्षा, उपात्तपदार्थपरित्यागेनैवान्यार्थोपलक्षणमित्येवमनेन श्लोकद्वयेन प्रकारचतुष्टयस्योद्देशः कृतः ॥३०४-३०५॥

[7]अथाद्यप्रकार[8]प्रदर्शनार्थमाह—

आख्यातं तद्धितार्थस्य यत्किञ्चिदुपदर्शकम् ।
गुणप्रधानभावस्य तत्र दृष्टो विपर्ययः ॥३०६॥

तेन दीव्यति. . . (P. 4.4.2.) इत्याख्यातं तद्धितार्थस्य निमित्तत्वेनोक्तम्[9]। अतश्च तत्र क्रियाप्रधानमाख्यातमिति तदर्थस्यैव तद्धितान्तादनवगतिः स्यात्। यतश्च तत्र [10]क्रियाप्रधानत्वेऽपि चाख्यातस्य तद्धितः [11]स्वभावात् [12]साधनप्रधान इति साधनार्थस्यैव प्राधान्येनावगतिरिति ।

---

1. BU. °र्थबहुण्. 2. O. °तश्रयुकः. 3. G. प्रकाशते
4. O. गुणप्राणप्रधान. 5. B. °ध्यमेतेषां 6. BU. om. verse 305.
7. O. From यस्मान्नान्तरीयकतया to तथैव कृत्वा तत्प्रतिपादनं करोतु. omitted in the avataraṇikā to verse 302 is inserted here 8. K प्रदर्शनमाह 9. O. °क्तमेतश्च. 10. O. °नत्वमपिचाख्या° 11. B° भावो
12. B. om. साधनप्रधानइति to गुणप्रधानभावो.

तेन दीव्यतीत्यादौ निर्देशे गुणप्रधानभावो न [1]विवक्षितः, अक्षकरणकदेवनादिक्रिया-कर्तृमात्रमेव तत्र प्रयोजकमिति स एव मुख्योऽर्थः । वक्ष्यति च—

गुणप्रधानताभेदः पुरुषादिविपर्ययः ।
निर्दिष्टस्यान्यथा शास्त्रे नित्यत्वान्न विरुध्यते ॥ Vāk. III. पु. १०.

यथानिर्देशमर्थाः स्युर्येषां शास्त्रं विधायकम् ।
किञ्चित् सामान्यमाश्रित्य स्थिते तु प्रतिपादनम् ॥ ibid ८

योऽश्वे यः पीठ इत्यत्र भूतयोरश्वपीठयोः ।
यथोपलक्षणार्थत्वं तथार्थेष्वनुशासनम् ॥ ibid ९.

इति ॥३०६॥

अथ क्वचित् सान्निध्यमित्येतस्य प्रतिपादनायाह—

निर्देशे लिङ्गसंख्यानां सन्निधानमकारणम् ।

[2]सिद्धलक्षणो भावो घञादीनां निमित्तत्वेनाभीष्ट इति तत्प्रतिपादनाय भाव इत्यस्मिन् निर्देशे लिङ्गसंख्ययोर्नान्तरीयकतया प्रतिपत्तावपि सन्निधानमकारणम्, न [3]तत्र तयोः प्रयोजकत्वमिति यावत् । ननु नान्तरीयकतया प्रतिपत्तौ[4] कथं क्वचित्-सान्निध्यमप्येषां प्रतिपत्तावकारणमित्युक्तम् । प्रयोजकार्थवत् तद् व्यवहारपर्यन्तायां प्रतिपत्तावकारणमित्यभिप्रायः ।

इदानीं [5]यच्चानुपात्तमित्येतस्य प्रतिपादनायाह—

प्रमाणमेव ह्रस्वादावनुपात्तं प्रतीयते ॥३०७॥

[6]इहोदात्तानुदात्तस्वरसमाहारः[7] स्वरित इत्युक्तम् । ह्रस्वदीर्घप्लुताश्च मात्रिकद्विमात्रिकत्रिमात्रिकलक्षणा उदात्तानुदात्तस्वरसमाहाररूपा भवन्ति । तत्र ह्रस्वस्वरितादीनां कियदुदात्तं कियदनुदात्तम् ? आदौ किमुदात्तमथानुदात्तं मध्येऽन्ते[8] वेति सन्देहापाकरणायोक्तम्—

"तस्यादित उदात्तमर्धह्रस्वम्" (P. 1.2,32.).

इति । अत्र चार्धह्रस्वग्रहणमर्धमात्रालक्षणस्य प्रमाणस्योपलक्षणमिति तदेव तस्मात् प्रतीयते इत्यर्थह्रस्वग्रहणप्रतिपाद्यस्याप्रधानस्याविवक्षैवोक्ता ॥३०७॥

---

1. O. °क्षिता अनक्र°
2. O. °लक्षणे. 3. O. om. तत्र. G. न यत्र. 4. O. om. कथं to प्रतिपत्ताव.
5. BU यः स्वानु°. 6. O. इह नदात्तानुद्यत्त. 7. BU. °मुदात्तसमाहारः.
8. K. मध्ये ते देति

एतदेव प्रदर्शयितुमाह—

ह्रस्वस्यार्द्धं च यद् दृष्टं तत्तस्यासन्निधावपि ।
ह्रस्वस्य लक्षणार्थत्वात् तद्वदेवाभिधीयते ॥३०८॥

अतश्च **ह्रस्वस्यार्द्धं** च **यद् दृष्ट**मर्थमात्रात्मकं [1]**तत्तस्य** ह्रस्वस्या**सन्निधावपि** दीर्घप्लुतयोरप्यादिभूतार्द्धमात्रोदात्तेत्युच्यते । कस्मादित्याह—**ह्रस्वस्य लक्षणार्थत्वात्** इति । अर्द्धह्रस्वमित्यत्र ह्रस्वग्रहणं मात्राया [2]उपलक्षणार्थम् । अतो दीर्घप्लुतयोरप्यादिभूतार्द्धमात्रोदात्तेति बोद्धव्यम् । एतदेवान्यैरुक्तम्—अर्द्धह्रस्वमित्यनेनार्द्धमात्रा लक्ष्यते ह्रस्वग्रहणमतन्त्रमिति । तस्यर्द्ध ह्रस्वस्यात्र लक्षणार्थत्वाद् दीर्घप्लुतयोरप्यर्द्धमात्रोदात्ता [3]भवतीत्यभिधीयते । किंवद्' इत्याह **तद्वदेव** इति । यथा तस्य ह्रस्वस्यार्द्धमात्रोच्यते तथा तदसन्निधौ दीर्घप्लुतयोरपीत्यर्थः ॥३०८॥

[4]अथवा प्रकारत्रयमत्र प्रतिपाद्यते, तत्राद्यप्रकारमाह—

दीर्घप्लुताभ्यां तस्य स्याद्

ह्रस्वग्रहणेन ऊकालोऽज्झ्रस्वदीर्घप्लुतः (P. 1.2.27) इत्यत्रैकयोगनिर्दिष्टत्वाद् दीर्घप्लुतावपि लभ्येते । ततश्च [5]दीर्घप्लुताभ्यां तस्यार्द्धस्यावच्छेदः स्यात् । विषमविभागेऽप्यर्द्धशब्दो ग्रामार्द्धं[6] नगरार्द्धमिति । तथात्रेति दीर्घप्लुतयोरप्य[7]र्द्धमात्रोदात्ता भवति ।

द्वितीयं प्रकारमाह—

[8]**मात्रया वा विशेषणम् ।**

मात्रयाथवार्द्धस्यावच्छेदः । ह्रस्वसंज्ञकत्वस्याविवक्षितत्वात् । एतच्च निर्दशितं ह्रस्वस्यार्द्धमित्यनेन ।

अथवा निरस्तावयवविभागोऽर्द्धह्रस्वशब्दोऽखण्ड[9] एवार्द्धमात्राजातेः सप्तपर्णादिवदुपलक्षक इति तृतीयमत्र प्रकारमाह—

जातेर्वा लक्षणा यस्मात् सर्वथा सप्तपर्णवत् ॥३०९॥

---

1. O. न तस्य. 2. K. °या नपलक्षणार्थम्. 3. B. om. भवतीति to रपीत्यर्थः 4. B. om. अथवा to ऊकालोज्झ°. 5. O. प्लुतयोरप्यर्द्धं. 6. K °र्द्धो नगरार्द्ध इति. 7. Om. विषयविभागो to प्लुतयोरव्य°. 8. O. K. मात्राया. 9. O. ह्रस्वशाब्दाखण्ड एवार्द्धमात्रजात.

इदानीं क्वचित् प्रधानमेवार्थो भवत्यन्यस्य लक्षणमिति व्याख्यातुमाह—

गन्तव्यं दृश्यतां सूर्य इति कालस्य लक्षणे ।
ज्ञायतां काल इत्येतत् [1]सोपायमभिधीयते ॥३१०॥

पथिकैः क्वचिदित्थमभिधीयते त्वर्यतामद्यापरोऽध्वा[2] गन्तव्यः; सूर्यश्च दृश्यतामित्यत्र सूर्यदर्शनप्राधान्येन शब्दः श्रूयमाणो[3] **ज्ञायताम**ल्पीयान् भागोऽह्नः परिशिष्यते इत्यर्थस्य सोपायस्य सनिश्चयस्योपलक्षकः सम्पद्यत इति प्रधानेनार्थेनान्यार्थोपलक्षणमिति लक्षितपरार्थो मुख्यः [4]शक्त्यर्थोऽपि न त्यक्त इति ॥३१०॥

एतदेव [5]श्लोकत्रयेण शास्त्रलोकयोरुदाहरणेषु [6]वितत्य प्रदर्शयितुमाह—

विध्यत्यधनुषेत्यत्र विशेषेण निदर्श्यते ।
[7]सामान्यमाश्रयः शक्तेर्यः कश्चित् प्रतिपादकः ॥३११॥

अधनुषा इत्यनेन विशेषेण करणसामान्यमात्रं [8]निदर्श्यते । तत् कीदृशमित्याह– [9]**शक्तेः**: करणशक्तेः **आश्रयो**ऽधिकरणमात्रम् । ततश्च तस्या[10] **यः कश्चित्** [11]**प्रतिपादक** उपादीयते । एतदुक्तं भवति—करणनिषेधपरायां [12]चोदनायां धनुर्लक्षणस्य विशेषस्यापरित्यागेनैव करणमात्रस्य मुख्यत्वम् इति शास्त्रीयमुदाहरणम् । उक्तं च 'विध्यत्यकरणेनेतरथा धृतिप्रसङ्गः (vā 1,2, M. Bh. II, p. 334,810) इति ॥३११॥

विशेषाभिधायकेऽपि वाक्ये सामान्यमात्रमेव प्रयोजकं लोकेऽपि दृश्यत इत्याह—

[13]काकेभ्यो रक्ष्यतां सर्पिरिति [14]बालोऽपि चोदितः ।
उपघातपरे वाक्ये न श्वादिभ्यो न रक्षति ॥३१२॥

सर्पिषः **काकेभ्यो** रक्षणमत्र विशिष्टमेव विहितमप्युपघातमात्रनिवारणफलं पर्यवस्यतीति तदेव तत्र प्रयोजकं बोद्धव्यम् ॥३१२॥

---

1. O. सापायम° 2. BU °तां ममापरो, O. मध्यापारव्यध्वा. 3. O. K. श्रूयमाणे.
4. G.S. मुख्यशकुज्ञय°
5. B. लोकत्रयेण. 6. K. व्चन्तस्य. 7. O. माश्चर्यं 8. BU. निर्दिश्यते.
9. K. मिथ्याशक्तेः 10. O. तघ्या यः 11. O. K. उपादक उपा°
12. O. वादनामां
13. O. काकल्यो रक्ष्यताम. 14. O बालापि वादितः.

क्वचित् साक्षादनुक्तमपि मुख्यार्थनान्तरीयकतया प्रतिपद्यत एवेति दर्शयितुमाह––

[1]प्रक्षालनं [2]शरावाणां [3]स्थालीनां मार्जनं तथा ।
अनुक्तमपि रूपेण भुज्यङ्गत्वात् प्रतीयते ॥३१३॥

भोजनमस्योपपाद्यतामित्यत्र[4] भोजनोपपादनं [5]शब्दः प्रत्याययंस्तदङ्गानामासनदानपात्रप्रक्षालनादीनां [6]नान्तरीयकतया प्रत्यायनं करोत्येव ।[7] प्रक्षालने इति वा पाठः । शरावाणां[8] प्रक्षालने शब्देनोपात्ते[9] स्थालीनिर्मार्जिनाद्यनुक्तमपि[10] सम्भवाद् भुज्यङ्गत्वात् प्रतीयत एवेति । तदेवं प्रायोगिकमिदं तेषामत्रेदं नान्तरीयकम् (Verse 81) इत्येतदेव वितत्य प्रसङ्गाद् वैचित्र्येणोपदर्शितम् । एवं 'प्रमाणमर्द्धह्रस्वादौ' इत्यादिना 'प्रक्षालनं शरावाणाम्' इत्यन्तेन[11] ग्रन्थेन 'यच्चानुपात्तमित्यादिश्लोको व्याख्यातः । एतेन श्लोकेन प्रकारद्वयेन लक्षणा प्रदर्शिता । कदाचिन्मुख्यार्थत्यागेनैवान्यस्योपलक्षणम् । एतदेवाविवक्षितवाच्यमित्युच्यते । कदाचिन्मुख्यार्थविरामोपायपूर्वकमन्यार्थोपलक्षणम् । एतदेव विवक्षितान्यपरवाच्यमुक्तं विज्ञेयम् । इत्येवं मुख्यनान्तरीयकविभाग उपदर्शितः ॥३१३॥

अथात्रेदं गौणमिदं मुख्यमिदं नान्तरीयकमित्येवं शब्दार्थनिर्णयप्रस्तावे तत्तन्निश्चयोपायानुपदर्शयितुकाम आह––

वाक्यात् प्रकरणादर्थादौचित्याद्देशकालतः ।
शब्दार्थाः प्रविभज्यन्ते न रूपादेव केवलात् ॥३१४॥

तत्र **वाक्यात्** शब्दार्थनिर्णयो यथा––कटं करोति भीष्ममुदारं दर्शनीयमिति। तुल्यायामपि श्रुतौ यदा कटस्यैव करोतिक्रियया संबन्धः तदा द्रव्यस्य च निर्गुणस्यानुपपत्ते[12]र्गुणानां च निरधिकरणानामसम्भवादाकांक्षादिना तत्सामानाधिकरण्यं वाक्यीयात् समन्वयादिति भीष्मगुणान्वितस्यैव कटस्य[13] करणं वाक्यार्थः। वक्ष्यति च–– 'आश्रयाश्रयिणोर्वाक्यान्निर्णयस्त्ववतिष्ठते'[14] इति । तथा च शास्त्रे

कर्मणि द्वितीया (P. 2.3.2.)

---

1. प्रशालनं. 2. O. शरीवाण. 3. O. K. स्थालानां 4. BU, K. °स्योपपद्य° 5. O. प्राज प्र°. 6. B. here the commentary of Pu. on 56 is given with a great deal of confusion in the order of the sentences. 7. BU, O. करोत्येव. 8. B. शराणां 9. O. शब्देनापाते. 10. K.O. स्थालनिर्मा.° 11. G इत्यनेन
12. O. °पपन्नगुणानां चागिरथि° 13. O. रुदस्य 14. BU. नियमस्त्वव°.

इत्यादीनि पृथगेव प्रकरणानि विरचितानि । तत्र प्रातिपदिकादनभिहिते कर्मादौ यदेकत्वादि तत्र द्वितीयाद्या विभक्तयो भवन्ती[1]त्येवमर्थस्य सङ्गतेराकाङक्षादिवशाद् भिन्नेष्वपि प्रकरणेषु तात्पर्यालोचनके श्रोतरि वाक्यीयः संबन्धोऽर्थनिश्चयाय पर्यवस्यतीति वाक्याच्छब्दार्थनिर्णयः ।

तथात्र प्रकरणमप्यशब्दं शब्दार्थनिर्णयनिमित्तम् । यथा संग्रामप्रस्तावे सैन्धवानां चोदनमश्वानयनपर्यवसायि भवति । भोजनप्रस्तावे तु तद्वदेव लवणप्रतीतिमुपजनयतीति।[2] शास्त्रे यथा धातुप्रकरणाद् धातुरित्युक्तम् । तथा चोभयावगतौ सत्यां

कर्तृकरणयोस्तृतीया (P. 2.3.18.)

इत्यत्र कारकाणां[3] प्रक्रान्तत्वात् करणशब्देन क्रियाग्रहणं न विज्ञायते ।

शब्दवैर . . . . (P. 3.1.17.)

इत्यादौ सूत्रे च धात्वधिकारे करणशब्दात् क्रिया प्रतीयत इति ।

अर्थस्तु शाब्दत्वाच्छब्दार्थनिर्णयं प्रकल्पयति । यथा—अञ्जलिना जुहोति, अञ्जलिना सूर्यमुपतिष्ठते, अञ्जलिना पूर्णपात्रमाहरतीत्यत्र 'जुहोति' इत्याद्यर्थवशाद् विभिन्नार्थवाचकोऽञ्जलिशब्दः । शास्त्रेऽपि

पूरणगुणसुहितार्थ . . . (P. 2.2.11.)

इत्यत्र [4]गुणेन सह षष्ठी न समस्यत इत्यर्थसामर्थ्याददेङामसंप्रत्ययः । तथा

न शसददवादिगुणानाम् (P 6.4.126.)

इत्यत्र नाश्रयिणो ग्रहणं भवत्यर्थादिति ।

औचित्यादपि शब्दार्थव्यवस्थानं दृश्यते यथा—सीरासिमुसलैः केवलैरनिर्दिष्टक्रियापदैरप्यौचित्याद् विलेखनयुद्धावहननलक्षणसमुचितक्रियापदाक्षेपे शब्दार्थनिर्णयः पर्यवस्यति । यथा वा प्रष्ठादयः शब्दाः अग्रगामित्वादिनिमित्तसमाश्रयणेन प्रवर्तमानास्तस्य च निमित्तस्यौचित्यात् पुँस्येव[5] सम्भवात् पुंशब्दास्त उच्यन्ते, तद्योगात्[6] स्त्रियां वर्तन्ते न साक्षादिति प्रष्ठसंबन्ध एव प्रष्ठचादीनां[7]

पुंयोगादाख्यायाम् (P. 4.1.48.)

इत्यनेन निमित्तत्वेनोपदर्शितः । यथा च—

यश्च निम्बं परशुना यश्चैनं मधुसर्पिषा ।
यश्चैनं गन्धमाल्याभ्यां सर्वस्य कटुरेव सः ॥

---

1. O om. त्येवमर्थस्य to पर्यवस्यतीति. 2. B. om. पजनयति to आगच्छामीति गम्यते. 3. BU. काराणां O. कारणं 4. K om. गुणेन to शसददवादि गणानां इत्यत्र. 5. O. पुंसेव. 6. O. तद्योगायाम्. 7. O.K. प्रष्ठादीनां.

इत्यत्रानुक्तक्रियापदानि साधनान्येवौचित्यवशात् स्वसमुचितक्रियापदावगत्या अवान्तरवाक्योपप्लावनप्रत्यायनपूर्वका[1]प्रस्तुतप्रशंसालक्षणस्य वाक्यार्थस्य प्रतीतिमुपजनयन्ति। तथा च यो नित्यं (म्बं?) परशुना छिनत्ति, यश्चैनं गन्धेनानुलिम्पति, माल्येनार्चयति[2] सर्वस्य तस्य दुस्त्यजा प्रकृतिरिति कृत्वा कटुरेव दौर्मनस्यदाननिपुण एवेति कस्यचित् खलत्वप्रतिपादनमत्र तात्पर्यार्थः। शास्त्रे यथा—

पुंयोगादाख्यायाम् (P. 4.1.48.)

इत्यत्रोक्तं पुंसि शब्दप्रवृत्तिनिमित्तस्य सम्भवात् पुंशब्दा एत इति।

देशाच्छब्दार्थनिर्णयो यथा—मथुरायाः प्राचीनादुदीचीनाद्वा नगरादागच्छतीत्युक्ते नगरविशेषात् पाटलिपुत्रादागच्छामी (च्छती?) ति गम्यते। [3]पाटलिपुत्रस्य मथुरासंबन्धिनोश्च प्राचीनोदीचीनभागयोर्विद्यते प्रत्यासत्तिरिति कृत्वा देशवशादत्र निर्णयः। कालात् खलु व्यवस्था दृश्यते। यथा—शिशिरे द्वारमित्युक्ते पिधेहीति ग्रीष्मसमये त्वेवमभिधाने समुद्घाटय इति गम्यते। एवञ्च शब्दार्थनिर्णयोपायानां दिङ्मात्रप्रदर्शनं बोद्धव्यम्। [4]अन्येऽपि तन्निश्चयाय प्रकारा अनुसन्धातव्याः। श्लोकवशाच्चोदाहरणमात्रमेव दर्शितमिति मन्तव्यम्। सर्वथा न रूपमात्राच्छब्दार्थप्रविभागनिर्णयः [5]कर्तुं शक्य इति प्रतिपादयितुमुक्तम्—'न रूपादेव केवलात्' इति ॥३१४॥

तथा चापरैः संसर्गादयः शब्दार्थावच्छेदहेतवः प्रदर्शिता इत्याह—

संसर्गो विप्रयोगश्च साहचर्यं विरोधिता।
अर्थः प्रकरणं लिङ्गं शब्दस्यान्यस्य सन्निधिः ॥३१५॥
[6]सामर्थ्यमौचिती देशः कालो व्यक्तिः स्वरादयः।
शब्दार्थस्यानवच्छेदे विशेषस्मृतिहेतवः ॥३१६॥

इह कैश्चिदर्थभेदाच्छब्दभेदोऽभ्युपगतः। तदपरैरेकशब्दतेति द्वौ पक्षौ। तत्र नानात्वपक्षे स्वभावभिन्नेषु तुल्यश्रुतिषु रूपाभेदादनवच्छिन्नेषु निमित्तान्तरैः संसर्गादिभिरवच्छेदः क्रियते। [7]एकत्वपक्षे त्वर्थाभिधाने भिन्नासु शक्तिषु श्रुतिसारूप्यमात्रादलब्धविभागासु तथैव संसर्गादिभिरर्थनिर्णयः क्रियत इत्युभयत्रापि प्रकरणादयः शब्दार्थनिर्णयनिपुणा इति तदुपन्यासः कथ्यते। तत्र केचित् सामर्थ्यमेवैकं [8]शब्दार्थनिर्णयनिमित्तमिति मन्यन्ते। योऽप्यर्थप्रकरणादिना तत्र भेदः

---

1. BU. °पूर्वकमशक्तप्रं, O. प्रत्थनाप्रससा, K. °र्दकमएक्तप्रशंस. 2. G. र. om माल्येनार्चयति. 3. O. om. पाटलिपुत्रस्य. to दृश्यते यथा. 4. K. om. अन्येऽपि to मन्तव्यम् 5. K. here repeats from कालात् खलु to अनुसंधातव्याः

G. gives 316 in the footnotes as a variant reading but gives the commentary on it. 7. O. नानात्वपक्षे. 8. O. शब्दशब्दार्थ°.

समधिगम्यते सोऽपि सामर्थ्यादेवात्र प्रतीयत इति कथयन्ति। सामर्थ्यमेव हि संसर्गादिभिर्व्यज्यत इति।

तत्र संसर्गाद्यथा—सकिशोरा धेनुरानीयतामित्यत्र नियतेन संसर्गिणा किशोरलक्षणेन विशेषावसायनिमित्तेन वडवाया एव संप्रत्ययः। यथा च—सवत्सा धेनुरित्यत्र वत्स[1]संसर्गाद् गोधेनोरेव संप्रत्यय इति संसर्गादर्थनिर्णयः। रूढ्या[2] गौरेव[3] धेनुरुच्यते इति तु येषां दर्शनं तेषामत्र संसर्गो विशेषसंप्रत्यये नोपयुज्यत इति बोद्धव्यम्। शास्त्रे यथा—अवाद्ग्रः (P. 1.3.51.) इत्यत्र यस्यावेनोपसर्गेण संबन्धः संभवति स एव गृह्यते गिरतिः। गृणातेस्तु[4] स्वभावादर्थविरोधादेव संबन्धो नोपपद्यत एव।

तथा संसर्गवद्विप्रयोगोऽपि अवच्छेदहेतुः। यथा निर्ज्ञात[5]संबन्धस्योच्यते अकिशोरा धेनुः, अवत्सा,[6] अकरभा वा आनीयताम् इति किशोरादिविप्रयोगेन विशिष्टजातीयाया एव धेनोरवगतिरुपजायत इति। शास्त्रेऽपि 'भुजोऽनवने' (P. 1.3.66.) इति[7] यस्य भुजेरवनमनवनं चार्थस्तस्य ग्रहणं विज्ञायते, न तु कौटिल्यार्थस्य। 'निर्भुजति पाणिम्' इति।

साहचर्याद् यथा—रामलक्ष्मणौ इत्युक्ते लक्ष्मणसाहचर्याद् दाशरथेरेव प्रतीतिः। अत्र यद्यप्येको दृष्टव्यभिचार[8]स्तथाप्यदृष्टव्यभिचारसाहचर्यात्तत्तुल्यधर्मा जायत इति बोद्धव्यम्। शास्त्रे यथा—विपराभ्यां जेः (P. 1.3.19.) इत्यत्र पराशब्दोऽदृष्टव्यभिचारेण विना साहचर्याद् उपसर्ग एव गृह्यते। यद्यपि 'बहुविजपति[9] वनम्' इत्यादौ विशब्दोऽनुपसर्गोऽस्ति तथापि समुदायोऽर्थवान्। जहत्स्वार्थावृत्तिपक्षेऽवयवा अनर्थका एव। अजहत्स्वार्थावृत्तिपक्षे कथम्? उपसर्जनभावमापन्नो विरप्राधान्याद् ग्रहीतुमशक्य एवेति नास्ति विरनुपसर्गः। वीजयते इत्यत्र तु वीशब्दो न विशब्द इति। भाष्येऽप्युक्तम्—अस्य गोर्द्वितीयेनार्थ इति गौरेव प्रतीयते, नाश्वो न गर्दभ इति। यथा च—अन्तरान्तरेण युक्ते[10] (P. 2.3.4.) इत्यत्र द्वावपि टाप्तृतीयान्तयोः सम्भवाद् दृष्टापचारौ। अतः परस्परसाहचर्यान्निपातयोरेव ग्रहणमित्येवं साहचर्यमर्थनिर्णयहेतुः शब्दानाम्।

विरोधादप्यर्थोऽवधार्यते। यथा—'रामार्जुनौ' इत्यत्र अर्जुनसन्निधाने निसर्गवैरिणो जामदग्न्यस्यैव प्रतीतिः। अर्थप्रकरणदेशकालौचित्यैर्विशेषेऽवस्थापनं [11]प्राक्प्रदर्शितम्।

---

1. O. वत्सासं° 2. O. रूपा गौवधेनु°. 3. O.K. गोरेव. 4. K. गणतेस्तु. 5. र. निर्ज्ञातसंबन्धसंबन्धस्य. 6. O. om. अवत्सा 7. र. om यस्य. 8. र. °चारसाहचर्यात्तत्तुल्य° 9. BU. बहुवि जयति वनम् 10. B. यथाचान्तरेण युक्त 11. G, वाक्यदर्शितमे.

लिङ्गाच्च वाक्यान्तरे दृष्टाद् भेदः प्रसिद्धः प्रतीयते। यथा—'अक्ताः शर्करा उपदधाती'त्यत्रानेकस्याञ्जनद्रव्यस्य सम्भवे '[1]तेजो वै घृतमि'ति घृतस्य स्तुतिरुक्ता। एतस्माल्लिङ्गाद् घृतसाधनत्वमञ्जिक्रियायाः शर्करार्कमिकाया निर्धार्यते। तथा 'पशुमालभेत' इत्यत्र पशुत्वसंबन्धिषु प्राणिषु सत्सु 'छागस्य हविषो वपाया मेदसः इति लिङ्गाच्छागैकार्थसमवायि पशुत्वं प्रतीयते। शास्त्रेऽप्यूह्यम्।

[2]शब्दान्तरसन्निधानादपि विशेषावगतिः। यथा—'अर्जुनः कार्तवीर्यो रामो जामदग्न्यः' इति। [3]शास्त्रेऽप्यूह्यम्।

सामर्थ्याद्विशेषप्रतिपत्तिर्यथा—'अनुदरा कन्या' इति। सामर्थ्यादुदरविशेष-प्रतिषेधप्रतीतिः। तथा—'अनुरूपाय कन्या देया'इति। अनुरूपवरायेति सामर्थ्यात् प्रतीयते। शास्त्रेऽपि—प्रथमानिर्दिष्टं समास उपसर्जनम्। (P. 1.2.43.) इति समासार्थे शास्त्रे समासशब्दस्य प्रवृत्तिः। एकविभक्ति चापूर्वनिपाते (P. 1.2.44.) इत्यत्र यः समासशब्दोऽनुमीयते तस्य प्राथमकल्पिक एव समासे वृत्तिः।

व्यक्तिर्लिङ्गम्। तस्मान्निर्णयो यथा—'तद् ग्रामस्यार्धं लभेत' इत्यत्र समप्रविभागेऽर्धशब्दो नपुंसकेन परामर्शात्। [4]तस्माद्ग्रामस्यार्द्धं सममेव प्रतीयते। 'तं ग्रामस्यार्धमि'त्यत्र तु तमिति पुंल्लिंगेन परामर्शाद् ग्रामैकदेशमात्रं प्रतीयते। शास्त्रेष्वर्द्धं नपुंसकमित्यत्रार्द्धशब्दस्य नपुंसकत्वेन विशेषणात् समप्रविभागवृत्तेरेव ग्रहणम्।

स्वरादयः स्वरषत्वसत्वणत्वनत्वादयः। तत्र स्वराद्यथा–'स्थूलपृषतीमालभेत' इत्यत्रान्तोदात्तस्य श्रवणात् स्थूला चासौ पृषती चेत्येवंविधार्थप्रतीतिः। पूर्वपदप्रकृतिस्वरत्वदर्शने स्थूलानि पृषन्ति यस्यामित्यन्यपदार्थप्रतीतिः। तथा 'वैपाशः कूपः' इत्यत्राद्युदात्तस्य श्रवणाद्विपाश उत्तरस्य विशिष्टस्यैव प्रतीतिः। अन्तोदात्तश्रवणे तद्विपरीतस्येति।

सत्त्वाद्यथा—'सुसिक्तम्' 'अतिस्तुतम्' इत्यादौ पूजातिक्रमणयोः कर्म-प्रवचनीयसंज्ञायामुपसर्गत्वाभावे तयोरेव प्रतिपत्तिः। उपसर्गसंज्ञायां तु सत्यां 'सुसिक्तम्' 'सुष्टुतम्' इत्यादौ षत्वप्रवृत्तेरर्थान्तरस्य प्रतिपत्तिः।

णत्वनत्वाभ्यां यथा—प्रणायक इत्यत्रोपसर्गाश्रयणत्वसद्भावे प्रणयनक्रियाकर्तुः प्रतीतिः। णत्वाभावे तु प्रगता नायका अस्माद्देशादसौ प्रनायको देश इत्यन्यपदार्थप्रतीतिरिति। तदेवमेते शब्दार्थस्य [5]सन्देहनिराकरणद्वारेण

1. G, र. तेजोघृतस्य स्तुतिरुक्ता.
2. O. om. शब्दान्तर to जामदग्न्य इति। 3. र. om. शास्त्रेऽप्यूह्यम्.
4. G. र. om. तस्माद्ग्रामस्यार्द्धं to स्वरषत्वसत्वणत्वनत्वादयः 5. B. S. सन्देहपराकरण.

नियतार्थावसायहेतुत्वाद्विशेषस्मृतिहेतवो निर्णयहेतवः संसर्गादयः इति बोद्धव्यम् ॥३१५-३१६॥

[1]नन्वेकत्वदर्शने भेदाभावाच्छब्दानामर्थस्य सन्देहे तन्निर्णयाय प्रकरणादय उच्यन्त इति शोभनम् । भेदपक्षे तु विभिन्नत्वादेव शब्दस्तदर्थप्रत्यायनं करिष्यतीत्याशङ्क्य तत्रापि रूपसादृश्योत्पादितसंशीतीनां व्यवहर्तॄणां प्रकरणादिभिरेव शब्दार्थनिर्णय इति प्रतिपादयितुमाह—

भेदपक्षेऽपि सारूप्याद्भिन्नार्थाः प्रतिपत्तिषु ।
नियता यान्त्यभिव्यक्तिं शब्दाः प्रकरणादिभिः ॥३१७॥

भेदपक्षेऽपि प्रतिपत्तिषु भिन्नार्था अपि शब्दाः सारूप्यादभिन्ना इति प्रकरणादिभिरेवोक्तस्वरूपैर्नियता अविच्छिन्ना अर्थाभिव्यक्तावुपयोगं यान्तीति न कुत्रचित् प्रकरणादिमन्तरेण शब्दार्थनिर्णय इति बोद्धव्यम् ॥३१७॥

युक्तं चैतत् । कस्मादित्याह—

नामाख्यातसरूपा ये कार्यान्तरनिबन्धनाः ।
शब्दा [2]वाच्यश्च तेष्वर्थो न रूपादधिगम्यते ॥३१८॥

इह वाक्ये नामरूपा आख्यातशब्दा अपि [3]भवन्ति । [4]यथा 'अश्वः' इति । टुओश्वि गतिवृद्ध्योः इत्यस्माल्लुङि मध्यमपुरुषैकवचने सिपि "नित्यं ङितः" (P. 3.4.99.) [5]'इतश्च' (P. 3.4.100) इतीकारलोपे [6]च्लिप्रत्ययस्य जॄस्तम्भुम्रुचु. . . . (P. 3.1.58) इत्यादिना [7]अङादेशे च श्वयतेरः इति अत्वे गुण इति पररूपत्वे सकारस्य रुत्वविसर्जनीययोः कृतयोः 'लुङ्लङ्लृङ्क्षु' (P. 6.4.71.) इत्यादिनाऽटि कृते अश्व इत्याख्यातपदं श्वयतिक्रियायाः कर्त्रवच्छिन्नाया अतीतकालायाः प्रतिपादकम् । 'अश्वः' इति च नामपदमश्वजातीयस्यार्थस्य सत्त्वभूतस्याभिधायकमिति सारूप्यात् सन्देहे प्रकरणादिभिरर्थव्यवस्था । [9]यथा 'अजापयः' इत्येतद् 'जि जय' इत्येतस्माद्धातोः कश्चिदजेयं जितवान् तमन्योऽनुप्रयुक्तवानित्यर्थविवक्षायां हेत्वर्थे[10] णिचि 'क्रीङ्जीनां णौ' (P. 6.1.48.) इत्यात्वे अर्तिह्रीव्ली · · · · (P. 7.3.36.)

---

1. O. नन्वेकदर्शने
2. G. r. वाच्याश्च. 3. G. r. सम्भवन्ति. 4. S. यदा 5. K. om. इतश्च. 6. K. क्तिप्र्°. 7. G. r. चङादेशे. 8. O, K, S, G, r. अतो गुणरूपत्वे. 9. r. यथा अजा°. 10. O. om. हेत्वर्थे to सकारस्य रुत्व.

इत्यादिना पुकि जापीत्येवं स्थिते लङि शपि गुणायादेशयोः कृतयोः सकारस्य रुत्व-विसर्जनीययोश्च लुङलङित्यादिना अडागमे च कृतेऽजापय इत्याख्यातम्। अथवा अजायाः पयोऽजापय इत्यपि नामपदं तत्सदृशमित्यर्थादिना तन्निश्चयः। आख्यात-सरूपाश्च नामपदास्तेन यस्य तस्येत्यादयः। तथा च 'तनु विस्तारे' इत्यस्माल्लिटि मध्यमपुरुषबहुवचने द्विर्वचने कृते अत एकहल्मध्ये० (P. 6.4.120) इत्यादिना एत्वाभ्यासलोपयोः कृतयोस्तेनेत्याख्यातं तच्छब्दस्य तृतीयान्तस्य[1] सदृशमिति। 'तसु उपक्षये', यसु प्रयत्ने इत्याभ्यां विध्यादौ लोटि तस्य च सिपि सेर्ह्यपिच्च (P. 3.4.87) इति ह्यादेशे दिवादित्वाच्छ्यनोऽनुबन्धलोपे अतो हेः (P. 6.4.105) इति हेर्लुकि तस्य यस्येत्याख्यातपदं यत्तदोः षष्ठ्येकवचनान्तयोः सदृशमिति सारूप्यात् सन्देहे प्रकरणादिभिस्तन्निश्चीयते। कीदृशाः ? **कार्यान्तरनिबन्धनाः**। कार्यान्तरं विशिष्टप्रत्ययलक्षणं प्रकरणादिना (?णादि) तन्निबन्धनं निमित्तं येषां ते तथाभूताः। तेषु न रूपमात्रादर्थोऽवगम्यते। तस्मात्त्वमश्वोऽजापयः शत्रुभवनानीत्यादिवाक्यार्थपर्यालोचनयैवार्थनिर्णयः। आह च—

नहि किञ्चित् पदं नाम रूपेण नियतं क्वचित्।
पदानामर्थरूपं च वाक्यार्थादेव जायते॥

इति ॥३१८॥

अथ शब्दार्थनिर्णयप्रस्तावे [2]पदपदार्थानामसत्यत्वमखण्डस्यैव च वाक्यार्थस्य सत्यत्वमभ्युपगन्तव्यमिति प्रदर्शयितुमाह—

या प्रवृत्तिनिवृत्त्यर्था स्तुतिनिन्दाप्रकल्पना।
कुशलः प्रतिपत्ता तामयथार्थां प्रतीयते ॥३१९॥

या प्रवृत्तये[3] स्तुतिप्रकल्पना निवृत्तये च निन्दाप्रकल्पना तां प्रेक्षावानयथार्था-मभिमन्यते। परमार्थतस्तु तथाविधस्य वाक्यस्य प्रवर्तस्व निवर्तस्वेति वा सत्य-भूतं वाक्यार्थं तत्रावगच्छतीति पदपदार्थप्रत्ययः सर्वत्रासत्य एवेति सैवैषा[4] तात्पर्य-शक्तिरिति कैश्चिद् व्यवस्थापितम् ॥३१९॥

---

1. O रूलीयांतस्य.
2. O. om पद. 3. O. °वृत्तयस्तुति°. 4. O. सैवेषानात्पर्यश°

एतदेव प्रकटीकर्तुमाह—

विधीयमानं यत्कर्म दृष्टादृष्टप्रयोजनम् ।
स्तूयते सा स्तुतिस्तस्य कर्तुरेव प्रयोजिका ॥३२०॥

दृष्टप्रयोजनं [1]किञ्चित् [2]कर्म स्तूयते, यथा—यो राजानं भजते स [3]सारं भुङ्क्ते। अदृष्टप्रयोजनमपि—योऽग्निष्टोमेन यजते स स्वर्गं गच्छतीति विलक्षणः [4]प्रवृत्तिनिवृत्तिप्रयोजनोऽन्य एवाविभागो वाक्यार्थस्तथाविधवाक्यनिबन्धन एवाभ्युपगन्तव्य इति स्थितम् ॥३२०॥

ननु कथं न तत्र स्पष्टमेव कृत्वा प्रवृत्तिनिमित्ती (? त्तिनिवृत्ती विधी (? ये) ते, [5]किमनुपयोगिनिन्दाद्यर्थप्रतिपादना[6]संभारेणेत्याशङ्क्याह—

व्याघ्रादिव्यपदेशेन यथा बालो निवर्त्यते ।
असत्योऽपि तथा कश्चित् प्रत्यवायो विधीयते ॥३२१॥

यथा [7]रुदन्तं व्याघ्रो भक्षयतीति बालस्योच्यते, न तत्र व्याघ्रभक्षणं वस्तुस्थित्या [8]संभवि, केवलं मा त्वं कदाचिद् रोदीरिति रोदननिषेध एव तस्य क्रियते, तथा [9]तत्र प्रतिषिद्धाचरणान्नरकपातो भवतीत्येतावन्मात्रं [10]प्रतिपाद्यत इति तत्तदर्थसमाश्रयणेन सत्यरूपपदपदार्थाभ्युपगमो न युक्तः ॥३२१॥

तथा प्रत्यवायोपदेशेन च यच्छास्त्रेण प्रतिषिद्धं न तत्राहोपुरिषिकया प्रत्यवायसंविधानमारचय्य प्रेक्षापूर्वकारिणः [11]प्रवृत्तिरुचितेत्याह—

न संविधानं कृत्वापि प्रत्यवाये [12]तथाविधे ।
शास्त्रेण प्रतिषिद्धेऽर्थे विद्वान् कश्चित् प्रवर्तते ॥३२२॥

दृष्टप्रयोजनप्रत्यवायप्रतिविधाननिदर्शनपूर्वकमेतदेव व्याख्यातुमाह—

सर्पेषु संविधायापि सिद्धैर्मन्त्रौषधादिभिः ।
नान्यथा प्रतिपत्तव्यं न दतो गमयेदिति ॥३२३॥

---

1. BU. यत्किश्चित्. 2. O. कसंस्तूयते. 3. O. संसारं 4. O. om. from निवृत्ति till the end of the commentary on this verse.
5. O. किमयायागि· 6. BU. °नसमारंभेण. 7. O. om रुदन्तं. 8. B. संभवति.
9. तत्र तत्र प्र° 10. K. प्रतिपाद्यते
11. G. र. °त्तिरुचितेत्या° 12. O. °विधो

'न दतो गमयेद्, यद्दतो गमयेत् सर्पा एनं घातुका भवन्ति' इत्यनेन पुरोडाशस्य दन्तोपदंशनपूर्वकं [1]भोजनं निषिध्यते । तत्र कश्चित् सर्पाणां प्रतिविधानं मन्त्रौषधादिभिः कृत्वा यदि तथा प्रवृत्तस्तदानेन शास्त्रानुष्ठानं परित्यक्तमिति न शोभनमाचरितम् ॥३२३॥

[2]अस्त्वेवं विधिनिषेधपरेषु स्तुत्यर्थादीनामसत्यत्वम् । यत्र तु [3]स्तुतिनिन्दे एव मुख्ये प्रयोजिके तत्र तदर्थानां [4]सत्यत्वमेवोचितमित्याशङ्क्याह—

क्वचित्तत्त्वसमाख्यानं क्रियते स्तुतिनिन्दयोः ।
तत्रापि च [5]प्रवृत्तिश्च निवृत्तिश्चोपदिश्यते ॥३२४॥

यत्रापि **क्वचित्** स्तुतिनिन्दयोर्विषये तयोः संबन्धि वा **तत्त्वाख्यानं क्रियते तत्रापि** सर्वथा स्तुतिनिन्दयोः केवलयोर्न किञ्चित् प्रयोजनमुत्पश्याम इति प्रवृत्ति-**निवृत्ती**[6] एवोपदिश्येते इति बोद्धव्यम् ॥३२४॥

एवं पदपदा[7]र्थानामसत्यत्वे वाक्यवाक्यार्थयोरखण्डयोरेव सत्यत्वे प्रतिष्ठापिते पदार्थानां स्वरूपस्य वाक्यार्थ एव निबन्धनमिति दर्शयितुमाह—

रूपं सर्वपदार्थानां वाक्यार्थोपनिबन्धनम् ।

एकस्मिन् वाक्यार्थे उप[8]निबद्धास्ते साफल्यं भजन्ते, अन्यथा विशरारव एवेति वाक्यार्थ एव तेषां परस्परसमन्वये निबन्धनम् । वक्ष्यति च—

पृथङ्निविष्टतत्त्वानां पृथगर्थानुपातिनाम् ।
इन्द्रियाणां यथा कार्यमृते देहान्न कल्पते ॥
तथा पदानां सर्वेषां पृथगर्थनिवेशिनाम् ।
वाक्येभ्यः प्रविभक्तानामर्थवत्ता न विद्यते ॥

इति । यथोच्यते—न हि किञ्चिद् इत्यादि ।

ननु वाक्यार्थस्यापि कस्यचिदपरिपूर्णत्वे किं तस्याप्यपरवाक्यार्थनिबन्धनत्वमङ्गीकार्यमित्याशङ्क्याह—

सापेक्षा ये तु वाक्यार्थाः पदार्थैरेव ते समाः ॥३२५॥

एतदुक्तं भवति—अवान्तरवाक्यार्थाः साकाङ्क्षत्वात् पदार्थतुल्या एवेति न तत्र वाक्यार्थव्यपदेशः कार्यः ॥३२५॥

---

1. O. भाजनं
2. O.K. अस्त्येव. 3. O. om. स्तुति. 4. O. om. तत्र तदर्थानां to विषये.
5. om. प्रवृत्तिश्च. 6. O. प्रतिनिवृत्ती
7. B. °पदार्थयोरसत्य°. 8. G. र. रूपनिब°

अथ यत्रैकस्मात् पदान्निराकाङक्षोऽर्थः प्रतीयते तत्रापि किं तस्यासत्यार्थत्वं युक्तमभिधातुमित्याशङ्क्याह—

वाक्यं तदपि मन्यन्ते यत्पदं चरितक्रियम् ।

एतदुक्तं भवति—सन्ति वाक्येषु वाक्यैकदेशाः प्रसिद्ध्यादिना वाक्यार्थप्रत्यायका इति । [1]तदप्येकपदं वाक्यमेव । यस्माच्च**चरितक्रियम्** इति, चरिता गर्भीकृता[2] आख्यातक्रिया यस्य तद् गर्भीकृतक्रियापदं नामपदं वाक्यं प्रयुञ्जते, चरितक्रियापदादर्था[3]वगतिर्निराकांक्षोपजायमाना दृश्यत इति पदमात्रस्यैवात्र वाक्यत्वम् ॥

एवं यथा नामपदं केवलमपि गर्भीकृताख्यातं निराकांक्षार्थप्रत्यायनाद्वाक्यमेवेति तत्प्रत्यायितादर्थात् [4]प्रवृत्तिनिवृत्तिपर्यन्तव्यवहारसिद्धौ सत्यतैव तदर्थस्य, तथैवाख्यातं केवलमर्थौ चित्या[5] द्वि[6]शिष्टाभिधायकं वाक्यमेवोच्यते इत्याह—

आख्यातशब्दे नियतं साधनं यत्र गम्यते ।
तदप्येकं समाप्तार्थं वाक्यमित्यभिधीयते ॥३२६॥

यथा वर्षतीत्युक्ते देवो जलमिति कर्तृकर्माक्षेपात् परिपूर्णार्थत्वे वर्षति देवो जलमिति यथा वाक्यमेवं **तदप्येकं** पदं **समाप्तार्थं** परिपूर्णार्थं **वाक्यमेवाभिधीयते ।** तदुक्तमादावेव आख्यातशब्द इति [7]वाक्यमित्यर्थः ॥३२६॥

अत्र मीमांसकः प्राह—

शब्दव्यवहिता बुद्धिरप्रयुक्तपदाश्रया ।
अनुमानात्तदर्थस्य प्रत्यये हेतुरुच्यते ॥३२७॥

केवलात् पदाद् या साधुवद्भावना[8] **बुद्धिः** सा साधुव[9]**त्तदर्थस्य** तस्याप्रयुक्तस्य पदान्तरस्य योऽर्थस्तस्य [10]**हेतुरुच्यते** कीदृशी ? **शब्दव्यवहिता ।** यथा धूमेन स्वार्थानुमाने शब्दान्तरेण वह्नेराक्षेपः नैवमत्रापि? । श्रुतार्थापत्त्या परिकल्पितो योऽसौ तिष्ठत्यादिशब्दः तेन व्यवहिता । अथ तस्याश्रवणात् कथं

---

1. BU. मदप्ये° 2. om. आख्यातक्रिया to केवलमपि गर्भीकृत. 3. K. °दर्थादवग° 4. G. र. प्रवृत्तिपर्यन्त. 5. K.° र्थौ चित्यादि. 6. om. from विशिष्टाभिधायकं to नामपदमाख्यातं वा प्रयुज्यतां केवलैरेव स a little before Kā. 330, because leaf no 92 is missing 7. BU. वाक्यार्थ.
8. BU. साधुवद्भावेन. 9. BU. साधुवदर्थस्य. 10. O. र्थस्य प्रत्ययहेतुरिष्यते केवलस्य हेतुरुच्यते.

तद्व्यवहितेत्याशङ्क्याह—**अप्रयुक्तपदाश्रया** इति । **अप्रयुक्त**मनुच्चारितं वाचकं श्रुतार्थापत्त्याक्षिप्त**माश्रयो** द्वारमुपायस्ति[1]ष्ठत्याद्यर्थप्रत्यये यस्याः सा तथेति । कस्मात्तदर्थस्य प्रत्यये हेतुरित्याह—**अनुमानाद्** इति । तिष्ठत्यादिकं शब्दं श्रुतार्थापत्त्योपस्थापितमनुमायाक्षिप्यासौ बुद्धिस्तदर्थप्रत्ययमुपजनयतीति यावत् । अतो न केवलमेव नामपदं सक्रियस्यार्थस्य वाचकम्, आख्यातं च ससाधनस्येति कथमुच्यते सन्ति वाक्येषु वाक्यैकदेशा वाक्यार्थप्रतिपादका इति ? ।।३२७।।

श्रुतार्थापत्त्या शब्दाभिसम्बन्धस्य किं प्रयोजनमेकपदादेव तस्माद् वृक्षस्तिष्ठतीत्यादिवन्निराकांक्षार्थप्रत्यायन[2]मुक्तम् । कथं वाक्यैकदेशस्य सकलवाक्यार्थप्रतिपादकत्वमन्तरेण शब्दान्तरपरिकल्पनं युज्यत इति परमतमाशङ्क्याह—

यस्मिंस्तूच्चरिते शब्दे यदा योऽर्थः प्रतीयते ।
तमाहुरर्थं तस्यैव नान्यदर्थस्य लक्षणम् ।।३२८।।

इह यस्मादुच्चरिताद् यदर्थप्रत्ययो दृश्यते तं तस्यार्थमाहुः । वृक्ष इत्यस्मादेव चार्थप्रकरणादिना वृक्षस्तिष्ठतीत्यर्थप्रतीतेः एतदेवार्थवाचकत्वाद्वाक्यमित्युक्तमेव ।।३२८।।

एवं कृत्वा क्रियार्थोपपदस्येत्यनेन नारम्भणीयैव [3]चतुर्थी, तादर्थ्येन सिद्धत्वादित्याह—

क्रियार्थोपपदेष्वेवं स्थानिनां गम्यते क्रिया ।

क्रियार्थोपपदेषु विषये क्रियार्थोपपदानां चेति षष्ठीप्रयोगे सप्तमी । **स्थानिनाम**प्रयुक्तानां धातूनां [4]संबन्धिनी **क्रिया**हरणलक्षणा एधेभ्यो व्रजतीत्यत्रैधशब्द एव हरणमभिदधातीत्येधाहरणार्थं व्रजतीति प्रतीतिः । अतस्तादर्थ्यं स्फुटमेवेति सिद्धा चतुर्थी ।

एवं च कृत्वा वृत्तौ निरादयः क्रान्ताद्यर्थप्रतिपादका इत्याह—

वृत्तौ निरादिभिश्चैव क्रान्ताद्यर्थोऽवगम्यते ।।३२९।।

निष्कौशाम्बिः इत्यादौ निरादय एव सामर्थ्यात् क्रान्ताद्यर्थप्रतिपादका इति [5]गतार्थत्वात् क्रान्तादीनां शब्दानां वृत्तावप्रयोग एव । उक्तं च—उपसर्गा

1. Om. तिष्ठत्यादि to अनुमानाद् इति ।
2. O. om. मुक्तं to सकल
3. O. om. चतुर्थी. 4. O. धातुसंबन्धिनी 5. O. इत्यतिगतार्थत्वात्.

ह्येवमात्मका यत्र क्रियावाची शब्दः श्रूयते तत्र क्रियां विशिषन्ति, [1]अन्यत्र क्रियाविशिष्टं साधनमाहुः ।।३२९।।

यद्येवं वृक्षस्तिष्ठति, निष्क्रान्तः कौशाम्ब्याः इत्यादौ तिष्ठत्यादीनां [2]किं प्रयोगेण, केवलं वृक्ष इत्यादिकं सर्वत्र नामपदमाख्यातं वा प्रयुज्यताम्, केवलैरेव सर्वत्र वाक्यार्थप्रतिपादनमि(?नात् इ)त्याह—

तानि वाक्यान्तराण्येव

केवलो वृक्षशब्दो वाक्यार्थप्रतिपादकोऽन्य एव। वृक्षस्तिष्ठतीति चान्यदेव वाक्यम्। सादृश्याद् वृक्षस्तिष्ठतीत्यत्र वृक्षशब्दं वृक्ष इत्येकपदे [3]वाक्येऽभिमन्यत इति। [4]भवत्वेवं सर्वदा वृक्षशब्द एव केवलं किं न प्रयुज्यते? तत एव हि सामर्थ्यादिना वृक्षस्तिष्ठतीत्यर्थप्रतीतेः किमनेन विततेन वृक्षस्तिष्ठतीत्यादिकेन प्रयुक्तेनेत्याह—

पर्याया इव लौकिकाः।

एतदुक्तं भवति—लौकिके शब्दव्यवहारे लाघवं प्रत्यनादरात् [5]क्वचिद् 'वृक्षः', क्वचिद् 'वृक्षस्तिष्ठति' इति प्रयुज्यते। यथा तरुशब्देनैव लाघवाद् वृक्षार्थप्रतीतौ [6]पादपशब्दं प्रयुञ्जत एव लौकिका इति न कश्चिद्दोषः।

अथ वृक्ष इति केवलं नामपदं क्वचिद् [7]वृक्षो दृश्यताम् क्वचिद् वृक्षोऽस्तीत्येवंविधस्य नियतस्यार्थस्य विशेषभेदेन कथं प्रतिपादकं स्यादित्याह—

अर्थप्रकरणाभ्यां तु तेषां स्वार्थो नियम्यते ।।३३०।।

[8]एषामेकपदानां वाक्यानां प्रतिनियतोऽर्थोऽर्थप्रकरणाभ्यां व्यवस्थाप्यते ।। ।।३३०।।

एवमखण्डवाक्ये वाक्यार्थे सत्यरूपे स्थिते किं [9]पदपदार्थानां वाक्यानां पदविभागपदभागार्थकल्पनयेत्याशङ्क्याह—

प्रतिबोधाभ्युपायास्तु ये तं तं पुरुषं प्रति।

---

1. O. om अन्यत्र क्रियाविशिष्टं
2. BU. om. किं. 3. O. वाक्यार्थभि° 4. BU, K. भवत्येवं. 5. O. कपिदृक्तः. 6. O. पादशब्दं. 7. B.O. वृक्षस्तिष्ठति वृक्षो दृश्यताम् 8. BU,A,O,K एवमेकपदार्थानां 9. BU. किं पदपदार्थपदभागपदभागार्थकल्पनया

एतदुक्तं भवति—ये वाक्यार्थप्रतिबोधनोपायास्ते प्रतिनियतपुरुषसमाश्रयाः । ते चासत्यरूपा एव च पदपदार्था इत्याह—

नावश्यं तेऽभिसंबद्धाः शब्दा ज्ञेयेन वस्तुना ॥३३१॥

[1]**ज्ञेयेन** वाच्येन **वस्तुना** सत्यरूपेण लौकिकेन नैव **तेऽवश्यं संबद्धा** [2]इत्यसत्यभूता इत्युच्यन्ते ॥३३१॥

अथ यस्मिन्नुच्चरित [3]इत्यादिकं यदि शब्दार्थलक्षणमाश्रीयते तदा शब्दादुच्चरितात्प्रतिपत्तुरन्याक्षिप्तचित्तत्वादकृतसङ्केतत्वाद्वाऽसत्यामर्थप्रतिपत्तौ कुतश्चिद्भ्रमाद्वाऽन्यथाप्रतिपत्तौ तदर्थानवगतेरनित्यत्वमेव शब्दार्थसंबन्धस्य स्यात् । न चैतद्युक्तमिति श्रुतार्थापत्तिवादी प्रतिपादयितुमाह—

[4]असत्यां प्रतिपत्तौ च मिथ्या वा प्रतिपादने ।
स्वैरर्थैर्नित्यसंबन्धास्ते ते शब्दा व्यवस्थिताः ॥३३२॥

[5]**ते ते शब्दाः** नित्यत्वाच्छब्दसंबन्धस्य नियतार्थप्रतिपादका[6] एव **व्यवस्थिताः** ॥३३२॥

[7]कुतश्चिन्निमित्तादर्थानवगतौ [8]शब्दार्थसंबन्धहानिः प्राप्नोति । तस्मादेकपदेषु पदान्तराध्याहारेण वाक्यार्थावगतिरुपपन्नेति प्रतिपादयितुमाह—

यथाप्रकरणं द्वारमित्यस्यां कर्मणः श्रुतौ ।
बधान देहि वेत्येतदुपायादधिगम्यते ॥३३३॥

प्रकरणानतिक्रमेण साधनं क्रियाया[9] अविनाभावितया आक्षेपकं[10] भवतीति द्वारं द्वारमित्यत्र कर्मश्रुतिर्बधान देहि वेत्येतमर्थं प्रकरणादेरुपायात्त[11] द्वाचकद्वारेणाक्षिपतीत्येतदेव युक्तम् ॥३३३॥

एवं यस्मिन्नुच्चरिते इत्यादिके[12] शब्दार्थलक्षणे शब्दार्थसंबन्धस्यानित्यत्वमभिधाय दूषणा[13]न्तरमभिधातुमाह—

---

1. O. om. ज्ञेयेन to वस्तुना. 2. K. इत्यसंभूता.
3. B. om. इत्यादिकं to अन्यथाप्रतिपत्तौ. 4. BU. om. the whole *Kārikā*
5. O. गते शब्दाः. 6. BU. om. प्रतिपादकाः एव व्यवस्थिताः
7. BU. om. कुतश्चिन्निमित्तात् to प्रतिपादयितुमाह. 8. O. inserts सह before शब्दार्थ° 9. BU. क्रिया. 10. O. आपक्षेपकं. 11. O. om. तद्वाचक
12. A. इत्यादिकं. 13. O. दूषणोत्तर.

यत्र साधनवृत्तिर्यः शब्दः सत्त्वनिबन्धनः ।
न स प्रधानभूतस्य साध्यस्यार्थस्य वाचकः ॥३३४॥

यस्मात् [1]साधनवृत्ताभिधायी सत्त्वप्रधानः **शब्दो** [2]न स एव प्रधानभूतस्यार्थस्याभिधायक उपपद्यते, विरोधात् । तस्मादिदमत्र वक्तुं युक्तमित्याह—

स्वार्थमात्रं प्रकाश्यासौ साकाङ्क्षो [3]विनिवर्तते ।
अर्थस्तु तस्य संबन्धी प्रकाशयति सन्निधिम् ॥३३५॥

असावाख्यातशब्दो नामशब्दो वा स्वार्थमेव केवलं प्रतिपाद्य सापेक्षः **साकांक्षः** एव **विनिवर्तते** । **तस्य** विनिवृत्तस्य संबन्धी [4]**त्वर्थः** अर्थान्तरस्य तद्वाचकशब्दप्रकल्पनद्वारेण **सन्निधि**मुपकल्पयति । ततश्च वाक्यार्थप्रत्ययः परिपूर्ण उपजायत इत्येव[5] युक्तमिति ॥३३५॥

इदानीमखण्डवादी श्रुतार्थापत्तिवादिनं निराकर्तुमाह—

पारार्थ्यस्याविशिष्टत्वान्न शब्दाच्छब्दसन्निधिः ।
नार्थाच्छब्दस्य सान्निध्यं न शब्दादर्थसन्निधिः ॥३३६॥

इह पीनो देवदत्तो दिवा न भुङ्क्ते इत्यत्र भोजनं विना पीनत्वं देवदत्तस्यानुपपद्यमानं [6]रात्रिभोजनं तद्वाचकशब्दपरिकल्पनद्वारेण गमयतीत्युच्यते, तदत्र किं शब्देन शब्द आक्षिप्यते, [7]उतार्थेन शब्दः, आहोस्विच्छब्देनार्थः, उतार्थेनार्थ[8] इति चतुष्टयी गतिः । तत्र शब्देन शब्दस्याक्षेपो न युज्यते, स्वार्थप्रतिपादन एव शब्दाक्षेपात् । तत्राह—**न शब्दाच्छब्दस्य सन्निधिः** इति । [9]अथार्थेन शब्दाक्षेप इत्युच्यते तत्राह—**नार्थाच्छब्दस्य सान्निध्यम्** इति । नापि[10] शब्दाक्षेपो युज्यते । वाच्यं[11] तु वाचकमाक्षिपतीति[12] युक्तम् । अतोऽन्यशब्दार्थस्य शब्दान्तरस्य च [13]वाच्यवाचकताविरहात् कथमर्थेन शब्दस्याक्षेपः । अथ शब्देनोच्चारितेन श्रुतार्थापत्तिपरिकल्पितशब्दवाच्योऽर्थ आक्षिप्यत इत्युच्यते तदप्यनु-

1. O. om. from न स to शब्दसन्निधिः in the first half of Kā. 336.
2. BU. K. साधनताभिधायी
3. K. साकांक्षोपि नि°. 4. BU. वार्थः । अर्थात् कस्य 5. इत्येवं
6. BU. om. रात्रिभोजनं. 7. O कुतार्थोन शब्दा. 8. K. om. र्थेनार्थ to सान्निध्यम् इति. 9. B. नार्थेनापि, O. अथ येन. 10. BU. नार्थेनापि शब्दाक्षेपे युज्यते वक्तुम् 11. K. वाच्यं. 12. K. O पतीत्युक्तम्. 13. BU. om वाच्यवाचक to परिकल्पित

पपन्नमित्याह—न **शब्दादर्थसन्निधिरिति** । न[1] शब्दाच्छब्दान्तरवाच्यस्यार्थस्य सन्निधिरुपपद्यते, वाच्यवाचकभावाभावादेवेति कथं शब्देनार्थस्याक्षेपः ?[2] अथार्थेनार्थो गम्यत इत्युच्यते, अनुमानमेवैतत् स्पष्टं भवति, न [3]शब्दस्यासावर्थ इति शब्दैक(? शाब्द)त्वमेव परित्यक्तं स्यात् । अत एवात्र चतुर्थपक्षप्रदर्शनमौचित्यं जहातीति तन्निरासो न कृत एव । तस्मादेकपदेषु श्रुतार्थापत्त्या शब्दान्तराक्षेपे वाक्यार्थावगतिरिति यत्किञ्चिदेतत् । एकपदमेव शब्दान्तराभिसम्बन्धमन्तरेण प्रकरणादिवशात् तत्तदर्थप्रत्यायननिपुणमित्येव मन्तव्यम् ॥३३६॥

पुनः श्रुतार्थापत्तिवाद्याह—

नष्टरूपमिवाख्यातमाक्षिप्तं कर्मवादिना ।
यदि प्राप्तं प्रधानत्वं युगपद् भावसत्त्वयोः ॥३३७॥

द्वारम् इत्यत्र कर्मपदेनैवाख्यातमसत्कल्पमाक्षिप्तं यद्यत्रोच्यते तदा युगपत् परस्परविरुद्धयोः सिद्धासिद्धयोरर्थयोरेकस्मिन् शब्दे प्रधानत्वेन वाच्यत्वमापादितम् । न चैतत् परिदृष्टम् । पूर्वं 'यत्र साधनवृत्तिः'इत्यनेन[4] यः [5]सत्त्वप्रधानो नासावाख्यातार्थवाचक उपपन्न इत्युक्तम् । इदानीं पुनः प्रत्ययस्य(?)च विरुद्धार्थवाचकत्वमुच्यत इति विशेषः[6] ॥३३७॥

सिद्धान्तवाद्याह—

तैस्तु नामसरूपत्वमाख्यातस्योपवर्ण्यते ।

'द्वारम्' इत्येतदाख्यातमेव । नामपदसरूपं तु वर्ण्यते । अतश्चान्याख्यातवत् प्राधान्येन क्रियाया एतदपि नामपदसरूपं[7] प्रतिपादकमेव ।

यद्येवं कथमस्माद् द्वितीया श्रूयत इत्याह—

अन्वयव्यतिरेकाभ्यां व्यवहारो विभज्यते ॥३३८॥

भाण्डं भाण्डं पिधेहि, द्वारं द्वारं पिधेहि इत्यादावाख्यातस्य क्रियाभिधायकत्वं परिदृष्टम्, नाम्नो द्रव्यवाचकत्वमित्यन्वयव्यतिरेकाभ्यामन्यत्राप्येकपदे 'द्वारम्' इत्यादौ सादृश्यात् साधनाभिधायित्वमेवेति भवत्येव द्वितीया ॥३३८॥

---

1. A. ना शब्दान्तरवाच्यस्य. 2. BU. शब्दानामर्थस्या 3. G. र. न शब्दार्थस्यासावर्थ
4. B. यःश्रुतार्था सत्त्वप्रधानो. 5. B om. रित्यनेन to वर्ण्यते in the commentary on the next stanza. 6. K. शेषः 7. O. नामसरूपं

अथ द्वारं द्वारमित्यस्यानेकार्थवाचकत्वात् सन्देहे कथमस्य वाचकत्वं भवेदित्याह—

न चापि रूपात् सन्देहे वाचकत्वं निवर्तते ।

रूपसादृश्येऽपि सामर्थ्यादिनाऽर्थनिर्णयो व्यवस्थाप्यत इत्याह—

अर्धं पशोरिव यथा सामर्थ्यात् तद्विकल्प्यते ॥३३९॥

अत्र पश्ववयवोऽर्धं देवदत्तावयवो वार्धं पशुस्वामिकमिति सन्देहः । तत्र किं सन्देहे वाक्यमवाचकमेव, [1]अर्थप्रकरणादिनाऽर्थ [2]स्तत्र कल्प्यत एव ॥३३९॥

चोदयति—

सर्वं सत्त्वपदं शुद्धं यदि भावनिबन्धनम् ।
संसर्गे च विभक्तोऽस्य तस्यार्थो न पृथग्यदि ॥३४०॥

क्रियाप्रधानमाख्यातं नाम्नां सत्त्वप्रधानता ।
चत्वारि पदजातानि सर्वमेतद् विरुध्यते ॥३४१॥

स्पष्टोऽर्थः ॥३४०-३४२॥

एतच्चोद्यं निराकर्तुमाह—

वाक्यस्य बुद्धौ नित्यत्वमर्थयोगं च लौकिकम् ।
दृष्ट्वा चतुष्ट्वं नास्तीति वार्ताक्षौदुम्बरायणौ ॥३४२॥

वाक्यस्याखण्डस्य बुद्धौ प्रतिपत्तृबुद्धौ नित्यत्वं दृष्ट्वा तथा तस्यैवार्थेन प्रतिभालक्षणेन योगं संबन्धं दृष्ट्वा यदेतत्पदपरिकल्पनं पदार्थपरिकल्पनं च [3]तन्नास्त्येव नैवोपपद्यत इत्याचार्यावाहतुः । अ(?कु)तोऽस्माकमेषा विभीषिका यत् पदानां चतुष्ट्वं नोपपद्यत इति ॥३४२॥

यद्येवं किं शास्त्रेणेत्याह—

व्याप्तिमांश्च लघुश्चैव व्यवहारः पदाश्रयः ।
लोके शास्त्रे च कार्यार्थं विभागेनैव कल्पितः ॥३४३॥

---

1. K. अर्द्धप्रक° 2. O. अथसूत्र.
3. B, BU, A, O, K, G, र. तत्रास्त्येव.

[1]**पदाश्रयो** वाक्यव्यवहारः शास्त्रेणोपदिष्टः सन् [2]**व्याप्तिमान्** सकलसाधुशब्दपरिज्ञानहेतु**र्विभागेन** [3]परिकल्पित इति किमत्रानुपपन्नम् ॥३४३॥

अथ यदि पदपदार्थविभागः सर्वथैवासत्यभूतस्तत्कथं लौकिकानां तदाश्रयेण [4]प्रवृत्त्यादय इत्याशङ्क्याह—

न लोके प्रतिपत्तॄणामर्थयोगात् प्रसिद्धयः ।
तस्मादलौकिको वाक्यादन्यः कश्चिन्न विद्यते ॥३४४॥

लोके प्रतिपत्तॄणां सर्वथा [5]न सत्या**र्थयोगादेव प्रसिद्धयो** व्यवहारनिष्पत्तयः यस्माद् [6]असत्येनाप्युपायेन [7]मरीचिकास्वपि जलप्रसिद्धिस्तेषां दृश्यते । अथवा रेखागवयवदसत्येनाप्यनेनोपायेन सत्यभूतवाक्यपरिज्ञानं भवत्येव, सर्वथा न लोकस्यार्थं विना प्रवृत्त्यादयो न सन्तीति वक्तव्यम्, कदाचित् [8]सत्यगवयेन गवयार्थप्रतीतिरस्य जन्यते, कदाचिद् रेखागवयेनेति बोद्धव्यम् । यत एवं तस्माद् [9]**वाक्यात्** सत्यभूतादखण्डाद् वाक्यार्थप्रत्ययो जन्यत इति **न कश्चिदलौकिकः** सत्यभूतः पदार्थः पदं वा **विद्यते,** उपपत्तिविरहादिति ॥३४४॥

ज्ञापकगम्यश्चार्थः सर्वत्र वाक्यादेवावगम्यत[10] इत्याह—

अन्यत्र श्रूयमाणैश्च लिङ्गैर्वाक्येषु सूचिताः ।
स्वार्था एव प्रतीयन्ते रूपाभेदादलक्षिताः ॥३४५॥

'अक्ताः शर्करा उपदधातीत्यत्र तैलेन[11] घृतेन वेति सन्देहेऽन्यत्र 'तेजो वै घृतमिति घृतस्य स्तुतिरुपक्रान्ता तयैतत् सूच्यतेऽभ्यञ्जनं घृतेनैवोपदिष्टमिति । अतोऽत्राक्ता इत्यादौ वाक्ये घृताक्ता उपदधातीति [12]वाक्यार्थो [13]ज्ञायत इति विज्ञेयम् । यद्यक्ता इत्यस्यैव घृताक्ता उपदधातीत्यर्थोऽवगतः किं ज्ञापकानुसारेणेत्याह— **रूपाभेदादलक्षिताः** इति । 'अक्ताः शर्कराः उपदधातीति वाक्ये रूपमविशिष्टं पश्यन्तो विशेषमवगन्तुमक्षमा इति [14]लिङ्गानुसरणेनात्रार्थनिर्णयो व्यवस्थाप्यत इति वाक्येषु वाक्यैकदेशाः सन्तीत्येतदप्रमाणमेव ॥३४५॥

---

1. O. पदार्थयो. 2. O. व्याहरीमा. 3. O. परिकलोत
4. O. प्रवृत्त्यादयः. 5. O. om. न. 6. G° त्तयः सत्येना° र. °त्तयः असत्येना, BU. om. असत्येनाप्युपायेन. 7. O. मृगमरीचिका°. 8. O. om. गवयेन. 9. BU, K. om. वाक्यात् सत्यभूतादखण्डात्
10. O. °देव गम्यते. 11. B. तैले घृते वा. 12. K. om वाक्यार्थो to उपदधाति. 13. BU. om ज्ञायते to उपदधातीत्यर्थो. 14. O.K. °नुसारेणा°

अथ बाध्यबाधकभावं निर्णेतुमाह—

उत्सर्गवाक्ये यत्त्यक्तमशब्दमिव[1] शब्दवत् ।
तद्बाधकेषु वाक्येषु श्रुतमन्यत्र गम्यते ॥३४६॥

उत्सर्गवाक्ये सामान्यलक्षणे उपक्रम एव [2]**यत्त्यक्त**मपवादाक्रान्तं किं तत्र शब्देन परित्यक्तम् । नेत्याह **अशब्दमिव** इति । बोधकविरहेणेव । कथं त्यक्तम् ? **शब्दवद्** [3]बोधकवदेव त्यक्तम् । धातोः कर्मण्युपपदेऽण् प्रत्ययस्तावदेव बाधकानाक्रान्तधातुविषयमेवाण्प्रत्ययविधानमिति **गम्यत** एव, अन्यथा त्वविशेषेण प्रवृत्तावुत्तरकालमाकारान्तेभ्यः कथं निवार्यते । अतस्तात्पर्यपर्यालोचनवशाद् बाधकानाक्रान्तधातुविषये [4]भवतीति वाक्यार्थो ज्ञायत एव तद्दर्शिना [5]एतत्काल एव नावधारितम्, उत्तरकालं तु बाधकेषु वाक्येषु तच्छ्रुतं सदन्यत्र [6]सामान्यलक्षणे वर्जितमिति गम्यते ॥३४६॥

लौकिकेन दृष्टान्तेनैतदेव व्याख्यातुमाह—

ब्राह्मणानां [7]श्रुतिर्दध्नि प्रक्रान्ता माठरं विना ।
माठरस्तत्र(?सक्र) सम्बन्धात् तत्राचष्टे [8]यथार्थताम् ॥३४७॥

'दधि ब्राह्मणेभ्यो दीयताम्' इत्यत्र श्रुत्या माठरवर्जमेवात्र ब्राह्मणानां दधिदानमुपक्रान्तमिति बोद्धव्यम् । उत्तरकालं तक्रं माठरायेत्येतत्तत्र यथार्थबोधकं[9] स्वविषयपरिहारेणैवार्थवत्तां गमयतीत्येवं भिन्नवाक्यतासमाश्रयणेन तावदप्राप्त्यनुमानं बाध इति बोद्धव्यम् ॥३४७॥

इदानीमेकवाक्यतामेवाश्रित्योत्सर्गापवादयोर्बाध्यबाधकभावं दर्शयितुमाह—

अनेकाख्यातयोगेऽपि वाक्यं न्याय्यापवादयोः ।
एकमेवोच्यते कैश्चिद्भिन्नरूपमिव स्थितम् ॥३४८॥

कैश्चिन् [10]**न्याय्यापवादयोः** उत्सर्गापवादयोराख्यातभेदेऽपि एकवाक्यतैवेष्यते

---

1. O. प्रत्येकमश°. 2. BU. om. यत्त्यक्तमपवादाक्रान्तं किं तत्र. 3. BU. बोधकवदेवेत्युक्तम्. 4. BU. °णेऽण्प्रत्ययोभव° 5. BU. O. एतत् तत्काल एव. 6. O. सामान्य.
7. BU. वास्ति. 8. O. यथार्थवाचकताम् 9. A, B, BU, G, K. यथार्थबाधकव्वप्प्य°.
10. G र. प्राप्यापवा°.

भिन्नवाक्यतेव तत्कालं प्रतिभाति । वस्तुतस्त्वाकांक्षायोग्यतासन्निधिवशादेक[1]-वाक्यतां गतं वाक्यं बोद्धव्यम् ॥३४८॥

एवं सतीदं तत्र बोद्धव्यमित्याह—

नियमः प्रतिषेधश्च विधिशेषस्तथा सति ।

इको गुणवृद्धी (P. 1.1.3) इत्यादिको **नियमः** "सार्वधातुकार्धधातुकयोः" (P. 7.3.84) इत्यस्य गुणविधेः शेषः । तेन सहास्यैकवाक्यतायां सार्वधातुकार्धधातुकयोः परतोऽङ्गस्येको गुणो भवतीत्येवं वाक्यार्थो ज्ञायते । अन्यथाऽङ्गस्येगनिकोः स्थाने गुणवृद्धयोः प्रवृत्तयोरुत्तरकालं नियमेन किमत्र [2]कृत्यम् । उक्तं च यो हि भुक्तवन्तं ब्रूयान् मा भुङ्क्था[3] इति किं तेन कृतं स्यादिति । तथा प्रतिषेधोऽपि विधिना सहैकवाक्यतां गत्वा साफल्यं भजतीत्याह **प्रतिषेधश्च** इति । प्रतिषेधश्च **विधिशेष** एव **तथा सति** बोद्धव्य इत्यर्थः ।

अलुगुत्तरपदे (P. 6.3.1.) इत्यनेनोत्तरपदे परतो लुक्प्रतिषेध उच्यमानः सुपो धातुप्रातिपदिकयोः (P. 2.4.71.) इत्यस्य लुग्विधेरङ्गभावमुपगच्छन् वाक्यैकवाक्यतयाऽर्थप्रत्यायनं करोतीति बोद्धव्यम् ।

एतदेव दर्शयितुमाह—

द्वितीये यो लुगाख्यातस्तच्छेषमलुकं विदुः ॥३४९॥

द्वितीयेऽध्याये **आख्यातो** लुग्विधिस्तस्य [4]षाष्ठिकं लुक्प्रतिषेधं शेषमङ्गं विदुर्व्याख्यातार इति ॥३४९॥

अथ वाक्यभेदवाद्याह—

निराकाङक्षाणि निर्वृत्तौ [5]प्रधानानि परस्परम् ।
तेषामनुपकारित्वात् कथं स्यादेकवाक्यता ॥३५०॥

निर्वृत्तौ विशेपपरिपूर्णतायां वाक्यानि निराकांक्षाण्येव । अतः परस्परं प्रधानानि तान्यभिधीयन्ते, न तेषामङ्गाङ्गिभाव इति । अतः परस्परमुपकार्यो-

---

1. O. ° देकवाक्यानां गतं
2. BU. K. कृतम्. 3. K. भुंक्ष्याः 4. O पौष्टिकं
5. O, S. प्रतिधानानि.

पकारकभावाभावात् कथं तेषां निष्प्रयोजनापेक्षा (?क्षां) [1]परिकल्प्य तेनैकवाक्यतेति पूर्वः पक्षः ॥३५०॥

[2]अथैकवाक्यवाद्याह—

विशेषविधिनार्थित्वाद् वाक्यशेषोऽनुमीयते ।
विशेषवन्निवर्त्येऽर्थे तस्मात्तुल्यं व्यपेक्षणम् ॥३५१॥

उत्सर्गवाक्यशेषः सर्वत्रानुमीयते । कस्मादित्याह **विशेषविधिना** इत्यादि । अन्यथा वाक्यान्तरवदविशेषेण तस्य प्रवृत्तिः स्यात् । न चैतद्युक्तम् । ततश्च **निवर्त्ये** प्रतिषेध्येऽर्थेऽपेक्षण[3]मुपयुज्यत एव । तस्मात्तयोः परस्परापेक्षणं **तुल्यमे**वेति कृत्वाऽर्थपर्यालोचनावशेनाकाङ्क्षादिना[4] परस्परसम्बन्धेनाङ्गाङ्गिभावापत्तावेकवाक्यतैव ज्यायसीत्युक्तम् ॥३५१॥

[5]उद्धारेण वाक्येषु वाक्यैकदेशाः सन्तीति चतुर्भिः प्रकारैर्निरूपितम् । अर्थप्रकरणाभ्यां यथा—वृक्ष इत्यादौ । प्रसिद्धेर्यथा—वर्षतीत्यादौ । लिङ्गाद् यथा—अक्ताः शर्करा इत्यादौ । आकाङ्क्षादिना वाक्यान्तरस्य सन्निधानाद् यथा—दधि ब्राह्मणेभ्यो दीयतां तक्रं कौण्डिन्याय इत्यादौ । यथा च—'कर्मण्यण्' 'आतोऽनुपसर्गे कः इत्यादौ । इदानीमपोद्धारसमाश्रयेण[6] प्रसङ्गात् पदेषु पदैकदेशाः सन्तीति विचारयितुं [7]प्रस्तौति—

संज्ञाशब्दैकदेशो यस्तस्य लोपो न विद्यते ।
[8]विशिष्टरूपा सा संज्ञा कृता च न निवर्तते ॥३५२॥

इह देवदत्तादयः संज्ञाशब्दाः स्थिताः । तत्र कदाचिद्देवः कदाचिद्दत्तः इति प्रयुञ्जाना दृश्यन्ते । तदेतत् कथमुपपद्यते । यस्मात्तेषु संज्ञाशब्देष्वेकदेशास्तेषां **लोप**स्तावच्छास्त्रे न कुत्रचिदुपदिश्यते । उपदेशोऽपि तेन कर्तुं न पार्यत इत्याह—**विशिष्टरूपा** इत्यादि । यदा लोके नियतवर्णानुपूर्वीकः पदसमुदायः संज्ञात्वेन विनियुज्यते तदा [9]तदन्तर्गता अवयवा विनियुक्ता एव, यथा वृक्षः प्रचलन् सहावयवैः प्रचलतीत्याचारानुरोधेन, किमसौ न्यूनवर्णा वाचिका भवति सा हि नियतानुपूर्वीका परिपूर्णैव कृता न निवर्तते ॥३५२॥

---

1. BU, K. कल्पिते, O. कल्पते.
2. O. om. अथैकवाक्यवादी to व्यपेक्षणम्. 3. S. व्यवेक्षणं 4. BU, K. °चनाकांक्षादिना
5. O. उद्धारण. 6. K. °समाश्रयणेन. 7. BK. स्तौति. 8. O. om. विशिष्टरूपा to तदेतत् 9. K. °गंता अप्यवयवाः

अथोच्यते दत्तशब्दादसौ सकला प्रतीता स्वसंज्ञिनं प्रत्याययतीत्याशङ्क्याह—

संज्ञान्तराच्च दत्तादेर्नान्या संज्ञा[1] प्रतीयते ।

दत्तशब्दः स्वतन्त्रोऽन्य एव कस्यचित् संज्ञान्तरम् । तस्मात् कथ**मन्या** देवदत्तेति **संज्ञा प्रतीयते,** शब्दान्तरत्वादकृतसंकेतत्वाच्चेत्यभिप्रायः ।

नापि तद्वाच्यं संज्ञिनमवगमयितुमलं दत्तशब्द इत्याह—

संज्ञिनं देवदत्ताख्यं दत्तशब्दः कथं वदेत् ॥३५३॥

[2]दत्तशब्दस्यान्य एव [3]संज्ञी प्रत्याय्यः । तत्कथं शब्दान्तराभिधेयमसौ प्रत्याययेत् । तदेवं नियतवर्णानुपूर्वीकायास्तस्या लोपस्तावदेकदेशस्य नोपपद्यते, नापि दत्तशब्दाद् देवशब्दाद् वा तदेकदेशभूताद्[4]देवदत्तशब्दप्रतीतिरुपपद्यते, [5]न चापि तद्वाच्यप्रतिपत्तिरिति यत्किञ्चिदेतत् ॥३५३॥

अत्र मतान्तरं दर्शयितुमाह

सर्वैरवयवैस्तुल्यं [6]सम्बन्धं समुदायवत् ।
कैश्चिच्छब्दस्वरूपाणां मन्यन्ते सर्वसंज्ञिभिः ॥३५४॥

सर्वैरवयवैस्तुल्यम् एव समकालमेव संज्ञिनः संबन्धः । कथम् ? **समुदायवत् ।** यथा समुदायस्तस्य वाचकत्वेन नियुक्तः तथा तत्काल एव तदवयवा अपीत्यतस्तदेकदेशस्तस्य प्रत्यायनं करोतीति को दोषः ॥३५४॥

अत्र दूषणद्वयं दर्शयितुमाह—

वर्णानामर्थवत्त्वं तु संज्ञानां संज्ञिभिर्भवेत् ।

संज्ञानां ये वर्णास्तेषां संज्ञिनाम(?नार्थ)र्थवत्त्वं प्राप्नोति । ततः [7]स्वाभिमतैकदेशवदेकोऽपि वर्णो वाचकः स्यात् । न चैतत् परिदृष्टम् ।

अपि च तदवयवः पृथग्वाचको नोपपद्यत इत्याह—

---

1. O. संज्ञां. 2. O. दत्तशतशब्दस्यान्य एव. 3. O. संज्ञा. 4. B.U. °भूताद्देवशब्ददत्तशब्द°. 5. BU, K. न चापि.
6. O. om. संबन्धं to तुल्यमेव in the commentary.
7. K. ततश्चाभिमत°.

[1]**संबद्धोऽवयवः संज्ञाप्रविवेके न कल्प्यते ॥३५५॥**

योऽसौ भवता वाचकोऽ**वयव** एकदेशः परिकल्प्यते स सम्बद्ध एव वाचकत्वेन विनियुक्तः । समुदायाच्च तस्य **प्रविवेके** पृथग्भावे वाचकत्वं न कल्प्यते, विलक्षणत्वात् ॥३५५॥

एतदेवापरेण श्लोकेन प्रतिपादयितुमाह—

सर्वस्वरूपैर्युगपत् संबन्धे सति संज्ञिनः ।
नैकदेशसरूपेभ्यस्तत्प्रत्यायनसम्भवः[2] ॥३५६॥

युगपत् सर्वावयवस्वरूपैः संबन्धे नैकदेशास्तद्वाचका उपपन्नाः । अथवा तदेकदेशास्ते [3]न भवन्तीति प्रतिपादयितुमाह—**नैकदेशसरूपेभ्य** इत्यादि । एकदेशसरूपेभ्य इत्युक्तम् । एकदेशसदृशास्ते दत्तादयः न पुनस्तदेकदेशा इति ॥३५६॥

मतान्तरमाह—

एकदेशात्तु संघाते केषाञ्चिज् जायते स्मृतिः ।
स्मृतेस्तु विषयाच्छब्दात् सङ्घातार्थः प्रतीयते ॥३५७॥

स्पष्टोऽर्थः ॥३५७॥

एतन्निराकर्तुमाह—

एकदेशात् स्मृतिर्भिन्ने[4] संघाते जायते कथम् ।
कथं प्रतीयमानः स्याच्छब्दोऽर्थस्याभिधायकः ॥३५८॥

सदृशवस्तुसन्दर्शनात् स्मृतिरुपजायत इति प्रसिद्धम् । तत्र **सङ्घाते** भिन्नस्वरूपे कथं तस्मात् **स्मृतिः**, कथं च तस्मात् **प्रतीयमानो** देवदत्तस्य संज्ञिनोऽ**भिधायक** उपपद्यते । प्रतीयमानस्य वाचकत्वेऽतिप्रसङ्गः स्यात् । श्रुतिपथमवतीर्णाः शब्दा वाचका इति प्रसिद्धम् ॥३५८॥

---

1. G. A. संबन्धो.
2. O. तत्पायन. 3. O. om. न भवन्तीति to °सदृशास्ति.
4. BU. भिन्नैः, O भिन्ना.

[1]सिद्धान्तमाह—

एकदेशसरूपास्तु तैस्तैर्लिङ्गैः समन्विताः ।
अनुनिष्पादिनः शब्दाः [2]संज्ञासु समवस्थिताः ॥३५९॥

यदा तु समुदायः संज्ञात्वेन विनियुज्यते तदैव तदन्तर्गतावयवसरूपा [3]अपि संज्ञात्वेन विनियुज्यन्त इति तेष्वनुनिष्पादिन्यायेन सिद्धाः संज्ञात्वेन बोद्धव्या इति ॥३५९॥

तदन्तर्गतावयवसरूपा [4]अनुनिष्पादिन्यायेन विनियुक्ता अपि साधारणत्वात् [5]संज्ञिनमभिधातुमसमर्थाः । तथा हि—देवशब्दो देवानां वाचकः कस्यचित् संज्ञिनोऽपि तथा दत्तशब्दः क्रियाशब्दोऽपि संज्ञाशब्दोऽपि । तत्र कथं नियतस्य संज्ञिनस्तेभ्यः प्रतिपत्तिः स्यादित्याशङ्क्य नियतार्थतामेषां [6]समर्थयितुमाह—

साधारणत्वात् सन्दिग्धाः सामर्थ्यान्नियताश्रयाः ।
तेषां ये साधवस्तेषु शास्त्रे लोपादि शिष्यते ॥३६०॥

[7]सादृश्यात् सन्देहेऽपि सामर्थ्यादिभिर्नियताश्रयाः संज्ञ्यभिधायका व्यवस्थाप्यन्ते। तेषामनुनिष्पादिन्यायेन शास्त्रे लोपादिविधिप्रणालिकया साधुत्वमुच्यत इत्याह—**तेषाम्** इत्यादि । तेन देवदत्ते स्वतन्त्रः क्रियावाचकदत्तशब्दसाधारणो दत्तः संज्ञाशब्दः, देवोऽपि संज्ञाशब्दोऽनुनिष्पादित्वान्न तदन्तर्गतोऽपीति बोद्धव्यम् । एतदेव शास्त्रे लोपादिद्वारेणान्वाख्यायते । यथोक्तम्—

"चतुर्थादनजादौ च लोपः पूर्वपदस्य च" इत्यादि ॥३६०॥

एतत्स्फुटीकरणायाह—

तुल्यायामनुनिष्पत्तौ ज्येद्राधा इत्यसाधवः ।
[8]न ह्यन्वाख्यायके शास्त्रे तेषु दत्तादिवत् स्मृतिः ॥३६१॥

समुदाये यथा पदान्यनुनिष्पादिन्यायेन तत्र विनियुज्यन्ते नैवमत्र समानाया-मनुनिष्पत्तौ [वर्णानां] वर्णा विनियुज्यन्ते । अतश्च [9]ज्येष्ठादिषु न ज्यादयो

1. B. इदानीं सिद्धा°. 2. K. संज्ञाः स्यः सम°. 3. O. om. अपि संज्ञात्वेन to तदन्तर्गतावयवसरूपा.
4. O. om. निष्पादिन्यायेन. 5. O. om संज्ञिनमभिधातुं to कस्यचित् 6. O. om. समर्थयितुम्. 7. G. र. om. सादृश्यात् संदेहेऽपि.
8. K. नन्दाख्यायके. 9. BU. यथोणादिषु

वर्णमात्रा वृद्धव्यवहारे साधवोऽभ्यनुज्ञायन्त इति शास्त्रेऽप्यन्वाख्यायकेन तथाभूतानामनुगमः क्रियते इति बोद्धव्यम्। अतो नैते घादयो वर्णा मघादिवाच्येष्वर्थेषु (?) वाचका इति ॥३६१॥

अथ पदेषु पदैकदेशाः सन्तीति विचारप्रस्तावे संज्ञाशब्दानां शब्दार्थसम्बन्धस्यानित्यत्वमाशङ्क्य समर्थयितुमाह—

कृतणत्वाश्च ये शब्दा नित्यं खरणसादयः ।
एकद्रव्योपदेशित्वात्तान् साधून् संप्रचक्षते ॥३६२॥

इह संज्ञाशब्दानां संज्ञासंज्ञिसंबन्धात्[1] प्राग् लक्षणयोग उत तदुत्तरकालम्? यदा प्राक् तदासौ न कस्यचित् संज्ञेति तन्निबन्धनं कार्यं कथं स्यात्? अत्रोच्यते—यत्र संज्ञासंज्ञिसम्बन्धात् संज्ञात्वं तत्र लक्षणमिति । अथोत्तरकालं [2]संज्ञात्वं तदा चाकृतणत्वोऽसौ शब्दः सम्प्रति णत्वं भजत इति अनित्यत्वं शब्दानां स्यादित्याशङ्क्याह—**कृतणत्व** इत्यादि । इह द्वौ राशी कृतणत्वानामेको राशिर्नित्य एव, अकृत-णत्वानामपर इति । यत्र ये कृतणत्वास्ते साधवो नित्या एव । **एकद्रव्योपदेशित्वात्** स्वभावेनैव ते संज्ञाशब्दा इत्यर्थः । शास्त्रे पूर्वपदात् संज्ञायामगः (P. 8.4.3.) इत्यनेन कृतणत्वानामेव तेषां साधुत्वमन्वाख्यायत इति कृतणत्वताशास्त्रे प्रक्रियासमाश्रयणेनैषामुक्तेति (?) न कश्चिद्विरोधः ॥३६२॥

एतदेव प्रतिपादयितुमाह—

गोत्राण्येव तु तान्याहुः संज्ञाशक्तिसमन्वयात् ।
निमित्तापेक्षणं तेषु स्वार्थेनावश्यमिष्यते ॥३६३॥

संज्ञाशब्दकुलानि व्यवस्थितानि । [3]न तेषु स्वार्थे संज्ञिनि निमित्तान्वेषणमिष्यते, नित्यत्वाच्छब्दार्थसम्बन्धस्य । तद्वाचकास्ते स्ववाच्ये नियता इति स्वरूपव्यतिरेकेण निमित्तान्तरान्वेषणमव्यापकमेव ॥३६३॥

ननु नित्यत्वं संज्ञाशब्दानामनुपपन्नम्, सम्प्रति [4]क्रियमाणत्वात्, यस्मात् पुरुषेच्छया यथाकथञ्चिन्नियुज्य संज्ञाः क्रियन्ते । उक्तं च—

1. G. र. संज्ञिसंबन्धात्. 2. B, O, K. णत्वं
3. O. om न तेषु to स्ववाच्ये
4. O. om. माणत्वात्.

कृतकत्वादनित्यत्वं सम्बन्धस्योपजायते ।
संज्ञायाः सा हि पुरुषैर्यथाकामं नियुज्यते ॥
यथा हि पांसुरेखाणां बालकैर्मधुरादयः ।
[1]संज्ञाः क्रियन्ते संज्ञासु सर्वास्वेषैव कल्पना ॥

इत्याशङ्क्य समर्थयितुमाह—

व्यवहाराय नियमः [2]संज्ञानां संज्ञिनि क्वचित् ।
नित्य एव तु सम्बन्धो डित्थादिषु [3]गवादिवत् ॥३६४॥

संज्ञाशब्दानां क्वचित् संज्ञिनि यदि परं व्यवहारार्थं पुरुषैर्नियममात्रं क्रियते । यथास्मिन् गृहेऽद्यप्रभृति डित्थशब्दवाच्योऽयमिति बोद्धव्यम् । शब्दार्थसम्बन्धस्तु डित्थादिष्वनादिर्योग्यतालक्षणो नित्य एव । यद् वक्ष्यति—

इन्द्रियाणां स्वविषयेष्वनादिर्योग्यता यथा ।
अनादिरर्थैः शब्दानां सम्बन्धो योग्यता तथा ॥

इति । तदेवं यथा गवादिष्वनादियोग्यतासंबन्धाद्वाचकत्वं गोशब्दादीनां तथैव डित्थादीनां [4]बोद्धव्यम् ॥३६४॥

[5]शास्त्रेऽपि तथैव व्यवहारनियमः संज्ञाशब्दाना[6]मवसातव्य इत्याह—

[7]वृद्धयादीनां च शास्त्रेऽस्मिञ्छक्त्यवच्छेदलक्षणः ।
अकृत्रिमोऽभिसम्बन्धो विशेषणविशेष्यवत् ॥३६५॥

शास्त्रे वृद्धयादीनां [8]संज्ञाशब्दानां सर्वार्थप्रकाशकशक्तियोगः, संज्ञिनामादैजादीनां च सर्वशब्दवाच्यता योग्यता । अतः केवलं शास्त्रे संज्ञान्तरादवच्छिद्यादैजादिप्रत्यायन एव शक्तिर्वृद्धयादीनां नियम्यते, आदैजादीनां वृद्धयादिशब्दवाच्यत्वमेव व्यवस्थाप्यत इति सहजशक्तिप्रतिनियम एव वाच्यवाचकयोरुच्यते, न पुनः कृत्रिमसंबन्धाधानं विज्ञेयम् । यथा विशेषणविशेष्ययोरनादिः शब्दवाच्यतात्मक एव सम्बन्धः, न पुनस्तत्र पुरुषेण[9] नीलादियोगः क्रियते ॥३६५॥

---

1. K. शब्दसंज्ञाः. 2. O. om. संज्ञानां. 3. O. om. गवादि.
4. O. om. बोद्धव्यम्.
5. O. om. शास्त्रेऽपि. 6. B. अवसात इत्याह. 7. K. om. the Kārikā.
8. O. om. संज्ञाशब्दानां 9. BU. om. पुरुषेण

अथ संज्ञाप्रवृत्तिनिमित्तं [1]विचारयितुमाह—

संज्ञा स्वरूपमाश्रित्य निमित्ते [2]सति लौकिकी ।
क्वचित् प्रवर्तते काचिन्निमित्तासन्निधावपि ॥३६६॥

[3]सर्वसंज्ञाशब्दानां स्वरूपमेव [4]प्रवृत्तिनिमित्तं बोद्धव्यम् । तस्मिन् सति कुत्र-[5]चिदर्थानुगतं निमित्तं विद्यते, कुत्रचित्तस्याभाव एव डित्थादाविति कैश्चित्तत्राप्युच्यत एव ॥३६६॥

न[6]केवलं तत्रैकाक्षराणां स्वरूपमेव प्रवृत्तिनिमित्तं [7]विद्यते, यावन्महतीनामपि स्वरूपमेवोपनिबन्धनं प्रवृत्तिनिमित्तं बोद्धव्यमित्याह—

शास्त्रे तु महती संज्ञा स्वरूपोपनिबन्धना ।
अनुमानं [8]निमित्तस्य सन्निधाने प्रतीयते ॥३६७॥

[9]केवलं तत्र [10]निमित्तस्यावयवार्थस्य सन्निधाने **सत्यनुमानं** तत्सद्भावे प्रतीयते, अनुमानेनावयवार्थोऽपि तत्र निमित्तमिति प्रतीयत इत्यर्थः ॥३६७॥

कथं तदनुमानमित्याह—

आवृत्तेरनुमानं वा [11]सारूप्यात्तत्र गम्यते ।
शब्दभेदानुमानं वा शक्तिभेदस्य वा गतिः ॥३६८॥

स एक एव द्विरावर्तते । तत एकेन स्वरूपनिरूपितसंज्ञिनः प्रतिपत्तिरपरेणावयवार्थनिबन्धनता व्यवस्थाप्यते । नन्वावृत्तिरनुमीयते किं यदिह तत्र तवाभीष्टं स्याद्—द्विधोच्चारणादित्याह **सारूप्याद्** इति । [12]सारूप्यादेक एवोच्चारितः शब्द इति गम्यते । अथवा तन्त्रेण द्वावेव शब्दावुच्चारितावित्यनुच्चारित इत्याह-[13]**शब्दभेदानमानं वा** इति । तत एकेन स्वरूपाच्छादितसंज्ञिनः प्रतिपत्तिरपरेणा-

---

1. B. om. विचारयितुमाह and the Kārikā. 2. O. om. सति. 3. B. om. सर्वसंज्ञाशब्दानां स्वरूपमेव प्रवृत्तिनिमित्तम् 4. BU. प्रकृतिनिमि° 5. G. र. °र्थानुपात्तं, S. °र्थानुपातं
6. B. om. न केवलं तत्रैकाक्षराणां 7. O.S. om विद्यते. 8. BU° त्तस्यावयवार्थस्य संनिधौ. A. om. त्तस्य to त्तस्यावमंवार्थ. 9. BU. om. केवलं तत्र निमित्तस्य. 10. K. om. निमित्तस्य to तत्सद्भावे
11. S. °यात्त्ववगम्यते. 12. S. सादृश्याद्. 13. K. om. शब्दभेदानुमानं to प्रदर्शयितुमाह

वयवार्थनिबन्धनेति । तृतीयमपि पक्षं प्रदर्शयितुमाह—**शक्तिभेदस्य वा गतिः** इति । स एवैको द्विशक्तिरुच्चारितस्तत एकया संज्ञिनः प्रतिपत्तिरपरयावयवार्थ-सङ्गतिरिति ।।३६८।।

इदानीं लौकिकस्याकृत्रिमस्य क्वचिद्ग्रहणम्, क्वचित्कृत्रिमस्य[1] पारिभाषिकस्य क्वचिदुभयगतिरिह शास्त्रे सम्भवतीत्युभयोरपि कृत्रिमाकृत्रिमयोः, क्वचिदकृत्रिम एव व्याप्तेः परिगृहीत इतरस्यापि विषयं व्याप्नोतीति, चातुर्विध्यं संज्ञाशब्दानां प्रदर्शयितुमाह—

क्वचिद्विषयभेदेन कृत्रिमा व्यवतिष्ठते ।

कृत्रिमा शास्त्रीया [2]पारिभाषिक्युच्यते । सा **विषयभेदेन व्यवतिष्ठते**, न तु सर्वत्र तथैव व्यवस्था । यथा—'कर्तरि कर्मव्यतिहारे' (P. 1.3.14.) इत्यत्रा-कृत्रिमा गृह्यते, व्यतिहारस्यात्र कृत्रिमसंज्ञाश्रयणेऽनुपपत्तेः, [3]'कर्मण्यण्' (P. 3 2.1.) इत्यत्र कृत्रिमा, "शब्दवैर० इत्यादावकृत्रिमा, धात्वधिकारात् कृत्रिमाया अत्रानुपपत्तेः । "कर्त्तृकरणयोस्तृतीया[4]" (P. 2.3.18.) इत्यत्र कृत्रिमेति ।।

क्वचिदेकत्रोभयरूपताया ग्रहणमिति दर्शयितुमाह—

संख्यायामेकविषयं व्यवस्थानं द्वयोरपि ।।३६९।।

संख्याविषये शास्त्रे कृत्रिमाकृत्रिमयोरपि समाश्रयणं शास्त्रीयाया "बहुगण-वतुडति" (P. 1.1.23.) इत्यादिकाया अपि कृत्रिमाया लौकिक्या अप्यकृत्रिमाया विंशत्यादिकाया 'अतिशदन्ताया' इति प्रतिषेधादत्र ज्ञापकाद् ग्रहणम् ।।३६९।।

[5]क्वचिदकृत्रिमः संज्ञाशब्दो गृहीतः [6]कृत्रिमस्यापि प्रत्यायनं करोतीति प्रदर्शयितुमाह—

विषयं कृत्रिमस्यापि लौकिकः क्वचिदुच्चरन् ।
व्याप्नोति दूरात्सम्बुद्धौ तथा हि ग्रहणं द्वयोः ।।३७०।।

लौकिकोऽकृत्रिमः संज्ञाशब्दः **समुच्चरन् कृत्रिमस्यापि** शास्त्रीयस्य **विषयं व्याप्नोति** । यथा—एकश्रुति दूरात्संबुद्धौ (P. 1.2.33.) इत्यत्र सम्बोधनं

---

1. O. om. मस्य पारिभागि° to कृत्रिमाकृत्रि° 2. BU. परिभाषेत्युच्यते ।
3. र. °यणानुपपत्तेः. 4. BU. om. तृतीया
5. O. om. अकृत्रिमः संज्ञाशब्दो गृहीतः. 6. O अकृत्रिमस्यापि

सम्बुद्धिरिति लौकिकेन शास्त्रीयमपि एकवचनं सम्बुद्धिः (P. 2.3.49.) इति गृह्यत एव, तत्रापि सम्बोधनस्य विद्यमानत्वादित्यर्थः ॥३७०॥

अथेदानीं वाक्यविचारप्रस्तावे क्वचित् प्रत्येकं वाक्यपरिसमाप्तिः, क्वचित् समुदाये, इति प्रदर्शयितुमाह—

संघैकशेषद्वन्द्वेषु क्वचित् सामर्थ्यलक्षणम् ।
प्रत्याश्रयमवस्थानं क्रियाणां प्रतिजानते ॥३७१॥

वाक्यवद् वाक्यार्थस्यापि प्रत्येकसमुदायपरिसमाप्तिः (? प्ती) वाक्यपरिसमाप्तिप्रसङ्गान्मतभेदेन निरूपयति । तत्र वाक्यार्थस्य प्रत्येकपरिसमाप्तिरिति तावद्दर्शयति **संघैकशेषद्वन्द्वेषु** इत्यादिना । कदाचित् संघेनैकशेषेण शब्देन (? द्वन्द्वेन) वार्थप्रतिपादनं क्रियते । यथा—ब्राह्मणा भोज्यन्तां [1]ब्राह्मणो भोज्यतां देवदत्तयज्ञदत्तविष्णुमित्रा भोज्यन्ताम् (? इति) । अत्र ब्राह्मणकर्तृकाया भुजिक्रियाया वाक्यार्थभूताया **प्रत्याश्रयमवस्थानं प्रतिजानते**ऽभ्युपगच्छन्ति । कीदृशम् ? **सामर्थ्यलक्षणम्** इति । सामर्थ्यं समर्थभावात्मकमग्रे निरूप्यमाणं लक्षणं निमित्तस्वरूपं यस्य तत्तथाविधम् । सामर्थ्यलक्षणत्वादित्यर्थः ॥३७१॥

अथ भुजिक्रिया कारकसमुदाय एव नाटचक्रियावत् किं न समाप्यत इत्याह—

भोजनं फलरूपाभ्यामेकैकस्मिन् समाप्यते ।
अन्यथा हि व्यवस्थाने न तदर्थः प्रकल्पते ॥३७२॥

इहैकेन पादप्रक्षालनमपरेणासन उपवेशनमपरेणान्नदानमन्येना[2]न्ननिगरणमिति नैवं भुजिक्रिया निर्वर्तयितुमायाति, यस्मादसौ भुजिक्रिया फलेन तृप्तिलक्षणेन रूपेणान्नदानादिना चैकाधिकरणेन निर्वर्त्यते, तथानाश्रयणे च भुज्यर्थानिष्पत्तेः । भिन्नाधिकरणा सा स्वरूपं न प्रतिभजत इति प्रत्यक्षसिद्धमेव ॥३७२॥

एतदेव स्फुटयितुमाह—

अन्नदानादिरूपां च सर्वे तृप्तिफलां भुजिम् ।
प्रत्येकं प्रतिपद्यन्ते न तु नाटचक्रियामिव ॥३७३॥

1. BU om. ब्राह्मणो भोज्यतां
2. O. °नात्र निराकरण

नियतस्वरूपा हि वस्तुगतयो दृश्यन्ते, नाट्यक्रियाऽनेकसाधनसाध्या सती फलवत्युपजायते । भुजिक्रिया त्वेकैककारकनिर्वर्त्येति वस्तुगतिः ।।३७३।।

एतदेव दृष्टान्तान्तरेण व्याचष्टे—

पाद्यवत् सा विभागेन सामर्थ्यादवतिष्ठते ।

भुजिः करोति [1]भुज्यर्थं न तन्त्रेण प्रदीपवत् ।।३७४।।

श्राद्धकर्मणि ब्राह्मणेषु कर्त्रा यथा पाद्यमनेकाधिकरणं[2] तदभ्यर्चनायोपकल्प्यते तथैवेयं भुजिक्रिया **सामर्थ्याद्वस्तुस्वाभाव्याद्विभागेनैवावतिष्ठत** इति । **न तु तन्त्रेण** साधारण्येनासौ **प्रदीपव**देकाधिकरणैव **भुज्यर्थं** तृप्तिलक्षणं करोति ।।३७४।।

अथ भुजिक्रियावदन्यासामपि भुजिक्रियान्तरसमाश्रयणेन(?)समुदायपरिसमाप्तिमुपदर्शयितुमाह—

दृश्यादिस्तु[3] क्रियैकापि तथाभूतेषु कर्मसु ।

आवृत्तिमन्तरेणापि समुदायाश्रया भवेत् ।।३७५।।

देवदत्तयज्ञदत्तविष्णुमित्रा दृश्यन्तामित्यत्र दृशिक्रिया **तथाभूतेषु** योग्यदेशस्थितेषु[4] कर्मसु विषयेषु प्रत्येकपरिसमाप्तिं विना भुक्तिवन्नोपपद्यत इति नोच्यते, युगपदेवात्र दर्शनक्रियाधिगमफला समुदायमाप्नोतीत्यसौ समुदायाश्रया भवेत् ।।३७५।।

अथ पच्यादिक्रिया किं समुदायपरिसमाप्ता किं वा प्रत्येकं समाप्तेत्याशङ्क्याह—

[5]भिन्नव्यापाररूपाणां व्यवहारादिदर्शने ।

कर्तॄणां दर्शनं भिन्नं संभूयार्थस्य साधकम् ।।३७६।।

देवदत्तः काष्ठैः स्थाल्यामोदनं पचति, विक्लिद्यतस्तण्डुलान् विक्लेदयतीत्यत्र **भिन्नव्यापाररूपाणां** कारकाणां **दर्शनं भिन्नं** प्रार्थनादिको व्यापारो भिन्नः। ससम्भूय [6]सङ्घादर्थस्य पाकक्रियालक्षणस्य साधको दृश्यते **व्यवहारादिदर्शन** इति । व्यवहारः कश्चिन्नियतविषय एवोपयोगोऽभिप्रेतः । आदिग्रहणेन तदन्येषां परिग्रहः । तेषां दर्शनं समारम्भः प्रारम्भ इति यावत् । एतदुक्तं भवति—कर्तृस्था वा क्रिया भवति, कर्मस्था वेत्यत्र पचिक्रिया कर्मणि समवेता न समुदाय इति केचित् । अन्ये त्वाहुः—

---

1. BU भुज्यर्थे. 2. BU. °काधिकृतं तदभ्य°
3. B om. क्रियैकापि to प्रत्येकपरि. 4. K. °स्थितेषु कर्मसु विषयेषु
5. O. om. भिन्नव्यापाररूपाणां to विक्लेदयतीत्यत्र. 6. O संज्ञादर्थस्य या क्रिया

यद्यपि कर्मणि समवेता तथाप्यधिश्रयणोपसर्जनविक्लित्तिरपि पचेरर्थ इत्यवान्तर-क्रियान्यग्भावे प्रधानक्रियासमाश्रयणेन व्यावृत्तव्यापारस्याविशेषात् सम्भूय सर्वै-र्निर्वर्त्यत इति समुदाय एव परिसमाप्यत इति ॥३७६॥

अथ शास्त्रे प्रत्येकं वाक्यपरिसमाप्तिमुपदर्शयितुमाह—

लक्ष्यस्य लोकसिद्धत्वाच्छास्त्रे लिङ्गस्य दर्शनात् ।
अर्थित्वा (र्थेष्वा) दैक्षु [1]भेदेन वृद्धिसंज्ञा समाप्यते ॥३७७॥

वृद्धिरादैच् (P. 1.1.1.) इत्यत्र वृद्धिशब्दः प्रत्येकमादैक्ष्वर्थेषु संज्ञात्वेन नियुज्यते । यस्माल्लोके तथैव लक्ष्यं सिध्यति आम्रगुप्तायनिः, ऐतिकायनिः, श्रौपगव इति । तथा शास्त्रे प्रत्येकमादैचां वृद्धिसंज्ञा लिङ्गाद्[2] दृश्यते । यथा—

प्रस्थेऽवृद्धमकर्क्यादीनाम् (P. 6.2.88)
मालादीनां च (P.6.2.88)
वृद्धिर्यस्याचामादिस्तद् वृद्धम् । (P.1.1.73) (?इति)

[3]'प्रस्थेऽवृद्धमकर्क्यादीनाम्' (P.6.2.87) इत्यत्र प्रस्थे उत्तरपदे पूर्वपदमवृद्धमाद्युदात्तं भवति, तदनन्तर मालादीनामादिरुदात्तो भवतीत्युक्तम् । यदि चैकैकस्य वृद्धिसंज्ञा तदा मालादीनां वृद्धिर्यस्याचामादिस्तद् वृद्धमिति मालादयो वृद्धा भवन्ति ॥३७७॥

इदानीं क्वचित् समुदाये वाक्यपरिसमाप्तिरिति प्रदर्शयितुमाह—

[4]शतादाने प्रधानत्वाद् दण्डने शतकर्मके ।
अर्थिनां गुणभेदेऽपि संख्येयोऽर्थो न भिद्यते ॥३७८॥

"गर्गाः शतं दण्डयन्ताम्" इत्यत्र शतकर्मकं दण्डनं समुदाये परिसमाप्यते । अर्थिनश्च राजानो [5]हिरण्येन भवन्ति, [6]न च प्रत्येकं दण्डयन्ति, यस्माद्वाक्यार्थज्ञा राजानो विवेचयन्ति यथा—अत्र द्वे कर्मणी प्रधानमप्रधानं चेति । तत्र **शतकर्मके[7] दण्डने** शतादानमेव प्रधानम् । यदि च प्रत्येकं [8]शतकर्मकादानं समाप्येत तदा गर्गाः शतानि दण्ड्याः स्युः, ततश्च प्रधानकर्मणः स्वरूपभ्रंशो भवेत् । न च प्रधानार्थपरित्यागो

1. O. om. वृद्धिसंज्ञा to पूर्वपदमवृद्धम 2. K. लिङगं. 3. G. र. om. प्रस्थेऽवृद्धस-कवर्थादीनाम्
4. BU. अत्रादानप्र° 5. BU. rep. हिरण्येन. 6. K om. न च. 7. BU. दण्डने क्र्याशिता°. 8. O. K. शतदानं

युक्तः । अतः संख्यान्तराश्रयणे विरोधो वाक्यस्य स्यात्, वीप्सायां बाधप्राप्तेः । अत्र **गुणभेदेऽपि** दण्ड (?ण्डच) भेदेऽपि अप्रधानत्वात्तेषां नात्र प्रत्येकमपि **त्वर्थिनां** राज्ञां शतकर्मकं दण्डनं समुदाय एवावतिष्ठत इति बोद्धव्यम् । एतदुक्तं भवति—प्रत्येकं वाक्यपरिसमाप्तिः समुदाये वाक्यपरिसमाप्तिरिति न राजाज्ञावशाद् व्यवस्थाप्यते, अपि तु अर्थताभावादिति न्यायसिद्धमेवैतद् वेदितव्यम् ॥३७८॥

शास्त्रे प्रदर्शयितुमिदानीमाह—

संघस्यैव विधेयत्वात् कार्यवत् प्रतिपादने ।
तत्र तन्त्रेण सम्बन्धः समासाभ्यस्तसंज्ञयोः ॥३७९॥

समाससंज्ञा अभ्यस्तसंज्ञा च समुदाय एव परिसमाप्यते सह सुपा (P. 2.1.4.) 'उभे अभ्यस्तम्' (P. 6.1.5.) इति च । अत्र **समाससंज्ञायाः** [1]अभ्यस्त-**संज्ञायाश्च तन्त्रेण** साधारण्येन समुदायस्यैव सम्बन्धः । कस्मादित्याह—**संघस्यैव विधेयत्वाद्** इति । यस्मादत्र संघ एव विधीयते । पूर्वपदोत्तररूपे हि समाससंज्ञा विधीयते । तथा अभ्यस्तम् इत्यत्र युगपद् द्वयोरभ्यस्तसंज्ञा विधीयते किञ्चित् कार्यं विधातुमिति । ननु समाससंज्ञायां कथं राजपुरुष इत्यादौ समुदायो विधीयते यावता नित्यत्वाच्छब्दार्थसम्बन्धानां विधेयतानुपपत्तिरित्याशङ्क्याह—**कार्यवत् प्रतिपादने** इति । यदा कार्यवदन्वाख्यानमिति पक्षः प्रतिपाद्यते तदैतदुक्तमित्यर्थः । ॥३७९॥

इदानीं क्वचिदेकत्वैवोभयथापि वाक्यसमाप्तिर्दृश्यत इति प्रतिपादयितुमाह—

लक्षणार्था स्तुतिर्येषां काञ्चिदेव क्रियां प्रति ।
तैर्व्यस्तैश्च [2]समस्तैश्च स धर्म उपलक्ष्यते ॥३८०॥

उदाहरणमाह—

वृषलैर्न प्रवेष्टव्यमित्येतस्मिन् गृहे यथा ।
प्रत्येकं संहतानां च प्रवेशः प्रतिषिध्यते ॥३८१॥

अत्र वृषलजातीयस्य प्रवेशनिषेधः क्रियते । तत्र [3]चैकस्यापि वृषलत्वस्य सद्भावात् सामर्थ्यात् पृथक् समुदाये च प्रवेशनिषेधा(?धो)र्थः सम्पद्यत इति ॥३८०-३८१॥

---

1. O. om. अभ्यस्तसंज्ञायाश्च
2. B om. समस्तैश्च. 3. K. तत्र चैकवृषलत्वस्य

प्रकारान्तरेणोपदर्शयितुमाह—

सम्भूय त्वर्थलिप्सादिप्रतिषेधोपपादने ।
पृथगप्रतिषिद्धत्वात् प्रवृत्तिर्न विरुध्यते ॥३८२॥

भवद्भिः समग्रैरेवाद्यप्रभृति राजोपसेवा न कार्या, समुद्(द्रा)गमनं वा न विधेयम्, [1]कृषिकर्म वा नानुष्ठेयमित्यत्र समुदाये प्रत्येकं वा निषेधे वाक्यस्य न प्रवृत्त्यनुपपत्तिः ॥३८२॥

अत्रापि शास्त्रीयमुदाहरणं प्रदर्शयितुमाह—

व्यवायलक्षणार्थत्वादट्कुप्वाङादिभिस्तथा ।
प्रत्येकं [2]वा समस्तैर्वा णत्वं न प्रतिषिध्यते ॥३८३॥

व्यवायो व्यवधानं तदुपलक्षणार्थत्वादट्कुप्वा(ङा?)दिभिरिति **प्रत्येकं** समुदायेऽपि तेषां स्थितेर्व्यवायस्य सिद्धत्वात्तथैव णत्वं प्रवर्तत इति न कश्चिद्दोषः ॥३८३॥

इदानीं भुजिक्रियाया एकत्वानेकत्वविचारः। तत्रापि किमेकस्मिन् देशे काले पात्रेऽनुष्ठिता स्वरूपमासादयति, उत देशादिभेदेनानुष्ठितेति[3] विचारयितुमाह—

[4]अनुग्रहार्थं भोक्तॄणां भुजिरारभ्यते यदा ।
देशकालाद्यभेदेन नानुगृह्णाति तानसौ ॥३८४॥

देशकालाद्यभेदेनेति नात्र भुजेरनुग्रहार्थाया विशेषः कश्चित्, उभयथापि तदनुग्रहस्य निर्वृत्तेरिति ॥३८४॥

अथास्या एकत्वानेकत्वे [5]विचारयितुमाह—

पात्रादिभेदान्नानात्वं यस्यैकस्योपदिश्यते ।
विपर्यये वा भिन्नस्य तस्यैकत्वं प्रकल्प्यते ॥३८५॥

---

1. B. वृषिकर्म
2. O. om वासमस्तैः to प्रत्येकं
3. K. om नानुष्ठिता to द्यभेदेन. 4. O.S. om. अनुग्रहार्थं भोक्तॄणां to विचारयितुमाह in the next verse.
5. K. BU. °कत्वविचारायाह.

यस्य मते एकैव भुजिः तृप्तिलक्षणसमानफलत्वात् तस्य देशकालभेदान्नानात्वं स्वत[1]स्त्वेकत्वमेव। कस्यचिन्मते तु भोक्तृभेदात् फलभेदे [2]भुजिक्रियाभेद एव। तस्य विपर्यये पात्राद्यभेदादेकत्वं तस्या बोद्धव्यं, स्वभावतस्तु भिन्नत्वमेवेति मतभेदः ॥३८५॥

किञ्च

[3]संहत्यापि च कुर्वाणा भेदेन प्रतिपादिताः।
स्वं स्वं भोज्यं विभागेन प्राप्तं सम्भूय भुञ्जते ॥३८६॥

देवदत्तयज्ञदत्तविष्णुमित्रा भोज्यन्ताम्[3] इत्यत्र सामर्थ्याद् भेदेन वाक्यार्थप्रतिपत्ताविच्छावशात् संभूय **स्वं स्वं भोज्यं विभागेन प्राप्तं सम्भूय भुञ्जते** ॥३८६॥

अथ शतादानप्रधानत्वादित्येतत्प्रतिपाद्यस्यार्थस्योपपत्तिं प्रतिपादयितुमाह—

वीप्साया विषयाभावाद् विरोधादन्यसंख्यया।
द्विधा समाप्त्ययोगाच्च शतं संघेऽवतिष्ठते ॥३८७॥

[4]यद्येकैकं शतं शतं दण्डचेत तदा वीप्साविषयोऽपहृतः स्यात्, तदा शतकर्मकमत्र दण्डनं प्राधान्येन विधीयते। यदि तु प्रत्येकं शतदण्डनं प्राधान्येन विधीयते प्रत्येकं शतदण्डने संख्यान्तरोपजननाच्छतसंख्या विरुध्यते। न चाप्यत्र **द्विधा** वाक्यं समाप्यते। यत एकेन प्रधानकर्मणः सम्बन्धोऽपरेण गुणकर्मणामिति वाक्यार्थज्ञैः पर्यालोच्य **संघ** एव शतादानम**वतिष्ठत** इत्युच्यते ॥३८७॥

अथ भुजिक्रियायाः प्रत्येकं परिसमाप्तावपि यत्र देवदत्तयज्ञदत्तविष्णुमित्रैः सह भोक्तव्यमित्युच्यते तत्र द्विधापि प्रत्येकं समुदाये च वाक्यार्थश्च परिसमाप्यत इत्याह—

भुजिद्वन्द्वैकशेषाभ्यां यत्रान्यैः सह शिष्यते।
तत्रापि लक्षणार्थत्वाद् द्विधा वाक्यं समाप्यते ॥३८८॥

[5]**लक्षणार्थत्वात्** इति। यस्मादत्र सहभोजनं सहैव वा तत्प्रतिषेध इत्येवताव-

---

1. B. स्वतस्यैकत्वमेव 2. BU, O. om. भुजिक्रियाभेद एव
3. O. om संहत्यापिच कु° to अथ शतादान in the next verse.
4. BU. om. यद्येकैकं to परिसमाप्यत इत्याह in verse 388.
5. BU. om. लक्षणार्थत्वादिति to प्रदर्शितम् in verse 389.

ल्लक्ष्यते । तत्र बहुभिः सह भोक्तव्यं द्वाभ्यां त्रिभिर्वा न वेत्येतदत्राभिधीयते । एवं च सहैव भोक्तव्यं न वेति समुदाय एव विधिर्वा प्रतिषेधो वा विधीयते, केवलं सहभोजनविधिस्तत्प्रतिषेधो वाऽभीष्ट इति प्रत्येकं समुदाये च वाक्यार्थोऽत्र समाप्यत इति बोद्धव्यम् ॥३८८॥

एवं वाक्यार्थाश्रयणेन [1]प्रत्येकं वाक्यपरिसमाप्तिः, समुदाये च वाक्यपरिसमाप्तिरिति प्रदर्शितम् । इदानीं वाक्यसमाश्रयणेन प्रतिपादयितुमाह—

वाक्यान्तराणां प्रत्येकं समाप्तिः कैश्चिदिष्यते ।
रूपान्तरेण युक्तानां वाक्यानां तेन सङ्ग्रहः ॥३८९॥

इहैकं यद्वाक्यं [2]श्रुतं तेन **वाक्यान्तराणां** वाक्यरूपाणां **संग्रहो** लक्षणं प्रत्यायनमिष्यते । तानि वाचकानि । तस्मान्महावाक्यं प्रत्येकं समाप्यते । ततश्च तथैवार्थावगतिरिति ॥३८९॥

अथ वाक्यान्तराणां किमेकमेव तन्महावाक्यमभिधायकमुच्यत इत्याशङ्क्याह—

न वाक्यस्याभिधेयानि भेदवाक्यानि कानिचित् ।
तस्मिंस्तूच्चरिते भेदांस्तथान्यान् प्रतिपद्यते ॥३९०॥

तस्मादुच्चरितादर्थप्रतिपत्तावर्थपर्यालोचनावशेनावान्तरवाक्यप्रतिपत्तिः सम्पद्यत इत्युच्यते, न पुनस्तेन तान्यभिधीयन्त इति ॥३९०॥

अत्राखण्डवाक्यवादी प्रौढिवादितया पदवादिमतं निराकर्तुमाह—

येषां समस्तो वाक्यार्थः प्रतिभेदं समाप्यते ।
तेषां तदानीं भिन्नस्य किं पदार्थस्य सत्तया ॥३९१॥

प्रत्येकमखण्डस्यैव वाक्यार्थस्य परिसमाप्तेः पदार्थानामनुपयोगात् पदार्थकल्पना वृथैव ॥३९१॥

वाक्यवादी विकल्पयितुमाह—

अथ तैरेव जनितः सोऽर्थो भिन्नेषु वर्तते ।
पूर्वस्यार्थस्य तेन स्याद्विरोधः सह वा स्थितिः ॥३९२॥

---

1. O. om. प्रत्येकं to वाक्यसमाश्रयणेन. 2. BU. वाक्यं श्रुत्यन्तरेण, K. श्रुत्यन्तेन.

अथोच्यते—पदार्थैरेव वाक्यार्थो जनितो भिन्नेषु वर्तते। पूर्वस्य तेन सह विरोधः सहानवस्थानलक्षणो वा स्यात् अथवा सहावस्थितिरिति द्वयी गतिः ॥३९२॥

तत्र सहस्थितौ चोद्यमाह[1]—

सहस्थितौ विरोधित्वं स्याद्विशिष्टाविशिष्टयोः।

भेदसंसर्गौ विरुद्धावत्रानुपयुज्येयातामित्यर्थः। अथ पदार्थवाक्यार्थयोरत्र सहानवस्थानं यत् पूर्वः पदार्थो [2]वाक्यार्थे तत्र समाप्ते विनिवर्तते तदायं दोष इत्याह—

व्यभिचारी तु सम्बन्धस्त्यागेऽर्थस्य प्रसज्यते ॥३९३॥

वाक्यार्थफलानां पदानामुपात्तार्थपरित्यागे शब्दार्थसम्बन्धो व्यभिचार्यनित्यः प्राप्नोति। अतः प्रत्येकं वाक्यपरिसमाप्तिपक्षे [3]सत्यभूतपदपदार्थासम्भव एव ॥३९३॥

अथ समुदायवाक्यपरिसमाप्तिपक्षे किं समुदायार्थेन [4]संघ एवार्थवान् नावयवाः आहोस्वित्तदवयवा अपीति विचारयितुमाह—

एकः साधारणो वाच्यः प्रतिशब्दमवस्थितः।
संघे संघिषु चाऽर्थात्मा सन्निधाननिदर्शकः ॥३९४॥

सोऽर्थात्मा वाच्यः सत्यभूतो वाक्यार्थलक्षण **एको**ऽखण्डः **प्रतिशब्दमवस्थितो** बोद्धव्यः। [5]यतोऽसौ **साधारणः** सर्वेषां सत्त्वभूतः स्थितः। अथ तेष्वेव स्थितोऽसौ? नेत्याह **संघिषु च** इति। साधारणत्वात् समुदायेऽप्युच्यते तदवयवेष्वपीति। यदि प्रतिशब्दमवस्थितस्तत्त एकपदोपलम्भकाले किमित्यसौ नावगम्यत इत्याह—**सन्निधाननिदर्शकः** इति। इतरपदसन्निधानं निदर्शकं यस्यासौ तथाभूतः। यथोक्तं पुरस्तात् '[6]प्रत्येकं तु समाप्तोऽर्थः सहभूतेषु वर्तते' इति। अतः सकलपदोपलम्भकाले प्रतीयत इति न कश्चिद्दोषः ॥३९४॥

---

1. K. बोधमाह. 2. G. र. have वाक्यार्थो before वाक्यार्थे. 3. O. सत्यमूलधातवर्थो. 4. O. om संघत एवार्थवान् to संघे संघिषु. 5. O. om यतोऽसौ to समदायेऽप्युच्यते. 6. BU प्राक्

एतद् दृष्टान्तद्वारेण व्यक्तीकर्तुमाह—

यथा साधारणे स्वत्वं त्यागस्य च फलं धने ।
प्रीतिश्चाविकला तद्वत् सम्बन्धोऽर्थेन तद्वताम्[1] ॥३९५॥

धने बहूनां **साधारणे स्वत्वं** स्वस्वामिभाव आत्मीयत्वं वा सर्वेषां **त्यागस्य च** दानलक्षणस्य **फलम्** । तदपि सर्वेषामस्माकं बहु धनमस्तीति । चेतसश्च **प्रीतिर्निर्वृ**त्तिलक्षणा,[2] साप्य**विकला** साधारणत्वादेव सर्वेषां भवति । **तद्वत्तेनार्थेन** समं कृत्वा **तद्वतां** संघसंघिनां **सम्बन्धो** बोद्धव्यः ॥३९५॥

इदानीमेवैतत्प्रसङ्गेन [3]संघातस्यैकार्थ्यात् सुबभावो वर्णात् (Vā. 13, M. Bhā. I. p. 31 p.l. 931.)

इत्येतद् व्याख्यातुमाह—

वर्णानामर्थवत्तायां तेनैवार्थेन तद्वति ।
समुदाये न चैकत्वं भेदेन व्यवतिष्ठते ॥३९६॥

यदा वर्णा अप्यर्थवन्तः समुदायेऽप्यर्थवत्ता तदा तत्रार्थवत्त्वस्य साधारण्येनैवैकत्वात् समुदायादेवैकत्वप्रतिपादनायैकवचनमुत्पद्यते, न प्रत्येकं वर्णेभ्य इति ॥३९६॥

एतदेव दृष्टान्तप्रदर्शनपूर्वकं दर्शयितुमाह—

एकेनैव प्रदीपेन सर्वे साधारणं धनम् ।
पश्यन्ति तद्वदेकेन सुपा संख्याऽभिधीयते ॥३९७॥

सन्तमसे [4]साधारणधनस्वरूपपरिज्ञानं **यथैकेनैव प्रदीपेन** सम्पद्यते तद्वदत्रापि साधारणार्थवत्ताऽभिव्यक्तये एकेनैव समुदायादुत्पन्नेन सुपा एकत्वलक्षणा [5]**संख्या** समुदायावगता (?दायिगता) ऽभिधीयत इति न पृथक् [6]पृथक् सुबुत्पत्तिः ॥३९७॥

अत एवं साधारणैवासावर्थवत्ता एकेनैव सुपाभिहिता[7] । तस्मादसौ वर्णपदयोरपि वाक्ये च [8]भवन्तीति न विशिष्यते न पृथगभिधातुमुपयुज्यते इति बोद्धव्यमित्यभिधातुमाह—

---

1. र. तद्वता. 2. O. °लक्षणस्य
3. र. °स्यैकार्थात्.
4. O om. साधारणधन to तद्वद्. 5. BU, O om. संख्या.
6. O. om. the second पृथक्. 7. O. °भिदिता 2. BU. समवेतां.
8. O.K. भवन्ती

नार्थवत्ता पदे वर्णे वाक्ये चैवं विशिष्यते ।

ननु पूर्वं वाक्यस्यैवार्थवत्त्वं महता प्रबन्धेन व्यवस्थापितम् । पदान्यनर्थकान्येवाभिहितानि । वर्णानामर्थवत्त्वे कैव कथा । इदानीं वर्णे पदे वाक्ये च समं कृत्वैवार्थवत्तोद्घोष्यत इति किमेतदुच्यत इत्याशङ्क्याह—

अभ्यासात् प्रक्रमोऽन्यस्तु विरुद्ध इव दृश्यते ॥३९८॥

इह भिन्नान्यागमदर्शनानि लौकिकैश्चार्वाग्दर्शिभिस्तत्राभिनिविष्टैः[1] परस्परं शास्त्राणां पृथक् पृथक् प्रक्रमाः परिपाटयो दृश्यन्ते विरुद्धा इव । परमार्थतस्तत्त्वं सत्यरूपमेकमविरुद्धमेव सर्वत्र स्थितमिति । अतश्च सर्वपार्षदत्वादेतदनुषङ्गात् कथञ्चिदाश्रितम्, नैतावताऽभ्युपेतस्याखण्डपक्षस्य त्याग आयात इति बोद्धव्यम् ॥३९८॥

इदानीं शब्दस्यार्थाभिधाने स्वव्यापारं विचारयितुमाह—

विनियोगादृते शब्दो न स्वार्थस्य प्रकाशकः ।
अर्थाभिधानसम्बन्धमुक्तिद्वारं प्रचक्षते ॥३९९॥

इह एक एव शब्दो बह्वर्थः । स यदा वक्त्रा प्रतिनियत एवार्थे विनियुज्यते तदा तमर्थं प्रकाशयतीति दृष्टम् । अतः शब्दार्थप्रतिपादनयोग्यता [2]उक्तिद्वारैवेत्याहुः ॥३९९॥

अथ किं स्वाभाविकः शब्दार्थसम्बन्धोऽथेदृशीं[3] दशामुपेतो यदमी शब्दा वक्तृविनियोगमुखप्रेक्षणसंबन्धाः । हन्तैवंवादिना भवता [4]विभूषितैव वैयाकरणधुरेत्याशङ्क्यैतत्समर्थनार्थमाह—

यथा प्रणिहितं चक्षुर्दर्शनायोपकल्पते ।
तथाभिसंहितः शब्दो भवत्यर्थस्य वाचकः ॥४००॥

यथा [5]सहजयैव योग्यतया चक्षुरिन्द्रियमर्थविषयं दर्शनमुपकल्पयद् [6]द्रष्टृ-

1. K. तत्रतत्राभिनि° 2. O. उक्तिरेवेत्याहुः
3. B. अथेदानीमीदशीं. 4. O. विभूतैव
5. O. सह तथैव. 6. O.K. दृष्टसं.

सम्बन्धिप्रणिधानमपेक्षते, अन्यथा [1]सर्वदा दर्शनोपजननप्रसङ्गात् तथैव शब्दः स्वाभाविकेनैव सम्बन्धेनार्थप्रत्यायकोऽप्यभिधातृसम्बन्ध्यभिसन्धानमपेक्षत एव । एतदुक्तं भवति । [2]वाक्यानि स्वव्यापारे प्रतिनियतस्वार्थभाञ्जि भवन्त्यभिधेयार्थं [3]प्रकाशयन्त्यभिधाख्यं स्वव्यापारं पुरस्कृत्यार्थप्रकाशनं कुर्वन्तीति बोद्धव्यम् । स चाभिधाख्यो व्यापारः प्रयोक्तृसम्बन्ध्यभिसन्धाननिमित्तक[4] इत्यभिसन्धानत्वेनोपचर्यते। यदाह––तथाभिसंहितः शब्दो भवत्यर्थस्य वाचक इत्यभिसन्धानमेवात्र शब्दस्योक्तिलक्षणव्यापारतयाऽतिदिशति। यदा त्वभेदपक्षस्तदा वक्तुरन्तरुल्लसिता प्रतिभैवाभिसन्धिरूपा शब्दमयी भवति । स्पष्ट एवाभिसन्धानोक्तेरभेदनिर्देशः। अतः प्रचारचक्षुषोऽपि व्यापारः प्रणिधानात्मक एव ।

"उक्तिः करणविन्यासो न विना शब्दभावनाम्" इत्यनुसन्धानकारणकः शब्दस्य स्वव्यापारोऽभिधानुसन्धानमेव वा शब्दमयीभूतमभिधेति विज्ञेयम् ॥४००॥

[5]ननु चाभिधानमभिधेयं सम्बन्धश्च तयोरित्येतावदेव सुप्रसिद्धम् । [6]यत्त्वत्र विनियोग उक्तिरभिसन्धानमभिधेत्येवंरूपस्य[7] चतुष्कस्योपयोगः प्रतिपाद्यते तदप्रसिद्धमेवेत्याशङ्क्याह—

क्रियाव्यवेतः[8] सम्बन्धो दृष्टः करणकर्मणोः ।
अभिधानियमस्तस्मादभिधानाभिधेययोः ॥४०१॥

इह कारकाण्ययःशलाकाकल्पानि परस्परमसम्बद्धान्येव । तेषां च यथा क्रियाव्यवधानेन [9]क्रियासमाश्रयणेन सम्बन्धो दृश्यते तथैवाभिधानाभिधेययोर्वाच्यवाचकभावलक्षणः सम्बन्धोऽभिधाख्येन शब्दव्यापारेण नियम्यत इति नापूर्वमभिहितमिति ॥४०१॥

एतदेव स्फुटीकर्तुमाह—

बहुष्वेकाभिधानेषु सर्वेष्वेकार्थकारिषु ।
यत् प्रयोक्ताभिसन्धत्ते शब्दस्तत्रावतिष्ठते ॥४०२॥

[10]तथा च **बहुष्वर्थेषु** गवादिषु वस्तुष्वे**काभिधाने**ष्वेकशब्दप्रतिपाद्येषु [11]**सर्वेषु**

1. K. सर्वथा. 2. BU. बहूनि. 3. O. om. प्रकाशयन्त्यभिधाख्यं स्वव्यापारं पुरस्कृत्य. 4. K. °संबन्ध्यभिधाननि°
5. O. om ननु चाभिधानं to उक्तिः. 6. BU. यत्र. 7. BU. उक्तिरभिधानमभिधे°.
8. O. °व्यपेतः 9. O. om समाश्रयणेन to संबन्धोऽभिधा
10. O repeats the second half of the verse here and omits तथा च बहुष्वर्थेषु गवादिषु. 11. G. r. शब्देष

च तत्रार्थेषु सजातीयत्वादेकार्थकारिषु सन्निहितेषु सत्सु **प्रयोक्ता** यत्तत्रार्थरूपमभिसन्धत्तेऽभिसन्धानेन विनियोगेनाभिधाविषयीकरोति तत्रैवार्थे वाचकत्वेन **शब्दोऽवतिष्ठते** नान्यत्रेति स्फुटमेव परिदृष्टम् ।।४०२।।

प्रकारान्तरेणाप्येतदेव स्फुटयितुमाह—

आम्नायशब्दानभ्यासे[1] केचिदाहुरनर्थकान् ।
[2]स्वरूपमात्रवृत्तींश्च परेषां प्रतिपादने ।।४०३।।

[3]अभिधानक्रियाभेदादर्थस्य प्रतिपादकात् ।
नियोगभेदान् मन्यन्ते तानेवैकत्वदर्शिनः ।।४०४।।

तथा चाम्नायशब्दा वैदिका अभ्यासवेलायां न कञ्चिदप्यर्थमभिदधति तदाऽ[4]नर्थकानेव तानाहुः । यदा त एव स्वरूपग्रहणाय शिष्याणां प्रतिपाद्यन्ते तदा स्वरूपप्रधानास्त इति तत्र तदर्था एवोच्यन्ते । यदा पुनः कुत्रचिद् याज्ञे कर्मणि नियोगभेदेनाभि[5]सन्धानभेदेन त एव विनियुज्यन्ते तदा स्व[6]व्यापारेणाभिधाख्येन तत्तदर्थप्रतिपादकास्तदर्थनिष्ठाः सम्पद्यन्त इति स्फुटमेवाभिधेयव्यतिरिक्तोन्मज्जन्त्यभिधा प्रतिभात्येवेति न तदपह्नव उपपन्नः ।।४०३-४०४।।

एवमेकशब्ददर्शने[7]ऽभिसन्धाननिमित्ताभिधालक्षणव्यापारसमाश्रयणेन शब्दस्य तत्तदर्थाभिधानं समुपपादितम् । इदानीं शब्दे भेदं[8] समाश्रित्यैषां प्रकरणादिभिरेव तत्तदर्थप्रकाशनमुपपादयितुमाह—

तेषामत्यन्तनानात्वं नानात्वव्यवहारिणः ।
अक्षादीनामिव प्राहुरेकजातिसमन्वयात्[9] ।।४०५।।

तेषां शब्दानां भेदवादिनो नानात्वमाहुः । [10]केवलमेकजातिसमन्वयस्तेषां सादृश्यरूपोऽस्ति । उदाहरणमाह [11]'अक्षादीनामिव' इति । यथा अक्षादयः शब्दा भिन्ना एव स्थिताः सादृश्यात्त्वभेदेनैव प्रतीयन्त इति ।।४०५।।

---

1. O. °नत्यासे 2. K. om. स्वरूप to प्रतिपादकात्. 3. BU. °क्रियायोगात्.
4. र. तदाऽर्थवानेव. 5. B. om अभिसन्धानभेदेन. 6. BU. तदा व्यापारेण.
7. BU. °दर्शनाभिसं° 8. B. शब्दभेदं. 9. BU, °न्वयम् 10. BU. केचन एकजाति.
11. B. om. अक्षादीनाम् to अतश्च किमित्याह in the next verse.

अतश्च किमित्याह—

प्रयोगादभिसन्धानमन्यदेषु न विद्यते ।

प्रयोग उच्चारणम् । तस्मादन्यत्तेष्वभिसन्धानमुक्तिरभिधा नैव विद्यते । कथं तर्हि नियतमेवार्थमभिदधातीत्याह—

विषये यतशक्तित्वात् स तु तत्र व्यवस्थितः ॥४०६॥

तत्र तत्र विषये नियतशक्तित्वाद् विभिन्नशक्तित्वादेव स शब्दस्तत्र व्यवस्थित इति ॥४०६॥

[1]तथा भिन्नत्वं सादृश्येऽपि सत्यर्थप्रकरणादिभिर्निगृहीतार्थाभिधानादवगम्यत इत्याह—

नानात्वस्यैव संज्ञानमर्थप्रकरणादिभिः ।
न जात्वर्थान्तरे वृत्तिरन्यार्थानां कथञ्चन ॥४०७॥

युक्तं चैतत् । अन्यथैकत्रार्थान्तरवृत्तित्वं शब्दस्योपलब्धम्[2] । पुनस्तस्यैवान्यार्थत्वं कथमुपपद्येतेत्यभिधातुमाह[3] 'न जातु' इत्यादि ॥४०७॥

[4]इदानीं पूर्वोक्तग्रहणाय पुनरखण्डवाक्योपक्रमेण वाक्यवाक्यार्थनिर्णयं संक्षेपेण कर्तुमाह—

पदरूपं तु यद् वाक्यमस्तित्वोपनिबन्धनम् ।
कामं विमर्शस्तत्रायं न वाक्यावयवे पदे[5] ॥४०८॥

[6]योऽयमत्र विमर्शो विचारः कामं स पदे तदेकपदरूपमेव वाक्यं वाचकं तत्रोपपन्नः । कीदृशं च तत्पदरूपं वाक्यमित्याह 'अस्तित्वोपनिबन्धनम्' इति । अस्तित्वमस्तिक्रिया वाक्यत्वे वाचकत्वे उपनिबन्धनं यस्य । यद् वक्ष्यति—'अस्तित्वेनानुषक्तो वा' इत्यादि । अथवा प्रकरणादिनास्तित्वोपनिबन्धनमित्येतच्चोपलक्षणं कदाचिन्निवृत्त्यात्मतया चेति बोद्धव्यम् । तत्रैष विचारो [7]यदुताभिधाव्यापार-

---

1. BU. om. तथा भिन्नत्वं to निगृही. 2. O. °स्योपलब्धम्. 3. K. om. न जातु इत्यादि.
4. K. om. इदानीं to कर्तुमाह. 5. O. K. यदा. 6. K. दोषोऽयमत्र.
7. BU· यदुचिताभि°

द्वारकं वाचकत्वं प्रतिनियतशक्तिकृतं चेति, न तु वाक्यावयवभूतेऽपोद्धारे परिकल्पिते पद इति तस्यार्थवत्ताविरहादित्यभिप्रायः ॥४०८॥

तस्मात् स्फोटरूपमखण्डमेव वाक्यं निराकाङ्क्षवाचकमभ्युपगन्तव्यमिति दृष्टान्तद्वारेणाभिधातुमाह—

यथैवानर्थकैर्वर्णैर्विशिष्टार्थोऽभिधीयते ।[1]
पदैरनर्थकैरेवं [2]विशिष्टार्थोऽभिधीयते ॥४०९॥

[3]यथा त्वन्मते वर्णैरनर्थकैरभिव्यज्यते विशिष्टार्थः पररूपः स्फोटात्मा वाचकोऽभिधीयते एवं पदैरनर्थकैरभिव्यक्त एव विशिष्टार्थः स्फोटात्मा वाचकोऽभिधीयत इति ॥४०९॥

[4]ननु पदपदार्थसंप्रत्ययस्तत्रोपजायत एव । पदानां त्वनर्थत्वे कथं तत्सद्भाव इत्याह—

यदन्तराले ज्ञानं तु पदार्थेषूपजायते ।
प्रतिपत्तेरुपायोऽसौ प्रक्रमानवधारणात् ॥४१०॥

यदेतत् पदपदार्थज्ञानं विभ्रमरूपमन्तराले वाक्यवाक्यार्थप्रतिपत्तेरेवोपायभूतं बोद्धव्यम् । तस्मान्निरंशत्वेऽपि वाक्यवाक्यार्थयोः प्रक्रम एव प्रथमसमय एव रूपं तयोर्नावधार्यत इति ॥४१०॥

एवं वाचकाश्रयणे प्रकारत्रितयमुक्त्वेदानीं वाच्यसमाश्रयणेन तथैव प्रतिपादयितुमाह—

[5]पूर्वैरर्थैरनुगतो यथार्थात्मा परः परः ।
[6]संसर्ग एव प्रक्रान्तस्तथान्येष्वर्थवस्तुषु ॥४११॥

अनेन श्लोकेनान्विताभिधानसमाश्रयणेन संसृष्टं वाक्यार्थप्रदर्शनं क्रियते । तथा त्वभिहितान्वयवादिनः पूर्वपूर्वार्थानुगतः संसर्गो वाक्यार्थः । अन्विताभिधानवादिनस्तूत्तरोत्तरपदार्थावगतः[7] प्रथमतरमेव संसृष्ट एव । यदि परमत्र सन्निधानं निदर्शकं यस्येति कर्तव्यतामात्रस्वरूपावगतावपेक्षन्त इति बोद्धव्यम् ॥४११॥

1. BU. विशिष्टोऽर्थो 2. B. U. विशिष्टोऽर्थो 3. K. om. यथा त्वन्मते to वाचकोऽभिधीयते.
4. G. र. ननु पदार्थसम्प्र°
5. BU. सर्वैरर्थैरनु. 6. O. समग्र एव. 7. O. here repeats from संसर्गो to पदार्थावगतः

अङ्गीकृते तु केषाञ्चित् साध्येनार्थेन साधने ।
[1]आधारनियमार्थैव साधनानां पुनः श्रुतिः ॥४१२॥

यदा **केषाञ्चिन्मते** तत्र **साध्येनार्थेन** साध्यार्थनिष्ठेन संसर्गेणेति यावत् । **साधने** उपकारलक्षणेऽङ्गीकृत आश्लिष्टेऽविनाभावितया [2]स्वयमवधृते सति या तत्र वाक्ये **साधनानां पुनः श्रुतिः** सा नियमार्थैव बोद्धव्या कारकाणाम्, यदि [3]तत्र परमाधारनियमः क्रियत इति बोद्धव्यम् । इन्धनाधारा करणशक्तिः [4]स्थाल्याधारैवाधिकरणशक्तिरेवमन्यत्र ॥४१२॥

तत्र निस्साधना क्रिया न भवतीति साधनमात्रमनियताधारमाक्षिप्तं न त्वाधारसहितमित्याह—

आधारे[5] नियमाभावात् तदाक्षेपो न विद्यते ।
सामर्थ्यात् सम्भवस्तस्य श्रुतिस्त्वन्यनिवृत्तये ॥४१३॥

साधनानामाधारनियमो नास्ति । करणादिशक्तयो हि नियताधारा दृश्यन्त इत्याधाराक्षेपः । तत्र साधनं नास्ति । सामर्थ्याद् [6]यदि परं तस्य साधनस्य तत्र सम्भव [7]एवाभ्यूह्यते ततः क्रियाधारा एताः साधनशक्तयः स्युरिति दण्डेन गामित्यादिका श्रुतिरन्याधारनिवृत्तये तासां पर्यवस्यतीति बोद्धव्यम् ॥४१३॥

अथ क्रियां वाक्यार्थमाश्रित्याह—

क्रिया क्रियान्तराद्भिन्ना [8]नियताधारसाधना ।
प्रक्रान्ता प्रतिपत्तॄणां भेदाः सम्बोधहेतवः ॥४१४॥

क्रियैव विशिष्टा [9]सर्वत्र प्रथमतरमेव वाक्यार्थत्वेन प्रक्रान्ता क्रियान्तराद्भिन्नेत्यनेन [10]विशेषकथनम् । एतदेव स्फुटीकुर्वन्नाह 'नियताधारसाधना, इति । तत्र वाक्ये भेदानां [11]विशेषाणां प्रयोगोऽसौ सम्बोधनोपायमात्रमिति बोद्धव्यम् ॥४१४॥

---

1. K. अपारनियमार्थैव. 2. K. स्वयमेव धृते. 3. B. यदि तपरसाधार. 4. B. rep. स्थाल्याधारैवाधिकरणशक्तिः.
5. G. र. आधारनिय°. 6. O. ins. यः तत्र साधनं नास्ति सामर्थ्याद् यदि before परं. 7. BU. अनूह्यते. K. अत्यूह्यते
8. O. नियताक्रियाधारसाधना. 9. BU. om. सर्वत्र. 10. BU. विशेषत्वाकथनम्. 11. B. BU. O. भेदानां शेषाणां.

अथ स्वपक्षानुसारेण वाक्यार्थप्रभागात्मदर्शनं कर्तुमाह—

अविभागं तु शब्देभ्यः क्रमवद्भ्योऽपदक्रमम् ।
प्रकाशते तदन्येषां वाक्यं वाक्यार्थं एव च ।।४१५।।

अक्रम एव निर्विभागः पानकरसादिवत् [1]प्रविभागात्मको वाक्यार्थः स्फोटात्मकं च वाक्यमित्येकयोगक्षेमत्वादेवमुक्तम्—वाक्यं वाक्यार्थं एव च इति ।।४१५।।

इदानीमसत्योपाधिः सत्यरूपः शब्दार्थ इति विचारपूर्वकं निदर्शयितुमाह—

स्वरूपं विद्यते यस्य तस्यात्मा न निरूप्यते ।
नास्ति यस्य स्वरूपं तु तस्यैवात्मा निरूप्यते ।।४१६।।

यस्य वस्तुनः [2]प्रत्यक्षादिप्रमाणपरिच्छिन्नस्वरूपं विद्यते नीलं पीतमिति तस्य तावता नात्मा निरूप्यते, न व्यवहारगोचरतां नीयते । एतदुक्तं भवति—पदार्थः पृथग्रूपः सन्नपि पङ्गुप्रायोऽसाविति न[3] [4]व्यवहारपदवीं [5]नेतुं पार्यते संसर्गस्य त्वन्वयात्मनः प्रधानस्य तदितरविविक्तरूपावधारणेऽपि तदाश्रयेण सकलव्यवहारोपपत्तेः पदार्थो यावदुपायो द्वारमिति तन्निरूपणमेव साफल्यं भजत इति तस्यैव सत्यत्वं युक्तम् ।।४१६।।

अथ पदार्थसत्यत्वप्रतिपादन[6]पूर्वकं तदाच्छुरितस्यैव संसर्गस्य वाक्यार्थत्वं परिघटयितुमुपक्रमते—

अशब्दमपरेऽर्थस्य रूपनिर्धारणं विदुः ।
अर्थाविभासरूपा हि शब्देभ्यो जायते स्मृतिः ।।४१७।।

अर्थस्य रूपनिर्धारणस्य स्वरूपपरिच्छेदोऽशब्द एव, न तत्र शब्द उपायभावमुपयाति । तद्धि निर्विकल्पकैकसमाधिगम्यमित्यर्थः । तर्हि शब्दस्य तत्र क्वोपयोग इत्याह—अर्थाविभास इत्यादि । अर्थप्रतिभाससदृशायां स्मृतावेव शब्दानामुपयोगः । तेन शब्दस्यार्थेन सह सुदूरमेव विकर्षः । ततश्च कथं शब्दोऽर्थमभिदधीतेत्यसत्य एव शब्दार्थः पर्यवस्यति ।।४१७।।

---

1. O. श्रुतिभात्मको.
2. BU. प्रत्ययादिपरि°. 3. G. र. om. न. 4. B. नेष्ट-व्यवहार°. 5. G. र. वार्यते. G. र. om. विविक्त-रूपावधारणेऽपि तदाश्रयणे सकलव्यवहारोपपत्तेः
6. BU. om. प्रतिपादन

अतश्चैतदेव बोद्धव्यमित्याह—

अन्यथैवाग्निसम्बन्धाद्दाहं दग्धोऽभिमन्यते ।
अन्यथा दाहशब्देन दाहाद्यर्थः प्रतीयते ।।४१८।।

यदि शब्देन यथावद्दाह्योऽर्थः प्रत्याय्येत तदा शब्दसन्निधापितोऽसौ तामर्थक्रियां [1]कथं न कुर्यात् । यतश्चाग्निसम्बन्धाद् दग्धो [2]दाहमन्यथानुभवति, दाहशब्देन च दाहमन्यथावगच्छतीति शब्दार्थयोर्नास्ति क्वचिद्वास्तवः समन्वय इति बोद्धव्यम् ।।४१८।।

तदेवं पदार्थो विपरीतख्यातिरूपोऽसत्ख्यातिरूपो[3] वा बोद्धव्य इति पदार्थस्यासत्यत्वमभिधाय तदाच्छुरितस्य वाक्यार्थस्य सत्यत्वं प्रतिपादयितुमाह—

पृथङ्निविष्टतत्त्वानां पृथगर्थानुपातिनाम् ।
इन्द्रियाणां यथा कार्यमृते [4]देहान्न कल्पते ।।४१९।।

पृथङनिविष्टं तत्त्वं स्वरूपं पार्थिवत्वादिना भेदेन, अथवा प्रतिनियतस्थानसमाश्रयणेन निविष्टमभिव्यक्तं तत्त्वं स्वरूपं येषां तानि तथा तेषामिति [5]तथा पृथक् पृथगर्थं शब्दादिलक्षणमनुपतन्ति विषयीकुर्वन्ति तच्छीलास्ते तथा तेषाम्, यथा सत्यपि पृथक्स्वभावे देहाद् विना कार्यं प्रातिस्विकं नोपकल्पते तथैव पदानां केवलानां वाक्यव्यतिरेकेण स्थितानामर्थवत्ताविरहः परिदृश्यत इति ।।४१९।।

[6]प्रकृते योजयितुमाह—

तथा पदानां सर्वेषां पृथगर्थनिवेशिनाम्[7] ।
वाक्येभ्यः प्रविभक्तानामर्थवत्ता न विद्यते ।।४२०।।

वाक्यार्थस्वरूपं प्रतिपादयितुमाह—

संसर्गरूपं संसृष्टेष्वर्थवस्तुषु गृह्यते ।
नात्रोपाख्यायते [8]तत्त्वमपदार्थस्य दर्शनात् ।।४२१।।

न पुनरत्र पृथक्पदार्थप्रतिभासावसरे तस्य तत्त्वमुपाख्यायते प्रकटीभवति, यस्मात् पदार्थरूपाद्विलक्षणमेव वाक्यार्थस्वरूपं दृश्यत इति ।।४२१।।

---

1. B. om. कथं. 2. BU. om. अन्यथा
3. B. om. असत्ख्यातिरूपो. 4. BU. भेदान्न. 5. O. om. तथा पथक् to तथा तेषां
6. G. र. प्रकृतं. 7. BU. पृथगर्थाभिवेशिनाम्.
8. O. om. तत्त्वमपदार्थस्य to तत्त्वमुपाख्यायते.

ननु च शशो नास्ति, विषाणमस्तीतिवदप्रतीतिकं कथं सर्वमभिधीयते। पदपदार्थप्रतिभासः संवेद्यमानोऽपि नाभ्युपगम्यते । पदार्थोपहितो वाक्यार्थस्तु सत्यत्वेन निरूप्यत इत्याशङ्क्य सर्वोपरि निरूपितमेव व्यवहारगोचरतामुपयाति, न स्वरूपेणेति प्रतिपादयितुमाह—

दर्शनस्यापि यत् सत्यं न तथा दर्शनं स्थितम् ।
वस्तुसंसर्गरूपेण तद्रूपं निरूप्यते ॥४२२॥

इह सर्वोपरि बोध एव पारमार्थिकस्तद्व्यतिरेकेणान्यस्य विचार्यमाणस्यानुपपत्तेः । स च यथा सत्यत्वेन [1]स्वच्छत्वादिरूपतया स्थितो न तथा तद्बोधस्वरूपदर्शनं पदार्थप्रतिभासावसरे स्थितम् । तदवसरे हि वस्तु संसर्गरूपेण नीलपीताद्युपसृष्टतया नीलबोधः [2]पीतबोध इति तद्रूपविरहितमपि निरूप्यते । एवमेतत् संसर्गादिकं वस्तुसंसर्गरूपेण पदार्थोपहितं तथारूपं तद्रूपविरहितमपि निरूप्यत इति किमत्रापराद्धम् । तस्मात् सर्वथा केवलः पदार्थः पदं वाऽव्यवहार्यमेव, अतश्चैतदसत्यमित्युच्यते ॥४२२॥

वाक्यवाक्यार्थौ तु व्यवहार्यत्वात् सत्यभूतावित्यर्थप्रतिपत्तये वाक्यमेव प्रयुज्यत इत्याह—

अस्तित्वेनानुषक्तो वा निवृत्त्यात्मनि वा स्थितः ।
अर्थोऽभिधीयते यस्मादतो वाक्यं प्रयुज्यते ॥४२३॥

एतदेव स्फुटयितुमाह—

क्रियानुषङ्गेण विना न पदार्थः प्रतीयते ।
सत्यो वा विपरीतो वा व्यवहारे न सोऽस्त्यतः[3] ॥४२४॥

अतो व्यवहारे केवलः पदार्थो नास्त्येवेति बोद्धव्यम् ॥४२४॥

यत्राप्येकमेव पदं सदित्येतन्निराकाङ्क्षायाः [4]सत्तायाः प्रतिपादनम् तत्रापि तदभूदस्ति, नाभून्नास्ति वेति क्रियापदसम्बन्धमन्तरेण परिसमाप्तार्थं न भवतीति सर्वथा केवलस्य [5]पदमात्रस्य नास्त्यर्थवत्तेति प्रतिपादयितुमाह—

1. K. स्वरूपत्वादि°. 2. O. om. पीतबोध
3. O. रो न संस्यतः
4. O. om. सत्तायाः. 5. BU. पदस्य

सदित्येव तु यद् वाक्यं तदभूदस्ति नेति वा ।
क्रियाभिधानसम्बन्धमन्तरेण न मन्यते ॥४२५॥

तत्र च वाक्ये साध्यसाधने परस्परमविनाभाविनी अन्योन्यापेक्षके [1]स्पर्धयैव व्यवस्थिते । तथा हि—[2]साधनं यथा निष्क्रियं न भवतीत्याकाङ्क्षावशात् क्रिया[3]-पेक्षकमुच्यते तथा क्रियापि निःसाधना न भवतीत्याख्यातपदप्रतिपाद्ये क्रियालक्षणे सत्त्वाभिधानेन विनाऽऽकाङ्क्षा न निवर्तते[4] इति ॥४२५॥

[5]तत्र सा क्रिया साधनमाकाङ्क्षत्येवेति प्रतिपादयितुमाह—

आख्यातपदवाच्येऽर्थे साधनोपनिबन्धने ।
विना सत्त्वाभिधानेन नाकाङ्क्षा विनिवर्तते ॥४२६॥

[6]साधनमुपनिबन्धनं यस्याख्यातपदवाच्यस्यार्थस्य तस्मिंस्तथाभूते तस्मात् सत्त्वाभिधानेन विनाकाङ्क्षा न निवर्तते । साधनं हि सत्त्वाभिधायि । ततस्तद-वतिष्ठते ॥४२६॥

किङ्कृतस्तत्र गुणप्रधानभावस्तयोर्यदुच्यते साध्यस्यैव पूर्वं प्रविभाग इत्या-शङ्क्याह—

प्राधान्यात्तु क्रिया पूर्वमर्थस्य प्रविभज्यते ।
साध्यप्रयुक्तान्यङ्गानि फलं तस्याः प्रयोजकम् ॥४२७॥

अर्थस्य वाक्यार्थलक्षणस्याख्यातप्रतिपाद्यस्य[7] क्रियासाधनत्वात् क्रियैव [8]प्राधान्यात् पूर्वं प्रविभज्यते, न साधनानि, यस्मात् साध्यार्थं साध्यनिष्पत्तये प्रयुक्तानि साधनानि । अतोऽङ्गान्यप्रधानभूतानि[9] तानीति न तेषां तत्र प्रविभागः । एवं क्रियाप्रयुक्तानि बोद्धव्यानि । प्रसङ्गात् क्रियाया अपि प्रयोजकमाह—फलं तस्याः प्रयोजकम् इति । फलप्रयुक्ता क्रियापीति फलापेक्षया क्रियाया अङ्गत्वं बोद्धव्यम् ॥४२७॥

---

1. B. स्पष्टे एव. 2. K. om. साधनं
3. K. om. क्रिया. 4. O. om न निवर्तते
5. O. om. तत्र सा क्रिया साधनमा. 6. B.K. om. साधनमुपनिबन्धनं to न निवर्तते 7. K. °तस्य प्रतिपा°. 8. BU om. प्राधान्यात्.
9. G. र. °अङ्गात् प्रधानभूतानि.

इदानीं सर्वोऽयं साध्यसाधनभावः काल्पनिकः, तयोश्च साध्यसाधनयोः परस्परसम्बन्ध आपेक्षिक एव न वास्तव इति प्रतिपादयन् पुनरपि पदार्थासत्यत्वं व्यवस्थापयितुमाह—

प्रयोक्तैवाभिसन्धत्ते साध्यसाधनरूपताम् ।
अर्थस्य वाभिसम्बन्धकल्पनां प्रसमीहते ।।४२८।।

इदं साध्यमिदं साधनम्, तयोश्चाभिसम्बन्धः, [1]सर्वमेतत् काल्पनिकम्। [2]ततस्तत्त्वशून्यमेव प्रयोक्तृसमीहामात्रजीवितमिति यावत् ।।४२८।।

यदि हि वास्तवमेतत् स्यात्तदा वस्तुस्वभावस्य ब्रह्मणाप्यन्यथाकर्तुमशक्यत्वाद व्यवस्थितमेवैतद् भवेत् । न च तथा परिदृश्यत इति प्रतिपादयितुमाह—

[3]पचिक्रियां करोमीति कर्मत्वेनाभिधीयते ।
पक्तिः करणरूपं तु साध्यत्वेन प्रतीयते ।।४२९।।

देवदत्तः पचतीत्यत्र या पाकक्रिया प्राधान्येनोपलब्धा सैव पचिक्रियां[4] देवदत्तः करोतीत्यत्र कर्मत्वेनैव पक्तिः पाकक्रिया व्यवस्थापिता । पचिक्रियाकरणं तु प्राधान्येनोन्मज्जद्रूपं प्रतिपादयति नैषा वस्तुगतिः । साधनसमुद्देशे च सर्वमेतद्वैवक्षिकमिति विस्तरेण प्रदर्शयिष्यति। तथा सम्बन्धस्यापि काल्पनिकत्वमेव वक्ष्यतीति नेह प्रतन्यते ।।४२९।।

अथवानेकशक्तिरर्थः स्थितोऽपि यद्यदुपकारवशाद् यथा प्रयोक्तृभिर्विवक्ष्यते तथैवात्मानमुपदर्शयतीत्याह—

योऽसौ येनोपकारेण प्रयोक्तॄणां विवक्षितः ।
[5]अर्थस्य सर्वशक्तित्वात् स तथैव व्यवस्थितः ।।४३०।।

तथा चेदमपि [6]वस्तून्यनेकशक्तिखचितत्वात् सहन्त इति प्रदर्शयितुमाह—

आराद्वृत्तिषु सम्बन्धः कदाचिदभिधीयते ।
अश्लिष्टो योऽनुपश्लिष्टः स कदाचित् प्रतीयते ।।४३१।।

1. BU. om. सर्वमेतत्. 2. G. र. तत्त्वं च शून्य°
3. G. र. पचिक्रिया. 4. र. पचिक्रिया
5. BU, O, K, S. सर्वस्य
6. B° °पि च स्तन्य.

आराद्वृत्तिष्वतिदूरमपि[1] विप्रकृष्टेषु पदार्थेषु कदाचित् परस्परसम्बन्धः संश्लेषोऽभिधीयते, **कदाचित्तु य आश्लिष्टः** सम्बद्धोऽपि सो**ऽनुपश्लिष्टो**ऽसम्बद्धो दूरत इति विवक्षावशात् प्रतीयते ॥४३१॥

रूपान्तरमप्याह—

संसृष्टानां विवेकित्वं संसर्गश्च विवेकिनाम् ।
नानात्मकानामेकत्वं[2] नानात्वं च विपर्यये ॥४३२॥

एकत्वेऽपि च कल्पनावशान्नानात्वं वस्तूनां दृश्यते राहोः शिर इति यथा । नानात्मकानां च धवखदिरपलाशादीनामेकत्वमेकस्यां बुद्धौ सङ्कलनारूपं दृश्यते वनमिति यथा । विवेकिनां परस्परविलक्षणानां पदार्थानामयः—शलाकाकल्पानां संसर्गो वाक्यार्थरूपो दृश्यते । यथा[3] देवदत्तः काष्ठैरित्यादौ । संसृष्टानां च विभक्तत्वम्, यथा मधुराः पाटलिपुत्रकेभ्य आढ्यतरा इत्यादौ । येषां बुद्ध्या सङ्कलितानां सतां पश्चाद्विभागेनावस्थापनं क्रियते ॥४३२॥

तदेतत् कथमुपपद्यत इत्याह—

सर्वात्मकत्वादर्थस्य नैरात्म्याद् वा व्यवस्थितम् ।
अत्यन्तयतशक्तित्वाच्छब्द एव निबन्धनम् ॥४३३॥

सर्वशक्तिरर्थस्तेन तेन रूपेण निरूपिततत्तद्व्यपदेशपात्रं भवतीति नियतशक्तिभिः शब्दैस्तथा तथा व्यपदिश्यत इति स्थितम्। अथवा निरात्मक एवासत्यभूतोऽसाविति यथा यथा विवक्षया निरूप्यते तथा तथावस्थानमुपदर्शयतीति शब्दे तथैव व्यपदिश्यत इति बोद्धव्यम् ॥४३३॥

इदानीमर्थस्वरूपं शब्दा नैव स्पृशन्ति, केवलं तत्र दूरविप्रकर्षेणार्थस्योपलक्षण-भावेन स्थिता व्यवहारोपयोगितामुपयान्तीत्यभिधातुमाह—

वस्तूपलक्षणं शब्दो नोपकाराय वाचकः ।
न स्वशक्तिः पदार्थानां संस्प्रष्टुं तेन शक्यते ॥४३४॥

---

1. BU. °तिदूरमपि प्रकृष्टेषु
2. O. om एकत्वं to नानात्मकानां 3. O. यथा वि देवदत्तः.

शब्दार्थयोर्न [1]वाच्यवाचकभाव उपपद्यते, तथा सति शब्दानामर्थस्वरूपं प्रकाश्यतामुपेयात्, न च तथा दृश्यत इत्याह—

संबन्धिधर्मा संयोगः[2] स्वशब्देनाभिधीयते ।
सम्बन्धः समवायश्च सम्बन्धित्वेन गम्यते ॥४३५॥

संयोगशब्दात् संयोगो द्रव्ययोरिति यथावत् [3]परिनिष्ठस्वरूपः तत्र सम्बन्धिस्वभावः प्रतीयते, न च तस्य तद्रूपम् । एवं समवायशब्दात् समवायः प्रतीयत इत्याह—सम्बन्धः समवाय इत्यादि। सम्बन्धित्वेन सम्बन्धस्वरूपविरहेण समवाय इत्यस्मात् प्रतीयते। अथवा यदा संयोगशब्दश्चासौ सम्बन्धः स्वतन्त्रोऽभिधीयते तदा तत्र समवायः सम्बन्धत्वेन गम्यत इति यदा [4]सम्बन्धत्वेन इति पाठस्तदैवं योजनीयम् ॥४३५॥

पदार्थानां स्वतो रूपं न किञ्चिद् व्यवतिष्ठते यथा यथा निरूप्यते तथात्मानमासादयन्तीत्याह—

लक्षणाद् व्यवतिष्ठन्ते पदार्था न तु वस्तुतः ।
उपकारात् [5]स एवार्थः कथञ्चिदुपगम्यते ॥४३६॥

स एवार्थः केनचित् कथञ्चिदुपयोगादन्यथा व्यपदिश्यत इत्येवमनेकप्रपञ्चैर[6]सत्यभूत एव पदार्थ इति संगृह्य व्यवस्थापितम् ॥४३६॥

इदानीं वाक्यार्थस्तु सत्यभूत इति प्रतिपादयितुमाह—

वाक्यार्थे योऽभिसम्बन्धो न तस्यात्मा क्वचित् स्थितः ।
व्यवहारे पदार्थानां तमात्मानं प्रचक्षते ॥४३७॥

परस्पराभिसम्बन्धस्वरूपः पानकरसादिवदनिर्विभागोऽनंश एव यो वाक्यार्थस्तस्य क्वचित् पृथग्रूपतयात्मा[7] स्थितोऽवधारयितुं न[8] शक्यत इति यावत् । पदार्थानां पुनरयःशलाकाकल्पानां व्यवहारावसरे तमात्मानं जीवितमिव[9] प्रचक्षते, तद्वशात् तत्प्रतिपादितपदार्थोद्देशेन सर्वस्य कस्यचित् प्रवृत्तिनिवृत्तिसाफल्यात् । स चैकस्मिन् पदार्थे[10] समुदाय एव वा परिसमाप्तो बोद्धव्यः ॥४३७॥

---

1. B. om. वाच्य. 2. BU. संबन्धिधर्मसंयोगः. 3. O. प्रतिनिविष्टस्वरूपः. 4. BU. संबन्धित्वेन.
5. K. °कारास्त एवार्थाः 6. K. °प्रपंचासत्यभूत
7. BU. व्यवस्थितो. 8. BU. om. न 9. O. जीवितमिति. 10. O. om. द्देशेन सर्वस्य to पदार्थे

अथवा नैवासौ क्वचित् परिसमाप्त इदं तदिति पृथग्रूपतयानुपलक्षणात् । केवलं पदार्थसम्बन्धिना स्वरूपेणाखण्डस्य वाक्यार्थस्य स्वरूपं प्रतिपद्यत इति प्रतिपादयितुमाह—

पदार्थे समुदाये वा समाप्तो नैव वा क्वचित् ।
पदार्थरूपभेदेन तस्यात्मा प्रविभज्यते ॥४३८॥

एतदुक्तं भवति—न पृथगेव शृङ्गग्राहिकतया [1]तस्य स्वरूपं विवेक्तुं शक्यते परोपाधिद्वारकमेव सर्वदा तस्य निरूपणमवसातव्यमित्युच्यते ॥४३८॥

एतदेव स्फुटीकरणायाह—

अन्वाख्यानाय यो भेदः प्रतिपत्तिनिबन्धनम् ।
साकाङ्क्षावयवं भेदे[2] तेनान्यदुपवर्ण्यते ॥४३९॥

तस्यान्वाख्यानाय यो[3] भेदः पदार्थभेदोऽपोद्ध्रियते स तस्यैव प्रतिपत्तिनिबन्धनं[4] बोद्धव्यः । अतः पदार्थानां भेदे क्रियमाणे सति तेनापोद्धृतेन पदार्थभेदेनान्यदेव पदार्थव्यतिरिक्तं वाक्यार्थस्वरूपमुपवर्ण्यते प्रकटीक्रियते । कीदृशम्? 'साकाङ्क्षावयवम्' इति । भेदे सति साकाङ्क्षा अवयवाः पदार्थस्वरूपा प्रतिपत्त्युपाया यस्य तत्तथाभूतमिति ॥४३९॥

तथाभूतस्य च वाक्यार्थस्य नानाशक्तिखचितस्य निर्विभागस्योपाधिकृतः पदार्थद्वारकः प्रविभागो नानारूपत्व [5]मनुगम्यते प्रतीयते । परमार्थस्त्वेक एवासावित्याह—

अनेकशक्तेरेकस्य प्रविभागोऽनुगम्यते ।
एकार्थत्वं हि वाक्यस्य [6]मात्रयापि प्रतीयते ॥४४०॥

वाक्यस्य स्फोटात्मनो वाचकरूपस्यैकार्थत्वमेक एव निर्विभागस्वरूपो वाक्यार्थो यस्य तत्तथा, तस्य भावस्तत्त्वं प्रतीयते । कथं ? मात्रयापि इति । यदा तस्य मात्रया नियतसंख्याकेनाल्पीयसा शब्देन योगोऽभिसम्बन्धो दृश्यते । यथोक्तम्—इग्यण इति योगे स्थान्यादेशभावलक्षणो वाक्यार्थः स सम्प्रसारणमिति

---

1. B, BO, O, K, S. om. तस्य
2. B. भेदे नान्यदु° 3. BU. K. यः पदार्थं° 4. O °बन्धनं, तस्यान्वाख्यानो बो°
5. O. om. अनुगम्यते to एकार्थत्वं. 6. O. भावना

व्यपदिश्यते । अतः सम्प्रसारणमित्येवमेकसंख्येन लघीयस्त्वान्मात्रया व्यपदिश्यते । तस्य योगो यदात्र[1] परिदृष्टस्तदैतदवगम्यते यदुतानंश एक एवाखण्डस्वरूपो वाक्यार्थोऽन्यथा संप्रसारणमित्यनेनैकसंख्यकेन कथं युज्येत वक्तुम् ॥४४०॥

[2]तदेवं वाक्यार्थः सत्यरूपः, पदार्थस्त्वसत्य एवेति[3] निर्णीतम् । स च वाक्यार्थो बौद्ध एवाबहीरूप इति प्रतिपादयितुमाह—

संप्रत्ययार्थाद् बाह्योऽर्थः सन्नसन् वा विभज्यते ।
बाह्यीकृत्य विभागस्तु शक्त्यपोद्धारलक्षणः ॥४४१॥

[4]सम्प्रत्ययो बुद्धिर्विज्ञानमित्यनर्थान्तरम् । सम्प्रत्ययोऽर्थोऽभिधेयरूपो यस्यासौ तथा तथाभूतात्तस्माद् [5]बौद्धाद् वाक्यार्थाद् बाह्यार्थः सन् षष्ठीरूपतया विद्यमान एवाथवासन् बहिरसत्यभूत एव विभज्यते विभागेनानुगम्यते व्यवस्थाप्यते । कथं कृत्वेत्याह—'बाह्यीकृत्य'[6] इति । अबाह्य एवासौ बाह्यरूपतया प्रथते विवेकानवधारणात् । दृश्यविकल्पैकीकारेण वाक्यार्थं प्रतिपद्य पश्चादसौ विभागेनानुगम्यत इति यावत् । विभागस्तत्र कीदृश इत्याह शक्त्यपोद्धारलक्षणः इति । शक्तीनां पदार्थसम्बन्धिनीनामपोद्धारः पृथक्करणं [7]लक्षणं यस्यासौ तथा । पदार्थशक्तयस्तस्मादपोद्ध्रियन्त इत्यर्थः । अत्र तु बौद्धे वाक्यार्थे [8]समाश्रिते शक्तीनां तत्राविद्यमानत्वात् तस्मादपोद्धारस्तासां कीदृशः स्यात् । [9]ताः पदार्थव्यक्तयो न (तत्र) व्यवस्थिताः ।

यदि हि तत्र ताः स्युस्तदा ह्यतीतेऽवगतेऽर्थे स्यादेवार्थक्रियावाप्तिः । तस्माद् बौद्धार्थादन्यत्र बाह्य एवार्थे ताः शक्तयो व्यवस्थिताः । ततश्च बौद्धादर्थादन्यत्र बाह्येऽर्थे विद्यमानमपि तासां रूपं निराकारेण विज्ञानेनोपलभ्यते । तस्माद्विज्ञानाकारस्य बाह्यस्य चार्थस्य शक्तित एकाकारेण विना व्यवहारो नोपपद्यत एवेति 'बाह्यीकृत' इत्युक्तम् । तथा चैकयोगक्षेमत्वाद् बौद्धार्थबाह्यार्थयोर्युक्तो बौद्धेऽप्यर्थे शक्त्यपोद्धारलक्षणो विभागः । तत्र यदि विज्ञानाकारस्य विकल्पवासनामाहात्म्याद् बाह्येनैकीकृत्य सत्यतो बहिरर्थोऽस्ति येनोपजन्यते तदा बाह्य एव शब्दार्थः । न चेदसन्नेव बहिर्बौद्धि एव शब्दार्थ इति निर्णयः ॥४४१॥

अथ वाक्यविचारप्रस्तावे [10]वाक्यानामेकवाक्यत्वं वा [11]विभिन्नवाक्यत्वं वा इति मतभेदेन प्रतिपादयितुमाह—

1. G. र. यदा न परि°
2. G. र तदिद. 3. BU. एवेति स्थितं निर्णीतम् 4. B. संप्रति यो. 5. BU,O बौद्धार्थात् 6. K. बाह्यीकृत्वेति 7. O. om. लक्षणं 8. BU. om. समाश्रिते to अवगतेऽर्थे. 9. K. om ताः पदार्थ to अवगतेऽर्थे.
10. र. °क्यानामेव वाक्यत्वं वा वाक्यनानात्वमेकवाक्यत्वं वा. 11. O om. विभिन्नवाक्यत्वं वेति

बहुष्वपि तिङन्तेषु साकाङ्क्षेष्वेकवाक्यता ।
तिङन्तेभ्यो निघातस्य पर्युदासस्तथार्थवान् ॥४४२॥

इह वार्त्तिककारेण
"आख्यातं साव्ययकारकविशेषणं वाक्यम्" (Vā. 9, M. Bhā. I; p. 367, 10.)
इत्यत्रैकवचनस्य[1] विवक्षितत्वाद्
'एकतिङ' (Vā. 10, M. Bhā. p. 267, l. 16.)
इति वाक्यलक्षणान्तरप्रतिपादनादनेकाख्यातसद्भावे वाक्यभेद एवेष्यते । सूत्रकारेण त्वतिङ इति [2]प्रतिषेधोपादानसामर्थ्यात् सत्स्वपि बहुषु तिङन्तेष्वर्थस्य साकाङ्क्षत्वात् तत्रैकवाक्यतैवेष्यते इति प्रदर्शितं बहुष्वपीत्यनेन ॥४४२॥

वार्त्तिककारमतेन वाक्यभेद[3]स्तत्रेत्युपदर्शयितुमाह—

एकतिङयस्य वाक्यं तु शास्त्रे नियतलक्षणम् ।
[4]तस्यातिङ्ग्रहणेनार्थो वाक्यभेदान्न विद्यते ॥४४३॥

नियतलक्षणमिति विवक्षितैकत्वमित्यर्थः ॥४४३॥

केषाञ्चित्पुनरनेकाख्यातसद्भावेऽपि वाक्यार्थस्य भेदाभेदौ व्यवस्थितावेवेत्याह-

तिङन्तान्तर[5]युक्तेषु युक्तयुक्तेषु वा पुनः ।
मृगः पश्यत [6]यातीति भेदाभेदौ न तिष्ठतः ॥४४४॥

इह मृगः पश्यत यातीत्यत्र तिङन्तान्तरसद्भावाद् वाक्यभेद एव । तथा च मृगशब्दस्य यातीत्यस्य च सम्बन्धादेकं वाक्यम् । अनन्तरं [7]विभक्तिपरिणामेन कर्मपदेन प्रत्यवमर्शदितं मृगं पश्यतेति द्वितीयं वाक्यम् । अन्यस्त्वाह—युक्तयुक्तत्वाद् बहुष्वपि तिङन्तेष्वभेद एव । तथा ह्यत्र मृगशब्देन यातिपदस्य योगः तद्युक्तेन यातिपदेनाख्यातान्तरस्य योगः । तेनात्र मृगकर्तृके सरणे पश्यतेति दृशिक्रियापेक्षया एकमेव वाक्यमिति केचित् । पश्यतेति बहुवचनं वृत्तानुरोधात् । वार्त्तिककारस्याप्येकतिङित्यत्रैकतिङत्वं प्रधानतिङन्तापेक्षया प्रतिपाद्यमानं सूत्रकारमतानुगुण्यं भजत एवेत्यनयोर्नास्ति मतभेदः । तदपरेषां मतभेद एव बोद्धव्यः ॥४४४॥

---

1. K. om. वचनस्य to सूत्रकारेण. 2. K. adds तस्य विवक्षितत्वादेकतिङिति वाक्यलक्षणमन्तरप्रतिपादनादनेकाख्यातसद्भावे वाक्यभेद एवेष्यते सूत्रकारेण.
3. BU. भेदत्वं तदस्त्येवेत्युप°. 4. B, G. तस्य तिङग्र°
5. BU. om युक्तेषु. 6. K. मगः पश्य तथापीति. 7. BU. परिणामपदेन.

अथ वाक्यपरिसमाप्तिज्ञानपूर्विका नानावाक्यतैकवाक्यता वा [1]ज्ञातुं शक्या, नान्यथेत्याशङ्क्य शब्दलक्षणा वाक्यपरिसमाप्तिर्बोद्धव्या नार्थलक्षणेत्यत्र साकाङ्क्षत्वानाकाङ्क्षत्वविचारमाह—

इतिकर्तव्यतार्थस्य सामर्थ्याद् यस्य कल्प्यते ।
अशब्दलक्षणाकाङ्क्षं समाप्तार्थं तदुच्यते ॥४४५॥

[2]अविद्यमाना शब्दलक्षणा शब्दाश्रिता आकाङ्क्षा यस्मिंस्तद्वाक्यं समाप्तार्थमुच्यते । [3]तदवगतस्यार्थस्य तु यत्र सामर्थ्यादतथाभावलक्षणात् तदीयायामितिकर्तव्यतायामाकाङ्क्षा जायते तावता न तत्र तद्वाक्यमपरिसमाप्तमित्युच्यत इति बोद्धव्यम् । यथा व्रीहयो [4]बहवोऽवहन्यन्तामित्यत्र शब्दापेक्षा तावन्नास्त्येव व्रीहीणां त्ववहननमुलूखलमुसलकर्मकर्त्रादिसन्निधानमन्तरेण[5] न सम्पद्यत इति तदपेक्षणाद् वाक्यं नात्र परिसमाप्तमिति न युक्तं वक्तुं शब्दलक्षणापेक्षाऽयोगाद् इति ॥४४५॥

एतदेव स्फुटीकर्तुमाह—

तत्त्वान्वाख्यानमात्रे[6] तु यावानर्थोऽनुषज्यते ।
विनापि तत्प्रयोगेण [7]श्रुतेर्वाक्यं समाप्यते ॥४४६॥

[8]व्रीहीणामवहननमात्रमत्रान्वाख्यायते, तस्मिंश्च सति उलूखलादिसन्निधानं यदत्रानुषज्यते तस्य प्रयोगेण [9]शब्देन प्रतिपादनेन विनापि तत्र तद्वाक्यं श्रुत्या शब्दव्यापारेण समाप्तमेवेति बोद्धव्यम् ॥४४६॥

इदानीमर्थप्रत्यायनाभेदेऽपि शब्दवृत्तेन गुणप्रधानरूपतयाऽभिधानं शब्देषु सम्भवतीति प्रसङ्गाच्छब्दधर्मप्रतिपादनं कर्तुमाह—

चङ्क्रम्यमाणोऽधीष्वात्र जपंश्चङ्क्रमणं कुरु ।
तादर्थ्यस्याविशेषेऽपि शब्दाद्भेदः प्रतीयते ॥४४७॥

---

1. K. ज्ञातुराशङ्क्य. 2. BU. ins. आकांक्षं संप्राप्यं तदुच्यते before अविद्यमाना. 3. B repeats Kā. 445 from स्य साम° to the end and the commentary from अविद्यमाना to समाप्तार्थं. 4. B, BU. om. बहवो. 5. O. om. सन्निधान to युक्तं वक्तुम्

6. BU. °मात्रेण तु. 7. K. om. श्रुतेर्वाक्यं to शब्दभेदः प्रतीयते in Kā. 447. 8. BU. om. व्रीहीणामवहननमात्रं to तस्य प्रयोगेण 9. O. om. शब्देन प्रतिपादनेन to जपंश्च in Kā. 447.

चङ्क्रम्यमाणोऽत्र जपं कुरु अथवा जपंश्चङ्क्रमणं कुर्वित्यत्र उभयथा जपविधिः प्रतीयते । केवलं [1]चङ्क्रम्यमाणो जपेत्यत्र जपःप्राधान्येनाभिधीयते चङ्क्रमणं गुणवृत्त्या, जपंश्चङ्क्रमणं कुर्वित्यत्र जपस्य गुणभावः प्राधान्यं तु चङ्क्रमणस्य । अथवोभयथापि जपयुक्तत्वाच्चङ्क्रमणस्यार्थभेदो न कश्चित् । शब्दप्रतिपादनवैलक्षण्यमात्रमेवावसीयत इति ।।४४७।।

[2]एवमर्थाभेदेऽपि शब्दप्रतिपादनवैचित्र्यमुपदर्शितमिदानीं शब्दभेदात् सामर्थ्यादर्थप्रतिपत्तिवैचित्र्यं भवतीत्यत्र शाब्दमपि व्यापारं प्रदर्शयितुमाह—

फलवन्तः क्रियाभेदाः क्रियान्तरनिबन्धनाः ।
असंख्याताः क्रमोद्देशैरेकाख्यातनिदर्शनाः ।।४४८।।

यावज्जीवमग्निहोत्रं जुहोति, तथा 'यजते देवदत्तः' इत्यादावे**काख्यातनिदर्शनाः** एकमाख्यातपदं निदर्शनं वाचकं येषां ते तथाभूताः [3]क्रियाभेदाः प्रतीयन्ते । भेदश्च स्वरूपेण फलेन च भवतीत्याह 'फलवन्तः' इति । फलभेदवन्त इत्यर्थः । स्वर्गकामः कदाचित् यजते, कदाचिद्धस्तिकामः, कदाचित् पुत्रकामो धनकामो वेति । फलभेदस्वरूपमाह—'क्रियान्तरनिबन्धनाः' इति । इतिकर्तव्यतायां क्रियान्तराणि निबन्धनं येषां ते तथाभूताः । किं च बहुना क्रमेण [4]प्रातिस्विकेन इतिकर्तव्यतयोद्देशेन फलस्वरूपेण च ते संख्यातुमशक्या एव, क्रियाभेदस्तेनाख्यातेनैकरूपेणाभिन्नेनैव निदर्श्यन्त इति बोद्धव्यम् ।।४४८।।

[5]एतदेव स्फुटीकृत्य प्रतिपादयितुमाह—

निवृत्तभेदा सर्वैव क्रियाख्यातेऽभिधीयते ।
श्रुतेरशक्या भेदानां प्रविभागप्रकल्पना ।।४४९।।

[6]आख्यातपदे क्रिया सर्वैव निवृत्तभेदा सामान्येनाभिधीयते[7], यस्माच्छ्रुतिमात्रात् सामान्येन श्रुताद् भेदानां प्रविभागरूपताऽवसातुमशक्या ।।४४९।।

---

1. K. gives here from श्रुतेर्वाक्यं समाप्यते in 446 to शब्दात् भेदः प्रतीयत in 447, omitted above.
2. O. om. from एवमर्थाभेदेऽपि to the end of the Kā. with commentary. 3. K. om. क्रियाभेदाः 4. BU. प्रातिस्विकरूपेणेति कर्त्तव्यताया उपदेशेन
5. O. om. from एतदेव स्फुटीकृत्य till the end. 6. K om. from आख्यातपदे to अभिधीयते. 7. K. °मात्राच्छब्दमात्रात् सामा°

[1]उदाहरणमाह—

अश्वमेधेन यक्ष्यन्ते राजानः सत्रमासते ।
ब्राह्मणा इति नाख्यातरूपाद्भेदः प्रतीयते ॥४५०॥

अत्र फलसाधनभेदाद् यजिक्रियायाः सत्यपि भेदे नैवाख्यातशब्दात् तत्प्रतीतिरस्ति, अर्थसामर्थ्यात्तु भेदस्तस्या अवगम्यते इति नाना शब्दधर्माः ॥४५०॥

[2]वैदिकमप्युदाहरणमाह—

सकृच्छ्रुता सप्तदशस्वनावृत्तापि या क्रिया ।
प्राजापत्येषु सामर्थ्यात् सा भेदं प्रतिपद्यते ॥४५१॥

सप्तदश प्राजापत्यानेकवर्णानजांस्तूपरानालभेतेत्यत्रानावृत्ताप्यालम्भनक्रिया सकृच्छ्रुता शब्देनानावृत्तेर्नैकेनावगतोत्तरकालं [3]त्वालभ्यभेदाद्भेदेनावतिष्ठत इति बोद्धव्यम् ॥५५१॥

[4]यस्माच्चाख्यातान्तर्गतो धातुर्निवृत्तभेदाया एव क्रियायाः प्रतिपादकः तस्माद्भेदासम्भवाद् यथासङ्ख्येन सम्बन्धानुपपत्तेर्भुजिक्रिया देवदत्तादिषु प्रत्येकमवतिष्ठत इत्याह—

देवदत्तादिषु भुजिः प्रत्येकमवतिष्ठते ।
प्रतिस्वतन्त्रं वाक्यं वा भेदो न[5] प्रविभज्यते ॥४५२॥

देवदत्तादिकर्तृका भुजिर्वाक्यार्थरूपाऽत्र प्रत्येकमवतिष्ठत इत्यर्थसमाप्ति[6]दर्शनं शब्दस्य समाप्तिमप्युपदर्शयितुमुक्तम् 'प्रतिस्वतन्त्रम्' इत्यादि । वाक्यमेवात्र प्रत्येकं देवदत्तादिषु भेदेनावतिष्ठत इति बोद्धव्यम् ॥४५२॥

[7]ननु देवदत्तयज्ञदत्तविष्णुमित्रा भोज्यन्तामित्यभेदरूपमेव वाक्यं प्रयुक्तम् । अतः कथमस्माद् भेदेनावसायः स्यादित्याह—

---

1. O. om. the whole Kā. with commentary.
2. O. om. the whole Kā. with commentary. 3. K. त्वालंभनभे°
4. O. om. the whole Kā. with commentary. 5. K. भेदेन
6. K° समाप्तिप्रदर्शनं. 7. O. om. the whole of the Kā with commentary.

उच्चारणे तु वाक्यानामन्यद्रूपं निगृह्यते ।
प्रतिपत्तौ तु भिन्नानामन्यद्रूपं प्रतीयते ।।४५३।।

शब्दानामन्यथोच्चारणसमये स्वरूपवृत्तिः प्रतिपत्त्यवसरे त्वन्यथैव स्वरूपावसाय इति सत्यप्याख्यातस्याभेदेऽर्थपर्यालोचनेनात्र प्रत्येकं समाप्तिर्वाक्यवाक्यार्थयोः पर्यवस्यतीत्युच्यते ।।४५३।।

[1]शास्त्रविषयमप्येतदेव प्रदर्शयितुमाह—

एकं ग्रहणकं वाक्यं सामान्येनाभिधीयते ।
कर्तरीति यथा तच्च पश्वादिषु विभज्यते ।।४५४।।

शास्त्रेऽपि च
कर्तरि कृत् (P. 3.4.67)

इत्येकं प्रत्ययार्थप्रतिपादकं सामान्येन ग्रहणकवाक्यमुपादीयते । तच्च प्रत्येकं प्रत्ययार्थोपाधिषु पश्वादिषु विभिन्नेषु विषयेषु [2]सम्बन्धमुपनीयाभिमतलक्ष्यनिष्पत्तये व्यापार्यत इति प्रत्येकमेतत् परिसमाप्यते ।।४५४।।

[3]यदि पुनः संयुक्तविधिनोपादीयेत तदाऽभिमतसिद्धये न स्यादित्याह—

यथाकाङ्क्षा निवर्तेत तद्भूतस्य सकृच्छ्रुतौ ।
नैवान्येनाभिसम्बन्धं तदुपेयात् कथञ्चन ।।४५५।।

यदि सकृदेव प्रत्ययविधायकेनैव सहैवोपादायार्थपरिसमाप्तेराकाङ्क्षा निवार्येत तदा तद्योगेन तत्रैव परिक्षीणशक्तित्वाद् ग्रहणकवाक्यताविरहादन्येन प्रत्ययविधायकेन सम्बन्धेनैवोपेयादित्यभिमतलक्ष्यनिष्पत्तिरेव ।।४५५।।

[4]तस्मादेतदुपनिबन्धनभूतं सामान्येनासम्प्रयुक्तं विधिनैवोपात्तं सकृद्ग्रहणक वाक्यं सद्विभागवाक्यानामवान्तरवाक्यानां[5] योनिः कारणं बोद्धव्यमित्याह—

---

1. O. om. the whole Kā. with commentary. 2. K. has विभागेन before सम्बन्धम्
3. O. om. the whole of this Kā with commentary.
4. O. om. the whole of this Kā with commentary. 5. K om. from अवान्तर to योनिर्विभागवाक्यानां. (Kā. 456)

एकरूपमनेकार्थं तस्मादुपनिबन्धनम् ।
योर्निर्विभागवाक्यानां तेभ्योऽनन्यदिव स्थितम् ॥४५६॥

[1]अनेकेऽर्थाः प्रत्याय्या यस्य तत्तथा अवान्तरवाक्यान्युपनिबध्यन्तेऽस्मिन्नित्युपनिबन्धनम् । अथ तेभ्योऽनन्यादिवाभिन्नमिव स्थितम् । अथ च प्रत्येकं भेदेन सम्बन्धमुपगत्य यथावल्लक्ष्यसिद्धये विभवतीति ॥४५६॥

[2]अथाख्याते धातुवाच्यासत्त्वभूता पूर्वापरीभूतावयवा साध्यमानावस्था क्षणप्रथमात्मिका या क्रिया तस्याः कीदृशो जातिव्यक्तिव्यवहारः समाश्रीयत इत्याह—

क्वचित् क्रिया व्यक्तिभागैरुपकारे प्रवर्तते ।
सामान्यभाग एवास्याः क्वचिदर्थस्य वाचकः ॥४५७॥

क्वचिदिति बाधविकल्पसमुच्चयातिशयप्रशंसादौ[3] विषये क्रिया व्यक्तिभागैः समीहितार्थसिद्धौ प्रवर्तते जातिसमाश्रयणेन विकल्पसमुच्चयाद्यनुपपत्तेः । न हि 'देवदत्तः पचति,' 'यज्ञदत्तः पचति' इत्यादौ जातेः समुच्चयादिरुपपद्यते । क्वचित्तु यजते पचते इत्यादौ देशकालसाधनादेकव्यक्तिव्यवहारोऽवास्तवः स्यादिति संवत्त्यालोकव्यवहारसिद्धये तत्र क्वचित् क्रियापरामर्शात् सामान्यभाग एव वाक्यार्थमुपकरोति ॥४५७॥

[4]इहापि जातिभागमेव क्रियासम्बन्धिनं शब्दाः प्रत्याययन्तीत्याह—

कालभिन्नाश्च भेदा ये ये चाप्युष्ट्रासिकादिषु ।
प्रक्रमे जातिभागस्य शब्दात्मा तैर्न भिद्यते ॥४५८॥

ये क्रियाभेदाः क्रियाविशेषाः कालभिन्नाः पचत्यपाक्षीत् पक्ष्यतीत्येवमादयो ये चाप्युष्ट्रासिकादिषु विषये साधनभिन्ना उष्ट्रासिका आस्यन्ते हतशायिकाः शय्यन्ते इत्यादौ तेषु क्रियासंबन्धतो जातिभागस्य प्रक्रमे सामान्येनैवापर्यालोचितदेशकालसाधनतया प्रक्रमे च शब्दात्मा शब्दस्वरूपं न भिद्यते साधनसम्बन्धकृतस्तत्र भेदो न प्रथत इति यावत् ॥४५८॥

---

1. BU. om. from अनेकेऽर्थाः to स्थितम्.
2. O. om. the whole of this Kā. with commentary. 3. K. om. from अतिशयप्रशंसा to विकल्पसमुच्चयादि.
4. O. om. from इहापि to आह काल.

तदेवं 'देवदत्तादिषु भुजिः प्रत्येकमवतिष्ठते इत्यादिना शब्दलक्षणभेदमाश्रित्यैका क्रियानेकैः साधनैः प्रत्येकमर्थसमाप्त्या वाक्यसम्बन्ध[1]मुपयातीति प्रदर्शितम् । इदानीं यत्र विजातीया[2] भिन्नपदवाच्या क्रिया एकपदवाच्यानि च साधनानि[3] तत्र कथं भिन्नाभिः क्रियाभिस्तेषां साधनानां सम्बन्धः स्यादित्याशङ्क्य तत्रापि प्रतिपत्तिकालसमाश्रयणेन भिन्नान्येव साधनान्यवगतानीति तथैवैताः क्रियास्तैर्भिन्नैरेव साधनैः प्रत्येकमर्थसमाप्त्या वाक्यसम्बन्धमुपयान्तीति [4]प्रतिपादयितुमाह—

एकसङ्ख्येषु भेदेषु भिन्ना जात्यादिभिः [5]क्रियाः ।
भेदेन विनियुज्यन्ते तच्छब्दस्य सकृच्छ्रुतौ ॥४५९ ॥

समानसङ्ख्येषु भेदेषु साधनविशेषेषु तेषु [6]वाक्यादिभिः इति जात्या आदिग्रहणादितिकर्तव्यतादिभिश्च याः क्रिया भिन्ना असम्बद्धा उपात्तास्ता साधनाभिधायिनः शब्दस्य सकृदभेदेन श्रुतावपि प्रतिपत्तिभेदसमाश्रयणेन भेदेनैव विनियुज्यन्ते सम्बन्धमुपगच्छन्तीति बोद्धव्यम् ॥४५९॥

उदाहरणमाह—

अक्षादिषु यथा भिन्ना भञ्जिभक्षिदिविक्रियाः ।
प्रयोगकालाभेदेऽपि[7] प्रतिभेदं पृथक् स्थिताः ॥४६०॥

अक्षा भज्यन्तां [8]भुज्यन्तां दीव्यन्तामिति या भिन्नजातिका भिन्नशब्दवाच्याश्च क्रिया यास्ता वाक्यभेदोपादानरहिता अपि प्रत्येकं समाप्त्या भेदेनैव स्थिता इति । यस्मादन्यसाधनानि तत्र निबद्धानि भेदेनैवोपात्तानीति प्रतिपत्तिवेलायां भेदेनैव क्रिया यथास्वं सम्बन्धमुपयान्तीति ॥४६०॥

तन्त्रन्यायप्रतिपादनपूर्वकमभिधातुमाह—

[9]अक्षाणां [10]तन्त्रिणां तन्त्रमुपायस्तुल्यरूपता ।
एषां क्रमो विभक्तानां [11]तन्निबद्धा सकृच्छ्रुतिः ॥४६१॥

---

1. BU. मुपदर्शयतीति सिद्धम्. 2. O. here repeats from अनेकैः साधनैः to विजातीया 3. O. here repeats from प्रदर्शितं to एकपदवाच्यानि च साधनानि. 4. O. om. प्रतिपादयितुमाह. 5. O. om. क्रियाः to आदिग्रहणाद
6. K. जात्यादिभिरिति.
7. K. °गकालभेदेऽपि 8. K. भक्ष्यन्तां.
9.. BU. अक्ष्याणां. 10. O. मन्त्रिणां. 11. G. र. तन्त्रिबद्धा.

'**तुल्यरूपता**' इत्यनेन तन्त्रं व्याचष्टे । युक्तं चैतत् । यस्माच्छब्दाः क्रमेण विभागेनैव कदाचित् प्रयुज्यन्ते, कदाचित् तन्त्रन्यायसमाश्रयणेन युगपदेवेति शब्दानां प्रयोगवेलायां क्रमयौगपद्ये [1]उपायस्तदत्र तन्त्रेण युगपदेव, भिन्नाः प्रयुक्ता अक्षा इति क्रियाभेदेनैवैषां सम्बन्धं गच्छन्ति ।।४६१।।

अथ क्रमयौगपद्यस्वरूपमत्रोद्दिश्य व्याख्यातुमाह—

द्वावभ्युपायौ शब्दानां प्रयोगे समवस्थितौ ।
क्रमो वा यौगपद्यं वा यौ लोको नातिवर्तते ।।४६२।।

क्रमे विभिद्यते रूपं यौगपद्ये न भिद्यते

रूपविभागेनैव क्रमः, साधारण्येन यौगपद्यं तत्र भिन्ना क्रिया यौगपद्येऽपि शब्दानां प्रयोगे क्रमरूपमेवानुपततीत्यर्थतथाभावात् क्रमरूपानुपातिन्येव बोद्धव्येति प्रतिपादयितुमाह—

क्रिया तु यौगपद्येऽपि क्रमरूपानुपातिनी ।।४६३।।

तथा च शकटाक्षस्यैव भञ्जनं, न विभीतिकदेवनाक्षयोः,[2] तथा विभीतिकाक्षस्यैव भक्षणं नेतरयोः, देवनाक्षस्यैव देवनं न पूर्वयोरित्यर्थतथाभावाद् यौगपद्येऽपि क्रमानुपातिन्येवासौ इति ततश्च ते क्रमयौगपद्ये भेदसंसर्गशक्तिरूपे शक्तिव्यापाररूपे अपि शब्देभ्यो भिन्ने इव व्यतिरिक्ते इव स्थिते लभ्येते ।।४६३।।

परमार्थतस्तु शब्दशक्ती एव क्रमयौगपद्ये इत्यभिधातुमाह—

भेदसंसर्गशक्ती द्वे शब्दाद् भिन्ने इव स्थिते ।

किं तर्हि ? शब्दस्यैवैते द्वे शक्ती, यद्भेदशक्त्या क्रमेणावभाति । संसर्गशब्दात्तु युगपदिति । न न्वेवं [3]भेदप्रयोगेऽनेकेन क्रियापदेन सम्बन्धाद् भिद्यत एव साधारण्याद् यौगपद्यक्रमस्वरूपयोर्भेदात् कथं युगपत् प्रयोगे क्रमरूपानुपातित्वमेव क्रियायाः श्रुतेरुक्तमित्याह—

---

1. B. here inserts the commentary on Kā beginning from जनयतीति शास्त्रे यथा धातुप्रकरणाद्धातुः upto पाटलिपुत्रादागच्छति.
2. K. om. from देवनाक्षयोः to न पूर्वयोरित्य.
3. BU, K. भेदसंसर्गयोगेनैकक्रियापदेन.

यौगपद्येऽप्यनेकेन प्रयोगे भिद्यते श्रुतिः ॥४६४॥

[1]यौगपद्येऽपि साधनस्य प्रयोगे भेदेन क्रियापदसम्बन्धाद्भिद्यत एव साधारणी श्रुतिरिति । [2]तन्त्रे हि सा भिन्नैवोपात्तेत्यर्थः ॥४६४॥

[3]अथवा अक्षा इत्यत्रोद्भूतावयवभेदः समुदाय एव प्रतिनिर्दिश्यते । तत्रावयवधर्मेण समुदायो व्यपदिश्यते इत्येवं भेदमुपपाद्य यथायोगं प्रत्येकमर्थसमाप्त्या वा क्रियाणां भिन्नानां विनियोगः क्रियत इत्याह—

अभिन्नो भेदरूपेण य एकोऽर्थो विवक्षितः ।
तत्रावयवधर्मेण [4]समुदायोऽनुगृह्यते ॥४६५॥

अभिन्नः समुदायस्वरूपो भेदरूपेणोद्भूतावयवभेदतया योऽत्रार्थो विवक्षितस्तत्रावयवधर्मेण भेदेन क्रमेणेति यावत् समुदायोऽनुगृह्यते उपोद्बलीक्रियत इति [5]भेदप्रतिपत्तौ भेदेनैव क्रियाणां सम्बन्धः । अतश्चास्य समुदायस्य भेदप्रतिपादने प्रत्येकं वाक्यार्थः परिसमाप्यते ॥४६५॥

अथवा वचनभिन्न एकशब्द एवाक्षो भुज्यताम्, अक्षो दीव्यतामित्यवान्तरवाक्योपप्लाविनी साधनश्रुतिर्भेदेनैवावतिष्ठत इत्याह—

भेदनिर्वचनेऽत्वस्य प्रत्येकं वा समाप्यते ।
श्रुतिर्वचनभिन्ना वा वाक्यभेदेऽवतिष्ठते[6] ॥४६६॥

शब्दपरिसमाप्तेर्भेदप्रकारमाह—

तत्रैकवचनान्तो वा योऽक्षशब्दः प्रयुज्यते ।

एकस्माद् [7]वाक्याद् वाक्यभेदेन सम्बन्धिनि व्यवह्रियमाणे सत्यक्षो भक्ष्यतामित्याद्येकवचनस्यैवाक्षशब्दस्य प्रयोगः कदाचित् । अथवा यथाश्रुति प्रत्येकं बहुवचनान्तेनैव वाक्यभेद इत्याह—

प्रत्येकं वा बहुत्वेन प्रविभागो यथाश्रुति ॥४६७॥

1. O. om. from यौगपद्येऽपि to भेदेन 2. BU. तत्र हिश्रुतिर्नैवोपात्तेत्यर्थः
3. K. om. अथवा. 4. O. om. from समुदायोऽनुगृह्यते to अवयवधर्मेण.
5. O. प्रतिभेदप्रतिपत्तौ 6. O. °तिष्ठति.
7. O. om. वाक्याद्.

अक्षा भज्यन्तामित्यादिकः प्रविभागः श्रुत्यतिक्रमेणैव वाक्यानां[1]करणीयः ॥४६७॥

इदानीमभेदवादिनामपि मते द्विष्ठानां वाक्यानां शक्तिभेदेनैव विभागमभिधातुमाह—

द्विष्ठानि यानि वाक्यानि तेष्वप्येकत्वदर्शिनाम् ।
अनेकशक्तेरेकस्य स्वशक्तिः प्रविभज्यते ॥४६८॥

[2]द्वयोरर्थयोस्तिष्ठन्तीति द्विष्ठानि शास्त्रीयाणि लौकिकानि च यानि वाक्यानि तेष्वपि शब्दैकत्वदर्शिनां मते एकस्यैव तस्य प्रतिपादकस्य शब्दस्यानेकशक्तेरसौ स्वशक्तिरेव प्रविभज्यते । यथा

इग्यणः संप्रसारणम् । (P. 1.1.45.)
द्विर्वचनेऽचि । (P. 1.1.59.)
तद्धरति वहत्यावहति भाराद् वंशादिभ्यः (P. 5.1.50.)
तदस्य ब्रह्मचर्यम् (P. 5.1.94.)

इत्यादीनि शास्त्रीयाणि । तथा श्वेतो धावति 'अलम्बुसानां याता' इत्यादीनि[3] लौकिकानि वाक्यानि । तेष्वप्यर्थद्वयप्रतिपादनाय शक्तिर्विभज्यत इति शक्तितन्त्रप्रतिपादनम् ॥४६८॥

भेददर्शिनां पुनर्मते भिन्नावेव [4]शब्दौ तन्त्रेणोपात्ताविति शब्दतन्त्रं प्रतिपादयितुमाह—

अत्यन्तभिन्नयोर्वा स्यात् प्रयोगस्तन्त्रलक्षणः ।
उपायस्तत्र संसर्गः प्रतिपत्तृषु भिद्यते ॥४६९॥

तत्रैव तन्त्रेण द्व्यर्थे तस्मिन् प्रयोगे [5]प्रतिपत्त्ययोगे प्रतिपत्त्यनुसारेणोभयात्मासौ संसर्गो वाक्याभिधेयलक्षणो भिद्यते । यथा यण्स्थानिकस्येग्लक्षणस्य वर्णस्य का संज्ञा स्यादित्येकेन पृष्टम्, तदपरेण यणि कोऽर्थः स्थान्यादेशभावलक्षणः सम्बन्धः, स किंसंज्ञ इति लाघवादाचार्यस्तन्त्रन्यायसमाश्रयणात् संप्रसारणमित्येकेनैव शब्देनोत्तरमाह । तथैकेन पृष्टं किंजातीयो धावतीत्यपरेण किंवर्णो धावति, अनयोर्लाघवात् प्रतिवक्ति श्वेतो धावतीति । तत्रासौ वाक्यार्थः प्रतिपत्तृषु

---

1. BU. पदार्थानां.
2. BU. द्विविधानि यानि वाक्यानि तेष्वप्येकत्वमवतिष्ठन्ति द्विष्ठानि शास्त्रीयाणि.
3. K. °दीनि यानि लौकि°
4. BU. om. from शब्दौ तन्त्रेणोपात्तौ to भिद्यते. 5. O, S. om. प्रतिपत्त्ययोगे.

भिद्यते, येन पृष्टं किंजातीयस्तस्य श्वा इतो धावतीत्येवंरूपतया व्यवतिष्ठते। येन च किंवर्ण इत्युक्तं तस्य श्वेतगुणयुक्तो धावतीत्यर्थरूपोऽसौ जायत इति तन्त्रनिबन्धना विधात्रार्थव्यक्तिरुपजायत इति। एवमन्यत्र व्याख्येयम् ॥४६९॥

एतदेव व्याख्यातुमाह—

भेदेनावगतौ पूर्वं शब्दौ तुल्यश्रुती पुनः।
तन्त्रेण प्रतिपत्तारः प्रयोक्त्रा प्रतिपादिताः ॥४७०॥

पूर्वं यौ शब्दौ भेदेन रूपवैलक्षण्येनाधिगतौ श्वा इतः श्वेत इति तावेव तुल्यश्रुतौ भिन्नावेव तन्त्रेण प्रतिपत्तारः यस्मात्तन्त्रन्यायसमाश्रयणेनात्र प्रयोक्त्रा प्रतिपादिताः प्रतिबोधिताः ॥४७०॥

इदानीमत्र वक्तुरेकस्यैव शब्दस्य प्रतिपादने विवक्षोपजायते तस्यां सत्यामपरोऽनुनिष्पद्यत[1] इति शब्दभेदमते प्रकारान्तरेण तन्त्रमुपपादयितुमाह—

एकस्यापि विवक्षायामनुनिष्पद्यते परः।

वक्त्रिच्छाविरहादपि साधारणत्वादपरस्य निष्पत्तिस्ततोऽर्थद्वयप्रतिपत्तिः। अभेदवादिनामपि मते तन्त्रस्य प्रकारान्तरमाह—

विनाऽभिसन्धिना शब्दः शक्तिरूपः प्रकाशते ॥४७१॥

प्रयोक्त्रभिसन्धानमन्तरेणत्रासौ शब्दः साधारणत्वाच्छक्तिद्वययुक्तः प्रकाशते। एतदुक्तं भवति—शुक्लजातीयप्रत्यायनशक्तिः प्राणिविशेषप्रत्यायनशक्तिर्वा श्वेतशब्दस्तत्रोदीरितः। स तत्रैकमर्थं प्रत्याययंस्तन्त्रेण सामर्थ्यादर्थान्तरप्रकाशनं करोत्येव ॥४७१॥

अथवा तुल्यकक्ष्यतया शक्तिद्वययोगाद् युगपदेवार्थद्वयप्रकाशनं करोतीति शक्तितन्त्रतामाश्रित्याह

अनेकशक्तिरेकस्य युगपच्छ्रूयते क्वचित्।
अग्निः प्रकाशदाहाभ्यामेकत्रापि नियुज्यते ॥४७२॥

एकस्यैव शब्दस्य क्वचित् श्वेतो धावतीत्यादौ विषये युगपदेवार्थद्वयप्रत्यायनसमर्थं शक्तिद्वयमाश्रीयते यथा क्वचिदवसरे दाहप्रकाशाभ्यां युक्तोऽग्निरेकत्रापि

---

1. K. om. from इति शब्दभेदमते to अननिष्पद्यते.

प्रकाशे दाहे वा नियुज्यते, उपयोगवशाद्धर्मद्वयायाप्युपादीयत इत्यर्थः । तथैवानेकशक्तियोगाद्युगपदर्थद्वयप्रकाशनाय शब्दः समाश्रीयत इति ।।४७२।।

इदानीं शास्त्रविषयमप्येतदुपदर्शयितुमाह—

आवृत्तिशक्तिभिन्नार्थे [1]वाक्ये सकृदपि श्रुते ।
लिङ्गाद्वा तन्त्रधर्माद्वा विभागेनावतिष्ठते ।।४७३।।

इग्यणः संप्रसारणम् इत्येतस्मिन् वाक्ये सकृदपि श्रुते कीदृशे शब्दभेदवादिनां मते आवृत्तिभिन्नार्थे एकत्ववादिनां मते शक्तिभ्यां भिन्नार्थे । तत्र हि शक्तिभेदादर्थभेदः । अनन्तरं तद्वाक्यं प्रतिपत्तिशब्दभेदमते[2] लिङ्गाद् ज्ञापकाद्विभागेनावतिष्ठते, [3]वर्णवाक्यार्थकतयाऽवतिष्ठत इत्यर्थः । यस्मात् सम्प्रसारणस्येति भूतविभक्तिनिर्देशं पश्यति ततोऽवस्यति वर्णः संज्ञीति वसोः सम्प्रसारणमित्यादौ भाविविभक्तिनिर्देशाद्वाक्यार्थस्यापि[4] संज्ञित्वमवस्यतीत्यावृत्तिमेव शब्दभेदवाद्यनुमिनोति । अभेदवादी तु शक्तिभेदं तन्त्रधर्माच्छक्तितन्त्रलक्षणादनुमिनोतीत्यत्र सम्प्रसारणशब्दः शक्तिद्वयवशाद्युगपद्वर्णवाक्यलक्षणस्यार्थद्वयस्यापि प्रतिपादनं करोत्येव ।।४७३।।

[5]एतदेव व्यक्तं प्रदर्शयितुमाह—

सम्प्रसारणसंज्ञाया लिङ्गाभ्यां वर्णवाक्ययोः ।
प्रविभागस्तत्र सूत्रे एकस्मिन्नेव कल्पते ।।४७४।।

लिङ्गाभ्यामुपदर्शिताभ्यां भाविभूतविभक्तिनिर्देशलक्षणाभ्यां तत्रैकस्मिन्नेव सूत्रे वर्णवाक्यार्थयोः संज्ञिनोः प्रयोगो लभ्यत इति । उक्तं च विभक्तिविशेषनिर्देशस्तु[6] ज्ञापक उभयसंज्ञात्वस्य इति ।।४७४।।

---

1. O. वास्वे सकृदपि जलेंगिलिजाद्वा. 2. BU. om. भेदमते लिङ्गाद्. 3. O. om from वर्णवाक्य to ततोऽवस्यति 4. K. om. from निर्देशात् to अभेदवादी तु शक्ति.
5. G. र. om. एतदेव व्यक्तं प्रदर्शयितुमाह. 6. O. here inserts the following words from the commentary on 476: गतं तस्मात् क्लेशभीरुत्वात् संक्षेपरुचयस्ते जनाः, अल्पो विद्यासु परिग्रहः स्वीकारो येषां ते तथा तत्र प्रसंग्रह ाध्ययनमपस्त

तन्त्रं चेदमेकशेषसमानफलं भाष्ये प्रदेशेषूपन्यस्तमिति भाष्यकाराभ्युपगमेनार्थतन्त्रसिद्धमुपपादयितुमाह—

तथा [1]द्विर्वचनेऽचीति तन्त्रोपायाद्विलक्षणः ।
एकशेषेण निर्देशो भाष्य एवोपवर्णितः ॥४७५॥

इह द्विर्वचनेऽचीत्यत्र द्विर्वचननिमित्तेऽचि [2]योऽजादेशः स द्विर्वचन एव कर्तव्ये स्थानिवदिति सूत्रार्थो व्याख्यायते । तत्रोक्तं—यत् पुनर्द्वितीयं द्विर्वचनग्रहणं कर्तव्यम्, न कर्तव्यमित्याह—"एकशेषनिर्देशात् सिद्धम् इति" ।

यद्येकशेषस्तदा द्विर्वचनं प्राप्नोतीत्यत एकशेषसमानफलसाधारणलक्षणं तन्त्रमेवात्रैकशेषशब्देनोक्तम् । तेन तन्त्रोपायाद्धेतोर्लक्षण एवैकशेषनिर्देशः प्रदर्शितः । तस्मादेकशेषमन्तरेणापि तन्त्रन्यायसमाश्रयणाद् द्विर्वचनेऽचीत्यत्रार्थसङ्गतेरेकशेषसमानफलं शास्त्रप्रवृत्त्युपायभूतं तन्त्रमभ्युपगतं भाष्य इति सिद्धम् ॥४७५॥

अथ महाभाष्यस्यावताराख्यानपूर्वकं टीकाकारो महत्तामुपवर्णयन् स्वरचितस्य ग्रन्थस्य गुरुपूर्वक्रममभिधातुमाह—

प्रायेण संक्षेपरुचीनल्पविद्यापरिग्रहान् ।
संप्राप्य [3]वैय्याकरणान् संग्रहेऽस्तमुपागते ॥४७६ ॥

इह पुरा पाणिनीयेऽस्मिन् व्याकरणे व्याडयुपरचितं ग्रन्थलक्षपरिमाणं[4] संग्रहाभिधानं निबन्धनमासीत् । तच्च कालवशात् सुकुमारबुद्धीन् वैयाकरणान् प्राप्यास्तमुपागतम् । [5]तस्मात् क्लेशभीरुत्वात् संक्षेपरुचयस्ते जनाः । अत एवाल्पो विद्यासु परिग्रहः स्वीकारो येषां ते तथा । ततस्तैः संग्रहाध्ययन उपेक्षिते सत्यस्तं यातः संग्रहः ॥४७६॥

साधुत्वज्ञानौपयिकतया धर्मसाधनत्वेनोपजातोपयोगाय व्याकरणस्मृतेरविच्छेदाय करुणाप्रयुक्तेनाथ भगवता पतञ्जलिना[6]वार्त्तिकव्याख्यानपुरःसरं महाभाष्यनिबन्धनमुपरचितमित्यभिधातुमाह—

---

1. O. om. from श्चीति to चीत्यत्र द्विर्व 2. O. जोऽभ्योदराः
3. O वैकरणान्. 4. O. S. ग्रन्थलक्षणपरि.° 5. O. om. from तस्मात् to उपेक्षिते सति.
6. BU. has वाक्यार्थनिबन्धनपुरःसरं before वार्त्तिक.

कृतेऽथ [1]पतञ्जलिना गुरुणा तीर्थदर्शिना ।
सर्वेषां न्यायबीजानां महाभाष्ये निबन्धने ॥४७७॥

गुरुणा इति भाष्यकर्तुः पूजापदम्[2] । तीर्थान्यागमविशेषाः । तान् पश्यति विजानातीति तीर्थदर्शी । अनेन गुरुत्वनिबन्धनः प्रभावातिशयो भगवत उक्तः । तच्च भाष्यं न केवलं व्याकरणस्य निबन्धनं यावत् सर्वेषां न्यायबीजानां बोद्धव्यमित्यत एव सर्वन्यायबीजहेतुत्वादेव महच्छब्देन महाभाष्यमित्युच्यते लोके ॥४७७॥

अथ महत्त्वमेव विशेषणद्वारेणास्योपपादयितुमाह—

अलब्धगाधे गाम्भीर्यादुत्तान इव सौष्ठवात्

गाधो निष्ठापरिच्छेद इयत्तेति यावद् असावलब्धो यस्य । कस्मादित्याह । [3]**गाम्भीर्याद्** इति । गाम्भीर्यं गहनता प्रमेयबाहुल्येन दुरवगाहत्वम् । अतिगम्भीरं हि भाष्यमुपरचितं भगवता पतञ्जलिनेति न तस्याभिधेयं[4] व्यवच्छेत्तुं केनचिच्छक्यत इति । किमेवमेकान्तं गहनमिदं भाष्यम् ? नेत्याह-**उत्ताने** इत्यादि । उत्तानं स्पष्टं सौष्ठवं परिपाटी यस्मादेतद्भाष्यं परिपाटिलक्षणादत्र सौष्ठवादुत्तानं स्पष्टप्रायं यत एव प्रतिभाति । अतो नेदमसेव्यं सज्जनमानसमिव निसर्गसुकुमारमतिगम्भीरं चैतदत एव महाभाष्यमित्युच्यत इत्यर्थः । [5]एतेन संग्रहानुसारेण भगवता पतञ्जलिना संग्रहसंक्षेपभूतमेव प्रायशो भाष्यमुपनिबद्धमित्युक्तं[6] वेदितव्यम् । तदेवं ब्रह्मकाण्डे कायवाग्बुद्धिविषया ये मलाः (Vāk. 1) इत्यादिश्लोकेन भाष्यकारप्रशंसोक्ता । इह चैवं भाष्यप्रशंसेति शास्त्रस्य शास्त्रकर्तुश्च टीकाकृता महत्तोपवर्णिता । अत एवेदं महाभाष्यमकृतबुद्धयो नैव बोद्धुमलमित्याह—

तस्मिन्नकृतबुद्धीनां नैवावास्थितनिश्चयः ॥४७८॥

कृता व्युत्पत्त्या प्रकर्षं प्राप्ता महती बुद्धिर्येषां ते तथा तद्रूपवैकल्येनाकृतबुद्धयः स्वल्पप्रज्ञा उच्यन्ते । तेषां निश्चयो निर्णयपर्यन्तो बोधो नैवात्रावास्थित, न प्रतिष्ठामलभत । न तेनास्मद्गुरोस्तत्रभवतो वसुरातादन्यः कश्चिदिमं भाष्यार्णवमवगाहितुमलमित्युक्तं भवति ॥४७८॥

---

1. BU, A. पातञ्ज° 2. BU. पूजापदे.
3. O. om गाम्भीर्याद् इति 4. O. अभिधानं. 5. BU. om from एतेन संग्रहानुसारेण to संग्रहसंक्षेपभूतमेव. 6. BU. द्धमिति बोद्धव्यं क्तं वेदितव्यम्.

तथा च संग्रहप्रतिपक्षभूतैराचार्यैस्तर्कविद्यामात्रवेदिभिः बुद्धयपाटवादिद-माप्लावितमाभासीकृतमित्याह—

बैजिसौभवहर्यक्षैः शुष्कतर्कानुसारिभिः ।
आर्षे विप्लाविते ग्रन्थे [1]संग्रहप्रतिकञ्चुके ॥४७८॥

शुष्कतर्कः केवल एवान्यशास्त्रपरिमलरहितो भण्यते । तमेवानुसरन्ति प्रमेयनिर्णयायेति तदनुसारिणः । महाभाष्यं हि बहुविधविद्यावादबहुलमार्षं व्यवस्थितम्, ततश्चान्वीक्षकीमात्रकुशलः कथं [2]तन्निचिनुयादिति तर्कमात्रानुसारिभिस्तैस्तद्विप्लावितम् । तर्कश्च पुरुषाणां स्वबुद्धिमात्रनिर्मितविग्रहोऽव्यवस्थित एव । यदुक्तम्—

यत्नेनानुमितोऽप्यर्थः कुशलैरनुमातृभिः ।
अभियुक्ततरैरन्यैर[3]न्यथैवोपपाद्यते ॥ इति ॥४७९॥

इत्थं च परस्परवैमत्यादागमसंत्यागाच्च[4] यथावस्थितो व्याकरणागमः काल-[5]परिवासाद् भ्रष्टः सन् ग्रन्थमात्रे पाठमात्र एव व्यवस्थितो दाक्षिणात्येषु इत्याह—

यः पतञ्जलिशिष्येभ्यो भ्रष्टो व्याकरणागमः ।
काले स दाक्षिणात्येषु ग्रन्थमात्रे व्यवस्थितः ॥४८०॥

तदेवमुत्सन्नकल्पः सञ्जातो व्याकरणागमः ॥४८०॥

अथ कालान्तरेण चन्द्राचार्यादिभिरागमं लब्ध्वा [6]तेन चोपायभूतेन सकलानि भाष्यावस्थितानि [7]न्यायबीजानि तान्यनुसृत्य व्याकरणागमः पुनरपि स्फीततां नीत [8]इत्यभिधातुमाह—

पर्वतादागमं लब्ध्वा भाष्यबीजानुसारिभिः ।
स नीतो बहुमार्गत्वं चन्द्राचार्यादिभिः पुनः ॥४८१॥

---

1. BU. संग्रहे प्रतिकञ्चुके. 2. om. नुयादिति तर्कमात्रा. 3. O. om अन्यैः
4. G. r. संज्ञात्यागाच्च. BU. °ग्रमस्य त्यागाच्च. 5. BU. कालपरिभासाञ्च
6. K. om. तेन to व्याकरणागमः 7. BU. न्यायवीर्याणि. 8. BU. इत्याह.

पर्वताद् त्रिकूटैकदेशवर्तित्रिलिङ्गैकदेशाद्[1] इति । तत्र [2]ह्यपलतले रावणविरचितो मूलभूतव्याकरणागमस्तिष्ठति, केनचिच्च ब्रह्मरक्षसा चन्द्राचार्यवसुरातगुरुप्रभृतीनां दत्त इति । ते खलु यथावद् व्याकरणस्य स्वरूपं तत उपलभ्य सततं च शिष्याणां व्याख्याय बहुशाखित्वं नीतो विस्तरं प्रापित इत्यनुश्रूयते ॥४८१॥

अथ [3]कदाचिद्योगतो विचार्य तत्रभवता[4] वसुरातगुरुणा मयायमागमः संज्ञाय वात्सल्यात् प्रणीत इति स्वरचितस्यास्य ग्रन्थस्य गुरुपूर्वक्रममभिधातुमाह—

न्यायप्रस्थानमार्गांस्तानभ्यस्य स्वं च दर्शनम् ।
प्रणीतो गुरुणास्माकमयमागमसंग्रहः ॥४८२॥

न्यायस्य प्रतिष्ठा प्रस्थानम् । तस्य मार्गान् [5]न्यायप्रस्थानमार्गान् न्यायप्रतिष्ठितैर्बहुभिर्मार्गैरिति यावत् । न्यायप्रस्थानमार्गान् तांस्तान् स्वं च दर्शनं व्याकरणसिद्धान्तलक्षणमभ्यस्यायं प्रणीतः । अनेन गुरुणा संज्ञाय[6] न तथा मयायमागमसंग्रहः प्रणीतः येन सन्देहो भवेदपि तु सावधानेनेत्युक्तं भवति । अस्माकमिति बहुवचनादन्येषामपि सहाध्यायिनां ग्रहणम् । अथवा [7]मया तु तदनुच्छेदायायमुपनिबन्धः कृत इत्यात्मनो बहुमानः प्रकटितः ॥४८२॥

नन्वेतावानेव किमयं काण्डद्वयप्रोक्तो व्याकरणागम इत्याशङ्क्याह—

वर्त्मनामत्र केषाञ्चिद् वस्तुमात्रमुदाहृतम् ।
काण्डे तृतीये न्यक्षेण भविष्यति विचारणा ॥४८३॥

अत्रास्मिन् वाक्यकाण्डे काण्डद्वये वा केषाञ्चिदेव न्यायवर्त्मनां वस्तुमात्रं प्रदर्शितमिव । [8]शिष्टे तु तृतीयेऽस्य ग्रन्थस्य [9]पदकाण्डे काण्डद्वयनिष्यन्दभूते न्यक्षेणादरविशेषेण स्वसिद्धान्तपरसिद्धान्तवर्तिनां विचारणा युक्तायुक्तविचारपूर्वकनिर्णीतिर्भविष्यति । ततो नायमेतावान् व्याकरणागमसंग्रह इति ॥४८३॥

ननु तत्तन्न्यायप्रस्थानमार्गाभ्यासेन किं कृत्यं स्वदर्शनमेव निश्चितं किं न [10]विचार्यत इत्याह—

1. BU. कलिङ्ग. 2. O. om. from ह्यु पलतले to प्रभृतीनां.
3. O. वियोगतो. 4. O. तत्रभगवता. 5. O. om. न्यायप्रस्थानमार्गान् 6. BU व्याख्याय 7. BU. अव्यवसायात्तु
8. BU, O. अवशिष्टे. 9. G. र. ग्रन्थस्य पदकाण्डद्वयनिष्यन्द.
10. O. निवार्यंते

प्रज्ञा विवेकं लभते [1]भिन्नैरागमदर्शनैः ।
कियद् वा शक्यमुन्नेतुं स्वतर्कमनुधावता ॥४८४॥

[2]नानाविधैरागमदर्शनैरागमसिद्धान्तैः खलु प्रज्ञा विवेकं लभते वैशारद्यमाप्नोति । ततश्च निःसंदिग्धं स्वसिद्धान्तमेव संपरिष्कर्तुभिन्नागमदर्शनैः शक्तिर्जायते । अन्यथाऽदृष्टपरकीयागमस्वरूपेण प्रतिपत्त्रा स्वोत्प्रेक्षामेव तेषु तेषु चावस्थानेष्वनुसरता कियच्छक्यमुन्नेतुं प्रतिविधातुम् । कदाचित् परमर्षयो योगजधर्मोत्पन्नसामर्थ्याद् यथावत् पदार्थान् पश्यन्तः [3]सिद्धान्तमभिधातुमलमिति शोभते । ये त्वारुरुक्षवः प्राथमकाल्पिकाध्यानलीनचित्तवृत्तयः[4] शास्त्रादेवातीतानागतव्यवहितपदार्थस्वरूपं [5]निश्चिन्वन्ति तेषां नानागमोपसेवयैवानुप्रसीदति भगवती प्रतिभेति युक्तम् ॥४८४॥

एतदेव निरूपयितुमाह

तत्तदुत्प्रेक्षमाणानां पुराणैरागमैर्विना ।
अनुपासितवृद्धानां विद्या नातिप्रसीदति ॥४८५॥

प्रतिष्ठामुपगतैः पूर्वैरागमैर्बहुविधैर्विना स्वयमेव तत्तदित्ययथायथमेवोत्प्रेक्षमाणानां विकल्पनां प्रतिपत्तॄणां शास्त्रोपज्ञमेधाविरहिणां पण्डितम्मन्यानामभिमानाग्रहोपहितानां तेषां भगवती विद्या विशुद्धप्रज्ञा प्रतिभालक्षणा न प्रसीदति अत्यर्थम् । किं तर्हि ? वृद्धोपसेवाशालिनामागमजुषां विगलिताभिमानानामेवैषां भगवती प्रज्ञा प्रसादमुपयातीति सिद्धम्[6] ॥४८५॥

तदयमत्र प्रमेयसमुच्चयः ।

इति श्रीपुण्यराजकृता वाक्यपदीयद्वितीयकाण्डटीका समाप्ता ॥ शुभमस्तु ॥

---

1. O. om from भिन्नैः to विवेकं लभते in the commentary.
2. BU. om. from नानाविधैः to खल 3. G. र. सिद्धान्तमल°
4. G. र. °कल्पिकामलिनचित्तवृत्तयः 5. K. निरुन्वन्ति
6. G. र. सिद्धः

तदयमत्र प्रमेयसमुच्चयः —

वाक्यानामष्टधैवादौ विभागः परिकीर्तितः ।
शास्त्रीयमीमांसकयोः कीर्तनं वाक्ययोस्ततः ॥१॥

बलाबलविचारोऽपि शास्त्रीयो व्याप्तिनिर्णयात् ।
ततश्चात्र समासेन वाक्यलक्षणनिर्णयः ॥२॥

सन्देहश्चागमेनापि वाक्यभेदस्य दर्शितः ।
स्फोट एव तु सिद्धान्ते वाक्यं वाक्येषु साधितम् ॥३॥

पदवादस्त्वनुमतो नेति व्याकरणे स्थितम् ।
ततोऽन्विताभिधानस्याभिहितान्वयकस्य च ॥४॥

शब्दभागार्थभागाभ्यां दूषणव्रातकीर्तनम् ।
प्रसङ्गेनापरेऽप्यत्र वाक्यार्थाः षट् प्रदर्शिताः ॥५॥

अखण्डवाक्यपक्षे च चोद्यपञ्चककीर्तनम् ।
उपपत्तिः प्रतिनिधेर्नास्तीति प्रथमं यथा ॥६॥

पिकादिपदसन्देहो नोपपद्यत इत्यपि ।
श्रुतिवाक्यविरोधे तु श्रुतिरेव बलीयसी ॥७॥

प्रतिष्ठितस्य न्यायस्याप्येवं त्यागः प्रसज्यते ।
अवान्तराणां वाक्यानामुपपत्तिर्विरुध्यते ॥८॥

प्रासङ्गिकादिषु तथा लक्षणेष्वप्यसम्भवः ।
प्राप्नोत्येवमखण्डेऽस्मिन् वाक्ये दोषा उदाहृताः ॥९॥

अपोद्धारं समाश्रित्य दोषास्त्वेते निराकृताः ।
संहितायां विभागेऽथ पदयोर्विलयं गते ॥१०॥

उपादानावधिं कर्तुं तयोरर्थः प्रकल्पताम् ।
इति दूषणमत्राधात् पदे वाक्ये च वाक्यवित् ॥११॥

तत्र न्यायवशादत्र स्वपक्षे दोषसंवृतिः ।
वाक्यार्थस्यात्रा भेदोऽपि विकल्प्य परिकल्पितः ॥१२॥

प्रतिभेदं च सिद्धान्ते वाक्यार्थ उपपादितः ।
प्रविभागाश्रयादत्र पदार्थस्यापि सम्भवः ॥१३॥

स च द्वादशधा भिन्न इत्यत्र चोपपादितम् ।
प्रतिभालक्षणं सम्यग्विधातुं संहितं कृतम् ॥१४॥

पदभागार्थभागाश्च वितत्य प्रतिपादिताः ।
अन्वयव्यतिरेकाभ्यां विविक्ततोपपादिता ॥१५॥

सनिमित्ता च साऽप्यत्र नामाख्यातसमाश्रया ।
उपसर्गनिपाताश्च कर्मप्रवचनीयकाः ॥१६॥

पदभेदाः प्रसङ्गेन लक्षणेनोपलक्षिताः ।
सार्थकानर्थकत्वाभ्यां विचारे वर्णनिष्ठिते ॥१७॥

कृतेऽप्यखण्डपक्षोऽत्र प्रतिष्ठामुपनामितः ।
पदवादेऽथ दोषाणां चतुर्णां परिकीर्तनम् ॥१८॥

समासेषु विरुद्धार्थप्राप्तिरादावुदाहृता ।
अध्यादीनां तथा वाक्ये साधनस्याभिधायिता ॥१९॥

अर्थासङ्गतिरप्यत्र बहुव्रीहेरुदाहृता ।
प्रज्ञुसंज्ञ्वादिषु तथा नास्त्यर्थोऽवयवेष्वपि ॥२०॥

इति चोद्यचतुष्केण पदवादः पराकृतः
स्थापितेऽखण्डपक्षेऽपि चोद्यसप्तकमाहितम् ॥२१॥

द्वन्द्वे समासेनैव स्याद् बह्वर्थस्याभिधायिका ।
विभक्तिरिति दोषोऽत्र प्रथमं परिकीर्तितम् ॥२२॥

वाक्यस्यार्थसमाप्तिस्तु प्रत्येकं नोपपद्यते ।
परामर्शश्च नैव स्यात् सर्वनामभिरेव च ॥२३॥

अनुमानं क्रमेणाथ वाक्यार्थस्य न जातुचित् ।
स्यादक्रमे त्वनुष्ठानं शक्यते न कथञ्चन ॥२४॥

एकदेशस्य करणे समुदायेऽर्थकारिता ।
अभिमन्यत इत्येतदखण्डे नोपपद्यते ॥२५॥

एतानि पञ्च चोद्यान्यपोद्धारसमाश्रयात्
समर्थितानि वै सम्यगखण्डं वाक्यमिच्छता ॥२६॥

अथ खण्डं यदा वाक्यं समासेष्वर्थवर्णना ।
पृथक् पृथक् तदा तस्याः सा च शास्त्रे प्रकीर्तिता ॥२७॥

नञ्समासे पदार्थस्य विकल्पैर्बहुभिः पुनः ।
प्राधान्यं परिकल्प्याथ भाष्ये पक्षाः परीक्षिताः ॥२८॥

पद्यखण्डमिदं वाक्यं नैषा स्यात्कल्पना क्वचित् ।
दोषावेतावपि शब्दप्रक्रियामात्रमेव च ॥२९॥

शास्त्रप्रवृत्ताविति च निराकरणमेतयोः ।
ततश्चाखण्डपक्षस्य स बाध उपदर्शितः ॥३०॥

जहत्स्वार्थविकल्पेन बहुव्रीह्यादिगामिना ।
प्रत्युत प्रज्ञुदोषश्च पदवादे प्रकीर्तितः ॥३१॥

प्रकृत्यर्थः प्रत्ययार्थ इति भिन्नौ परस्परम् ।
यावत्स्थितौ तयोरेकापायेनावगतिः कथम् ॥३२॥

इहाहं नास्तीति च सा दृष्टा स्याद्वास्तवे कथम् ।
पदार्थ इति दोषोऽयं पदवादे समुद्धृतः ॥३३॥

प्रत्ययद्वयगम्येऽर्थे एकस्मादेव तन्मते ।
अस्तीत्यादौ कथं च स्यात् सत्यता पदपद्धतेः ॥३४॥

सत्यत्वेऽथ पदानां स्यात् प्रकृतिप्रत्ययार्थयोः ।
कथं लक्षणशास्त्रेषु साङ्कर्येण व्यवस्थितिः ॥३५॥

पदार्थमन्यथैवादौ प्रतिपद्यान्यथा पुनः ।
वाक्यार्थप्रतिपत्तिश्च दृष्टा नैतत् समञ्जसम् ॥३६॥

सत्यभूतेष्वथ पदेष्विति वाक्यविदो जगुः ।
नञर्थानुपपत्तेश्च नास्ति वादः पदाश्रयः ॥३७॥

उपात्तत्यागसंप्राप्ते सर्वत्रेति च दूषणम् ।
सह प्रागुक्तदोषैश्चाप्येकादश समीरिताः ॥३८॥

पदवादेऽत्र दोषास्तु पृथक् पक्षद्वयं पुनः ।
शब्दभागार्थभागाभ्यां विस्तरेण विचक्षणैः ॥३९॥

निराकृतमतो युक्तो वाक्यवादपरिग्रहः ।
दोषः संज्ञिन्यतिक्रान्तः सूत्रकाराभिसंमतः ॥४०॥

अपोद्धाराश्रयादत्र गौणमुख्यविचारणा ।
ततः कृता सुनियतं टीकाकारेण सादरम् ॥४१॥

सत्यासत्यविभागोऽपि ज्ञानानामुपपादितः ।
मुख्यनान्तरीयकयोरर्थयोरनिवर्तनम् ॥४२॥

ततस्त्वर्थचतुष्कस्य चिन्तनं विहितं क्रमात् ।
शब्दार्थनिर्णयोपायाः सादरं परिकीर्तिताः ॥४३॥

तात्पर्यं परिपाट्याश्चार्थतात्पर्यमपीति च ।
वाक्यनिष्ठं समासेन विचारितमतः पृथक् ॥४४॥

उत्सर्गस्यापवादस्य विवेकः परिकीर्तितः ।
संज्ञाशब्देष्वथ कृतो निर्णयः परिवत्सरान् ॥४५॥

प्रत्येकं समुदाये च समाप्त्या वाक्यनिश्चितिः ।
न्यायः संचिन्तितश्चात्र लक्षितोऽप्यभिधीयते ॥४६॥

अथ पूर्वोक्तसंक्षेपद्वारेणाप्युपपादितः ।
वाक्यवाक्यार्थनिष्ठश्च पदनिष्ठश्च निर्णयः ॥४७॥

वाक्यैकवाक्यतायाश्च विचारोऽपि निरूपितः ।
साकांक्षत्वं निराकांक्षा वाक्यानां परिकीर्तिता ॥४८॥

यद्वा चिन्ता समासेऽप्यन्यस्माद्वस्तुनि रूपिता ।
अथात्र तन्त्रन्यायस्य सिद्धिर्भाष्यानुगा स्मृता ॥४९॥

अवतारोऽपि भाष्यस्य संग्रहेऽस्तमुपागते ।
निबन्धहेतौ शास्त्रस्य टीकाकारेण कीर्तितः ॥५०॥

संग्रहार्थाद्यनुगुणरूपत्वं चोपपादितम् ।
विप्लावनमथैतस्य संग्रहप्रतिपक्षतः ॥५१॥

कृतमाचार्यदैवज्ञैरावेशविवशैस्ततः ।
भ्रष्टस्याम्नायसारस्य वैयाकरणगामिनः ॥५२॥

मूलभूतमवाप्याथ पर्वतादागमं स्वयम् ।
आचार्यवसुरातेन न्यायमार्गान् विचिन्त्य सः ॥५३॥

प्रणीतो विधिवच्चायं मम व्याकरणागमः ।
मयापि गुरुनिर्दिष्टाद्भाष्यान्न्यायाविलुप्तये ॥५४॥

काण्डत्रयक्रमेणायं निबन्धः परिकीर्तितः ।
ग्रन्थकारेण ग्रन्थेऽस्मिन् स्वस्मिन् गुर्वागमः स्फुटम् ॥५५॥

इत्येवं वाक्यकाण्डस्य प्रमेयविषया स्फुटम् ।
संगतिः कीर्तिता लघ्वी समासेन निराकुला ॥५६॥

विद्वज्जनानां यः खलु सर्वत्र गीयते जगति ।
तत उपसृत्य विरचिता आचार्यशूरवर्मनाम्ना वै ॥५७॥

शशाङ्कशिष्याच्छ्रुत्वैतद् वाक्यकाण्डं समासतः ।
पुण्यराजेन तस्योक्ता सङ्गतिः कारिकाश्रिता ॥५८॥

गुरवे भर्तृहरये शब्दब्रह्मविदे नमः ।
सर्वसिद्धान्तसन्दोहसारामृतमयाय च ॥५९॥

इति श्रीपुण्यराजकृता वाक्यपदीयद्वितीयकाण्डटीका समाप्ता ॥ शुभमस्तु ॥

शब्दस्य न विभागोऽस्ति कुतोऽर्थस्य भविष्यति ।
विभागैः प्रक्रियाभेदमविद्वान् प्रतिपद्यते ॥ १३ ॥

प्रस्तावान्निमित्तरूपफलभेदादप्रसिद्धभेद[1]क्रमवद्भिरयुगपद्भावैरवयवैर्युक्त इत्येवं प्रतीतः शब्दस्तस्यैवं नित्यत्वपक्षे योऽयं[2] परिकल्पितो व्यवहारविषयो द्रव्यशक्तिनिमित्तानुपाती शब्देषु प्रत्ययस्तद्रूपो विभागः स नास्ति । कुतो बुद्धिष्वलब्धयौगपद्यासु बुद्ध्यन्तरस्य बुद्ध्यन्तरे सततसन्निधानेनानुग्रहं[3] कुर्वति व्यवहारं प्रत्येकबुद्धि[4]प्रत्यवमृष्टरूपेषु मूर्तिभेदक्रमयुक्तेषु व्यर्थरूपेषु विभागरूपेणाविभागमापादितेष्वात्मान्तरत्वादनवयवायामतथाम्युपगतभेदरूपबुद्धावुपसंसृष्ट बुद्धिमयप्रारूपनिर्भासिषु सत्यप्यात्मभेदे सर्वार्थेषु विभागो भविष्यति । तस्मात् समीहितपौर्वापर्योऽर्थात्मा स्वरूपादप्रच्युतोऽपि सर्वो विभागातीततत्त्व एव । **विभागैः प्रक्रियाभेदम्**[5] इति । भेदग्रहणं हि तस्यार्थात्मनः शब्दात्मनश्चाभिन्नस्य प्रतिपत्तिद्वारम् । पदप्रतिपत्तिपूर्विका हि सामान्यविशेषावग्रहणोपाया[6] लघुप्रक्रमा विभागे[7]नाविभक्तस्य प्रतिपत्तिः, प्रकृतिप्रत्ययादिप्रतिपत्तिवत् । गुरुप्रक्रमा[8] त्वत्र संसृष्टरूपस्य प्रतिपत्तिरविभागेन प्रतिपदे पाठवत् । कुशलस्तु प्रतिपत्ता सर्वमेव भेदमभेदानतिक्रमेण पश्यति । प्रक्रियाभेदस्तु शास्त्रे विभागनिबन्धनम् । तथा हि हरिद्रुर्मित द्रु[9]र्दुर्दशो[10] दुस्तर इत्यत्र [11]मितद्रुरवगृह्यो हरिद्रुर्नावगृह्यः[12] । तत्र विभागे प्रक्रिया भिद्यते । हरिद्रुर्हरितरवो हरिद्रव[13] इति । तथा दुस्तर इत्यपि तरतेस्तृणातेर्वा । [14]अतश्च विभागे [15]भिद्यमानायां [16]प्रक्रियायामनवग्रहः । तथा इन्द्राणी [17]वरुणानी पूतक्रतायी । इन्द्रादीनामानुक्—पूतक्रतौरैच् (P. 4.1.36) इति सामान्यविशेषवता लक्षणेन भेदान्वाख्याने[18] शास्त्रप्रक्रियाभेदेनविद्वांसः प्रतिपद्यन्ते ॥१३॥

कथं पुनः श्रूयमाणरूपा एव देवदत्तादयः प्रतीयमानाभिधेया अनर्थकाः स्युरित्येतद्[19] विचारयिष्यामः। अपि तु

---

1. M. दकम°. 2. M. चोयः. 3. M. नाग्रहं. 4. M. °द्धि.. 5. M. भेद इति. 6. M. °ग्रहेगो°. 7. M. °भागेजायि. 8. M. रुप्रमा. 9. M. मिक्त. 10. M. दुदुर्द्दशो. 11. M. मिक्त. 12. M. नपगृ. 13. M. द्रवः ह. 14. M. अवश्यविभागे. 15. M. विद्य°. 16. M. नप°. 17. M. वतृणा 18. M. ख्यायते.
19. M. स्युः । प्रतीयमानाभिधेया इत्येतद्.

ब्राह्मणार्थो यथा नास्ति कश्चिद् ब्राह्मणकम्बले ।
देवदत्तादयो वाक्ये तथैव स्युरनर्थकाः ॥ १४ ॥

यथा हि विच्छेदेनोच्चार्यमाणे ब्राह्मणकम्बल इति ब्राह्मणशब्द उपलभ्यमानस्वरूपोऽपि विच्छेदग्राहिभिः समाप्तिमनपेक्षमाणैः प्रतिपत्तृभिः, प्रतीयमानार्थोऽप्यनर्थक एवेति प्रसिद्धः । एवं सत्यपि रूपविच्छेदग्रहणे सम्प्रत्यये चानर्थका एव वाक्यरूपापन्ना देवदत्तादिसरूपा अत्यन्तमसन्तः परिकल्पितात्मानो विभागाभिमताः[1] ॥१४॥

देवदत्तादीनां च भागाभिमतानामर्थयोगाभ्युपगमे सामान्येऽवस्थितानां पदानां विशेषेऽवस्थानमित्येतस्मिन् सत्येकान्तेन[2] परिगृह्यमाणे—

सामान्यार्थस्तिरोभूतो न विशेषेऽवतिष्ठते ।
उपात्तस्य कुतस्त्यागो निवृत्तः क्वावतिष्ठताम् ॥ १५ ॥

इह सामान्यवृत्तिरुच्चरितो[3] देवदत्तशब्दः सामान्यार्थसंबद्ध एव तिरोभवति । तत्र येन शब्देनाविर्भावकाल एव विशिष्टोऽर्थो न प्रतिलब्धः स शब्दः सामान्यार्थस्तिरोभूतो[4] विशेषेऽवस्थातुं न पुनरुत्सहते । न च सामान्यविशेषयोर्विवक्षा युगपत् सम्भवति । विशेषविवक्षायां हि सर्वस्यानियमेन सामान्यादवच्छेदो विज्ञायते । तत्रोपात्तस्य नित्ये शब्दार्थसम्बन्धे कुतस्त्यागः, युक्तिनिरूपणेषु चार्थात्मस्वभिधानक्रियायोगाभावे विनिवृत्तोऽनवधार्यमाणात्मा शब्दः शब्दोपक्रमस्यार्थस्याभावादविषयः क्वावस्थाप्यताम् ॥१५॥

एवं तर्ह्यशब्दो वाक्यार्थः । शब्देष्वात्मरूपमात्रप्रतिपत्तिहेतुषु तिरोभूतेष्व[5]व्यपदेश्यसंस्कारविशेषायां बुद्धावुपजातायां पदेषु पदार्थमात्रं प्रत्याय्य निवृत्तेष्व-शब्द[6]वाच्या[7]सत्त्वभूतः संबन्धः संज्ञार्थानां सामान्यरूपाणां भेदहेतुरुपप्लवमानः शोकहर्षादिवद् उत्तरेषु बुद्ध्यन्तरेष्वनुसन्धीयते । एतस्मिन् दर्शन उच्यते—

अशब्दो यदि वाक्यार्थः पदार्थोऽपि तथा भवेत् ।
एवं[8]सति च संबन्धः शब्दस्यार्थेन [9]हीयते ॥ १६ ॥

---

1. M. °ता. दे°
2. M. त्येकोंशेन. 3. M. रुच्चारि° 4. चा. र. °र्थंस्ति
5. चा. र. ष्वपदे. 6. M. शब्दो वा°. 7. चा. र. च्योऽस°. 8. र. च सति.
9. M. र्थे न हीयते.

कथं वर्णेष्वप्यनर्थकेषु स्वरूपमात्रं बुद्धौ संनिवेश्य[1] निवृत्तेष्वभ्यासान्नियतनिमित्तमनाख्येयोपायमर्थरूपं बुद्धयन्तरेष्वनुसन्धीयते । तथा च शब्दार्थयोः संबन्धो हीयते । तथैव तु द्रव्यगुणकर्माणि विनिविष्टनिमित्तरूपाणि प्रयोजकैर्निमित्तैः संबद्धान्याख्यायन्ते । ज्ञानं च विनिविष्टज्ञेयरूपम् । अपरेण संबन्धकल्पेन ज्ञेयैरर्थैः संबन्धः इत्याख्यायते । [2]ज्ञानाच्चोपगृहीतबुद्धिरूपो बुद्धचा संबन्ध उच्यते । तथा शब्दोऽप्यपरेण योग्यताख्येन संबन्धकल्पेनोपगृहीतार्थरूपो विनिवेशिताभिधेयतत्त्वः शब्दार्थयोर्भेद[3]पक्षे तेन तेनार्थेन संबद्ध इत्युच्यते । अर्थभावपरिणतिपक्षे तु सर्वतो [4]नेदीयान् [5]शब्दार्थयोः संबन्ध इति ॥१६॥

विशेषशब्दाः केषाञ्चित् सामान्यप्रतिरूपकाः ।
शब्दान्तराभिसम्बन्धाद्[6] व्यज्यन्ते प्रतिपत्तृषु ॥ १७ ॥

केषाञ्चित्तु प्रक्रियान्तरवादिनामक्षादिवदश्नोत्यादिक्रियायोगविशेषे विशेषान्तरयुक्ता देवदत्तादयो वाक्यविषया नित्यं परितः परिच्छिन्नार्थवृत्तयो विशेषशब्दवाचकस्य विशेषस्य प्रतिपत्तृभिः सामान्यापहृतबुद्धिभिः परोक्षविशेषैरपरिच्छेदात् सामान्यशब्दप्रतिरूपकाः शब्दान्तराभिसंबन्धाद् आगन्तुना केनचिदप्यर्थेनायुज्यमाना नित्यसिद्धनियतत्वान्नियमं विशेषान्तराध्यारोपं [7]चातिक्रान्ताः केवलमनुवादमात्रेण शब्दान्तराणां यथायथमर्थाभिधानसिद्धये व्यज्यन्ते प्रतिपत्तृषु प्रयोक्तृभिर्निर्धारितविशेषा इत्यभिप्रायः ॥१७॥

तेषां तु कृत्स्नो वाक्यार्थः प्रतिभेदं समाप्यते ।
व्यक्तोपव्यञ्जना सिद्धिरर्थस्य प्रतिपत्तृषु ॥ १८ ॥

तेषामेवमुपगृहीतसर्वविशेष एकस्मिन्नर्थे बहुशब्दानभ्युपगच्छतामविकलः[8] कृत्स्नो वाक्यार्थः प्रतिपदं प्रतिवर्णं वा समाप्यते । तदेतत् पक्षान्तरैः सह दर्शनं विचारयिष्यते । एवं व्यक्तेषु ह्यु प[9]व्यञ्जनेष्वर्थः प्रतिपत्तृषु प्रसिद्धिं लभते, न तु सन्निधानमात्राद् अनभिव्यक्तोपव्यञ्जन इति ॥१८॥

[10]निर्भागैकशब्दाभिधेयं त्वेकं वाक्यार्थं प्रतिपन्नाः स्वमतमुपपादयन्तो निदर्शयन्ति ।

---

1. M. इय इव ?. 2. M. ज्ञाताच्चो 3. चा. र. योर्भेदे 4. M. नेदीयः.
5. चा. र. om. शब्दार्थयोः
6. M. न्धा व्य. 7. चा. र. °रोपरूपं चा°.
8. चा. र. °कल्पः. 9. M. ष्वर्थर्थेत्वनार्थः (ष्वर्थत्वेनार्थः ?)
10. चा. र. give this sentence just before kā. 18. But there is no justification to give it elsewhere than where it is found. The meaning of the sentence agrees with the अवतरणिका of Puṇyarāja to kā. 19.

अव्यक्तः क्रमवाञ्शब्द उपांशु[1] यदधीयते ।
अक्रमस्तु वितत्येव बुद्धिर्यत्रावतिष्ठते ॥ १९ ॥

उपाधिमतो[2] ह्येकस्य शब्दस्य विभक्ता[3] इवावस्थिताः संहितासंहितयोर्द्रुतमध्यमविलम्बितासु वृत्तिषु शनैरुच्चैरुपांशु परमोपांशु संहृतक्रमं चेति ! तत्र प्राणवृत्त्यनुग्रहे सत्येव यत्र शब्दरूपं परैरसंवेद्यं भवति तदुपांशु । अन्तरेण तु प्राणवृत्त्यनुग्रहं यत्र केवल[4]मेव बुद्धौ समाविष्टरूपो[5] मुक्तोपादानान्तरो बुद्ध्युपादान एव शब्दात्मा[6] तत् परमोपांशु । यत्र तु प्रतिसंहृतक्रमशक्तियोगया बुद्ध्या निमित्तान्तरोपसंप्राप्तमव्यक्ते शब्दे [7]ऽध्यारोपितं[8] हि शब्दानां क्रमरूपमिव साक्षात्क्रियते तत् प्रतिसंहृतक्रमम् । शब्दानां क्रमरूपोपसंहारविषयायां बुद्धावसंप्रख्यातत्वमिव प्रतिपद्यमानायामारभ्यते शब्दातीतो व्यवहारः । संसृष्टशक्तयश्च क्रमसंहारेण समाविष्टवाचां प्रयोक्तृणां शब्दा बुद्धौ प्रयत्नेन प्राणे करणेषु च क्रमवृत्तितामनुभूय प्रतिपत्तृष्वपि क्रमप्रत्यस्तमयेनैव समावेशं प्रतिपद्यन्ते ।[9] तत्रोपलब्ध्युपायानुपाती क्रमवृत्तिलक्षितो भेदो व्यावहारिकमपि शब्दतत्त्वं नानुपतति । क्रमसंहारानाश्रयणे हि व्यवहार एव विच्छिद्यते । तस्माच्च न [10]भोगा (भोभागा) दिवत् प्राप्तदेशविभागेवैका यत्र बुद्धिः स एवाद्यन्तयोरेको वाक्याख्यः शब्द इति ॥१९॥

[11]एतस्मिंश्चैकत्वपक्षे निरवयवा शब्दव्यक्तिरेवैका स्यात् । या वा शब्दव्यक्तिः शब्दाकृतिरेव वाक्यमिति प्रतीयेत तत्र निरवयवस्यैकस्यार्थस्य कुतो भेदसादृश्ये ? भेदसिद्धिविशेषो ह्यात्मान्तरं सादृश्यं च । न ह्यात्माभेदः सादृश्यं वा । अपि तु विनापि सामान्यविशेषाभ्यां सामान्यविशेषान्तरवत् प्रसिद्धिः । तद्यथा[12]ऽप्रसिद्धात्म[13] रूपस्यापि निरवयवस्योत्क्षेपणत्वादेः ।

यथाक्षेपविशेषेऽपि कर्मभेदो न गृह्यते ।
आवृत्तौ व्यज्यते जातिः कर्मभिर्भ्रमणादिभिः ॥ २० ॥

वर्णवाक्यपदेष्वेवं तुल्योपव्यञ्जना श्रुतिः ।
अत्यन्तभेदे तत्त्वस्य सरूपेव प्रतीयते ॥ २१ ॥

आक्षेपविशेषाद्धि स्वजातिप्रयुक्ते भिन्नात्मनि प्रतिभेदं विनिविष्टस्वजातिविशेषे भ्रमणादौ कर्मणि कम्पनरेचनोत्क्षेपणादिभ्यो यो भेदः स न गृह्यते । आवृत्तौ तु

1. र. उपांश्वयम° 2. M. मत्यो. 3. चा. र. विभागा इव.
4. M. °वलामेव. 5. M. रूपामुक्तो°. 6. M. °त्मा कंत् 7. M. शब्दाध्या.
8. M. °रोपि हि. 9. M. प्रतिपद्यते. 10. M. न गोत्रादिवत्.
11. M. एकस्मिंश्चैकत्वे पक्षे. 12. M. यथा प्रसि°. 13. चा. र. °द्धरूपस्यापि निर°

दिग्विशेषावधि[1]संयोगविभागोपाधिकायामुपलब्धायामनुपलब्धपूर्वाऽव्यक्तोपलब्धा वा भ्रमणरेचनाख्या जातिरूपलब्धॄणां स्वनिमित्तप्रत्ययहेतुः सम्पद्यते । तथैव यावत् सदृशानि जात्युपव्यञ्जनानि तावदत्यन्तभिन्नोऽप्यर्थः सर्व एव सारूप्येण गृह्यते ।

अपरः कल्पः । शब्दजातेरेव वाक्यत्वे भ्रमणत्वादयो दृष्टान्तत्वेनोपन्यस्ताः । वर्णत्वपदत्ववाक्यत्वानि हि तुल्यातुल्योपव्यञ्जनानि यावत्तुल्योपव्यञ्जनसन्निपातस्तावद् बुद्धिभेदं कुर्वन्ति । कथम् ? अपचितध्वनिव्यङ्ग्यस्तावदेको वर्णः, तस्याभिव्यक्तिनिमित्तैः सदृशैरन्यैश्च श्रुतिभिन्नैरेकं[2] निरवयवं च पदं व्यज्यते तथैव तुल्यातुल्यैः प्रचिततमैर्वाक्यमिति ।।२०, २१।।

व्यक्त्येकत्वपक्षे तु वाक्यस्यैकस्य पौर्वापर्यं[3]व्यवस्थां प्रत्युच्यते—

नित्येषु तु कुतः पूर्वं परं वा परमार्थतः ।
एकस्यैव तु सा शक्तिर्यदेव[4] मवभासते ॥ २२ ॥

कालाख्या हि कर्तृ शक्तिः कार्येष्वेव प्रतिबन्धाभ्यनुज्ञाभ्यां पौर्वापर्यं प्रकल्पयति । न ह्यणूनामविशिष्टे सतां योगे[5] पौर्वापर्यमस्तीति । ननु च नित्यत्व[6]ग्रहणे न [7]तस्य पौर्वापर्यं स्यात् । एक(त?) स्मिंस्तु वाक्याख्ये निरवयवे एकग्रहणविषये वर्णपदविषयं पौर्वापर्यं न संभवतीति । अत इदमुच्यते—**एकस्यैव तु सा शक्तिरिति ।** यथाक्रम (?) इति ।[8] क्रमप्रत्यवभासत्वमेकत्वानतिक्रमेणाक्रमे बुद्धिलक्षणे क्षणिकवादिनः सर्वस्य विरुद्धरूपमिवाविरुद्धं भवति । त्र[9]य्यन्तविदां तु विश्वात्मन्येकत्वानतिक्रमेण क्रमप्रत्यवभासत्वं भवति । तथा शब्देऽपि स्यादिति नास्ति विरोधः । स्वशक्तियोगाद्धि प्रत्यवभासमात्रभेदाद् (भेदप्रत्यवभासमात्रं ?) नात्रोपायापयौ क्वचिदपि पक्षे विद्येते ।।२२।।

कथं पुनर्वाक्यपदह्रस्वदीर्घप्लुतव्यञ्जनादिषु नित्येष्वविशिष्टेषु कालभेद उपपद्यते—

1. M. °पाधिस्संयो°. 2. Can the text be श्रुतिभिरेकं ?
3. M. °पर्यस्य व्य°. 4. M. यदैक° 5. M. यागे. 6. M. नित्यत्वे ग्रहणं. 7. M. कस्य. 8. चा. र. यदेवम् इति । This can be the text but the ms. contains the word क्रम which occurs in the following explanation also. 9. M. तुर्यन्ताद्विदां तु.

चिरं क्षिप्रमिति ज्ञाने कालभेदावृते यथा ।
भिन्नकाले प्रकाशेते स धर्मो ह्रस्वदीर्घयोः ।। २३ ।।

तद्यथा चिरमिति ज्ञानस्य यदात्मकत्वं क्षिप्रमित्ये[1]तस्मिंश्च [2]ज्ञानेऽपि (तदात्मकत्वमेव ?) । न च तयोरात्मनोः कश्चिदपि स्थितिकालभेदोऽस्ति । लब्धात्मकं हि सर्वं[3] ज्ञानविशिष्टकालं ज्ञानान्तरेण । अथ च चिरमित्येकं ज्ञानं ज्ञानान्तरेणातिक्रान्तप्रत्यवमर्शरूपेण तद्भावनाविशेषावधानाच्च भाविनापि प्रत्यवमर्शरूपेण प्रकृष्टतामिव कालाध्वनः प्रदर्शयति । क्षिप्रमित्येतस्मिंस्तु[4] लघुप्रवृत्तिरूपेण प्रत्यपकृष्यत इव कालाध्वा ।।२३।।

[5]कथं दीर्घप्लुतादिषु कालाध्वपरिमाणभेददर्शनमविरुद्धम्—

न नित्यः परमात्राभिः कालो[6] भेदमिहार्हति[7] ।
व्यावर्तिनीनां मात्राणामभावे कीदृशः क्रमः ।। २४ ।।

[8]नित्यपक्षेऽनित्यपक्षे वा कालस्य मात्राणां वाऽऽश्रीयमाणे न कालात्मनः [9]सत्यतः कौ चित् प्रकर्षापकर्षौ विद्येते । यदि नित्यः कालः[10] नास्यादित्यगतिभिर्बह्वीभिरात्मपरिमाणमुत्कृष्यते, नात्यल्पाभिरपकृष्यते । क्रोशयोजनादिपरिमाणमिव भिद्यमानाभिर्गन्तृक्रियाभिः । कालस्यैव चोपाधिविशिष्टस्य परिमाणत्वात् कुतोऽस्यापरं[11] परिमाणमित्येतत् कालसमुद्देशे व्याख्यास्यते ।

अथ गतिरपि नित्या सर्वमेवाव्यतिपाति[12] च प्रतिज्ञायते । अथैता व्यावर्तिन्य एव विश्वस्य मात्राः, तत्र न पूर्वमपरेणानुसन्धीयते । सर्वं समीहितमसंसृष्टमेव व्यतिपतति, निरूपाख्ययोश्च पूर्वापरयोः कोटयोर्मध्यमनवबद्धं पश्चात् पुरस्ताच्चानालम्बनमनुपाख्यं पूर्वभागापरभागप्रत्यवमर्शिनेवाहङ्कारेणानुस्यूतमपकर्षपर्यन्तगतमभेद्यमप्यसतः [13]पररूपस्योपग्रहेण चात्यन्तमनुपग्राहि परिमाणाभेदेऽपि मिथ्याभ्यासादविदुषो दीर्घमिव प्रकाशते । [14]तदेतस्मिन् पक्षे एकधर्मावबद्धेष्वेकधर्मप्रतिष्ठितेष्वभिन्नकालेषु सर्वव्यवहारेषु कीदृशः सतामत्यन्तासतां च मात्राभेदानां क्रमः । न हि शशविषाणस्योष्ट्रविषाणेन हिमवता वा कश्चिदपि क्रमो विद्यते । यद्यप्येकस्यार्थस्य संमुखीभावे सद्भिः समानकालैर्भिन्नकालैश्च व्यापारैः सह क्रमो न संभवति [15]तथाप्येतस्मिन् दर्शने नान्यथा क्रमः संभवतीत्येवंभूतैव[16]

1. M. °त्येकस्मि°. 2. M. ज्ञानेति. 3. M. चा. र. सर्वज्ञान° 4. M. त्येकस्मिंस्तु. 5. M. तथा. 6. M. काले. 7. M. °मिर्वाह. 8. M. न वि°. 9. M. सत्यसत 10. M. कालो न स्यात्. 11. M. अस्याः परं. 12. M. °पाती च. 13. M. स्य सोपग्र°. 14. M. देकस्मिन्. 15. M. °व्येकष्मि°. 16. M. °भूतेव

क्रमव्यवस्था । सत्यमेवंभूता क्रमव्यवस्था न तु कस्यचिन्मूर्तिपरिणामभेदातिक्रमेण [1]परिकल्पितकालविषयः परिमाणभेदो विद्यते । सहोत्पादा हि सर्वे भावाः कालान्तरावस्थापरिकल्पिते कालाध्वनि मन्वन्तराख्ये क्षणाख्ये वा नात्मतत्त्व[2]मतिक्रामन्तो[3]ऽनैकान्तिकेनागन्तुनाप्यनागन्तुकेन भेदेन संस्पृश्यन्ते । न हि तेभ्यो व्यतिरिक्तः क्षणाख्यः कालाध्वा मन्वन्तराख्यो वा कश्चिदन्यो विद्यते यस्मिन्नधिकरणभूते [4]प्राप्तविशेषभावाः कालान्तरावस्थायिनो नित्याः क्षणिका इति वा [5]प्रतिज्ञा-भेदस्य विषयतामापद्येरन् ॥२४॥

एवं तर्हि क्रमवतीभ्यो मात्राभ्य उत्पन्ना बुद्धिः प्रचितमात्रा वाऽपचितमात्रा वा परिमाणभेदव्यवहाराय[6] कल्पिष्यते, सर्वथा साध्वनुपात्तमात्रारूपैव (?) ।

ताभ्यो या जायते बुद्धिरेका[7] सा भागवर्जिता ।[8]
सा हि स्वशक्त्या भिन्नेव[9] क्रमप्रत्यवमर्शिनी ॥ २५ ॥

एकत्वाद्धि बुद्धावात्मभूतानि संसर्गिणीनां विरोधिनीनां वा मात्राणां भिन्नानि तत्त्वानि न संभवन्ति । [10]सा त्वेका भागवर्जिता बुद्धिः प्रकाशस्वरूपत्वान्मात्राणां क्रमसंकीर्णपौर्वापर्याणां तद्रूपापरित्यागेनासंहार्यामपि[11] संहृत्येव[12] प्रत्यवमृशति[13] । एवंभूत एव बुद्धिप्रत्यवमर्शः ॥२५॥

क्रमोल्लेखानुषङ्गेण तस्यां यद्बीजमाहितम् ।
तत्त्वनानात्वयोस्तस्य निरुक्तिर्नावतिष्ठते ॥ २६ ॥

इह यद् व्यवहितानां मात्राणामनुपाख्यानां पूर्वासु बुद्धिषु उपयुक्तसामर्थ्यानां [14]सामापशिनी (सामिस्पर्शिनी ?) न रूपोपग्रहोल्लेख्यानुमा···व (?) बीजानामिव व्यपदेशातीतं तत्त्वं कृतम् (कुतः?) । तत्र विरुद्धफलानां मात्रोपहितानामात्मशक्तिबीजानामेकस्यां बुद्धौ लौकिकमेकत्वं लौकिकं वा नानात्वं निर्वक्तुं न शक्यते । कथं हि विरुद्धात्मकमनवयवमेकं वस्तु स्यादनेको वा विरुद्ध आत्मा कथमेकस्य [15]प्रकल्पकः ॥२६॥

---

1. चा. र. °कल्पित-परिमाण°. 2. M. °त्मकत्व°. 3. M. क्राम(न्ति) द्भिरनेकत्वान्तेनाग° 4. M. °शेषा भावाः, 5. चा. र. °भेदविषय°
6. M. °माणाभेद°. 7. M. °रेकांशा. 8. र. °र्वातिनी. 9. M. भिन्नैव. 10. M. स त्वेका. 11. चा. र. °र्यमपि. 12. M. संभूत्येव. 13. M. °वमर्शति.
14. M. From सामा° to कृतम्. the text is very doubtful. 15. M. °ल्पकम्.

भावनासमये[1] त्वेतत् क्रमसामर्थ्यमक्रमम् ।
व्यावृत्तभेदो येनार्थो[2] भेदवानुपलभ्यते ॥ २७ ॥

भेदभावनानुगतबुद्धीनामेकत्वेन व्यवहरतामनादिना मिथ्याभ्यासेन विहित-समवायानामेकस्यां बुद्धावव्यतिरिक्तास्वनपायोपायिनीषु सर्वमात्रासु क्रमाख्यायाः शक्तेः सामर्थ्यमविद्यमानं परिकल्पितं [3]क्रमप्रसिद्धये । तद्व्यावृत्तभेदोऽपि सर्वः [4]प्राकृतः शब्दाख्योऽर्थो विरुद्धभे[5]दक्रमरूपोपग्रहेणासतामपि भेदेन प्रयुक्त इवोपलभ्यते। तथाहि—ऊर्ध्वमधस्तिर्यगित्येकत्वेऽपि दिशो यथायथं विनिविष्टभावना-विशेषाः सर्वप्राणिनः । तथा गुरुत्वादियुक्ता लोष्टादयोऽपि नात्मवत् प्राणिनां भावनासमयमनुवर्तन्ते । एकं तु वाक्यं प्रतिपद्यमानस्य[6] सत्यप्यनित्यत्वादत्यन्त-नानात्वे व्यवहारेण ॥२७॥

पदानि वाक्ये तान्येव वर्णास्ते च पदे यदि ।
वर्णेषु वर्णभागानां भेदः स्यात् परमाणुवत् ॥ २८ ॥

भागानामनुपश्लेषान्न वर्णो न, पदं भवेत् ।
तेषामव्यपदेश्यत्वात् किमन्यद्[7] व्यपदिश्यताम् ॥ २९ ॥

यदि वाक्ये तान्येव पदानि यानि पृथगुपलब्धानि वर्णाश्रये पृथगुपलब्धास्त एव समुदिता यदि पदेपदाश्रीयन्ते, न च वर्णेभ्यो वाक्यपदयोरात्मा व्यतिरिक्त इति प्रतिज्ञायते, तथा सति वर्णेष्वपि यावदपकर्षपर्यन्तगतिस्तावद्वर्णभागानां परमाणुकल्पो भेदः प्रसज्यते । तथा च क्रमवतामलब्धयौगपद्यानां भागानामन्यो-न्यासंस्पर्शान्न[8] वर्णो नाम कश्चिदेकः पदं वा विद्यते । अव्यपदेश्यत्वाद्धि तेषु प्रतिभागं व्यवहाराभावात् किं तदेकमस्ति शब्दरूपं यदिदं न तदित्युपाख्यायेत। एवं तर्हि नानिर्देश्यभागभेदरूपेण बहिरनुपसंहारेण शब्दतत्त्वेन व्यवहारोऽस्तीति ॥२८, २९॥

यदन्तः शब्दतत्त्वं तु[9] [10]भागैरेकं प्रकाशितम् ।
तदाहुरपरे शब्दं तस्य वाक्ये तथैकता ॥ ३० ॥

---

1. M. °मयन्त्वेत°. 2. M. येनासौ. 3. M. °ल्पितक्रमं प्र°. 4. M. प्राकु कृतश्श°, चा. सर्वा (प्रा ?), र. (सर्वो वाक्यरूपः). 5. M. °द्धभेद धर्मक. 6. चा. र. °स्यामदपि नित्यत्वाद्.
7. चा. र. °न्यदपदि°. 8. M. °न्य सं°
9. M. हि. 10. र. नादैरेकं.

बाह्यस्याक्षरचिह्नादिवच्छब्दव्यपदेशमात्रायुक्तस्य यदुदयास्तमयनिबन्धनं वाचस्तत्त्वमक्षरचिह्नादिवदेवातथाभूतैः क्रमवद्भिर्भागैरक्रमं प्रकाश्यते तदेव मुख्यं शब्दस्यात्मरूपमित्यपरे मन्यन्ते । स चैष बुद्ध्यनुसंहारलक्षण आन्तरः शब्दात्मा तत्र समाम्नातः । तस्य चेत्थंभावे विच्छिन्नपदरूपप्रविभागदर्शन एक एवायं वाक्याख्यः शब्दो यथैव वर्णपदाख्य इति प्रसिद्ध इव समाम्नाये मार्गः ॥३०॥

अर्थभागैस्तथा तेषामान्तरोऽर्थः प्रकाश्यते ।[1]
एकस्यैवात्मनो भेदौ शब्दार्थावपृथक्स्थितौ ॥ ३१ ॥

यथैवाव्यपदेश्यशब्दभागोपायमन्तर्निवेशि वाक्तत्त्वमभिन्नं मुख्यः शब्दात्मेति प्रसिद्धं तथा [2]व्यतिपातिनीषु व्यावहारिकीषु बाह्यास्वर्थमात्रास्वव्यपदेश्योपचीयमान-विशेषं क्रमेण प्रत्यर्थनियतमुत्पद्यमानं बुद्धितत्त्वं बाह्यवस्तुतत्त्वेनैव प्रत्युपभुज्यते । नित्यपक्षे वा क्रमशक्तिरूपनिर्भासमात्रया विवर्तते । न हि प्रतिलब्धार्थरूपविपर्यासां बुद्धिमन्तरेण बाह्यं वस्तु व्यावहारिकीष्वर्थक्रियासु समर्थं भवति । तस्मादन्त-र्निविष्टरूपेणार्थेन सर्वो व्यवहारः क्रियते ।

अन्ये तु संक्रान्तविषयरूपाया बुद्धेरात्मनि समवायाद् बुद्धिरूपनिवेशेन तद्रूपता-मिवापन्ने बोधात्मके पुरुषे पुरुषार्थस्य प्रसिद्धिं मन्यन्ते । प्रकाशस्वभावया बुद्ध्या चितिस्वरूपस्यार्थरूपस्य च प्रतिबिम्बकयोगेनोपग्रहे संभवति प्राप्तविषयरूपविपर्या-सायामुपगृहीतपुरुषरूपायां बुद्धौ भोग्यभोक्तृशक्त्योरत्यन्तविभक्तयोरत्यन्तासंकीर्ण-योरविभागप्राप्ताविव सत्यां विभागः प्रकल्पते । अपरिणामिनी हि भोक्तृशक्तिर-प्रतिसंक्रमा च परिणामिन्यर्थे प्रतिसंक्रान्तेव तद्वृत्तिमनुपतति । तस्याश्च प्राप्त-चैतन्योपग्रहरूपाया [3]बुद्धिवृत्तेरनुकारमात्रया बुद्धिवृत्त्या [4]विशिष्टज्ञानस्य प्रवृत्ति-राख्यायते । सर्वेषु च पक्षेष्वन्तर्निवेशिन इव (एव ?) प्राप्तानुसंहाराच्छब्दादन्त-र्निविष्टरूपेष्विव[5] प्रतिसंहृतेष्वविभक्तेषु[6] विभागरूपानतिक्रमेणार्थेषु गृह्यमाणेष्वेक एवायं परिसमाप्तिप्राप्तानुसंहारो बुद्ध्यात्मा प्रतिपादकप्रतिपत्तव्यशक्त्योर-विभागेन पृथगात्मनो भेदशक्तिरूपापरित्यागमात्रया व्यवतिष्ठते । नित्यवादिनां त्वनागन्तुकमनतिक्रान्तमनुपचयापचयम् ॥३१॥

प्रकाशकप्रकाश्यत्वं कार्यकारणरूपता ।
अन्तर्मात्रात्मनस्तस्य शब्दतत्त्वस्य सर्वदा ॥ ३२ ॥

---

1. M. प्रकाशते. 2. M. तंथाप्यति° 3. र. बुद्धेः. 4. M. °ष्टाज्ञान° 5. र °पेष्वेव 6. M. तेष्वपि भक्तेषु.

अयमन्तर्मात्रात्मा शब्दोऽनपायिन्यपायिनीभ्यां द्वाभ्यां शक्तिभ्यामनुगतः । तस्यैतस्मिन्नात्मन्यविभक्तमपि प्रकाशकत्वेन प्रकाश्यत्वं विभक्तमिव प्रत्यवभासते । अन्योन्यानुविधायिरूपतया च कार्यकारणरूपता तस्यादेशस्यान्तर्मात्रेत्येवमाख्यायमानस्य शब्दात्मनः सर्वदा । **सर्वदा** इति नास्यान्यः कालाध्वा विद्यते । भावाभाव-[1] विभागाभावप्रतिपत्त्यर्थं तु व्यवहारप्रदर्शनाय **सर्वदा** इत्युच्यते । भावाभावविभागाभावादन्तर्मात्रानिवेशिशब्दार्थकत्वं सर्वदैवानपायिनिर्भासोपगमोऽपि चास्याव्यतिरेकानतिक्रमेण तथैव व्यवस्थितः । सर्वव्यतिरेकानति (काति?) क्रमात् तत्र किंकृतं कदाचित् संप्रत्ययहेतुत्वम् । सर्वदा कदाचिदित्येतदव्यतिरिक्तस्याधाराधेयभावविकल्पना,[2] अवस्थितेरर्थस्य मिथ्याभ्यासभावनानुगमात् परिकल्पितभेदमात्मतत्त्वमेव तत्राविशेषो विशेष इव व्यामोहं जनयति ॥३२॥

अपि च

तस्यैवास्तित्वनास्तित्वसामर्थ्ये समवस्थिते ।
अक्रमे क्रमनिर्भासे व्यवहारनिबन्धने ॥ ३३ ॥

एकस्यात्मनो ह्यन्तर्मात्रानिवेशिनः शब्दार्थतत्त्वस्यात्मभूते नित्येऽनागमापगमे एकत्वमनतिक्रान्ते द्वे सामर्थ्ये भावाभावाख्ये एकबुद्धिगतमिव क्रमरूपमक्रमे संवेद्येते[3] यथैव[4] भावाभावावित्येका प्रख्या ।

अत्र ग्रन्थपातः

यदि च न केवलो राजशब्दोऽन्यत्र दृष्टप्रयोगः[5] स राजपुरुषादिषु भिद्यते किंकृता पुरुषे राजपुरुषो ब्राह्मणपुरुष इति [6]विशिष्टार्थस्यावगतिः ।

यथाश्वकर्ण इत्युक्ते विनैवाश्वेन गम्यते ।
कश्चिदेव विशिष्टोऽर्थः सर्वेषु प्रत्ययस्तथा ॥ ३६ ॥

यथा अजकर्णोऽश्वकर्ण इत्युक्ते नाश्वार्थस्य कर्णार्थस्य वा स्वल्पोऽपि समन्वयो विद्यते, भेदविषयेण त्वत्यन्तमतदर्थेन वाक्येनार्थप्रदर्शिका[7] क्रियते, बहुव्रीहितत्पुरुषसंज्ञादिभिः समुदायान्तरेषु शब्दसंस्कारः । अश्वादीनां पदार्थानामत्यन्तासमन्व-

---

1. M. °भावाववि°. 2. M. °ल्पानर्वास्थ°.
3. चा. संवेद्यते. 4. र. [तथैव].
5. M. °योगरूप रा° 6. M. °ष्ट रूपास्य गतिः 7. M. नोपप्रद°

येऽपि गम्यते व्यावृत्तानुवृत्तस्वलक्षणः कश्चिदेव नियतोऽर्थः। तथैव सर्वासु वृत्तिष्वर्थान्तरासमन्वये गंस्यत एव विशिष्टोऽर्थः ॥३६॥

यदि तर्हि राजपुरुषादीनामश्वकर्णादिभिस्तुल्यः पूर्वपदोत्तरपदार्थ (र्था ?) समन्वयः तत् [1]कुतो रूढचरूढिविभागः?

वाक्ये त्वर्थान्तरगतेः सादृश्यपरिकल्पने।
केषाञ्चिद् रूढिशब्दत्वं शास्त्र एवानुगम्यते ॥ ३७ ॥

इह स्वभावसिद्धे वृत्तिवाक्ययोरत्यन्तमर्थस्याभेदे वृत्त्या वाक्येन प्रक्रम्यमाणेऽस्य यत्र प्रधानस्याविशिष्टः[2] क्रियादिसम्बन्धस्तत्र वाक्यस्य विच्छेदवृत्तिमात्रकृतभेदमिव सादृश्यं कल्प्यते सत्स्वप्युपसर्जनविशेषणादिषु भेदेषु। अतश्च सादृश्यकल्पनया ते रूढि (अरूढि ?) शब्दा इत्यवगम्यते। येषां तु वाक्यप्रक्रमोऽन्य एवार्थः क्रियासंबन्धी वृत्तिप्रक्रमोऽन्य एव तेषां रूढिशब्दत्वम्। तेषु च **शिल्पिनि चाकृञः** (P. 6.2.76) **संज्ञायां च** (6.2.27) **संज्ञायामनाचितादीनाम्** (P. 6) **ङ्यापोः संज्ञाच्छन्दसोर्बहुलम्** (6.3.63) **बहुलं तणि** इत्येवमादीनि कार्याणि शास्त्र एवोपव्याख्यायन्ते ॥३७॥

उपादायापि ये हेयास्तानुपायान् प्रचक्षते।
उपायानां च नियमो नावश्यमवतिष्ठते ॥ ३८ ॥

इह शब्दसंस्कारे क्वचिदर्थस्यापि समधिगममात्रायां बुद्धौ पदानि वाक्यस्योपकारायोपादीयन्ते। चर्चादिपदानि संहितायां, वाक्यपदानि समासतद्धितसुब्धात्वेकशेषवृत्तिषु।[3] तेषां च यदर्थमुपादानं तत्सन्निधाने नियत एषां त्यागः। उपायभावात्। शास्त्रे हि **आमन्त्रितस्य** (P. 8.1.19) **पदात्** (P. 8.1.17) [4]**पदस्य** (P. 8.1.16) **तिङ्ङतिङः** (P. 8.1.28) इति निघातादयः शब्दसंस्काराः। तथा **एकादेश उदात्तेनोदात्तः** (P. 8.2.5) **स्वरितो वानुदात्ते पदादौ** (P. 8.2.6) **उदात्तस्वरितयोर्यणः** (P. 8.2.4) इति। तथा **तत्पुरुषे तुल्यार्थतृतीया** (P. 6.2.62) **सप्तमीहारिणौ** (P. 6.2.65) इत्येवमादयोऽर्थप्रतिपत्तिमात्रा अपि दृश्यन्ते। यथा मे माता तथा मे पिता, सुस्नातं भोः, **नमो भरन्त एमसि सौभाग्यमस्यै दत्वायाथास्तं विपरेतन** इति। तः परोऽस्मात् सोऽयं तपरः, तादपि

1. M. तक्रुतो. 2. M. °शिष्टं. क्रि°
3. M. °वृत्तीनां. 4. M. परस्य

परस्तपरः (P. 1.1.70) इति, वियातस्य भावो वैयात्यम् इति। तत एते पुरुषसंबोधनोपायाः। यदि त्वन्यथापि पुरुषाः प्रतिपादयितुं शक्यन्ते तत्र,[1] तदर्थान्युपायान्तराण्यपि प्रक्रम्यन्ते ॥३८॥

अर्थं कथंचित् पुरुषः कश्चित् संप्रतिपद्यते।
संसृष्टा वा विभक्ता वा भेदा वाक्यनिबन्धनाः ॥ ३९ ॥

विचित्रा हि बहुधा प्रतिपत्तॄणां प्रतिपत्तिः। तद्यथा—**श्रोत्रियंश्छन्दोऽधीते** (P. 5.2.84) इति वाक्यार्थे पदवचनं छन्दसो वा श्रोत्रभावः घेश्च प्रत्ययः, श्रोत्राभ्यां कृतं कर्मेति वा (M. Bhā on P. 5.2.84)। तथा इको वक्तव्यः आखनिकः, इकवको वक्तव्यः आखनिकवकः (P. 3.3.125) पात्रे समितादयश्च (P. 2.1.48) वा आखनिकवक इति पठ्यते। तथा उष्ट्रगोयुगाइव[2]षड्गवादिषु प्रत्ययत्वेनान्यथा[3] चान्वाख्यानं क्रियते। ते यदि विभक्ताः कदाचिदप्यनिबद्धा वाक्ये। विद्यन्ते संसृष्टाः—राजपुरुषः प्लक्षन्यग्रोधौ। विभक्ताः—राज्ञः पुरुषः, प्लक्षश्च न्यग्रोधश्चेति।

अपर आह—संसृष्टाः देवदत्त गामभ्याज शुक्लामिति। विभक्ताः यत्र पदान्तरैः सह पदस्याप्रयोगः। सर्वथा[4] यान्यविच्छिन्नरूपग्रहणानि निदर्शनाय सामान्यरूपावस्थितानि पदान्युपादीयन्ते तान्यप्यन्ततः सत्तायामुपनिबद्धानि न कस्याञ्चिदप्यवस्थायान्निदर्शनायालम्। तस्माद्यदि संसृष्टा यदि विभक्ताः, नानिबद्धा वाक्ये भेदा विद्यन्ते। भेदसंसर्गौ त्वध्यारोपनियमानुवादैः पुरुषप्रतिपत्त्युपायावेवेति ॥३९॥

सोऽयमित्यभिसंबन्धो बुद्ध्या प्रक्रम्यते यदा।
वाक्यार्थस्य तदैकोऽपि वर्णः प्रत्यायकः क्वचित् ॥ ४० ॥

नावश्यं विच्छिन्नपदरूपविग्रह[5] एव शब्दः पौर्वापर्ययुक्तमनुगतविभागमेवार्थं प्रत्याययति। यदा हि वाक्यार्थस्यैवैग्यणः[6] स्थाने भवतीत्येवमादेर्बुद्धिविषयः संप्रसारणमिति वादी[7]ति वा सोऽयमित्यभिसंबन्धः क्रियते, अथो[8](?) यथैवेग्यण इति, अनेन पौर्वापर्यानुपातिनी प्रतिपत्तिर्भवति। एवमपौर्वापर्यया[9] भमि इत्येकवर्णया[10] तस्यार्थस्य संज्ञया प्रत्यस्तमितपौर्वापर्यः स एवार्थात्मा प्रतीयते।

---

1. चा. र. om. तत्र
2. M. °गइवादिषु. 3. M. चा. र. °न्यथान्यथा चान्वा° 4. M. सर्व(दा)था.
5. M. °पनिग्रह°. 6. M. गुण्यगुणस्थाने. 7. M is here illegible. चा. reads it as भ भि इति वा. 8. M. थो. 9. M. °पर्यया 10. M. वर्णाया

न चावश्यं शब्दव्यवहितैव तत्र प्रतिपत्तिर्भवति । कृताभ्यासानां हि शब्दान्तरेणार्थप्रतिपत्तिर्न व्यवधीयते । यदि च लघूपायं सामान्यविशेष[1] युक्तं शास्त्रं सदृशसंव्यवहारमलस (?) इतीव मिथ्याभ्या[2]सविपर्ययस्तद्दर्शिनो[3] लोके नानुपतेत् तदा प्रतिपत्तारस्तमेवाक्रमं[4] प्रतिपद्येरन् । भेदरूपेण चै (नै?) कत्वं संकीर्णवत्[5] । तेन सापराधैव प्रकर्षविनिवेशिन्या[6] प्राप्तक्रमरूपोप्लवाया वाचो वृत्तिः । सा हि सापराधेषु पुरुषेष्वन्यथैवात्मानं दर्शयति । अतश्च तामेके पश्यन्तोऽपि न पश्यन्ति, शृण्वन्तोऽपि न शृण्वन्ति । तां तु वैयाकरणा वाग्योगविदः शब्दात्मानमभिसंभूता भेददर्शनमतीत्य स्वेन स्वरूपतत्त्वेनोपलभन्ते । सा च तेभ्य एवात्मानं विवृणोति । उक्तमिदम्—**अर्थं कथञ्चित् पुरुषः कश्चित् संप्रतिपद्यते** इति । अतः पुरुषप्रतिपत्तिभेदानां परिमाणविकल्पानां निदर्शनमात्रं क्रियते ॥४०॥

केवलेन पदेनार्थो यावानेवाभिधीयते ।
वाक्यस्थं तावतोऽर्थस्य तदाहुरभिधायकम् ॥ ४१ ॥

इह यावन्तं केवलो वृक्षशब्दो जातिमात्रं भिन्नमर्थं ब्रवीति तावन्तमेव वृक्षोऽस्ति, वृक्षो नास्ति, वृक्षश्छिन्नः इत्येवमादिष्वपि वाक्येषु [7]प्राप्तयोगं प्रत्याययति । भावाभावच्छेदादियोगो (न?) भिन्नजातियुक्तात्मकतां प्रदर्शयति । नापि जातियोग्यो भावाभावच्छेदादिसंबन्धः । न हि मात्रान्तरनिबन्धनस्य मात्रान्तरप्रत्यायने सामर्थ्यमस्ति ॥४१॥

संबन्धे सति यत्त्वन्यदाधिक्यमुपजायते ।
वाक्यार्थमेव तं प्राहुरनेकपदसंश्रयम् ॥ ४२ ॥

यत्तु पदान्तरेण सम्बन्धे वीरः पुरुष इति विशेषणविशेष्यत्वात् सामानाधिकरण्यं जातिगुणविशेषयोरेकार्थसमवायप्रतिपत्तिपूर्वकमर्थेष्वाधिक्यं दृश्यते वाक्यार्थ एवासौ । न हि तस्यान्तः पदं शब्दसंस्कारे निमित्तत्वेन व्यापार आश्रीयते । यस्त्वेकपदविषयो व्यतिरेकः कर्मादिवद् बाह्यनिमित्तोपजनितो राज्ञः पुरुष इति सोऽन्तः प्रातिपदिकान्येव विभक्तियोगविशेषयोगे नियमयति । स चायं वाक्यपदयोराधिक्ययोर्भेदो भाष्य एवोपव्याख्यातः । अतश्च तत्रभवानाह—"यथैकपदगतः प्राति-

---

1. M. °षं युक्तं. 2. र °ध्याध्यास. 3. M. °द्दर्शनो.. 4. M. °रस्स एवाक्रमं. 5. चा. र. संकीर्णम्. 6. चा. र. प्रक्रान्तक्र°
7. र. °योगः.

पदिकेऽन्तः पदं संस्कारहेतुरर्थो वचनं प्रतित्वं [1]भवति तथैकपदगतः पदसंस्कार-हेतुरेव[2] विभक्तियोगं प्रत्यहेतुर्भवति ग्रामो ग्रामो रमणीय इति । अनेकपदसंश्रयस्तु वाक्यार्थः प्रतिनिघातादिव्यवस्थार्थहेतुराख्यायते" इति ॥४२॥

अथाप्यनेकपदसंश्रयत्वेऽप्यपरो दर्शनभेदः—

[3]स त्वनेकपदस्थोऽपि प्रतिभेदं समाप्यते।
जातिवत् समुदायेऽपि संख्यावत् कल्प्यते परैः ॥ ४३ ॥

तद्यथा जातिवत् सत्तावानेकाधिकरणयोगेऽपि प्रत्यधिकरणमन्यूनकार्या (या ?) तथायमेकेषां वाक्यार्थ आवृत्ति (आकृति ?) न्यूनतासमतिक्रमेण प्रतिपदमेवाविकलः समाप्यते । अथापरः कल्पः—यथैकस्या विंशत्यादिकायाः संख्यायाः प्रत्यधिकरणं तन्निमित्तप्रत्ययहेतुत्वं तथा वाक्यार्थस्य प्रतिपदं प्रत्याय्य-त्वेनावस्थानमिति ॥४३॥

सर्वभेदानुगुण्यं तु सामान्यमपरे विदुः ।
तदर्थान्तरसंसर्गाद् भजते भेदरूपताम् ॥ ४४ ॥

भेदानाकांक्षतस्तस्य या परिपक्वमानता
अवच्छिनत्ति सम्बन्धस्तां विशेषे निवेशयन्[4] ॥ ४५ ॥

अपरे तु मन्यन्ते स्वार्थमात्रोपादायिनः सर्वभेदान् प्रति या योग्यता तदेवानु गुण्यमात्रं सामानाधिकरण्यमात्रम् । न हि तथान्यथा सर्वथा चेति[5] सामान्यावस्था-रूपं किञ्चिदस्ति । सर्वं एते विशेषा एव । तस्यान्तु सामान्यावस्थायां भेदस्य कस्यचिदनिरूपणादानुगुण्याच्च[6] (?) या सर्वभेदोपग्रहयोग्यता परिप्लवमान कल्पनार्थस्य तां[7] संबन्धो विषयान्तरादवच्छिद्य विशिष्टे विषये नियमयति । तस्मिंश्च योग्यतावच्छेदमात्रेऽर्थस्य क्रियमाणे नाध्यारोपनियमो नानुपादान[8]यो-ग्यता किञ्चिदर्थरूपं [प्रति] नाप्यर्थरूपादन्या ॥४४, ४५॥

यस्तर्हि योग्यताविच्छेदहेतुः सम्बन्धः स च नार्थेभ्यो वाक्यस्याभिधेय इति प्राप्तं सोऽपि सर्वाभिधेय[9]धर्मानतिक्रान्तः सम्बन्धः । यदि सर्वाभिधेयधर्मानतिक्रान्तः कथं तर्हि सोऽस्तीत्यवसीयते—

---

1. M. प्रतिसंभवति. 2. M. °रेवाविभक्ति
3. M. सत्वनेक°
4. M. निवेशयेत् 5. M. चेत्. 6. M. दन्याग्राच्च AK. अत्यागाच्च 7. M. तासां.
8. M. °दानभियो° 9. M. °धेयकध°.

कार्यानुमेयः सम्बन्धो रूपं तस्य न विद्यते ।
असत्त्वभूतमत्यन्तमतस्तं प्रतिजानते ॥ ४६ ॥

न हि तस्य सम्बन्धस्य स्वरूपमवधारयितुं शक्यम् । स हि (एव ?) योग्यतावच्छेदकार्यप्रसवानुमेय एव नित्यं प्राप्तसंविज्ञान[1]पदविशेषनिबन्धनः साक्षात् सम्बन्धेऽ[2]सम्बन्धे वा (सम्बन्धादसम्बन्धाद्वा ?) सर्वप्रमेयात्मसु [3]अविशिष्टस्वरूपः । अतश्चेदन्तादिति साक्षात् पर्यायशब्देन वा व्यपदेष्टुम[4]शक्यत्वादत्यन्तासत्त्वभूतमनेकसम्बन्धिविषयं सम्बन्धमाचक्षते ॥४६॥

नियतं साधने[5] साध्यं क्रिया नियतसाधना ।
स सन्निधानमात्रेण नियमः सन् प्रकाशते ॥ ४७ ॥

नियतसाधनस्साध्योऽर्थः । नियतक्रियाणि च साधनान्यविभक्तरूपोपकारीण्यपि युतव्यवस्थानि प्रतिपदमभिधेयत्वेनावस्थितानि । नित्यनियतत्वाच्च नियमोऽप्यत्र विधेयः । संस्तु नियमः प्रयोगे सन्निधानमात्रेण पदान्तराणां पुरुषं प्रति प्रकाशते ते[6] (?) नानुगृह्यते ॥४७॥

यदि तर्हि नियतसंसर्ग एव नित्याविभक्तोऽयमर्थः[7], एवं सति किंकृता गुणप्रधानभावप्रत्यवस्था—

गुणभावेन साकांक्षं तत्र नाम प्रवर्तते ।
साध्यत्वेन निमित्तानि क्रियापदमपेक्षते ॥ ४८ ॥

इह साध्यत्वेनानुपकारकेणाङ्गिना मुख्येनार्थेन प्रयुक्तानि सर्वतः सिद्धानि परार्थान्युपकारं प्रति शेषभावेनौत्सुक्यवन्तीवाङ्गानि उपादीयन्ते । साध्यत्वेनैव तु निमित्तानि क्रियापदमपेक्षन्ते । एतदुक्तं भवति—अर्थेषु सतीमसतीं वा शब्दवृत्त्यनुकारेण पुरुषो व्यपेक्षां समीहते । तां शब्द एव प्रकाशयति । सा हि नित्यनिविष्टरूपेव शब्दात्मनि ॥४८॥

अपर आह—

सन्त एव विशेषा ये पदार्थेषु व्यवस्थिताः ।
ते क्रमादनुगम्यन्ते न वाक्यमभिधायकम् ॥ ४९ ॥

---

1. M. °नवदवि°. 2. M. °बन्धासंबन्धा वा. 3. M. °त्मस्वनिविष्टस्वरूपा.
4. M. °ष्टुं शक्य° 5. M. साधनं साध्ये 6. M. °शते नानु°.
7. M. °र्थः स एवं सति.

[1]अर्थत्वमापद्यमानेषु यावन्तो विशेषाः सन्निहिता नियतप्रसिद्धिव्यवस्थास्ते शब्दान्तरनिविष्टयेन कालवृत्त्यनुग्रहेण [2]प्रतिबन्धाभ्यनुज्ञा(?)ख्येन प्रतिपत्तृभिरनुगम्यन्ते । नापरं वाक्यं नाम किञ्चिच्छब्दरूपमभिधायकं विद्यते ।।४६।।

शब्दानां क्रममात्रे च नान्यः शब्दोऽस्ति वाचकः ।
क्रमो हि धर्मः कालस्य तेन वाक्यं न भिद्यते ।। ५० ।।

न हि पदेषु प्रतिबन्धाभ्यनुज्ञाभ्यां कालेनानुगृह्यमाणेष्वपरः शब्दः कश्चिदुपजायते येनार्थान्तरं प्रत्याप्येत । क्रमो हि शब्देषु कालशक्तिरूपविशेषस्य[3] निवेश इव । स कालात्मनो न व्यतिरिच्यते । तेन वाक्यमित्यवस्तुकमेवेदमभिलापमात्रं पदमेवार्थवदिति ।।५०।।

किमर्थं (किमिति ?) तर्हि क्रमवतां कालशक्तिरूपनिवेशानुग्रहाद्वर्णानामेवार्थवत्ता [4]नाभ्युपगम्यते इत्याह—

ये च संभविनो भेदाः पदार्थेष्वविभाविताः ।[5]
ते सन्निधाने व्यज्यन्ते न तु वर्णेष्वयं क्रमः ।। ५१ ।।

यथा ह्युच्चरिते पदे संभाविनां भेदाना. . .[6]ति तत्पुरुषवृत्त्या शब्दसंस्कारमाचक्षाणा विवक्षितमर्थं प्रतिपादयन्ति तेषां (येषां ?) तु चतुर्णामिव पदजातानां संसर्गमात्रेण पदेष्वेव प्रसिद्धः [7]कश्चिदर्थात्मा प्रकाश्यते ते बहुव्रीहिवृत्त्या शब्दसंस्कारमाचक्षाणास्तथैव विवक्षितमर्थं प्रतिपादयन्ति । तत्र केषाञ्चित् पौरुषेयाण्याम्नायपदानि शब्देषु स्मृतिपक्षस्य वा । केषाञ्चित्तु पदरूप एवाम्नायः संहिता पौरुषेयी स्मृतिपक्षस्य वा । केषाञ्चित्तु नित्यावुभावप्येतौ[8] समाम्नायौ । पदसमाम्नायस्तु प्रतिपादकत्वेन नित्यः । इतरस्तु प्रतिपाद्यत्वेन नित्यः । केषाञ्चिन्नित्यस्यैकस्याम्नायस्य द्वे [9]एते नित्ये विभागाविभागशक्ती प्रतिपादकप्रतिपत्तव्यरूपेण वर्तेते ।।५८।।

---

1. M. omits this *kārikā*. 2. M. on प्रतिबन्धाभ्यनुज्ञा
3. M. °स्यानिवे°
4. M. °त्तामभ्यु°. 5. M. °भागिताः. 6. अत्र ग्रन्थपातः
7. M. क्वचिद°. 8. M. °प्येकौ. 9. M. एके.

पदाम्नायश्च यद्यन्यः संहिताया निदर्शकः[1]।
नित्यस्तत्र कथं कार्यं पदं [2]लक्षणदर्शनात् ॥ ५९ ॥

यद्यन्य एव पदाम्नायो नित्यः पुरुषप्रयत्नव्यतिरेकेण सिद्धस्तत्रायं भाष्यग्रन्थः समर्थयितव्यः । **न लक्षणेन पदकारा अनुवर्त्याः, पदकारैर्नाम लक्षणमनुवर्त्यम् । यथालक्षणं पदं कर्तव्यम्** इति । लोकेऽपि अर्थेन प्रयुक्तेषु शब्देषु शास्त्रेण धर्मनियममात्रमेव क्रियते । अतः शास्त्रेण नित्यस्य [3]लक्ष्यस्यानुविधानं कर्तव्यं न तु नित्येन लक्ष्येण[4] शास्त्रमनुविधेयम् । अपि च बहुशक्तेः समाम्नायस्य कैश्चित् पदकारैः काचिद्विभागशक्तिरनुगम्यते । वक्षस्सु रुक्मेति, वक्षः सुरुक्मेति । तदेवं विभागशक्त्यन्तरदर्शनेन प्रवृत्तेर्विभागशक्त्यन्तरस्यापसारितत्वात् न शक्त्यदर्शनप्रक्रमे (मे ?)[5] यथालक्षणं पदानां करणं सम्भवति ॥५९॥

अपरे तु मन्यन्ते—वाक्यार्थ एकः, तेन चात्यन्तमनर्थकान्येव पदानि, यथैव च पदार्थेन[6] वर्णाः ।

प्रतिवर्णमसंवेद्यः पदार्थप्रत्ययो यथा ।
पदेष्वेवमसंवेद्यं वाक्यार्थस्य निरूपणम् ॥ ६० ॥

यथैव वर्णे वर्णे पदार्थप्रत्ययो नोत्पद्यते इत्यर्थो न विभज्यते तथैव पदे पदे वाक्यार्थस्यासन्निधानात् प्रतिपदं तद्विषयोऽपि प्रत्ययो न निरूपयितुं शक्यते । अर्थनिर्भासा हि प्रकाशस्वरूपत्वादात्मनिरूपणा एव । अतश्च बाढमर्थानामपि संवेद्यत्वं न व्यतिक्रामन्ति ॥६०॥

यस्य तु [7]वाक्यार्थेन पदानि प्रतिभेदमर्थवन्ति तस्य पदार्थेन वर्णाः प्रतिभेदमर्थवन्तः प्राप्नुवन्ति—

वाक्यार्थः सन्निविशते पदेषु सहवृत्तिषु ।
यथा तथैव वर्णेषु पदार्थः सहवृत्तिषु ॥ ६१ ॥

यदि पदेषु सहवृत्तिष्वपि सन्निविष्टो वाक्यार्थः प्रतिपदं निविष्ट इति कल्प्यते तथैव सहवृत्तिषु वर्णेषु कामं सन्निविष्टः[8] पदार्थः कल्पयितव्यः ॥६१॥

1. M. °र्शकम्. 2. M. पदल° 3. M. लक्षणस्य 4. चा. लक्षणेन. 5. M. प्रक्रमे
6. M. °र्थे न वर्णाः
7. M. °क्यार्थे प°
8. M. °विष्टं

यदि तर्हि पदार्थः प्रतिवर्णं निविष्टः कस्मात् पदस्येव[1] प्रयोगे वर्णस्यापि प्रयोगे कश्चिदर्थो न प्रतीयते—

सूक्ष्मं ग्राह्यं यथान्येन संसृष्टं सह गृह्यते ।
वर्णोऽप्यन्येन वर्णेन संबद्धो वाचकस्तथा ॥ ६२ ॥

यथा हि सूक्ष्मं ग्राह्यं दूरात् केशमक्षिकाद्यन्तिके च वातायनरजः केवलं नोपलभ्यते, संसृष्टं त्वसंयुक्तमप्युपलभ्यते । वर्णोऽप्येवमेवासत्यपि शब्दान्तर-प्रादुर्भावेऽन्येन संबद्धः सत्यप्यर्थयोगे पूर्वमगृहीतस्यार्थस्य प्रत्यायको भविष्यति ॥६२॥

पदस्योच्चारणादर्थो यथा कश्चिन्निरूप्यते ।
वर्णानामपि सान्निध्यात् तथा सोऽर्थः प्रतीयते ॥ ६३ ॥

पदे किलोच्चारिते योऽर्थो निरूप्यते तेनार्थेन तदुच्चरितं पदं तदर्थवदिति वा प्रतिज्ञायते । वर्णेष्वप्युच्चरितेषु पदवत् स एवार्थस्तथैव प्रतीयते । तस्माद्येनैव हेतुना पदार्थवादी पदस्यार्थवत्तां प्रतिजानीते तेनैव हेतुना केवलवर्णार्थवाद्यपि वर्णस्यार्थवत्तां प्रतिजानीत इति ॥६३॥

येषामत्यन्त[2] (म ?) संसृष्टस्याश्रयविशेषवद्भिः साधनैः क्रियाविशेषस्यार्थ-भेदेष्वलब्धपदविभागमेकमभिन्नस्यार्थस्य वाचकं वाक्यं तेषामङ्गश्लेषे[3]यत्र प्रतिनिधि-रुपादीयते तत्र क्रियायाः प्रतिनिधिः प्राप्नोति । अप्रतिनिधेया च क्रिया । तस्मात् प्रसक्ता नु प्रसक्तं प्रतिनिधिसम्बन्धेनेदमुच्यते ।

प्राप्तस्य यस्य सामर्थ्यान्नियमार्था पुनः[4] श्रुतिः ।
तेनात्यन्तं विशेषेण सामान्यं यदि बाध्यते ॥ ६४ ॥

इह यजेतेत्याह—द्रव्यदेवताः सामर्थ्यप्राप्ताः । न हि द्रव्यं देवतां साधनं चान्तरेण यजतिशब्दप्रयोगलक्षणस्यार्थस्याभिधाव्यक्तिरस्ति । तत्र द्रव्यं यजतिक्रियारूपैक-देशभावादङ्गत्वेन श्रुतिप्राप्तसन्निधानम् । व्रीहित्वादयस्तु सामान्यविशेषा विरुद्धैकार्थसमवाया अप्यविरुद्धैकार्थसमवायेन द्रव्यत्वेनादृष्टसाहचर्यव्यभिचाराः[5] सामान्यमात्रा (त्र ?) प्राप्तसन्निधानाः । तेषां नियतेऽपि सन्निधाने शब्दरूपेणानु-पादानाद् द्रव्यत्ववदङ्गभावो न प्रतीयते । यस्य तु सामर्थ्यमात्रेणापि [6]प्राप्ता

1. M. °दस्यैव.
2. M. °न्तसं°. 3. M. °श्ले षं 4. र. यतः. 5. M. °चारां. 6. M. प्राप्तौ.

व्रीहित्वादयः पुनः श्रुत्या नियम्यमाना[1] यवत्वादीनां सामान्यविशेषान्तराणां निवर्तका इति दर्शनम्, तस्य व्रीहित्वेन यवत्वादिसहचारिणो द्रव्यत्वस्यात्यन्त (म) श्रुतिलक्षणमपसारणं प्राप्नोति ॥६४॥

यजेतेति यदा[3] द्रव्यं प्राप्तं सामर्थ्यलक्षणम् ।
व्रीहिश्रुत्या निवर्तेत न[3] स्यात् प्रतिनिधिस्तदा[4] ॥ ६५ ॥

यदि सामान्यलक्षणप्राप्तं यवादिद्रव्यं व्रीहिश्रुत्या शास्त्रेण प्रतिषिध्यते तच्छास्त्रान्तराभावाद्यथैवान्यानि द्रव्याण्ययज्ञियानि तथा व्रीहीणामसन्निधाने नैव प्रतिनिधेयं स्यात् । सत्यर्प्यर्थित्वे दृष्टेऽपि सामर्थ्ये शास्त्रेणापर्युदस्तस्याधिकारो दृष्टः । तस्मान्मा भूत् प्रसिद्धस्या[5]सहचरितस्य प्रतिनिधि[6]रभावात् ॥६५॥

इदमन्यद्दर्शनमाश्रीयते । शब्देनानङ्गीकृतं व्रीहित्वमङ्गभावेनाधिकं व्रीहिशब्दो[7] निगमयतीति ।

तस्माद् व्रीहित्वमधिकं व्रीहिशब्दः प्रकल्पयन् ।
द्रव्यत्वमविरुद्धत्वात् प्राप्त्यर्थः सन्न बाधते ॥ ६६ ॥

व्रीहिशब्दो ह्यधिकार्थाध्यावापायोपादीयमानो द्रव्यत्वमविरुद्धैकार्थसमवायं प्राप्त्यर्थः सन्न बाधते । न हि यवत्वादीनां निवृत्तौ[8] तस्य व्यापारोऽस्ति, नाप्यनुज्ञायाम् ॥६६॥

इदं च द्रव्यत्वस्य बाधनं यः सामान्यविशेषान्तरैश्च साहचर्यादवच्छेदः ।

तेन चापि व्यवच्छिन्ने द्रव्यत्वे सहचारिणि ।
असम्भवाद्विशेषाणां तत्रान्येषां न दर्शनम् ॥ ६७ ॥

यदि तर्हि व्रीहिश्रुतिर्न नियमार्था तर्हि विकल्पित्वं यवादीनां कस्मान्न विज्ञायते । तत्राहुः—असंभवो नामा[9]नियमशब्दव्यापारो नियमसदृशफलः । क्वचिद्विषयेऽन्य

---

1. M. °मानानां.
2. M. ततो. 3. M. तस्मात्. 4. M. तथा. 5. M. °स्याचरित° 6. M. °निधेर°
7. चा. र. °ब्दः प्रकल्पयतीति निगमयति. प्रकल्पयति is not found in M, but चा and र seem to have assumed its existence because of प्रकल्पयन् in the *kārikā*. 8. M. चा. वृत्तौ.
9. M. नाम नि°.

एव धर्मोऽयमसम्भवनियम इति नियमविभागे न्यायविदः केचिदाचक्षते । यत्र व्रीहित्वमधिकं शब्देनाङ्गभावं प्रतिपद्यते तत्र विरुद्धैकार्थसमवायत्वादप्रतिषिद्धान्यपि श्रुत्या यवत्वादीनि न सम्भवन्ति । यदि च सम्भवेयुः काममविरोधसामर्थ्यप्राप्तसन्निधानानि विना शब्दव्यापारेण समुच्चीयेरन् । न त्वेष विकल्पस्य विषयः ।।६७।।

[1]न च सामान्यवत सर्वे क्रियाशब्देन लक्षिताः ।
विशेषा न हि सर्वेषां सतां शब्दोऽभिधायकः ।। ६८ ।।

तत्रैतत् स्यात् । यथा द्रव्यत्वं नियतसन्निधानं न क्रियासन्निधानं क्रियापदार्थैकदेशभूतमिव सन्निधानात् क्रियाशब्देन लक्ष्यते तथा सर्वविशेषाणां द्रव्यत्वसक्रियापदार्थैकदेशभूतानामिव कस्माच्छब्देनोपादानं न विज्ञायते । अत आह—नहि सर्वेषां वस्तुत्वेन सतामर्थत्वेन शब्दोऽभिधायको भवति[2] ।।६८।।

शुक्लादयो गुणाः सन्तो यथा तत्राविवक्षिताः ।
तथाऽविवक्षा भेदानां द्रव्यत्वसहचारिणाम् ।। ६९ ।।

विवक्षानिबन्धनं [3]हि वस्तु सतामप्यर्थानामर्थत्वेनासत्त्वम्[4] । विवक्षा नेह शब्दरूपसामर्थ्यनिबन्धना । तत्र यथैव द्रव्यत्वसहचारिणो नियतसन्निधाना अपि शुक्लादयो गुणाः सत्यपि सन्निधानाद्[5] द्रव्यत्ववदुपयोगे शब्दशक्त्यनुरोधादभिन्नत्वेन क्रियाशब्दरूपेणाङ्गत्वेन प्रत्याययितुमशक्यत्वादविवक्षिताः, तथैव शब्दसामर्थ्यप्रतिबन्धाद् व्रीहित्वादीनां द्रव्य (त्व ?)सहचारिणामुपयोगवतां भेदानामङ्गत्वेनाविवक्षा ।।६९।।

तत्रैवं शास्त्रेणापर्युदस्ते विशेषान्तरसहचारिणि द्रव्यत्वे

असन्निधौ प्रतिनिधिर्मा भून्नित्यस्य कर्मणः ।
काम्यस्य वा प्रवृत्तस्य लोप इत्युपदिश्यते[6] ।। ७० ।।

---

1. M. does not give kā. 68 immediately after 67 but after the *Vṛtti* on 67. चा. र. have taken it as part of the Vṛtti on 67.
2. M. from तत्रैतत् स्यात् to शब्दोऽभिधायको भवति is the *Vṛtti* on 68 and not on 69 as चा. र. have given it.
3. चा. र. वस्तु । सतां°. 4. M. °त्वेन सत्वम् । 5. M. °धाना द्र०–
6. M. °पपद्यते.

नित्यं यत्कर्म तस्याकरणे प्रत्यवायः। तस्य प्रधानस्याङ्गमात्रासन्निधाने मा भूदावृत्तिः (भूदनापत्तिः ?) काम्यस्य वा सन्निहितेष्वङ्गेषु प्रक्रान्तस्य मा भूदङ्ग 'श्रेषे' विच्छेद इति शास्त्रेण पर्युदस्तः प्रतिनिधिः प्रथमकल्पासम्भव उपादीयत इत्यविरुद्धं भवति ॥७०॥

विशिष्टैव क्रिया येन वाक्यार्थः परिकल्प्यते ।
द्रव्याभावे प्रतिनिधौ तस्य तत्[1] स्यात् क्रियान्तरम् ॥ ७१ ॥

यस्य तु पूर्वोक्तेन धर्मेण[2] क्रियाविशेषः शक्तिद्वयसंसर्गभिन्न एको वाक्यार्थः तस्याविभक्त[3]शब्दार्थत्वाद्विशेषान्तरावगमे तस्मिन्नर्थात्मन्यविकल्पेन[4] वृत्ते विशेषान्तरोपादाने पुत्रीयति प्रक्रियान्तरं मुण्डयति वा[5] प्रतिपाद्यमानोद्देश्यविभागं[6] तत् प्रतिनिहितं स्यात्, अनिष्टश्च क्रियायाः प्रतिनिधिरिति विभागपक्ष एव न्याय्यः ।

अपर आह—क्रियायाः क्रिया निर्वर्तिका भवति द्रव्यं द्रव्यस्य । तस्मात्क्रियान्तरोपादाने क्रियान्तरपरित्यागात् क्रियासु प्रतिनिधिर्भवति । क्रिया त्वर्थगृहीतेषु योग्यताप्रापितेषु साधनेषु विशिष्टद्रव्यविषये नियमे कृते तस्य द्रव्यस्याभावे समर्थद्रव्यान्तरं पूर्वमेव क्रियायामङ्गीकृतमुपादीयते (दत्ते ?) । तत्र नियममात्रं बाध्यत [7]इत्येतस्मिन्नपि प्रतिनिधिदर्शने यस्तु जात्युद्देशे (जातिसमुद्देशे ?) प्रतिनिधिं प्रत्यपरो दर्शनभेदः तत्र [8]वाऽविभागपक्षाभ्युपगमे क्रियैवाप्रतिनिधेया प्रतिनिधीयत इत्यनिष्टप्रसङ्गः ॥७१॥

[9]इतश्च विभागदर्शनमेव युक्तम्

निर्ज्ञातार्थपदं यच्च तदर्थे प्रतिपादिते ।
पिकादिपदविज्ञातं[10] तत्किमित्यनुयुज्यते ॥ ७२ ॥

इह वनात् पिक आनीयतां वराङ्गी [11]जर्जरा वृषलाय दीयतामिति बहूनां पदानामर्थेष्वाहितप्रत्ययाः प्रतिपत्तारो यदेव पिकाद्यविज्ञातार्थरूपं पदं तन्मात्रमेव जिज्ञासमाना विच्छेदेन पृच्छन्ति कोऽयं पिको नाम यो वनादानेयः का च वराङ्गी

---

1. M. न स्यात्. 2. M. धर्मेणाक्रि°. 3. M. °भक्तिश° 4. M. °कलेन. 5. M. वर्मयतिवाद्यमा°. 6. M. चा. °द्देशवि. 7. M. इति । एकस्मि°. 8. M. चा. दा विभा°
9. चा. र. give this sentence immediately after kā. 72 in the *Vṛtti*. 10. M. यदपि ज्ञातं. 11. M. जीजीरा

नाम या वृषलाय दातव्येति । न च वृक्षवृषभकाण्डीरादिषु प्रसिद्धभेदेषु ऋक्ष-ऋषभ[1]आण्डीराद्यर्थे निर्ज्ञाते वर्णमात्रविषयो [2]वकारार्थे ककारार्थे वा प्रश्नो दृश्यते । तस्मादविभागधर्मात् प्रच्युतेन विभागे वाक्यार्थेन व्यवस्थितेन भवितव्यम् ॥७२॥

सामर्थ्यप्रापितं यच्च व्यक्त्यर्थमानुषज्यते ।
श्रुति[3]रेवानुषङ्गे सा बाधिका लिङ्गवाक्ययोः ॥ ७३ ॥

अप्राप्तो यस्तु शुक्लादिः सन्निधानेन गम्यते ।
स यत्नप्रापितो वाक्ये श्रुतिधर्मविलक्षणः ॥ ७४ ॥

इतश्चाविभागपक्षो न युक्तः श्रुतिवाक्यसमवाये श्रुतित्वाविशेषेण [4]परि-दौर्बल्यासम्भवात् । इह श्रुतिर्नामैकशब्दविषयैकपदनिबन्धनार्था । तत्र सामर्थ्य-प्रापितं यावदेकशब्दोपादानमर्थरूपं शब्दान्तरेण व्यक्त्यर्थमनूद्यमानमनुषज्यते तदप्यनाधेयसम्बन्धत्वात् [5]श्रुतिर्वाक्यमेव । तद्यथा पच्यतामवहन्यतां पिष्यतामित्येकत्र सम्बद्धानां चेष्टाविशेषाणां प्रक्रान्तत्वात् पाक्यपेष्यावघात्येषु[6] शब्दरूपसामर्थ्याद-ङ्गीकृतेषु यद् व्रीह्यादि द्रव्यमात्रं व्रीहित्वादिप्रापणाय व्रीहित्वादिभिर्व्यक्तमात्मानं प्रदर्शयत् क्रियारूपादाक्षिप्तसम्बन्धं सम्बद्धमेव सन्निपतति तद्वस्तूपनिबन्धनाः सर्वे श्रुतिशब्दाः तद्वस्तूपनिबन्धनत्वेन प्रतिज्ञायन्ते, न त्वधिकार्थप्रापणेन । यथा वा दिवा सूर्य उदेति, देवो वर्षति इति व्यक्त्यर्थोऽनुषङ्गः साधनस्य साधनाश्रयस्य चेति सर्वस्य चानुषङ्गमात्रे तथाभूता श्रुतिर्वाक्याख्यस्य श्रुत्यन्तरस्य बाधिका विज्ञायते ।

यस्तु शब्दरूपसामर्थ्यात् सन्निहितोऽपि शब्दव्यापारेणाप्राप्तसन्निधानः शुक्लादिर्गुणः शुक्लादीनां शब्दानामुपादानमन्तरेण वस्तुतः सन्नपि शब्दार्थत्वेना-प्रतीतः शुक्लादिशब्दसन्निधानेन व्यापारवान् प्रतीयते स यत्नप्रापितसम्बन्धः श्रुत्य-र्थविलक्षणो वाक्यार्थ एव । तत्र पयसा भुङ्क्ते देवदत्तः [7]शृतेनेति वाक्यप्रापितस्य प्रयोगविषयस्य[8] श्रपणस्यासम्भवे[9] श्रुतिप्रापितमुपसेचनं निवर्तते । [10]श्रपणानु-ग्रहाय वोपसेचनत्वेन यदपि प्रसिद्धं लोके. . . तेन [11]शतेन [12]श्रपणस्यानुग्रहः कथं स्यादिति न भुज्यते, [13]श्रुतिवाक्ययोर्विकल्पासम्भवेन श्रुत्यर्थ एव क्रियते न वाक्यार्थः (७३, ७४॥)

---

1. चा. र. भाण्डी°. 2. M. पकारा°
3. M. °तिभेदा. 4. M. परदौ° 5. M. चा. °तिवा°. 6. M. चा. °घातेषु. 7. M. चा. र. श्रुतेन. 8. M. चा. र. °गविष°. 9. M. चा. र. श्रवण. 10. M. चा. र. श्रवण. 11. M. च. र. श्रुतेन. 12. M. चा. र. श्रवण. 13. M. श्रुतिवाक्यार्थसविकल्पसंभवेन; चा. श्रुतिवाक्यसविकल्पसंभवेन

अभिन्नमेव वाक्यं तु यद्यभिन्नार्थमिष्यते ।
तत्सर्वं श्रुतिभूतत्वान्न श्रुत्यैव विरोत्स्यते ॥ ७५ ॥

यस्याभिन्नमविभक्तोद्देशमेकार्थमेक[1] वाक्यं मुण्डिकुट्टिसूत्रिवदविकलं श्रुतिभूतं तस्य कथं श्रुत्यर्थाव्यतिरेकेणात्मभूतैर्यत्नप्रापितसन्निधानाभिमतैरसति विरोधे बाधव्यवस्था प्रकल्पते । तत्र "श्रुतिलिङ्गवाक्यप्रकरणस्थानसमाख्यानां समवाये पारदौर्बल्य[2]मर्थविप्रकर्षाद्" इत्येतदसमर्थितं स्यात् । वाक्यनिबन्धने चैकस्मिन्नर्थे परतन्त्राणां शब्दानामभावमानर्थक्यं चाभ्युपगच्छतो वाक्यस्याप्यानर्थक्यं प्राप्नोति । तत्र "एकस्यैकार्थतामाहुर्वाक्यस्याव्यभिचारिणीम्" इत्येतत् प्रतिज्ञातं हीयेत ॥७५॥

वाक्यानां समुदायश्च य एकार्थप्रसिद्धये ।
साकाङ्क्षावयवस्तत्र वाक्यार्थोऽपि न विद्यते ॥ ७६ ॥

इह गौर्दुह्यताम्, उपाध्यायः पयसा भुक्त्वा मामध्यापयिष्यतीति साधनद्वयक्रियान्तरावधिविशिष्टायां क्रियायां यदेकं वाक्यान्तरावयवं वाक्यं वर्तते तदवयवानां साकाङ्क्षाणां पदवदेकार्थेनासम्बन्धे सति वाक्यान्यप्यनर्थकानि सम्पद्यन्ते । न च वाक्यरूपावधिपरिग्रहे नियमोऽस्ति । कदाचिद् गामभ्याजेति वाक्यं भवति, कदाचिद् देवदत्त गामभ्याजेति, कदाचिद् देवदत्त गामभ्याज शुक्लामिति । तत्र तदेवार्थवत्, तदेवानर्थकमिति विरुद्धोऽभ्युपगमः सम्पद्यते । सर्वन्यायलक्षणव्यवस्थाविरुद्धश्चायमविभागपक्षः । तत्र द्वादश षट्[3] चतुर्विंशतिर्वा लक्षणानीति लक्षणसमुद्देशे सापदेशं सविरोधं विस्तरेण व्याख्यास्यते ॥७६॥

इह तु प्रदर्शनार्थमुदाहरणमात्रं प्रसक्तानुप्रसक्तं च किञ्चिदुच्यते—

प्रासङ्गिकमिदं कार्यमिदं तन्त्रेण लभ्यते ।
इदमावृत्तिभेदाभ्यामत्र बाधसमुच्चयौ ॥ ७७ ॥

ऊहोऽस्मिन् विषये न्याय्यः संबन्धोऽस्य न बाध्यते[4] ।
सामान्यस्यातिदेशोऽयं विशेषोऽत्रातिदिश्यते ॥ ७८ ॥

अर्थित्वमत्र[5] सामर्थ्यमस्मिन्नर्थो न[6] भिद्यते ।
शास्त्रात् प्राप्ताधिकारोऽयं व्युदासोऽस्य क्रियान्तरे ॥ ७९ ॥

---

1. M. °त्रशब्दमवि° 2. M. परदौ°
3. M. द्वादश दश षट्
4. M. विद्यते.
5. M. °त्वमस्य. 6. M. न्नर्थे

इयं श्रुत्या क्रमप्राप्तिरियमुच्चारणादिभिः ।
क्रमोऽयमत्र बलवानस्मिंस्तु न विवक्षितः[1] ॥ ८० ॥

इदं पराङ्गैः[2] सम्बद्धमङ्गानामप्रयोजकम् ।
प्रयोजकमिदं त्वेषामत्रेदं नान्तरीयकम् ॥ ८१ ॥

इदं प्रधानं शेषोऽयं विनियोगक्रमस्त्वयम् ।
साक्षादस्योपकारीदमिदमाराद्विशेषकम् ॥ ८२ ॥

शक्तिव्यापारभेदोऽस्मिन् फलमत्र तु भिद्यते ।
संबन्धाज्जात[3]भेदोऽयं भेदस्तत्राविवक्षितः ॥ ८३ ॥

प्रसज्यप्रतिषेधोऽयं पर्युदासोऽयमत्र तु ।
इदं गौणमिदं मुख्यं व्यापीदं गुरुलघ्विदम् ॥ ८४ ॥

भेदेनाङ्गाङ्गिभावोऽस्य बहुधेवं विकल्प्यते[4] ।
इदं नियम्यतेऽस्यात्र योग्यत्वमुपजायते ॥ ८५ ॥

अस्य वाक्यान्तरे दृष्टाल्लिङ्गाद्भेदोऽनुमीयते ।
अयं शब्दादपोद्धृत्य पदार्थः प्रविभज्यते ॥ ८६ ॥

इति वाक्येषु ये धर्माः पदार्थोपनिबन्धनाः ।
सर्वे[5] तेन प्रकल्पेरन् [6]पदं चेत् स्यादवाचकम् ॥ ८७ ॥

इह द्वयोरर्थिनोः कार्येण सम्भविना प्रयोजकत्वेन निर्ज्ञातसामर्थ्ययोर्यन्त्रान्यतरप्रयुक्तेनापरोऽपि सम्बध्यमानः[7] कृतार्थत्वा. . .ख्यं [8]स्वार्थमाविर्भावयति ।

There is a big gap here. The Vṛtti from kā. 77 to kā. 151 is missing.

---

1. M. °क्षितम्.
2. M. पराङ्ग सं°.
3. M. संबन्धज्ञान.
4. M. विकल्पते.
5. M. ते सर्वे. 6. M. पदश्चेत्. 7. M. °मानं. 8. M. from इह द्वयो to आविर्भावयति is given in M. immediately after kā. 87 but it is not clear of which *kārikā* it is the explanation. चा. र. give it after kā. 83.

स्वभावचरणाभ्यासयोगादृष्टोपपादिताम् ।
विशिष्टोपहितां चेति प्रतिभां षड्विधां विदुः ॥ १५२ ॥

केचिदाचार्या मन्यन्ते—काचित् स्वाभाविकी प्रतिभा। तद्यथा परस्याः (प्रकृतेः प्र) थमं सत्तालक्षणमात्मानं महान्तं प्रत्यानुगुण्यं सुषुप्तावस्थस्येव प्रबोधानुगुण्यं फलसत्तामात्रं निद्रायाः । चरणनिमित्ता काचित् प्रतिभा । तद्यथा—आचरणेनैवावधृत[1] प्रकाशविशेषाणां वसि (ष्ठादीनाम् ?) । अभ्यासनिमित्ता काचित् तद्यथा कूपतटाकादिखनकानाम्[2]। योगनिमित्ता काचित् । तद्यथा योगिनाम् । व्यभिचारेण पराभिप्रायज्ञानादिषु । तथा काचिददृष्टनिमित्ता तद्यथा—रक्षः[3]पितृपिशाचादीनां परावेशान्तर्धानादिषु । काचिद्विशिष्टैरुपहिता । तद्यथा—सञ्जयादीनां कृष्णद्वैपायनादिभिः । एवं प्रतिभा [4]बहुविधापि [5]सर्वैवागमिकवाक्यनिबन्धना वाक्यप्रतिपाद्या व्याकरणात्ययेऽपि सर्वशक्तिप्रत्यस्तमये प्रत्यस्तमितनिविष्टशब्दशक्तिबीजकारणान्तर्भूतां[6] निबद्ध[7] बीजा वृत्तिकाले प्रथमं सूक्ष्मेणापि वर्त्मना विवर्तमात्रामनुभूय क्रमेण वर्णवाक्यनियताभिरवस्थाभिः[8] संमूर्च्छन्ती प्राप्तबीजपरिपाकाकारा[9] पुनः पुनर्व्यक्तेन रूपेण प्रत्यवभासते ॥१५२॥

यथा संयोगिभिर्द्रव्यैर्लक्षितेऽर्थे[10] प्रयुज्यते ।
गोशब्दो न त्वसौ तेषां[11] विशेषाणां प्रकाशकः ॥ १५३ ॥

आकारवर्णावयवैः संसृष्टेषु गवादिषु ।
शब्दः प्रवर्तमानोऽपि न तानङ्गीकरोत्यसौ ॥ १५४ ॥

द्रव्यपदार्थिकस्य[12] जातिपदार्थिकस्य[13] वा शब्दप्रवृत्तिकाले शब्दार्थविलक्षणभूतोऽर्थः प्रथममपि प्रतीयमानेन शब्देनोपगृह्यत इत्येष पक्षः । तद्यथा—गवादीनां नियतस्वामिविशेषाणां पयोदानादिसंयोग्युपलक्षणानि परिच्छेदार्थमप्युपादीयमानानि नाभिधेयत्वेन श्रुतिभिः प्रकाश्यन्ते । [14]तथैवाकारादिभिरुपलक्षणैर्नित्य-

1. M. चा. कारणेनैव; र. चरणेनैव. 2. M. चा. °तटाकादीनां; र. कूपतटाकादीनाम् (कादिखनकानाम्) 3. चा. र. रक्षःपिशा°. 4. M. बहुप्रतिमापि. 5. M. सर्वैवग° 6. M. चा. र. °भूता. 7. M. नि बध्वा बीजा. 8. M. वर्णवाकनि. 9. °काराः.
10. M. °°तेऽन्ये. 11. M. केषां
12. M. °र्थितस्य. 13. M. °र्थितस्य. 14. M. तथैकादिप्रकाशादिभिः.

संसृष्टेष्वर्थेषु[1] आकारादयः प्रतिपत्तिहेतुत्वेन आ-म-पि ([2]आद्यया मध्यया वापि) बुद्धया शब्दाभिधेयत्वं न प्रतिपद्यन्ते ॥१५४॥

संस्थानवर्णावयवैर्विशिष्टे यः प्रयुज्यते ।
शब्दो न तस्यावयवे प्रवृत्तिरुपलभ्यते ॥ १५५ ॥

संस्थानविशिष्टोपक्रमः परिमण्डलो दीर्घश्चतुरश्र इति तदवयवो नाभिधीयते । तथा मुष्टिग्रन्थिक्त (ल ?) कुण्डलकादयः शब्दास्तदवयवेषु न प्रयुज्यन्ते । वर्णशब्दानां चित्रः कल्माषः सारङ्ग इति तदवयवेष्वप्रवृत्तिः । अवयवशब्देन शतं सहस्रं प्रस्थो द्रोणो मासः संवत्सरः (इत्यादयो गृह्यन्ते ?)।[3] अवयवे गृह्यमाणे जातिरभिषक्ता[4]ऽतस्तावति विषये जातिप्रयुक्तः शब्दः प्रवर्तत इति । क्वचिदेव हि[5]भागे दृष्टे कदाचिद्दन्तशृङ्गे खुरादावप्ययं गौरिति प्रयुज्यत एव । तथा वृको वा ग्राम्यसूकर इति । यतः कश्चिदवयवोऽनेन[6] लक्ष्यत इति तदेतन्न्यायापेतं दर्शनमित्यपरे मन्यन्ते । कथम् । यदि जातिमात्रवाचिशब्दः स जातिमात्रमेव प्रत्याययति । किं तत्रोपव्यञ्जनैः ॥१५५॥

संख्याप्रमाणसंस्थाननिरपेक्षः प्रवर्तते ।[7]
बिन्दौ च समुदाये च वाचकः सलिलादिषु ॥ १५६ ॥

यत्राकृतिनिरपेक्षं सामान्यस्य रूपावधारणं तत्र यावदेव भवति तावदेवाभिधीयते शब्देन । तथा चोक्त **केवलं घृतमिति बिन्दावपि भवति, खार्यामपि** इति । कथं तर्हीदं भाष्यं समर्थ्यते—**समुदायेषु [8]प्रवृत्ताः शब्दा[9] अवयवेष्वपि वर्तन्ते, तैलं** भुक्तं घृतं भुक्तम्" इत्येवमादि । तदर्थमिदमुच्यते ॥१५६॥

संस्कारादिपरिच्छिन्ने तैलादौ यो व्यवस्थितः ।[10]
आहैकदेशं तत्त्वेन[11] तस्यावयववर्तिता[12] ॥ १५७ ॥

इह संस्कारपक्ष[13] उपघातपक्षो वा यदा कस्मिंश्चिन्निर्ज्ञातेऽर्थे शब्दप्रवृत्तौ

1. M. °ष्टेष्वर्थेषु अका°. 2. र. suggests that आ म पि in M. should be understood as given above within brackets. But this kind of abbreviation is not known to Sanskrit writers.
3. M. has a gap here. 4. M. °भिसक्ता ते ता°. Can the text be °रभिषिक्तेति तावद्धि ? 5. चा. र. om. भागे. 6. M. °वो न न भक्ष्यते इति.
7. M. अथ निरपेक्षाः प्रवर्तन्ते instead of the first half of the *kārikā*.
8. M. निवृत्ताः. 9. *M. Bhā* has : समुदायेषु शब्दा वृत्ताः etc.
10. M. या व्यवस्थिता. 11. M. °देशत. 12. M. °वर्तिना. 13. M. °पक्षे

व्यवस्थितः तदावयवोपयोगापेक्षायामिदमुपन्यस्तम् । यत् तत् काकेनोपहतं तदनेन भुक्तम् । यद्वा यदातुरार्थं संस्कृतं यद्देवदत्तेन पीतमिति सामानाधिकरण्यमुद्देश-प्रतिनिर्देशयोरिति ॥१५७॥

येनार्थेनाभिसंबद्ध [1]मभिधानं प्रयुज्यते ।
तदर्थापगमे तस्य प्रयोगो विनिवर्तते[2] ॥ १५८ ॥

प्रयुज्यते शब्द इत्यन्ये ।[3] तत् प्रयोजनस्याभिधेयस्य नियतं लक्षणमाचक्षते॥१५८॥

यांस्तु सम्भविनो धर्मादन्तर्णीय प्रयुज्यते ।
शब्दस्तेषां न सान्निध्यं नियमेन व्यपेक्षते ॥ १५९ ॥

ये शब्दस्याप्रयोजकाः प्रयोजकसहकारिणः सम्बन्धिनः । शब्दप्रवृत्तिकाले पदार्थैकदेशभूता इवोपलभ्यन्ते तेषां सान्निध्यमसान्निध्यं वा शब्दप्रवृत्तावकारणम् ॥१५९॥

यथा रोमशफादीनां व्योमचारेऽपि दृश्यते ।
गोशब्दो न तथा जातेर्विप्रयोगे[4] प्रवर्तते ॥ १६० ॥

शृङ्गरोमशफादीनां[5] प्रयोजकानामप्रयोजकानामसान्निध्येऽपि[6] गोशब्दस्य मुख्या प्रवृत्तिः । [7]ननु (?) गोत्वेन प्रत्यये तु जातिविशिष्टे जात्याश्रये द्रव्ये वर्तते । तत्रावयविप्रवर्तना(याम)वयवेषु । अभक्ष्यो ग्राम्यसूकर इति । अत्र भक्षयतिक्रिया[8] तथाभूतमेव साधन (भूतं द्रव्यावयवमपेक्षते) । दृष्टा च विकारे[9] च प्रकृतौ च प्रकृतिशब्दप्रवृत्तिः । अवयवे च समुदाये च समुदायशब्दप्रवृत्तिरिति[10] ॥१६०॥

दुर्लभं[11] कस्यचिल्लोके सर्वावयवदर्शनम् ।
कश्चित्त्ववयवैर्दृष्टैरर्थः कृत्स्नोऽनुमीयते ॥[12] १६१ ॥

न हि परिपूर्णावयवं[13] कश्चित् कलापं[14] प्रकृतदर्शनो[15] ह्यविकलं [16]प्रतिपद्यते ।

---

1. M. °र्थेनाप्तसंबन्ध°. 2. M. °गोपि निवर्तकं. 3. M. तं
4. M. जातिर्वि°. 5. M. °नां प्र°. 6. M. °नां सान्निध्य साध्य°. 7. र. om. नन.
8. M. क्रियास्तथाभूतमेव साधनं. 9. M. °विकारे....तिशब्दप्रवृत्तिः. 10. चा. र. °प्रवृत्तिदर्शनम्
11. M. कर्हिचित्. 12. M. कुत्र न नीयते. 13. M. °पूर्णः स्वः. 14. M. कलापां.
15. M. °र्शनं. । 16. M. ह्यवि.......प्रति°.

तत्र केषाञ्चिदवयवानां ग्रहणे व्यक्त[1]जातीयोऽवयवी[2] निर्धार्यते। तद्यथा गवादीनां पूर्वार्ध[3]स्यापरार्धस्य वा दर्शने। क्वचित्तु सन्देहो नैव निवर्तते। तद्यथा—दधिमात्र-दर्शने। पट प्रावरणादिदर्शने[4] त्ववयवा दृश्यमाना नियता[5] नियतानुमानहेतवो भवन्ति। तत्रापि केचिज्जात्यन्तरनिवृत्त्यर्थायां श्रुतौ[6] श्रुतिपक्षस्य मन्यन्ते। केचिद्देशान्तर्भूतेभ्यस्तेभ्योऽवयवेभ्योऽनुमानात् स्वविषये शब्दाः प्रवर्तन्त इत्याचक्षते ॥१६१॥

तथा जात्युत्पलादीनां गन्धेन सहचारिणाम्।[7]
नित्यसम्बन्धिनां दृष्टं गुणानामवधारणम् ॥ १६२ ॥

गन्धोत्पल[8]बुद्ध्यनुमितो (गन्धोपलब्ध्यनुमितो?) हि जात्युत्पलादिषु यः शब्दः प्रयुज्यते न स गन्धमात्रमाश्रित्य गन्धसमवायं वा द्रव्यमात्रं प्रत्याययति सहचारीणि गुणान्तराण्यपि तत्रानुमीयन्ते। न च तद्वाचिनः शब्दा दृष्टे सहचारिण्यनुमानेन हेतौ प्रवर्तन्त इत्यभ्युपगम्यन्ते। केषाञ्चित् समुदायवादिना[9]मुत्पलादिशब्दवाच्य-त्वमिति संख्याप्रमाणसंस्थान[10]जनकत्वेन विना गवादिषु गोशब्दस्य विषाणादि-सन्निधिप्रयुक्ताभिमुख्या प्रवृत्तिर्दृश्यते ॥१६२॥

तस्मात् सम्भविनोऽर्थस्य शब्दात् सम्प्रत्यये सति।
अदृष्टवि[11]प्रयोगोऽर्थः सम्बन्धित्वेन गम्यते ॥ १६३ ॥

तस्मात् सम्प्रतीयमानोऽपि सहचारिणः (री) सम्भविनः (वी) न शब्दार्थ इति विज्ञायते। न हि तथाभूतेनार्थात्मना शब्दस्य सम्बन्धोऽपि युज्यते ॥१६३॥

वाचिका द्योतिका वा स्युर्द्वित्वादीनां विभक्तयः।
स्याद्वा सङ्ख्यावतोऽर्थस्य समुदायोऽभिधायकः ॥ १६४ ॥

विना सङ्ख्याभिधानाद्वा सङ्ख्याभेद[12]समन्वितान्।
अर्थान् [13]स्वरूपभेदेन कांश्चिदाहुर्गवादयः ॥ १६५ ॥

---

1. M. चा. व्यक्ति. 2. M. °ऽवयविनिधा°. 3. M. °र्धस्यापकापराधस्य. 4. M. °णादिग्धमते त्ववय°. 5. M. चा. °नियतानियत. 6. M. °तिप्रत्यक्ष°.
7. M. °चारिणा. 8. चा. गन्थोल्पबुद्धय; र. जातिगन्धोत्पलगन्थबुद्धय. 9. M. चा. °वाचि. 10. M. °नाजनक°
11. M. °विषमो°
12. M. -भेदान् समन्वि. 13. M. °र्थान् सरूप°.

यथैव वाक्यात् पदार्थप्रविभागेन व्यवहारः क्रियते तथा पदादपि प्रकृतिप्रत्ययापोद्धारेण शास्त्रे भूयान् व्यवहारो दृश्यते। तत्र केचित्तावन्मन्यन्ते––सत्येवान्वयव्यतिरेके यावानेवान्वयव्यतिरेकाभ्यामर्थः समधिगम्यते तावानेवास्ति, न तु कश्चिदन्यः समुदायार्थः। स तु समुदायार्थः पदस्य वाक्यवदशब्द इति। न्यायविदस्तु[1] मन्यन्ते––स्वबुद्धिपरिकल्पितसमर्थापिता एव शिष्टैर्बहुधा प्रकृतिप्रत्ययादयः। तेषां चार्थाः शास्त्र एवमाचार्यार्थे निमित्तभूता अन्वयव्यतिरेकाभ्यां व्यवहारिकाभ्यां कृतप्रविभागा एवाश्रीयन्ते। कथं बुद्धचो[2]रर्थप्रतिपादनोपायमात्रमेतत् सर्वथा च प्रतिपत्तौ लौकिकस्यार्थस्य भेदो नास्ति। तथा हि केषाञ्चित् स्वार्थद्रव्यलिङ्गसङ्ख्याकर्मादयः प्रातिपदिकेनाभिधीयन्ते, [3]द्योतिकास्तु कर्मादीनां विभक्तयः केषाञ्चित् स्वार्थद्रव्यलिङ्गमात्राभिधायिनी प्रकृतिः, वाचिकाः सङ्ख्याकर्मादीनां विभक्तयः। प्रातिपदिकार्थे विकल्पेन सङ्ख्याकर्मादीनां यथासम्भवमभिधानं विज्ञायते लिङ्गमपि केषाञ्चिद् द्योत्यं केषाञ्चिदभिधेयम्। द्योतनमपि द्विविधम्। [4]अनाविर्भूताविर्भावनम्, अव्युदासप्रसङ्गे वा प्रकारान्तरव्युदासेन कस्यचिदवधारणम्, तद्यथा प्रतिष्ठते उत्पुच्छयते अभिमनायत इति। तदपि प्रसिद्धाप्रसिद्धा[5]वियुतप्रयोगाणाम्। उपास्ते प्रपचति अधीते अध्येतीति यथा। सहाभिधानं वा यावकः गोपायिता ब्राह्मणाधीनं जुगुप्सत [6]इति ॥१६४॥

अथवा सङ्ख्यावतोऽर्थस्याविभक्तोद्देशः समुदायः संसृष्टानेकशक्तिरभिधायकः विना सङ्ख्याभिधानेन शब्दप्रवृत्तिकाले तैस्तैरभिधीयमानैः सङ्ख्याविशेषैः काककण्ठे गुणकम्बलादिवदनीयैः (वदनित्यैः ?) परिच्छिन्नास्तद्वन्तोऽर्थाः स्वरूपभेदयुक्तैः समुदायैरभिधीयन्ते ॥१६५॥

ये शब्दा नित्यसम्बन्धा विवेके[7] ज्ञातशक्तयः।
अन्वयव्यतिरेकाभ्यां तेषामर्थो विभज्यते ॥ १६६ ॥

भिन्नेषु कूपयूपादिवत् समुदायेषु यथायथं शब्देषु नित्यसम्बन्धेषु परिकल्पितानामवयवानां सम्बन्धिभिरव्यभिचारितसम्बन्धानां बुद्धचा कृतापोद्धारप्रविवेकानां रूपभेदप्रत्ययपरिकल्पप्रत्ययविषयाणामौपचारिकाभ्यां प्रतिपादनार्थमन्वयव्यतिरेकाभ्यामभिधायकत्वेन द्योतकत्वेन [8]वा व्यभिचारी प्रविभागः क्रियते ॥१६६॥

1. M. °वादस्तु मन्यते. 2. M. °रप्रति°. 3. M. व्यतिरेकास्तु. 4. M. अनाविर्भूताविर्भूताविर्भावनम. 5. M. °द्धवियु° 6. M. इति यथा।
7. M. °वेकज्ञा°. 8. M. °वा व्यभिचारप्रवि.°

[1]यावच्चाव्यभिचारेण तयोः[2] शक्यं प्रकल्पनम् ।
नियमस्तत्र नत्वेवं नियमो [3]मुट्शबादिषु ॥ १६७ ॥

अन्वयव्यतिरेकावर्थरूपविषयावनुगम्यमानावव्यभिचारेण यावदनुगन्तुं शक्येते तावदनुगम्येते । [4]कूपयूपसूपेषु तु रूपसमन्वयेऽपि अर्थासमन्वयान्नानुमन्येते [5]त-थास्-शब्दादीनाम[6] (न्व) र्थसंज्ञाप्रतिपादितेऽपि प्रत्ययत्वे लिङादिष्वदर्शनादन्वयव्यतिरेकाभ्यामर्थो न [7]प्रकल्प्यते । तत्रापि कैश्चिदेकत्वादिनिबन्धनत्वमेव तिङामभ्युपगम्यते । तथा कैश्चित् स्यति स्यतः स्यन्तीत्येकमेव प्रत्ययरूपमन्वाख्यानेन प्रतिपादितम् । भाष्येऽपि [8]भूशब्दः प्रकृतिः, अतिशब्दस्तु[9] प्रत्यय इत्युक्तम् अधुना इदानी[10]चापक्षीणरूपाणां (?) न [11]कश्चिदर्थः प्रकल्पितः । केवलं त्वर्थवतो[12] ह्यागमस्तद्गुणीभूतस्तद्ग्रहणेन गृह्यत इत्युक्तम् ॥१६७॥

सम्भवे वाभिधानस्य लक्षणत्वं[13] न कल्प्यते ।[14]
आपेक्षिक्यो[15]हि संसर्गे[16] नियताः [17]शब्दशक्तयः ॥१६८॥

अभिधानसम्भवे सति यः कश्चिदपि शब्दाभिधेयमर्थमभ्युपगच्छति न तस्य लक्षणभावाभ्युपगमो युक्तः । शब्दसामर्थ्यमेवं सति बाधितं स्यात् । इच्छातश्च सर्वस्य लक्षणत्वमभ्युपगम्येत । तस्मादागमे यस्य सम्प्रत्ययः स तस्याभिधेयत्वेन व्यवस्थाप्यते । यद्यपि केवलानां प्रयोगेष्वदृष्टः (प्रयोग इ?) [18]त्य (व्यभिचारि ?) संसर्गादिप्रविभागा इवावस्थिताः शक्तयः तथापि त्वासामितरेतरानपेक्षैवाभिव्यक्तिरभ्युपगम्यते । । प्रतिनियमेन कृतप्रविभागा व्यवस्थिताः शब्दानां शक्तयः प्रतिज्ञायन्ते ॥१६८॥

न कूपसूपयूपानामन्वयोऽर्थस्य दृश्यते ।
अतोऽर्थान्तरवाचित्वं सङ्घातस्यैव गम्यते ॥१६९॥

---

1. चा. र. यत्र चा. 2. M. वाक्यं. 3. M. नुमृश°. 4. M. रूपम् । नच सूपेषु. 5. M. तथा श°. 6. M. °नामर्थं. 7. M. प्रकल्पते 8. M. तच्छब्दप्रकृतीति. 9. M. स्त्वप्रत्य°. 10. M. चापे...णरूपां°. 11. M. किञ्चित्. 12. M. °वतोऽभ्यागमः

13. र. लक्षणं 14. M. कल्पते. 15. M. अवेक्षिण्यो. 16. M. °र्गे ये ताः श. 17. M. शब्दस्य शक्तयः. 18. M. चा. दृष्टः....त्यसंसर्गादप्र०.

यदि तर्हि यावत् किञ्चित्तुल्यरूपं तस्यैकत्वमभ्युपगम्यते,[1] यावांश्चाभिन्नोऽर्थः सर्वोऽसौ भिन्नरूपनिबन्धनः प्रतिज्ञायते सत्यपि सम्बन्ध्यन्तराभेदे तथा सति कूपसूपयूपेषु योऽयमर्थभेदः स वर्णमात्रनिबन्धनः प्रयुज्यते । स्यादेतदेवं यदि भेदा[2] -भेदावत्र विषये स्याताम् । न त्वभिन्नमस्ति यद्रूपशब्दोऽनूपतद्विभागव्यवस्थां कुर्यात् । तस्यान्वयाभावाद् विषयाप्रविभागेणा[3] व्यतिरेकेण व्यवतिष्ठत इत्यर्थान्तरनिबन्धनत्व[4] मविभक्तावयवार्थानां समुदायानामाश्रीयते ॥१६९॥

अन्वाख्यानानि भिद्यन्ते शब्दव्युत्पत्तिकर्मसु ।
बहूनां सम्भवेऽर्थानां निमित्तं किञ्चिदिष्यते[5] ॥१७०॥

लौकिकस्याभिधेयस्याभेदेन सव्यापारमुपलक्षणभूतं वा निमित्तमुपादायोपादाय विशिष्टैः साधुविषयाणि निपातनेन लक्षणेन वा क्रियमाणशब्दव्युत्पत्तिकर्मसु बहुधा भिन्नान्यन्वाख्यानानि दृश्यन्ते । अनेकशक्तियुक्तेऽर्थे या काचिन्निमित्तभावेनाश्रीयमाणा शक्तिः साधुत्वान्वाख्याने निमित्तभावं प्रतिपद्यते । तद्यथा—**वृञ्[6] लुटितनिताडिभ्य उलच् तण्डश्च** शक्यो ह्यन्येभ्योऽपि धातुभ्यः शब्दव्युत्पत्तिकर्मण्युल[7]च्प्रत्ययो[8] विधातुं तण्डादेशश्च कर्तुमिति॥१७०॥

वैरवासिष्ठगिरिशास्तथैकागारिकादयः ।
कैश्चित्कथञ्चिदाख्याता निमित्तावधिसङ्करैः ॥१७१॥

वीरकर्म वैरं, वीरेषु भवं वैरं, वसिष्ठेन दृष्टं प्रोक्तं वा वासिष्ठं, वसिष्ठशब्दोऽस्मिन् वर्तत इति वासिष्ठं गिरौ डश्छन्दसि गिरिशः गिरौ शेत इति वा, गिरौ शिरा (शिरो यस्य ?) इति वा, **ऐकागारिकट् चौरे**, ऐकास्सोढा हिंसोरै ञाकारिकत्विति[9] (ऐकागारं सोढा, एकमसहायमगारं प्रयोजनमस्य जिघांसोरैकागारिक इति, मुमुषिषोः ?) ऐकागारिक इति वा **तप् पर्वमरुद्भ्याम् ददाति वृत्तं** चेति निमित्तभूतानामर्थानां प्रकृतिप्रत्ययाव[10]धीनां [11]वानियमेनान्वाख्यातारः प्रवृत्ताः ॥१७१॥

---

1. M. यावांश्चाभिन्नो°. 2. M. भेदावत्र 3. M. °गेन व्यति°. 4. M. °नत्वं विभ°
5. M. °दुच्यते. 6. M. वृक्षुरितणिदादिभ्यः बलमचलभदुम्नेचेति. 7. M. ण्युल्प्र°. 8. M. °योऽपिधातु ण्यादींश्च.
9. From एकागारं to मुमुषिषोः is a reading suggested by र for what precedes. 10. M. °यावङ्गिनां. 11. M. चा. वा निय°

यथा पथः समाख्यानं वृक्षवल्मीक[1] पर्वतैः ।
अविरुद्धं गवादीनां भिन्नैश्च सहचारिभिः ॥१७२॥

एकस्य हि मार्गादेः प्रतिपत्तव्यस्यार्थस्य कश्चिदन्वाख्याता वृक्षेणान्वाख्यानमपरो [2]वल्मीकेनान्यः पर्वतादिभिः करोति । सर्वेषां हि तेषां सन्निधानात् प्रतिपादकत्वम[3]प्रतिषिद्धम् । गवादीनां चार्थानां सम्बन्धिभिर्जातिगुण[4]स्वाङ्गसंयोजनादिभिः सर्वथा प्रतिपादनं क्रियते ॥१७२॥

अन्यथा च समाख्यानमवस्थाभेददर्शिभिः ।
क्रियते किंशुकादीनामेकदेशावधारणात्[5] ॥१७३॥

कश्चिद्धि काञ्चिच्छक्तिं पश्यति । स यथादर्शनं तद् व्याचष्ठे । पदार्थे वाक्यार्थे वा तुल्यरूपमपि पदं क्वचिदेव कयाचिच्छक्त्यानुग्रहं करोति । ततश्च वाक्यात् पदस्यापोद्धारे क्रियमाणे सा [6]शक्तिर्निमित्तत्वेनाश्रीयते । नियतकालावधयो वा शक्तिविशेषाः प्रतिकालं केचिच्छब्दविशेषेणोपादीयमानाः साधुत्वे निमित्तत्वेनावतिष्ठन्ते । ते च प्रतिकालं तथैवान्वाख्यातृभिः शिष्टैः परिगृह्यन्ते पर्यायेण समुच्चिता विरोधिन्य एकस्यापरिमाणाः शक्तयो रूपभेदं दर्शयन्ति । तत्र च विरुद्धैर्निमित्तैरुपलक्षणं[7] किंशुका (दी?)नामिव कालभेदे शक्तौ कस्याञ्चिच्छब्दस्य व्यवस्थायां न विरुध्यते[8] ॥१७३॥

कैश्चिन्निर्वचनं भिन्नं गिरतेर्गर्जतेर्गमेः ।
[9]गवतेर्गदतेर्वापि गौरित्यत्रानुदर्शितम् ॥१७४॥

यथैव हि [10](गवि)[11]गमिक्रिया जात्यन्तरैकार्थसमवायिनीभ्यो गमिक्रियाभ्योऽत्यन्तभिन्ना तुल्यरूपत्वविधौ त्वन्तरेणैव गमिमभिधीयमाना गौरितिशब्दव्युत्पत्तिकर्मणि निमित्तत्वेनाश्रीयते तथैव गिरति गर्जति गदति इत्येवमादयः साधारणाः सामान्यशब्दनिबन्धनाः क्रियाविशेषास्तैराचार्यैर्गोशब्दव्युत्पत्तिक्रियायां परिगृहीताः । व्युत्पत्तिवाक्यस्थेभ्यो व्या (ह्या ?) ख्यातपदेभ्यः सरूपान् वर्णानुपादाय तत्सङ्घात इव (प ?) थिपदमन्वाख्यायते यावद्धात्वर्थमात्रा वा सनादिमात्रा वा [12]याज्यानुवाक्यास्वृक्षु वा वाक्यार्थानुग्राहिणी[13] लभ्यते । यथा ह्यादित्ये-

---

1. M. वल्लीक. 2. M. वल्लीकेन. 3. M. °त्वं प्रति°. 4. M. °णस्याङ्ग°.
5. M. °रणा. 6. M. °क्तिनिमि°. 7. M. °णं गु कानामिव. 8. M. °ध्यन्ते ।
9. M. गुवतेः. 10. र suggests this insertion. 11. M. गमितिया. 12. This is the suggestion of र in place of यास्वृक्षु वा of M. 13. M. °र्थोऽनुं

कस्मिन्नेवाम्नायवाक्ये तद्धितार्थेनापत्येन सम्बन्धो दृश्यते । वाक्यान्तरसम्बन्धिनि तु तस्मिन्नादित्यशब्दे निर्वचनान्तराणि क्रियन्ते । यदि निर्वचनेषु विषयानपेक्षं व्युत्पत्तिमात्रं क्रियते [1]सर्वो रूढिशब्दः[2] सर्वेभ्यो धातुभ्यो रूढानुगममात्रायां तण्डुलादिवच्च प्रकृत्यादेशान्[3] कृत्वा व्युत्पाद्येत । सर्वत्र हि रूढ्यर्थे सर्वनिमित्तं सम्भवति ॥१७४॥

गौरित्येव स्वरूपाद्वा गोशब्दो गोषु वर्तते ।
व्युत्पाद्यते न वा [4]सर्वं कैश्चिच्चोभयथेष्यते ॥१७५॥

अपरे त्वाचार्या [5]औक्थिक्यादयः गौः कस्मात् गौरित्येव गौरिति निर्वचनमाहुः । गोशब्दवाच्यो गोशब्देन नित्यसम्बद्धः । तस्माद्गौरिति वाक्यार्थे पदार्थमात्राशक्तिविशेषसन्निवेशार्थं[6] विशिष्टं वक्ष्यामीति व्युत्पत्तिरारभ्यते । अजाश्वो वा पृथू(द ?)कं वा पादीयं भृत्यभरणीय इत्येवमादिषु । [7]भाष्ये तु द्वावपि [8]पक्षावेकस्मिन्नेव कार्यार्थमाश्रितौ । कश्चिद्धि परमार्थमेव निश्चित्य शास्त्रव्यवहारो व्यवतिष्ठते । कश्चित् साधु प्रतिपादनोपायं शास्त्रसमयमेवापेक्षते । शास्त्रगतो व्यवहारस्तत्रापरमार्थः [9]धातुप्रत्ययादिभेददर्शनं च । एकत्वादिवृत्ति[10]-भेदस्तु[11] तदा यो यथैव धातुरूपाणि तथाभ्युपगम्यते (भ्युपगच्छति ?)। व्यवहारपक्षे तु धातवोऽपि कैश्चिद्वर्णाश्च धात्वन्तरेभ्यो वर्णान्तरेभ्यश्च प्रकृतिप्रत्ययाद्यनुगमेन व्युत्पाद्यन्ते ॥१७५॥

सामान्येनोपदेशश्च शास्त्रे लघ्वर्थमाश्रितः ।
जात्यन्तरवदस्यापि[12] विशेषाः प्रतिपादकाः ॥१७६॥

इह रूपानुगमेनार्थानुगमेन वा यावत् सामान्येनोपदेष्टुं शक्यते तावदुपदिश्यते । विशेषस्त्वर्थविषयो रूपविषयो वा जात्यन्तरयुक्तमिवान्यं शब्दमन्यमिव चार्थं प्रतिपादयति । तत्र यो रूढिविषयो [13]गम्यर्थः नासौ प्राकृते गमनमात्रे वर्तते । यथैव स्रवति स्यन्दते प्लवते पतति[14] गतिसामान्येऽपि पठिता गतिविशेषं सामान्यमात्रयानुगम्यमानं स्वभावादवलम्बन्ते[15] तथा गौरित्यत्र प्रतिपत्तव्यम् । न चावश्यमत्र गमिः पादविहरणे क्रियते । एवं यावति रूढिशब्दार्थविशिष्टा क्रिया सम्भवति

1. M. सर्वे. 2. M. °शब्दा. 3. M. °देशात्. 4. M. सर्वः 5. M. औक्षिक्यादिषु. 6. चा. र. °वेशनार्थं. 7. M. भाष्येण तु. 8. M. चा. र. °वेकैकस्मि°. 9. M. तत्र परमार्थे. 10. M. °त्वाद्व्यावृ°. 11. M. °दस्स तदा. 12. °दन्यस्य वि°. 13. M. गमर्थः. 14. M. °ति न गति°. 15. M. °बते.

सर्वत्रानेकार्थत्वाद्धातूनां प्रवृत्तिरप्रतिषिद्धा गमेः । दृष्टं चेदं गुरुतल्पगादिषु व्यापारान्तरविषयत्वं गमेः । यथैव रूढिषु क्रियाणां फलरूपभेदस्तथा कारकभेदोऽपि । तस्माद् रूढिषु जात्यन्तरवत् सामान्याभिधानेऽपि अर्थान्तरप्रतिपत्तिरिति ।।१७६।।

अत आह

अर्थान्तरे च यद् वृत्तं तत्प्रकृत्यन्तरं विदुः ।
तुल्यरूपं न तद्रूढावन्यस्मिन्ननुषज्यते ।।१७७।।

ये रूढिविषया गम्यादयः प्रकृत्यन्तराण्येवैतानि । कर्मकर्तृविषयवत् सत्यपि तुल्यविषयरूपत्वेऽत्यन्तभेदान्न रूढिविषयाणामरूढिष्वरूढिविषयाणां वा रूढिषु कश्चिदनुषङ्गो विद्यते ।।१७७।।

भिन्नाविजियजी धातू नियतौ विषयान्तरे ।
कैश्चित् कथञ्चिदुद्दिष्टौ चित्रं हि प्रतिपादनम् ।।१७८।।

यथैव हि रूपसामान्ये सत्यपि स्वभावसिद्धो रूढिष्वर्थभेदस्तथार्थानुगमसामान्ये सत्यपि शास्त्रे च स्वरूपसामान्यपरिग्रहणोपदेशे कृतेऽपि यजेरन्य एवेजिः किंविषयः । अस्तेश्चान्यदेव [1]समात्रं स्तः सन्तीत्यन्यदेव विशिष्टविषयम् । एतदपि च सर्वं परमार्थप्रतिरूपकं व्यावहारिकमेव दर्शनम् । न हि धातुरूपं परमार्थेन किञ्चिद् विद्यते । व्यवहारस्तु कैश्चित् क्रियते । केचिदस्ति सकारमातिष्ठन्ते । तस्य त्वकारागमो विषयविशेषे तैर्विधीयते । तद्यथा निगन्तीति प्रकृत्यन्तरं गत्यर्थेषु निरुक्ते पठ्यते । [2]तथाहि धातुं पञ्चपदविषयमन्ये वचनार्थं पठन्ति । तद्यथा[3]—गौ(ग्लौ?) रिवासितपक्षस्य सा(ऽ?) मुदे चारुहासिनि ।
अ(आ?) ह्वेः पञ्चपदानीव त्वमेव शरणं मम ।
इति । [4]इजेरकित्स्वादेर्यशब्दमेके कुर्वन्ति । चित्रा हि प्रतिपादनोपायाः ।।१७८।।

एवं च बालवायादिजित्वरीवदुपाचरेत् ।
भेदाभेदाभ्युपगमे न विरोधोऽस्ति कश्चन ।।१७९।।

वैयाकरणा हि व्यवस्थितेषु समुदायेषु परिकल्पितमवयवं व्यवस्थापयन्तः प्रकृत्यन्तरं वा विदूरशब्दं शास्त्रस्य व्यवहारविषयमलौकिकं जित्वरीवदुपाचरन्तो

1. M. सन्मात्र. 2. M. तथा हि धातुं. 3. M. तथा. 4. M. गुजेरकृतस्त्रा°; चा इजेरकृतस्वा.

व्याचक्षीरन् । [1]बालवायशब्दस्य वा तुल्यार्थं विदूरशब्दमादेशं कुर्युः । न हि (अ ?) [2]भेदेनादेशाभ्युपगमे प्रकृत्यन्तरस्य वा नियतविषयस्य प्रतिज्ञाने लौकिकस्यार्थस्य समुदायशब्दस्य वा कश्चिदपि भेदो विद्यते ।।१७९।।

अडादीनां व्यवस्थार्थं पृथक्त्वेन प्रकल्पनम् ।
धातूपदेशयोः शास्त्रे धातुरेव हि तादृशः ।।१८०।।

तथाहि सङ्ग्रामयतेः सोपसर्गाद् विधिः स्मृतः ।
क्रियाविशेषाः सङ्घातैः प्रक्रम्यन्ते तथाविधाः ।।१८१।।

क्रियाविशेषविषया हि धातवः कार्यार्थं भेदेनोपदिष्टा [3]निवासयत्यास्फोटयति जुगुप्सते मूत्रयतीतिल्यबद्विर्वचनादीनि विभागे सतीष्टां व्यवस्थां लभन्ते । संग्राम युद्ध इति क्रियाविशेषवाची[4] संपूर्वः सङ्घात एव प्रक्रम्यते । पुनश्चोक्त म्-"अवश्यं संग्रामयतेः सोपसर्गादुत्पत्तिर्वक्तव्या इति (M. Bhā. II. p. 23, ll. 7-8.) ।।१८०-१८१।।

कार्याणामन्तरङ्गत्वमेवं[5] धातूपसर्गयोः ।
साधनैर्याति सम्बन्धं तथाभूतैव सा क्रिया ।।१८२।।

उपसर्गसम्बन्धाधीना स्वार्थव्यवस्था धातूनां स्वार्थयोगे च सिद्धे सम्बन्ध्यन्तरस्य सन्निधानेन भवितव्यम् । तत्र गौरश्वआदिवद् विशिष्टेऽर्थे प्रकृतिरूपे प्रतिलब्धे बाह्याः सम्बन्धिन उपजायन्ते । तस्माद्विशिष्टप्रकृतिरूपवाच्या विशिष्टा क्रिया तथाभूतैव साध्या सती साधनसम्बन्धं प्रतिपद्यते ।।१८२।।

प्रयोगार्हेषु सिद्धः सन् भेत्तव्योऽर्थो विशिष्यते ।
प्राक् च साधनसम्बन्धात् क्रिया नैवोपजायते ।।१८३।।

इह प्रसिद्धं विशेष्यमनेकप्रकारसम्बन्धे सति दृष्टप्रयोगेण शब्देनाभिधीयमानं विशेषणविशेष्यभावं प्रतिपद्यते । साध्यत्वाच्च क्रियायाः साधनसम्बन्धान्निर्वृत्तिः । तस्मात् प्राक् साधनसम्बन्धाद् अनुपजाता क्रिया निरात्मिका द्योतकेनोपसर्गेण सह विशेषण-विशेष्यसम्बन्धं नोत्सहते प्रतिपत्तुम् । पूर्वं धातुः साधनेन युज्यते इत्येकेषां दर्शनम् ।।१८३।।

---

1. M. वायवाश°. 2. M. °नाभ्युदेशाभ्युपगमे.
3. M. °सगत्या°. 4. M. °वाचि.
5. M. °मेव धा°.

धातोः साधनयोगश्च भाविनः प्रक्रमाद्यथा ।
धातुत्वं कर्मभावश्च तथान्यदपि दृश्यताम् ॥१८४॥

प्रसिद्धप्रयोगं समुदायान्वयव्यतिरेकाभ्यां कार्यार्थमवयवेष्ववयवार्थेषु च प्रयुज्यमानेषु केवलायाः प्रकृतेरपोद्धृताया एव साधनसम्बन्धाधीनप्रादुर्भावं क्रियारूपमाश्रित्य यथैव क्रियावचनत्वाद्धातुसंज्ञा विधीयते यथा च धातोः कर्मण इति कर्मव्यपदेशाश्रया सन उत्पत्तिरन्वाख्यायते तथा विशेषणविशेष्यभावोऽपि व्यवतिष्ठते । तस्मात्पूर्वं धातुरुपसर्गेण युज्यत इत्यपरे मन्यन्ते ॥१८४॥

बीजकालेषु सम्बद्धा यथा लाक्षारसादयः ।
वर्णादिपरिणामेन फलानामुपकुर्वते ॥१८५॥

यथा बीजानामनुपभोग्यानामपि बीजकालेषु सुकर्मया (?) मात्रया लाक्षारसादिभावनातिरोहितानि [1]रूपाद्यन्तालास्वास्ववस्थासु (?) फलकाले सम्पूर्णकार्यरूपा लक्ष्यते तथोपसर्गोऽपि धात्ववस्थायां बुद्ध्या परिकल्पितः सम्बन्धः सन्निधिमात्रेण कृतोपग्रहोऽनुगच्छन् साधनयोगातिक्रमेणार्थवति समुदाये प्रादुर्भूते व्यक्तकार्यो दृश्यते ॥१८५॥

बुद्धिस्थादभिसम्बन्धात्तथा धातूपसर्गयोः ।
अभ्यन्तरीकृतो भेदः[2] पदकाले प्रकाशते ॥१८६॥

इह सामानाधिकरण्येन वैयधिकरण्येन[3] वा विशेषणविशेष्यभावः पृथगर्थानामर्थवतां[4] व्यवस्थितप्रयोगाणां भवति । न चोपसर्गवाच्यः कश्चिदर्थः नापि केवलानां प्रयोगो विद्यते । तस्मात् सामानाधिकरण्येन वैय्यधिकरण्येन वा विशेषणविशेष्यसम्बन्धो न सम्भवतीत्येवं पर्यनुयोगे सत्यभिधीयते—द्विविधः सम्बन्धो बुद्धिविषय (यः ?) प्रयोगानवस्थायामेव स्त्रिया सह सोऽयमिति सम्बन्धः । प्रयोगानुपाती[5] नीलोत्पलं कृष्णतिला इति । तत्र धातूपसर्गयोर्बुद्धिविषयस्यार्थस्य बुद्ध्या संस्पृश्यमानस्यैवाश्रीयमाणः[6] शब्दसम्बन्धोऽभ्यन्तरीक्रियमाणः पदप्रयोगकालपूर्वानुग्रहानुगमादिव पदे[7] व्यक्तरूपः प्रकाशते ॥१८६॥

क्वचित् सम्भविनो भेदाः केवलैरनिर्दशिताः[8] ।
उपसर्गेण सम्बन्धे व्यज्यन्ते [9]प्रपरादिना ॥१८७॥

---

1. M. °द्यन्तरास्वार्य्यवस्थासु.
2. M. °कृताद्भेदः. 3. M. om. M. वैयधिकरण्येन वा. 4. M. M. °वता
5. M. °पाति. 6. M. °वाश्रयमाणं. 7. M. पदव्य°. 8. र. °रभिदर्शिताः.
9. M. प्रनिरादिना.

शब्दान्तरोपग्रहमन्तरेण सम्भवी[1] सन्नलब्धनियमो योऽर्थस्तं[2] द्योतको नियमयन् वाचकतामतिक्रामतीति सङ्ग्रहकार आह । अप्राप्तनियमः केवले धातौ क्रियासामान्यवाचिनि क्रियाविशेषः प्रपचति प्रकरोतीत्युपसर्गनिपातेन व्यज्यते ।।१८७।।

सवाचको विशेषाणां सम्भवाद् द्योतकोऽपि वा ।
शक्त्याधानाय धातोर्वा सहकारी प्रयुज्यते ।।१८८।।

वाचकत्वं द्योतकत्वं सहाभिधायित्वमित्युपसर्गेषु त्रिविधा प्रतिपत्तिराचार्याणाम् । तत्रानभिहितमर्थमप्यारोपयन् वाचक इति प्रतिज्ञायते । सम्भविनमर्थमनभिव्यक्तमभिव्यञ्जयन् द्योतक इत्यभ्युपगम्यते । स्वभावतः प्राप्तनियतशक्तिमात्रमादधत् स्वार्थिकवत् सहाभिधायी व्यवस्थाप्यते ।।१८८।।

स्थादिभिः केवलैर्यच्च गमनादि न गम्यते ।
तत्रानुमानाद् द्विविधात् तद्धर्मा प्रादिरुच्यते ।।१८९।।

क्वचिद् दृष्टेनानुमानेन व्यवस्था क्रियते । क्वचित् सामान्यतो दृष्टेनानुमानेन । तत्र प्रतिष्ठत इत्यत्र प्रशब्दोऽन्यत्रादिकर्मद्योतने दृष्टसामर्थ्यः, स इहापि तदर्थ एवावसीयते । अन्येषां च क्रियावचनानामनेकार्थत्वं तुल्यधर्माणां धातूनां प्रसिद्धमिति तिष्ठतेरप्यदृष्टं विषयान्तरे गत्यर्थाभिधायित्वं प्रतिष्ठत इत्यत्र व्यवस्थाप्यते ।।१८९।।

अप्रयोगेऽधिपर्योश्च यावद्दृष्टं क्रियान्तरम् ।
तस्याभिधायको धातुः सह ताभ्यामनर्थकः ।।१९०।।

विभागाद(गद ?)र्शने हि शास्त्रभावनाभ्यासाद् दृढतामापन्ने प्रसिद्धे सहाभिधायित्वमधिपर्योरवस्थाप्यते । अनर्थान्तरवाचिनावनर्थकाविति तयोः प्रयोगे चाप्रयोगे [3]चार्थाभेदात् केवला प्रकृतिरन्वयव्यतिरेकाभ्यां यमाहार्थं ताभ्यामपि संसृष्टा तावन्तमेव । तदिह व्यक्तन्तरं (?) धातुरेवासौ तथाभूतः कार्यार्थं विभागेनापदिष्टः । तस्य तु समुदायस्य धातुरूपमात्रं कर्मप्रवचनीयमात्रं च प्रत्येकं वर्णपदवदव्यक्त[4]मनर्थकम् ।।१९०।।

1. M. संभवि. 2. M. °र्थस्तद्यो°.
3. M. °र्थभेदात्. 4 M. °मत्यक्तम°.

तथैव स्वार्थिकाः केचित् सङ्घातान्तरवृत्तयः ।
अनर्थकेन संसृष्टाः प्रकृत्यर्थानुवादिनः ॥१६१॥

[1]यावकादिष्वनर्थकाः[2] प्रकृतिभिर्यावादिभिः[3] सह श्रूयमाणास्तद्भावस्याश्रितत्वादर्थवद्भिः संसृष्टाः इति शास्त्रव्यवहारे व्यपदिश्यमानाः प्रकृत्यर्थानुवादिनः केचित् स्वार्थिका विज्ञायन्ते ॥१६१॥

निपाता द्योतकाः केचित् पृथगर्थप्रकल्पने ।[4]
आगमा इव केऽपि स्युः सम्भूयार्थस्य [5]वाचकाः ॥१६२॥

तत्र प्लक्षश्च न्यग्रोधश्चेत्येवमादिषु प्लक्षादीनां पृथक् प्रसिद्धप्रयोगाणां च सारूप्यान्निपातसम्बन्धिनामपि पृथक् पृथक् प्रकल्पितेनार्थेनार्थवतां चादीनां केषाञ्चिद् द्योतकत्वमाश्रीयते। तथाहि ब्रवीति चान्यपदार्थविशेषैः (?) षष्ठ्याः श्रवणादसत्त्ववचनत्वादेकेनाभिधानात् प्रयोगानियमाद् गुणश्रवणाच्चेति केचिन्निपातानां[6]मागमवदर्थभेदमङ्गीकुर्वते । वाक्ये पदानि सम्भूय च [7]वाक्यस्यानुग्रहमर्थाव्यतिरेकेण साधयन्ति । तद्यथा—वक्ष्यन्ती वेदा [8]गनीगन्ति कण्ठं (र्णं ?) प्रियं सखायं परिषस्वजाना योषेव शिङ्क्ते वितताधिधन्वन् ज्या इयं समने पारयन्ती पुरूरवो मा मृथा मा प्रपप्तो मा त्वा वृकासो अशिवास उ क्षन्, न वै स्त्रैणानि सख्यानि सन्ति सालावृकाणां हृदयान्येता ॥ कां रं परे विशं भिलाकां रंकरू पिशङ्गिला ॥१६२॥

उपरिष्टात् पुरस्ताद्वा द्योतकत्वं न भिद्यते ।
तेषु प्रयुज्यमानेषु भिन्नार्थेष्वपि सर्वथा ॥१६३॥

इह केचिन्मन्यन्ते—[9]अनन्तरपूर्वाभिहितार्थं द्योतकाः पश्चात् प्रयुज्यमानाः संस्कुर्वन्ति । न हि भवति प्लक्षन्यग्रोध (?) इति । तदत्रेदमुच्यते । नावश्यं यथाप्रयोगमेवार्थः[10] प्रक्रम्यते । सामान्योपक्रमेष्वपि हि विशेषेषु प्राग्विशेष एव कदाचित् प्रयुज्यते । गार्ग्यो ब्राह्मण आनीयताम्, शिंशपावृक्षः छिद्यताम् इति ॥१६३॥

---

1. M. यवका° 2. M. नर्थकैः 3. M. °भिर्युवादि°.
4. र. र्थाभिधायिनः 5. M. साधकाः (alternative reading.) 6. M. °पाता आग°. 7. M. वाक्यार्थस्यानुग्रहमर्थे व्यतिरेकेण. 8. M. निगतिकण्ठं.
9. M. अनन्तराभिहितं पूर्वमर्थद्योतकाः. 10. °मेवार्थं.

[1]प्रत्ययो वाचकत्वेऽपि केवलो न प्रयुज्यते ।
चादयो न प्रयुज्यन्ते पदत्वे सति केवलाः ॥१६४॥

केवलाश्च द्योतकत्वे केवलाप्रयोगादभ्युपगच्छतां प्रत्ययानां केवलानां प्रयोगो न दृष्ट इत्येवं व्यभिचार उपन्यस्ते प्रतिविधीयते। विशेषाभिधानाददोषः। एवं वक्ष्यामि—पदत्वे सति केवलाप्रयोगादिति। तत्रापि केचिदाहुः—समासपदानां सत्यपि पदत्वे राजपुरुषादिषु धात्ववयवपदानां च वाचकानामपि [2]केवलानामप्रयोग इति पर्यनुयोगे सति पुनर्विशेषयितव्यं भवति व्यपेक्षापदस्य केवलस्याप्रयोगादिति ॥१६४॥

समुच्चिताभिधानेऽपि व्यतिरेको न विद्यते ।
असत्त्वभूतो भावश्च तिङ[3]पदैरभिधीयते ॥१६५॥

षष्ठ्यश्रवणादित्येतस्मिन् द्योतकत्वस्यानुमाने साधनायोपादीयमाने केचिद् ब्रुवते—कामं [4]समुच्चयाभिधाने वैय्यधिकरण्यात् षष्ठी प्रसज्यते। समुच्चिताभिधाने तु चादिभिर्विज्ञायमाने सामानाधिकरण्यात् प्लक्षः समुच्चितो न्यग्रोधः समुच्चित इति गुणभूतः सम्बन्धस्तेषामनुमीयेत। तथा असत्त्वभूतो भावस्तिङपदैरभिधीयत एव। तस्मादसत्त्ववचनमपि द्योतकत्वे नानुमानमिति ॥१६५॥

समुच्चिताभिधानेऽपि विशिष्टार्थाभिधायिनाम् ।
गुणैः पदानां सम्बन्धः परतन्त्रास्तु चादयः ॥१६६॥

गुणाश्रवणादित्येत[5]स्मिन्ननुमाने केचिद् ब्रुवते—विशिष्टाभिधायिषु भेदार्हेषु स्वतन्त्रेषु विशेषणानां युक्तः सन्निपातः। चादयस्तु [6]विशिष्टसमुच्चिताभिधाने विशिष्टार्थान्तरतन्त्राः। तस्मात्तेषामेव विशिष्टानां वृक्षादीनां गुणाः श्रूयमाणाः शोभनत्वादयः सम्बन्धित्वेनावसीयन्ते। तस्माद्गुणा[7]श्रवणमपि द्योतकत्वे[8] न सम्भवत्यनुमानमिति। अत्रोच्यते—कर्मसाधनेऽपि समुच्चीयते इति द्वन्द्वः समुच्चितोपसर्जनः समुच्चय एवाभिधीयते। इतरेतरयुक्तोपसर्जनश्चेतरे-

---

1. The order of the two halves of this verse is reversed in र and in Dr. R. Pillai's edition but the *Vṛtti* seems to have had the order shown here. 2. M. °लानां प्र°.
3. र. RP have क्रियान्येनाभिधीयते but the *Vṛtti* had the text printed here. 4. M. समुच्चिता°.
5. M. त्येकस्मिन्. 6. M. °शिष्टास°. 7. M. गुणश्रव°. 8. M. द्योतकत्वेन.

तरयोग: समाह्रियमाणोपसर्जनश्च समाहार: अन्वाच्चीयमानोपसर्जनश्चान्वाचय इत्येवं कृत्वा यतो लिङ्गवचनान्युक्तानि। षष्ठ्यश्रवणादयश्च सामान्यतो दृष्टेनानुमानेन वाचकविपरीता:। [1]तदेवं न्यायविदां व्यभिचाराभिधानमसमञ्जसमिति ॥१९६॥

जनयित्वा क्रिया[2] काचित् [3]सम्बन्धं विनिवर्तते।
श्रूयमाणे क्रियाशब्दे सम्बन्धो जायते क्वचित् ॥१९७॥

कर्मप्रवचनीयविषयविभागप्रदर्शनार्थं सम्बन्धोपन्यास:। द्विविधो हि सम्बन्ध: संग्रहे पठ्यते। तिरोभूतक्रियापद: सन्निहिताक्रियापदश्च। एवं ह्याह—उपयुक्तार्थद्रव्यसम्बन्धेषु क्रियान्तासु नष्टरूपासु भिन्ना धर्मतो विगुणेष्वेव सम्बन्धात्मा प्रकाशते। श्रूयमाणक्रियावद्द्रव्ययो: सम्बन्धो विषयभूतत्वात् क्रियाया इति। तत्र राज्ञ: पुरुष इति ददातिक्रियानिकरो भवति (?)। कर्तृसम्प्रदानाधारयोस्तिरोभूतकर्तृसम्प्रदानशक्तिस्वरूपयोश्च स्वस्वामिनो: सम्बन्धमुपजनयति। स च द्विष्ठोऽपि विज्ञातेऽर्थे प्राप्ताधिक्ये विशेषेणाभिधीयमान: प्रधाने चरितार्थत्वात् प्रातिपदिकार्थव्यतिरेके हेतुर्न भवति। मातु: स्मरतीत्यत्र तु द्रव्यस्य कर्मभावविवक्षायां सत्यपि क्रियाया: साध्यत्वे क्रियाद्रव्यसम्बन्ध: क्रियापूर्वक:। क्रिया हि द्वयोरर्थयोरुपश्लेषिका निश्रयणीपर्वसम्बन्धनकाष्ठवदुपग्राहिका। तस्मान्मातु: स्मरतीत्यत्रापि क्रियाद्रव्योपश्लेषहेतुना क्रियान्तरेण भवितव्यम्। अन्ये तु ब्रुवते—नानिर्दिष्टरूपक्रियान्तरमस्तीति [4]शक्यमध्यवसातुम्। अपि च क्रियैवोपश्लेषणादिका सा स्वगतं क्रियान्तरं नापेक्षते। काष्ठयोर्हि [5]जत्वादि द्रव्यं संश्लेषकं भवति, न तु जतुकाष्ठयोरिति ॥१९७॥

तत्र षष्ठी प्रतिपदं समासस्य निवृत्तये।
विहिता दर्शनार्थं तु कारकं प्रत्युदाहृतम् ॥१९८॥

योऽयं श्रूयमाणक्रियापदं [6]क्रियाद्रव्यसम्बन्ध: तत्र शेष इत्येव सिद्धा षष्ठी। प्रतिपदं पुनरारभ्यते समासप्रतिषेध: कथं स्यादिति। किमुदाहरणम्?। मातु: स्मरतीति। नैतदस्ति। सुप् सुपेति वर्तते। इदं तर्हि मातु: स्मरणमिति। एतदपि नास्ति। [7]कृद्योगया षष्ठ्या समासो भविष्यति। ननु च स्वरो भिद्यते। शेषलक्षणाया: समासे समासान्तोदात्तत्वेन भवितव्यम्। कृद्योगायां तु [8]कृदन्तस्वरत्वेन।

1. M. तदेव.
2. M. क्रियां काञ्चित्. 3. M. संबन्धो. 4. शक्यमस्यध्य°. 5. M. जत्वाजत्वादि द्रव्यसंश्ले°.
6. M. °पदं क्रियाद्रव्यसम्बन्धं. 7. M. कृद्योगं यत्र. 8. M. कृदन्त: स्वरत्वे.

कृद्योगायामपि **अनो भावकर्मवचनः** (P. 6.2.50.) इत्यन्तोदात्तत्वमिति नास्ति भेदः । इदं तर्हि—मातुः [1]स्मर इति । अत्रापि कृद्योगयैव समासे कृते यादिस्वरे च न कश्चिद् भेदः । इदं तर्हि—मातुः स्मृतिरिति। अत्रापि-**मन्क्तिन् व्याख्यान**··· (P. 6.2.51) इति स्वरेण भवितव्यम् । तथा चाविशेषः । इदं तर्हि—मातुः स्मृतम् इति। अत्र हि कृद्योगा षष्ठी प्रतिषिध्यते, **न लोकाव्यय**··· (P. 2.3.) इति । या च श्रूयते शेषलक्षणा तया समासो मा भूदिति प्रतिपदं पुनः षष्ठी विधीयते । प्रत्युदाहरणानि कारकविभक्तावुदाह्रियमाणानि द्व्यङ्गविकलानि भवन्ति । तथा चाविशेषेण विषयमात्रप्रदर्शनार्थत्वात् कारकविभक्तीनां यावद्ब्रूयादेतेषु विविधेषु विशेषविवक्षायां प्रतिपदविधाना षष्ठी भवति । [2]उत्सर्गलक्षणैव तु क्रियते । अपर आह-स्वाभाविक एव विषयविशेषप्रविभागोऽयं सूत्रैरनुगम्यते । तद्यथा—एकार्थीभावव्यपेक्षयोः समाहारेतरेतरयोगयोश्च[3]। तथा तु सति न माषाणामश्नीयात्, सुभाषितस्य शिक्षते, इहाहेः सृप्तामित्येवमादिषु प्रतिविधेयम् ॥१९८॥

स चोपजातः सम्बन्धो विनिवृत्ते क्रियापदे ।
कर्मप्रवचनीयेन तत्रतत्र नियम्यते ॥१९९॥

यदर्थः सम्बन्धोपन्यासस्तेषां कर्मप्रवचनीयानामयं व्यापारेण विप्रविभाग आख्यायते । नामत्वे निपातत्वे च सति उपसर्गपदानि पदजातान्तरत्वेनान्वाख्यातानि । तथैव केचित् पञ्चपदजातानि नामाख्यातोपसर्गकर्मप्रवचनीया इति पठन्ति । तेषामप्यर्थभेदेनोपसर्गनिपातेभ्य उत्कर्षः क्रियते । अत आह—क्रिया[4]-रूपनाशेन तिरोभवन्ती यं सम्बन्धमुपजनयति [5]तस्य निमित्तभूतायाः क्रियायाः सहचारी वाक्यान्तरेषु विशेषदृष्टसामर्थ्यः कर्मप्रवचनीयः क्रियाविशेषोपादानेन सम्बन्धमवच्छिनत्ति । निमित्तानुग्रहानुगममात्रायाः सम्बन्धरूपं नियमयतीति । तदेतदुत्तरत्रोदाहरिष्यते ॥१९९॥

येन क्रियापदाक्षेपः सकारकविभक्तिभिः ।
युज्यते विर्यथा तस्य लिखावनुपसर्गता ॥२००॥

केचिन्मन्यन्ते—वृत्तिमन्तरेणापि प्रपर्णप्रपलाशादिवत् [6]क्रियापदाक्षेपी कर्मप्रवचनीयः। तथाहि—शाकल्यस्य संहितामनुनिशम्य प्रावर्षीदित्यत्र दृष्टसामर्थ्यो

1. M. मातुः स्मरति । 2. M. उपसर्ग°. 3. M. °रयोश्च.
4. M. क्रियारूपनाशे न तिरोभवन्ति । यं. 5. M. तस्या.
6. M. क्रियावदा°.

[1]प्रपतितपर्णवदन्यस्मिन् वाक्ये तामेव क्रियामाक्षिपतीति । तत्रेदमुच्यते—क्रियापदाक्षेपे[2] कारकविभक्तियोगः । कर्मप्रवचनीयास्तु [3]शेषविषयाः, अव्ययकारकविभक्तियोगकर्मप्रवचनीययोगस्तु विशेषविषयाः । तथा च प्रादेशं [4]विमाय परिलिखतीति क्रियापदान्तरेण योगात् क्रियापदाक्षेपिणो वेर्लिखति[5] प्रत्यनुपसर्गत्वादसत्यपि कर्मप्रवचनीयत्वे [6]न भवति निघातः ॥२००॥

तिष्ठतेरप्रयोगश्च दृष्टोऽप्रत्यजयन्निति ।
[7]सुन्वतीत्याभिमुख्ये च केवलोऽभिः[8] प्रयुज्यते ॥२०१॥

कथं पुनर्वृत्तिमन्तरेणासत्त्ववचनो द्योतकः साधनसंसृष्टां क्रियामाक्षेप्तुं शक्नोति । नैवासं[9] सृष्टां क्रियां कश्चिदाक्षिपति । नित्यो ह्ययमपौरुषेयो धर्मः, स्वभावतस्तु तथाभूतोऽनुगम्यते । **तथाहि—ते देवा अप्रत्यसुरानजयन्[10] तदप्रतिरथस्याप्रतिरथत्वम्** (तै० सं० V, 4.6.3.4.) इत्याख्यातमाद्युदात्तस्वरेण[11] पठ्यते । अप्रतीत्यत्र केचिदाद्युदात्तं केचिदन्तोदात्तं शाखिनोऽधीयते । तत्र चायमर्थो व्याख्यायते—अप्रत्येव [12]तिष्ठमानानजयन्निति । अविद्यमानः प्रतिरस्मिन् जयन्तो तदिदमप्रति । नञ्सुभ्यामित्यन्तोदात्तत्वम् । तथा भाष्ये सुन्वभित्वादिभिर्मुख्याभिधायिनमभिशब्दं केचिद् व्याचक्षते ॥२०१॥

कर्मप्रवचनीयत्वं क्रियायोगे विधीयते ।
षत्वादिविनिवृत्त्यर्थं स्वत्यादीनां विधर्मणाम् ॥२०२॥

यद्यप्यन्वर्थसंज्ञाकरणात् कर्मप्रवचनीयसंज्ञानुमीयते संज्ञिषु शब्दप्रवृत्तिनिमित्तसन्निधानं तथापि प्रसङ्गलक्षणविषयापत्तेरविद्यमानप्रवृत्तिनिमित्तव्यापारस्वरूपमात्रनिबन्धना[13]स्वत्यादीनां संज्ञान्तरबाधनार्था कर्मप्रवचनीयसंज्ञा विधीयते । तेन गत्युपसर्गसंज्ञाश्रयनिघातादिकार्यं न प्रवर्तते ॥२०२॥

हेतुहेतुमतोर्योगपरिच्छेदेऽनुना कृते ।
आरम्भाद् बाध्यते प्राप्ता तृतीया हेतुलक्षणा ॥२०३॥

---

1. M. प्रतीतवर्णवत्. 2. M. क्रियापदार्थेऽपि. 3. M. °स्तु विशेष°. 4. M. प्रादेशं परि°. 5. M. °पिणोवोल्लिखितम् । प्रत्यनु°. 6. M. न भवतीति घातकः
7. M. सुन्वाभित्वाभिमुख्ये चः 8. M. °लोऽपि. 9. M. नैवानाक्षिप्तां. 10. M. रान् प्रत्यजयन्. 11. M. °दात्तं स्व°. 12. M. तिष्ठमाना न जयन्तीति
13. M. °बन्धना.

वाक्यान्तरे निशामयतिक्रियाद्योतने दृष्टसामर्थ्येनानुना निशमयतिक्रियाजनितस्य सम्बन्धस्य तिरोभूतरूपाया निशमयतिक्रियाया हेतुहेतुमत्सम्बन्धोऽयमित्यवच्छेदे कृते प्रातिपदिकार्थव्यतिरेकाद्धेतौ षष्ठ्यां प्राप्तायां तदपवादत्वाच्च हेतुतृतीयायां **कर्मप्रवचनीययुक्ते द्वितीया** । (P. 2.3.) इति च द्वितीयाया[1]मुभयोः सावकाशयोः परत्वाद्धेतुतृतीयायाः प्रसङ्गे पुनरारम्भान्निमित्तभेदे सत्येकलक्षणापि कक्ष्यान्तरप्राप्ता द्वितीयैव भवति ॥२०३॥

क्रियाया द्योतको नायं सम्बन्धस्य न वाचकः ।
नापि क्रियापदाक्षेपी सम्बन्धस्य तु भेदकः ॥२०४॥

न तावद्रूपविरोधान्निशमयतीति क्रियाद्योतकोऽयमनुः, सति द्योत्ये द्योतकस्य सम्भवात् । नाप्यन्तर्भूतक्रियापदार्थता विपरिलिखत्यादिवत्, न च क्रियापदाक्षेपी कारकविभक्तिप्रसङ्गात्, नापि स्वार्थप्रतियोगिनि प्रातिपदिकार्थे[2] व्यतिरेकहेतुः । असत्त्ववचनत्वादसत्त्वाधिकारविहितया च निपातसंज्ञयाभिसम्बन्धात् । नापि निशमयतिक्रियोपजनितस्य सम्बन्धस्य वाचकः, सम्बन्धस्यानुपयोगे सम्बन्धान्तरे-[3]शेषविषयविभक्तिदर्शनात् । तस्मादन्यप्रकारासम्भवादयं निशमयतिक्रियोपजनितं सम्बन्धमवच्छिनत्ति । हेतुहेतुमत्सम्बन्धोऽयम्, वेदं सम्बन्धान्तरमित्येतस्माच्च वृत्तिभेदात् पञ्चमं पदजातं कर्मप्रवचनीयाः कैश्चिदाचार्यैः प्रतिज्ञायन्ते ॥२०४॥

अनर्थकानां सङ्घातः सार्थकोऽनर्थकस्तथा ।
वर्णानां पदमर्थेन युक्तं नावयवाः पदे ॥२०५॥

द्विविधोऽर्थः समुदायनिबन्धनोऽविभक्तः,[4] विभक्तावयवसमुदायनिबन्धनः इति पदप्रयोगे वाक्यप्रयोगे च लौकिकाः प्रतिपद्यन्ते । तथा कृतापोद्धारः शास्त्रे निमित्तत्वेनाश्रितः स विभक्तावयवनिबन्धनोऽन्वयव्यतिरेकाभ्यां प्रसिद्धाभ्यां कृतव्यतिरेकः । तत्र लौकिकेनार्थेनैकवर्णानि पदानि संहिताक्रियाविशेषाणि (?) च पदसरूपाण्येकपदानि वाक्यान्यर्थवन्ति शास्त्रव्यवहारविषयेण तु परिकल्पितविभागेनार्थेन धातुप्रातिपदिकप्रत्ययनिपातानामर्थवत्ता प्रतिज्ञायते । तदुभयं परिगृह्य दशधा अर्थवत्ता स्वभावभेदिका इति संग्रहे प· ·र्हकानां (?)सङ्घातं किञ्चिदवयवधर्मव्यतिक्रमेणार्थं ब्रवीति । तद्यथा पदनिबन्धनमिति कश्चिदवयवधर्मा व्यतिक्रमेणानर्थकः । तद्यथा—व्रन्धनमित्येतयोरेव वन्शब्दो धनशब्दश्च ॥२०५॥

---

1. M. याया उभयोः
2. M. °कार्थव्यतिरेके हेतुः 3. M. °न्तरे विशेषे विषयविभक्ति°.
4. M. न्धनं चाविभक्तावयवाभिधानेयं.

पदानामर्थयुक्तानां सङ्घातो भिद्यते पुनः ।
अर्थान्तरावरोधेन सम्बन्धनियमेन च ॥२०६॥

अर्थवतामप्यवयवधर्मव्यतिक्रमेण अवयव[1]धर्माव्यतिक्रमेण विशिष्टाभिव्यक्तिहेतुः सम्बन्ध उपजायमानः क्रियाविशेषं विशिष्टसाधनाश्रयं प्राक् सन्निधेरप्राप्तानुग्रहं समुदायरूपेणापि। सम्बन्धप्रादुर्भावे तु विशिष्टस्यार्थस्याप्रादुर्भावात् समुदायस्यानर्थक्यं प्रतिज्ञायते ॥२०६॥

सार्थकानर्थकौ भेदे सम्बन्धं नाधिगच्छतः ।
अधिगच्छत इत्येके कुटीरादिनिदर्शनात् ॥२०७॥

यौ सार्थकानर्थकौ भेदेन दृष्टौ भेद इति पृथगन्वयव्यतिरेकाभ्यां विमर्शे क्रियमाण इत्यर्थः। तद् यथा काशे कुशे इति तौ सम्बन्धं न प्रतिपद्येते। द्वितीयस्य शेशब्दप्रतिपाद्यस्य सम्बन्धस्य चाधिष्ठानस्य चार्थस्याभावात्। **अधिगच्छतः** इति। **एके** इति नियमप्रतिषेधः। तथाप्येके ब्रुवते। स्वार्थिकाः सहाभिधायिनां दृष्टाभिधानशक्तिभिः समुदायैरेकमत्यात्मानमभिधानाय प्रक्रमन्ते। शंखपयोवदितरेतरशक्तचनुग्रहात्तेन सम्बद्धा[2] इत्यभिधीयन्ते। स चोपचयसम्बन्ध इति स्या(?) ··· वार्तिकेऽभिहितान्युदाहरणानि जुगुप्सते, गोपायिता, ब्राह्मणाधीनं यावक इति ॥२०७॥

अर्थवद्भ्यो विशिष्टार्थः[3] सङ्घात उपजायते ।
नोपजायत इत्येके [4]समासस्वार्थिकादिषु ॥२०८॥

राजपुरुषोऽश्वकर्णो नीलोत्पलं गौरखर इति व्यतिक्रान्तावयवशक्तिरव्यतिक्रान्तावयवशक्तिश्चार्थवद्भ्योऽवयवेभ्यः समुदायार्थ उपजायते। तथाहि सङ्ग्रहकारः पठति—विविधाः समुदायाः शब्दान्वयिनोऽर्थान्वयिनः शब्दार्थान्वयिनश्च। शब्दान्वयिनो गौरखरोऽश्वकर्ण इति। अर्थान्वयिनः श्रोत्रियो [5]वैदूर्यः पारशव इति। शब्दार्थान्वयिनो राजपुरुषो नीलोत्पलं ब्राह्मणकम्बल इति। स एवाह—निरन्वयानपि समुदायान् रूढिष्वनुगच्छन्तीति। तद्यथा मुसलमुलूखलो वलाहक इति। एकदेशान्वयस्तु तेष्वपि विद्यते। नोपजायत इत्येके। स्वार्थिकानामर्थवत्तापक्षे शेषसमुच्चयादिक्रियाकारकविशेषणविशेष्यसम्बन्धाभावे स्वार्थिकानामुपचयसम्बन्ध इति **ध्यानकारदर्शनम्** ॥२०८॥

1. M. °यवे धर्मा°.
2. M. सम्बन्धा.
3. M. °ष्टोऽर्थः 4. M. समासः स्वा°. 5. M. वैडूर्यः.

केचिद्धि[1] युतसिद्धार्था भेदे[2] निर्ज्ञातशक्तयः ।
अन्वयव्यतिरेकाभ्यां केचित् कल्पितशक्तयः ॥२०९॥

समुदायेष्ववयवार्थस्य व्यपेक्षायामेकार्थीभावे केवलप्रयोगे च केचिद्धि [3]युतसिद्धार्थाः प्रसिद्धप्रयोगैः शब्दैरभिधीयन्ते । तेषामन्तरेणान्वयव्यतिरेकदर्शनं प्रयोगरूपादेव शक्त्या प्रतिपत्तिः । तद् यथा दास्याः कामुको न दधिकामुक इति । ये त्वप्रसिद्धवियुतप्रयोगाः केवलरूपोच्चारणादप्रतीता लोके तेषामन्वयव्यतिरेकौ[4] अर्थव्यवस्थाहेतू । तौ च शास्त्राभ्यासानुपातपरिग्रहेणैव व्यवतिष्ठेते । तेषु अयम् इमम् आभ्याम् एष्विति न रूपान्वयो लोके लभ्यते। तेनापि संज्ञुः प्रज्ञुरिति कृतिहृतिकृदरेति (?) [5]शास्त्राभ्यासानुपातपरिग्रहेण तु वृक्षराजपुरुषादिवदत्रापि प्रकृतिप्रत्ययपूर्वपदोत्तरपदव्यवस्था क्रियते ॥२०९॥

शास्त्रार्थ एव वर्णानामर्थवत्त्वे प्रदर्शितः ।
धात्वादीनां [6]हि शुद्धानां लौकिकोऽर्थो न विद्यते ॥२१०॥

वर्णानामर्थवत्त्व आश्रीयमाणे **अर्थवन्तो वर्णा धातुप्रातिपदिकप्रत्ययनिपातानामेकवर्णानामर्थदर्शनात्**[7] (Vā. 9. M. Bhā. I. p. 30.) इत्यन्वयव्यतिरेकसमधिगमप्रकल्पितः शास्त्रार्थ एवाश्रितः कृतोद्देशप्रविभागः । न [8]तु लौकिका धात्वादीनामर्थान्[9] प्रतिपद्यन्ते । तथार्थोपादानपरित्यागाभ्याम् इयाय आरेति शास्त्रे लोकव्यवहाराश्रये भेदेन धातोरेकाच इति व्यपदेश उपपन्नो भवति ॥२१०॥

कृत्तद्धितानामर्थश्च केवलानामलौकिकः ।
प्राग्विभक्तेस्तदन्तस्य तथैवार्थो न विद्यते ॥२११॥

यदि तावदन्वयव्यतिरेकगम्योऽर्थ आश्रीयते केवलानामपि कृत्तद्धितानां विद्यत एवासौ । तथा ह्युक्तम्——धातोश्चार्थभेदात् प्रत्ययान्तर इति । अथार्थवत्ताप्रकरणाल्लौकिकोऽर्थ आश्रीयते **ईदूतौ च सप्तम्यर्थे** इति (P. 1.1.19.) यथा कृत्तद्धितान्तस्याप्यर्थवत्ता तथा सति नैवास्ति । उक्तं ह्येतत्—"**अर्थवत्ता नोपपद्यते, केवलेनावचनाद्** इति (Vā. 7, M. Bhā. I, p. 219. l. 10.)॥२११॥

---

1. र. केचित्तु. 2. M. भेदनि°. 3. M. युतसिद्धाप्रयोगैः शब्दै. 4. °रेकाभ्यामन्वर्थव्य°.
5. M. शास्त्राभ्यां सानु°.
6. र. विशु°. 7. M. °र्शनामित्य°. 8. M. ननु. 9. M. °र्थन्न प्रति°.

अभिव्यक्ततरो योऽर्थः प्रत्ययान्तेषु लक्ष्यते ।
अर्थवत्ताप्रकरणादाश्रितः [1]स तथाविधः ॥२१२॥

एवं तर्हि अर्थवदधिकारानुवृत्तिः केवलानां च लौकिकार्थाभावादन्वयव्यतिरेकापेक्षायां चानुवृत्तिप्रयोजनाभावादभिव्यक्ततरोऽर्थः प्रत्यक्षप्रमाणविषयमिव रूपाणां दर्शनम् ।तत्र [2]चालौकिक-व्यावहारिकयोरन्तरालस्य प्रत्यर्थानुग्रहादिवाभिव्यक्तविशेषः पदैकदेशे धातुप्रत्ययसमुदायेनाभिधीयमानः परिगृह्यते ॥२१२॥

आत्मभेदो न चेत् कश्चिद् वर्णेभ्यः पदवाक्ययोः ।
अन्योन्यापेक्षया शक्त्या वर्णः स्यादभिधायकः ॥२१३॥

ये वर्णव्यतिरिक्तं पदं पदव्यतिरिक्तं च वाक्यं न परमार्थकल्पनया शब्दान्तरमस्तीति मन्यन्ते तेषां च द्वन्द्वपदवत् समुदायार्थस्येतरे [3]तरापेक्षया प्रतिलब्धशक्तयो वर्णा एवाभिधायकाः स्युः । तैश्चास्यां कल्पनायामर्थवत्तैव वर्णानामभ्युपगन्तव्या ॥२१३॥

वर्णेन केनचिन्न्यूनः सङ्घातो [4]योऽभिधायकः ।
न चेच्छब्दान्तरमसावन्यूनस्तेन गम्यते ॥२१४॥

इह शब्दान्तरे तुल्यरूपे सर्वत्र तद्भावेनोपचरिते यत्र केनचिद्वर्णेन दृष्टप्रयोगेण न्यूनत्वं दृश्यते तस्यैव चाविकलस्यार्थस्याभिधानं भवति । तदर्थं विचार्यते । तत्र वर्णव्यत्ययापायोपजनाः साध्वसाधुषु दृश्यन्ते । साधुषु तावद् येषु वर्णानामपायेनैव[5] । तद्यथा-**इहेदमग्ने** (?) **आम्बानां [6]चरुम्** (तै०सं० 1.8.10.) [7]**आव्याधिनी गणाः जघ्नतुः गुरुतल्पग** इति (तै० सं० IV. 1.10.2.) । येषु साधुप्रयोगक्रमे [8]स्वराक्षरव्यञ्जनलोपाः तेऽपशब्दाः, तेषामेव साधूनामपेक्षा योगनिमित्ताः । केचित्तु मन्यन्ते—छान्दसेष्वपि लोपेषु प्रसिद्धिविकलानि यानि शब्दान्तराणि [9]तैरन्यूना अवैकल्ययुक्ताः प्रसिद्धाः समुदायाः [10]स्मर्यन्ते ॥२१४॥

स तस्मिन् वाचके शब्दे निमित्तात् स्मृतिमादधत् ।
साक्षादिव [11]व्यवहितं शब्देनार्थमुपोहते ॥२१५॥

---

1. M. °तस्य तथाविधः 2. M. तत्र च लौकि°.
3. M. °तरानपेक्षया.
4. M. °तोनाभिधा° 5. M. °नैव शब्दान्तराण्येवैतानि तद्य°. 6. M. °नां च कुरु
7. M. आव्याधिनि रुग्णाः. 8. M. स्वराज्यक्षरव्यञ्जनलखारास्ते. 9. M. तैरन्यान्ता. 10. M. स्वर्यन्ते.
11. M हितः.

एकदेशोपलब्धौ प्रसिद्धाविकलसमुदायस्मृतौ सत्यां तेन समुदायेन व्यवहितस्तत्पूर्वकस्तद्द्वारेण सम्प्रत्यय उपपद्यते । तत्र परिचयात् प्रतिपत्तारः साक्षादिवाविकलावयवशब्दजनितमभिमन्यन्ते । अक्षिनिकोचादिशब्दनिबन्धनशब्दजनितमिवाक्षिनिकोचादिभिरेवायं ह्यक्षा (?) ज्जन्यत इति ॥ यथा ॥२१५॥

पदवाच्यो यथा नार्थः कश्चिद् [1]गौरखरादिषु ।
सत्यपि प्रत्ययेऽत्यन्तं [2]समुदायेन गम्यते ॥२१६॥

समन्वित इवार्थात्मा पदार्थैर्यः प्रतीयते ।
पदार्थदर्शनं तत्र तथैवानुपकारकम् ॥२१७॥

भिन्नानामपि पदानां समुदायेऽन्वाख्यायमाने भेदपूर्वके च संसर्गे सादृश्यादवसीयमाने गौरखराश्वकर्णादिषु यथा शब्दान्तरत्वात् पदार्थसमन्वयमन्तरेणाप्यर्थान्वयवृत्तिः समुदायोऽभ्युपगम्यते तथैव सर्वत्र समासे समुदायस्यार्थान्तिरवृत्तेः प्रादुर्भावादवयवार्थो न कश्चित् समुदायस्योपकारे वर्तते । इतरस्मादेकपदावयवा इव पदान्तरसरूपाः सर्व एवानर्थकाः समासावयवाः[3] । सारूप्यात्तु तद्भावेनानुगम्यन्ते ॥२१६, २१७॥

[4]समुदायावयवयोर्भिन्नार्थत्वे च वृत्तिषु ।
युगवद्भेदसंसर्गौ विरुद्धावनुषङ्गिणौ ॥२१८॥

यदि यथाभूतेनार्थेन प्राग् वृत्तेर्युगपत् संसृष्टमवयविपदं वृत्तावपि तस्यावयवपदस्य तथाभूतोऽर्थो विद्यत इति कल्प्यते । तत्र [5]पदवृत्तिभेदः समुदायवाच्यः संसर्ग इति । तेन [6]भेदसंसर्गयोर्युगपत् प्रतिपत्तिः प्रसज्यते । तथा भेदानुष्ठानाद्युपसर्जनविशेषणादीनि भेदसन्निधानात् प्रवर्तेरन् । अथावयवावयविनौ विनिविष्टभेदसंसर्गौ स्याताम् ।[7]वृत्तौ विरुद्धार्थौ[8] पदानामभ्युपगतौ[9] स्याताम् ॥२१८॥

कश्च साधनमात्रार्थानध्यादीन् परिकल्पयेत् ।
अप्रयुक्तपदश्चार्थो बहुव्रीहौ कथं भवेत् ॥२१९॥

इहान्तस्तीरमधिस्त्रीति प्रसिद्धाभ्यामन्वयव्यतिरेकाभ्यामध्यादयः कर्मकर्तृसमवेतक्रियानुग्राहिणीं स्त्र्यादिशब्दव्यतिरिक्तां केवलामाधारशक्तिं

---

1. M. रमुखादिषु. 2. M. °गोनु (येन) ग°. 3. M. °यवारसारू°.
4. M. समासा (समुदाया). 5. M. पदव्यु....भे० 6. तेन संस°. 7. M. प्रवृत्तौ.
8. M. °र्थो. 9. M. °गतं स्यात्.

प्रत्याययन्ती[1] त्यनुमातुं शक्यम् । बहुव्रीहौ च रूपान्वययुक्तमवयवपदमन्तरेण [2]पदान्तरं तदभिधेये वर्तमानः समुदायो दृश्यते ॥२१९॥

[3]प्रज्ञुसंज्ञ्वाद्यवयवैर्न चास्त्यर्थावधारणम् ।
तस्मात् सङ्घात एवैको विशिष्टार्थ [4]निबन्धनम् ॥२२०॥

यस्य विशिष्टरूपनिबन्धनः समासेष्ववयवार्थो विद्यत इति दर्शनं तस्य प्रगते-जानुनी अस्य प्रज्ञुः, संगते जानुनी अस्य संज्ञुरिति शास्त्रसन्दृष्टमन्तरेण लोके रूपा-वधारणाभावादवयवार्थासम्प्रत्ययः समुदायस्तु विशिष्टार्थः स लौकिकोऽपि प्रतीयते तस्मादनर्थकावयवः सर्वत्र सङ्घात एवार्थवान्। अथ द्वन्द्वपदानामनर्थकानां समुदाये विशिष्टार्थेऽनुगम्यमाने कथमेकस्य शब्दस्य द्वन्द्वाख्यस्य बह्वर्थत्वं भवतीति प्रश्ने सति प्रयुज्यते ॥२२०॥

गर्गा इत्येक एवायं बहुष्वर्थेषु वर्तते ।
द्वन्द्वसंज्ञो हि सङ्घातो बहूनामभिधायकः ॥२२१॥

तद्यथा गर्गा इत्येकबुद्धिप्रत्यवमृष्टे सन्निविष्टावयवरूपाभेदानुगतेऽर्थे वर्तते । न चास्यैकशेषेऽन्वाख्यायमाने शक्यमेकत्वं नाभ्युपगन्तुम् । अतः पदान्तरसरूपा-वयवानुगत इव एको द्वन्द्वाख्यः समुदायो बहूनामेकबुद्धिप्रत्यवमर्शनिबन्धनानां वाचकः । यदि तर्ह्यवयवशक्त्यनुस्यूते विशिष्टेऽर्थे वृत्तिरेकस्य शब्दस्याभ्युपगम्यते । तत्र शब्दार्थप्रविभागाभावात् प्रत्येकं वाक्यपरिसमाप्तिरित्येतन्न प्रकल्पते ॥२२१॥

यथैकदेशे[5] भुज्यादिः प्रत्येकमवतिष्ठते ।
क्रियैवं[6] द्वन्द्ववाच्येऽर्थे प्रत्येकं प्रविभज्यते ॥२२२॥

यथा तावद् ब्राह्मणा भोज्यन्तामिति भोजनं प्रविभक्तफलरूपं प्रतिब्राह्मणमव-तिष्ठते तथा प्रविभक्तावयवे समुदाये प्रत्येकं वाक्यसमाप्तिरविप्रतिषिद्धा ॥२२२॥

यच्च द्वन्द्वपदार्थस्य तच्छब्देन व्यपेक्षणम् ।
सापि व्यावृत्तभेदेऽर्थे[7] सर्वनामसरूपता ॥२२३॥

---

1. M. °पतीत्यनु°. 2. M. पदान्तराभिधेये.
3. M. °संज्ञाद्य° 4. M. न्धनः.
5. M. यथैकशेषे. 6. M. क्रियैव.
7. र. त्तरूपेऽर्थे.

[1]जनपदतदवध्योश्चेत्यत्र जनपदात् जनपदावधेश्चेति तच्छब्देन जनपदो द्वन्द्वावयवभूतोऽपि स्वातन्त्र्यस्यानिवृत्तत्वादभिसम्बध्यते। स चायं [2]धर्मो द्वन्द्वावयवस्य [3]वर्णवदानर्थक्यमभ्युपगम्यते चेत्तत्र सर्वनाम्ना जनपदस्य सम्बन्धो न प्रकल्पत इति दोषप्रसङ्गे प्रतिविधीयते—**सापि व्यावृत्तभेदेऽर्थे** इति। तत्कथं शब्दव्युत्पत्तिकर्मणि सारूप्यात्तत्र [4]सर्वनामकार्येऽवयवभेद[5] ग्रहणं विशेष्यभावप्रतीतिश्च। अयं तु द्वन्द्ववाच्योऽर्थवान्[6]विद्यमानावयवार्थे[7] **जनपदतदवध्योः** इत्येकस्मिन्नर्थे वर्तते। प्रातिपदिकत्वं[8] तु समासरूपस्य शास्त्रदृष्टयनुमानेन यथाकथञ्चित् क्रियते। तस्माद् व्यावृत्तभेद एवायं विशिष्टेऽर्थे सर्वनामविशेषितावयवसरूपः शब्दो वर्तते ॥२२३॥

यथा च खदिरच्छेदे भागेषु क्रमवान् छिदिः।
तथा द्वन्द्वपदार्थस्य भागेषु क्रमदर्शनम् ॥२२४॥

इह प्लक्षन्यग्रोधधवखदिरपलाशा इति क्रमेण पूर्वः पूर्वोऽर्थः परस्य परस्यार्थरूपस्यानुग्रहेण प्रतीयते। न चावयवपदार्थाभावक्रमेणार्थप्रतिपत्तिः सम्भवतीत्यस्मिन् पूर्वपक्षे प्रतिविधीयते—तद्यथा खदिरः छिद्यतामित्येकस्मिन्नपि छिदिक्रिया साधनत्वेनोपादीयमाने त्वगादिपरिच्छेदोपायत्वात् खदिरादिसाधनस्य छिदेः क्रमेणानुमीयमानेष्वशब्देषु भागेषु [9]छिदिः क्रियाफलरूपाभ्यां [10]सन्निविशते। तथैव द्वन्द्वपदार्थे विभागप्रतिपत्त्युपायत्वाच्छब्दार्थस्याशब्दा भागास्तथाभूतप्रतिनियतभागानुगतत्वात् समुदायार्थात्मना प्रतीयन्ते[11] ॥२२४॥

सङ्घैकदेशे प्रक्रान्तान् यथा सङ्घानुपातिनः।
क्रियाविशेषान् मन्यन्ते स द्वन्द्वावयवे क्रमः ॥२२५॥

यदि तर्ह्यविभाग एवायमेकः समुदायकृतप्लक्षशब्दनिबन्धनो द्वन्द्ववाच्योऽर्थस्तत्र प्लक्षन्यग्रोधखदिरपलाशा आह्रियन्तामित्युक्ते किञ्चिदेव ते आहृत्य ते वक्तारो भवन्ति—यथोक्तमिदं तावदाहृतम्, अपरमपि पुनराहरिष्यामो न खलु एतावदित्येवं दोषोपन्यासे प्रतिविधीयते-तद् यथा ब्राह्मणा भोज्यन्ताम्, ग्रामो दह्यताम् वनञ्छिद्यतामित्यविभक्तशब्देषु अशब्देषु चावयवेषु [12]क्रियां [13]प्रारभ्योक्तम्—'इदं

1. M. जनपदात् जनपदावधेश्चेत्यत्र. 2. M. धर्मी. 3. M. वर्णपदानर्थ°. 4. M. सर्वकार्ये. 5. M. °वंसायभेदकं° 6. M. °वान् न वि° 7. M. °वार्थो. 8. M. पदिकं तु.
9. M. छिदिक्रिया°. 10. M. °शन्ते. 11. M. प्रतीयते.
12. M. क्रियायां प्रा°. 13. M. °रभ्योक्तमिदं तथा°.

कृतम्' तथापि हि 'इदं कर्तव्यम्' इति । तस्मादेकदेशसम्बन्धिन्योऽपि क्रियाः समुदायमेवानुपतन्ति । अवयवद्वारिकैव हि समुदायानां क्रियाप्रतिपत्तिः ॥२२५॥

प्रतिपादयता वृत्तिमबुधान् वाक्यपूर्विकाम् ।
वृत्तौ पदार्थभेदेन प्राधान्यमुपदर्शितम् ॥२२६॥

यदि [1]वृत्तिशब्दादर्थोऽविभागेनाश्रीयते तर्हि अव्ययीभावतत्पुरुषबहुव्रीहिद्वन्द्वानां पूर्वपदार्थोत्तरपदार्थान्यपदार्थोभयपदार्थप्राधान्यन्नोपपद्यते [2]इत्येतस्मिन् पर्यनुयोगे प्रतिविधीयते—समुदायार्थादनेकशक्तेः शक्त्यपोद्धारेणाबुधानां कार्यार्थमिदं प्रतिपादकमारभ्यते । तत्र शब्दान्तत्वेऽपि नित्ययोः पूर्वापरयोर्वृत्तिवाक्ययोरबुधा वाक्यपूर्विकामेव वृत्तिं सुखेन प्रतिपद्यन्ते । तेन हि वाक्यरूप[3]-विकाररूपमिव समासरूपं मन्यन्ते । वाक्यार्थयोनिश्च[4] सामर्थ्यं [5]व्यवस्यन्ति । तत्तत्प्रतिपत्तिभावनानुरोधेनाचार्यस्तथा व्यवहरति । तथा चाह—**एवं [6]तर्हि भवति वै किञ्चिदाचार्याः कार्यबुद्धिं कृत्वा पठन्ति** (M. Bhā. I, p. 404, l. 3-4.) ॥२२६॥

अभेदादभिधेयस्य नञ्समासे विकल्पितम् ।
प्राधान्यं बहुधा भाष्ये दोषास्तु प्रक्रियागताः ॥२२७॥

समुदायार्थस्य लौकिकस्याभिधेयस्य भेदाभावं[8] व्यावहारिकाः सर्व एव[9] (जानन्ति ?)। पुरुषविकल्पानुविधायिनो भेदा विज्ञायन्ते तेषु यत्र शास्त्रप्रक्रिया न विरुध्यते स परिगृह्यते । तथाहि नञ्समास एतस्मिन्नेव सर्वपरिकल्पना सम्भवात् सर्वपक्षोपन्यासं कृत्वा कश्चिदेव पक्षः परिगृहीतः । तथा ह्युक्तम्—**इदं [10]खल्वपि भूय उत्तरपदार्थप्राधान्ये सति सङ्गृहीतं भवति । किम् । अनेकम्'** इति । (M. Bhā. I, p. 412, l.1.2.) ॥२२७॥

जहत्स्वार्थाविकल्पे च सर्वार्थत्यागमिच्छता ।
बहुव्रीहिपदार्थस्य त्यागः [11]सर्वस्य दर्शितः ॥२२८॥

जहत्स्वार्थायाश्च वृत्तेरभ्युपगमे बहुव्रीहौ वर्तिपदानां निःशेषार्थत्यागादर्थशक्त्यनुगृहीते शब्दान्तरस्य शक्त्यन्तरमेव वर्तत इत्यभ्युपगन्तव्यम् । राजपुरुषादिवदयथार्थरूपयोरनुगमो लक्ष्यते ॥२२८॥

---

1. M. यदि प्रवृत्तिशब्दादविभागेनार्थेनाश्रीयन्ते. 2. M. °त्येकस्मि° 3. M. रूपमविकाररूप°. 4. °निश्च 5. M. र्थ्यमवस्यन्ति 6. M. ...वति वै कञ्चिदाचार्याः कार्यबुद्धिं कृत्वा पठन्ति ।
7. M. समुदायस्यार्थस्य. 8. M. भेदभावं. 9. M. सर्व एव पुरुष°. 10. M. इदं बहुव्रीहिष्वपि भूय उत्तरपदार्थप्राधान्ये सङ्गृहीतमनेकमिति ।
11. M. सर्वत्र.

शास्त्रे क्वचित् प्रकृत्यर्थः प्रत्ययेनाभिधीयते ।
प्रकृतौ विनिवृत्तायां प्रत्ययार्थश्च धातुभिः ॥२२९॥

यमर्थमाहतुर्भिन्नौ प्रत्ययानेक एव तम् ।
क्वचिदाह पचन्तीति धातुस्ताभ्यां विना क्वचित् ॥२३०॥

प्रकृतिरूपमन्तरेण प्रकृत्यर्थानुगतः प्रत्ययमात्रेण विशिष्टार्थ उच्यते । अततेद्धः (?) अस्यापत्यमिः: (?) न [1]अधुनेति । तथा [2]प्रकृतिप्रत्ययार्थस्वाभाविकत्वाद् गुणप्रधानभावस्य प्रधानभूतो गुणभूतश्च धात्वादिर्[3] भिधीयते। आह—आम् पयस्सोमसुत् गर्गा इति । तथा भिन्नप्रत्ययसन्निधानार्थः [4]केनचिदेकेन प्रत्ययेनाभिधीयते । तद्यथा—ओदनं पच, अन्ति, अस्था इति । [5]तिङविकरणप्रत्ययाभ्यां च विना केवलमपि धातुरूपं कालवचनपुरुषोपग्रहविशेषाभिधायि दृश्यते । प्रत्ययश्च मत्साः (?) सुरुचो वेन आवः प्राणाः सुव्या (?) इति । तस्मादभिन्नाच्छब्दात्मन एक एवायमर्थात्मा शक्त्यपोद्धारेण प्रविभज्यते इति ॥२२९, २३०॥

अन्वाख्यानस्मृतौ[6] ये च प्रत्ययार्था निबन्धनम् ।
निर्दिष्टास्ते प्रकृत्यर्थाः स्मृत्यन्तर उदाहृताः ॥२३१॥

स्वेच्छानिबन्धन एवायं पौरुषेयः प्रविभागोऽर्थानां बहुधा आश्रीयते । तथा हि केषाञ्चित् स्मर्तृणां स्मृतिशास्त्रेषु सर्व एव प्रत्ययाः स्वार्थिकाः प्रकृत्यर्थानुवादिन इत्यन्वाख्यायन्ते[7] ॥२३१॥

प्रसिद्धेरुद्वमिकरीत्येव[8] शास्त्रेऽभिधीयते ।
व्यवहाराय मन्यन्ते शास्त्रार्थप्रक्रिया यतः ॥२३२॥

शास्त्रप्रसिद्धया कृताभ्यासैर्धातुमात्रोच्चारणेनापि प्रतिपादनमर्थानां क्रियते । तद्यथा—ऊष्मा वाष्पमुद्वमति, [9]वमिकरोति । तथा चायं व्याकरणे व्यवहारः

---

1. M. न धुनेति. 2. M. तथा प्रत्ययार्थ°. 3. M. °त्वादिरभि° 4. M °देतेन. 5. M. तद्विकरण.
6. M. °स्मृतेर्ये
7. M. Here the next Kārikā is given as part of the Vṛtti on this Kārikā. It is again given as the next Kārikā.
8. M. °त्येवं. 9. M. मिकरीति.

शास्त्रान्तरेष्वपि कालेन प्रसिद्धिमुपागतः । यदन्यत्रापि भुजिक्रियासाधनानि यजिक्रियासाधनानीत्येवं प्रकारः सर्वो व्यवहारः क्रियते । तस्मात् सर्वैव शास्त्रप्रक्रिया व्यवहारानुपातिनी विज्ञायते ॥२३२॥

शास्त्रेषु प्रक्रियाभेदैरविद्यैवोपवर्ण्यते ।
अनागमविकल्पा तु स्वयं विद्योपवर्तते ॥२३३॥

इह सर्वेष्वेव शास्त्रेषु त्रय्यन्तवादिनो मन्यन्ते—सर्वशक्तिमर्थमुत्प्रेक्षया प्रविभज्याविद्यामनुवर्तयन्तो विद्याप्रतिपादने प्रायेण पृथक् तीर्थप्रवादाः प्रतायन्ते । तथा हि लौकिकोयऽमर्थ इति कर्तव्यतास्वभिन्नप्रतिपत्तिरविकल्पितं लोकदर्शनमनुपतद्भिः सुखःदुःखमोहेन सुखादिसमुदायानां चानुवादिनां समुदायानां भेदेन युक्तोऽन्वाख्यायते । तथान्यैर्द्रव्यादिशक्तिभेदयुक्तो बहुव्रीहिर्विकल्पैरनुगम्यते । सर्वे चैते [1]विकल्पातीतत्त्वे सर्वप्रभेदरूप एकस्मिन् वस्तुनि सम्भवन्ति । तदुपायास्तु विद्यारूपं प्रतिपद्यमानधर्मांस्तु विकल्पानसत्यान् मन्यन्ते । तथा प्रतिशास्त्रमप्यसत्यैर्घटादिवद्व्यतिरिक्ताधिकारशून्यैस्तत्त्वैः परिणामक्रमावस्थाप्रतिनिगमात् तत्त्वव्यवहाराः क्रियन्ते । तथास्ति सत्ता एकस्मिन् समुदाये वर्तत इत्येवमादय उत्प्रेक्षाव्यवहाराः शास्त्र एवारभ्यमाणा रूढतामपि गताः शिष्टदर्शनादपि वर्तन्ते । अनागमा हि सर्वेषां विद्या आगमोपायैव शास्त्रभेदे सत्यविकल्पा, सा खलु यदा विवर्तते सर्वं तदा विकल्पं व्या. . . .निर्विकल्पो ह्येकरूपमार्थतो वाग्विषयातीत इति ॥२३३॥

अनिबद्धं निमित्तेषु निरूपाख्यं फलं यथा ।
तथा विद्याप्यनाख्येया शास्त्रोपायेव लभ्यते ॥२३४॥

[2]उत्पत्तिपक्षे तावदपदे निरूपाख्ये वस्तुशक्तिमतामपि कारणानां प्रयोजिकानां च जातीनां पदवाक्याभ्यासाभावाद[3] सद्भिरविशेषो दृश्यते । तस्मादवधिमात्रमुपादाय व्यापारेषु निमित्तेषु निरूपाख्यफलमुपजायत इत्याहुः । सत्यपक्षेऽपि तिरोभूतासु कार्यशक्तिषु असता तुल्यत्वम् । अथ च दृश्यते समीहितमसमीहितं वा सर्वनिमित्तव्यापारमात्रं लोके प्रसिद्धं फलं तथाविद्या शास्त्रैरसंस्पृष्टत्वाच्छास्त्राणामविद्यारूपानुपातित्वाच्छास्त्राभ्यासरूपावधिरनाख्येयोपाया कुतोऽप्यद्भुतया वृत्त्या प्रादुर्भवति । शास्त्रोपायैरवगन्तुर[4] प्रत्ययात् स्वयमेव निवर्तते । [7]तस्मादन्यत्राभ्यासः क्रियते नान्तरीयकत्वादन्यदेव प्रादुर्भवतीति ॥२३४॥

---

1. M. विकल्पाविकल्पातीतत्वे.
2. M. उत्पत्तिविक्षेत्रावद° 3. M. °भावाद्वसद्भि. 4. M. पायैरेकगन्तु°.

यथाभ्यासं हि वागर्थे प्रतिपत्तिं समीहते ।
स्वभाव इव चानादिर्मिथ्याभ्यासो व्यवस्थितः ॥२३५॥

इहेन्द्रियस्य कस्यचिदेव व्यापारेण केनचिदागमेनोत्प्रेक्षया वा यथा यद् वस्तु तथाभूतं वा बुद्धौ प्रान्ताकारमसन्निवेशमभ्यस्तं भवति। तदेतदनुगमेन तदनुग्राहिणी वाक् प्रवर्तते। प्रतिदेशप्रतिदेशिनावनुमानेनोद्देशेन [1]व्यवहरतां यथैव ममायमहमस्मीत्येष विकल्पो रूढस्वभावतः तथा सर्वार्थेषु मिथ्याभ्यासो व्यवस्थितः ॥२३५॥

उत्प्रेक्षते सावयवं परमाणुमपण्डितः ।
तथावयविनं युक्तमन्यैरवयवैः पुनः ॥२३६॥

सावयवार्थदर्शनाभ्यासा अबुधाः परमाणुशब्दवाच्यमर्थं कलावन्तमेव प्रतिपद्यन्ते। तथाहि वक्तारो भवन्ति—परमाणुरेकदेशेन वा सम्बध्येत, [2]सर्वात्मना वेति। तथा स्ववस्तुरूपेण निर्भागं....च्यवयविनमभिन्नैरवयवैर्भागभेदेनैव सम्बन्धमवस्यन्ति । नैकमनेकाधिकरणस्थमसति भेदे [3]प्रतिपद्यते। तथा सर्वस्य कार्यस्य जातिं प्रति साधनव्यापार आदिमत्त्वेन प्रसिद्धः। सा चादिमत्ता दशमसंसृतिरित्येतस्यामपि क्रियायां तथैव व्यवतिष्ठते । न हि शा...जात्यादिविक्रियारूपमात्रनिबन्धन....पर्यन्तं तदुत्पत्तिपक्षेऽवतिष्ठते । सर्वस्यैवासतः कारणान्तरपरतन्त्रत्वं कश्चिदबुधः प्रतिपद्यते ॥२३६॥

Verse 237 is omitted.

उपायाः शिक्षमाणानां बालानामपलापनाः[4] ।
असत्ये वर्त्मनि स्थित्वा ततः सत्यं समीहते ॥२३८॥

विशिष्टवाचामपि चैत्यमश्मादिवत् (?) प्रतिपत्तिशून्यं स्यात्। तन्न्यायाद् बालादीनां यथाकथञ्चित् प्रतिपादनमारभ्यते। तु भिन्ना ते (?) अतिशयप्रकारा यथा मिथ्याभ्यासे....रिकुर्वन्तो यावच्छोक (?) व्यवहारप्रवृत्तिस्तावत् सविपर्ययत्वाद् असत्ये वर्त्मनि स्थित्वा स्वप्रकाशाधिगम्यमनुपदेश्यं सत्यं समीहते। सर्वेषां [5]चागमचक्षुषामुपदेशप्रापणीयस्य श्रेयस एषः प्रवृत्ति-क्रमः[6] । तथैवान्यपदार्थग्रहणोपायान् विनापोद्धारेण [7]नास्ति स्थितलक्षणस्यार्थस्य प्रतिपत्तिरिति ॥२३८॥

---

1. M. व्यहारतां.
2. M. °ध्येत तत्सर्वा°. 3. M. प्रतिपद्यन्ते.
4. M. मुपलालनाः. 5. M. गमश्चक्षु°. 6. M. °त्तितमः. 7. M. नाम्नि.

अन्यथा प्रतिपद्यार्थं पदग्रहणपूर्वकम् ।
पुनर्वाक्ये तमेवार्थमन्यथा प्रतिपद्यते ॥२३९॥

इहास्य वस्तुन उपन्यासमात्रमुत्तरत्रोदाहरणाभिधानम् । तत्र क्रियापदैः साधनपदैश्च पृथक् पृथगुपादीयमानैः वाक्यैकदेशेषु वा श्रूयमाणैः पदनिबन्धनं वाक्यैकदेशनिबन्धनं वान्यथाभूतमर्थं प्रतिपद्यन्ते । नित्यत्वाच्च शब्दार्थसम्बन्धस्य यदुपात्तं शब्देन तस्य पुनरशक्यः परित्यागः कर्तुमिति ॥२३९॥

उपात्ता बहवोऽप्यर्था [1]येष्वन्ते प्रतिषेधनम् ।
क्रियते ते निवर्तन्ते तस्मात्तांस्तत्र नाश्रयेत् ॥२४०॥

[2]यावद्धि प्रतिषेधो न श्रूयते शोभनोऽसौ ब्राह्मणो देयं तस्मै नेति प्राङ् नञ् प्रयोगाद्विशिष्टगुणसम्बद्धत्वं[3] विशिष्टक्रियासाधनत्वं च पदार्थस्य प्रतीयते । तच्चोच्चारितं वा शब्देन पश्चान्निवर्तते । पूर्वमेव स्मर्यमाणत्वेनाविशिष्टरूपेण पदेनैवोपादीय[4]मानेन तच्च यथाभूतमेव यथावस्थानं नञा द्योत्यते । न तत्रोक्तस्य शब्देन प्रतिपत्तिरन्यथा शक्या कर्तुम् । बाह्ये वस्तुनि शब्दस्याविभवान्नित्यत्वाच्च सम्बन्धस्याविद्यमानेऽप्यर्थे विपरीतेनैवापरस्य प्रतिपत्तावभ्युपगम्यमानायां प्रसिद्धिः पदार्थस्य बाधिका भवति । अन्यथोपात्तस्यार्थस्य सैवावस्था प्रतिषेधविषयत्वेन द्योतयितुमशक्या । तस्मादसत्यप्यादीयते शब्देनेति कथं तथाभूत उपादीयते । कार्यार्थमस्योपचितस्योपादानं यदि तत्र कथं पौरुषेयस्योपकारस्य नित्ये सम्बन्धे सति प्रवृत्तिरभ्युपगम्यते । शब्दैरेवानुमानेन प्रवर्तमानस्तमुपादत्ते । एवमप्युपचारादुपात्तस्य शब्देन प्रक्रान्तस्य सा सत्तावस्था पदेनोपात्ता पुनः [5]शक्या न त्यक्तुम् । तस्माद्वाक्यमेवैतदेवंजातीयकं यत्र प्रकल्पिते सत्यनी. . .वद्वारे शब्दान्तरस्य प्रतिपत्त्या च प्रतिपत्त्यवधिना विशिष्टार्थप्रतिपत्तिर्विदुषामपि यः शास्त्रव्यवहारस्तत्र ते स्वभावनिवृत्ताः पूर्वमेवासन्तः [6]प्रक्रान्ताः वयं सिध्यमात्रेण (?) द्योत्यन्ते ॥२४०॥

वृक्षो नास्तीति वाक्यं च विशिष्टाभावलक्षणम् ।
[7]नार्थेन बुद्धौ सम्बन्धो निवृत्तेरवतिष्ठते ॥२४१॥

यथैव तिष्ठतीति गमननिवृत्तिफललक्षितो न गतेरभावमात्रं तथा वृक्षो नास्तीति सत्ताविशेषे आत्मभरणाभावलक्षितः प्रतिनह्यवमस्तु (?) व्यावृत्त-

1. M. येष्वर्थे. 2. M. यावद्धिप्र°. 3. M. °सम्बन्धत्व. 4. M. °माने तच्च.
5. M. शक्या त्यक्तुम्. 6. M. प्रक्रान्तते.
7. M. नार्थे तु.

सत्त्वं व्यवहारपदार्थत्वेन व्यवस्थितं शब्दस्य विषयत्वेन व्यवतिष्ठते । अर्थस्तु वस्तुतः सन्नपि शब्दान्तरोपादानः शब्दान्तरेण प्रसिद्धायाः स्वस्या अवस्थाया व्यावर्तयितुमशक्यः । बुद्धिरप्यर्थनिबन्धनकृताकारपरिग्रहा । तस्माद-र्थादनुरूपत्वेनावस्थिता विशेषयितुमशक्या बुद्धचन्तराण्यपि शब्दादुत्पद्यमानानि यदि तमर्थं तथैव क्रमेण परिगृह्णन्ति पुनरपि तस्य परिगृहीतस्याशक्य एव त्यागः कर्तुम् । तस्मात्[1]...

विच्छेदप्रतिपत्तौ च यद्यस्तीत्यवधार्यते ।
अशब्दवाच्या सा बुद्धिर्निवर्तेत स्थिता कथम् ॥२४२॥

इह सं.....न पदानां प्रतिपत्तावस्तीति नेति वृक्षो नास्तीति सत्तायामव-धृतायां परिगृहीतसत्तारूपायां स्थितावनुग्रहायां रूढविषयायां बुद्धौ नञः प्रयोगे सत्यपि बुद्धिरूपेणैव निर्धार्यमाणा विषयरूपं विपर्यासं प्रतिपन्ना शब्दे प्रयोगोपाया शब्दैरवाच्या कथं निर्वर्तयितुं शक्यते । अथापि शब्दान्तरप्रयोगोपायं बुद्धचन्तर-

1. There is a gap here. The Vṛtti on 241 which is given on p. 140 of M. is incomplete. The Vṛtti which follows the gap probably belongs to 245 because the next verse is 246. Kā. 245 and the beginning of its Vṛtti are given at the end of p. 143 and at the top of p. 144. Kā. 242, 243, 244 and 245 with this Vṛtti are given on pp. 142, 143 and 144. Kā. 242 with its Vṛtti is on given p. 142 after Kā 248. Part of the Vṛtti on 245 is given on pp. 140 and 141. Kā. 246, 247 and 248 with their Vṛtti are given on pp. 141 and 142. The photo copy of p. 143 is so smudgy that more than half of it is quite illegible and I had to get a hand written transcript of it together with those of 17 other such smudgy pages, from the Government Oriental Manuscript Library, Madras, for the purpose of this edition. Thus, there is a difference in the order of the *Kārikās* as between Puṇyarāja's commentary and the Vṛtti. I have followed Puṇyarāja's order for the sake of convenience. It is difficult to decide in which order Bhartṛhari actually wrote these *Kārikās*. Puṇyarāja atleast tries to show a logical connection between them, because he usually gives an *avataraṇikā* before giving the *Kā*. itself.

मुपजायते । शब्दवाच्यस्त्वर्थातमा तत्त्वान्न प्रच्यवते, तदवस्थ एवावतिष्ठते । तत्रेदं वस्त्वस्ति प्रतिषिद्धं चेति कथम्भूतशब्दार्थो विज्ञातव्यः ॥२४२॥

[1]अथ यज्ज्ञानमुत्पन्नं तन्मिथ्येति नञा कृतम् ।
नञो व्यापारभेदेऽस्मिन्नभावावगतिः[2] कथम् ॥२४३॥

अथार्थमनपेक्षमाण एवायं न शब्दो यत् ज्ञानमुत्पन्नं तन्मिथ्येति तस्यापरिशुद्धविषयतां विपरीतार्थाभिनिवेशं ख्यापयति । ततश्च तथाभूतज्ञानसम्बन्धेन बाह्येनार्थेन तदवस्थत्वमुपादीयते । एवमपि ज्ञानान्तरवदशब्दार्थत्वान्नञा न सम्बध्यते । सत्यपि सम्बन्धाभ्युपगमे योऽत्र शब्दार्थस्तस्यासंस्पर्शात्तदवस्थत्वे सति यस्य साक्षान्निवृत्तिर्न क्रियते तस्य बुद्धेर्भावान्मिथ्याभिधानेन कथं शक्या निवृत्तिः कर्तुम् । तत्र किमवस्थोऽसौ शब्दार्थः सन्नसन् [3]सदसद्वेति अवधारणान्न प्रकल्पेत ॥२४३॥

निराधारप्रवृत्तौ [4]च [5]प्राक्प्रवृत्तिर्नञो भवेत् ।
अथाधारः स [6]एवास्य नियमार्था श्रुतिर्भवेत् ॥२४४॥
नियमद्योतनार्था वाप्यनुवादोऽथवा भवेत्
कश्चिदेवार्थवांस्तत्र शब्दः शेषास्त्वनर्थकाः ॥ २४५ ॥

शास्त्रव्यवहारे पृथगर्थवत्तायामाश्रीयमाणायामेवोच्यते—नञोऽसावच्छिन्नोऽर्थ आश्रयसन्निधानाच्चाश्रयधर्मं (?) वृत्तिर्नाम न कदाचिदस्ति । तस्मादपेक्षायां सन्निधानेन वा विषयोपक्रमादुपचीयते ॥२४५॥

....दपेक्षायां सन्निवेशनेन वा विषयोपग्रहः कर्तव्य इति सामर्थ्यप्राप्तमेतत् । तत्र प्रवृत्तावपेक्षा प्रवर्तते । तस्मादयं पदान्तरा...पादेयं...त्तरद्वारेण कश्चिदेवानिर्ज्ञातरूपविषयविशेषमपि क्रियायाः कर्तारमुपाददीत । द्रव्याश्रितं वा सामान्यमभ्यन्तरी कुर्वन्निमित्तत्वेन सोऽयमिति प्राप्ताभेदसम्बन्धद्रव्यं प्रतिपद्येत । उभयथा नियमार्था द्रव्यविशेषश्रुतिस्वभावनियतत्वाच्च नियतद्योतनार्था.....तिसदोपनायारसताभावग्रहे सामर्थ्यप्राप्तस्य साधनाधारस्य द्रव्यस्य सामान्येनावच्छेदनार्थमनुवादमात्रं क्रियते । तथा च न भवत्यर्थवत्ता द्योतकस्थानास्तु ब्राह्मणादयः शब्दा वाच्येनार्थेनार्थवन्तः प्रयुज्यन्ते ॥२४५ (?) ॥

विरुद्धं चाभिसम्बन्धमुदहार्यादिभिः कृतम् ।
वाक्ये समाप्ते वाक्यार्थमन्यथा प्रतिपद्यते ॥२४६॥

---

1. M. यथा यज्ज्ञा° 2. M. °वावधृतिः. 3. M. रदसद्वेति.
4. र. °प्रवृत्तां. 5. M. प्राग्वावृत्तिर्न. 6. M. एवास्यान्नियमार्था.

यदि पदमात्रश्रुतौ प्रतिपत्तिप्रसिद्धनिमित्तोपादानमर्थव्यवस्थानं तथा सति यथायथमर्थं प्रतिपद्यते । तथा तेनार्थेनार्थवत्ता प्राप्नोति । तत्रानड्वाहं हर-शिरसा या त्वं भगिनि [1]प्राचीनमभिधावन्तं कुम्भमद्राक्षीरित्यर्थान्तरेण युक्तानां वाक्यसमाप्तौ अर्थान्तरोपादानमर्थान्तरत्यागश्च[2] दृश्यते (अथ तु नैवासौ पूर्वोऽर्थ उपात्तो मिथ्याप्रतिपत्तिमात्रं तु तत् सम्पूर्णस्यानवधारणाद् विवक्षितस्यार्थस्य तत्रापि प्रतिपत्तिरिति । तथा सति नास्ति सामान्येऽवस्थितानां विशेषेऽवस्थान-मिति ॥२४६॥

स्तुतिनिन्दाप्रधानेषु वाक्येष्वर्थो न तादृशः ।
पदानां [3]प्रविवेकेन यादृशः परिकल्प्यते ॥२४७॥

सायनोपयोगादि. . . .न जरयति नाभ्युपयोगात् पृथिव्यास्म. . . .ज्जति यत्राभिधीयते तत्रैतावानर्थो दीप्ताग्निर्मन्दाग्निर्वा भवतीति सततत्ववचनम् । सत्तानुमानपक्षेणानुगम्यते । यस्तु नास्ति प्रत्यक्षेण तस्मान्न पृथगर्थत्वं पदानामित्या-हुः । अथवान्यथा वा प्रत्यक्षानुमानाभ्यां तस्यार्थस्य प्रतिपादकमिति ॥२४७॥

अथासंसृष्ट एवार्थः पदेषु समवस्थितः ।
वाक्यार्थस्याभ्युपायोऽसावेकस्य प्रतिपादने ॥२४८॥

पूर्वं पदेष्वसंसृष्टेषु. . . .त्रापि सम्बन्धः । तद्वा बुद्ध्यन्तरं वाक्यार्थप्रवि-भागप्रतिपत्त्युपायमात्रमभ्युपगन्तव्यम् ॥२४८॥

पूर्वं पदेष्वसंसृष्टो यः क्रमादुपचीयते ।
छिन्नग्रथितकल्पत्वात् [4]तद्विशिष्टतरं विदुः ॥२४९॥

इह केषाञ्चित् स्वार्थमात्रनिबन्धनानां पदानामर्थाभ्युच्चये. . . .कुर्वस्यार्थ-रूपस्य विहितस्य पुनस्त्यागादन्यथा च पुनरुपादानादुत्तरोत्तरप्रादुर्भावे त्यागो-पादानयोरनवस्थितत्वाद्विच्छिन्न. . . .द्यग्रथनं ग्रथितस्य च पुनर्विच्छेद इति विशिष्टतर एव प्रतिपत्त्युपाय इति ॥२४९॥

एकमाहुरनेकार्थं शब्दमन्ये परीक्षकाः ।
निमित्तभेदादेकस्य सार्वार्थ्यं तस्य भिद्यते ॥२५०॥

1. M. प्रा(वा)चिन. 2. °त्यागं च.
3. र. RP. प्रविभागेन.
4 RP. र. त्वान्न विशिष्ट.

वाक्ये पदानामर्थान्तरे कल्पकश्रुतीनां वृत्तिदर्शनानां (?) सम्बन्धिनोऽनेकत्वमनेकार्थत्वेऽपीत्यन्वाख्यायते । यथैव शब्दभेदेऽपि हस्तः करः पाणिरित्यर्थस्यैकत्वं[1] न निवर्तते तथैवार्थभेदेऽप्यक्षाः पादा माषा इत्येकत्वशब्दस्य न निवर्तते । तत्रैक एव लोके शब्दाददृष्टैः (?) सम्भविभिरर्थैः सर्वैः नित्यसम्बन्धः । यदि तर्हि नित्यसम्बन्धः [2]कस्माद्यौगपद्येन सर्वे न प्रतीयन्ते । तद्यथा एकशेषे पितरौ श्वशुराविति ? तदर्थमुत्तरार्धमुच्यते––सार्वार्थ्यं निमित्तभेदेन प्रविभज्यमानम् ॥२५०॥

यौगपद्यमतिक्रम्य पर्याये व्यवतिष्ठते ।
अर्थप्रकरणाभ्यां वा योगाच्छब्दान्तरेण वा ॥२५१॥

अर्थप्रकरणशब्दान्तरसम्बन्धादीनि[3] प्रविभागे निमित्तानि । [4]अर्थेन अञ्जलिना जुहोति, अञ्जलिना सूर्यमुपतिष्ठते, अञ्जलिना पूर्णपात्रमुपहरतीति । [5]प्रकरणेन तु [6]भोजनादिना सैन्धवादीनां शब्दानामर्थविशेषावच्छेदाः क्रियन्ते । [7]शब्दान्तराभिसम्बन्धेनाग्निर्माणवको गौर्वाहीक इति । बुद्धेः [8]सार्वार्थ्यमुपलिप्सादिभिरिन्द्रियैश्चावच्छिद्यते । इन्द्रियस्यापि सार्वार्थ्यमुपलिप्सार्थसम्बन्धादिभिरवच्छिद्यते । शब्दस्तु कदाचिद्यौगपद्येनानेकमपि प्रत्याययति श्वेतो धावति, अलंबुसानां यातेति ॥२५१॥

यथा सास्नादिमान् पिण्डो गोशब्देनाभिधीयते ।
तथा स एव गोशब्दो वाहीकेऽपि व्यवस्थितः ॥२५२॥
सर्वशक्तेस्तु तस्यैव शब्दस्यानेकधर्मणः ।
प्रसिद्धिभेदाद्गौणत्वं मुख्यत्वं चोपवर्ण्यते ॥२५३॥

एक एवायं गोशब्दो [9]वाक्ये क्वचिज्जातिविशेषाभिधायी । तद्यथा––गौरनुबन्ध्य इति । क्वचिज्जात्युपसर्जने द्रव्यमात्रे वर्तते, तद्यथा गौरानीयतां गौर्दुह्यतामिति । केचिदत्र जातिमात्राभिधायित्वं मन्यन्ते—तद्यथा क्वचिद् गोशब्दः परिच्छिन्न एव द्रव्यविशेषे वर्तते । तद्यथा––अस्त्यत्र काञ्चिद् गां पश्यसीति महति गोमण्डल आसीनं यदा गोपालकं [10]पृच्छतीति । क्वचित्तु रूढिसम्बन्धेषु क्रियागुणेषु गोशब्दः प्रयुज्यमानो दृश्यते । तद्यथा–जाड्याद्दौच्छुम्यात् सर्वंसहत्वान्महाशनत्वाद्वा गौर्वाहीक इति ।

तस्य सर्वशक्तेर्गोशब्दस्य निमित्तान्तरादवच्छिद्यमानसामर्थ्यस्य प्रसिद्ध्यप्रसिद्धिभ्यां[11] गौणत्वं विज्ञायते । यत्रार्थे श्रुतिमात्रेणावरुध्यते शब्दः नचार्थान्तर-

1. M. °कत्वन्न वर्तते । 2. M. तस्मा°.
3. M. °न्धादिभिः. 4. M. तद्यथा. 5. M. °रणे तु.
6. M. has शब्दान्तरेणेदं after भोजनादिना. but it is a mistake I think.
7. क्रियन्ते....न्तरा° 8. M. बुद्धेरर्थमुपालिप्सा°.
9. M. वाच्ये. 10. M. पृच्छसीति. 11. AK. inserts मुख्यत्वं before गौणत्वं and च after it.

मभ्यन्तरीकरोति शब्दान्तराभिधेयत्वेन प्रसिद्धं तत्र मुख्यव्यपदेशं लभते । यत्र तु शब्दान्तरादिभिरुपनीयते प्रसिद्धं च शब्दान्तराभिधेयमर्थान्तरमवलम्बमानो[1] लोकेऽर्थग्रहण इति व्यपदिश्यते (?) ॥२५२, २५३॥

एको मन्त्रस्तथाध्यात्ममधिदैवमधिक्रतु ।
असङ्करेण सर्वार्थो भिन्नशक्तिरवस्थितः[2] ॥२५४॥

पदानामवभेदान्तरकत्वेन (?) या तुल्यावच्छेदानां चार्थान्तिरपरिग्रहेण कुक्षीनां च प्रवृत्तिनिमित्तस्य सव्यापारत्वेन स एव नञ्ञोऽध्यात्ममधिदैवमधियज्ञं च सत्यपि सर्वशक्तित्वे विषयोऽवच्छिद्यमानसामर्थ्योऽर्थपदरूपादिभिरसङ्कीर्णविषयं तथैव नित्यमवस्थितः ॥२५४॥

गोत्वानुषङ्गो वाहीके निमित्तात् कैश्चिदिष्यते ।
अर्थमात्रं विपर्यस्तं [3]शब्दः स्वार्थे व्यवस्थितः ॥२५५॥

एकेषामाचार्याणां मुख्यात् स्वविषयादन्यत्र शब्दस्य वृत्तिर्नास्ति । रूपान्तराध्यारोपस्तु अर्थान्तरे क्रियते । यथैवैकः समोभावात् (?) [4]रज्जुद्रव्ये प्राप्तविपर्यासः सर्पशब्दः स्वविषयं प्रयुङ्क्ते विषयान्तरेषु विषयान्तररूपमध्यारोपयति, यथा कस्यचिदेव सदृशस्य धर्मभूतस्य दर्शनाद् भाविनो वा भूतपदासङ्गाद् गोत्वमासाद्य वाहीके प्राप्तरूपविपर्यासायां बुद्धौ गोशब्दं सास्नादिमत्येव पिण्डे प्रयुङ्क्ते । तत्रार्थरूपमात्रविपर्यासः शब्दस्य तु विषये व्यभिचारो दृश्यते ॥२५५॥

तथा स्वरूपं शब्दानां सर्वार्थेष्वनुषज्यते ।
अर्थमात्रं विपर्यस्तं स्वरूपे तु [5]श्रुतिः स्थिरा ॥२५६॥

अन्ये त्वाचार्या मन्यन्ते स्वरूपे शब्दो नित्यं वर्तते । स एव तस्यान्तरङ्गो-[6]ऽव्यभिचारी शब्दान्तरैश्चासाधारणोऽर्थः । तत्र चानुपदेशप्रतिपत्तिः सर्वेषाम् । रूपन्तु शब्दानामर्थेष्वध्यारोप्यते । यो गोशब्दः सोऽयं पिण्डोऽर्थः । तथा यो

---

1. AK.° रमव लम्बते तत्र गौणइति व्यपदिश्यते.
2. र. RP. °क्तिर्व्यव°.
3 M. स्तं स्वशब्दार्थे व्य° 4. M. रज्जुर्द्रव्ये.
5. M. श्रुतिः स्थिता र. RA. स्थितिः स्थिरा. 6. M. °रङ्गो व्यभि°.

वृद्धिशब्दत आदैच इति । तत्र स्वरूपेष्वेव श्रुतयो नित्यावबद्धाः, अर्थस्वरूपयोस्तु रूपविपर्यासमात्रेण सर्वो लोकव्यवहारः क्रियते । नित्यत्वाच्चेयं सर्वविषया गुणकल्पना गौणव्यपदेशे निमित्तत्वेनोपादीयते....ति यस्यानापन्नविपर्यासस्वरूपं गौणव्यपदेशनिमित्तत्वं प्रतिपद्यते ॥२५६॥

एकत्वं तु [1]सरूपत्वाच्छब्दयोर्गौणमुख्ययोः ।
प्राहुरत्यन्तभेदेऽपि भेदमार्गा [2]नुदर्शिनः ॥२५७॥

अर्थरूपभेदेन प्रत्यवमर्शिनां हि प्रत्यर्थं श्रुतिरूपसादृश्येऽपि भेदवता प्रयत्नेनात्यन्तभिन्नानां शब्दानां दुर्ज्ञानत्वाद् भेदस्य स्वरूपाश्रयेणैकत्वेन व्यवहारमात्रं शास्त्रेण क्रियते । भेद एव तु मुख्यो नित्यः परमार्थेन विज्ञायते । तथा हि [3]केचिदन्याय्यमेकशब्दत्वमिति पठन्ति ॥२५७॥

सामिधेन्यन्तरं चैवमावृत्तावनुषज्यते ।
मन्त्राश्च विनियोगेन लभन्ते भेदमूहवत् ॥२५८॥

तान्याम्नायान्तराण्येव पठ्यते [4]कश्चिदेव तु ।
अनर्थकानां पाठो वा शेषस्त्वन्यः प्रतीयते ॥२५९॥

शब्दस्वरूपमर्थस्तु [5]पाठेऽन्यैरुपवर्ण्यते ।
अत्यन्तभेदः सर्वेषां तत्सम्बन्धात्तु तद्वताम् ॥२६०॥

सप्तदश सामिधेन्य इति मुख्येन भेदेन युक्ता [6]लब्धस्वसङ्ख्यानिमित्तव्यपदेशाः सप्तदशैर्वृत्या(?)। आवृत्तिस्तु रूपसामान्यादुपचरितमेकत्वमनुपतति। पक्षान्तरे तु **'एकाजनेकाज्ग्रहणेषु चावृत्तिसङ्ख्यानात्'** (Vā 10, *M.Bhā*. I, p. 17, l. 22.) इति। एकत्वे मुख्ये सङ्ख्याशब्द उच्चारणभेदद्वारेण[7] सन्निविशते। तथा भिन्ना एव व्यवस्थितनानात्वा मन्त्रा भिन्नेष्वध्यात्मादिषु विषयेषु यथा सामर्थ्यं विनियुज्यन्ते। मन्त्रान्तराणामपि तु रूपमात्रनिबन्धनः सकृदेवोपदेशः क्रियते । ऊहेऽपि च तेषां तानि मन्त्रान्तराण्येव सामर्थ्यात् प्रविभक्तानि [8]प्रसज्यन्ते । प्रकृतिविषयं तु किञ्चिदेव रूपं पठ्यते । अन्येषामर्थवतां [9]विनियोगविषयाणां निबन्धनभूतमात्रा ये पठ्यन्ते ते अपरेषामनाश्रितार्थस्वरूपमात्रनिबन्धनाः सम्पाठविषया आम्नायशब्दात् प्रत्यायिता नानापठितानामर्थवतामत्यन्तं भेद एव। २५८, २५९, २६०॥

---

1. M. र. RP. स्वरूपत्वात्. 2. र °नुमारिणः. 3. M. केनचिदन्याय्यमेकशब्दत्वं केचिदन्याय्य°
4. M. पठ्यन्ते किंचिदेव तु. 5. M. र. पाठोऽन्यैः 6. M. धस्थ- सं° 7. M °भेदे द्वारेण. 8. M. °ज्यते. 9. M. °योगः विष°

अन्यासंस्कारसावित्री कर्मण्यन्या प्रयुज्यते ।

अन्या जपप्रबन्धेषु सा त्वेकैव प्रतीयते ॥२६१॥

केचित्तु मन्यन्ते यथा भिन्नरूपविषयाणामपि तथैव पृथग्विनियोगानामपि नानात्वमकृतसंस्कारस्य संस्कारसावित्र्या संस्कारः क्रियते । कृतसंस्कारस्य तु प्राप्ताधिकारस्य कर्मणि सावित्र्यन्तरमेवाङ्ग[1] त्वेनोपादीयते । **इषे त्वा** इति शाखाश्छिनत्ति, **वायवः स्थ** इति वत्सानपाकरोति । [2]जपप्रबन्धेऽपि प्रायश्चित्तादिष्वभ्यासाच्चापूर्वाभिव्यक्तौ व्यवस्थिता [3]नानात्वप्रसिद्धिश्च । व्यावहारिकमेकत्वमिति ॥२६१॥

अर्थस्वरूपे शब्दानां स्वरूपाद्वृत्तिरिष्यते ।[4]

वाक्यरूपस्य वाक्यार्थे वृत्तिरन्यानपेक्षया ॥२६२॥

स्वरूपपदार्थवादिनस्तु केचिदाचार्या मन्यन्ते—यथैव[5] पदानि स्वरूपनिबन्धनानी ह्यर्थमनुभवन्ति तथा वाक्यान्यपि स्वरूपनिबन्धनानि वाक्यार्थेन विभक्तोद्देशेन [6]सम्बध्यन्ते । पदार्थानां संस्पर्शमात्रापि[7] न विद्यते । अन्येषां त्वाचार्याणां दर्शनं सत्त्वभूतेष्वेवार्थेषु स्वरूपनिबन्धनाः शब्दा निमित्तानपेक्षाः सन्निपतन्ति । . . . न्येते चाव्युत्पत्तिपक्ष एव । व्युत्पत्तिपक्षे तु निमित्तान्येव प्रयोजकानि ॥२६२॥

अनेकार्थत्वमेकस्य यैः शब्दस्यानुगम्यते ।

सिद्धयसिद्धिकृता तेषां गौणमुख्यप्रकल्पना ॥२६३॥

इह केषाञ्चिदनेकार्थत्वं यौगपद्येन व्यवस्थितनिमित्तान्तरादप्यवच्छेदेनावतिष्ठते । केषाञ्चित् पर्यायेणैव सामर्थ्यादिकस्यापि नित्यप्रविभक्तमेव नानार्थत्वम् । तत्र यौगपद्येन यदा प्रसिद्धेनार्थेनावच्छिद्यते (?) [8]शब्दस्तु न मुख्यव्यपदेशं लभते । अप्रसिद्धेन त्वर्थेन प्राप्तावच्छेदस्य [9]गौणव्यपदेशो भवति । तथा पर्यायेण यस्मिन् वाक्ये प्रसिद्धार्थः शब्दस्तत्र मुख्यः, अन्यत्र तु गौणः ॥२६३॥

अर्थप्रकरणापेक्षो यो वा शब्दान्तरैः सह ।

युक्तः प्रत्याययत्यर्थं तं गौणमपरे विदुः ॥२६४॥

---

1. M. °न्तरमेव वा. 2. M. प्रतिबन्धे. 3. M. °तान्नानात्वं प्र°.
4. M. °त्तिमिच्छतः 5. M. तथैव. 6. M. °ध्यते. 7. M. °मत्रापि.
8. M. शब्दन्तु ना मुख्य°. 9. M. °दस्यागौ° AK. शब्दस्तदा

सङ्ग्रहकारः पठति—

शुद्धस्योच्चारणे[1] स्वार्थः प्रसिद्धो यस्य गम्यते ।
स मुख्य इति विज्ञेयो रूपमात्रनिबन्धनः ॥२६५॥

यस्त्वन्यस्य प्रयोगेण यत्नादिव नियुज्यते ।
तमप्रसिद्धं मन्यन्ते गौणाथर्थाभिनिवेशिनम् ॥२६६॥

स्वार्थे [2]प्रवर्तमानोऽपि यस्यार्थं योऽवलम्बते ।
निमित्तं तत्र मुख्यं स्यान्निमित्ती गौण इष्यते ॥२६७॥

तस्मादर्थप्रकरणशब्दान्तरादिनिरपेक्षो रूपमात्रेण [3]प्रसिद्धमर्थान्तरमनपेक्षमाणो यः [4]स्वार्थं प्रत्याययति स मुख्यो विपरीतस्तु गौणः ॥२६४, २६५, २६६, २६७॥

पुरारादिति भिन्नेऽर्थे यौ वर्तेते [5]विरोधिनि ।
अर्थप्रकरणापेक्षं तयोरप्यवधारणम् ॥२६८॥

विरुद्धार्थाभिधायिनामितरेतरानपेक्षत्वाद्गौणमुख्यभावो नाभ्युपगम्यते । तद्यथा—पुरा विद्योतते, नलेन(?)स्य पुरा ब्राह्मणा अधीयते, [6]संजुर्दुन्दुभिरारा-द्वीयो अपसेध शत्रून् । आराच्छत्रुमपबाधस्व दूरमिति अर्थप्रकरणादिगम्येऽपि स्वार्थे एकशब्दवादिनामनेकशब्दवादिनां च नैवंप्रकारेण गौणमुख्यव्यवस्था विद्यते । तथा वायुर्वायुः अश्वोऽश्वः, तेन तेन इति नामाख्यातानां तुल्यरूपत्वे विषयान्तरस्यासंस्पर्शान्न गौणमुख्यव्यवहारोऽस्ति ॥२६८॥

वाक्यस्यार्थात् पदार्थानामपोद्धारे प्रकल्पिते ।
शब्दान्तरेण सम्बन्धस्तस्यैक[7] स्योपपद्यते ॥२६९॥

ये तु वाक्यादप्रविभागसंस्पृष्टयनेकशक्तिरूपेऽर्थे [8]वर्तमानात् कल्पितरूपाणां कल्पितार्थानां च प्रतिपादकानां वाक्यान्तरनिबन्धनानां शब्दान्तराणामपोद्धारं कुर्वन्ति न तेषामेकशब्दोऽस्ति यस्यार्थप्रकरणशब्दान्तरादिभिरर्थविच्छेदः

1. M. °रणस्यार्थः 2. र. RP. °मानस्य यः 3. (a) M. न्तरानपे 4. M. Illegible, the microfilm print being smudgy. The hand written transcript reads as printed.
5. M. °धिनी. 6. M. संज्ञुर्दु.
7. M. कस्यै°. 8. M. Illegible, the microfilm print being smudgy. The text as printed is on the basis of the hand-written transcript.

क्रियते । तेऽपि [1]तुल्यं श्रुतित्वेनापोद्धारमाश्रित्य गौणमुख्यव्यवहारमात्रं कुर्वन्ति ॥२६९॥

यस्याप्येकपदं दृष्टं चरितास्तिक्रियं क्वचित् ।
तद् वाक्यान्तरमेवाहुर्न तदन्येन युज्यते ॥२७०॥

यद्यपि चरितास्तिक्रियमेकपदं संसर्गिशब्दान्तराभावात्[2] परिच्छिन्नार्थकं तदपि तेषां वाक्यस्यैवार्थवत्तामभ्युपगच्छतामेकपदस्वरूपं वाक्यान्तरमेव तस्य तदर्थोपक्षयात् कुतः शब्दान्तरेण वाक्यान्तरनिबन्धोऽभिसम्बन्धोऽर्थान्तरे वा वृत्तिरिति ॥२७०॥

यच्च कोऽयमिति प्रश्ने गौरश्व इति वोच्यते ।
प्रश्न एव क्रिया तत्र प्रक्रान्ता दर्शनादिका ॥२७१॥

यत्रापि निर्ज्ञातायां सत्तायां जात्यादिसमधिगममात्रे[3] णार्थिभिः कोऽयमिति प्रश्ने कृते प्रतिवचनमुपादीयते गौरश्व इति वा तत्रापि दृश्यते ज्ञायते को वायं प्रत्येतव्य इति क्रियाविशेषमभ्यन्तरीकृत्य प्रश्नप्रतिवचने भवतः । तत्र च प्रश्न-काल एवान्तर्भूतायां क्रियायां [4]प्रतिवचनेऽपि तद्विषयः[5] चरितक्रियः शब्द उपादीयते । तस्मान्नास्ति केवलमसंस्पृष्टार्थं पदं यद्विषयान्तरेऽर्थान्तरवाचिना पदेन सम्बध्येत ॥२७१॥

नैवाधिकत्वं धर्माणां न्यूनता वा प्रयोजिका ।
आधिक्यमपि मन्यन्ते प्रसिद्धेर्न्यूनतां क्वचित् ॥२७२॥

गौणमुख्यभावमन्यथा केचिद् व्यवस्थापयन्ति । यत्र परिपूर्णा धर्माः शक्तिप्रमाणजात्यादयः स मुख्यः । [6]शक्तिप्रमाणजात्यादिभिस्तु न्यूनो गौणः । [7]सम्पूर्णाश्च शक्त्यादयः[8] सिंहे, [9]न्यूना माणवके । गवि च संपूर्णा [10]जाड्यादयो न्यूनास्तु वाहीके । तत्रापरे ब्रुवते–प्रसिद्ध्यप्रसिद्धिभ्यां स्वस्यामवस्थायां न्यून–मधिकं वा विज्ञायते, न तु शक्तिप्रमाणाद्युपचयापचयौ । यो हि शब्दो येनार्थेन प्रसिद्धोऽर्थान्तरं नीयते तदुपचरितमप्यर्थरूपं तं शब्दं प्रतिन्यूनमेव तथाहि––केषाञ्चिद् गवयो गौरिति गवयशब्दस्याधिक्यादन्यस्यार्थे गौणत्वमेव । तथा [11]कूपः समुद्रः,

---

1. तुल्यश्रुति° (?)
2. M. ससर्गश°.
3. M. Illegible, the microfilm print being smudgy. The printed text is on the basis of the hand-written script. 4. M. प्रतिपादनेऽपि. 5. M. तद्विषयं.
6. M. °शक्ति प्र°. 7. M. °र्णश्च. 8. M. सिंहो. 9. M. न्यूनो. 10. M. जात्यादयो. 11. M. तथारूपः.

पाटलिपुत्रं स्वर्ग इति । तेषां त्वाधिक्यन्यूनताभ्यां व्यवस्थां कुर्वतां सर्वत्राधिक्यकल्पनया वृत्तिरभिप्रेता ॥२७२॥

[1]जातिशब्दोऽन्तरेणापि जातिं यत्र प्रयुज्यते ।
सम्बन्धिसदृशाद्धर्मात्तं गौणमपरे विदुः ॥२७३॥

अपर आह—जातिः सर्वत्र प्रवृत्तिनिमित्तम् । जातौ हि प्राप्तस्वरूपाण्य[2]-भिधानानि तत्सहचरितांस्तद्द्वारेणैव धर्मान् स्पृशन्ति । तत्र रूढसम्बन्धस्य (द्धस्य ?) प्रसिद्धसाहचर्यस्य धर्मान्तरस्य दर्शनादतज्जातीयेषु जातिशब्दः प्रयुज्यमानो गौण इत्युच्यते । डित्थादिष्वप्याश्रिताकृतिषु [3]क्रियादिसादृश्यनिमित्तायां शब्दप्रवृत्तौ गवादिवदेव गौणमुख्यत्वे ॥२७३॥

विपर्यासादिवार्थस्य यत्रार्थान्तरतामिव।
मन्यन्ते स गवादिस्तु गौण इत्युच्यते क्वचित् ॥२७४॥

इह गौर्वाहीक इति कृतप्रत्ययलोपस्य येषां वाहीके प्रवृत्तिस्तेषां यथैव गर्गा बिदा इति गौणमुख्यभावो नास्तीत्यभिप्रेतं[4] तथा गवादीनामप्युपसर्जनीभूतोपमानोपमेयवृत्तिना,[5] न भवितव्यं गौणमुख्यव्यवस्थयेति । तदर्थमुच्यते—**विपर्यासादिव** इति । लुग्वा भवतु, सोऽयमित्यभिसम्बन्धो[6] वा क्रियताम् । सर्वथा यत्रार्थान्तरवाचिशब्दस्यार्थमर्थान्तरे प्रत्यस्येमे वर्तन्ते भेदत्यागाच्चोपयुक्तव्यपेक्षैव व्यवतिष्ठते तस्य तथाभूतोऽर्थो गौण इति व्यपदिश्यते। एवं च केचिद्गौणार्थत्वात् करबदर्यादिषु वनस्पतिव्यपदेशं नेच्छन्ति । तथा काश्यपप्रकृतयः काश्यपा इति जात्याख्यायामेकस्मिन्. . . . (P. 1.2.58.) इति प्रत्युदाहरणे [7]विनाख्याग्रहणेन बहुवचनस्याप्राप्ति मन्यन्ते ॥२७४॥

नियताः साधनत्वेन रूपशक्तिसमन्विताः ।
यथा कर्मसु गम्यन्ते सीरासिमुसलादयः ॥२७५॥

क्रियान्तरेण चैतेषां भवन्ति न हि शक्तयः ।
रूपादेव तु तादर्थ्यं नियमेन प्रतीयते ॥२७६॥

1. M. °शब्दान्तरे°. 2. M. °पाभिधा°. 3. M. क्रिया तु सा निमि°.
4. M. °प्रेतं न तथा. 5. M. °वृत्तिना. 6. M. क्रियताम् । 7. M. विना व्याख्यानग्रहणेन.

तथैव रूपशक्तिभ्यामुत्पत्त्या समवस्थितः ।
शब्दो नियततादर्थ्यः शक्त्यान्यत्र प्रयुज्यते ।।२७७।।

श्रुतिमात्रेण यत्रास्य तादर्थ्यमवसीयते ।
तं [1]मुख्यमर्थं मन्यन्ते गौणं यत्नोपपादितम् ।।२७८।।

इह केचिद्भावाः [2]केषुचन कर्मसु योग्यत्वेनाश्रितशक्तयः साधनत्वेन प्रसिद्धसम्बन्धाः, केचन दर्शनमात्रादेव विशिष्टविषयाः तत्राव्यभिचारेण प्रतीयन्ते । तद्यथा सीरासिमुसलादयः कृषिवधावहननादिषु प्रयोगैकदेशरूपत्वमिव प्रतिपन्ना गृह्यन्ते । न चैतेषां कर्मान्तरेषु [3]शक्तयो भवन्ति । प्रसिद्धया[4] स्वरूपपरिकल्पितमेषां नियतक्रियाविषयं साधनत्वं व्यवस्थापितम् । लोके ते तु कर्मान्तरेषूपादीयमानाः साधयन्तोऽपि तमर्थं तदङ्गत्वेन व्यपदेशं[5] न लभन्ते । तथैवैते गवादयः शब्दाः प्रत्यायकत्वस्य विच्छेदाभावाल्लोके रूपपरिग्रहणेन प्रत्यायनमात्रशक्तिपरिग्रहेण च केषुचिदर्थेषु प्रसिद्धसम्बन्धात् श्रुतिमात्रादेव तद्विषयत्वेनावतिष्ठन्ते[6] । प्रत्यायनशक्तिमात्रं तूपादायान्यत्र प्रयुज्यमानायाः प्रत्याययन्तोऽपि तानर्थांस्तत्सम्बन्धित्वेन [7]लोके व्यवस्थया प्रसिद्धिं न लभन्ते । तस्माच्छ्रुतिमात्रेण शब्दानां येष्वर्थेषु तादर्थ्यमवसीयते [8]तेषां तं मुख्यमर्थमाचक्षते । यत्र श्रुतिमात्रविषयं प्राकृतं यत्नमतिक्रम्य निमित्तान्तरात् प्रतिपत्तिस्तं गौणमित्याहुः ।।२७५, २७६, २७७, २७८।।

गोयुष्मन्महतां च्व्यर्थे स्वार्थादर्थान्तरे स्थितौ ।
अर्थान्तरस्य तद्भावस्तत्र मुख्योऽपि दृश्यते ।।२७९।।

महत्त्वं शुक्लभावं च प्रकृतिः प्रतिपद्यते ।
भेदेनापेक्षिता सा तु गौणत्वस्य [9]प्रसाधिका ।।२८०।।

इहाश्रितरूपस्यार्थवतो निपातस्य प्रगृह्यसंज्ञा विधीयते । चौरान्तिकादिपरता मुख्यवृत्तयः । सन्ति च प्रसिद्धार्थतिरोभावेनार्थान्तरे वर्तमाना गौणव्यपदेशयुक्ताः तत्र मुख्यार्थानां ग्रहणं विज्ञायते । अगौगौरभवत् गोऽभवादिति प्रगृह्यसंज्ञा न भवति । अत्वं त्वं संपद्यते त्वद्भवतीति मध्यमो न भवति । अमहान् महान् सम्पन्नो महद्भूतश्चन्द्रमा इत्यात्वं न भवति । अत्र तु काचिदुपचरितविकाररूपा प्रकृतिः ।

1. र. RP. मुख्यं तमर्थं. 2. M. के णु च कर्मसु. 3. M. °यो न भवन्ति. 4. M. °द्धया त्वरूप°. 5. M. °देशं लभन्ते. 6. M. °ष्ठते. 7. M. °स्था प्रसि°. 8. M. तेषां मुख्य.
9. RP. प्रयोजिका.

इन्द्रः स्थूण [1]इति काचित् परिणामिनीति । तत्र परिणामिनीषु प्रकृतिषु शुक्लमहत्त्वादिभिर्मुख्यैरपि योगे सति पूर्वस्या[2] अवस्थायाः प्रच्युतस्योत्तरामवस्थामप्राप्तस्य पूर्वोत्तरयोरवस्थयोराश्रितयोः सव्यापारत्वात् पूर्वस्या अवस्थाया विवक्षायां सत्यां विकारशब्दस्य तदुपग्राहि गौणत्वं विज्ञायते । २७९, २८०॥

अग्निसोमादयः शब्दा ये स्वरूपपदार्थिकाः ।
संज्ञिभिः संप्रयुज्यन्ते[3]ऽप्रसिद्धेस्तेषु गौणता ॥२८१॥

अग्निदत्तस्तु योऽग्निः स्यात्तत्र स्वार्थोपसर्जनः ।
शब्दो दत्तार्थवृत्तित्वाद्गौणत्वं प्रतिपद्यते ॥२८२॥

योऽपि स्वरूपमात्रमेवोपादाय सङ्ज्ञिषु प्रवृत्तिनिमित्तनिरपेक्षाः कैश्चित् प्रयुज्यन्ते अग्निसोमौ माणवकाविति तत्रापि प्रसिद्धिरपहरति । अग्निसोमादिषु हि त्रिधा प्रवृत्तिमाहुः स्वरूपासङ्गेन प्रधानादीनि. . .तौ तत्त्वोपचारेण प्रवृत्तिविषये दत्तपदलोपेनाग्निदत्तोऽग्निरिति । तत्र प्रवृत्तिविषये पदलोपेन तेषामग्न्यादीनां स्वार्थ उपसर्जनभावाद् गौण इत्युच्यते । यद्येवं ब्राह्मणस्य शुक्ला इति गुणस्य तद्वति द्रव्ये वर्तते तस्य गौणत्वात् समासप्रतिषेधस्य प्रसङ्गः । तत्राहुः—न निमित्तानिमित्तवत् स्वार्थेषु निमित्तसरूपप्रत्ययान्निमित्तत्वं, निमित्तानि प्रतिपद्यमानानि प्रतित. . .रूपसंप्रमोहाद् गौणमुख्यव्यवहारमवतरन्ति । तेषां हि सत्यप्यात्मान्तरत्वे[4] स्वात्माश्रय इव व्यवहारः प्रसिद्धो लोके ॥२८१, २८२॥

निमित्तभेदात् प्रक्रान्ते शब्दव्युत्पत्तिकर्मणि ।
हरिश्चन्द्रादिषु सुटो भावाभावौ व्यवस्थितौ ॥२८३॥

इह हरिश्चन्द्रादीनां शब्दादिभ्योऽन्यत्र (?) निमित्तभिन्ने शब्दव्युत्पत्तिकर्मणि साधुत्वासाधुत्वं व्याख्यायते । तत्र हरिश्चन्द्रोऽस्येत्येवमाकृतौ यदि व्युत्पत्तिः क्रियते नास्ति ससुट्कस्य साधुत्वम् । अथ तु यो हरिश्चन्द्रः सोऽयमिति स्वरूपासङ्गः प्रस्थानक्रियासङ्गवद्वा प्रवृत्तिनिमित्तस्य विशिष्टसम्बन्धिविषयस्य सम्बन्धस्यासङ्गः[5] प्रक्रम्यते, तथा सति ऋषेरन्यत्रापि [6]ससुट्कस्य साधुत्वं विज्ञायते ॥२८३॥

---

1. AK adds उपेन्द्रो ग्रावा before इति. 2. M. स्यामवस्थायां.
3. M. °न्ते प्रसि°. 4. M. °प्यात्मान्तरानात्मान्तरत्वे.
5. M. °न्धस्याप्रसङ्ग. 6. M. °सुट्कः साधुत्वं

ऋष्यादौ प्राप्तसंस्कारो यः शब्दोऽन्येन युज्यते ।
तत्रान्तरङ्गः संस्कारो बाह्येऽर्थे न निवर्तते ॥२८४॥

इहान्तरङ्गत्वादेकमपि प्रतिबन्ध (?) संस्कारः [1]शब्दैर्यदा ऋष्यादिष्वेव प्रतिलब्धो भवति, उत्तरकालं चार्थान्तिरे प्रसिद्धसंस्काराणि तानि पदानि मूर्तिक्रियासंयोजनानि रूपासङ्गादर्थान्तिरेषु प्रयुज्यन्ते तदा स्वविषये [2]सिद्धः संस्कारो बहिरङ्गार्थप्रादुर्भावं[3] न निवर्तते ॥२८४॥

अत्यन्तविपरीतोऽपि यथा योऽर्थोऽवधार्यते ।
[4]यथासम्प्रत्ययः शब्दस्तत्र मुख्यः प्रयुज्यते ॥२८५॥

इह [5]केचिदाचार्या बुद्धिप्रत्यवभासमात्रेण सर्वत्र तुल्यादिशब्दप्रवृत्तिं व्यवच्छिन्दन्ति ।[6] जलनिर्भासायां हि मृगतृष्णिकायां बुद्धावुत्पन्नायां मुख्य एव जलशब्दः प्रयोक्तव्य इति । तुल्यं हि प्रवृत्तिनिमित्तं सर्वत्र शब्दस्य प्रयोजकं भवितुमर्हति ॥२८५॥

यद्यपि प्रत्ययाधीनमर्थतत्त्वावधारणम् ।
न सर्वः प्रत्ययस्तस्मिन् प्रसिद्ध इव जायते ॥२८६॥

गौणमुख्यव्यवस्थाप्रविभागवादिनस्तु मन्यन्ते—प्रत्ययाधीनेऽप्यर्थरूपस्यावधारणे क्वचित्तद्विषयाणां प्रत्ययानामव्यभिचारेण या प्रवृत्तिर्लोके[7] गौणमुख्यभावं व्यवस्थापयति[8] कथम् ॥२८६॥

दर्शनं सलिले तुल्यं मृगतृष्णादिदर्शनैः ।
[9]भेदात्तु स्पर्शनादीनां न जलं मृगतृष्णिका ॥२८७॥

यद्यपि सलिलरूपनिर्भासा चक्षुर्द्वारिका तथाभूतैव बुद्धिर्मृगतृष्णिकासु जायते तथापि स्पर्शनस्नानपानादीनामभावात्तद्देशप्राप्तौ चादर्शनान्नेदं सलिलमिति तासु प्रसिद्धानां मृगतृष्णिकासु नास्ति मुख्यस्य शब्दस्य प्रवृत्तिः ॥२८७॥

---

1. M. यथा. 2. M. °सिध्यसंस्कारो. 3. M. °र्भावेन निवर्त्यते.
4. M. तथा संप्रत्ययः 5. M. °दनाचार्याः 6. M. °छिद्यन्ते.
7. M. °यन्ति. 8. AK. inserts सैव taken from ŚP. before गौण°.
9. 2. RP तुल्यत्वे दर्शनादीनां. 10. AK. inserts प्रसिद्धानां before स्पर्शन etc. though in M it comes after तासु. The emendation is not supported by SP.

मदसाधारणं कार्यं प्रसिद्धं रज्जुसर्पयोः ।
तेन भेदः परिच्छेद्यस्तयोस्तुल्येऽपि दर्शने ॥२८८॥

यद्यपि रज्जुद्रव्ये कदाचिद् वर्णसंस्थानद्वारेण सर्पबुद्धिः [1]पुनरुत्पद्यते [2]तथापि साधारणं दर्शनादिकार्यं तदपास्य [3]श्वासगमनदर्शनादिभिरसाधारणैः [4]कार्यैर्मुख्यशब्दविषयः परिच्छिद्य व्यवस्थाप्यते निर्ज्ञाते च भेदे ॥२८८॥

[5]प्रसिद्धार्थविपर्यासे निमित्तं यच्च दृश्यते ।
यस्तस्माल्लक्ष्यते [6]भेदस्तमसत्यं प्रचक्षते ॥२८९॥

इह प्रसिद्धार्थविपर्ययहेतुभ्यः सन्तमसतिमिरोपघातमद्यविषपानमरुदेशा[7]-वस्थानादिभ्यः प्रसिद्धाकारेष्वर्थेषु दर्शनविपर्ययो विज्ञायते । सन्तमसेऽङ्कुराकारमात्रमेव केवलमन्यथोपलभ्यते, तत्तु स्पर्शनादिभिर्यथाभूतमवधार्यते । तथा रात्रौ प्रदीपसन्निधानान्नीलोत्पलादीनां वर्णभेदो लक्ष्यते । तत्र सन्देहेऽपि सति यदन्यत्—समधिगतनिमित्तमन्यत्रापि विपर्यये दृष्टसामर्थ्यं प्रसिद्धं लोके तस्मान्निर्णयः क्रियते । तिमिरोपघाताद्दर्शनभेदे[8] द्वितीयस्य वस्तुनः स्पर्शाभावादपरिच्छिन्न (?)चक्षुषो या प्रतिपत्तिः सैव न्याय्येत्यवसीयते। मद्यविषपानमरुदेशावस्थानादिष्वपि स्पर्शनादिभिर्धर्मैस्तथैवानुगमः कर्तव्यः ॥२८९॥

यच्च निम्नोन्नतं चित्रे सरूपं पर्वतादिभिः ।
न तत्र प्रतिघातादि कार्यं तद्वत् प्रवर्तते ॥२९०॥

इह पर्वतादिसरूपस्य चित्रे निम्नोन्नतस्य यद्ग्रहणं तदपि वाष्पप्रतिघातादिभिः सहचारिधर्मान्तरप्रतिपत्त्युपायैर्यथार्थमपार्थं चेत्यनुगम्यते । अथ कुप्यं चावस्थाने (?) निम्नोन्नतदर्शनान्निवर्तत एव ॥२९०॥

स्पर्शप्रवन्धो हस्तेन यथा चक्रस्य सन्ततः ।
न तथालातचक्रस्य विच्छिन्नं [9]स्पृश्यते हि तत् ॥२९१॥

अलातचक्रे हि या चक्रबुद्धिरुत्पद्यते तत्र रूपप्रबन्धग्रहणवत्तु[10] स्पर्शप्रबन्धग्रहणं हस्तेन नोत्पद्यते ॥ अविच्छिन्नाभिघातेन [11]ज्योतिषा अनित्य एव प्रायेण तत्र

---

1. AK. पुनः पुनः on the basis of ŚP. 2. M. तथायं. 3. AK. दर्शादिभिः on the basis of ŚP. 4. M. कार्य.
5. M. सादृश्यार्थविपर्यासे, र. RP. र्यासनि. 6. र. तदसत्यं. 7. M. °मसन्तमिवोपघातमन्यविषयापादनमत्रदेशा. 8. M. °घातदर्शन.
9. M. दृश्यते. 10. M. °णवस्तु स्व°. AK. °हणे वस्तुस्पर्श°. 11. M. ज्योतिषन्नित्य.

रूपग्रहणदेशो रूपग्रहणोत्तरकालं च भाव्यते । किञ्च क्रियाविरामे तस्य ज्योतिश्चक्रवदाकारो नोपलभ्यते । तस्मादयथार्थं तद्ग्रहणमविषयो मुख्यस्य शब्दस्येत्यवधार्यते ॥२६१॥

वप्रप्राकारतल्पैश्च[1] स्पर्शनावरणे यथा ।
नगरेषु न ते तद्वद् गन्धर्वनगरेष्वपि ॥२६२॥

यथा च वप्रादिभिर्मुख्येषु नगरेषु गच्छतां [2]प्रतिघाताद्युभय (?) रक्षादीनि च कार्याणि प्रकल्पन्ते तथा गन्धर्वनगरेषु [3]तद्देशस्थैरेव तानि न दृश्यन्ते इति तेषां मुख्यविषयत्वं न विद्यते[4] ॥२६२॥

मृगपश्वादिभिर्यावान्मुख्यैरर्थः [5]प्रसाध्यते ।
तावान्न [6]मृन्मयेऽप्यस्ति तस्मात्ते विषयः कनः ॥२६३॥

इह मुख्या मृगपश्वादयो दृष्टादृष्टफलेष्वर्थेष्वेव[7] विरुद्धभक्षणप्रोक्षणविशसनादिषु यथा साधनत्वेन व्यवतिष्ठन्ते न तथा मृन्मया दारुमया वा । तस्मात् कस्यचिदेव सदृशस्य धर्मस्य भावादुपमानोपमेयभावसम्बन्धे सति **इवे प्रतिकृतौ** (P. 5.3.96.) इत्येतत् प्रकरणविहितानां प्रत्ययानामुत्पत्तौ निमित्तं लभन्ते ॥२६३॥

महानाव्रियते देशः प्रसिद्धैः पर्वतादिभिः ।
अल्पदेशान्तरावस्थं प्रतिबिम्बं तु दृश्यते ॥२६४॥

येषामपि प्रतिबिन्बं पर्वतादिसरूपं [8]दर्पणादिषु जायते तेषामपि दृश्यमानतत्प्रमाणभेदेना[9]यथार्थत्वेनावसीयते । तेषां हि स्पर्शरूपप्रकृष्टदेशव्यापी भवितव्यम्[10] (?) । नयान्तरदर्शनश्चादेशः सम्भवति (?) ॥२६४॥

मरणादिनिमित्तं च यथा मुख्या विषादयः ।
न ते स्वप्नादिषु स्वस्य तद्वदर्थस्य साधकाः ॥२६५॥

---

1. M. °रकल्पैश्च. 2. AK. °घातो दस्युभयर on the basis of ŚP. 3. M. तदेतत्स्थैरेव. 4. M. °त्वं विद्यते ।
5. M. यावन्मुख्यैरर्थः 6. AK. °मयेष्वस्ति. 7. AK. र्थेषु आरंभणालंभनप्रोक्षणविशसनादिषु.
8. M. °सरूपदर्शना° AR. आदर्शादिषु. 9. M. °भेदेन यथा°. 10. AK. तेन हि प्रकृष्टदेशव्यापिना भवितव्यम् ।

स्वप्ने हि यावद्विशेषणानां साधनमुपलभ्यते न तत्र कश्चिन्मुख्यविषयः सम्भवति । विषभोजनादयो हि यथा प्रसिद्धा मरणक्षुत्पिपासाप्रतिघातहेतुत्वेन व्यवस्थिता लोके न तथा स्वप्नोन्मादमूर्च्छादिषु । तस्मान्न ते मुख्यविषयत्वं[1] लभन्ते ।।२६५।।

देशकालेन्द्रियगतैर्भेदैर्यद् दृश्यतेऽन्यथा ।
यथा प्रसिद्धिर्लोकस्य [2]तथा तदवसीयते ।।२६६।।

देशविशेषान्मरुष्वपचितपरिमाणानां लोष्टादीनां [3]परिमाणोपचयग्रहणम् उपचयग्रहणमुपचितपरिमाणानां चन्द्रादीनां परिमाणापचयग्रहणमर्धनिमीलित-चक्षुषि रूपभेदप्रतिपत्तिर्भ्रमणावस्थास्थानादिषु च पृथिवीपर्वतादीनामन्यथा क्रियोपपत्तिः । निशासु रक्त कंबलव[4]....आवर्णकप्रभृतीनामप्रमाणादिभेद-दर्शनं मकुचमितिकाकर्णनादकर्णक्ष्वेलादिषु चायथार्थप्रतिपत्तिः । एवं प्रकारे सर्वत्रैव लोके प्रसिद्धिरनुगम्यते । लोको हि व्यवहारव्यवस्थान्य....षे स तुर-लङ्घनीयः । प्रमाणं सर्वेषामविदुषामतिक्रामन्नियमेन सामा...स्वं लभते ।। ।।२६६।।

यच्चोपघातजं ज्ञानं यच्च ज्ञानमलौकिकम् ।
न ताभ्यां व्यवहारोऽस्ति शब्दा लोकनिबन्धनाः ।।२६७।।

यथैव ह्युपघातजेन[5] ज्ञानेन शब्दार्थसम्बन्धव्यवस्था न क्रियते तथैव तांव... योगिनां सर्वज्ञानां च [6]ज्ञानं शब्दव्यवहारेषु तैरपि नानुगम्यते । प्राकृतलोकदृष्टि-निबन्धनत्वाच्च शब्दार्थसम्बन्धस्य सर्वेणार्थाभिधाने यत्नं कुर्वता लोकः प्रथितोऽनुगन्तव्यः । को हि संवर्तविवर्तरात्रिन्दिवप्रविभागरूपादिव्यतिकीर्णयौगपद्येन... [7]कालं लौकिको व्यवस्थातुं शक्नोति । गदवादमूर्तिषु चान्तरवयवानामदर्शना-प्रसिद्धमकारग्रहणमन्यथा कल्पयितुं शक्यमिति ।।२६७।।

घटादिषु यथा दीपो येनार्थेन प्रयुज्यते ।
ततोऽन्यस्यापि सान्निध्यात् स करोति प्रकाशनम् ।।२६८।।

---

1. M. °विषयं लभन्ते.
2. M. तदा 3. (a) M. णोऽपच°. 4. M. In addition to some letters and words missing in the *Vṛtti* on 296, some others are illegible due to the print being smudgy. The written transcript has helped here and there.
5. M. °तज्ञेयज्ञानेन. 6. M. ज्ञानशब्दस्य व्यवहारेषु. 7. M. कालः.

संसर्गिषु तथार्थेषु शब्दो येन प्रयुज्यते ।
तस्मात् प्रयोजनादन्यानपि प्रत्याययत्यसौ ॥२६६॥

इह शास्त्रे निमित्ताः (?) तावच्छब्दसंस्कारा दृश्यन्ते तच्चाविवक्षितमुच्यते । तद्यथा भाव इति यत्रैकवचनन्तत्रैकत्वनिमित्तभूतो नित्य (?) । **द्व्येकयोर्द्विवचनैकवचने** (P.1.4.22.) इत्यनेन शास्त्रे सम्बन्धाख्यानं क्रियते। नात्र निर्देशस्तन्त्रम् (M. Bhā. II. p. 144, l. 12.) इत्येतच्चोच्यते। तथान्तःकालपुरुषादयो विवक्षितास्तेषु निर्देशेषु विशिष्टकालपुरुषादयः प्रत्ययास्तैरेव शास्त्रैरन्वाख्यायन्ते। अतश्चोक्तम् "तत्कारी च भवांस्तद्द्वेषी च (M.Bhā. II, p. 144.) इति । तथा यस्य पुरोडाशौ क्षायते यद्येतौ तव पुत्रौ व्याधितौ स्यातामिदमौषधं देयमित्येवमादिषु द्वयोर्द्विवचनमित्येव द्विवचनमन्वाख्यायते । तत्रेदं विचार्यते—कथमभिधीयमानोऽर्थः शब्दवानविवक्षित इति । तस्मादिदं प्रक्रम्यते प्रदीप [1]उद्दिष्टप्रकाशनशक्त्या युक्तः तमसि यस्य प्रकाशयितव्यस्य पटादेरुपलिप्सितस्यार्थस्य दर्शनार्थमुपादीयते ततोऽसावर्थान्तरस्यापि सम्भोगिनः समानदेशस्य तृणपांसुकीटसरीसृपादेर्घटादिवदेव प्रकाशनं करोति । न ह्यत्र प्रकाशनशक्तिरिष्टविषयमेव[2] परिगृह्णाति । अविशिष्टायामेव तु शक्तौ प्रयोजकाप्रयोजकयोरर्थयोर्नियतं प्रयोजके सन्निधानं विषयस्योपलब्धौ कारणम् । तथा ह्यसन्निहितं नोपलभ्यते । शब्दस्य त्वविवक्षितार्थप्रतिपादने किमन्यत् कारणं....वतः विवक्षाप्रापितसन्निधान एव व्यवहारेषु अर्थात्मा । सत्यमेवमेतत्केन विरूपिणा धर्मेण कस्यचिदर्थस्यात्मतत्त्वमात्रं न शक्यते वक्तुम् ॥२६८॥

अतः प्रयोजकार्थाभिधानार्थमेव (त?) स्य तत्र सान्निध्यमाश्रीयते । केवलं हि प्रातिपदिकं तस्यार्थस्य वाचकमसंसृष्टं च संख्यया सोऽर्थः....शक्यते कर्तुम् । अतश्चोक्तम्—"नान्तरीयकत्वात् (M. Bhā. II., p. 344, l. 13.) इति। उपलक्षणार्थायां तु द्वित्वादीनां[3]प्रवृत्तौ उपलक्षणमात्रचरितार्थत्वात् क्रियाणां साधनत्वेन विनियोगो विज्ञायते। तद्यथा योऽसौ त्व (?) वृक्षमूले दृष्टस्तं शुक्लवाससमानयेति शुक्लयोर्वाससोरन्यत्र विशिष्टयोरुपलक्षणे चरितार्थत्वात् क्रियासाधनत्वेन । [4]यानक्रियायामङ्गभावेन नावश्यमुपादानं क्रियते प्रयोजकार्थप्रवृत्तेऽपि [5]शब्दे नान्तरीयकाणामनुनिष्पादिधर्मेण सन्निधानमाश्रीयते । केचित्तु मन्यन्ते समयमात्रं पदगतः शब्दसंस्कारो वाक्ये तु तत्संख्याभिधायिपदसरूपमविभक्तिनैव तत्र सङख्याशक्तिरपोद्ध्रियते । शास्त्रं तु प्रति नान्तरीयकत्वादित्युच्यते ॥२६६॥

1. M. प्रदीपोद्दिष्ट°. 2. M. °यमेवं. 3. M. द्विवादिनां. 4. M. यामङ्गभावेन.
5. M. °त्तेऽपशब्दे.

निर्मन्थनं यथारण्योरग्न्यर्थमुपपादितम् ।
धूममप्यनभिप्रेतं [1]जनयत्येकसाधनम् ।।३००।।

[2]यथा शब्दोऽपि कस्मिंश्चित् प्रत्याय्यार्थे विवक्षिते ।
अविवक्षितमप्यर्थं प्रकाशयति सन्निधेः ।। ३०१ ।।

यत्र शब्दान्तरसंस्कारार्थमर्थान्तरस्योपादानमर्थान्तरप्रत्यायनार्थं[3] च तत्र सन्निधाने सति तस्यार्थस्यैकसाधनत्वाद् भवति प्रतिपत्तिः । अप्रयोजकत्वात्तु[4] प्रतीतोऽप्यर्थः क्रियासाधनभावेन न परिगृह्यते । अग्निप्रयुक्तेन हि [5]निर्मन्थनेनैकसाधनोऽपि धूमसन्निपातः पाकादिषु दृष्टफलेष्वर्थेषु । अवहननादिषु चादृष्टफलेषु (?) [6]अग्निवन्नोपादीयते । तथा शब्दः कार्यार्थं प्रकल्पितः[7] सन्निधानादप्रयोजकमर्थात्मानं प्रकाशयन्नपि न क्रियास्वङ्गत्वेनोपदिशति, नाप्युपलक्षणया प्रवृत्तं क्रियास्वनुनिष्पत्त्यां[8] साधनमपि साधनत्वं प्रतिपद्यते ।।३००, ३०१।।

यथैवात्यन्तसंसृष्टस्त्यक्तुमर्थो न शक्यते ।
तथा शब्दोऽपि [9]सम्बन्धी प्रविवेक्तुं न शक्यते ।।३०२।।

यथैव मत्स्यशकलकण्टकादिरर्थो[10] द्रव्यस्य च सङ्ख्याविशेषयोगः क्रियायाश्च पुरुषादियोगः संसर्गित्वादशक्यविभागस्तस्मिन् काले प्रविभज्यते तथैकवचनादिरपि शब्दो विनापि तेन प्रातिपदिकार्थस्याप्रत्यायकत्वादाश्रितसंसर्गः त्यक्तुं न शक्यते ।।३०२।।

अर्थानां सन्निधानेऽपि सति चैषां प्रकाशने ।
प्रयोजकोऽर्थः शब्दस्य रूपाभेदेऽपि [11]गम्यते ।।३०३।।

कार्यार्थमर्थानामाश्रितेऽपि सन्निधाने प्रतिनियतार्थप्रकाशनशक्तियुक्तेन विशिष्टेन शब्देन सन्निहितस्यार्थस्य प्रकाशनेऽपि क्रियमाणे क्रियासाधनत्वे विवक्षिताविवक्षिताभ्यामर्थाभ्यामयं युक्तो न युक्त इति तुल्यश्रुतिरपि शब्दस्तेनैव रूपेण प्रवर्तमान इह विषये प्रयोजकेनार्थेनार्थवानिहाप्रयोजकेनेति सामर्थ्यादवधारयितुं शक्यते ।।३०३।।

---

1. M. °त्येव साधनम्. 2. M. तथा. 3. M. °प्रत्ययन°. 4. M. °कत्वं प्रतीतो.
5. M. °मंन्थनैकसा°. 6. M. अग्निपवनोपादीयते. 7. M. प्रकल्पितसंनिधानमप्रयो°
8. M. °ष्पन्ना,
9. M. संवन्धि. 10. M. °लकणका°.
11. र. RP. शस्यते.

क्वचिद् गुणप्रधानत्वमर्थानां न विवक्षितम् ।
क्वचित् सान्निध्यमप्येषां प्रतिपत्तावकारणम् ॥३०४॥

यच्चानुपात्तं शब्देन तत्कस्मिंश्चित् प्रतीयते ।
क्वचित् प्रधानमेवार्थो भवत्यन्यस्य लक्षणम् ॥३०५॥

एताभ्यां श्लोकाभ्यां केवलं प्रतिज्ञया[1] वस्तुमात्रमुपन्यस्तम् । उत्तरेषु तु श्लोकेषु प्रपञ्चोऽ[2]स्योदाहरणादिर्वक्ष्यते । क्रियाप्रधाने साधने वा शब्द उपादीयमाने निमित्तभूतस्यार्थस्य यत्रोपयोगस्तत्र तत्प्राधान्यमनुपकारकं क्वचिदित्येतत् प्रतिविवक्ष्यते । क्वचिच्च प्रयोजनवत् [3]सन्निहिततार्थस्य क्रियायामङ्गभावेन प्रतिपत्तावकारणमित्युदाहरिष्यते । अनुपात्तमपि पदेन क्वचिद् वाक्ये वा व्यक्ति... वाक्यार्थे सन्निवेशं करोतीत्येतदपि निदर्शयिष्यते । प्राधान्यं क्वचिच्छ्रूयते । तेना-[4]श्रूयमाणमन्यार्थ उपलक्षणमेवेति । एतदपि प्रतिवक्ष्यते ॥३०४-३०५॥

आख्यातं तद्धितार्थस्य यत्किञ्चिदुपदर्शकम् ।
गुणप्रधानभावस्य तत्र दृष्टो विपर्ययः ॥३०६॥

तदधीते तद्वेद (P. 4.2.59.), श्रोत्रियं छन्दोऽधीते (P.5.2.84.) इत्येवमादिषु शब्देषु भूतस्य निमित्तस्योपलक्षणत्वेनोपादानादन्यथानुपपत्त्या शब्दार्थसम्बन्धो व्यवस्थितो लोके तथास्यार्थ [5]निर्वृत्तौ चरितार्थलक्षणमनुगृह्णाति । तत्र व्याकरणाध्ययिनि च साधुत्वं समुदायं.... । अत्र सामर्थ्यात् केचिद् वाक्यशेषं समर्थयन्ते । यः सेति केचिदाहुरुपलक्षणम्, यथाभूतः सोऽर्थोऽभिधीयते समुदायेन तथाभूतमेवोपलक्षयति । योऽश्वे यः पीठे इति आरूढः समीपवर्ती वायमुपलक्ष्यते । अग्नौ स्थीयताम्, पीठे स्थीयतामित्यत्र तु नियोगेन मुख्यार्थप्रतिपत्तिर्भवति । सर्वथा तूपसर्जनीभूतक्रिया परिच्छिन्नमाख्यात[6] प्रत्यवमृष्टरूपं प्राधान्येन साधनमभिधीयते ॥३०६॥

निर्देशे लिङ्गसङ्ख्यानां सन्निधानमकारणम् ।
[7]प्रमाणमर्धह्रस्वादावनुपात्तं प्रतीयते ॥३०७॥

भाव इत्येवमादिषु स्वार्थस्यान्यथा वक्तुमशक्यत्वाच्छब्दसंस्कारनिमित्तत्वाच्च सन्निहितेऽपि लिङ्गसंख्ये प्रत्ययान्ते समुदाये वाच्यत्वं न प्रतिपद्येते । तत्र सर्वनाम-

---

1. M. प्रतिज्ञाय. 2. M. प्रपञ्चस्योदाहरणादि वक्ष्यन्ते. 3. M. °तस्यार्थस्य. 4. M. तेनार्थ उपलक्ष°.
5. M. °र्थनिवृत्तौ, 6. M. °ख्यातं प्रत्य°.
7. र. RP. °णमेव ह्र°.

रूपगम्योऽपि प्रत्यक्षपरोक्षभावो न विवक्षित इति विज्ञायते । तथा 'अर्धं ह्रस्वम्' इति न ह्यत्र ह्रस्वेनासन्निहितेन वा प्रयोजनं किञ्चित् । शुन इवात्राच्छिद्रो लक्षणत्वेन (?) ह्रस्वस्यार्धोपलक्षणत्वेनोपादानम् ॥३०७॥

ह्रस्वस्यार्धं च यद् दृष्टं तत्तस्यासन्निधावपि ।
ह्रस्वस्य लक्षणार्थत्वात् तद्वदेवाभिधीयते ॥३०८॥

ह्रस्वस्य श्रूयमाणस्य यावान् भागोऽर्धत्वेन [1]परिच्छिस्यासन्निहितेऽपि ह्रस्वे यथैव सन्निहिते तथा प्रतीयते ॥३०८॥

दीर्घप्लुताभ्यां तस्य स्यान्मात्रया वा विशेषणम् ।
जातेर्वा लक्षणा यस्मात् सर्वथा सप्तपर्णवत् ॥३०९॥

स हि तदवयवोपलक्षणत्वाद्[2] दीर्घचतुर्भाग[3] इति वोच्यते, प्लुतषड्भाग इति वा मात्रार्धमिति वा । तत् सर्वथा तस्य [4]परिमाणावस्था व्याख्याता भवति । अथवा यथा सप्तपर्णाश्वकर्णादिषु व्युत्पत्तिमात्रे˙˙˙पसर्वथा यथाकथञ्चिज्जातरूपलक्षयितव्या तत्प्रकारविशिष्टे शब्दात्मा या जातिः समवेता सा प्रवृत्तिनिमित्तत्वेनेह परिगृह्यते । नैवात्र ह्रस्वे दीर्घे वा प्रयोजनं किञ्चिद् विद्यते । तद्यथा [5]विशिष्टो वनस्पतिः स [6]सप्तपर्ण इति प्रतीयते तथेहापि काचि˙˙˙स दीर्घप्लुतात् प्रत्याख्याय शुद्धापि जातिः समन्विता वर्णशक्त्यवस्था श्रूयते सा तथैव गृह्यते ॥३०९॥

गन्तव्यं दृश्यतां सूर्य इति कालस्य लक्षणे ।
ज्ञायतां काल इत्येतत् सोपायमभिधीयते ॥३१०॥

येन हि रूपेण˙˙नि सन्निविष्टानि पदानि यामितिकर्तव्यतामिहोपदिशन्ति न तया किञ्चिदस्ति प्रयोजनम् । तथा हि सूर्यदर्शनेन युक्त˙˙˙इति˙˙ गम्यतामिति । तथा दृश्यतां सूर्य इत्युक्ते ब्रूयात् सूर्यो निर्मलो दृष्टः प्रविकीर्णरश्मिरिति । न च तेन˙˙तयोक्तं कृतमित्युच्यते कालविशेषोपलिप्सानिबन्धनत्वाद् वाक्यस्य प्रतिपत्त्युपायं यथाकथञ्चिद्दर्शितेषु स्वयमेवोप˙˙ ॥३१०॥

विध्यत्यधनुषेत्यत्र विशेषेण निदर्श्यते ।
सामान्यमाश्रयः शक्तेर्यः कश्चित् प्रतिपादकः ॥३११॥

---

1. M. °न्नस्योऽसन्नि°.
2. M. °यवो (द)पर्णत्वाद्. 3. M. °तुभाग. 4. M. °परिणामा°. 5. M. संविशिष्टो. 6. M. सवर्ण.

इह प्रत्ययविधौ कारणमात्रं पर्युदासेन निदर्शयितव्यम्, ते कारण....न वा निर्दिश्येत यत्र क्वचिद्वा द्रव्ये समवेतं करणरूपद्रव्येणाश्रयेण शक्तिमता करण-शक्तिरेषा प्रकाशिता । तद्यथा कतरो गौरिति पृष्टे शुक्ले कयोयाखण्ड... खण्डयोर्भूत्युपलक्षणत्वाद् वाक्यस्य प्रतिपत्त्युपायेषु यथाकथञ्चिद्दर्शितेषु स्वयमे-[1]वोपाधेर्विवक्षा विज्ञायते ॥ ३११॥

काकेभ्यो रक्ष्यतां सर्पिरिति बालोऽपि चोदितः ॥
उपघातपरे वाक्ये न श्वादिभ्यो न रक्षति ॥३१२॥

काकेभ्यः काकाद्वा सर्पिः संरक्ष्यतामित्युक्ते उपघातहेतुसामान्यमात्रोपलक्षण-त्वात् काकजातेर्यावानुपघातहेतुः स प्रतीयते । ये तु काकादिभ्य इति स.... न्तशौण्डक....तेषामेकवचननिर्देशे काकमात्रमेव प्रतीयते । तस्मादुपघात-हेतुरत्र शब्दार्थेन[2] व्यवस्थितो लोके लक्षण....॥३१२॥

प्रक्षालनं शरावाणां स्थालीसंमार्जनं[3] तथा ।
अनुक्तमपि रूपेण भुज्यङ्गत्वात् प्रतीयते ॥३१३॥

इह भोजनवेलायां शरावप्रक्षालने तद्वाचिना शब्देन नियुज्यमानः सम्भवे.. सम्भ...नामपृष्ठया विनियोक्तारं (?) कंसपात्राणि [4]स्थालीं च संमार्ष्टि भोजनाङ्गत्वाच्च सामर्थ्यप्राप्तेषु पराङ्गेषु [5]अनपदिष्टेषु सरकादिषु प्रवर्तते । श्रुत्युपादानेनार्थेन नावश्यमत्र प्रयोजनम् ।....लक्ष्यमाणोऽङ्गान्य[6] नुपदिष्टान्यपि सामर्थ्यादिवाङ्गीकरोति ॥३१३॥

वाक्यात् प्रकरणादर्थादौचित्याद्देशकालतः ।
शब्दार्थाः प्रविभज्यन्ते न रूपादेव केवलात् ॥३१४॥

वाक्यमेव हि किञ्चित् क्रियाविशेषनिबन्धनं यतस्तुल्यायामपि श्रुतौ शब्दस्य चार्थस्य च प्रविभागस्तथा व्यवस्थाप्यते । तद्यथा वटवृक्षो रौति, वटवृक्षः स्वादु-फल आरुह्यताम्, केशान् वपति, केशान्नमस्यतीति वाक्यार्थ एव शब्दार्थयोः प्रवि-

---

1. M. °पाद्धेर्वि°.
2. M. शब्दार्थे न व्य.
3. M. °लीनां मार्जनं. 4. M. स्थानि वा. 5. M. ङ्गे षु अपदि. 6. M. °ङ्गान्युपदि°.

भागहेतुः। तथा प्रकरणमशब्दं शब्दार्थव्यवस्थां प्रकल्पयति। तद्यथा—राक्षसो दस्युः भद्रं दुःखमिति (?) भोजने मृगयायां वातिसैन्धवमानवच्छायोपगमने धर्मादावयोगे वटवृक्षः पश्यति (?)। अर्थस्तु शब्दवान्। तद्यथा—अञ्जलिना जुहोति, अञ्जलिना सूर्यमुपतिष्ठते। औचित्यादपि व्यवस्था। तद्यथा राक्षसो दस्युर्भवति। विपर्ययेण निन्दा प्रशंसा वा गम्यते। देशादपि व्यवस्था। तद्यथा—मधुरायाः [1]प्राचीनादुदीचीनान्नगरादागच्छामीत्युक्ते[2] नगरविशेषो गम्यते पाटलिपुत्राद् इति। तथा पोटापोटाल...निति। कालात् खल्वपि व्यवस्था। तद्यथा जागृहि जागृहि वा द्वारम्। श्ले....च्चोदाहरणमात्रमेतत् सर्वथा न पदमात्राच्छक्यं पदरूपं पदार्थरूपं वा प्रकल्पयितुमिति ॥३१४॥

संसर्गो विप्रयोगश्च साहचर्यं विरोधिता।
अर्थः प्रकरणं लिङ्गं शब्दस्यान्यस्य सन्निधिः ॥३१५॥

सामर्थ्यमौचिती देशः कालो व्यक्तिः स्वरादयः।
शब्दार्थस्यानवच्छेदे विशेषस्मृतिहेतवः ॥३१६॥

नानात्वपक्षे स्वभावभिन्नेषु तुल्यश्रुतिषु रूपाभेदादनवच्छिन्नेषु[3] एकत्वपक्षे भिन्नासु शक्तिषु श्रुतिमात्रादलब्धविभागासु यत्र निमित्तान्तरादवच्छेदः तद्विशेषलक्षणम्। तत्र केचित् सामर्थ्यमेवैकं भेदावधारणनिमित्तमिति मन्यन्ते। यस्यार्थप्रकरणाभ्यां स्वाभाविको भेदः समधिगम्यते सोऽपि सामर्थ्यादेव। सामर्थ्यं हि बहुधा प्रविभज्यते। तद्यथा संसर्गाद् धेनुरानीयताम्, दोग्ध्र्यानीयताम् इति व्यवस्थितस्य विशेषस्यासम्प्रत्ययः, सकिशोरा, सार्भका, सकरभा, सवत्सेति। नियमेन [4]संसर्गेण भेदाधिगमनिमित्तेन वडवादिषु दोग्ध्रीविशेषेषु सम्प्रत्ययो भवति। येषां तु [5]धेनुरित्येष गवि रूढ इत्यागमस्तेषां तावतो धर्ममात्रस्य विवक्षा विज्ञायते। तदस्य परिमाणं संख्याया इति यथा। किं पुनः कृष्णकिशोरा[6] धेनुरिति किशोरशब्दो धेन्वर्थविकल्पे समधिगमहेतुः, न पुनर्धेनुशब्दः किशोरार्थविकल्पे समधिगमहेतुर्भवति। [7]कृष्णवत्सा धेनुरिति निर्ज्ञातस्य विशेषणत्वेन प्रक्रमात्, किशोरस्तु प्रसिद्धार्थगुणस्तद्वति विशेषणम्। कामं संसर्गेणैव हेतुना कृष्णधेनुकः [8]किशोरः, कृष्णगुर्वत्स इति प्रतिपत्तव्यम्। न चास्ति प्रतिपत्तिः। तस्माद् दोग्ध्रीपर्यायवचनो धेनुशब्दोऽर्थात् कस्यचित् प्रसिद्धतरो [9]गोधेनुः अजधेनुः इति। शास्त्रेऽपि **अवाद्** ग्रः (P.1.3.51.) इति। यस्यानेनोपसर्गेण सम्बन्धः सम्भवति स गृह्यते। गौरिति

1. M. प्राचीनमुदीचीन. 2. M. ° छातामित्युक्ते.
3. M. °भेदानवच्छि°. 4. M. संसर्गिणा. 5. M. धे...रित्ये°. 6. M. °शोरो°.
7. M. कृपणवत्सा. 8. M. किशोरकृष्णगववत्स°. 9. M. गौर्धेनुर°.

गिरतीति[1] । गृणातेस्तु स्वभावादर्थविरोधादनेनोपसर्गेण[2] सम्बन्धो न विद्यते । संयोगवच्च वियोगो व्यवच्छेदहेतुः । निर्ज्ञातसम्बन्धस्य वियोगेन व्यपदेशाद् अकिशोरा धेनुः अवत्सा अकरभा [3]अनर्भका . . . इति । [4]**भुजोऽनवने** (P.1.3.66.) इति । यस्य [5]भुजेरवनं चाशनं चार्थः तस्य ग्रहणं विज्ञायते, न कौटिल्यार्थस्य । उपसर्गनिवासो (?) [6]विभुजव्योष्ठौ, विभुजाति [7]जानुशिरसी इति । साहचर्या-दवच्छेदो दृश्यते । तिला आनीयन्तां गन्धद्रव्याणि मा शिला. . . .आनीयन्ता-मत्युद्गदा धनुषि चेति (?) । तथा रामलक्ष्मणौ रामकेशवौ युधिष्ठिरार्जुनाविति । तद्यथा शास्त्रे **विपराभ्यां जेः** (P.1.3.) **अन्तरान्तरेण युक्ते** (P.2.3.4.) इति। यद्यप्येको दृष्टव्यभिचारस्तथाप्यदृष्टव्यभिचारो दृष्टव्यभिचारस्य साहचर्यात् तुल्यधर्मतां प्रतिपादयति । भाष्येऽप्युक्तम् । तथाहि **अस्य गोर्द्वितीयेनार्थ**[8] **इति** [9]**गौरेवानीयते नाश्वो न गर्दभ इति** । (Pl. Bhā. I. p. 279, l. 13.) विरोधादप्यवधारणं दृश्यते । तद्यथा—रामार्जुनौ, अभिमन्युलक्ष्मणौ इति । तथा तत्र तत्रोक्तम् । अर्थात् प्रकरणाद्वा लोके विशेषगतिरिति । तत्र केषाञ्चित् श्रुत्यनुपातिनि यत्र प्रतिपत्तिःसोत्य (?) प्रयोगदर्शनाद् यत्र प्रतिपत्तिस्ततप्रकरणमर्थस्य दर्शनम् । सैन्धवमानय मृगयां च करिष्यामीति, अञ्जलिना जुहोति, अञ्ज-लिनोदकं पिबति, अञ्जलिना सूर्यमुपतिष्ठते । केचिदाहुः—लिङ्गान्यप्येतानि सम्भवन्ति, प्रकरणस्य तु निदर्शनम् । तद्यथान्तरेण [10]शब्दं भुज्यङ्गे संह्रियमाणे सैन्धवमानयेति नाश्वे सम्प्रत्ययो भवति । तथा व्यायामे प्रवृत्ते शिलामानय, धनु-रानय, ग्रहकर्मणि रूपसंस्कारे वा प्रक्रान्ते शिलामानयेति[11] विशिष्टसम्प्रत्ययो भवति । तथा वाक्यान्तरे दृष्टाल्लिङ्गाद् भेदः प्रसिद्धोऽनुमीयते । तद्यथा—अक्ताः शर्करा उपदधातीति । अक्तेत्यञ्जनद्र[12]व्यस्यानेकस्य सम्भवे तेजो वै घृतमिति विशिष्टसाधनत्वमञ्जिक्रियायाः शर्करार्कामिकायाः सन्निधाप्यते । तथा पशुना यजेतेति पशुत्वं सम्बन्धिषु [13]सर्वेषु प्राप्तेषु छागस्य हविषो वपाया मेदस इति [14]छागतैकार्थसमवायि पशुत्वं गम्यते । तेजो वै घृतमित्येतद्धि यदि यदा. . .स्तदा समर्थमित्येव विज्ञायते पाक्षिकत्वादकृत्स्नकारी स्यात् । न नु चैवं विज्ञायमाने श्रुतिर्लिङ्गेन[15] बाधिता भवति । नेत्याह । यदि घृतेनाक्ता अनक्ताः स्युः, यदि छागः पशुर्न स्यादेवं बाध्येत । न च सामान्यस्य न्यूनाधिकभावोऽस्ति । प्रत्याश्रयं

1. M. गौरिति गरतीति. 2. M. °धान्येनो°. 3. M. अन्वकरा. 4. M. इति... नवन. 5. M. भजेर°. 6. M. विभुजेत्योक्षौ 7. M. °तिर्जानुशिरसि इति। 8. M. °येन नार्थ इति. 9. M. Mahā Bhā. has उपादीयते instead of भानीयते. 10. M. शब्दः 11. M. °ति नाविशिष्ट°. 12. M. °द्रव्यस्य संभवे. 13. M. सर्वेषु छागस्य. 14. M. °गतैवार्थ°. 15. M. श्रुतिलिङ्गेन न विधिना भवति.

हि तत्तावदेव। शब्दवाच्यो हि यावानर्थो लिङ्गमन्तरेण लिङ्गोपादानेऽपि स तावानेव। लिङ्गोपादानेन तु शब्दान्तरवाच्यमर्थान्तरमध्यारोप्यते। न हि कस्यचिदर्थस्याभिधाने यावदर्थान्तरं सम्भवति स शब्दस्यार्थ इति। न तर्हि पशुशब्दस्यावच्छेदः। पशुशब्दो हि पूर्वं पशुपशुत्वयोर्नित्वे वर्तते। छागादयोऽपि पूर्वं शब्दार्थमबाधमानाः स्वार्थमात्रं लक्ष्येऽध्यारोपयन्ति। सत्यमेतत्। यस्त्वसावर्थान्तराध्यारोपादन्येषामेवार्थसमवायिनां विशेषाणामसम्भवः सोऽसत्यपि शब्दव्यापारे बाधाकुलत्वादवच्छेद इत्युपदिश्यते। पूर्वं वार्थरूपः संसर्गेणाविशिष्टरूप[1] एव प्रक्रान्तः। तस्य पदान्तरसन्निधानाद्विशेषो व्यज्यते। यदि हि संसर्गजो भेदः शब्देनानुपगृहीतः स्यात् सन्निधानमात्रे[2]ऽस्याशब्दवाच्यत्वादशाब्दोऽर्थः [3]प्रसज्येत। एतस्यां तु कल्पनायां लिङ्गस्यानुषक्त....बलीयस्त्वं, शास्त्रेष्वार्थेन षष्ठी न समस्यते[4] इत्यदेङामसम्प्रत्ययः, **न शसददवादिगुणानाम्** (P. 6.4.126.) इति परतन्त्रस्याग्रहणं न भवति। प्रकरणं [5]तूभयगतौ सत्यां **कर्तृकरणयोस्तृतीया** (P.2.3.18.) इति शक्तीनां प्रक्रान्तत्वात् क्रियाग्रहणं न विज्ञायते। **शब्दवैरकलहाभ्रकण्वमेघेभ्यः करणे** (P.3.1.17.) इति धात्वधिकार इति वचनात् प्रतीयते। **सप्तम्यधिकरणे च** (P. 2.3.36.), **विप्रतिषिद्धं चानधिकरणवाचि** (P. 2.4.13.) इति वाक्यान्तरेषु दृष्टलिङ्गं [6]सवर्णेऽण्ग्रहणं हि **उर्ऋत्** (P. 7.4.7.) इति। अन्यानि [7]अण्ग्रहणानि सामर्थ्यात् पूर्वेणैव विज्ञायन्ते। शब्दान्तरसन्निधानादपि शब्दस्य विशेष्यस्य स्वभावसिद्धस्य प्रतिपत्तिः। अर्जुनः कार्तवीर्यः, रामो जामदग्न्यः इति। शास्त्रेऽपि **'अक्षस्यादेवनस्य'** (फिट्सूत्र ३५) **अर्धस्यासमद्योतने**[8] (फिट्सूत्र ३६)) इति सामर्थ्यस्य निदर्शनमाहुः। अवहननकृतो नाशो वाजिनः कार्मुकस्य वा अर्थेऽप्येतन्निदर्शनं सम्भवतीति।

अन्ये त्वाहुः। अनुदरा कन्येति सामर्थ्यादुदरविशेषप्रतिषेधो गम्यते। तथा अभिरूपाय कन्या दीयताम्, अभिरूपायोदकम् इति। न चानभिरूपे[9] प्रवृत्तिरस्ति। तत्राभिरूपतरायेति विज्ञायते शास्त्रेऽपि **प्रथमानिर्दिष्टं समास उपसर्जनम्** (P. 1.2.43.) इति समासार्थे शास्त्रे समासशब्दप्रवृत्तिः। **एकविभक्ति चापूर्वनिपाते** (P. 1.2.44.) इति। अत्र तु यः समासशब्दोऽनुमीयते तस्य प्राथमकल्पिक एव समासे प्रवृत्तिः। तथाकर्मकाणां सरूप इति सामर्थ्यात् किञ्चिदेव कर्म किञ्चिच्च सारूप्यं गृह्यते। औचिती केषाञ्चित् प्रयोक्तॄणां निन्दाप्रशंसादिषु

---

1. M. °शिष्टमेव. 2. M. °मात्रेऽस्याशब्दत्वा. 3. M. प्रति सज्येत. 4. M, त्यदेहाम°. 5. M. भयं गतौ. 6. M. °लिङ्गसवर्णग्रहणे°. 7. M. अन्यानि वर्णग्र° 8. M. °द्योतनस्य. 9. M. रूपप्रवृ°.

किञ्चिदुचितं भवति । भद्रमुख दास्या राक्षसादिव (?) । वणिजश्च[1] वाराणसी जित्वरीत्युपचरन्ति । औचित्यादेव रामसदृशोऽयमर्जुनसदृश इति प्रयोक्तृभेदादर्थविशेषप्रतिपत्तिः । देशेऽपि क्वचिद्ये प्रशंसावचनास्तेऽप्यन्यत्र नाशविषयाः प्रौढादयः शब्दत्वादीन् अन्ये देशविशेष उदाहरन्ति । अन्ये तु देशे मथुराया आगच्छामीति, नगरादिति शूरसेनादिविपर...रो देशविशेषसम्बन्धात् प्रतीयते । कालस्य निदर्शनं तद्यथा दक्षिणापथैकदेशे पच्यतामिति पूर्वाह्णे वपया...साधनोऽपि क्लेदः प्रतीयते सायाह्ने चौदनसाधनः । प्रकरणमप्येतदित्येके मन्यन्ते । भुज्यतामिति प्रदेशनियतसाधनो भुजिः । तथा [2]जागर्त्यहनि रात्रौ च जागर्तेरर्थो भिद्यते । तौ निदर्शनम्—तद्यथा ग्रामस्यार्थं लभते, पद्मं पद्म इति । स्वरादयः । अस्थण्डिले सुमृणे सुप्सुटाभ्यामित्येवमर्द्धमजरदान्तः रूपः (?) सुसिक्तं सुषिक्तं सुस्तुतं प्रनायकः प्रणायकः, अर्था समरत्रायां (?) गौणमुख्यभावं मन्यते । केचित्तु तत्रात्यन्तभेदमाचक्षते । ग्रामो दग्धः, ग्रामं प्रविष्टः, ग्राम आगतः, ग्रामो लब्ध इति । गौरिव गौः, अश्व इवाश्व इति । यथात्रापि गौणमुख्यत्वमेतेषाम्, नामाख्यातयोस्तु सारूप्यं वाक्यादिनिबन्धनं सुरभाषको भेदः(?) तद्यथा घातंघातम्, अरुणोऽरुणः, श्यामःश्यामः, अस्या अस्याः, आचितम् आचितम्, अश्वोऽश्वः,समः समः, हालो हालः, दुहिता दुहितेत्येवमादिषु येषां सरूपनिबन्धना सर्वत्र प्रवृत्तिस्तेषामन्य एव क्रमः, सत्त्वस्थास्य (?) साह्यम्, एवं बहुभिः प्रकारैः प्रविभज्यते । उदाहरणमात्रम्—अहन्यामग्निप्रविभागनावबोधनिमित्तं न्या....मित्यस्मिंस्तु प्रदेशे । एतयोः श्लोकयोरुदाहरणानि पूर्वमेव प्रतिभक्त......॥३१५, ३१६॥

भेदपक्षेऽपि सारूप्याद् भिन्नार्थाः प्रतिपत्तृषु ।
नियता यान्त्यभिव्यक्तिं शब्दाः प्रकरणादिभिः ॥३१७॥

येषां रूप....न्यभेदसादृश्यात् स्वभाव....र्थेन नित्यसम्बन्धा लोके व्यवस्थिता इति दर्शनं तेषामर्थप्रकरणादिभिः सन्दिग्धा भेदास्तं प्रतिपत्तारं प्रति [3]प्रकाशन्ते । न त्वेकस्य शब्दस्यार्थान्तरयोनित्वा[4]दर्थान्तरे सङ्क्रान्तिरस्ति ॥३१७॥

नामाख्यातसरूपा ये [5]कार्योत्साहनिबन्धनाः ।
शब्दा [6]वाच्यश्च तेष्वर्थो न रूपादधिगम्यते ॥३१८॥

1. M. वणिजां च वाराणसी. 2. M. जागृत्य°.
3. M. प्रकाश्यते. 4. M. °नित्वान्न त्वर्था°.
5. RP. कार्यान्तरनिबन्धनाः 6. M. र. वाच्याश्व.

इहाकाशेन गच्छ, पक्षाभ्यां डय, स्वमृत्युना सह युद्धं कृत्वा त्वमानीतः । एतेन वैहारणजप्रवर्तनं नैवोदासितम् । समनैह्यादित्यादिस्तुतिनिन्दाकार्योत्साहनादीनि बन्धनान्येवं प्रकाराणि वाक्यरूपाणि तान्याविभक्ति. . .न्येवा विशिष्टे वा . . . .[1]नामाख्यातसरूपास्तु तत्रावयवा इवोपलक्ष्यन्ते । न तु तेषां रूपेण यः प्रकल्पितः । अन्यत्र सिद्धोऽर्थः, स तु विवक्षित इति ॥३१८॥

या प्रवृत्तिनिवृत्त्यर्था स्तुतिनिन्दा प्रकल्पना ।
[2]कुशलप्रतिपत्ता तामयथार्थां[3] समीहते ॥३१९॥

विधीयमानं यत्कर्म दृष्टादृष्टप्रयोजनम् ।
[4]स्तूयते सा स्तुतिस्तस्य कर्तुरेव प्रयोजिका ॥३२०॥

कुशलो हि प्रतिपत्ता स्तुतिनिन्दाप्रक्लृप्तिषु यथावद् [5]वर्तमानं निवृत्तं भविष्यद्वा किञ्चिदाख्याय तेन तदन्यार्थत्वात् तथैव समर्थयते । तद्यथा—ब्रह्मचर्येणैवेहानन्तमायुरवाप्नोति, घृतेन पाप्मानमपहन्तीति तत्र ब्रह्मव्रतं चरितव्यम्, घृतं पानीयमित्येतावानुपदेशः । तथा नाङ्गिरसं श्येनचितं चिन्वीत, प्रमायुको [6]यजमानो भवतीति । नेयं प्रतिषेधार्था प्रवृत्तिः । अन्यस्तु प्रकार उपस्तूयमानो विधीयते । तथा इमौ स्वित् पलितौ बाहू क्वस्विद् ब्राह्मणस्य वा . . . . इदमपि नेतरस्य प्रकारस्य व्यर्थतान्वाख्यानपरं प्रवृत्तमपि तु प्रकारान्तरस्याप्यनेनाभ्युदयहेतुत्वमाख्यायते । निवर्त्यतेऽसत्योऽपि, तथा विकल्पो विज्ञायते ॥

तथाहि—ऊर्ध्वं प्राणा ह्युत्क्रामन्ति यूनः स्थविर आयति ।
प्रत्युत्थानाभिवादाभ्यां पुनस्तान् प्रतिपद्यते ॥

अनेनाभिवादनोपदेशमात्रमभ्युदयाय,[7] अकरण वादृष्टप्रत्यवायो मा भूदिति ॥३१९, ३२०॥

व्याघ्रादिव्यपदेशेन यथा बालो निवर्त्यते ।
असन्त्योऽपि तथा कश्चित् प्रत्यवायो विधीयते ॥३२१॥

[8]यथा हि व्याघ्रो[9] रुदन्तं भक्षयति, कृष्णसर्पः शयनादवतरन्तमिति बालानां सं. . . .राहास्याद्वदेवासत्त्वं क्रियते ॥३२१॥

---

1. M. °ख्यात्वस्वरूपा°.
2. M. °पत्तीनामम. 3. M. °थार्था स°. 4. M. श्रूयते सा श्रुति० 5. M. °माननिवृ°
6. M. प्रमायुत्तो भवस्य यज°. 7. M. °याय करणे
8. M. तथापि. 9. M. व्याधो रुदन्तं

न संविधानं कृत्वापि [1]प्रत्यवाये तथाविधे ।
शास्त्रेण प्रतिषिद्धेऽर्थे विद्वान् कश्चित् प्रवर्तते ॥३२२॥

सर्वेषु संविधायापि सिद्धैर्मन्त्रौषधादिभिः ।
नान्यथा प्रतिपत्तव्यं न दतो गमयेदिति ॥३२३॥

यदिह यथाश्रुतस्य वस्तु. . . .यस्य निवृत्त्यर्थं तेषां वाक्यानामुपादानं विज्ञायते अत्यवातासम्भवे प्रतिषिद्धमन्यथापि क्रियेत । न च शिष्टाः कदाचिदप्यन्यथा प्रवर्तन्ते । तथाहि न दतो गमयेत्, [2]यद्दतो गमयेत् सर्पा एवं घातुका मा भवन्तीति मन्त्रौषधादिभिः सर्वेषु प्रतिविधानं कृत्वा न तत्कर्म कदाचिदन्यथा [3]क्रियते ॥३२२, ३२३॥

क्वचित्तत्त्वसमाख्यानं क्रियते स्तुतिनिन्दयोः ।
तत्रापि च प्रवृत्तिश्च निवृत्तिश्चोपदिश्यते ॥३२४॥

स्मृतिषु शास्त्रान्तरेषु. . . .नेदं कृत्वा नरकगमनमिदं कृत्वा स्वर्गीयमाप्नोतीति । तत्र चैनं यस्तुण्डानि (?) पयांसि भक्षयति तत्र चैनं अवचूडा अप्सरस उपतिष्ठन्तीति । यद्यपि सत्यमेवैतत् न त्वेतस्य निमित्तान्तरादसम्भवोऽपि[4] निर्ज्ञानं विहितः प्रतिषिद्धं वान्यं क्रियते (?) । प्रवृत्तिनिवृत्तिपर एव विहितोऽप्युपदेशः । तेषु सैव वाक्यार्थव्यवस्था ॥३२४॥

रूपं सर्वपदार्थानां वाक्यार्थोपनिबन्धनम् ।
सापेक्षा ये तु वाक्यार्थाः पदार्थैरेव ते समाः ॥३२५॥

यद्यपि क्वचिदर्थश्रुतिमात्रान्वयव्यतिरेकाभ्यां व्यवहारानुवादिनी बुद्ध्या प्रविकल्पितभेदा विभज्य विभज्यान्वाख्यायते तथापीन्द्रियाणामिव शरीरोपनि-[5]बन्धनार्थक्रियावाक्योपनिबन्धनैव[6] सर्वपदार्थानामर्थव्यवस्था । ये तु प्रकरणवाक्यं तत्र वाक्यार्थास्ते यथैव पदार्थाः सामान्येनाव्यवस्थिता व्यवहारेण परित्यज्यैव सामान्यावस्था. . .प्रतिपद्यन्ते यस्तु यदवस्था एव तु तेषामवयववाक्यानामर्थाः विशेषगतिस्तद्वन्तमेवाविद्यमानशब्देऽपि (?) ॥३२५॥

---

1. M. प्रत्यवायौ तथाविधौ. 2. M. यदतो 3. M. क्रियन्ते.
4. M. °भवेऽपि.
5. M. °नार्थं क्रियावा°. 6. M. °बन्धनेनैव.

वाक्यं तदपि मन्यन्ते यत् पदं चरितक्रियम् ।
[1]अन्तरेण क्रियाशब्दं वाक्यादेव हि दर्शनात् ॥३२६॥

केचिदाहुः—वृक्षः प्लक्ष इत्येवमादयः संसृष्टपदार्था. . .श्रवधार्यन्ते इति तान् प्रति तदुच्यते । न हि क्रियासु साधनत्व. . . .न्तादर्थ्याभ्यां गुणभावं प्राधान्यं वा किञ्चि. . . .वाक्यान्तराण्येव । यत्र ह्यपवादभूतः क्रियाविशेषो नेह लभ्यते तत्र तु शब्दप्रवृत्तिकारणमस्ति क्रियारूपेण साध्यं संसर्गेण वर्तते । तस्माच्च. . . . ॥३२६॥

आख्यातशब्दे नियतं साधनं यत्र गम्यते ।
तदप्येकं समाप्तार्थं वाक्यमित्यभिधीयते ॥३२६ (अ) ॥

यथैव नामपदस्यार्थक्रियारूपं संसर्गमन्तरेण न प्र. . . . .
[2]वर्षति इति वन(?) पर्जन्यमातरिश्वनामप्रयोगेऽपि[3] चरितार्थत्वादवधृतशक्त्याश्रयविशेषाणां वाचकमेवं प्रकारमाख्यातपदं केवलमपि. . .॥३२६ (अ)॥

शब्दव्यवहिता बुद्धिरप्रयुक्तपदाश्रया ।
[4]अनुमानात्तदर्थस्य प्रत्यये हेतुरुच्यते ॥३२७॥

अपरे तु मन्यन्ते—नावश्यं श्रुत एव शब्दो बुद्धौ सन्निपतितोऽर्थं प्रत्याययति । सर्वथा बुद्धौ सन्निविष्टः प्र. . . . .
स्मिन्नेव शब्दे विशिष्टरूपे या बुद्धिरुत्पद्यते तया व्यवहितं बुद्धयन्तरं बुद्धौ प्राप्तसन्निधानं तदर्थप्रतिपत्तिनिमित्तं भवति । अपरे तु पदै. . . .॥३२७॥

यस्मिंस्तूच्चरिते शब्दे यदा योऽर्थः प्रतीयते ।
तमाहुरर्थं तस्यैव नान्यदर्थस्य लक्षणम् ॥३२८॥

अन्ये तु मन्यन्ते—नेह कश्चित् शब्दार्थसम्बन्धस्य कर्ता विद्यते । यस्मिंस्तूच्चरिते शब्दे नियतं प्रसिद्ध. . .

---

1. RP does not give the second half in the body of the text but in the footnotes with the remark that it is found in the manuscript घ. र. has not got it at all and so numbers the first half together with the next verse as 326 which thus has there half verse.
2. M. वर्ष इति वनपर्जन्यमातरिश्वनोरप्रयोगे. 3. M. °गे विचारितार्थत्वात्.
4. M. अनुमानं तदर्थ°.

भिधेयत्वे लक्षणमाचक्षते । तस्माद्भिनान्येन शब्देन पचसि, त्वं पचसीत्येवमादिषु केवलस्य पदस्य प्रत्यक्षपक्षेणै....॥३२८॥

क्रियार्थोपपदेष्वेवं स्थानिनां गम्यते क्रिया।
वृत्तौ निरादिभिश्चैव क्रान्ताद्यर्थोऽवगम्यते ॥३२९॥

इहैधेभ्यो व्रजतीत्यस्मिन् वाक्ये एधेभ्य [1]इत्येवमादिना गतार्थत्वादाहरणक्रियार्थं [2]पृथक् शब्दो न प्रयुज्यते। वृत्तौ निरादिभिः क्रान्तादीनां प....॥३२९॥

तानि शब्दान्तराण्येव पर्याया इव लौकिकाः।
अर्थप्रकरणाभ्यां तु तेषां स्वार्थो नियम्यते ॥३३०॥

अपरे तु ब्रुवते—तानि त्वप्रयुज्यमानपदैकदेशसरूपाणि समुदायान्तराणि वृषवृषभयावयावकप्रपर्ण[3] प्रपतितवर्णादिवद्रूपमे.....

न्ते अन्ये तु वाचक एव सति पदानां तेनाभ्युपायेन निश्चयो जायत इति मन्यन्ते। न च लोके पर्यायशब्दानां प्रयोगे....

कपदोपादाना क्रिया, विशेषस्तथाभूत एवावसीयते[4] ॥३३०॥

प्रतिबोधोपायास्तु ये तं तं पुरुषं प्रति।
नावश्यं तेऽपि सम्बद्धाः शब्दा ज्ञेयेन वस्तुना ॥३३१॥

... द्वाराभिश्च विशिष्टार्थप्रतिपत्तिः दृश्यते । तथा ह्यन्त्यादीनां स्थानगमनादिप्रतिपत्तिहेतुषु तेषां प्रतिपाद्यमर्थं प्रति नावश्यं....॥३३१॥

असत्यां प्रतिपत्तौ च मिथ्या वा प्रतिपादने।
स्वैरर्थैर्नित्यसम्बद्धास्ते ते शब्दा व्यवस्थिताः ॥३३२॥

यदि प्रत्यायनादर्थवत्ताभ्युपगम्यते [5]प्रतिपत्तावसत्यां हेत्वन्तराद्वा मिथ्याप्रतिपत्तौ...... ॥ ३३२ ॥

यथा प्रकरणं द्वारमित्यस्यां कर्मणः श्रुतौ।
बधान देहि वेत्येतदुपायादधिगम्यते ॥३३३॥

यथा प्रकरणं बहिरन्तर्वा व्यवस्थितस्य द्वारं द्वारमित्यनिर्ज्ञातेन क्रियाविशेषेणानुमेयेनार्थित्वेऽनुमानहेतोरुपायाद् बधान देहि वेति वि....वेति ॥३३३॥

---

1. M. °मादीनां. 2. M. °क्रिया पृथक् शब्दो न प्रयुङ्क्ते.
3. M. प्रवर्णप्रतीतवर्णा°. 4. M. °वावस्थीयते.
5. M. प्रतिपत्ता सत्यान्तराद्वा.

तत्र साधनवृत्तिर्यः शब्दः सत्त्वनिबन्धनः ।
न स प्रधानभूतस्य साध्यस्यार्थस्य वाचकः ॥३३४॥

वृक्षः, प्लक्षः, प्रविश पिण्डीम्, राधेभ्यो व्रजतीति [1]सत्त्वाश्रयत्वादभिहितानभिहितयोः साधनयोः क्रियायां श्रूयमाणायां यस्यार्थभूतयोर्द्रव्यसाधनयोरभिधानायोपादीयते तेन द्रव्याभिधानानिबन्धनत्वादशक्या प्रधानभूता क्रिया वक्तुम् । कालादयो वा क्रियाधर्मका उपादातुम् । तस्मात् ॥ ३३४ ॥

स्वार्थमात्रं प्रकाश्यासौ सापेक्षो विनिवर्तते ।
अर्थस्तु तस्य सम्बन्धी [2]प्रकल्पयति सन्निधिम् ॥३३५॥

स तावदेव निष्पन्नरूपमनुगृहीतमाक्षिप्तकालाविषयमात्रं प्रकाश्य शब्दः सापेक्षो विनिवर्तते । तेन तु प्रत्यायितोऽर्थस्सापेक्षः सामर्थ्यगृहीतायां क्रियायाम् ॥ ३३५ ॥

बुद्धौ सन्निधानं प्रकल्पयति—

पारार्थ्यस्याविशिष्टत्वान्न शब्दाच्छब्दसन्निधिः ।
नार्थाच्छब्दस्य सान्निध्यं न शब्दादर्थसन्निधिः ॥३३६॥

स्वार्थनिबन्धनो ह्यर्थसङ्घातः शब्दो नित्यं स्वार्थ उपरिवर्तित्वात् स्वमेवार्थं प्रकाशयति । एतावानेव तस्य व्यापारः । यस्याप्यश्रुतस्यार्थः सन्निधीयते सोऽपि तथैव परतन्त्रः स्वार्थप्रयुक्तः प्रयोजकसन्निधिमन्तरेणाशक्यः सन्निधापयितुम् । श्रूयमाणस्य प्रधानत्वादर्थोऽर्थान्तरमाक्षिपन्[3] प्रापयति । शब्दादपि श्रूयमाणात् स्वार्थसन्निधिरेव नार्थान्तरसन्निधानम् ॥३३६॥

नष्टरूपमिवाख्यातमाक्षिप्तं [4]कर्मवाचिना ।
यदि प्राप्तं प्रधानत्वं युगपद् भावसत्त्वयोः ॥३३७॥

यदि तिरोभूतमेव शब्दान्तरेण वाचकेन प्रविश पिण्डीम् इति भक्ष्यतिक्रियारूपं साध्यमाक्षिप्यते तथा सति प्राप्तमिदं सर्वेष्वेव सिद्धार्थाभिधायकेषु[5] साध्यसिद्धयोर्विकल्पाभिधानं तथा च नामाख्यातयोः प्रविवेकाभावः [6]प्रसज्यते तैस्तु

1. सत्वाश्रत्यत्वात्.
2. M. र. प्रकाशयति.
3. °न्तरमाक्षिपम् प्रा°.
4. M. कर्मवाचिनाम्, र. कर्मवादिना. 5. M. °भिधायेषु. 6. M. From here onwards the text seems to be a commentary of the *kārikā*; तैस्तु नामसरूपत्वमाख्यातस्योपवर्ण्यते । अन्वयव्यतिरेकाभ्यां व्यवहारो विभज्यते ॥३३८॥

सर्वेष्वेकपदेष्वप्रयुक्तक्रियाशब्देषु नामसु क्रियावाचित्वान्नामसरूपाणां शब्दानामाख्यातत्वमभ्युपगम्यते । अन्वयव्यतिरेकाभ्यां तु प्रातिपदिकं संज्ञादिशशास्त्र...
॥ ३३७ ॥

For kā. 338, see note 4 on kā. 337.

व्यवहारः परिकल्पिताभ्यां प्रविभागेन क्रियते—

न चापि रूपात् सन्देहे वाचकत्वं निवर्तते ।
अर्धं पशोरिति यथा सामर्थ्यात् तद्विकल्पते ॥३३९॥

केचित्तु मन्यन्ते—यावद्रूपात्व[1]मुच्छ्रितादसन्दिग्धमर्थरूपन्तावदभिधेयं शब्दस्य ततोऽन्यत् [2]सर्वमनुमेयमिति तान् [3]प्रयुञ्जते । अर्धं पशोर्देवदत्तस्येति किं पशुगुणस्य देवदत्तस्यार्धं पशुत्वसम्बन्धिनो वा यदर्द्धमिति पशुसन्निधावेव [4]तस्मिन् शब्दे प्रयुज्यमाने न च तावद्रूपादसन्देहः । अथ च वाचकत्वं नाभ्युपगम्यते । तथैव द्वारं दीयतामेवोध्रियता (?) मिति निमित्तान्तरादपि सन्दिग्धस्यार्थस्य प्रविभागे सति क्रियाविशेषणाभिधायित्वमभ्युपगन्तव्यम् ॥३३९॥

सर्वं सत्त्वपदं शुद्धं यदि भावनिबन्धनम् ।
संसर्गे च [5]विभक्तोऽस्य तस्यार्थो न पृथग् यदि ॥३४०॥

क्रियाप्रधानमाख्यातं नाम्नां सत्त्वप्रधानता ।
चत्वारि पदजातानि सर्वमेतद्विरुध्यते ॥३४१॥

यदि शुद्धमपि सत्त्वाभिधायित्वेन प्रसिद्धनामपदं सर्वमेव क्रियानिबन्धनत्वाद्वाक्यक्रियाप्रधानम् । तस्य देवदत्त गामानय शुक्लामित्येवं प्रकारेषु अविद्यमानोंशविभागेष्वनर्थकस्य नित्यसंसृष्टो वा (?) न कश्चित् प्रविभक्तः सत्त्वात्मा वाच्यो विद्यते । एवं सति व्यभिचारदर्शनात् क्रियाप्रधानमाख्यातमित्यादि व्यवस्थाभावाच्चाख्यातलक्षणमात्र एव केवल उपलभ्यमाने चत्वारि पदजातानि इत्येवमादिः शिष्टव्यवहार एतेन दर्शनेन विरुध्यते ॥३४०, ३४१॥

वाक्यस्य बुद्धौ नित्यत्वमर्थयोगं च लौकिकम् ।
दृष्ट्वा चतुष्ट्वं नास्तीति वार्ताक्षौदुम्बरायणौ ॥३४२॥

But this kā. is omitted in M. The occurrence of the words नामसरूपाणाम् आख्यातत्वम् अन्वयव्यतिरेकाभ्यां in the Vṛtti suggests that they are explanations of the same or similar words occurring in the omitted *kārikā*.

1. M. °रूपासमु°. 2. M. सर्वमनुमेयं. 3. M. प्रयुज्यते । 4. M. कस्मिन्.
5. M. विभक्तस्य

व्याप्तिमांश्च लघुश्चैव व्यवहारः पदाश्रयः ।
लोके शास्त्रे च कार्यार्थं विभागेनैव कल्पितः ॥३४३॥

किमर्थमेवंप्रकारो दोषः पुनः पुनरुपादीयते । सर्वथा पक्षान्तरमेव दर्शनभेदादाचार्याणामप्रसिद्धं हि बुद्धीन्द्रिये(?) सुप्प्रत्ययलक्षणे (?) संसृष्टार्थप्रत्यवमर्शिनि वाक्यमेव समर्थं सन्निवेशयति ॥३४२, ३४३॥

न लोके प्रतिपत्तॄणामर्थयोगात् प्रसिद्धयः ।
तस्मादलौकिको वाक्यादन्यः कश्चिन्न विद्यते ॥३४४॥

तस्मादेव चौदुम्बरायणदर्शनात्तत्र चतुष्ट्वं नोपपद्यते इत्युच्यते । यथैव तु व्याप्तिमत्त्वात् सूक्ष्मव्यवहितविप्रकृष्टेष्वर्थेषु बहुभिरपि प्रकारैर्दर्शयितुमशक्येषु लाघवाच्छब्दव्यवहारो लोके प्रसिद्धिं गतः (एवमत्यन्तसंसृष्टेषु अर्थात्मसु शब्देषु वा विभक्तेष्वपोद्धारः कल्पितः । पदव्यवहारे व्याप्तिमत्त्वाल्लघुत्वाल्लोके शब्दश्च रूढः प्रसिद्धो व्यवस्थित इति ॥३४४॥

अन्यत्र श्रूयमाणैश्च लिङ्गैर्वाक्येषु सूचिताः ।
स्वार्था एव प्रतीयन्ते रूपाभेदादलक्षिताः ॥३४५॥

इह प्रकारान्तरे श्रूयमाणैर्लिङ्गैर्वाक्येषु स्वभावसिद्धः पूर्वं रूपाभेदादसमधिगतो भेदः पदगतो वाक्यगतो वा स्वार्थ एव प्रतीयते । अक्ताः[1] शर्करा इत्याश्रयिणम् शेषः साधनोपाश्रयादभिव्यज्यमानः केषाञ्चित् सम्बन्ध आश्रयविशेषाभिन्नस्तन्निबन्धनं तदुपाश्रयं तदुपादानं वाक्यान्तररूपमेवान्येषामुपप्रतत इति दर्शनम् ॥३४५॥

उत्सर्गवाक्ये यत्त्यक्तमशब्दमिव शब्दवत् ।
तद्बाधकेषु वाक्येषु श्रुतमन्यत्र गम्यते ॥३४६॥

आकारान्तवर्जितेभ्यो धातुभ्यः कर्मण्यण् (P. 3.2.1.) भवतीत्येवंभूतमेव तदुत्सर्गवाक्यम्। तत्र तु कविधानानुरोधादाकारान्ता धातवः प्रकृतयोऽन्यत्र श्रूयमाणविधिवाक्य एवोपसर्गस्याप्राप्त्यनुमानं भवति । तस्मात् पुनरेतदेव कल्प्यते ॥३४६॥

---

1. M. from अक्ताः शर्कराः to अन्येषामुपप्रतत, the text is very obscure and fields hardly any sense.

ननु सामान्यचोदनासु तत्र वृत्तौ विशेषाणामभेदत्वाद्भेदप्रतिपत्तौ सन्दिग्धत्वादाश्रितविशेषैर्विधिभिरनाश्रितविशेषाणां विधीनां बाधनं भविष्यतीति । अत्र केचिदाहुः—न शब्देन प्रापितस्य शब्दान्तरेण बाधनं भवति । उभयोरर्थपरित्यागे भेदाभावात् । ननु लोके गम्यतां भुज्यताम् इत्युक्ता दोषं कश्चिद् दृष्ट्वा स्थीयतामिति । न च तावदप्राप्त्यनुमानमत्रास्ति । न च बाध्यबाधकभावेन तिष्ठते । एवंप्रकारेषु तावदकल्पितावकाशान्तरेषु शास्त्रेषु विकल्पा दृश्यन्ते । प्रतिषेधो विकल्पार्थस्तुल्यं चेत् प्राप्तिकारणमित्यपि च गम्यतां भुज्यतामिति दोषश्चेन्नास्तीत्येतदुत्सर्गवाक्ये प्रक्रम्यते । तच्च दोषान्तरदर्शनात् प्रयोजनाभावाच्च प्रयोजनान्तरेण वापवादे प्रक्रम्यमाणेऽस्ति दोषाभाव इत्यशेषविशेषोऽनुमीयते ॥ ॥ ३४६ ॥

ब्राह्मणानां श्रुतिदध्नि प्रक्रान्ता माठरादिना ।
माठरस्तक्रसम्बन्धात् तत्राचष्टे यथार्थताम् ॥३४७॥

कौण्डिन्यवर्जं दधि ब्राह्मणेभ्यो दीयतामित्येतदुत्सर्गवाक्ये प्रक्रान्तं तक्रस्य त्वश्रूयमाणस्यापि वाक्यशेषस्य तक्रदानविषया कौण्डिन्यश्रुतिरनुमानम् ।

अथवा विद्यत एवापरो ब्राह्मणशब्दः कौण्डिन्यवर्ती तेष्वेव ब्राह्मणेषु यस्य वृत्तिः । प्रदेशसामान्यं हि बहु प्रकारम् तद्यथा ब्राह्मणोऽस्त्यत्र काञ्चिद्गां पश्यतीति । [1]ननु च दधिदाने कौण्डिन्यस्यानुमेयस्य शब्दप्रतीतं दधिदानं तक्रन्तु शब्दप्रतीतम् । न ब्रूमः [2]कौण्डिन्यत्वं दधिदानस्य प्रापकम् । ब्राह्मणत्वं तच्छब्दवदेव । ननु युक्तं प्रतिषेधोऽन्यार्थत्वादप्राप्त्यनुमानमनर्थकम् । आत्मरूपप्रकल्पनेषु कृतार्थविध्यन्तरमुपजायमानं सामर्थ्याद्विकल्पमेव प्रकल्पयेत् । तत्र कथमप्राप्तिरनुमीयते । सर्वथा नास्त्यनुमानस्य व्यावृत्तिः । कथं न तावत् प्रतिषेधः क्वचिदपि प्रवर्तत इत्यभ्युपगम्यते । किन्तर्हि स्वाभाविक्या निवृत्तेर्द्योतकः । स खलु नित्यपरतन्त्रत्वादस्यार्थः । तामन्यसमवायिनीं निवृत्तिं द्योतयन्ननुमानं प्रकल्पयति । यत्र यत्र च प्रतिषेध इत्थंभूतस्तत्र तत्र सामान्यविशेषभावोऽन्यदृष्टव्यभिचारः सहचारिप्रतीतिवतो विद्यते । स चानुमानायालम् । यथाग्नेर्धूमः पतङ्गधूमका इति सम्बन्धात् सम्बन्धसम्बन्धाच्चानुमानं भवति। सामान्ये प्रयुज्यमानं विशेषे क्वचित् प्रसुप्तप्रसङ्गमिव बुद्धया स्वभावनिवृत्तम् । वाक्यशेषेण स्वाभाविकेन वा वाक्यार्थस्याविच्छेदेनाविशेषे प्राप्यमाणं सत्यपि सम्भवे विधौ सन्निधानानुमानत्त्वात्तद्विषयं बुद्धिप्रसङ्गं व्यावर्तयन् बाधक इत्युच्यते ॥३४७॥

अनेकाख्यातयोगेऽपि वाक्यं न्याय्यापवादयोः ।
एकमेवेष्यते कैश्चिद् भिन्नरूपमिव स्थितम् ॥३४८॥

---

1. M. मनु. 2. M. कौण्डिन्यत्वन्.

इह केचिदाचार्या उत्सर्गापवादयोरेकवाक्यत्वम् । तत्र येषामेकवाक्यत्वं त एवमाहुः । अपवादस्य विषयस्य विषयादुत्क्रम्य उत्सर्गवाक्यं प्रवर्तते । अतएव चेदमुच्यते—न वाक्यप्रकरणादिति । तथा चोक्तं—तत्राख्यानादिति प्रतिषेधो नानावाक्यत्वादिति । तथा नाविदेशमित्यतो नानावाक्यत्वमित्येवमादिः येषां तुल्य उत्सर्गापवादयोर्नानावाक्यभावस्त एवमाहुः । एकत्र प्राप्तानां बाधानामेकत्वेऽङ्गाङ्गिभावः स्यात् । (अ)भ्यासाच्च ये विकल्पभेदाः स्युः नानात्वे वाक्यानामेकत्वेऽङ्गाङ्गिभावः स्यात् । तथा चोक्तम् । यद्येकं वाक्यं तत्र (?) चेदं च ततोऽयं तच्छेषः, अथ नानावाक्यं ततोऽयं तदपवाद इति । तत्रानेकाख्यातयोग इति । यद्यपि सोपस्कारेषु सूत्रेषु वृत्तिकारा भिन्नान् क्रियाशब्दानुच्चारयन्ति धातोरण् भवत्याकारान्तात् को भवतीति कर्तरि कृतो भवन्ति, करणे ख्युन् भवति, तथापि यथैव देवदत्तं भोजयति, सूपेन भोजय, व्रतेन भोजय, लवणेन भोजय इत्येक एवायं भुजिर्निमित्तापेक्षश्रुतिमात्रेणावर्तते तथा दधि ब्राह्मणेभ्यो दीयतां तक्रं कौण्डिन्यायेत्येक एवायं ददातिः कौण्डिन्ये कर्मान्तरं प्रतिपद्यते । न हि वाक्यान्तरेण प्रतिपादितं बाधकेन शक्यं निवर्तयितुम् । विरोधं चाभिसमीक्ष्यैतदुक्तम् । अथ नानावाक्यं ततस्तदपवाद इति । तत्र हि षष्ठीविषयात् समानायां प्रवृत्तौ यद्यनुसन्धान-[1]मनुसेत्स्यते ततो विरोधेन तदनुगमादेकार्थकारित्वे सत्येकविषयत्वादेकं वाक्यमिति व्यपदिश्यते । अथ त्वनुसंहारवाक्यविशेषणविशेष्यभावेनोत्कृष्यमाणमनुसंहारवाक्य एव. . . .गुणवृद्धिविधाविकोऽप्राप्तचनुमानम् । अतो नानाकार्यत्वान्नानार्थकारितया नानावाक्यमिति व्यपदिश्यते । येषां तूत्सर्गापवादयोर्नानावाक्यत्वं तेऽपि तत्र ख्युना प्रतिषेधो नानावाक्यत्वादित्यत्र समर्थयन्ते । नानार्थं नानाविषयं वाक्यं नानावाक्यमित्येष पूर्वपक्षः । तद्यथा विकारविवक्षायामपत्यस्याविवक्षितत्वाद्विकारे विशेषविहिताः प्रत्यया नापत्यप्रत्ययान् [2]बाधन्ते तथैव कर्मविवक्षायां [3]कर्तुरनुपादानात् कर्तृविवक्षायां [4]च कर्मानुपादानात् अन्यतरसन्निधाने[5] यदन्यत् कारकं विवक्षितं तत्रान्येन प्रत्ययेन भवितव्यमिति द्वयोरपि कर्तृकर्मणोः [6]पर्यायेण ख्युनादयः प्रसज्यन्ते । अथवा [7]प्रकरणवाक्यं तत्रोपन्यस्तं गुणवाक्यं प्रधानवाक्यमिति क्वचिदेव विषये किञ्चिदुपादीयते । ये तूत्सर्गापवादयोरेकवाक्यत्वमिच्छन्ति तेषां

नियमः प्रतिषेधश्च विधिशेषस्तथा सति ।
[8]द्वितीयो यो [9]लुगाख्यातस्तच्छेषमलुकं विदुः ॥३४९॥

---

1. M. °मनुरुत्स्य. 2. P. बन्धते. 3. कर्तुरुपा. P. 4. वा. 5. P. रससन्नि॰ 6. M. °णोरपर्यायेण. 7. P. प्रकरणे वाक्यात्तत्रो.

8. MP. द्वितीये. 9. P. लुगख्यात.

विधिकाल एवोत्कृष्टस्य पुनः श्रुतेरप्राप्तिरनुमीयते [1]सन्देहमात्रनिवृत्तिमात्रञ्च क्वचिदेवकारेण क्रियते। तथा [2]गुणवृद्धिप्रकरण एव धातुलोपमार्द्धधातुकनिमित्त-भावादुत्कृष्टं प्रतिषेधेनानुमीयते। यश्च

सुपो धातुप्रातिपदिकयोः (P. 2.4.7.) इति [3]द्वितीयेन लुगन्वाख्यायते [4]तस्य तस्मिन्नेवावधिवाक्ये उत्तरपदविशेषं वर्जयित्वेति प्रथममेव विधिना प्रकल्पित[5]: शेषोऽनुमीयते ॥३४९॥

नानावाक्यवादिनस्तु ब्रुवते

निराकाङ्क्षाणि निर्वृत्तौ प्रधानानि परस्परम्।
तेषामनुपकारित्वात् कथं स्यादेकवाक्यता ॥३५०॥

इह साकाङ्क्षाणां संसर्गात् परस्परमुपकारे [6]वर्तमानानामेकवाक्यत्वमुपपद्यते ॥ ३५० ॥

प्रधानात्मिषु [7]पृथगनिर्वृत्तौ [8]व्यापृतानि तेषां निराकाङ्क्षत्वादसत्युपकारे[9] नास्त्येकवाक्यत्वम्। एकवाक्यवादिनस्तु ब्रुवते—

विशेषविधिनार्थि[10]त्वाद्वाक्यशेषोऽनुमीयते ।
विशेषवन्निवर्त्येऽर्थे[11] तस्मात्तुल्यं व्यपेक्षणम् ॥३५१॥

तथाहि

तव्यत्तव्यानीयरः (P. 1.9.6.) इति केषाञ्चिदनेककर्तृकस्य [12]भवतेरे-कत्वादेकवाक्यत्वं केषाञ्चित् प्रतिप्रधानं क्रिया भिद्यते। तत्र निराकाङ्क्षाणां प्रधानानां वाक्यत्वं भवति। एकवाक्यवादिनस्तु मन्यन्ते। [13]सत्यामपेक्षायां तव्यदादयः[14] पृथक् पृथक् भवतेः कर्तारो विज्ञायन्ते भिन्नाधारा वा। तव्यादीनामेकैव कर्तृशक्ति-रिति[15] ॥३५१॥

संज्ञाशब्दैकदेशो यस्तस्य लोपो न विद्यते।
विशिष्टरूपा वा संज्ञा [16]तथा च न निवर्तते ॥३५२॥

इह पदेषु पदैकदेशाः वाक्येषु वाक्यैकदेशाः प्रयुज्यमानाः [17]साधव इत्यभ्युपगम्यन्ते। तत्र केषुचित्तु [18]भूतवाद इति [19]गम्यते। तद्यथा क्रियार्थोपपदस्य च

1. P. संदेहनिवृत्तिमात्रञ्च. M. °निवृत्तिमात्रश्च.
2. P. गुणवृद्धिविधान प्र°. 3. P. द्वितीये. 4. P स तस्य तरस्मिन्नेव. 5. P. प्रकल्पिते तच्छेषो.
6. P. °मानामेक°. 7. P. पथगात्मनि. 8. P. व्याहन्तानि. 9. M. °त्वात् सत्युप°
10. M. नार्थं°. 11. P. निवर्त्येऽर्थं त°. 12. P. °तेरनेकत्वात्. 13. M.P. सत्यापेक्षा वा. 14. P. °दादेयः. 15. P. ° शक्किरि.
16. P. कृता च. 17. P. साधाति ॥ ॥व इत्य. 18. M. भूतपाद. 19. M. गम्यन्ते.

कर्मणि [1]स्थानिनः (P. 2.3.14.) इति । केषुचित्तु शत्रे शप्लोपोऽन्वाख्यायते (?) । [2]तद्यथा लोपः पूर्वपदस्य चेति । स्वभावतश्चावृत्तस्य चरितार्थत्वात्तदेव स्वाभाविकं दर्शनम् । अत्यन्तप्रतिपत्तिः स्वस्मिन् विषये शास्त्रेण बुद्धिप्रसङ्गमात्रे सति लोपलुगादिभिः शब्दैरन्वाख्यायते ।[3]यतो निमित्तभावादसत्यपि तस्मिन्नत्यन्तं[4] प्रवृत्ते सति प्रत्यये विषयान्तरे यानि प्रत्ययाश्रयाणि कार्याणि दृष्टानि तानि कार्यं प्रवर्तेरन्निति तत्र संज्ञाशब्दैकदेशानां यदि [5]वाचकत्वं ततोऽन्यस्य चरितार्थत्वाल्लोपो युक्तः । पक्षान्तरे च तस्मिन्ननुमीयमाने [6]तदर्थः शब्दोऽप्रयुज्य-[7]मानो लुप्त इति व्यपदिश्यते । तच्चेदमाश्रितरूपविशेषासु संज्ञासु नोपपद्यते । स्वरूपं हि संज्ञिषु यावद् विशिष्टमासक्तं संज्ञिनस्तेन प्रत्याययितव्या इति । कथं च विशिष्टरूपायां कृतायां संज्ञायां निर्ज्ञातप्रवृत्तिप्रसिद्धप्रयोगं कठरूपं पुनरन्यथा शक्यं कर्तुम् ? यस्य तु दत्त इत्येव संज्ञा तस्य तथाभूतैव [8]संज्ञा कृतेति प्रसङ्गाभावाल्लोपव्यवहारो न विद्यते ॥३५२॥

संज्ञान्तराच्च दत्तादेर्नान्या [9]संज्ञा प्रतीयते ।
संज्ञिनं देवदत्ताख्यं दत्तशब्दः कथं वदेत् ॥ ३५३ ॥

इह योऽर्थेन कृतसम्बन्धः शब्दः[10] शब्दान्तरं तस्य वाचको न भवति । तथा [11]च देवदत्तादयो देवदत्तादिना नापि संज्ञान्तरसम्बन्धिनः शक्याः प्रत्याययितुम् । तस्माद्देवदत्ताख्यं संज्ञिनं दत्तशब्दो [12]न ब्रवीति दत्ताख्यं वा [13]देवदत्तशब्द इति ॥३५३॥

सर्वैरवयवैस्तुल्यं सम्बन्धं [14]समुदायवत् ।
केचिच्छब्दस्वरूपाणां मन्यन्ते सर्वसंज्ञिभिः ॥ ३५४ ॥

[15]केचित्तु मन्यन्ते यथैव समुदायस्वरूपस्य संज्ञिनाभिसम्बन्धः तथा सन्निधानात्तस्मिन्नेव काले सर्वेषामवयवस्वरूपाणामवयवात्मकत्वात् समुदायस्य प्रचलने [16]पृथग् [17]तदवयवप्रचलनम् । द्विर्वचनवच्च सम्बन्ध इति तत्र संज्ञाकाले सर्व एव संज्ञिनो यथैव समुदायैस्तथावयवैरपि[18] सम्बध्यन्ते ॥३५४॥

---

1. P. स्थानितः 2. P. om. from यथा to अन्वाख्यायते. 3. P. सतो. 4. P. °न्तमप्रवृत्ते. 5. M. याचकत्वं. 6. M. तदर्थश० 7. P. प्रयुज्यमानो. 8. P. संकृतेति.

9. P. नान्यसं°. 10. P. °न्धः शब्दान्तरस्य वा°. 11. P. वत्. 12. M. om न. 13. M. देवदत्तं शब्द.

14. P. तुल्यः संबन्धः. 15. P. om. केचित्तु to अभिसंबन्धः 16. P. inserts सर्वैशब्दैस्तुल्यः संबन्धः before तथा. 17. P. has पृथक् after समुदायस्य. 18. P. om. तदवयवप्रचलनम्. 18. M. संबध्यते.

वर्णानामर्थवत्त्वं तु संज्ञानां [1]संज्ञिभिर्भवेत् ।
[2]सम्बद्धोऽवयवः संज्ञाप्रविवेके [3]न कल्पते ॥३५५॥

एवं सति यथैवावयवा विवक्षितस्वरूपाः [4]स्वरूपं समुदायाभिधेयेषु [5]संज्ञिष्वासजन्ति तथा वर्णानामपि विवक्षितस्वरूपाणां प्रवृत्तेः प्रतिवर्णमर्थवत्त्वादर्थवत्कृतानि प्राप्नुवन्ति । सम्बद्धेषु वावयवेषु संज्ञात्वं प्रतिपद्यमानेषु [6]केवला दत्तादय उच्चार्यमाणाः संज्ञात्वेन प्रतिपद्येरन्, द्विर्वचनवदेवेति ॥३५५॥

[7]सर्वैः स्वरूपैर्युगपत् सम्बन्धे सति संज्ञिनः ।
[8]नैकदेशस्वरूपेभ्यस्तत्प्रत्यायनसम्भवः ॥३५६॥

यदि युगपत् सर्वस्वरूपाणि संज्ञाकाले सापेक्षाणि सन्निपतन्ति सम्बन्ध्यन्तरविप्रयोगे तत्कार्याणां न [9]सम्भवः । अपि च कर्ता समुदायस्वरूपं [10]सन्निपातयन्नार्थेन रूपेणानुमीयमाना[11]न्यवयवस्वरूपाणि सन्निपातयितुं समर्थः[12] । न हि समुदायतन्त्राणामवयवानामेकार्थक्रियायां[13] [14]हित्वा [15]प्रधानं प्रवृत्तिः सम्भवति ॥३५६॥

एकदेशात्तु संघाते केषाञ्चिज्जायते स्मृतिः ।
स्मृतेस्तु विषयाच्छब्दात् संघातार्थः प्रतीयते ॥३५७॥

[16]केचित्तु मन्यन्ते [17]नावश्यं [18]श्रूयमाण एव शब्दः प्रत्यायकः । किं तर्हि नियमेनानुमीयमानोऽपि श्रूयमाणवदेव प्रत्ययमुत्पादयति । समुदायाच्च निर्ज्ञातस्वरूपाणां [19]पृथगप्युपलब्धौ समुदायिनां समुदायेषु स्मृतिरुत्पद्यते । तथा च स्मर्यमाणः स एव [20]कृतसम्बन्धः समुदायः संज्ञिनं प्रत्याययति ॥३५७॥

एकदेशात् [21]स्मृतिर्भिन्ने संघाते नियता कथम् ।
कथं प्रतीयमानः स्याच्छब्दोऽर्थस्याभिधायकः ॥३५८॥

साधारणोऽसावेकदेशस्तुल्येन रूपेणानेकसंघातानुपाती । तत्र भिन्नेषु संघातेषु [22]नियमात् कथं स्मृतिः । उक्तं चेदं प्रतीयमानस्याप्रत्यायकत्वादिति । तद्

1. M. संज्ञिना. 2. M. संबन्धो. 3. °वेकेन क°. 4. P. स्वरूपसमु°. 5. M. सजति. 6. M. केवलोदात्तादयः
7. M. सर्वस्वरू°. 8. M. नैकशब्द°. 9. M. om. न, P. योगे न तत्कार्या°. 10. P. °पं सन्निपातयन्नार्थानामनुमीयमानोत्य°. 11. M. °मानोऽन्यावयव°. 12. P. समर्थं. 13 M. °र्थक्रियां 14. P. भित्वा. 15. P. प्रधानवदेव प्रवृत्तिः.
16. P. केषांचित्तु. 17. P. नानावश्यं. 18. P. श्रूयमाणा. 19. P °प्युपत्लवृ. 20. P. कृतं संबन्ध.
21. M. °शात् संघाते केषांचिज्जायते स्मृतिः र. °ते जायते कथम् 22. P. °नियमात् कथं

यथा ऋगित्युक्ते संपाठमात्रं गम्यते, तेन [1]तस्यार्थस्मृतिनिमित्तात्तु समुदायाद् अर्थप्रतिपत्तिं [2]व्याचक्षाणा मन्यन्ते । नैव विना निमित्तान्तरादर्थप्रकरणादिभिः समुदायिविशेषेऽनियतरूपश्च प्रत्याय्यो ब(?)भवति, अन्यस्य प्रत्यायको नियमस्तु श्रुतिविषयः[3] श्रूयमाणवदेवार्थप्रतिपत्तिहेतुरिति ॥३५८॥

एकदेशसरूपास्तु तैस्तैर्भेदैः समन्विताः ।
अनुनिष्पादिनः शब्दाः संज्ञासु समवस्थिताः ॥३५९॥

केषाञ्चित्तु समुदायस्वरूपे संज्ञात्वेन प्रकल्प्यमाने संज्ञान्तराण्येव [4]परिकल्पितैकदेशसरूपाणि एकसाधनान्यनुनिष्पद्यन्ते । तद्यथा आभिक्षार्थिनः क्षीरमुपाददानस्यैकसाधनत्वान्नान्तरीयकाणि[5] [6]वाजिनादीन्यनुनिष्पत्तिं लभन्ते । [7]नियता [8]चेयमपौरुषेयिकसर्वसंज्ञासंज्ञिसम्बन्धविषया शब्दान्तराणामेकदेशसरूपाणामनुनिष्पत्तिरिति । ते तु[9] सङ्घातदुर्ज्ञानभेदाः श्रुतेरभेदादेकत्वेनावधार्यन्ते ।[10] तस्मादाहुः ॥ ३५९ ॥

साधारणत्वात् सन्दिग्धाः सामर्थ्यान्नियताश्रयाः ।
तेषां ये साधवस्तेषु [11]शास्त्रे लोपादि शिष्यते ॥३६०॥

यथैव स्मृतिपक्षेऽपि सामर्थ्यात् स्मृतिनियमे नियताश्रयवृत्तित्वं व्यवतिष्ठते तेषामनुनिष्पादिनां केचिद् बहुत्वेऽपि साधवो निष्पद्यन्ते, केचिदसाधवः । [12]तेऽपि च स्वभावत एव तत्र साधवो लोपशास्त्रेणान्वाख्यायमानपरिच्छेदाः परिगृह्यन्ते । ततोऽन्ये त्यज्यन्ते ॥३६०॥

तुल्यायामनुनिष्पत्तौ [13]ज्ये द्रा खा इत्यसाधवः ।
न ह्यन्वाख्यायके शास्त्रे [14]तेषु दत्तादिवत् स्मृतिः ॥३६१॥

तत्तुल्येनान्वाख्याताः शास्त्रेण तुल्यायामनुनिष्पत्तौ[15] ज्येष्ठार्द्राविशाखा[16] इत्येवमादिषु ज्ये-ष्ठा-द्र्रा-खा इत्यसाधवो विज्ञायन्ते न हि तेऽन्वाख्यायके स्मृतिशास्त्रे

1. P. न तस्य अर्थः 2. P. °यन्ति । व्या° 3. M. °षयश्रूयमा°.
4. P. परिकल्पतै. 5. M. वाद्दान्तरिवकाणि. 6. M. वा...नादी. 7. P. वियता.
8. P. °मपौरुषेयासर्वसंज्ञासंज्ञि सम्बन्धविषया. 9. P. तेषु. 10. P. नावध्रियन्ते ।
11. M. शास्त्राल्लोपा°. 12. M. सोऽपि.
13. M. येष्ठा (घा) द्रांइत्य,°, P. ज्येष्ठ इत्यसा. 14. M. तेषूदा. 15. P. °यामन निष्पत्तौ. 16. P. ज्येष्ठाविशाखे

[1]दत्तादिवत् स्मर्यन्ते । स्मृतिवादिनस्तु मन्यन्ते—स्मृतिहेतवोऽपि केचित् साधवः, केचिदसाधवः । ये साधवस्तेऽन्वाख्यायन्ते । येषामन्वाख्यानं नास्ति [2]ते कृदिरादकृत इत्येवंप्रकारा असाधवः । अन्ये तु मन्यन्ते—यथैव गर्गादिविदादिपाठे तन्त्रेण प्रसङ्गेन वा समुदायेषूपदिश्यमानेष्ववयवा अपि उपदिश्यन्ते तथास्यापि तन्त्रेण प्रसङ्गेन वा समुदायस्य संज्ञात्वेनोपादाने तदवयवानामपि संज्ञात्वं व्यवतिष्ठते ॥३६१॥

कृतणत्वाश्च[3] ये शब्दा [4]नित्याः [5]खरणसादयः ।
[6]एकद्रव्योपदेशित्वादेतान् साधून् प्रचक्षते ॥३६२॥

इह केचिदाहुः[7]

यदि संज्ञाभिसम्बन्धात् प्राङ्णत्वं तदलक्षणम् ।
अथोर्ध्वमभिसम्बन्धादनित्यत्वं प्रसज्यते ॥[7]

तत्रेदमुच्यते । कृतणत्वाश्चाकृतणत्वाश्च नित्याः समुदाया विद्यन्ते । तत्र कृतणत्वाः संज्ञात्वे नियुज्यमानाः साधवः अन्यत्राकृतणत्वाः साधवः । उभयेषां च [8]विषयविपर्यये साधुत्वं न विद्यते । [9]आवृत्तिनियतानि व्यवस्थितरूपाणि शिष्टैः[10] संज्ञात्वेन नित्यमुदाह्रियन्ते ॥३६२॥

गोत्राण्येव तु तान्याहुः संज्ञाशक्तिसमन्वयात् ।
निमित्तापेक्षणं तेषु स्वार्थेनावश्यमिष्यते ॥३६३॥

शब्दगोत्राण्येवैतानि योग्यतया युक्तानि संविज्ञानशक्तिसमन्वितानि तदवयवेनैकद्रव्य-विषयाभि[11] [12]र्बह्वीभिरेकया वा शक्त्या[13] निर्निबन्धनानि व्यवस्थितणत्वानि साधूनि शब्दरूपाणि लोके विद्यन्ते । [14]तेषु कानिचित् सन्निहितं निमित्त-

---

1. P. om दिवत् स्मर्यन्ते. 2. P. om. ते, M. कृदिरादित्ये°.
3. RP. कृतणत्वाश्रये. 4. र. RP. नित्यं. 5. P. नित्यत्वं प्रसज्यते. 6. P. om. the second half of the stanza, र. RP. त्वात्तान् साधून् संप्रचक्षते 7. P. om. इह केचित् to अनित्यत्वं प्रसज्यते । It seems to be a quotation from somewhere and not a part of the Vākyapadīya. The Vṛtti does not explain it. It is not found in A, र. and RP. 8. P. विषयपर्यायेण. 9. M. आवर्तीनि च तानि. 10. P. विशिष्टैः
11. P. विषयाणि. 12. P. बहुभिरेकयैव. 13. M. निबन्धनानि. 14. M. ते का.°

मपेक्षमाणैः संज्ञानां विनियोक्तृभिर्विनियुज्यन्ते ।[1] कानिचित्तु निमित्तस्याभावे[2] विपर्ययेण स्वरूपमात्रनिबन्धनानि [3]सन्निपतन्ति । येष्वपि च निमित्तान्तरं विद्यमानमपेक्षितं भावि वा बुद्धया [4]प्रक्रम्य [5]भूतपदासक्तं तान्यपि निमित्तसन्निधाने [6]रूपविशेषादनुमानमात्रं [7]भवन्ति, न निमित्तमभिधेयत्वेनाभ्यन्तरीकुर्वन्ति । कृष्णत्वेऽपि हि सति कृष्णस्य संज्ञा न कृष्णलत्वमाह । संज्ञानपदत्वाद्धि वस्तुमात्र-मभ्यन्तरीकृतगुणविशेषं[8] सम्बन्धनियमकरणादूर्ध्वमनपेक्षितप्रवृत्तिनिमित्त[9]-सन्निधानं प्रत्याययति ॥३६३॥

व्यवहाराय नियमः संज्ञानां संज्ञिनि क्वचित् ।
नित्य एव तु सम्बन्धो डित्थादिषु गवादिवत् ॥३६४॥

[10]केचिदाहुः

कृतकत्वान्न नित्यत्वं सम्बन्धस्योपपद्यते ।
संज्ञायां सा हि पुरुषैर्यथाकामं नियुज्यते ॥
यथा हि पांसुरेखानां बालकैर्मधुरादयः ।
संज्ञाः क्रियन्ते सर्वासु संज्ञास्वेषैव कल्पना ॥

तत्रेदमुच्यते—संज्ञानां सर्वसंज्ञिप्रत्यायनविषयाः शक्तयो विद्यन्ते । संज्ञिनामपि प्रत्येकं सर्वसंज्ञापदविषयताख्याः[11] शक्तयो विद्यन्ते । तत्र गृहे पुरे वा ग्रामे वा व्यवहारार्थं नियममात्रं कुर्वन्ति । अयमनयैव संज्ञया [12]व्यवहर्तव्यः, इयमस्यैव संज्ञा, नान्यस्येति । यथैव तु गवादीनामौत्पत्तिकः सम्बन्धस्तथैव सर्वासां बालादिभि-रधिक्रियमाणानां संज्ञानाम् । केचिन्मन्यन्ते स्वरूप[13] एव संज्ञानां नित्या वृत्तिः[14], स्वरूपं संज्ञिन्यासज्यते । प्राप्तरूपविपर्यासो हि संज्ञी संज्ञयाभिधीयते । अपरे मन्यन्ते—स्वरूपेण संज्ञा[15] अनवच्छिन्नाः पूर्वे पूर्वे आवर्तन्ते । तत्र यथैव सिंहो व्याघ्र इति तथार्थान्तररूपासङ्गः सर्वतः क्रियते ॥३६४॥

---

1. M. नियुज्यन्ते. 2. P. °त्तस्याभावविपर्यये. 3. P. पतन्ति. 4. P. प्रकृत्य. 5. M. भूतवदा°. 6. P. °दनुमात्रं. 7. M.P. भवतु. 8. M.P. विशेषसंब. 9. M. °मित्तमन्नि°.

10 M.P. The words केचिदाहुः and the two stanzas which follow seem to be quotations. They are not found in Puṇyarāja's text. Nor does the Vṛtti explain them. They are fonnd in some mss of the *kārikās* only. See RP. p. 120, note 208.

11. M. °पदविषयाख्याः P °विषयाः च (?) र्थाः श° 12. M.P. कर्तव्यः 13. M. स रूप एव. 14. M. वृत्तिः कर्तुम्, P. निर्विश्यात्यावृत्तिकर्तुः 15. M.P. संज्ञान-वच्छिन्नाः

वृद्धयादीनां च शास्त्रेऽस्मिञ्छक्त्यवच्छेदलक्षणः ।

अकृत्रिमो [1]हि सम्बन्धो विशेषणविशेष्यवत् ॥३६५॥

शास्त्रेऽपि वृद्धिरित्येवमादीनां [2]संज्ञानां सर्वसंज्ञिविषया शक्तिरादैच्प्रभृतिष्ववच्छिद्यते । आदैच्प्रभृतीनामपि सर्वसंज्ञाविषया शक्तिर्वृद्धयादिष्ववच्छिद्यते । तद्यथा नीलमिति सर्वाश्रयविशेषणशक्तिरुत्पलादिविषया परिगृह्यते । उत्पलादीनामपि सर्वविशेषणविषया विशेष्यशक्तिर्नीलादिषु नियम्यते । तस्माच्छास्त्रेऽपि लोकवत् प्रवृत्तिरिति ॥३६५॥

संज्ञा स्वरूपमाश्रित्य निमित्ते सति लौकिकी ।

काचित् प्रवर्तते काचिन्निमित्तासन्निधावपि ॥३६६॥

लौकिकी संज्ञा निमित्तं सन्निहितं सन्निधेयं वा क्वचिदपेक्षमाणा तन्निमित्तमभिधेयत्वेनाभ्यन्तरीकुर्वन्ती[3] प्रवर्तते, [4]आढ्यो देवदत्त इति । [5]सीरासिमुसलादयस्तु रूपमात्रोपादाना निमित्तसन्निधानमपेक्षन्ते ॥३६६॥

शास्त्रेऽपि[6] महती संज्ञा स्वरूपोपनिबन्धना ।

अनुमानं निमित्तस्य सन्निधाने प्रतीयते ॥३६७॥

यापि [7]कारकोपसर्जनसंख्या सर्वनामादिः शास्त्रे महती संज्ञा क्रियते सापि ह्रस्वादिवत्[8] (?) स्वरूपमात्रमेवोपादाय प्रवर्तते । तस्यास्तु गौरवं व्युत्पत्तिनिमित्तं सन्निधानानुमानमभिधीयमानमपि तन्निमित्तसंज्ञिषु येष्वस्ति तेष्वेव सति सम्भवे विशिष्टविषये प्रवर्तते । कर्मप्रवचनीयसंज्ञात्वं सति सम्भवे सुसिक्तादिषु स्वरूपमात्राश्रया संज्ञान्तरनिवृत्तिं करोति ॥३६७॥

[9]आवृत्तेरनुमानं वा सारूप्यात्तत्र गम्यते ।

शब्दभेदानुमानं वा शक्तिभेदस्य वा गतिः ॥३६८॥

विशिष्टस्वरूपं गुरुसंविज्ञानपदमुपादीयमानं[10] निमित्तयुक्तेन गुणपदेन स्वरूपं सकृदुच्चारणेऽपि शब्दगताया आवृत्तेरनुमानं [11]सामिधेनीवत् सम्प्रसारणसंज्ञावच्च

1. P. र. KP. °मोऽभिसंबन्धो. 2. P. सर्वसंज्ञा°
3. M.P. कुर्वन्ति प्रवर्तन्ते. 4. M. आस्यो देवदत्त, P. आद्यो दे°.
5. M. आस्तिरसमूकादयस्तु.
6. र. तु. 7. P. यापाचाको. 8. M. व्याध्यादिवत्, P. ह्रस्वादि (?)
9. M. अनुवृत्ते° P. वृत्ते°. 10. M.P. °माननिमि°. 11. P. सावि-

लघ्वर्थन्तु सकृदुच्चारणं भिन्नयोर्वा शब्दयोः प्रदेशेषु [1]स्वरूपेण समीकृतयोर्व्यापार-भेदप्रतिपत्त्यर्थमेकत्वपक्षे वा [2]शक्तिभेदाध्यारोपोऽनुमीयते ॥३६८॥

क्वचिद् विषयभेदेन [3]कृत्रिमा व्यवतिष्ठते ।
संख्यायामेकविषयं व्यवस्थानं द्वयोरपि ॥३६९॥

कृत्रिमान्तरापेक्षित्वाच्छक्त्यावच्छेदस्याकृत्रिमाणां निवृत्तेरुभयगतौ सत्यां क्वचित् कृत्स्नशास्त्रापेक्षेवोभयगतिस्तत्र[4] विषयस्तावद्भिद्यते । कृत्स्नं च शास्त्र-मपेक्ष्योभयगतिरित्युच्यते । करणाधिकरणवत्[5] संख्यायास्त्वेकविषय एव लौ-किक्याः कृत्रिमायाश्च संज्ञायाः संज्ञिनां सन्निधानं विज्ञायते । तत्र वृत्त्यां तच्छब्द-वाच्यत्वेन तत्र शक्तपरिग्रहेण वा द्वयोर्ग्रहणम् । शब्दव्यापारप्रवृत्तिनिमित्तत्वाच्च शास्त्रसंज्ञायाः संज्ञिनोगृह्यमाणा विस्तारसङ्घातवाचिनोर्बहुगुणयोर्निवृत्तिं कुर्वन्ति ॥३६९॥

[6]विषयं कृत्रिमस्यापि लौकिकः क्वचिदुच्चरन् ।
व्याप्नोति दूरात् सम्बुद्धौ तथाहि ग्रहणं द्वयोः ॥३७०॥

. . . 'दूरात् सम्बुद्धौ' (P. 1.2.33.)
[7]इत्यत्र लौकिक एव [8]क्रियाशब्दः कृत्रिमाया अपि विषयं[9] स्वनिमित्तसन्निधानाद्[10] व्याप्नोति । कृत्रिमा तु न सर्वक्रियाशब्दविषया ।[11] तस्माद् व्याप्तिमत्त्वाल्लौकिक एव क्रियाशब्द उपादीयते । क्वचित्तु न्यायावस्था(?)क्रियते । तद्यथा कर्तरि कर्मव्यवहारे (P. 1.3.14.) इति ॥३७०॥

सङ्घैकशेषद्वन्द्वेषु केचित् सामर्थ्यलक्षणम् ।
प्रत्याश्रयमवस्थानं क्रियाणां प्रतिजानते ॥३७१॥

वाक्यधर्मविचाराणां प्रसङ्गादिदं विचार्यते । इह वृद्धचादिषु प्रत्येकं वाक्यपरिसमाप्तिरुक्ता । समासाभ्यस्तयोः समुदाये, अट्कुप्वाङ्नुम्व्यवायेऽपि

---

1. P. सरूपेषु. 2. P. °ध्यालोपो
3. M. °स्य कृत्तिः°. 4. P. here repeats तत्र विषयस्तावद् भिद्यते. 5. P. om. from वत् संख्यायाः to संघात.
6. M.P. विषयः 7. P. °त्रालौकिक. 8. P. प्रक्रियाशब्दः 9. M. om. स्वनिमित्त, P. श्वनि°. 10. P. °नाश्च केनाव्याप्त. 11. Can the text be कृत्रिमा तु न शक्नोति व्याप्तुं सर्वक्रियाः शब्दविषयाः ?

इत्येतस्मिन्नुभयत्र लौकिकानि च दर्शनानि सर्वत्रोपन्यस्तानि । तत्रेदं वक्तव्यम् । कथमियं त्रिधाप्यविरोधेन कल्पना सम्भवति । लौकिकेन[1] च दृष्टान्तेन प्रविभक्तं कथमत्र साधर्म्यम्, वाक्यपरिसमाप्तिश्च किं शब्दपरिसमाप्तिरथार्थपरिसमाप्तिः । अर्थपरिसमाप्तौ वा किं कृत्स्नो वाक्यार्थः परिसमाप्त उत एकदेशः । [2]एकदेशसमाप्तिश्च किं शब्देष्वथार्थेषु । [3]तत्राद्ये नैकाधिष्ठानसम्बन्धविशेषो[4] (?) वाक्यार्थः । तस्य प्रत्येकमर्थेषु शब्देषु वा कीदृशी परिसमाप्तिः । अथ साधनविशिष्टा क्रिया वाक्यार्थः सा कथमेकस्मिन् साधने परिसमाप्यते । भोजयतिक्रिया तु न भुजिशब्दोऽपि न समुदायो नावयवमात्रे परिसमाप्तिमुत्सहते गन्तुम् । यथा समुदाये वाक्यपरिसमाप्तावयवेषु विरोधात् समुदायाभावाद् अप्रवृत्तिः । [5]केषाञ्चिच्छब्दो निदर्श्यते, केषाञ्चिदर्थः । तथाहि प्रत्येकं वाक्यान्तराण्यवतिष्ठन्ते इति केषाञ्चिद्दर्शनम् । केषाञ्चित्तु क्रिया विनियुज्यते, गर्गाः शतं दण्डचन्तामिति । तथा चोक्तम्—यथोक्तं कृतं भवति । समुदितानां भोजने देवदत्तादीनामयथोक्त कृतमित्युच्यते । तस्मादप्युभयथैव वाक्यपरिसमाप्तिरित्येवमनुयुङक्ते । यैरेव तु भेद [6]आख्यायते तैरेव च प्रतिविधीयते । वाक्यग्रहणे तावदुभयथा प्रतिपत्तिः[7] । अर्थश्चेह तादर्थ्येन यस्य प्राधान्यं [8]स गृह्यते । तद्यथा—इह पचेः कः प्रधानार्थः यासौ तण्डुलानां विक्लित्तिरिति । विक्लेदनं चाभिधेयभावेन प्रधानम्, तदर्थत्वात्तु प्रेषणस्य । सर्वत्र चान्वयाद्विक्लित्तिरुपादीयते । ननु च समुदितैरप्यधिकालमधिदेशमधिपात्रं च क्रियमाणो [9]भुजिर्विनापि शब्दव्यापारेण फलरूपाभ्यां सामर्थ्येन प्रविभक्तकर्तृक एव व्यवतिष्ठते । तदेवेदमाख्यायते–संघो यत्रावयव उपसर्जनीभूतो वनादिषु वृक्षादिवद्वानुमेयो ब्राह्मणा भोज्यन्तां [10]सङ्घो भोज्यताम्, परिषद् भोज्यताम्, एकशेषो यत्र [11]प्रविभक्तशब्दानामन्वर्थानामवस्थानं नास्ति, ब्राह्मणा भोज्यन्तामिति । द्वन्द्वे यत्र भेदरूपेणानुस्यूतं प्रत्येकं परिसमाप्त एकबुद्धि-

---

1. P. लौकिकेऽपि 2. M. om एकदेश. 3. P. तत्राद्यनेकमर्थेषु, M. तत्राद्येने°. 4. P. om. अधिष्ठानसम्बन्धविशेषो वाक्यार्थः । 5. P. om. from केषाञ्चिच्छब्दो to विनियुज्यते but it is given later after वाक्यग्रहणे तावदुभयथा प्रतिपत्तिः । M. on the other hand repeats it after प्रतिपत्तिः As both M and P give it after प्रतिपत्ति, that may be the right place for it, but I am not repeating it. 6. P. आखयते. 7. P. gives here what it had omitted earlier. See note 5. 8. Both M and P have सति, but it does not fit into the sentence. So I have changed it to स. 9. P. भुजिः रुर्हिविनापि. 10. P. om. संघो भोज्यताम्. 11. P. °भक्तः शब्दानामर्थानामवस्थानां.

निबन्धनसमुदायोऽभिधीयते । प्लक्षन्यग्रोधौ । यत्र वा द्वयम् (?) उपसर्जनीभूतावयव आश्रितैकत्वसमुदायोऽभिधीयते । अथवा श्वकर्णः छत्रोपानहमिति । तत्र सर्वस्मिन्नेव सामर्थ्यात् प्रत्याश्रयं क्रियाविशेषाणामवस्थानम् । तथाभूत एवासौ क्रियात्मा यद्विभक्तफलरूपः सर्वमाश्रयं प्रतिपद्यते । अन्यथा तस्यात्मैव न प्रकल्पते ।।३७१।।

भोजनं फलरूपाभ्यामेकैकस्मिन् समाप्यते ।
अन्यथा हि व्यवस्थाने न तदर्थः प्रकल्पते ।।३७२।।

यदि हि भिन्नेषु भोक्तृष्वन्यत्र रूपं रूपैकदेशो [1]वा दृश्यते, अन्यत्र तु फलं [2]फलैकदेशो वा व्यवतिष्ठेत भुजिरेवासौ न स्यात् ।।३७२।।

[3]अन्नादानादिरूपं च सर्वे [4]तृप्तिफलं भुजिम् ।
[5]भेदेन प्रतिपद्यन्ते न तु [6]नाटचक्रियादिवत् ।।३७३।।

अन्नादानहनुचलनरूपो [7]भुजिस्तृप्तिफलो भोक्तृभिः प्रविभक्तः परिसमाप्त[8]रूपफलो निर्वर्त्यते ।।३७३।।

ननु यथा नाटचादिक्रिया गीतवादित्रादिविविधनृत्तावयवा क्वचित् केनचिदंशेन सन्निविशते । [9]कश्चिद् गायति, [10]काचिन्नृत्तविशेषं प्रतिपद्यते । तथैव च सा निर्वर्त्यमाना[11] सम्यगनुष्ठितेत्युच्यते । तथाभूत एव हि तस्याविभक्तकर्तृसाध्यावयव[12] आत्मा । यतश्चैतत् तस्मात्—

पाद्यवत् साविभागेन सामर्थ्या[13]दभिधीयते ।
[14]भुजिः करोति भुज्यर्थं न तन्त्रेण प्रदीपवत् ।।३७४।।

तद्यथा पाद्यमर्घ्यमाचनीयं वा दीयतामिति [15]सङ्घैकशेषद्वन्द्वेषु विशिष्टभेदेनैव व्यवतिष्ठते । अन्यथा तदर्थरूपासम्भवात् । प्रदीपस्तु तन्त्रेण क्रियते, विभवाल्लाघवाच्च । न तु तथा भुजिः स्वार्थोपरोधात् ।।३७४।।

---

1. M. वान्यत्र. 2. M. फलाफलैकदेशो वा.
3. र. RP. ° रूपां च. 4. र. RP. °फलां. 5. र. RP. प्रत्येकं. 6. M. न नाटचादिक्रियादिवत्, P. न नाटचादिक्रियामिव. 7. P. क्लृप्तिफल. 8. P. रूपफला
9. P. क्वचित्. 10. P. काश्चित्. 11. P. निर्वर्त्यतेमाना. 12. M.P. °यवा. 13. र. RP. P. अवतिष्ठते. 14. P has अन्यथा before भुजिः. 15. P. संङ्घैकदेश न्द्ववि° M. °द्वन्द्व वि.

दृश्यादिस्तु क्रियैकापि तथाभूतेषु कर्मसु ।
आवृत्तिमन्तरेणापि समुदायाश्रया भवेत् ॥३७५॥

वनं दृश्यतां सङ्घो दृश्यतामिति दृशिरूपस्योभयथा[1] दर्शनसम्भवादेकं[2] वा दर्शनं समुदायकर्मकं निर्वर्त्यते । प्रत्यवयवं वा क्रमेण भिन्नदर्शनमावर्तते ॥३७५॥

भिन्नव्यापाररूपाणां व्यवहारादिदर्शने ।
कर्तृणां दर्शनं भिन्नं सम्भूयार्थस्य साधकम् ॥३७६॥

क्वचित्तु भिन्नकर्तृकापि क्रिया प्रविभक्तावयवरूपा रेखालेखादिप्रविभागेन प्रत्यात्ममसाधारणशक्तिसन्निवेशात् समुदायसमवायेनाविभागमिव प्राप्तं स्वार्थं [3]साधयति । तामपि समुदायसमवायिनीं केचिन्मन्यन्ते । किञ्चिद्भिन्नानां क्रियाणामेव प्रधानविषयत्वं व्याचक्षते ॥३७६॥

[4]लोके लक्ष्यप्रसिद्धत्वाच्छास्त्रे लिङ्गस्य दर्शनात् ।
[5]अर्थित्वादैक्षुभेदेन वृद्धिसंज्ञा समाप्यते ॥३७७॥

अर्थिनां च व्यतिक्रमहेत्वभावात् [6]साधुभावप्रयुक्तेष्वर्थिषु प्रतिसमुदायं भिन्नेषु भेदेन परिसमाप्तिर्निर्वर्त्यमानरूपेष्वपि दृष्टमेवानुगम्यत इति ॥३७७॥

शतादानप्रधानत्वाद्दण्डने[7] शतकर्मके ।
अर्थिनां [8]गुणभेदेऽपि सङ्ख्येयोऽर्थो न भिद्यते ॥३७८॥

गर्गाः शतं दण्डयन्तामिति विशिष्टनिमित्तं कार्यं शतादानमुच्यते, गर्गेभ्यः शतमादीयतामिति । तत्रादानस्यापि शतार्थत्वात् तादर्थ्येन शतं प्रधानं न गुणभेदाद् भिद्यते । [9]गुणो हि प्रधानधर्ममनुविधीयते । [10]तस्मान्नित्यमर्थित्वे निर्ज्ञाते राज्ञां शब्दप्रवृत्तिरित्थम्भूतेति यथैव शतं दण्डयन्तामित्युक्तेन सहस्रं दण्डयन्ते तथा प्रत्येकं शतं [11]न दण्डयन्ते ॥३७८॥

---

1. P. °भयथासंभवात्. 2. P. °वादेकमवादर्शनं वा समुदायकर्मकं.
3. P. सधयति.
4. P. र. RP. लक्ष्यस्य लोकसिद्धत्वात्. 5. M. अर्थिष्वादैक्षु. 6. सधुभाव.
7. P. °नप्रधावत्वात्. 8. P. गुणभेदेन.
9. P. गुणा हि. 10. P. °विधीयन्ते. 11. M.P. both omit न which is

सङ्घस्यैव विधेयत्वात् कार्यवत् प्रतिपादने ।

तत्र तन्त्रेण सम्बन्धः समासाभ्यस्तसङ्ज्ञयोः ॥३७६॥

इह भिन्नार्थाभ्यां समर्थाभ्यामवयवाभ्यां सत्यपि शब्दान्तरत्वे कार्यप्रतिपादने क्रियमाणे समस्यत इति क्रियानुषक्त एव तस्य व्यापारः समासः क्रियते, समासान्निर्वर्त्यते, [1]आश्रीयते । प्रवृत्तिनिमित्तयैव संज्ञया विधीयमानरूप-[2]उपाश्रितप्राधान्यो निर्वर्त्यमानः समुदायोऽभिसम्बध्यते । तथाभ्यस्तसंज्ञायामेक उच्चारणक्रियोपाधियुक्तः संस्कार्यत्वादाश्रितप्राधान्यः समस्यते। अपर आह— सर्वथा प्रधानभेदं गुणा अनुविधीयन्ते । प्रधानं गुणभेदेऽपि स्वस्माद्धर्मान्न प्रच्यवते । सामानाधिकरण्येन [3]संज्ञासंज्ञिनोर्व्यपदेशेऽपि विशेषणविशेष्ययोर्यथेष्टमभि सम्बन्धः । तत्र क्वचित् संज्ञा प्राधान्येनाश्रीयते । व्यपदेशमात्रेण क्वचित् संज्ञिनः प्राधान्येनाश्रीयन्ते इति ॥३७६॥

लक्षणार्था श्रुतिर्येषां क्वचिदेव क्रियां प्रति ।

तैर्व्यस्तैश्च समस्तैश्च स धर्म उपलक्ष्यते ॥३८०॥

वृषलैर्न प्रवेष्टव्यमित्येतस्मिन्[4] गृहे यथा ।

प्रत्येकं सङ्गतानां च प्रवेशः प्रतिषिध्यते ॥३८१॥

प्रधानभूतायां क्रियायां यानि लक्षणानि तेषां लक्षणे चरितार्थत्वात् समस्तत्वमितरेतरयोगो य आत्मधर्मः स न विवक्षितः । तद्यथा वृषलेन वृषलैर्वा परिश्रिते न प्रवेष्टव्यमिति प्रत्येकं समस्ता वा न प्रविशन्ति । लिङ्गसङ्ख्ययोरपि चात्र केचिदविवक्षां मन्यन्ते ॥३८०, ३८१॥

सम्भूय त्वर्थलिप्सादि प्रतिषेधोपदेशने ।

पृथगप्रतिषिद्धत्वात् प्रवृत्तिर्न विरुध्यते ॥३८२॥

संहत्य चास्मिन्नर्था लिप्सव इति संहननात्मधर्मस्य श्रुत्या प्रक्रान्तत्वात् सङ्घात एव लिप्सतिक्रियासाधनभावेन प्रतिषिध्यते । प्रत्येकं तु कामचारः ॥३८२॥

---

strange because it is very necessary here. 1. M. आश्रियते, P. °र्त्यते। आश्रयप्रवृत्ति°. 2. P. °रूपाश्रितं. 3. P. संज्ञिनासंज्ञिनोः
4. M. °त्येकस्मिन्.

व्यवायलक्षणार्थत्वादट्कुप्वाङादिभिस्तथा ।
प्रत्येकं वा समस्तैर्वा णत्वन्न प्रतिषिध्यते ॥३८३॥

व्यवायक्रिया [1]च....क्ष्मा अट्कुप्वाङनुम्व्यवायसूत्रे (P. 8.4.2.) तेषां समस्तत्वं व्यस्तत्वं वा द्वावप्यात्मधर्मौ न विवक्षितौ । णत्वमानन्तर्ये सति विधीयते । तत्र व्यवधाने निवृत्तिरर्थगृहीता । [2]क्वचिद् व्यवायो निमित्तभावस्या[3]-प्रतिबन्धमाचष्टे । [4]तत्राडादयो व्यवायनिमित्तस्या[5] प्रतिबन्धहेतुं लक्षयन्ति । तथा च प्रत्येकं समस्तैर्वा [6]व्यवाये णत्वं भवत्येव ॥३८३॥

[7]अनुग्रहार्थो भोक्तृणां भुजिरारभ्यते यदा ।
देशकालाद्यभेदेन [8]नानुगृह्णाति तानसौ ॥३८४॥

भोक्तृणामनुग्रहार्थो यदा भुजिरुपादीयते तदा यथा तेषामनुग्रहो भवति तथा विनियोगव्यपेक्षा [9]तत्र जातिशक्तिः संस्तुतादिभेदाद् देशकालपात्राद्यभेदेन भोक्तारो नानुगृह्यन्ते भेदेन तु प्रत्येकं प्रक्रमे [10]सर्वोऽनुगृह्यते ॥३८४॥

पात्रादिभेदान्नानात्वं यस्यैकस्योपदिश्यते ।
विपर्यये वाभिन्नस्य तस्यैकत्वं [11]प्रकल्पते ॥३८५॥

तत्र यद्येकं भुजिक्रियातत्त्वं तदा तस्य देशकालपात्रादिभेदाद् भेदव्यपदेशो भवति । अथानेनैवानेकसाधना भुजिक्रिया तस्या अधिकालत्वादधिपात्रत्वाच्चैकव्यपदेशः क्रियते । तत्र चैतत् समुदितैर्निर्वर्त्यमानं समुदाये परिसमाप्तमित्युच्यते ॥३८५॥

संहत्यापि च कुर्वाणा भेदेन प्रतिपादिताः ।
स्वं स्वं भोज्यं विभागेन प्राप्तं सम्भूय भुज्यते ॥३८६॥

यथैव शतदण्डेन प्रत्येकमिच्छया सङ्ख्येयं भेदेन व्यवस्थाप्य तैर्भागपरिग्रहः क्रियते न शब्दसामर्थ्येन तत्र शब्दो व्याप्रियते, तथैव भेदेन प्रतिपादिताः यद्येकमेव

---

1. M and P. have the same gap which makes one think that they go back to the same source. 2. P. कविद्. 3. M.P. °स्य प्रति. 4. P. तत्रवाद्वयो. 5. M.P. °स्य प्रति°. 6. P. om. व्यवाये.
7. र. °हार्थं. 8. M. °देनानुगृ. 9. P. शक्ति. 10. M.P. सर्वं न गृह्यते.
11. P. प्रकल्प्यते.

भोजयेयुरन्येभ्यो दद्युः न तत्र प्रतिपादनमन्यथाकृतं भवति । स्वं स्वं भोज्यं विभागेन शब्दप्रापितं व्यापारान्तरेण सम्भूय प्रत्येकं वा भुज्यते, अन्येभ्यो वा पुनः प्रतिपादयति ॥३८६॥

वीप्सायां विषयाभावाद्विरोधादन्यसङ्ख्यया ।
द्विधा समासयोगाच्च शतं सङ्घेऽवतिष्ठते[1] ॥३८७॥

इहैकशब्दोपादानाद्वीप्साया विषयान्तरेण भवितव्यम् । तत्र गार्ग्यो गार्ग्यः शतं दण्डचतामिति यथा तत्र प्रत्येकं शतेन सम्बन्धस्तथा गर्गाःशतं दण्डचन्तामित्यत्रापि वीप्साविषयः प्रकल्पितः स्यात् । कथं तर्हि गार्ग्यो गार्ग्यो योज्यताम्, अगार्ग्या भोज्यन्तामिति च प्रत्येकं [2]तुल्यायां परिसमाप्तौ वीप्साविषयः[3] प्रकल्प्यते ? । वचनभेदेन तावदत्र वीप्सा, [4]न चेह वचनभेदोऽस्ति । अथवा प्रत्येकं भुज्यङ्ग-साकल्यपरमत्र वीप्सोपादानम् । इह त्वपरिगृहीतं रूपं सर्वेषु तस्य परिसमाप्त्य-सम्भवाद्यैस्तु पक्षान्तरमागमेन सामान्याभिधानमात्रमेव शतसंख्याविरोधिनी चा-न्यसंख्योपजायमाना श्रुतां सङ्ख्यां बाधेत । यथा सहस्रदक्षिणत्वे [5]द्वादशशतदक्षिणत्व-व्यपदेशं निवर्तयति । [6]त्रिपुत्रत्वं द्विपुत्रत्वव्यपदेशम्[7] । [8]नैधेये च द्वयच्क-व्यपदेशं स्वाश्रयमातिदेशिकमश्रुतं त्र्यच्कत्वम् । अयमेव हि संख्याया धर्मः द्विनि-रोधादेव समाप्तिर्न सम्भवति । प्रत्येकं समुदाये [9]चाभिसम्बध्यमाने श्रुता सङ्ख्या [10]बाधिता भवति । न च सामर्थ्यमस्ति [11]येन शतभिन्नं प्रवृत्तं पुनर्भेदं लभते । तस्मात् [12]सङ्घात एवैकं शतमवतिष्ठते ॥३८७॥

भुजिर्द्वन्द्वैकशेषाभ्यां यत्रान्यैः सह शिष्यते ।
तत्रापि लक्षणार्थत्वाद् द्विधा वाक्यं समाप्यते ॥३८८॥

देवदत्तयज्ञदत्तविष्णुमित्रैर्न सम्भोक्तव्यम्, गर्गैर्न सम्भोक्तव्यमिति प्रत्येकं समु-दितैश्च सह न सम्भुज्यते । भोजननिवृत्तौ लक्षणार्थत्वाद् देवदत्तादीनामात्म-धर्मविवक्षा ॥३८८॥

वाक्यान्तराणां प्रत्येकं समाप्तिः कैश्चिदुच्यते ।
रूपान्तरेण युक्तानां वाक्यानां तेन सङ्ग्रहः ॥३८९॥

---

1. P. °घे च तिष्ठते. 2. P. तु यां. 3. M.P. प्रकल्पिते. 4. P. न बहुवचन-भेदोऽस्ति. 5. P. °त्वमेकदक्षिणत्वव्य 6. P. तिपुमत्रत्वं 7. P. द्विपुत्रव्य°. 8. P. नैधेय च द्वयव्य. 9. M.P. वाभि. 10. P. बाधिका 11. M. येन येन 12. M. संघातमेवैकं

केचिन्मन्यन्ते प्रत्येकं देवदत्तादिषु वाक्यान्तराण्युकल्पन्ते । देवदत्तो भोज्यताम्, यज्ञदत्तो भोज्यताम्, विष्णुमित्रो भोज्यतामिति रूपान्तरयुक्तान्येकवाक्योपग्रहाणि भिन्नानि बहूनि वाक्यानि ॥३८९॥

न वाक्यस्याभिधेयानि भेदवाक्यानि कानिचित् ।
तस्मिंस्तूच्चरिते भेदांस्तथान्यान् प्रतिपद्यते ॥३९०॥

यत्तद्ग्रहणकवाक्यं किं तदभिधानाभिधेयत्वेन वाक्यान्तरसन्निधिं प्रकल्पयति । [1]नेत्याह । न तस्य वाक्यस्य शब्दपदार्थकत्वं शक्यमभ्युपगन्तुम् । [2]नाप्यत्यन्तमनर्थकत्वम्, अपि तु तस्मिन्नुच्चरिते तद्रूपाणि तदुपायानि वाक्यान्तराण्यश्रुतानि बुद्धावुपप्लवन्ते । तेभ्यश्च बुद्धिविषयेभ्योऽर्थः[3] प्रतिपद्यमानः [4]आशुसञ्चाराद् ग्रहणकवाक्यात् प्रतिपन्नोऽस्मीति मन्यते । तस्मात [5]प्रत्येकं वाक्यान्तरप्रादुर्भावः, प्रत्येकं वाक्यपरिसमाप्तिरभिप्रेता ॥३९०॥

येषां समस्तो वाक्यार्थः प्रतिभेदं समाप्यते ।
तेषां तदानीं भिन्नस्य किं पदार्थस्य सत्तया ॥३९१॥

ये वाक्यार्थं समस्तं वाक्ये नामपदेषु च सद्रव्यसाधनं परिसमाप्तमपुनरुक्तं मन्यन्ते तेषामेवम्भूते प्रतिपदमवस्थितेऽर्थे[6] किमवशिष्टेनापरेण पदार्थेन विकल्पितेन ॥३९१॥

अथ तैरेव जनितः सोऽर्थो भिन्नेषु वर्तते ।
पूर्वस्यार्थस्य तेन स्याद् विरोधः सह वा स्थितिः ॥३९२॥

केचिन्मन्यन्ते सामान्येन [7]व्यवस्थितानि पदानि सन्निधीयमानानि [8]यतो विशेषं जनयन्ति स तेषु प्रत्येकं परिसमाप्यते । तस्मात् पदार्थकल्पनया विना [9]न वाक्यार्थो व्यवतिष्ठत इत्यस्मिन् दर्शने इदमुच्यते । योऽसौ [10]पूर्वं निमित्तभूतः पदार्थः[11]उत्तर--पदार्थप्रादुर्भावे विरोधिन्युपजन्यमाने [12]स निवर्तेत वा सह वा तेन व्यवतिष्ठेत ॥३९२॥

---

1. P. नेत्योह 2. P. °पगन्तव्यम् । 3. P. अर्थः 4. M. आसञ्चारात्, P. आशुसञ्चरात् 5. P. om. प्रत्येकं वाक्यान्तरप्रादुर्भावः
6. P om. अर्थे.
7. P. स्थितानि. 8. P. यं वि° 9. M. om. विना 10. M. P. पूर्वे 11. P. उत्तरभूतप्रादु° 12. P. भिनिवृत्तेत वा

सह स्थितौ विरोधित्वं स्याद्विशिष्टाविशिष्टयोः ।
व्यभिचारी तु सम्बन्धस्त्यागेऽर्थस्य प्रसज्यते ॥३६३॥

सामान्यरूपनिवृत्त्यैव हि विशेष आत्मानं प्रतिलभते । स कथं तेन सहाव-[1]तिष्ठमानः [2]स्वामर्थक्रियां प्रतिपद्येत । [3]तदप्रतिपत्तौ च विशेष एव न स्यात् । अथ [4]तु पूर्वमुपात्तार्थं पश्चात् [5]त्यजति नित्यत्वं सम्बन्धस्य हीयते ॥३६३॥

[6]एकः साधारणो वाच्यः प्रतिशब्दमवस्थितः ।
सङ्घे सङ्घिषु चार्थात्मा सन्निधाननिदर्शकः[7] ॥३६४॥

केचिन्मन्यन्ते—यथा संयोगसंज्ञा द्वयोर्द्वयोः समुदाये चावतिष्ठते तथा प्रत्येकं द्वयोः समुदितेषु च स एवैकोऽर्थात्मा व्यवस्थित एव । स तु सन्निधानेन व्यज्यते । तत्र च प्रविभक्ता द्वयोर्बहुषु चान्यैव संयोगसंज्ञा । इह पुनः स एवार्थो भिन्नः । यथा तर्हि द्वन्द्ववाच्यो भेदानुगतः समुदायः प्रतिभेदं समाप्तोऽधिक्रियते । द्वन्द्वसंज्ञकस्य च [8]समुदायस्य स एवार्थः ॥३६४॥

यथा साधारणे स्वत्वं त्यागस्य च फलं धने ।
प्रीतिश्चाविष्कला तद्वत् सम्बन्धोऽर्थेन [9]तद्वताम् ॥३६५॥

तद्यथा भ्रातॄणां साधारणेषु गवादिषु प्रत्येकं स्वत्वमविकलं त्यागे च सर्वेषामविकलेन फलेन योगः,स्थितिनाशयोश्च प्रीतिपरितापावविकलौ,[10] यथा च बहूनां घटादिरेकः, प्रदीपानां प्रकाश्यार्थः साधारणः, यथा च [11]चन्द्रमाः सर्व. . .॥ ॥३६५॥

वर्णानामर्थवत्तायां तेनैवार्थेन [12]तद्वति ।
समुदायेन चैकत्वं भेदेन व्यवतिष्ठते ॥३६६॥

येषामप्यर्थवन्तो वर्णा वाक्यार्थेन पदार्थेन च प्रत्येकं तेषामपि समुदायस्य तदर्थयोगादेकत्वं [13]समुदायादेकेनोत्पद्यमानेन सुपा व्यक्तमित्येकत्वान्तराभावात् [14]प्रतिवर्णं विभक्त्युत्पत्तौ निमित्तं न भवति ॥३६६॥

---

1. M. °ष्ठमानं. 2. M. स्वमर्थं° 3. P. तदर्थप्रतिपत्तौ. 4. P. अथ त्वपूर्वमु°. 5. P. पाश्चात्य....नि°.

6. M. एकसाधारणो वाच्यः प्रतिशब्द उपस्थितः 7. P. सन्निधानेन दर्शकः, M. °दर्शकम् 8. P. om. समुदायस्य

9. र. RP. तद्वता. 10. M. ° नाश....पावविकलौ. 11. M. यथा च...सर्वे ।

12. P. तद्विति. 13. P. दायैकेनोत्पद्यमानेन. 14. P. प्रतिपर्णं.

एकेनैव प्रदीपेन सर्वे साधारणं धनम् ।

पश्यन्ति तद्वदेकेन सुपा सङ्ख्या [1]प्रतीयते ।।३९७।।

यथैकेन [2]प्रदीपेन साधारणं धनं सर्वैर्दृश्यते तथैकेन सुपा प्रकाशितमेकत्वं सर्वसम्बन्धिगते तस्मिन्नर्थात्मनि प्रतीयमानं न सुबन्तरेणाभिधीयते ।।३९७।।

नार्थवत्ता पदे वर्णे वाक्ये चैवं विशिष्यते ।

अभ्यासात् प्रक्रमोऽन्यस्तु विरुद्ध इव दृश्यते ।।३९८।।

एतस्मिंश्च दर्शने पदवाक्य[3]वर्णानामविशिष्टोऽर्थयोगः । सर्वेषां तेषां सन्निधाने तस्य [4]गम्यमानत्वात्, सर्वेषां चावच्छेदहेतुत्वात्, सर्वेषु तस्य परिसमाप्तिसम्भवात् । यैस्तु पक्षान्तरमागमेन सामान्याभिधानमात्रमेव परिगृहीतं रूढं स्वतर्केणाभ्यस्तं ते विरुद्धमिव प्रक्रमान्तरं मन्यन्ते ।।३९८।।

[4]विनियोगावृते शब्दो न स्वार्थस्य प्रकाशकः ।

अर्थाभिधानसम्बन्धमुक्तिद्वारं प्रचक्षते ।।३९९।।

इह केचिदाचार्याः शब्दजातिमर्थसम्बन्धिनं मन्यन्ते । केचिच्छब्दव्यक्तिम् । अन्येषां तु जातिसाधना व्यक्तिसाधना वा क्रिया सम्प्रत्ययफला। अत्रानेनायं वक्तव्य इत्युभयोर्वाच्यवाचकयोः परिग्रहं कृत्वा बुद्धिस्थशब्दो बुद्धिस्थे यत्र विनियुज्यते प्रवणीक्रियते सत्यप्यनेकार्थत्वे [5]तत्रास्य सामर्थ्यमवच्छिद्यते । यासौ तत्र शब्दगतोक्तिः सा सम्बन्धमाविर्भावयति । सा हि योग्यता तावत् तावदवच्छिद्यते यावदुक्त्यानुगृहीता प्रणतिमिवापादिता भवति ।।३९९।।

यथा प्रणिहितं चक्षुर्दर्शनायोपकल्पते ।

तथाभिसंहितः शब्दो भवत्यर्थस्य वाचकः ।।४००।।

तत्र चक्षुर्यथा सर्वदृश्योपलब्धिविषयाभिर्योग्यताभिर्युक्तं यत्र यत्र सङ्कल्पेन [6]प्रणिधीयते तत्र तत्रोपलब्धिं करोति तथा शब्दोऽप्यनेकार्थप्रत्यायनयोग्यो यमर्थं प्रत्यभिसंहितो भवति तमुपसङ्गृहणाति, स्वात्मनि सन्निवेशयति, प्रकाशयति ।। ।।४००।।

---

1. र. RP. अभिधीयते. 2. M. प्र....सर्वं दृश्यते.
3. M. °वर्ण... 4. P. °मानत्वत्स°
5. P. तत्रासामपि विच्छिद्यते.
6. M. प्रणिविधीयते

क्रियाव्यवेतः[1] सम्बन्धो दृष्टः करणकर्मणोः ।
अभिधानियमस्तस्मादभिधानाभिधेययोः ॥४०१॥

इह कारकाणां [2]निश्रेणीपर्वणामिव साक्षात् सम्बन्धो नास्ति । क्रियायां [3]त्वेकस्यां सन्निपतितानि [4]तन्निबन्धनानि क्रियाव्यवहितं सम्बन्धमनुभवन्ति । तत्राभिधानं शब्दः करणम्, अभिधेयोऽर्थः कर्म । करणकर्मणोश्च क्रियामन्तरेण [5]न [6]प्रक्लृप्तिः । फलवती च क्रियैव, नान्यस्यार्थस्य फलवत्ता । तद्यथा [7]कणतुषविप्रमोक्षविशिष्टे तण्डुलजन्मन्युलूखलमुसलयोः करणाधिकरणयोर्व्रीहीणां च कर्मणामुद्यमननिपातनरूपोऽवहन्तिः[8] फलप्रसवानिमित्तं[9] [10]तथाभिधानाभिधेययोरपि [9]नियतं सम्प्रत्ययाख्यं फलं प्रकल्पयितव्यम् ॥४०१॥

बहुष्वेकाभिधानेषु सर्वेष्वेकार्थकारिषु ।
[10]यत् प्रयोक्ताभिसन्धत्ते शब्दस्तत्रावतिष्ठते ॥४०२॥

[11]एकाभिधानेषु बहुषु प्रकरणेनानिर्ज्ञातेषु एकार्थकारिषु [12]नानार्थकारिषु वा देवदत्तसंज्ञकेष्वक्षादिषु च देवदत्त आनीयतामित्यभिसंहिताद्विपरीतस्यानयनेन मयोक्तं कृतमित्युच्यते । तत्र यत् प्रयोक्ताभिसन्धत्ते तद्वचनत्वमव्यभिचारेण शब्दस्य प्रतीयते ॥४०२॥

आम्नायशब्दानभ्यासे केचिदाहुरनर्थकान् ।
स्वरूपमात्रवृत्तींश्च परेषां प्रतिपादने ॥४०३॥

---

1. M. P. क्रियाव्यपेत. 2. M. कारकान्निश्रणायणीपर्वं° P. कारकाश्रणायणिपर्वणा° 3. P. चैकस्यं 4. P. तान्नि...नि 5. M. P. om. न which however, seems to be essential. There are many such agreements between M. & P in errors or omissions. 6. P. प्रवृत्तिः
7. P. तद्वाक्यः...तुष. 8. P. °यो वाभवन्ति. 9. M. P. °योरनियतं though both M & P. have अनियतं the whole argument requires नियतं.
10. M.यं 11. M. एकाभिधानाभिधेयेषु, P. °धानाभिधायिषु, As the kārikā has only एकाभिधानेषु, अभिधेय cannot come after it and yet both M & P have got it. This also seems to be another example of repetition of the mistake by the two manuscripts. 12. P. om नानार्थकारिषु but the वा which follows shows that it must have been there.

अभिधानक्रियायोगादर्थस्य प्रतिपादकान् ।[1]
नियोगभेदान् मन्यन्ते [2]तानेवैकत्वदर्शिनः ॥४०४॥

आम्नायशब्दान् परिचयार्थमभ्यस्यति, विक्षिप्तमनसाञ्च तेषां न श्रोत्रं [3]प्रतिबध्नाति । तानेककार्ययोगिना[4] मनुपायत्वादनर्थकानाचक्षते । यास्तु प्रतिपादनार्थमभ्यासकाले खण्डिकोपाध्याया उच्चारयन्ति तानपि स्वरूपपदार्थकान् एके मन्यन्ते । रूपमात्रं हि तत्र प्रतिपादयितुमिष्टम् । अभिधानक्रियायोगात्तु नियुज्यमानास्त[5] एवार्थं [6]प्रतिपादयन्ति । अभिधानसंयोगाच्छब्दानां [7]वाचकत्वं न त्वभिधानमन्तरेणेत्याहुः । एकशब्दत्वे हि निमित्तभेदादेकस्यैव तथा व्यवस्था [8]भवतीति मन्यन्ते । ४०३, ४०४ ॥

[9]तेषामत्यन्तनानात्वं नानात्वव्यवहारिणः ।
अक्षादीनामिव प्राहुरेकजातिसमन्वयात् ॥४०५॥

[10]यथैव [11]गावोऽश्वो वायुरिति तुल्यरूपत्वान्नामाख्यातयोरत्यन्तनानात्वेऽप्यविशिष्टे बुद्धिसमन्वयादेकत्वव्यवहारमात्रम् । एवमर्थप्रकरणादिभिरत्यन्तभेदेस्वभावसिद्ध एव भेदो गम्यते । एक [12]त्ववादिनां नामाख्यातविषयाणामपि श्रुतीनामेकत्वम् । [13]प्रसिद्धेस्तु नानात्ववादिनामाख्यातोपन्यास-. . . [14]भिसन्धानमन्यभेदेषु न विद्यते ॥४०५॥

प्रयोगादभिसन्धानमन्यदेषु[15] न विद्यते ।
विषये यतशक्तित्वात् स तु तत्र व्यवस्थितः ॥४०६॥

यच्चेदमुक्तमभिसंहितः शब्दो वाचक इति प्रयोगादुच्चारणादन्यदभिसन्धानं न विद्यते । तथा हि बालेनाप्यर्थमविदुषा प्रयुक्तेन [16]शब्देनानभिसंहितेनापि भवति श्रोतॄणामर्थप्रतिपत्तिः[17] । यस्य शब्दस्य यो विषयः स तत्राव्यभिचारेण व्यवस्थित एव ॥४०६॥

---

1. र. याभेदादर्थस्य प्रतिपादकात्. 2. M. P. तेनैकत्व°. 3. P. प्रतिबध्नन्ति. 4. M. P. °नामुपाय. 5. P. M. °मानः. 6. P. तमेवा- 7. P. वावंतत्त्वं. 8. M. om. भवतीति
9. P. °नानात्वांननात्व°. 10. P. नन्वेवं. 11. P. गवेन वायुरिति, M. गावोऽश्वेन वायुरिति. 12. P. एकत्वनानात्ववादिनां. 13. P. °न्यासंकरोति. 14. P. om. भिसंधानमन्यभेदेषु न विद्यते. This is really a part of the next Kārikā.
15. M. °न मन्यभेदे (मप्रदेषु) 16. M. P. शब्देनाभिसं°. 17. M. P. °पत्तिमस्य यस्य Another example of M & P repeating the same mistake.

नानात्वस्यैव संज्ञानमर्थप्रकरणादिभिः ।

न जात्वर्थान्तरे वृत्तिरन्यार्थानां कथञ्चन ॥४०७॥

यत्तु तत्स्वाभाविकमसङ्कीर्णमर्थायत्तं नित्यं शब्दानां स्वेनार्थेन [1]नित्यसम्बन्धान्नानात्वं तत् प्रतिपत्तारं प्रति सन्देहनिवृत्त्यर्थं प्रकरणादिभिः [2]प्रविभज्यते, न तु कदाचिद् उपात्तस्य [3]स्वशब्देन पुनस्त्यागोऽस्ति, अनुपात्तस्य वोपादानमपौरुषेयो ह्यौत्पत्तिकः शब्दार्थयोः सम्बन्धः ॥ ४०७ ॥

पदरूपं तु यद्वाक्यमस्तित्वोपनिबन्धनम् ।

कामं विमर्शस्तत्रायं न वाक्यावयवे पदे ॥४०८॥

[4]ये तु [5]परिकल्पितपदस्वरूपे पूर्वभागापरभागस्याविद्यमानोद्देशविभागस्य विशिष्टक्रियाभिधायिनो वाक्यस्यैवार्थवत्तां मन्यन्ते तत्राह—अक्षादीनामस्तिक्रिया-[6]रूपमात्रनिबन्धनानां वाक्यान्तराणां [7]कामं प्रयोगे विमर्शोऽय [8]मुपपद्येता [9]क्त्वा . . द्व . . . मक्षशब्दो वर्तत इति वाक्यार्थप्रकल्पिते त्वपोद्धारे प्रकल्प्यमाने [10]विच्छेदग्रहणेनार्थेन नैवान्यः सम्भवति । [11]तेषामतक्ष, [12]आनिर्ज्ञायतां दृश्यतामिति वाक्यादपोद्धारेण निवर्तते संशयः ॥४०८॥

यथैवानर्थकैर्वर्णैर्विशिष्टोऽर्थोऽभिधीयते ।

पदैरनर्थकैरेवं विशिष्टोऽर्थोऽभिधीयते ॥४०९॥

यथैव प्रतिवर्णमर्थमात्रासंस्पर्शे क्रमेणाभ्युच्चये[13] सत्यपि समुदाय उच्चरिते [14]वृक्षादेरर्थो विशिष्टोऽवसीयते तथा पदानामानर्थक्येऽभ्युपगम्यमाने पदसमुदाय उच्चरिते विशिष्टस्य वाक्यार्थस्य सम्प्रत्ययो [15]भविष्यति ॥४०९॥

यदन्तराले ज्ञानं तु [16]पदार्थेषूपजायते ।

प्रतिपत्तेरुपायोऽसौ प्रक्रमानवधारणात् ॥४१०॥

अपरिसमाप्ते तु यद्वाक्ये सामान्यमात्रे पदाभिधेये देवदत्तादिश्रुतेर्ज्ञानमुप-

---

1. M. °न्धन्नानां°, P. °न्धनाना°. 2. P. प्रतिभक्ते. 3. P. शब्देन

4. M. P. यः which cannot be connected with मन्यन्ते. Another agreement between M & P is error. 5. M. °स्वरूपपूर्वं°. 6. P. पमत्रनि° 7. P. कर्म. 8. M. °मुत्पद्येत, P. °मुपपद्यते । 9. P. क्रानुतमक्ष° 10. P. विच्छदग्र°. 11. P. °मतः । क्ष 12. P. अनिर्ज्ञा.

13. M. °भ्युच्चराये. 14. M. om वृक्षादे to पदसमुदाय उच्चरिते. 15. M. भवति.

16. M. °षूपयुज्यते.

जायते । प्रतिपत्त्युपाय एवासौ पुरस्ताद् व्याख्यातः । प्रक्रमस्य चानवधारणाव वयवसदृशशब्दश्रवणे तावत एव रूपस्य वाच्यमप्यर्थं प्रतिपद्यते । तद् मया भवतीति भवशब्दमात्रस्यार्थं [1]ब्राह्मणकम्बले च ब्राह्मणश्रुतिमात्रस्यार्थम् ॥४१०॥

पूर्वैरर्थैरनुगतो यथार्थात्मा परः परः ।
संसर्ग एव प्रक्रान्तस्तथान्येष्वर्थवस्तुषु ॥४११॥

यथा पूर्वेषु देवदत्तादिषूच्चरितेषु सत्यपि रूपभेदे परः परः [2]स्वार्थः पूर्वानुसन्धानाद्विशिष्टो विज्ञायते तथा संसर्गस्य प्रक्रान्तत्वात् प्रथम एव [3]शब्दः षष्ठचर्थं-मुपादाय प्रवृत्तः । स तु नित्यो विशिष्टो नित्य एव पदान्तरसन्निधानात् प्रतिपत्तृषु व्यक्तिं लभते ॥४११॥

अङ्गीकृते तु केषाञ्चित् साध्येनार्थेन साधने ।
आधारनियमार्थैव साधनानां पुनः श्रुतिः ॥४१२॥

अन्ये मन्यन्ते[4]यद्यप्युच्चारणनियमो नास्ति तथापि अर्थप्रयुक्तत्वादङ्गाना सिद्धानां [5]परार्थमुपादानात् साध्यत्वाच्च क्रियायाः तया साध्यया परोपकारप्रवृत्तया शेषभावेनाङ्गीकृतेषु साधनेषु क्रियारूपमनुप्रविष्टेष्विवाधारप्रतिपत्त्यर्था[6] द्रव्यश्रुति-[7]स्तदनुरोधो वाच्य. . .सेनमनुवादमात्रं क्रियते । इयमाधारशक्तिरिति कथं विज्ञायेतेति ॥४१२॥

आधारे[8] नियमाभावात्तदाक्षेपो न विद्यते ।
सामर्थ्यात् सम्भवस्तस्य श्रुतिस्त्वन्यनिवृत्तये ॥४१३॥

यथा तु क्रियासम्भक्तिः[9] शक्तिविशेषान् सर्वानाक्षिपति नैवमस्या द्रव्यविशेषापेक्षाप्रतिबन्धो रूपलाभे । द्रव्यसामान्यं तु साधनाधारत्वेन सामर्थ्यगृहीतम् । तत्र विशेषश्रुतिराधारान्तरनिवृत्त्यर्था प्रतीयते ॥४१३॥

---

1. P. om ब्राह्मणकम्बले च ब्राह्मणश्रुतिमात्रस्यार्थम् ।
2. M. परस्परस्यार्थं, P. परस्परस्यार्थे. 3. M. P. शब्दो षष्ठ्यर्थं°. Even this mistake in Sandhi is common to M & P. a sure indication of common origin, though found in widely separated parts of India.
4. P. यदाप्युच्चारणानि 5. M. P. परमार्थं. 6. P. °धारविशेषप्रत्यर्थं द्र° 7. P. तदनुरूपा वाच्यशक्तीतमनुपदमात्रं क्रियते । इयमेवाधारशक्तिरिति कथं ज्ञायेतेति ।
8. र. RP. आधारनि° 9. M. P. संभवविदः

क्रिया क्रियान्तराद्भिन्ना नियताधारसाधना ।
प्रक्रान्ता प्रतिपत्तॄणां [1]भेदाः [2]सम्बोधहेतवः ॥४१४॥

इह केचिन्मन्यन्ते—तुल्यरूपा चातुल्यरूपा च वाक्येषु विशिष्टैव फलरूपाभ्यां नियताधारैः शक्तिविशेषैर्युक्ता क्रिया मुण्डिकुण्डि[3] चर्चिवत् प्रक्रान्ता प्रतिपत्तॄणां सत्यपि परिकल्पितभागभेदविच्छेदेनापक्रमे[4] भेदाः सम्बोधनोपायाः ॥४१४॥

तेषां

[5]प्रतिभागं तु शब्देभ्यः क्रमवद्भ्योऽपवक्रमम् ।
प्रकाशते तदन्येषां वाक्यं वाक्यार्थ एव च ॥४१५॥

[6]अनुक्रान्तमपि वा सम्बन्धेन केनचित् पुनरनुक्रम्य शब्दविषयमर्थविषय-[7]मप्रतिमानम् ॥४१५॥

स्वरूपं भिद्यते यस्य न तस्यात्मा निरूप्यते ।
नास्ति यस्य स्वरूपं[8] तु तस्यैवात्मा निरूप्यते ॥४१६॥

बहुषु पक्षेष्वर्थप्रतिपत्तिर्व्याख्यायते ? स्वरूपं प्रत्येकं सम्बन्धिनां विद्यते । तच्चासंवेद्यं व्यवहारातीतं संसर्गस्तु समग्रतामात्रम्, तस्याप्यर्थान्तरत्वात् । अतस्तेन विद्यमानस्वरूपेण संसर्गि[9]. . . .तन्त्रेण व्यवहारातीतरूपं प्रत्येकं [10]संसृष्टात्मकत्वं सकाश. . . .तुं न शक्यते । तस्मात् समग्रतामात्रमेक[11] त्ववदन्यदेवं पदार्थभूतं ज्ञानानुगममात्रमिव प्रकाशते । तथा स्वरूपं बाह्यस्य विषयस्य विकल्प्यमानम् । तच्च समवधानासमवधानयोर्ज्ञानेन सङ्क्रामति । [12]न व्यक्तिभेदेऽ[13]प्यनुरागं करोति । तस्य. . .त्वत्यन्तमतदात्मकत्वेऽपि[14] तदात्मत्वमिव[15] लक्ष्यते । ज्ञानंचेदमात्मपक्षत्वात् सर्वोपयोगेष्ववतरति । तस्य च रूपादिमत्त्वमव्यपदेश्यस्याकार्यस्य न कथञ्चिदस्ति । तस्मात्तत्प्रत्ययो [16]विषयरूपानुगमाच्च स्वरूपस्यात्मा निरूप्यते, न[17] चोच्यते । तथा विकाराणामसत्यत्वात् सत्यस्य चाकारणस्य सर्वपक्षेष्वसंवेद्यत्वात्, यस्य स्वरूपं नास्ति [18]न व्यवह्रियते ॥४१६॥

---

1. M. भेदात्. 2. M. °हेतुकाः 3. M. M. मुण्डिकुर्चचि, P. मुण्डीज्ञक्षचर्चीवत् 4. M. °देन नोपक्रमे ।
5. र. RP. M. अविभागं. 6. P. अनुक्रमान्तामपि 7. P. °विषय...प्रति°.
8. M. सरूपं. 9. Both M and P have the same gap. 10. P. संसृष्टात्... तत्रं सकात । त्तुं न Neither M nor P has an acceptable text. Both have gaps in the same place. 11. P. °मेवक 12 P. om. न. 13. M. °भेदमप्य° 14. M. om अपि. 15. M. P. तनात्ममिव. 16. P. योऽपि स्वरूपानुगाच्च स्व° 17. M. अनुशोच्यते । 18. M. om न, P. नो

अशब्दमपरेऽर्थस्य रूपनिर्धारणं विदुः ।
[1]अर्थावभासरूपा हि शब्देभ्यो जायते स्मृतिः ।।४१७।।
अन्यथैवाग्निसम्बन्धाद् दाहं दग्धोऽभिमन्यते ।
अन्यथा दाहशब्देन दाहार्थः सम्प्रतीयते ।।४१८।।

सर्वत्राशब्दमर्थानां स्वभावावधारणम् । शब्दवृत्तं त्वनुपतद् दूरी भवति तस्मादित्येकेषां दर्शनम् । अन्यथा ह्यग्निहिमशस्त्रादि[2]सन्निपाताद्दाहादयोऽवस्थाः प्रत्यवभासन्ते । अन्यथा दाहादिभिः शब्दैः प्रत्याय्यन्ते । अर्थावभासमात्रात् सादृश्यानुगतमिव स्मृतिमात्रं शब्दोपनिपतितेन ।[3] येऽप्येते घटादय आकारव्यक्ता इव[4] शब्दैर्बुद्धिष्वारोप्यन्ते इव तेष्वपि न सा शक्तिः स्मृतिकारणानामन्येषां बलवत्त्वात् । सर्वथा शब्दो विक्षेपहेतुरर्थस्वरूपावधारणसमाधानोपप्लवकारिणी शक्तिरस्ति । अशब्दव्यापार इव[5] तु प्रतिपत्तिर्बलीयसी ।।४१७-४१८।।

पृथङ् निविष्टतत्त्वानां पृथगर्थानुपातिनाम्[6] ।
इन्द्रियाणां यथा सार्थमृते देहान्न कल्पते ।।४१९।।
तथा पदानां सर्वेषां पृथगर्थनिवेशिनाम् ।
वाक्येभ्यः प्रविभक्तानामर्थवत्ता न विद्यते ।।४२०।।

शरीराभ्यन्तरे वा शरीरात् पृथक् प्रसिद्धकार्याणां स्वविषयेषु प्रतिनियतानां यथा शरीरमर्थक्रियास्वाश्रयत्वेन सहकारि[7] तथा तेन विना तेषामवस्थानमर्थक्रिया[8] सूक्ष्मापि न कल्पते तथैव पृथगर्थानामपि पदानां वाक्योपनिबन्धनतामन्तरेणार्थ प्रत्यायनशक्तिर्न विद्यते ।।४१९, ४२०।।

संसर्गरूपं संसृष्टेष्वर्थवस्तुषु गृह्यते ।
नात्रोपाख्यायते तत्त्वमपदार्थस्य दर्शनात् ।।४२१।।
दर्शनस्यापि यत्सत्यन्न तथा दर्शनं स्थितम् ।
वस्तु संसर्गरूपेण तदरूपं निरूप्यते ।।४२२।।

---

1. P. mixes up this half with some words of the commentary on the previous stanza. 2. P. शब्दादिस. 3. M. शब्दोपनिपतति । तेन 4. P. शब्दैर्बधिष्वारोप्यन्ते इव 5. P. पाररूपं तु प्रति.
6. M. नुवादिना 7. M. सहकारितया, 8. M. P. क्रियाया.

सर्वथा पदे वाक्ये वा संसर्गरूपमेव प्रक्रम्यते प्रतीयते, तदेव चोपलब्धिमनुपतति। तच्च संसर्गरूपं प्रत्येकमभावात् सर्वेषामित्यपदिश्यमानं न कस्यचिदेकस्य। न च तद्वस्तु निष्पन्नमस्ति यस्य तद्रूपमित्याख्यायते। तस्मादपदार्थस्य [1]दर्शनानुकारादनुगमाच्च न शब्देन क्वचिद् व्यवहारे तत्त्वमाख्यायते। [2]निष्पन्नस्य वस्तुनः पदार्थभूतस्य विज्ञानाद.....तस्यापि सर्वरूपविभक्तात्मनस्तत्त्वदर्शनव्यवहारो नानुगम्यते। तद्वस्तुसंसर्गप्रत्यवभासमात्रया परवस्तुरूपैरत्यन्तविरोधिभिरसंसृष्टरूपमपि पररूपेणैव प्रकाशते। तत्र च तदस्तित्वात् शक्तिसंसर्गरूपं दृश्यते। इह हि सर्वस्य लोके दर्शनस्थानाख्येयत्वात् काप्येवंभूता व्यवस्था या सर्वव्यवहारानतिक्रामति ॥४२१, ४२२॥

अस्तित्वेनानुषक्तो वा निवृत्तात्मनि वा स्थितः।
अर्थोऽभिधीयते यस्मादतो वाक्यं प्रयुज्यते ॥४२३॥

इतश्च वाक्यनिबन्धनमवच्छेदं सर्वो हि तत्त्वपरस्यार्थः सत्तां[3] वियोगं वा यदि नापेक्षते निरूपयितुमेव न शक्यते। [4]प्रवृत्तिसंसर्गोऽपि वाक्यधर्म एव। तस्माच्छ्रूयमाणक्रियापदमनुमीयमानक्रियापदं वा वाक्यमेव सर्वव्यवहारेष्ववतरति ॥४२३॥

क्रियानुषङ्गेण विना न पदार्थः प्रतीयते।
[5]सत्यो वा विपरीतो वा व्यवहारो न सोऽस्त्यतः ॥४२४॥

इह [6]प्रधानमान् (?) द्रव्यमिति वा केवलपदप्रयोगे सत्यत्वं विपर्ययो वा न प्रख्यायते। क्रियापदोपसंहारे तु सत्यासत्यभावेन प्रतिपत्तृषु व्यवहारोऽवतिष्ठते। क्रियापदोपसंहारेण[7] तु विना केन रूपेणानुगम्यतां सोऽर्थः। परिप्लवमानोऽपि ह्यसौ [8]षड्भावविकारान् पर्यायेणानुधावतीति। तस्मात्केवलपदार्थो व्यवहारातीतत्वान्नास्तीति व्यपदिश्यते ॥४२४॥

---

1. M. °कारानुगमाच्च. 2. From here onwards, the text is not satisfactory either in M or P. The latter has :—निष्पन्नस्य वस्तुनो रूपैरत्यन्तविरोधिभिरसंसृष्टरूपमपररूपेणैवापदार्थभूतस्यापांज्ञानद... संस (?) व्यापिसर्वरूपविभक्तात्मनः सर्वदर्शनव्यवहारे नानुगम्यते। तद्वस्तुसंसर्गप्रत्यवभासमात्रया परवस्तुरूपैरत्यन्तविरोधिभि रसंसृष्टरूपपररूपेणैव प्रकाशते। तत्र च तस्य तदस्यभूतशक्तिसंसर्गरूपं दृश्यते। एवं सर्वस्य हि लोके दर्शनस्याख्येयत्वाकाराप्येवंभूतायामप्यवस्थायां सर्वव्यवहारा नातिक्रामन्ति। The meaning of neither is clear. Both have a gap in the same place.
3. P. सत्ता विगेय या वदि. 4. P. प्रवृत्तिश्च निमित्तवृत्तिसंसर्गोऽपि.
5. P. त्यो वा विपरीतो वा व्यवहारे 6. P. प्रधानभावा 7. M. °हारे.पिता.. 8. P. षड्भावविकारा प, M. कारप°.

सदित्येतत्तु यद् वाक्यं तदभूदस्ति नेति वा ।
क्रियाभिधानसम्बन्धमन्तरेण न गम्यते[1] ॥४२५॥

अथ यत् पदं समवायिना विना सत्तारूपेणानुगतं किं तस्य क्रियान्तरनिबन्धनत्वेन ।[2] तद्यथा [3]सद्विद्यमानमिति । [4]अत्रापि साध्याभिधानमन्तरेण परिप्लवमान [5]इवार्थो न व्यवतिष्ठते । तदसदित्युक्ते किमेतदिति गम्यते । व्यतिक्रान्तमथ परिकल्पितमिति वृक्षादिवदेव सत्यासत्यत्वेऽपि प्रविभागेन व्यवतिष्ठते ॥ ४२५ ॥

आख्यातपदवाच्येऽर्थे साधनोपनिबन्धने ।
विना [6]सत्त्वाभिधानेन नाकाङ्क्षा विनिवर्तते ॥४२६॥
[7]प्राधान्यात्तु क्रिया पूर्वमर्थस्य प्रविभज्यते ।
[8]साध्यप्रयुक्तान्यङ्गानि फलं [9]तस्याः प्रयोजकम् ॥४२७॥

अथ तुल्ये साकाङ्क्षत्वे कस्मादाख्यातपदनिबन्धनत्वं नाम्नस्त्वभ्युपगम्यते । यावता यथैव नाम्नां क्रियापदमाकाङ्क्षामवच्छिनत्ति[10] तथैवाख्यातानामपि बिना सत्त्वाभिधानपदेनाकाङ्क्षा [11]नावच्छिद्यते । सत्यं [12]विभागेन सर्वेषां साकाङ्क्षत्व[13]मुपलभ्यते, साध्यस्त्वर्थात्मा स्वफलप्रयुक्तः [14]प्राधान्यात् सर्वस्य वाक्योपसंग्रहार्थस्य पूर्वं प्रविभज्यते । [15]तेन तु प्रविभक्ते [16]साधनप्रलभ्यत्वादात्मलाभस्य [17]सामर्थ्याक्षिप्तानि साधनानि प्रतीयन्ते, न तु साधनेषु सिद्धत्वाद् साध्यप्रयुक्तेष्वेतत् सम्भवति ॥४२६, ४२७॥

प्रयोक्तैवाभिसन्धत्ते साध्यसाधनरूपताम् ।
[18]अर्थस्यैवाभिसम्बन्धकल्पनां प्रसमीहते ॥४२८॥

योग्यशक्तिनिबन्धनया विवक्षया शब्दप्रमाणकः प्रयोक्ता शब्दशक्तिमनुगच्छन्नपि विवक्षन्तं तमर्थं तथा तथा समीहते।[19] न हि वस्तुतः साध्यत्वं सिद्धत्वं वा शब्दप्रवृत्तिनिमित्तम् । किं [20]चाव्यवस्थितमनियतं विद्यते ॥४२८॥

---

1. P. न व्य (न्य?) ते 2. P. त्येतद्यथा. 3. M. P. सविद्य°. 4. P. साध्याहिसाधनमन्त°. 5. P. °नरूपार्थो.
6. M. P. सत्या°. 7. M. P. प्राधान्यं तु. 8. P. सोह्य, M. सोऽस्य. 9. M.P. तस्या प्र°. 10. M. क्षां विच्छिनत्ति. 11. M. P. विच्छिद्यते. 12. P. विभागे स. 13. P. °क्ष मुप. 14. M. P. प्रधानात्. 15. P. om. ते. 16. P. साधन, लभ्य. 17. P. र्थ्याप्तानि.
18. n. RP. अर्थस्यत. 19. P. om. योग्य... to समीहते. 20. M. च व्यवस्थितनियम P. om. किं and has च व्यवस्थितनियतं विद्यते.

पचिक्रियां करोतीति कर्मत्वेनाभिधीयते ।
[1]पक्तेः करणरूपन्तु साध्यत्वेन प्रतीयते ॥४२९॥

पचिक्रियां करोतीत्युभयोरविशिष्टे [2]साध्यात्मकत्वे पक्तिः साधनत्वेन विवक्षिता सिद्धरूपेण साध्यरूपेण वाभिधीयते । करणन्तु साध्यत्वेनैव विवक्षितत्वाद् विप्रकृतावस्थां न जहाति ॥४२९॥

योऽशो येनोपकारेण [3]प्रयोक्तॄणां विवक्षितः ।
अर्थस्य सर्वशक्तित्वात् स तथैव व्यवस्थितः ॥४३०॥

सर्वशक्तेरर्थस्य यः प्रदेशो यथा प्रक्रम्यते सिद्धरूपेण साध्यरूपेण वा शेषभावेन वा [4]पाकं करोति, पचति, पाकस्य निर्वृत्तिं करोति इति । [5]वस्तुसम्बन्धमनेपक्षमाणः प्रयोक्तुर्विवक्षामनुपतंस्तथैव व्यवतिष्ठते ॥४३०॥

आराद्वृत्तिषु सम्बन्धः कदाचिदभिधीयते ।
आश्लिष्टो योऽनुपश्लिष्टः स कदाचित् प्रतीयते ॥४३१॥

विप्रकृष्टदेशेष्वपि कदाचिद् गृह्यमाणेषु पदार्थेषु वाक्यार्थरूपः सम्बन्धोऽभिधीयते । तद् यथा [6]अग्नये वाचमीरयन् । [7]तत्राख्यानादिप्रतिषेधो नानावाक्यत्वान्न विदेशनानावाक्यस्थमिति कृत्वा नानावाक्यत्वमिति कदाचित् [8]त्वाश्लिष्टोऽपि गृह्यमाणः [9]पदार्थानुपरिश्लिष्ट एव प्रतीयते । तद् यथा असुरान् प्रत्यजयन् सर्वत्र लोहितादिकतन्तेभ्यः इति । (४.१.१८) ॥४३१॥

संसृष्टानां विभक्तत्वं संसर्गश्च विवेकिनाम् ।
नानात्मकानामेकत्वं नानात्वं च विपर्यये ॥४३२॥

संसृष्टानां विभक्तत्वं शृङ्गाच्छरो जायत इति । संसर्गश्च विवेकिनाम्, [10]शरो भवति शृङ्गम् । आम्रबुद्धिर्न्यग्रोधबुद्धिभावेन परिणमते । नानात्मकानामेकत्वम् । स्वशैलीं न जहाति स एव शब्दो मन्दीभूत इति । नानात्वं च विपर्यये । [11]कृपोऽस्ति, [12]कृपोऽभवत्, अन्य [13]एवास्मि संवृत्त इति ॥४३२॥

---

1. M. P. पक्तिः 2. P. साध्यत्वे.
3. P. प्रया..... विव°. 4. P. पकरोति. 5. 1. स्तुसं.
6. P. प्राग्नयो. 7. M. तत्राख्युना प्र° 8. M. °चित् कृत्वाश्लिष्टो 9. M. र्थोऽनुपश्लि°
10. M. P. शरि. Another example of M and P having the same mistake. 11. M. रूपो. 12. M. रूपो. 13. M. एव संवृत्त.

सर्वात्मकत्वादर्थस्य [1]नैरात्म्याद्वा व्यवस्थितम् ।
अत्यन्तयतशक्तित्वाच्छब्द[2] एव निबन्धनम् ।।४३३।।

तदेतत् समुचितविरुद्धाविरुद्धशक्तिषु सर्वभावस्थितेषु वाक्यार्थेषु विवक्षितस्य सर्वस्य [3]भावादुपपद्यते। अथवा [4]स न सत्त्वान्निरात्मक एव शब्दं प्रति शशविषाणादिवद् [5]वस्त्वर्थः [6]शब्दाध्यारोपितसर्वशक्तिस्तु प्रतिशब्दनियताभिर्विशिष्ट[7] शब्दपरिग्रहादिबुद्धिभि[8]रर्थकल्पनाकृतः सम्बन्धो बाह्यत्वेन [9]बुद्धिपरिकल्पित [10]एव वस्तुस्वरूपे प्रत्यस्तस्तेषु तेषु वाक्यावयवेषु पदावयवेषु च नित्यसम्बन्धो व्यवहारार्थमाश्रीयते ।।४३३।।

वस्तूपलक्षणः शब्दो नोपकारस्य वाचकः ।
न स्वशक्तिः पदार्थानां [11]संस्प्रष्टुं तेन शक्यते ।।४३४।।

वस्तुमात्रमनाश्रितशक्तिविशेषमपरिगृहीतस्वधर्मकं येन [12]संविज्ञानपदेन नोपलभ्यते[13] न तद् वस्तुकृतानां शक्तीनां यदुपकारिरूपं तत् स्वव्यापारं [14]स्वकार्थेन शक्नोति वक्तुम्। स हि वस्तुमात्रसंस्पर्शित्वाद् भेदकान्युपकारीणि शक्तिरूपाणि संस्पृशति ।।४३४।।

सम्बन्धिधर्मा संयोगः स्वशब्देनाभिधीयते ।
[15]सम्बन्धः समवायस्तु सम्बन्धित्वेन गम्यते ।।४३५।।

अङ्गुल्योः संयोग इति सम्बन्धोऽपि संयोगः संविज्ञानपदेन स्वतन्त्रोऽभिधीयमानः [16]पूषादिवत् सम्बन्धिधर्माभिधीयते। सम्बन्धिसम्बन्धस्तु षष्ठ्या निमित्तत्वाय कल्पते। [17]यदि शास्त्रान्तरदर्शनमवश्यमभ्युपगन्तव्यमेतदाश्रीयते संयोगसमवायषष्ठीविषय इति। समवायेऽपि च संयोगसंयोगिनोः समवाय इति सति व्यपदेशे सम्बन्धित्वेन समवायेऽभिधीयमाने भवितव्यं सम्बन्धान्तरेण। यदि तु शास्त्रव्यपदेश एवायं लोकव्यवहारानुपाती तत्र प्रतिपादनार्थमुपचारेण [18]संव्यवहारः क्रियते ।।४३५।।

---

1. M. नैकार्थ्याद्वा, P. नैकार्थाद्वा 2. M. °च्छब्दभागनि° P. अथ वातातपर्शाक्तत्वात् शब्द एव भागनि°. 3. P. सर्वसमभा–4. P. स न च नि°. 5. P. °दस्त्यर्थ. 6. P. om. शब्दा and has प्रारोपित. 7. P. प्रत्याश्रयनियत°. 8. P. बुद्धिरर्थक°. 9. M. प्रकल्पित°. 10. P. om. एव.
11. M. संस्पृष्टुं. 12. P. संज्ञानप°. 13. P. °लक्ष्यते. 14. M. P. स्वकार्येन.
15. M. संबन्धिसमवा°. 16. P. पुरुषादिवत्. 17. om. यदि. 18. M. संख्याव्यवहारः.

लक्षणाद्व्यवतिष्ठन्ते[1] पदार्था न तु वस्तुतः ।
उपकारात् स एवार्थः कथञ्चिदनुगम्यते ।।४३६।।

विप्रकर्षात् प्रापितं [2]सदसद्वा लक्षणं पदार्थव्यवस्थाहेतुः । तदेव हि वस्तु-लक्षणमपोद्धृत्याध्यारोप्य[3] वा तथाभिधीयते । आश्रीयमाणोपकारविशेषः स एव वस्त्वात्मा क्रियादिद्रव्यादिसरूपतामिव प्रतिपद्यते । तद्यथा—एका स्त्री दुहिता भगिनी भार्या मातेत्यपेक्ष्याविशेषैः प्रविभज्यते ।।४३६।।

[4]वाक्यार्थोऽथोऽभिसम्बद्धो[5] न तस्यात्मा क्वचित् स्थितः ।
व्यवहारे पदार्थानां [6]तमात्मानं प्रचक्षते ।।४३७।।

सामान्येऽवस्थितानां पदानां विशेषेऽवस्थानहेतुरसम्बन्धानां सम्बन्धस्तत्र भेद-दर्शनमाश्रित्य कैश्चिदुच्यते—प्रतिपदार्थं[7] तस्यात्मा[8] व्यवस्थित इति । केचि-दाहुः—नित्ये परोपकाररूपत्वादिह व्यवस्थित इति व्यवहार एवायं तत्र नास्ति । न ह्यसौ शक्तिपक्षेण कदाचिदवतिष्ठते । शक्तिरूप एवासौ [9]कार्य-प्रसवसूचित इति । व्यवहारे तु पदार्थानां स एवात्मा । न हि प्रविभक्तानां तेनानुगृहीतानां पदार्थानां [10]लोके रूपव्यवहारमवतरति । तस्या रूपमनाख्येयम् । तस्मादन्येन पदेन पदार्थरूपं निर्धार्यते । स तद्भावेनैव परिणत आख्यायते ।।४३७।।

[11]पदार्थे समुदाये वा समाप्तो नैव वा क्वचित् ।
[12]पदार्थरूपभेदेन तस्यात्मा प्रविभज्यते ।।४३८।।

सर्वथा प्रतिपादनार्थं यदि समुदाये सङ्ख्यावद् अथापि शब्दान्तराभावान्न क्वचिदवस्थितो वाक्यार्थः । तस्य तु केवलपदप्रयोगे यो विशेषो निर्धारितः तेन विशेषेणानुमानेन सम्बन्धात् सा पृथक् शक्तिः प्रविभज्यते ।।४३८।।

अन्वाख्यानाय यो भेदः पतिपत्तिनिबन्धनम् ।
साकाङ्क्षावयवं[13] भेदे तेनान्यदुपवर्ण्यते ।।४३९।।

अनेकशक्तेरेकस्य प्रविभागोऽनुगम्यते ।
एकार्थत्वं हि वाक्यस्य मात्रयापि प्रतीयते ।।४४०।।

---

1. P. व्यव...दार्था°. 2. P. सदसंवारं. 3. P. °व्याधरोप्यभूत...भिधीयते.
4. र. RP- वाक्यार्थे. 5. M. .बन्धो. 6. M. तदात्मानं. 7. P. प्रतिपादनार्थं.
8. P. तमाप्यस्थित इति. 9. M. °वस्तुचित°. 10. M. °लोकरूप°.
11. M. पदार्थस्य°. 12. M. पदार्थभेदरूपेण. 13. M. °वयवे.

[1]एकत्वनित्यत्वदर्शिनस्तु मन्यन्ते—विशिष्टा हि क्रिया यथासम्भवं कालसाधनद्रव्यपुरुषोपग्रहादिभिरनुगता वाक्येनाभिधीयते । स चैकः शब्दो व्यवहाराय प्रविभक्तोद्देश्यः[2] सर्वविशेषविशिष्टे परिकल्पितविशेषणविशेष्यभेदे एकस्मिन्नर्थे वर्तते । तस्य [3]शक्तीरपोद्धृत्य व्यावहारिको विभागोऽनुगम्यते । तेन वाक्यार्थस्त्वेकः सम्प्रसारणादिप्रकारया मात्रापरिमाणया[4] विभागोद्देशमन्तरेण[5] प्रत्याप्यते । वाक्यार्थस्य हि सम्प्रसारणसंज्ञा विभागोद्देशेन विना सम्बन्धिनि विज्ञायते ॥४३९, ४४०॥

[6]सम्प्रत्ययार्थे बाह्योऽर्थः [7]सन्नसन् वा विभज्यते ।
बाह्यीकृत्य[8] विभागस्तु शक्त्यपोद्धारलक्षणः ॥४४१॥

एकबुद्धिप्रत्यवमृष्टेऽर्थे मुख्येनाश्रितक्रियाभेदे बुद्धिनिर्भासानुपातिनि बुद्ध्यात्मके वा [9]बाह्यैच्छेदापेक्षितेऽर्थे (?) बाह्यत्वेन सत्यसति वा प्रविभागः समनुगम्यते । स तु बाह्योऽर्थो मुख्यः सन्नुपचारसत्तया[10] [11]शक्तिमपोद्धृत्यापोद्धृत्य प्रविभज्यते ॥४४१॥

[12]प्रत्ययार्थात्मनियताः शक्तयो न व्यवस्थिताः ।
अन्यत्र च ततो रूपं न तासामुपलभ्यते ॥४४१ (अ) ॥

प्रत्ययार्थात्मा च रूपादिभिर्बाह्यैर्विरोधिभिर्धर्मैरत्यन्तयुक्तस्तत्र बाह्यार्थविषयाणां शक्तीनामभावादनुकारमात्रमुपादाय भेदः प्रक्रम्यते । अयमेव हि भेदः प्रतिपत्तिरुपायः । न हि प्रत्ययात्मनो व्यतिरेकेणान्यत्रा-. . . [13]कं शक्तिरूपमनुगन्तुं निर्द्धारयितुं वा शक्यम् ॥४४१ (अ) ॥

---

1. P. नित्य...वस्तु. 2. P. °भक्ताद्द....सर्वे°. 3. M. P. शक्तिरयो°. 4. P. °परिणामया. 5. M. तागोद्देश. P. तागोद्देश. M and P have a similar reading, but a meaningless one. It has been tentatively corrected as printed.

6. P. M. °यार्थं, n. RP. °यार्थात् 7. P. सन्निसन् 8. M. वाक्ये त्वर्थविभागस्तु. 9. M. बाह्यर्क्षेदापेक्षितेऽर्थे. 10. P. °सत्तायां. 11. M. शरपोद्धृ°.

12. M. प्रत्यवायार्थं°. 13. P. om. the gap, but that does not make the text any clearer. This *kā* is not found in Puṇyarāja's text, but as there is a Vṛtti on it, it seems to be genuine. Some mss. of the *kārikas* only have got it.

बहुष्वपि तिङन्तेषु साकाङ्क्षेष्वेकवाक्यता ।
[1]तिङोऽतिङभ्यो निघातस्य पर्युदासस्तथार्थवान् ॥४४२॥

इह पदविधौ समर्थपरिभाषोपस्थाने सति समानवाक्याधिकारे वा [2]सूत्रकारः तिङ्ङतिङः (P. 8.1.28.) इत्याह। वाक्यकारस्तत् प्रत्याचष्टे 'अतिङ[3] ग्रहणमनर्थकम्, समानवाक्याधिकारात् (Vā. 1. on p. 8.1.28.)

तत्राहुः[4]—शब्दव्यापारलक्षणं सामर्थ्यम् । एकवाक्ये तदेवाश्रित्यातिङ-ग्रहणं प्रत्याख्यातम् । अर्थरूपगतार्थन्तु पुरुषप्रकल्पितामपेक्षामुपादायाचार्येणातिङ-ग्रहणं पठितमित्येके । तत्रापि च वृत्तिकाराः प्रत्युदाहरन्ति, पचति, पठति, करोतीत्येवमादिप्रकाराण्यसामर्थ्यादिव नोपपद्यन्ते । तत्रभवन्तो मन्यन्ते—बहुष्वपि तिङन्तेषु येष्वर्थलक्षणा [5]काचिदाकाङ्क्षा विद्यते तेषामेकवाक्यत्वं न व्यावर्त्यते । तथा च सूत्रेऽर्थवान् तिङ पर्युदासो भवति ॥४४२॥

एकतिङ यस्य वाक्यं तु शास्त्रे नियतलक्षणम् ।
[6]तस्यातिङग्रहणेनार्थो वाक्यभेदान्न विद्यते ॥४४३॥

अथवा वाक्यकारस्य कोऽभिप्रायः । तत्रैवाहुः—एकतिङ वाक्यमिति परि-भाषित एकतिङन्तः साध्यार्थ[7]वृत्तिः सत्यधनेकसम्भवे (?) परिगृह्यते । येषां तु समान...तिङ ब्रूहि (?) इति [8]भाष्यकारेणोदाहृतं तेषामेतत् प्रत्याख्यानं नोपपद्यते । तेऽप्याहुः— युक्तग्रहणात् सत्यपि समर्थाधिकारे प्राप्नोतीति शब्दलक्षणमेव सामर्थ्यम् । समानवाक्याधिकारेण च परिगृहीतम् । तच्च द्वयोस्तिङन्तयोर्नास्ति ॥४४३॥

तिङन्तान्तरयुक्तेषु [9]युक्तयुक्तेषु वा पुनः ।
मृगः [10]पश्यत यातीति भेदाभेदौ न तिष्ठतः ॥४४४॥

पश्य मृगो धावतीति ये दृशिक्रियाकर्मत्वं[11] मृगसमवायिन्याः सरणक्रियाया मन्यन्ते [12]सङ्ग्रहेण न भवितव्यं निघातेनेत्येतद्दर्शनम् । येषां तु नानावाक्यत्वं तेषां

---

1. M. तिङ्ङातिङभ्यो, P. तिङतिङभ्यो n. RP. तिङन्तेभ्योनि°
2. P. स्तवकारस्तिङ; .... 3. P. अनिबन्धनमन°. 4. P. तत्राह. 5. P. कदाचित्.
6. P. तस्य तिङङा°. 7. P. साध्यार्थप्रवृत्तिः 8. P. भाष्य एवोदाहृतं
9. P. om. युक्तयुक्तेषु here but it comcs in the next line. 10. M. पश्यति. 11. M. °याकूप्यित्वं P. °यार्कमित्वं 12. P. has युक्तयुक्तेषु after संग्रहेण, but it really belongs to the kārikā.

यथैव 'अयं दण्डो हरानेन' इत्यनिघातस्तथात्रापि नास्ति निघात इत्येतद्दर्शनम् ॥४४४॥

इतिकर्तव्यतार्थस्य [1]सामर्थ्याद् [2]यत्र काङ्क्ष्यते ।
अशब्दलक्षणाकाङ्क्षं[3] [4]समाप्तार्थं तदुच्यते ॥४४५॥

व्रीहयोऽवहन्यन्तामिति[5] परिच्छिन्न उच्चरिते यतो वाक्यादितिकर्तव्यतायां विनाशब्दव्यापारेण यदाकाङ्क्षन्ते कर्मकराः क्रियन्तामिहोलूखलान्या(?)॥४४५॥

तत्त्वान्वाख्यानमात्रे तु यावानर्थोऽनुषज्यते ।
विनापि तत्प्रयोगेण श्रुतेर्वाक्यं समाप्यते ॥४४६॥

यत्र विना विधेयेनार्थेन तत्त्वान्वाख्यानमात्रं क्रियते—देवदत्तो ग्रामं गच्छति, गामानयति, तथा [6]पूर्वाह्णे पच्यत इति उपलभ्यमानेष्वपि सम्बन्धेषु बहुष्वर्थेषु यावान् श्रुत्या प्रक्रान्तोऽर्थस्तावत एव प्रतिपादयितुमिष्टत्वादनुषङ्गिणां[7] नियतानामपि सान्निध्ये [8]परिसमाप्तमेव शब्दनिबन्धनाया आकाङ्क्षायास्तत्राभावाद् वाक्यं विज्ञायते ॥४४६॥

चङ्क्रम्यमाणोऽधीष्वात्र [9]जपंश्चङ्क्रमणं कुरु ।
तादर्थ्यस्याविशेषेऽपि शब्दाद्भेदः प्रतीयते ॥४४७॥

इह शतरुद्रियं जपंश्चङ्क्रम्यते, चङ्क्रम्यमाणो[10] जपतीति वा चङ्क्रमणस्य जपाङ्गत्वे सत्यपि द्वयोरपि वाक्ययोरविशिष्टे तादर्थ्ये यदाख्यातशब्देनोच्यते [11]तस्माद्रूपप्रविभागवादिनामेकमुच्चरणमनेकार्थमनेकप्रयोग .... भागवाक्यानां

---

1. P. सामा...कां°. 2. र. RP. यस्य. 3. M. °कांक्षा 4. M. समासार्थस्त°. 5. P. °वहन्यन्तः.

6. P. पूर्वा...प°. 7. P. °षङ्गेण. 8. P. ins. तत्प्रयोगेण नियतामपि सान्निध्ये before परिस°

9. P. जपक्रमण°. 10. P. चंक्रम्यते. 11. From here P. has totally a different text : तल्लक्षणत्वेनेतरपदोपादानमव्यवस्थितमिति शब्दव्यापाराभावाद् भिन्नगुणप्रधानभावः प्रतीयते । प्रकरणादिसामर्थ्याच्च तादर्थ्यलक्षणं प्राधान्यं प्रयोगव्यापारमतिक्रम्यैव प्रवर्तते....द्वाक्यमेवाहुर्न पदार्थधर्मं.

योनिर्निबन्धनम्, तेभ्यो भिन्नार्थेभ्यो वाक्येभ्य उपायभूतं प्रकृतित्वेन नान्यदिवावस्थितं भिन्नैरिव विशेषेण रूपैः परिणमते । केषुचित्तु सूत्रेषु संहारमात्रं क्रियते । तानि त्वङ्गानि कार्यकाले सामर्थ्यादङ्गिषु शेषभावमनुभवन्ति ।।४४७।।

[1]फलवन्तः क्रियाभेदाः क्रियान्तरनिबन्धनाः ।

असङ्ख्याताः क्रमोद्देशैरेकाख्यातनिर्दशिताः [2]।।४४८।।

यावज्जीवं यजते, यावज्जीवं धर्मं चरतीति फलवन्तोऽश्वमेधादयः सामान्य-[3]यजिनिबन्धनाः फलन्ति च । दानतपोब्रह्मचर्यादिः सामान्यधर्मचरणनिबन्धना[4] रूपविभागेन यः क्रमोद्देशस्तेनासंख्यायमाना एकेनैवाख्यातेन निर्दिश्यन्ते ।[5]. . .न्तो [6]मन्यन्ते सामान्यमात्रमेव तत्र विवक्षितं विशेषास्त्वनु मेयाः, न तेषां शब्देन संस्पर्शोऽस्तीति ।।४४८।।

निवृत्तभेदा सर्वैव क्रियाख्यातेऽभिधीयते ।

श्रुतेरशक्या भेदानां प्रविभागप्रकल्पना ।।४४९।।

यथैव विपर्ययेण गुण[7]प्रधानभावस्य न स्वरूपमात्रात् सधर्मो व्यवस्थातुं शक्यते तथैव निवृत्तभेदा [8]सर्वा क्रियाख्यातरूपेणाभिधीयमाना लभ्यते । साधनभेदेन तद्भेदस्य चरितार्थत्वान् [9]निष्पन्नत्वादा [10]साध्यार्थवृत्तिर्नाख्यायते । अन्य (?) एकस्मात्तु [11]भेदाभेदप्रतिपत्तिराख्यातमात्रश्रुतेस्तुल्यसम्प्रत्ययः ।।४४९।।

---

1. The order of the karikās in M is a mistake. As M. is a photo-copy of the transcript, now in the Government Oriental Manuscript Library, Madras of the original ms which belonged to Bhavadāsa Nambudiri, it is difficult to say how the mistake arose. This order does not agree with that of Puṇyarāja nor with that of the mss of the kārikās only, nor with that of P. R. and RP. I am giving the kārikās and the Vṛtti in the order found in P. 2. P. °निदर्शनैः, र. °निदर्शनाः, RP. °निबन्धनाः. 3. P. °न्यजय. 4. P. °न्यबन्ध...नरूप°. 5. Significantly, the same gap occurs in M and P. 6. P. समन्यन्ते.

7. M. °स्य रूपमात्रात्. 8. M. दाः सर्वाः क्रि°. 9. P. om निष्पन्नत्वाद्वा. 10. P. साध्यार्थनिवृत्तिमाख्यायते. 11. P. °स्मात्तु भेदप्रतिपत्तिः

अश्वमेधेन यक्ष्यन्ते राजानः सत्रमासते ।
ब्राह्मणा इति [1]नाख्यातरूपाद्भेदः प्रतीयते ।।४५०।।

यद्यपि सम्प्रयोगफला क्रिया प्रतिराजानं भिन्ना, न त्वसावाख्यातान्तररूपेण शक्यो भेद उपादातुम् । तथा [2]गृहपति सप्तदशाः सत्रमासत इति यद्यपि साधारणमेकं तत्कर्म, न त्वस्याश्वमेधेन यक्ष्यन्त इत्यस्मात् शक्यते [3]कश्चिदवस्थान्तराद्विशेषः प्रतिपत्तुम् । केचित्तु मन्यन्ते—अश्वमेधशब्दः[4] सत्रशब्दो वा घटादिवत् सिद्धमर्थं ब्रवीतीति [5]यजतिस्त्वाख्याते साध्यरूपतामभिधीयमानो [6]भुजिवत् प्रत्येकं परिसमाप्यते, [7]अहिस्तु शतकर्मक इव दण्डयति–: समुदाये [8]परिसमाप्यते ।।४५०।।

सकृच्छ्रुता सप्तदशस्वनभ्यस्तापि[9] या क्रिया ।
प्राजापत्येषु सामर्थ्यात् सा भेदं प्रतिपद्यते ।।४५१।।

सप्त [10]प्राजापत्यानिति [11]प्राजापत्याभ्यासा आ. . . . [12]नाश्रूयते सप्तदश [13]तानि कर्माणि [14]यावानेव तु तेषां [15]प्रतिपत्तिर्नाख्यातरूपाद् ब्राह्मणान् भोजयति [16]गर्गान् दण्डयति, प्राजापत्यांस्त्वजानेकवर्णानालभते इति सर्वत्रैव निवृत्तभेदरूपक्रियादिबन्धनमाख्यातम् । वाक्ये तु भेदाभेदौ व्यवतिष्ठेते[17] ।।४५१।।

देवदत्तादिषु भुजिः प्रत्येकमवतिष्ठते ।
प्रतिस्वतन्त्रं वाक्यं वा भेदेन प्रविभज्यते ।।४५२।।

भोज्यन्तां दण्ड्यन्तां लभ्यन्तामिति सत्यपि त्यक्तभेदक्रियाभिधायित्वे पूर्वोक्तेन न्यायेन देवदत्तादिषु प्रत्येकं भुजिरवतिष्ठते । प्रतिकर्तृ च वाक्ये भिद्यमाने बहवः क्रियाशब्दा उपप्लवन्ते । तस्मादेकोपनिबन्धनानि बहूनि वाक्यान्युपजायन्ते ।।४५२।।

उच्चारणे तु वाक्यानामन्यद्रूपं न गृह्यते ।
प्रतिपत्तौ तु भिन्नानामन्यद्रूपं प्रतीयते ।।४५३।।

---

1. P. °ख्याते. 2. M. गृहपतिः सप्त°. 3. P. °स्थान्तर...दाद्वि°. 4. P. शब्दस्यसत्र°. 5. P. °तीति व्याख्यायते. 6. M. M. जीवन प्र P. जीवत प्र°. 7. P. आसीत्तु, M. आसीन्नु. 8. M. P. परिसमाप्त...ता.
9. P. °स्वनावृत्तापि. 10. °M. P. °पत्यानीति. 11. P. प्राजापत्यमभ्यासा... 12. अनासाश्रूयते. 13. P. कानि. 14. P. यावत्तु. 15. P. नाख्यायते. 16. P. om. गर्गान्. 17. P. व्यवतिष्ठते ।

येषां प्रत्येकं वाक्यरूपं प्रविभज्यते त एवमाहुः—शब्दप्रवृत्तिधर्म एवायं अन्यथोच्चारणमन्यथा प्रतिपत्तिः । तत्र यथैव भिन्नरूपेष्वन्यार्थेषु[1] अनुषङ्ग-वाक्येषु पदरूपोपग्रहार्थो नाश्रीयते तथा रूपमन्यदेव ग्रहणकवाक्यानामुच्चारणे न गृह्यते । प्रतिपत्तिकाले तु वाक्यान्तरेषूपजायमानेषु प्रविभक्तं रूपान्तरं प्रतीयते ।।४५३।।

एकं ग्रहणवाक्यं च सामान्येनाभिधीयते ।
कर्तृश्रुतिर्यथा तस्य पश्वादिषु विभज्यते ।।४५४।।

कौशलादाचार्यो बहूनां वाक्यानामङ्गसंयुक्तमुच्चारयति निबन्धनभूतम् । प्रविभागकाले[2] तु तद्रूपाणि [3]शब्दान्तराणि प्रकल्पयति । तत्र कर्तरि कृतो भवन्तीत्यु-[4]पाध्यभावे कर्तृमात्रे साधुत्वं विज्ञायते । उपाधीनां तूपादाने पशौ हस्तिसूचकयो-रिति तद्विषयाणि वाक्यान्तराणि व्यवतिष्ठन्ते ।।४५४।।

यद्याकाङ्क्षा निवर्तेत तद्भूतस्य सकृच्छ्रुतौ ।
नैवान्येन तु सम्बन्धं तदुपेयात् कथञ्चन ।।४५५।।

यदि तु कर्तरि कृदित्येकस्मिन्नेव[5] सूत्रे पश्वादिभिराकाङक्षा विछिद्येत सामान्येन साधुत्वं न स्यात् ।[6]एकेन चोपाधिना कृतेऽवच्छेदे [7]तत्रैवावरुद्धत्वादुपाध्यन्तर-सम्बन्धो न प्रकल्पेत ।।४५५।।

एकरूपमनेकार्थं [8]तस्मादुपनिबन्धनम् ।
योनिर्विभागवाक्यानां तेभ्योऽनन्यदिव स्थितम् ।।४५६।।

[9]तस्माद्रूपविभागवादिनामेकमुच्चारणमनेकार्थमनेकप्रयोजनविभागवाक्यानां योनिर्निबन्धनम्, तेभ्यो भिन्नार्थेभ्यो वाक्येभ्य उपायभूतं प्रकृतित्वेनानन्य-दिव स्थितम् । भिन्नैरिव विशेषरूपैः परिणमते । केषुचित्तु सूत्रेष्वङ्गोपसंहारमात्रं क्रियते । तानि त्वङ्गानि कार्यकाले सामर्थ्यादङ्गिषु शेषभावमनुभवन्ति ।।४५६।।

---

1. P. om. अन्यार्थेषु.
2. P. °कालेन तद्रू°. 3. P. repeats शब्दान्तराणि. 4. P. °पाध्ये भावे
5. P. त्येकेन त°. 6. P. एतेन. 7. M. P. °रुध्यत्वा°.
8. M. °र्थं तदुपाधिनिबन्धनम्. 9. M. has a totally different *Vṛtti* on this *kārikā* but I have given the *Vṛtti* given in P. which corresponds to the words of the *kārikā*. See note on kā. 459, 460 and 461.

क्वचित् क्रिया व्यक्तिभागैरुपकारे प्रवर्तते ।
सामान्यभाग एवास्याः क्वचिदर्थस्य साधकः ॥४५७॥

इह केचित् [1]क्रियायामाकृतिव्यक्तिव्यवहारो नास्तीत्येवं प्रतिपन्नाः पदान्तरधर्ममेव तं प्रतिजानते । विप्रकृता पूर्वापरीभूता साध्यावस्था क्रिया । तस्या इदं तदिति प्रतिप्लवमानकल्पनया व्यपदेष्टुमशक्यत्वाज्जातिव्यक्तिधर्मो नास्ति । सत्त्वभावापत्तौ[2] द्रव्यवदभिधानात् काममुख्यः परिकल्पितो वा स्यादेव व्यक्त्याकृति-[3]धर्मः । केचित्तु मन्यन्ते—तस्यामपि सामान्यविशेषवृत्तिरूपतामात्रमस्ति हेतुः । सा तु [4]क्वचिद् व्यक्तिभागेनोपकरोति । क्वचित् सामान्यभागेन । तच्च द्वयमपौरुषेयम् । तत्रातिशययोगसमुच्चयादिषु भेदव्यवहारेषु व्यक्तिधर्म आश्रीयते । अन्या वृत्तिरभेदैक[5]त्वसङ्ख्यादिसामान्यरूपस्य सव्यापारत्वमिवोपलभ्यते । यद्यपि च साधनभेदेन तद्भवति सर्वथा स्वाश्रयः पराश्रयो वा भेदो व्यक्तिभागधर्म इत्युच्यते ॥४५७॥

[6]कालभिन्नाश्च[7] ये भेदा ये येऽप्युष्ट्रासिकादिषु ।
प्रक्रमे जातिभागस्य शब्दात्मा तैर्न भिद्यते ॥४५८॥

भूतभविष्यद्वर्तमानोपाधियोगाद् ये भेदा [8]लक्ष्यन्ते ये चापि [9]कर्तृकर्मादिशेषाश्रया विशेषास्ते जातिभागे [10]धर्माक्रान्ते आस्यते आसिकेति वा भिन्नसङ्ख्याकालस्यानावृत्तेः शब्दप्रयोजका न भवन्ति ॥४५८॥

एकसङ्ख्येषु भेदेषु भिन्ना जात्यादिभिः क्रियाः ।
भेदेन विनियुज्यन्ते तच्छब्दस्य सकृच्छ्रुतौ ॥४५९॥
अक्षादिषु यथा भिन्ना भञ्जिभक्षिदिविक्रियाः ।
प्रयोगकालेऽभेदेऽपि[11] प्रतिभेदं पृथक्स्थिताः ॥४६०॥
अक्षाणां तन्त्रिणां तन्त्रमुपायस्तुल्यरूपता ।
एषां क्रमो विभक्तानां तन्निबन्धा सकृच्छ्रुतिः ॥४६१॥

अक्षा भज्यन्तां भक्ष्यन्तां दीव्यन्तामिति यथा एकः शकटाक्षः, एको विभीतकाक्षः, एको देवनाक्षस्तत्र जातिरूपभिन्नाः प्रत्येकसम्बन्धिन्यः क्रिया बहुवचनयोगेऽपि[12] सति बहुवचनान्ते चाक्षशब्दे सकृच्छ्रूयमाणे भेदेनासङ्कीर्ण

1. M. P. °क्रियामाकृति. 2. M. P. सत्त्वाभावप(व) त्तौ.
3. M. P. °धर्मं. 4. M. °च्छक्तिव्यक्तिभागेन. 5. P. °ख्यानि.
6. P. कलभि° 7. P. य. दा येना... 8. P. .वक्ष्यन्ते 9. P. कर्तृकर्माश्रयाविशेषाः 10. M. धर्मकान्ते.
11. M. °काले भेदेऽपि. 12. P. °योगे भवति.

रूपा नियुज्यन्ते । तत्र न्यायः कैश्चित् कथञ्चित् समर्थ्यंते । क्रियासु तावद्भिन्नासु सर्वेषां[1] सहविवक्षाभावादेकशेषेण न भवितव्यम् । प्रत्येकमपि क्रियाशब्दाद्बहुवचनस्याप्राप्तिः । क्रियान्तरकर्मणः क्रियान्तरं प्रत्यकर्मकत्वात् । तत्रैके तावन्मन्यन्ते–सामान्यमात्रे क्रियाविशेषेष्वनपेक्षितेष्वेकशेषः । तदनुरोधाच्च विभक्तस्य कर्मणः क्रियाशब्दोपग्रहे सति जातौ च बहुवचने भेदेनोत्तरकालं प्रविभज्यते । अपरे तु ब्रुवते—नैवेयमेकशेषे वृत्तिः । तत्तुल्यत्वात्तु तद्व्यवहारः । तन्त्रेण तुल्यरूपाणां [2]सकृदुच्चारणम् । तथा तु सति नाक्षशब्दान्नापि क्रिया[3] शब्देभ्यो बहुवचनं प्राप्नोति । [4]अपि चैकशेषवृत्तावपि अक्षा अक्षा इत्येवंप्रकारे द्वन्द्ववदभिधाने प्राप्ते यथैव द्विर्वचने पपाचेति तस्यैव द्विरुच्चारणमात्रं प्रतिज्ञायते तथा कैश्चिद् बहूनां तन्त्रेण यौगपद्येन सर्वेषामेव तत् सकृदुच्चारणं प्रतिज्ञायते ।

भेदेन तूच्चारणेन भवति साधुत्वेन सोऽयं सर्वथा द्विर्वचनप्रतिपत्तिभेदवदेकशेषविकल्प एव । न चात्र बहुवचनं [5]सहविवक्षायामुपपन्नं दृश्यते । तत्रैवं पर्यनुयोगे प्रतिविधानमाहुः—वाक्यवृत्तिरेवेयमित्थम्भूता योग्यतायोग्यतयोः स्वभावप्रकल्पितयोः तन्त्रेण सह विवक्षायां क्रियास्वेकशेषविकल्प एव एकशेषबहुवचने च निवर्तते । विनियोजकापेक्षायां वाक्यरूपाण्याश्रितक्रमाणि श्रुत्यनुसारेणापेक्षया प्रविभज्यन्ते । न हि श्रुतिमात्रादेव सर्वं सर्वत्र प्रकल्पते । तत्र प्रक्रियादर्शनं तु [6]तद्दर्शिनः समर्थयन्ते ॥४५६, ४६०, ४६१॥

द्वावभ्युपायौ शब्दानां प्रयोगे समवस्थितौ ।
क्रमो वा यौगपद्यं वा यौ लोको नातिवर्तते ॥४६२॥

[7]यथैव दर्शनादिष्वेवमुच्चारणे प्रवृत्तिः क्रमयौगपद्याभ्यां क्रियाविशेषो हि कश्चित् कथञ्चित् साधनमुपगृह्णाति क्रमयौगपद्ये च सर्वप्रवृत्तिषु यथासामर्थ्यमवस्थिते ॥४६२॥

---

1. P. सर्वेषां....सहपक्षाभावाद्
2. P. °च्चारणे. 3. P. °क्रियाभेदेभ्यो. 4. P. अपि त्वेक....वृत्ता.... इत्येवं प्रकाशे 5. M. from सहविवक्षायां to समर्थयन्ते is given by M. as the *Vṛtti* of 456 and the next *kā.* given is 462. Obviously, this portion of *Vṛtti* belongs to 461 as P. has it. A good deal of confusion has taken place in M in the order of the *kārikās* and we are fortunate to have P. to remove the confusion. 6. P. तदुक्तं सम°. 7. P. तथैव.

क्रमे विभज्यते रूपं यौगपद्येन भिद्यते ।
क्रिया तु यौगपद्येऽपि क्रमरूपानुपातिनी ॥४६३॥

एकशब्दवादिनां भिन्नशब्दवादिनां वा क्रमेण [1]नियतो रूपविभागः । उच्चारणक्रियायौगपद्ये तु श्रुतिरविभागं लभते । यथैवैक[2]स्यापि निमित्तभेदाच्छ्रुतिर्भिद्यते तथानेकस्यापि तत्र प्रक्रमे श्रुतिः संसृज्यते इत्याहुः ।यौगपद्येन तु विनियोगावस्थायां [3]क्रियाक्रमगतमेव [4]श्रुतिभेदमनुपतति ॥४६३॥

भेदसंसर्गशक्ती द्वे शब्दाद् भिन्ने इव स्थिते ।
यौगपद्येऽप्यनेकेन प्रयोगे भिद्यते श्रुतिः ॥४६४॥

एकस्य [5]भेदशक्तिभिन्नानां च संसर्गशक्तिः शब्दात्मकत्वमप्यनुक्रान्ता क्रिया[6]धर्मानुविधायिन्यागन्तुकेव लक्ष्यते । तथा ह्येकस्मिन्नेव क्रियानिबन्धनेऽर्थे बहुभिः प्रयुज्यमानः शब्दः.... [7]रनाकियोगादिभिश्च (?) [8]भज्यमानो भिन्नश्रुतिरुपलभ्यते ॥४६४॥

अभिन्नौ भिन्नरूपेण य एकोऽर्थो विवक्षितः ।
तस्यावयवधर्मेण समुदायोऽनुगृह्यते ॥४६५॥

त्रिविधं समुदायमाचक्षते । व्यक्तावयवभेदं प्रत्यवयवभेदमाश्रितशब्दान्तराभिधेयं च । तत्र अक्षा इत्यवयवभेदानुगत एकः समुदायः, प्रत्यवयवं तेन [9]भेदेनानुगतेनाभिन्नेनात्मना समाप्तः । तथा ह्युक्तम्—याभ्यामेवैको द्व्यर्थः ताभ्यां द्वितीयोऽपीति । याभ्यामित्यवयवात्मकत्वादभेदेन समुदाय एव निर्दिश्यते । तथा चावयवद्वारेण समुदाय एव भञ्जिभक्षिदिविक्रियाः प्राप्तसन्निवेशाः शब्देनाभिधीयन्ते ॥४६५॥

भेदनिर्वचने त्वस्य प्रत्येकं वा समाप्यते ।
श्रुतिर्वचनभिन्ना वा वाक्यभेदेऽवतिष्ठते ॥४६६॥

भेदेन निर्वचने क्रियमाणे भुज्यादिवत् क्रियासामर्थ्यात् प्रत्येकं परिसमाप्तिर्यया-

---

1. P. नियमतो. 2. P om निमित्तभेदाच्छ्रुतिर्भिद्यते तथानेकस्यापि 3. P. क्रियागत एव. 4. P om भेदानुवर्त्ती ।
5. M. °न्नान....क्तिः शब्दा°. 6. M. °र्धानुन्या°. 7. P. °न....कयोगादिभिश्च 8. P. विभिद्यमानो.
9. M. तेन भेदानुगतेन

सम्भवं [1]क्रियाणामेकग्रहणकवाक्योपग्रहणकवाक्यभिन्नरूपाणि वाक्यान्तराण्युपप्लवन्ते तानि पुरस्ताद् व्याख्यातानि ॥४६६॥

तत्रैकवचनान्तो वा सोऽक्षशब्दः प्रयुज्यते ।

प्रत्येकं वा बहुत्वेन प्रविभागो यथाश्रुति ॥४६७॥

अक्षा भज्यन्तां [2]भक्ष्यन्तां दीव्यन्तामित्येको वैकवचनान्तः शब्दः सकृच्छ्रुतौ विना प्रयोगेण तन्त्रेणोच्चरितो भेदेनापेक्ष्यते, वाक्यान्तराणि वा प्रयुज्यन्ते । तेषु [3]प्रतिवाक्यमक्षशब्दो भिन्न उच्चार्यते । प्रत्येकं वा अक्षा भज्यन्तामिति समुदायः सम्बध्यते । अवयवस्य भङ्गाद्भक्ष्यन्तामक्षा इत्यपि समुदायोऽवयवस्य भक्षणात् । एवं दीव्यन्तामिति ॥४६७॥

द्विष्ठानि यानि वाक्यानि तेष्वेकत्वप्रदर्शिनाम् ।

अनेकशक्तेरेकस्य स्वशक्तिः प्रविभज्यते ॥४६८॥

अत्यन्तभिन्नयोर्वा स्यात् [4]प्रयोगस्तन्त्रलक्षणः ।[5]

उपायस्तत्र संसर्गः प्रतिपत्तृषु जायते[6] ॥४६९॥

'श्वेतो धावति', 'अलबुसानां याता' इति येषां तुल्यश्रुतिषु शब्देष्वेकत्वदर्शनं [7]पदविभागदर्शने [8]च शब्दान्तरत्वप्रतिपत्तिस्त एवमाहुः—एकोऽप्यनेकशक्तिः प्रयोक्ता गृह्यमाणसामर्थ्यः[9] प्रतिपत्तॄणामर्थित्वाद् भिद्यते । यथैव प्रयोक्तुरभिसन्धानमर्थावच्छेदनिमित्तं तथैव प्रतिपत्तुरप्यर्थित्वम् । भेददर्शने तु द्वयोरेव [10]शब्दयोस्तन्त्रेणोपायेन क्रमरूपप्रत्यवमर्शिना भिन्नयोरेवोच्चारणं कृतम् । तत्रापि चार्थित्वादेव [11]प्रत्येकशब्दरूपः परिग्रहः क्रियते । निदर्शनमात्रं च द्विष्ठानि । तथा किंवर्णः, कुतः क्रान्त इति प्रश्ने श्वेतो धावत्यतिक्रान्त इत्येवमाद्यपि सम्भवति ॥४६८, ४६९॥

भेदेनाधिगतौ पूर्वं शब्दौ तुल्यश्रुती पुनः ।

तन्त्रेण प्रतिपत्तारः प्रयोक्त्रा प्रतिपादिताः ॥४७०॥

---

1. M. P. क्रियमाणमेक°.
2. P. om. भक्ष्यन्तां 3. P. om. प्रतिवाक्यम्
4. M. P. प्रयागे 5. M. °लक्षणम्. 6. P. भिद्यते. 7. P. भागादधुने. 8. वि
9. M. °मर्थ्यप्र°. 10. P. om. शब्दयोः. 11. P. प्रत्येकं शब्दरूपपरिग्रहणं क्रि°.

भिन्नार्थौं भिन्नौ भिन्नविवक्षानिबन्धनौ तुल्यरूपौ यौ शब्दौ लोके दृष्टौ तौ प्रयोक्ता तन्त्रेणोच्चारणक्रियामुपायमात्रमाश्रित्याप्यसाधारणाभ्यामर्थाभ्यां पृथगर्थिनामभेदादप्युच्चारयन् भेदेनैव प्रतिपादयति ॥४७०॥

[1]एकस्यां तु विवक्षायामनुनिष्पद्यते परः ।
विनाभिसन्धिना शब्दः [2]शक्तिरूपः प्रकाशते ॥४७१॥

केचिन्मन्यन्ते—नानेक[3] प्रकारभिन्नमर्थं सहविवक्षाभावात् प्रयोक्ता बुद्ध्यैकया [4]प्रत्यये प्रभ्रष्टुं शक्नोति । बुद्धिप्रत्ययानुकारानुविधायिनश्च प्रयोगेणाभिव्यज्यन्ते शब्दाः । तस्मादेक एवार्थ एकश्च शब्दोनुसन्धीयते । विनापि चाभिसन्धिना ततोऽनुनिष्पत्तिः । तेन चानुनिष्पन्नेनार्थः स्वयमर्थं प्रतिपद्यते । केचित्त्वनुनिष्पत्तेरसम्भवं मन्यन्ते । यदि शब्दोऽनुनिष्पद्यते[5] तस्यां[6] पृथगपोपस.... भवितव्यं तथापि विना शब्देन अर्थ एव तस्यैकसाधनत्वं सम्भवति । [7]सति वाप्येकसाधनत्वे काममर्थित्वाभावात् त्यज्यन्ते । सर्वेण तु प्रतीयते । क्रियान्तरवद्विभागस्य व्यवस्थित्यनुनिष्पत्तिवाचिनां दर्शनम् ॥४७१॥

अनेका शक्तिरेकस्य युगपच्छ्रूयते क्वचित् ।
अग्निः प्रकाशदाहाभ्यामेकत्रापि नियुज्यते ॥४७२॥

नावश्यं बुद्ध्या परिगृहीतार्थाकार एव सर्वः [8]प्रयोगं शब्दोऽनुपतति[9] । किं तर्हि ? क्रमेणाप्यनुगतार्थाकारः सामान्यरूपमात्रेण पुनः [10]संसृष्टार्थोऽसंसृष्टार्थ इव प्रयुज्यत एव । तद्यथा अग्नेः प्रकाशदाहाभ्यां क्रमेण विच्छिन्नरूपस्य स्पर्शशक्तिविशेषैः क्वचिद्देशे क्वचित् कालेऽपि पाकादिदाहादिष्वेक एव यौगपद्येन नियुज्यते ॥४७२॥

[11]आवृत्तशक्तिभिन्नार्थे वाक्ये सकृदपि श्रुते ।
लिङ्गाद्वा तन्त्रधर्माद्वा विभागेनावतिष्ठते ॥४७३॥
सम्प्रसारणसंज्ञायां लिङ्गाभ्यां वर्णवाक्ययोः ।
प्रविभागस्तथा सूत्रे एकस्मिन्नेव [12]कल्पितः ॥४७४॥

---

1. P. RP. एकस्यापि. 2. P. °रूपाः. 3. P. नानेकरण....र्थ. 4. P. प्रत्ययमपभ्रष्टुं शक्नोति, M. प्रत्ययः प्रभ्रष्टुं 5. M. शब्दो निष्पद्यते. 6. M. तस्य पृथक्.... 7. M. पति सति वाप्येक°.
8. M. P. प्रयोगशब्दो. 9. P. नुपतति. 10. P. संसृष्टार्था इत्येव प्रयुज्यत एव.
11. P. n. RP. आवृत्ति. 12. र. RP. कल्पते.

सकृदपि [1]श्रुतितुल्यरूपशब्दे लिङ्गैः श्रुतैर्यथैवाश्रुता [2]भिन्नरूपा वाक्यशेषाः समर्थ्यन्ते तथा वृत्तिरूपानुभूतानुमीयते [3]सामिधेनीवत् । तस्मादेव प्रसङ्गात्तत्त्र-शक्तिभेदपरिग्रहोऽनुमीयते ।[4] प्रतिपत्तौ तु नित्यत्वं विभागदर्शनमुपजायते । तथापि सम्प्रसारणसंज्ञा[5] सुविभक्तिविशेषनिर्देशस्तु ज्ञापक उभयसंज्ञा-त्वस्येत्युक्तम् ।।४७३, ४७४।।

तथा द्विर्वचनेऽचीति तन्त्रोपायादिलक्षणः ।
एकशेषेण निर्देशो भाष्य [6]एवोपवर्णितः ।।४७५।।

सहविवक्षाविषयलक्षणानुपातिनमेकशेषमन्तरेणापि भाष्ये द्विर्वचनेऽचि इति अत्र द्विर्वचनं च द्विर्वचनं चेतितन्त्रोचारणविषय एकशेषविकल्प एवोपन्यस्तः ।। [7]प्रख्यातेऽपि चैकशेषे समानाकृतित्वमेवंप्रकारेषु तात्पर्यंप्रतिषे० . . . . . णावश्य-मपेक्ष्यते । तन्त्रावृत्त्यान्तरेण वानुभवमवस्थिता निश्चयफलं व्यवतिष्ठते ।।४७५।।

प्रायेण संक्षेपरुचीनल्पविद्यापरिग्रहान् ।
सम्प्राप्य वैयाकरणान् सङ्ग्रहेऽस्तमुपागते ।।४७६।।

कृतेऽथ पतञ्जलिना गुरुणा तीर्थदर्शिना ।
सर्वेषां न्यायबीजानां महाभाष्ये निबन्धने ।।४७७।।

अलब्धगाधे गाम्भीर्यादुत्तान इव सौष्ठवात् ।
तस्मिन्नकृतबुद्धीनां नैवावस्थितनिश्चयः ।।४७८।।

बैजिसौभवहर्यक्षैः शुष्कतर्कानुसारिभिः ।
आर्षे विप्लाविते ग्रन्थे सङ्ग्रहप्रतिकञ्चुके ।।४७९।।

यः पतञ्जलिशिष्येभ्यो भ्रष्टो व्याकरणागमः ।
काले [8]स दाक्षिणात्येषु ग्रन्थमात्रे व्यवस्थितः ।।४८०।।

पर्वतादागमं लब्ध्वा भाष्यबीजानुसारिभिः ।

---

1. P. श्रुते तुल्यरूपे. 2. P. °रूपं
3. P. om. सामिधेनीवत्. 4. M. °शक्ति... व्यक्तोऽनुमीयते । 5. M. °संज्ञा सविभक्ति°. P. संज्ञा सहभक्ति.
6. एव प्रदर्शितः 7. M. om. प्रख्याते व्यवतिष्ठते.
8. P. कालेन दा°.

स नीतो बहुमानत्वं चन्द्राचार्यादिभिः पुनः ॥४८१॥
न्यायप्रस्थानमार्गांस्तानभ्यस्य स्वं च दर्शनम् ।
प्रणीतो गुरुणास्माकमयमागमसङ्ग्रहः ॥४८२॥

वर्त्मनामत्र केषाञ्चिद् वस्तुमात्रमुदाहृतम् ।
काण्डे तृतीये न्यक्षेण भविष्यति विचारणा ॥४८३॥

प्रज्ञा विवेकं लभते भिन्नैरागमदर्शनैः ।
कियद्वा शक्यमुन्नेतुं स्वतर्कमनुधावता ॥४८४॥

तत्तदुत्प्रेक्षमाणानां पुराणैरागमैर्विना ।
अनुपासितवृद्धानां विद्या नातिप्रसीदति ॥४८५॥

—००० —

श्लोकानुक्रमणिका

II प्रमेयसमुच्चयश्लोकानुक्रमणिका